经纬纵横

社会消寒

贺敦芳印

起义又同项目

成羊主题

教育部哲学社会科学研究重大课题攻关项目

"十三五"国家重点出版物出版规划项目

20世纪朱子学研究精华集成
——从学术思想史的视角

ESSENCE INTEGRATION OF REASERCH ON ZHU XI'S
ACADEMIC IN TWENTIETH CENTURY:
FROM THE PERSPECTIVE
OF THE HISTORY OF ACADEMIC THOUGHTS

乐爱国
等著

中国财经出版传媒集团
经济科学出版社
Economic Science Press

图书在版编目（CIP）数据

20世纪朱子学研究精华集成：从学术思想史的视角/乐爱国等著.—北京：经济科学出版社，2017.12
教育部哲学社会科学研究重大课题攻关项目
ISBN 978-7-5141-8898-1

Ⅰ.①2… Ⅱ.①乐… Ⅲ.①朱熹（1130-1200）-哲学思想-研究 Ⅳ.①B244.75

中国版本图书馆 CIP 数据核字（2017）第 321907 号

责任编辑：刘　莎
责任校对：隗立娜
责任印制：李　鹏

20世纪朱子学研究精华集成——从学术思想史的视角
乐爱国　等著
经济科学出版社出版、发行　新华书店经销
社址：北京市海淀区阜成路甲 28 号　邮编：100142
总编部电话：010-88191217　发行部电话：010-88191522
网址：www.esp.com.cn
电子邮件：esp@esp.com.cn
天猫网店：经济科学出版社旗舰店
网址：http://jjkxcbs.tmall.com
北京季蜂印刷有限公司印装
787×1092　16 开　32.75 印张　620000 字
2017 年 12 月第 1 版　2017 年 12 月第 1 次印刷
ISBN 978-7-5141-8898-1　定价：98.00 元
（图书出现印装问题，本社负责调换。电话：010-88191510）
（版权所有　侵权必究　举报电话：010-88191586
电子邮箱：dbts@esp.com.cn）

课题组主要成员

项目首席专家：乐爱国
课题组成员：冯兵　陈林　李志峰　王治伟
邢丽菊　石立善　杜保瑞　朱人求
朱汉民　傅小凡　刘泽亮　李无未
谢晓东　周天庆

编审委员会成员

主　任　吕　萍
委　员　李洪波　柳　敏　陈迈利　刘来喜
　　　　樊曙华　孙怡虹　孙丽丽

总　序

哲学社会科学是人们认识世界、改造世界的重要工具，是推动历史发展和社会进步的重要力量，其发展水平反映了一个民族的思维能力、精神品格、文明素质，体现了一个国家的综合国力和国际竞争力。一个国家的发展水平，既取决于自然科学发展水平，也取决于哲学社会科学发展水平。

党和国家高度重视哲学社会科学。党的十八大提出要建设哲学社会科学创新体系，推进马克思主义中国化、时代化、大众化，坚持不懈用中国特色社会主义理论体系武装全党、教育人民。2016年5月17日，习近平总书记亲自主持召开哲学社会科学工作座谈会并发表重要讲话。讲话从坚持和发展中国特色社会主义事业全局的高度，深刻阐释了哲学社会科学的战略地位，全面分析了哲学社会科学面临的新形势，明确了加快构建中国特色哲学社会科学的新目标，对哲学社会科学工作者提出了新期待，体现了我们党对哲学社会科学发展规律的认识达到了一个新高度，是一篇新形势下繁荣发展我国哲学社会科学事业的纲领性文献，为哲学社会科学事业提供了强大精神动力，指明了前进方向。

高校是我国哲学社会科学事业的主力军。贯彻落实习近平总书记哲学社会科学座谈会重要讲话精神，加快构建中国特色哲学社会科学，高校应发挥重要作用：要坚持和巩固马克思主义的指导地位，用中国化的马克思主义指导哲学社会科学；要实施以育人育才为中心的哲学社会科学整体发展战略，构筑学生、学术、学科一体的综合发展体系；要以人为本，从人抓起，积极实施人才工程，构建种类齐全、梯队衔接的高校哲学社会科学人才体系；要深化科研管理体制改革，发挥高校人才、智力和学科优势，提升学术原创能力，激发创新创造活力，建设中国特色新型高校智库；要加强组织领导、做好统筹规划、营造良好学术生态，形成统筹推进高校哲学社会科学发展新格局。

哲学社会科学研究重大课题攻关项目计划是教育部贯彻落实党中央决策部署的一项重大举措，是实施"高校哲学社会科学繁荣计划"的重要内容。重大攻关项目采取招投标的组织方式，按照"公平竞争，择优立项，严格管理，铸造精品"的要求进行，每年评审立项约40个项目。项目研究实行首席专家负责制，鼓励跨学科、跨学校、跨地区的联合研究，协同创新。重大攻关项目以解决国家现代化建设过程中重大理论和实际问题为主攻方向，以提升为党和政府咨询决策服务能力和推动哲学社会科学发展为战略目标，集合优秀研究团队和顶尖人才联合攻关。自2003年以来，项目开展取得了丰硕成果，形成了特色品牌。一大批标志性成果纷纷涌现，一大批科研名家脱颖而出，高校哲学社会科学整体实力和社会影响力快速提升。国务院副总理刘延东同志做出重要批示，指出重大攻关项目有效调动各方面的积极性，产生了一批重要成果，影响广泛，成效显著；要总结经验，再接再厉，紧密服务国家需求，更好地优化资源，突出重点，多出精品，多出人才，为经济社会发展做出新的贡献。

作为教育部社科研究项目中的拳头产品，我们始终秉持以管理创新服务学术创新的理念，坚持科学管理、民主管理、依法管理，切实增强服务意识，不断创新管理模式，健全管理制度，加强对重大攻关项目的选题遴选、评审立项、组织开题、中期检查到最终成果鉴定的全过程管理，逐渐探索并形成一套成熟有效、符合学术研究规律的管理办法，努力将重大攻关项目打造成学术精品工程。我们将项目最终成果汇编成"教育部哲学社会科学研究重大课题攻关项目成果文库"统一组织出版。经济科学出版社倾全社之力，精心组织编辑力量，努力铸造出版精品。国学大师季羡林先生为本文库题词："经时济世　继往开来——贺教育部重大攻关项目成果出版"；欧阳中石先生题写了"教育部哲学社会科学研究重大课题攻关项目"的书名，充分体现了他们对繁荣发展高校哲学社会科学的深切勉励和由衷期望。

伟大的时代呼唤伟大的理论,伟大的理论推动伟大的实践。高校哲学社会科学将不忘初心,继续前进。深入贯彻落实习近平总书记系列重要讲话精神,坚持道路自信、理论自信、制度自信、文化自信,立足中国、借鉴国外、挖掘历史、把握当代、关怀人类、面向未来,立时代之潮头、发思想之先声,为加快构建中国特色哲学社会科学,实现中华民族伟大复兴的中国梦作出新的更大贡献!

教育部社会科学司

摘　要

纵观20世纪，冯友兰、唐君毅、牟宗三、钱穆的朱子学研究无疑代表了这一时期的最高成就。1934年，冯友兰的《中国哲学史》出版，其中对于朱熹学术的论述，开创了现代朱熹哲学的新领域，其影响巨大，直至今日。20世纪60年代，唐君毅、牟宗三、钱穆在冯友兰的朱熹哲学研究的基础上，做出了全面超越而创新的研究成果，现代朱子学研究得以兴盛。80年代后，朱子学研究得到了新的发展，尤其是，冯友兰、唐君毅、牟宗三、钱穆的朱子学研究成果逐渐受到学术界的重视，他们的学术思想观点被普遍认可和广泛引用，并做了进一步推广和发展，他们的朱子学研究成果实际上成为百年朱子学研究的精华。

当然，无论是冯友兰，还是唐君毅、牟宗三、钱穆，他们的朱子学研究又都建立在其他重要学者的朱子学研究基础上。民国时期，包括谢无量、胡适、唐文治、吴其昌、周予同、陈钟凡、白寿彝、张岱年、李相显等在内的不少学者从各个学科的角度展开对朱子学的全方位研究，为现代朱子学研究走向兴盛起了重要的作用。遗憾的是，这些在民国时期为朱子学研究做出重要贡献的学者，他们的研究却逐渐被淡忘。

正是基于以上考虑，本书分为两个部分展开对20世纪朱子学研究的论述：现代朱子学研究的起始和现代朱子学研究的兴盛。其一，现代朱子学研究的起始部分：以翔实资料为依据，着重论述民国时期在朱子学研究方面做出突出贡献的谢无量、胡适、唐文治、吴其昌、周予同、陈钟凡、白寿彝、张岱年、李相显等学者的朱子学研究，对他们的学术成就和学术思想做出深入的阐述，以展现他们的学术志趣和风范；其二，现代朱子学研究的兴盛部分：以学术思想史的角度，依照现代朱子哲学研究最为重要的十个专题，全面阐述从冯友兰到唐君毅、牟宗三、钱穆的朱子哲学研究，着重分析他们的研究对于前人的创新以及他们之间各种重要学术观点的差异、冲突以及逻辑演变过程，特别强调冯友兰对于现代朱子哲学研究的开创之功，以及在此基础上唐君毅、牟宗三、钱穆的创新之处和相互冲突，动态地展示现代朱子哲学研究的学术思想发展，在此基础上，进一步对他们的各种学术观点作出深入分析和评判，阐述新的思想观点，力求有所突破。

Abstract

Throughout the 20th century, the studies of Zhu Xi's academic by Feng Youlan, Tang Junyi, Mou Zongsan, Qian Mu undoubtedly represented the highest achievements of this period. In 1934, Feng Youlan published *History of Chinese Philosophy*, in which the discussion on Zhu Xi's academic created a new field of the modern studies about Zhu Xi's philosophy, and its influence was enormous until today. In the 1960s, Tang Junyi, Mou Zongsan and Qian Mu made a full transcendence and innovative research on the basis of Feng Youlan, and modern studies about Zhu Xi's academic flourished. After the 1980s, the study of Zhu Xi's academic has got a new development, especially, the achievements of Feng Youlan, Tang Junyi, Mou Zongsan and Qian Mu have been paid more attention by the academia. Their academic ideas not only are generally accepted and widely quoted, also get further promotion and development. Therefore, their research achievements have actually become the essence of studies of Zhu Xi's academic in the hundred years.

However, no matter Feng Youlan, Tang Junyi, Mou Zongsan or Qian Mu or someone else, their research are based on the study of other important scholars before. During the period of the Republic of China, many scholars, including Xie Wuliang, Hu Shi, Tang Wenzhi, Wu Qichang, Zhou Yutong, Chen Zhongfan, Bai Shouyi, Zhang Dainian and Li Xiangxian, launched a full range of research on Zhu Xi from various perspectives, and played an important role in making modern studies of Zhu Xi flourish. Unfortunately, these scholars' research results in this period about study of Zhu Xi are gradually being forgotten.

Based on the above considerations, the book is divided into two parts to discuss the study of Zhu Xi in the 20th century: the rising of modern studies of Zhu Xi, and the flourishing of modern studies of Zhu Xi. First, in the part of the rising of modern studies of Zhu Xi, basing on the full and accurate data, I would focus on Xie Wuliang, Hu

Shi, Tang Wenzhi, Wu Qichang, Zhou Yutong, Chen Zhongfan, Bai Shouyi, Zhang Dainian, which had made outstanding contributions to the study of Zhu Xi during the Republic of China, make in-depth exposition their academic achievements and thoughts, in order to show their academic interests and demeanor. Second, in the part of the flourishing of modern study of Zhu Xi, I would follow the history of academic thought, in accordance with the ten most important topics of modern study of Zhu Xi's philosophy, to make a comprehensive exposition of Feng Youlan, Tang Junyi, Mou Zongsan, Qian Mu's research, focus on their innovations to perdecessors, and the differences, the conflicts and the whole logical evolution of various important academic viewpoints among them. It should particularly emphasis on that Feng Youlan had done the pioneering work of modern study of Zhu Xi's philosophy, on the basis of which, Tang Junyi, Mou Zongsan, Qian Mu also made their innovation and presented some mutual conflicts among them. Through all these, we may display the dynamic development of modern academic study of Zhu Xi's philosophy, and then we can still make in-depth analysis and evaluation of their various academic points, to expound the new ideas and strive to achieve a breakthrough.

目录

前言　　1

　　一、题解：什么是精华？如何集成？　　1
　　二、研究现状与存在的问题　　2
　　三、研究框架与局限　　5

上篇

现代朱子学研究的起始

导言　　11

第一章 ▶ 谢无量：现代朱子学研究的先驱　　19

　　一、概述　　20
　　二、朱子的思想渊源　　21
　　三、朱子的道统说　　24
　　四、朱子哲学　　26
　　五、朱子学与陆王的异同　　34
　　六、朱子的教育学说　　37
　　七、余论　　39

第二章 ▶ 胡适：新文化运动中的朱子学研究　　41

　　一、概述　　41
　　二、对朱熹《诗经》学的评价　　46

三、从科学角度对朱熹格致说的诠释　50

　　四、对朱熹理欲论的分析　55

　　五、余论　60

第三章 ▶ 唐文治：《紫阳学术发微》的理学救国思想　61

　　一、概述　61

　　二、朱子的学术思想历程　64

　　三、朱子的心性学与工夫论　66

　　四、朱子的经学　69

　　五、朱子政治学　71

　　六、朱子与陆王、浙东学派的异同　73

　　七、余论　76

第四章 ▶ 吴其昌："理学而尚考据"的朱子学研究　80

　　一、概述　80

　　二、朱子的著述　83

　　三、朱子的治学方法与辨伪　86

　　四、朱子"格物致知"与科学的关系　88

　　五、余论　91

第五章 ▶ 周予同：经学史视野下的《朱熹》　92

　　一、概述　92

　　二、朱熹学术思想来源及著述　94

　　三、朱熹哲学　96

　　四、朱熹经学　102

　　五、朱熹史学与文学研究　104

　　六、朱熹与象山、浙东学派的关系　106

　　七、余论　107

第六章 ▶ 陈钟凡：宋代思想史中的朱子学研究　109

　　一、概述　109

　　二、朱熹的学术历程与思想来源　111

　　三、朱熹的宇宙论　113

　　四、朱熹的心性论与修养论　116

五、朱熹的政治论与教育论　119

　　六、朱陆学术之异同　121

　　七、余论　122

第七章 白寿彝：以史学为依据的朱子学研究　124

　　一、概述　125

　　二、朱熹的师承与经历　127

　　三、朱熹的著述　133

　　四、朱熹的辨伪书　138

　　五、朱熹的易学思想　139

　　六、余论　143

第八章 张岱年：《中国哲学大纲》对朱子学的阐释　144

　　一、概述　145

　　二、朱子学派归属及理气论　147

　　三、朱子的两一思想　150

　　四、朱子的心性论与修养论　151

　　五、朱子的致知论　155

　　六、余论　157

第九章 李相显："以朱解朱"的《朱子哲学》　159

　　一、《朱子哲学》的研究方法　160

　　二、《朱子哲学》的体系建构　162

　　三、《朱子哲学》的动态阐释　164

　　四、《朱子哲学》的创新思想　165

　　五、《朱子哲学》的文献考证　169

　　六、余论　171

第十章 朱熹门人后学及朱子学传播研究　172

　　一、朱熹门人及其后传　172

　　二、宋元明清朱子学　177

　　三、朱子学的海外传播　183

第十一章 从阶级分析入手的朱子学研究　185

　　一、概述　185

二、朱熹家庭背景以及生平事迹的阶级分析　188

三、朱熹学术思想的阶级分析　190

四、对朱熹学术思想的批判与肯定　192

五、余论　195

下篇

现代朱子学研究的兴盛
—— 从冯友兰到唐君毅、牟宗三、钱穆的朱子哲学研究

导言　199

一、冯友兰的朱子哲学研究　199

二、唐君毅、牟宗三的朱子哲学研究　202

三、钱穆的朱子哲学研究　207

四、从学术思想史的角度看　210

第一章 ▶"集大成"或"别子为宗"　214

一、问题的由来　214

二、冯友兰论"集大成"及存在的问题　216

三、牟宗三论"别子为宗"　219

四、钱穆论"集大成"及其涵义　222

五、余论　224

第二章 ▶"理"之内涵的不同诠释　227

一、朱子论"理"之内涵　227

二、冯友兰的"形式"与"共相"　233

三、唐君毅的"当然之理"与"实现原则"　237

四、牟宗三的"所以然之理"与"存在之理"　240

五、余论　243

第三章 ▶"理先气后"及"理生气"的不同诠释　247

一、朱子论"理""气"关系　247

二、冯友兰论"逻辑在先"　249

三、唐君毅、牟宗三论"形上之先"与"气之依理而生"　253

四、钱穆论理气"一体两分"与"气强理弱"　260

五、余论　264

第四章 ▶ "理""气"动静论的不同诠释　266

一、朱子论"理""气"之动静　266

二、冯友兰论"太极"无动静　268

三、唐君毅论"生生之理"及其动静　271

四、牟宗三论"只存有而不活动"　275

五、余论　279

第五章 ▶ "心与理一"及"性即理"的不同诠释　285

一、朱子论"心与理一"与"性即理"　285

二、冯友兰的"只能言'性即理',不能言'心即理'"　288

三、唐君毅论"性即理"与"心与理一"并行不悖　291

四、牟宗三的"心性平行为二,心不即是理"　293

五、钱穆论"性即理"与"心即理"不可或缺　295

六、余论　298

第六章 ▶ "心统性情"的不同诠释　301

一、朱子论"心统性情"之内涵　301

二、冯友兰对"心统性情"的诠释　304

三、唐君毅论"心之主宰运用"　305

四、牟宗三论"心、性、情三分"　307

五、钱穆论"以心为管摄"　308

六、余论　310

第七章 ▶ 朱子仁学的不同诠释　313

一、朱子仁学及其研究概述　313

二、唐君毅论"仁者,心之德、爱之理"　317

三、牟宗三论《仁说》　320

四、钱穆论"宇宙之仁"和"人心之仁"　323

五、余论　325

第八章 ▶ "道心""人心"及"天理""人欲"的不同诠释　328

一、朱子论"道心""人心"及"天理""人欲"　328

二、冯友兰论"天理"与"人欲"　331
　　三、唐君毅论"一心开三心"　334
　　四、钱穆论"人心道心只是一心"　336
　　五、余论　339

第九章▶"格物致知"的不同诠释　341
　　一、朱子论"格物致知"　341
　　二、冯友兰对朱子格致说的质疑　345
　　三、唐君毅论"求诸外而明诸内"　348
　　四、牟宗三论"泛认知主义"　352
　　五、钱穆论"心学主要工夫"　355
　　六、余论　356

第十章▶朱陆异同的不同诠释　360
　　一、早期朱陆异同研究　360
　　二、冯友兰论朱陆异同　364
　　三、牟宗三的《象山与朱子之争辩》　369
　　四、唐君毅的《朱陆异同探源》　372
　　五、钱穆辨朱陆"心学"之异同　375
　　六、余论　378

结语：现代朱子学研究的文本诠释、重大进展与存在问题　380
　　一、以朱子《大学章句》"格物致知补传"为文本依据　380
　　二、现代朱子学研究的重大进展　383
　　三、现代朱子学研究存在的问题　386
　　四、走向以朱子《中庸章句》为依据的研究　390

附录　民国时期（1912～1949年）朱子学研究学术编年　396

主要参考文献　484

后记　495

Contents

Preface   1

The First Section: The Rising of Modern Studies of Zhu Xi's Academic   9

Introduction   11

Chapter One   Xie Wuliang: The Harbinger of the Modern Studies of Zhu Xi's Academic   19

Chapter Two   Hu Shi: The Study of Zhu Xi's Academic in the New Culture Movement   41

Chapter Three   Tang Wenzhi: The Ideas of Neo – Confucianism Saving the Country In *Ziyang Xue Shu Fa Wei* (Introduction of Zhu Xi's academic)   61

Chapter Four   Wu Qichang: The Study of Zhu Xi's Academic Based on Both Neo – Confucianism and Textual Research   80

Chapter Five   Zhou Yutong: *Zhu Xi* from the View of History of Classical Studies   92

Chapter Six　　Chen Zhongfan：The Study of Zhu Xi's Academic in The Thought History of Song Dynasty　　109

Chapter Seven　　Bai Shouyi：The Study of Zhu Xi's Academic Based on Historiography　　124

Chapter Eight　　Zhang Dainian：The Interpretation of Zhu Xi's Academic in *The Outline of Chinese Philosophy*　　144

Chapter Nine　　Li Xiangxian：*Zhu Xi's Philosophy* and the Interpretation of Zhu Xi with Zhu Xi　　159

Chapter Ten　　Zhu Xi's Disciples and Followers and the Spreading of Zhu Xi's Academic　　172

Chapter Eleven　　The Study of Zhu Xi's Academic Based on Class Analysis　　185

The Second Section：The Flourishing of Modern Studies of Zhu Xi's Academic：from Feng Youlan to Tang Junyi, Mou Zongsan and Qian Mu　　197

Introduction　　199

Chapter One　　"Academic Synthesizer" or "Alternative school"　　214

Chapter Two　　The Different Interpretation of "Li"　　227

Chapter Three　　The Different Interpretation of "Li－Xian－Qi－Hou"（First Li, then Qi）and "Li－Sheng－Qi"（Li Creates Qi）　　247

Chapter Four　　The Different Interpretation of The Dynamic or Static of "Li" and "Qi"　　266

Chapter Five　The Different Interpretation of "Xin－Yu－Li－Yi"（Unity of Mind and Li） and "Xing－Ji－Li"（Nature is Li）　285

Chapter Six　The Different Interpretation of "Xin－Tong－Xing－Qing"（Mind Combines Nature With Emotion）　301

Chapter Seven　The Different Interpretation of Zhu Xi's Academic of "Ren"（Benevolence）　313

Chapter Eight　The Different Interpretation of "Dao Xin" "Ren Xin" and "Tian Li" "Ren Yu"　328

Chapter Nine　The Different Interpretation of "Ge－Wu－Zhi－Zhi"（Obtain Knowledge by Investigation of Things）　341

Chapter Ten　The Different Interpretation of "Zhu－Lu－Yi－Tong"（Similarities and Differences Between Zhu Xi and Lu Jiuyuan）　360

Conclusion：Text Interpretation and Significant Progress and Existing Problems of Modern Studies of Zhu Xi's Academic　380

Appendix：An Academic Chronicle of Studies of Zhu Xi's Academic During the Period of the Republic of China　396

Main References　484

Postscript　495

前　言

朱熹（1130～1200年），字元晦，一字仲晦，号晦庵，别称紫阳，南宋时期著名哲学家，中国学术史上最重要的思想家、哲学家之一。朱熹的学术历来受到重视，尤其是自20世纪初以来，朱熹哲学研究在现代社会的转型中起落消长、艰难而曲折，取得了大量的学术成果，形成了丰富的学术思想，成为中国学术史发展的重要组成部分，而且还出现了以朱子学研究为主的学术大家，成为公认的学术典范。需要指出的是，朱熹的学术，不仅在中国，而且在日本、韩国以及欧美各国都受到学术界的重视，各国对此展开了不同方式和不同程度的研究。对这一时期的朱子学研究进行总结，汇集学术精华，对于朱子学研究的进一步发展无疑具有重要的学术价值。

一、题解：什么是精华？ 如何集成？

什么是"精华"？"精华"固然是指最重要、最有价值的部分。所谓学术精华，就是指最重要的学术研究成果，或是最重要的论著，或是最重要的思想观点。需要指出的是，任何学者的学术研究都处于一定时期的学术发展中，他们提出的学术思想观点不仅是一定时期学术发展的产物，而且要摆在学术发展的历史中加以分析和评价。一种学术思想观点之所以重要，就在于它是对前人学术的超越。从学术规范的层面看，每一学术论著都必须有新的发现，要有新意，所谓发前人之所未发，这是学术论著的基本要求和基本标准。但是，有新意的学术思想观点，并不等于就一定是学术精华。在通常情况下，大量的学术思想观点，或者只是对前人学术的进一步推演，或者只是对前人学术的局部修正，或者只是对前人所忽略的或未发现的部分进行研究。这样的学术成果，虽然对前人的学术有所推进，但并不等于都是学术精华。**只有那些对于前人学术具有全面创新的原创性的学术思想观点，在学术思想发展史上具有里程碑价值的学术思想观点，才能被称为学术精华。**

"集成"一词，源自"集大成"。孟子曰："孔子之谓集大成。集大成也者，金声而玉振之也。金声也者，始条理也；玉振之也者，终条理也。"宋孙奭疏曰："集大成，即集伯夷、伊尹、下惠三圣之道，是为大成耳。"[①] 朱熹注曰："此言孔子集三圣之事而为一大圣之事。"[②] 可见，孟子称孔子为集大成，是因为孔子"集三圣之事"。冯友兰说："朱子之形上学，系以周濂溪之《太极图说》为骨干，而以康节所讲之数，横渠所说之气，及程氏弟兄所说形上、形下及理、气之分融合之。故朱子之学，可谓集其以前道学家之大成也。"[③] 显然，冯友兰称朱子学集北宋理学之大成，并不只是因为朱熹与吕祖谦编《近思录》把周敦颐、张载、二程的重要语录共为一册，而是由于朱熹根据当时学术发展的状况和逻辑进程，将北宋理学融会贯通，建构起庞大的学术体系。因此，学术意义上的"集成"，不仅不是简单地将一些重要学者罗列出来分别做出笼统的概述，或将所有学术论著汇编成册，而且也不只是简单地将重要的思想观点汇集在一起，进行学术综述，而是要通过学术思想史的分析，将各种思想观点融会贯通，动态地阐述其对前人学术的全面超越，揭示其在学术思想发展中具有的原创性和里程碑的价值，从而展现学术的逻辑进程，并在此基础上有新的学术发现。而且，也只有在这一基础上，才能对学者及其论著的重要性做出合理的评判。

正因为如此，**本书以 20 世纪朱子学研究作为研究对象，从学术思想史的角度将 20 世纪朱子学研究的各种重要学术思想观点融会贯通，动态地展示其发生、发展的逻辑进程，建构 20 世纪朱子学研究的学术思想史，集精华之大成。**

二、研究现状与存在的问题

20 世纪初以来，朱子学受到很大的重视，并逐渐成为显学，不仅有许多学者研究朱子学，而且出现了大量相关学术论著，提出了各种重要的学术观点。集成 20 世纪朱子学研究精华，早在 20 世纪 90 年代开始就有学者做了初步的基础工作，主要包括三个方面：（1）对 20 世纪朱子学研究的学术论著目录做了整理；（2）对 20 世纪朱子学研究做了阶段性或区域性的学术综述；（3）对 20 世纪重

[①] （汉）赵岐、（宋）孙奭：《孟子注疏》卷十上，载于《十三经注疏》，中华书局 1980 年版，第 2741 页。

[②] （宋）朱熹：《四书章句集注》，中华书局 2012 年版，第 320 页。

[③] 冯友兰：《中国哲学史》，商务印书馆 1934 年版，第 896 页。

要学者的朱子学研究做了一定程度的概述。

第一，在对20世纪朱子学研究的学术论著目录进行整理方面。主要有：林庆彰于1992年编《朱子学研究书目（1900～1991）》（文津出版社，1992年）和吴展良于2005年进一步编《朱子研究书目新编（1900～2002）》（台湾大学出版中心，2005年）。后者收录了1900～2002年，中国，包括台湾、香港在内，以及新加坡、日本、韩国、美国、欧洲（德、法）等地学者研究朱子的相关论著，约6100条。全书分为总论、生平与交游、理学暨思想体系、经学、教育、史学、政治经济社会法律、文学、艺术、宗教、自然科学、历代暨国外朱子学、"文革"时期对朱子之批评等13类，呈现20世纪中外学术界对朱子学的研究论著。

第二，在对20世纪朱子学研究进行阶段性或区域性的学术综述方面。主要有：

1990年，辛冠洁撰文《朱熹研究回顾》（《朱子学新论——纪念朱熹诞辰860周年国际学术会议论文集》，上海三联书店1991年版），对1949年中华人民共和国成立之后40年间的朱子学研究作了综述，主要是1977年之后十多年间中国大陆的朱子学研究状况。

2000年，张立文撰文《超越与创新——20世纪朱子学研究的回顾与展望》（《中华文化论坛》2001年第1期），先对1949年之前的朱子学研究作了简要的综述，重点是20世纪50年代之后，尤其是1977～2000年中国大陆的朱子学研究状况。

同年，蔡方鹿撰文《1949年以来朱熹研究述评（文献综述）》（《朱熹与中国文化》，贵州人民出版社2000年版），对1949年之后，主要是"文革"结束后中国大陆的朱熹研究的状况做一综述，其中也略微涉及港台地区学者钱穆、陈荣捷、刘述先以及范寿康的朱熹研究，分为6个部分：研究概况；关于朱熹的哲学；关于朱熹的政治、伦理思想；关于朱熹的经学；关于朱熹与宗教；朱熹研究展望。

就在这一年，杨儒宾撰文《战后台湾的朱子学研究》（《汉学研究通讯》2000年第19卷第4期），主要对1949年之后中国台湾地区的朱子学研究作了综述，并认为，牟宗三、钱穆、陈荣捷、唐君毅对朱熹的研究最为重要。

2003年，彭国翔撰文《20世纪宋明理学研究的回顾与前瞻》（上、下）（《哲学动态》2003年第4期、第5期），其中所谓宋明理学研究，包括了朱子学研究。该文先是对1949年之前的宋明理学研究做了简要综述，其着重点是1949年之后，尤其是80年代后，中国大陆的宋明理学研究状况，对港台地区牟宗三、唐君毅等学者的宋明理学研究也略作叙述。

2006年，方旭东撰文《1980年代以来大陆的朱子学研究》（《鉴往瞻来——

儒学文化研究的回顾与展望》，复旦大学出版社 2006 年版），对 20 世纪 80 年代以来中国的朱子学研究，尤其是朱熹哲学研究做出综述。

第三，在对 20 世纪重要学者的朱子学研究进行概述方面。主要是对冯友兰、唐君毅、牟宗三、钱穆的朱子学研究做出概述。较为重要的有：陈代湘的《现代新儒学与朱子学》（湖南人民出版社 2003 年版）；丁为祥的《学术性格与思想谱系——朱子的哲学视野及其历史影响的发生学考察》（人民出版社 2012 年版）对冯友兰、钱穆、牟宗三的朱子研究的阐述；柴文华的《论冯友兰的朱子学》（《中国哲学史》2011 年第 2 期）；杨祖汉的《唐君毅先生对朱子哲学的诠释》（《中国哲学与文化》第七辑，广西师范大学出版社 2010 年版）；杜保瑞的《对牟宗三诠释朱熹以〈大学〉为规模的方法论反省》（《湖南大学学报》2011 年第 1 期）；汪学群的《钱穆学术思想评传》（北京图书馆出版社 1998 年版）对钱穆的朱子学研究的阐述和赖功欧的《论钱穆的朱子学》（《中国书院论坛》2002 年第 3 期）；等等。

以上这些研究工作，不仅对朱子学研究具有重要价值，而且也为集成 20 世纪朱子学研究精华做了准备，属于基础性工作。然而，就集成 20 世纪朱子学研究精华而言，这些工作还存在着一些问题，需要作进一步研究。主要有以下三点。

第一，缺乏对 1949 年之前的朱子学研究的整体把握。由于种种原因，1949 年之前的学术研究一直受到忽视，朱子学研究更是难逃厄运。当时的朱子学研究的历史资料没有得到很好的整理，更不可能对此做出深入细致的分析。虽然偶尔有一些学者述及当时的朱子学研究，但非常零散，甚至有些主观武断，因而无法对当时的朱子学研究有一个全面而客观的整体把握。这不仅有碍于当今朱子学研究的深入发展，而且也无法对朱子学研究成果做出合理的评价。

第二，尚未建构起现代朱子学研究的学术思想史。近年来，冯友兰、唐君毅、牟宗三、钱穆等重要学者的朱子学研究受到一定程度的重视，出现了不少述评之类的研究著述。这样的学术研究，无疑有助于确认他们在 20 世纪朱子学研究中的重要地位。但是，学术研究不等于学术史研究。学术研究是要超越前人，而学术史研究则是对前人的学术研究做出概括，阐述学术研究的逻辑发展进程，从而对其学术价值进行评估和确认。由于缺乏学术思想史研究，虽然有一些重要学者的朱子学研究成果受到重视，但终究没有形成完整的现代朱子学研究的学术思想史。

第三，只是单纯地综述、概述，尚没有形成明确的学术精华意识。对于已往的学术成果以及重要学者的学术成果作出客观的概述，形成学术综述，是非常必要的，但是，仅仅做出学术综述、概述是远远不够的，还必须在此基础上对各学术成果及其思想做出进一步具体的考察和分析，从而确认其在学术发展中的重要价值和地位，凸显其学术精华。20世纪的朱子学研究出现了大量研究成果，但是，哪些是一般性的学术成果，哪些具有原创性和里程碑的价值，至今尚未进行深入的分析，没有形成学术共识。

本书正是要针对以上问题展开深入研究，特别是要通过对1949年之前的朱子学研究的整体把握，建构起现代朱子学研究的学术思想史，进而汇集20世纪朱子学研究之精华。

三、研究框架与局限

考察20世纪朱子学研究，所面对的是大量有关朱子学的论著，需要对各种论著所提出的学术思想观点逐一做出分析、比较和评价。由于学术精华是指那些"对于前人学术具有全面创新的原创性的学术思想观点，在学术发展史上具有里程碑价值的学术思想观点"，对于各种学术思想观点的分析、比较和评价必须依据学术思想史，因此，本书研究最为根本的是构建20世纪朱子学研究的学术思想史，并在这一过程中对各种有关朱子学的思想观点做出分析和评价。

纵观20世纪，冯友兰、唐君毅、牟宗三、钱穆的朱子学研究无疑代表了这一时期的最高成就，1934年，冯友兰的《中国哲学史》出版，其中对于朱熹学术的论述，开创了现代朱熹哲学的新领域，其影响巨大，直至今日。20世纪60年代，唐君毅、牟宗三、钱穆在冯友兰的朱熹哲学研究的基础上，做出了全面超越而创新的研究成果，现代朱子学研究得以兴盛。80年代后，朱子学研究得到了新的发展，尤其是冯友兰、唐君毅、牟宗三、钱穆的朱子学研究成果逐渐受到学术界的重视，他们的学术思想观点被普遍认可和广泛引用，并做了进一步推广和发展，他们的朱子学研究成果无疑成为百年朱子学研究的精华。

当然，无论是冯友兰，还是唐君毅、牟宗三、钱穆，他们的朱子学研究又都建立在其他重要学者的朱子学研究的基础之上。民国时期，包括谢无量、胡适、唐文治、吴其昌、周予同、陈钟凡、白寿彝、张岱年、李相显等在内的不少学者，从各个学科的角度展开对朱子学的全方位研究，为现代朱子学研究走向兴盛，起了重要的作用。遗憾的是，这些在民国时期为朱子学研究做出重要贡献的学者，他们的研究正逐渐被淡忘。

1949年中华人民共和国成立后，学术研究出现了新气象。80年代后的朱子学研究得到蓬勃发展，出现了大量的学术论著，其数量是以往所不可比拟的。但是存在着一些问题：其一，由于缺乏对于民国时期朱子学研究的了解，有不少学术成果，只是简单的重复；其二，由于对冯友兰、唐君毅、牟宗三、钱穆的朱子学研究成果缺乏深入分析，学术界还处于对他们的学术成果进行研究和消化的阶段；其三，最为重要的是，由于学术界尚未恢复对现有学术成果进行分析研究以及批评的传统，因此只能做出一般性的学术综述，而无法确切断定何为学术精华。由于这些种种原因，当代朱子学研究，虽然出现了大量优秀的学术论著，其中不乏新的创见，但就目前而言，这些学术论著大都尚未得到全面深入的研究和辨析，所提出的学术观点尚待进一步讨论，需要在学术发展中得到进一步评判和选择，其在朱子学研究中的重要性还有待于确认，所以，尚无法确定这些学术成果是否已经在原创性上全面超越了冯友兰、唐君毅、牟宗三、钱穆，而成为精华。当然，这并不否认其中有些成果在经过学术史的进一步评判和选择后，有可能成为朱子学研究的精华。

正是基于以上考虑，本书分为两个部分展开对20世纪朱子学研究的论述：现代朱子学研究的起始和现代朱子学研究的兴盛。其一，现代朱子学研究的起始部分：以翔实资料为依据，着重论述民国时期在朱子学研究方面做出突出贡献的谢无量、胡适、唐文治、吴其昌、周予同、陈钟凡、白寿彝、张岱年、李相显等学者的朱子学研究，对他们的学术成就和学术思想做出深入的阐述，以展现他们的学术志趣和风范；其二，现代朱子学研究的兴盛部分：以学术思想史的角度，依照现代朱子哲学研究最为重要的十个专题，全面阐述从冯友兰到唐君毅、牟宗三、钱穆的朱子哲学研究，着重分析他们的研究对于前人的创新以及他们之间各种重要学术观点的差异、冲突以及逻辑演变过程，特别强调冯友兰对于现代朱子哲学研究的开创之功以及在此基础上唐君毅、牟宗三、钱穆的创新之处和相互冲突，动态地展示现代朱子哲学研究的学术思想发展，在此基础上，进一步对他们的各种学术观点作出深入分析和评判，阐述新的思想观点，力求有所突破。

需要指出的是，20世纪，朱子学不仅在中国，而且在世界不少国家都受到重视和研究。日本、韩国以及欧美一些国家的朱子学研究，都取得了不少重要研究成果。2006年，石立善撰文《战后日本的朱子学研究史述评：1946~2006》[1]；2000年，韩国梁承武撰文《朱子学在韩国的发展与未来》[2]，后修订补充为《韩国朱子学的研究现状与发展前景》[3]；1976年，美国陈荣捷撰文《西方对朱熹的

---

[1] 石立善：《战后日本的朱子学研究史述评：1946~2006》，载于《鉴往瞻来——儒学文化研究的回顾与展望》，复旦大学出版社2006年版，第266~311页。

[2] ［韩］梁承武：《朱子学在韩国的发展与未来》，载于《朱子学与21世纪国际学术研讨会论文集》，三秦出版社2001年版，第602~619页。

[3] ［韩］梁承武：《韩国朱子学的研究现状与发展前景》，载于《杭州师范大学学报》2008年第2期。

研究》①，后增补为《欧美之朱子学》②。这些研究使我们对20世纪日本、韩国以及欧美的现代朱子学研究有了大致的了解，本应当作进一步的深入研究。③ 本书仅局限于20世纪中国的朱子学研究，只是出于学术研究的轻重缓急以及难易程度的考虑。

尽管本书仅局限于20世纪中国的朱子学研究，但是，通过对这一时期中国朱子学研究的学术思想史的构建，本书不仅能够对20世纪朱子学研究有一个整体而完整的把握，而且能够对这一时期朱子学研究的学术思想观点之精华有一个深度的学术思想史分析，因而不仅可以达到汇集朱子学研究精华之目的，而且可以为今后的朱子学研究打下坚实的学术基础。

---

① ［美］陈荣捷：《西方对朱熹的研究》，载于《中国哲学》第五辑，生活·读书·新知三联书店1981年版，第191~217页。

② ［美］陈荣捷：《欧美之朱子学》，载于《朱学论集》，华东师范大学出版社2007年版，第273~297页。

③ 本项目原计划撰写《现代日本朱子学研究》《现代韩国朱子学研究》《现代欧美朱子学研究》等；但由于课题完成时间的限制以及其他种种原因，这些著作尚无法在规定时间内完成。

上篇

现代朱子学研究的起始

导　言

现代的朱子学研究起始于20世纪初民国成立前后。论及民国时期的社会状况，人们多用"内忧"与"外患"这两个方面来形容。同样，论及民国时期的学术背景，也有这内、外两个方面。就外而言，张岱年曾在《民国学术经典文库·序》中指出："一九一一年辛亥革命以后，专制政体被推翻了，这是一项非常巨大的历史进步。在文化学术方面，儒学独尊的局面也相对地被打破了，因而学术思想呈现了相当活泼的景象。同时西方学术思想不断涌进，人们的思路也比较开阔，于是哲学、人文科学方面思想相对自由。"[①]就内而言，贺麟曾在1945年写成的《当代中国哲学》中指出："近五十年来，中国的哲学界即或没有别的可说，但至少有一点可以称道的好现象，就是人人都表现出一种热烈的'求知欲'，这种求知欲也就是哲学所要求的'爱智之忱'。我们打开了文化的大门，让西洋的文化思想的各方面汹涌进来。对于我们自己旧的文化，如果不是根本加以怀疑破坏的话，至少也得用新方法新观点去加以批评的反省和解释，也觉得有无限丰富的宝藏，有待于我们的发掘。"[②]正是在这种思想自由和热烈的求知欲所构成的学术背景下，"当时许多学者继承了清代朴学的作风，考据比较精审，析事论理，力求准确。也有些学者对于宋明理学有较多的了解，对于深邃的义理有较深的体会。自清末以来，西学东渐，西方学术传入中国，受到重视，许多学者都在一定程度上参考了西方的治学方法，致力于中西学术的会通与融合，因而达到了学术研究的较高水平。"[③]

可见，在民国时期，虽然社会的政治、经济面临着内忧外患的局面，尤其是1937年日本发动了全面侵华战争，但是，与当时政治并无直接冲突的中国哲学

[①③] 张岱年：《民国学术经典文库·序》，载于胡适《中国哲学史大纲》，东方出版社1996年版。
[②] 贺麟：《当代中国哲学》，胜利出版公司1945年版，第1页。

史研究一直较为活跃，正如张岱年在1937年完成的《中国哲学大纲》的"自序"中说："近年来，中国哲学史的研究颇盛，且已有卓然的成绩。"① 民国时期的朱子学研究，正是在"中国哲学史的研究颇盛"的背景下展开并且不断深入的。

民国时期的新文化运动提出"打倒孔家店"②，对儒学到底造成了多大的冲击，这是一个很值得研究的问题。早在1941年，贺麟在《儒家思想的新开展》一文中就指出："五四时代的新文化运动，可以说是促进儒家思想新发展的一个大转机。表面上，新文化运动虽是一个打倒孔家店、推翻儒家思想的一个大运动。但实际上，其促进儒家思想新发展的功绩与重要性，乃远在前一时期曾国藩、张之洞等人对于儒家思想的提倡。……新文化运动之最大贡献，在破坏扫除儒家的僵化部分的躯壳的形式末节和束缚个性的传统腐化部分。他们并没有打倒孔孟的真精神、真意思、真学术，反而因他们洗刷扫除的工夫，使得孔孟程朱的真面目更是显露出来。"③ 在贺麟看来，新文化运动提出"打倒孔家店"恰恰是"儒家思想的新开展"，同样也是作为儒学重要组成部分的朱子学的新开展。事实上，在这一时期，朱子学的研究并没有停止，而是以一种现代的学术研究方式持续深入地进行着，从而使朱子学的真面目更加显露出来。

现代对于朱子学的研究，至少应当追溯到1904年王国维在《教育世界》上发表的《就伦理学上之二元论》（后收入《静庵文集》更名为《论性》），该文阐述了宋代心性论并论及朱熹的理气二元论。稍后，王国维又在发表的《释理》中论述了"理"的概念，并对朱子的"理"作了阐释。1910年出版的蔡元培《中国伦理学史》所述第三期"宋明理学时代"第九章"朱晦庵"对于朱熹学术作了专题阐述。该章分为"小传""理气""性""心情欲""人心道心""穷理""养心""结论"等节，专门论述朱熹的哲学和伦理学思想，并且在最后的"结论"中指出："宋之有晦庵，犹周之有孔子，皆吾族道德之集成者也。孔子以前，道德之理想，表著于言行而已。至孔子而始演述为学说。孔子以后，道德之学说，虽亦号折衷孔子，而尚在乍离乍合之间。至晦庵而始以其所见之孔教，整齐而厘订之，使有一定之范围。"④ 在这里，蔡元培将朱熹与孔子相提并论，明确称二者皆为"吾族道德之集成者"，充分肯定了朱子学在中国传统文化中的重要

---

① 宇同（张岱年）：《中国哲学大纲·自序》，商务印书馆1958年版。
② 当代学者王东明确提出"'打倒孔家店'并非五四运动口号"，还说："从五四新文化运动的各种代表人物来看，无论是最主要的五位代表人物——蔡元培、陈独秀、胡适、李大钊、鲁迅，还是略逊一筹的一般代表人物——刘半农、周作人、易白沙、吴虞等人，甚至包括思想最激进、最极端的钱玄同，任何一位五四运动代表人物都没有提出过'打倒孔家店'的口号。"（王东：《中华文明论——多元文化综合创新哲学》下卷，黑龙江教育出版社2002年版，第1334~1335页）
③ 贺麟：《儒家思想的新开展》，载于《思想与时代》1941年第1期。
④ 蔡元培：《中国伦理学史》，商务印书馆1910年版，第177页。

地位。事实上，民国时期的朱子学研究者大都称朱子学为宋代理学之集大成。

1914年，汤用彤发表的《理学谵言》提出"阐王（王阳明）""进朱（朱熹）"，并指出："紫阳之学，继程周之后，致广大尽精微，直可综罗百代，……受于前贤而集其大成，流于后世，振酿百世之文教。"① 1920年，唐文治为无锡国学专修馆撰学规，其中说："二程、张子皆理学正宗。朱子集诸儒之大成，旁搜远绍，所谓'为往圣继绝学，为万世开太平'者也。"② 1923年，吴其昌发表的《朱子传经史略》指出："集我国学术之大成者，朱子也。朱子于学无所不造其极，于吾国之国粹无论矣！"③ 1925年，赵兰坪根据日本高濑武次郎《支那哲学史》编译而成的《中国哲学史》，称："朱子不但为宋代学说之集大成者，实为中兴儒教之人也。"④ 1926年，江恒源的《中国先哲人性论》认为，朱子是宋学的代表人物，"他的哲学，是真能集周、邵、张、程的大成"⑤。同年出版的李石岑《人生哲学》指出："朱晦庵的哲学，可以说是集周、张、二程之大成。""朱子在中国哲学史上的地位，好像康德在西洋哲学史上的地位一般。朱子是中国哲学之集大成者。"⑥ 1927年，黄子通发表的《朱熹的哲学》指出："朱熹在中国哲学史上是数一数二的。在有宋一代，他是一个集大成的人。"⑦ 1929年，钟泰的《中国哲学史》指出："集宋儒道学之大成者，朱子也。"⑧ 同年出版的贾丰臻的《宋学》说："晦庵可为宋代哲学的大成者。"⑨ 1930年，常乃惪的《中国思想小史》以"理学的大成和独占"为题阐述朱熹理学，并且认为，朱熹最大的功绩"不在他对于思想内容的建树，而在他的综合工作，他是理学的集大成者"⑩。1931年，吕思勉的《理学纲要》也说："朱子非宋学之创造家，而宋学之集成者也。"⑪ 同年，陈钟凡发表的《〈两宋思想述评〉（七）十二章"朱熹之综合学说"》，指出："朱熹学说之特色，在网罗古今，融会贯通，自成系统。……括囊大典，承先启后，集近代思想之大成者也。"⑫ 1932年，冯友兰发

---

① 汤用彤：《理学谵言》，载于汤一介编《汤用彤选集》，天津人民出版社1995年版，第11~12页。
② 唐文治：《无锡国学专修馆学规》，载于《茹经堂文集》一编，文海出版社1974年版，第197页。
③ 吴其昌：《朱子传经史略》，载于《学衡》1923年第22期。
④ 赵兰坪：《中国哲学史（卷下）》，国立暨南学校出版部1925年版，第94页。
⑤ 江恒源：《中国先哲人性论》，商务印书馆1926年版，第161页。
⑥ 李石岑：《人生哲学》，商务印书馆1926年版，第394、400~401页。
⑦ 黄子通：《朱熹的哲学》，载于《燕京学报》1927年第2期。
⑧ 钟泰：《中国哲学史（卷下）》，商务印书馆1929年版，第39页。
⑨ 贾丰臻：《宋学》，商务印书馆1929年版，第107页。
⑩ 常乃惪：《中国思想小史》，中华书局1930年版，第122~123页。
⑪ 吕思勉：《理学纲要》，商务印书馆1931年版，第94页。
⑫ 陈钟凡：《〈两宋思想述评〉（七）第十二章"朱熹之综合学说"》，载于《学艺》1931年第11卷第7号。

表《朱熹哲学》，开宗明义便是："朱子之形上学，系以周濂溪之《太极图说》为骨干，而以康节所讲之数，横渠所说之气，及程氏弟兄所说形上、形下及理气之分融合之；故朱子之学，可谓集其以前理学家之大成也。"① 这一说法后来融入了他于1934年出版的《中国哲学史》。1937年，范寿康的《中国哲学史通论》认为，朱熹"是一个集自来学问的大成的学问家，也是一个承先启后的思想家"②。1941年，蒋伯潜、蒋祖怡的《诸子与理学》指出："朱子不但为闽学之宗，实集宋代理学之大成。"③ 1947年，钱穆发表的《朱子学术述评》④ 认为，朱子的最大贡献在于"集孔子以下儒学之大成"，并且还指出："朱子乃中古之集大成者。"

需要指出的是，民国时期称朱子学为宋代理学之集大成，不仅限于推崇朱子学的学者，即使是那些对朱子学持批判立场的研究者，也有不少认同这一说法。1935年，李石岑⑤的《中国哲学十讲》第八讲"什么是理学"有"晦庵思想的批判"一节，其中说道："晦庵的思想是融合儒、道、释三家思想而成的，又为周、张、二程诸人思想之集大成者，在中国思想界确实是个有数的人物。"⑥ 后来，吕振羽的《中国政治思想史》第九编第二章"地主阶级内部的分化和朱陆两学派的对立"，在批判朱熹学说的同时，认为朱熹"可算是中国封建时代第一个伟大的哲学家"⑦。赵纪彬的《中国哲学史纲要》第四篇第十四章"作为宋学集大成的朱熹的理气二元论及朱陆对立的阶级与哲学意义"，既认为朱熹是"南宋商工业阶级的思想家"⑧，又认为朱熹的思想为宋学集大成。

民国初期，为挽救民族危亡，救国思潮盛行，实业救国、教育救国以及科学救国成为重要的社会思潮。于是，学者们反对空谈心性，甚至有些学者排斥宋明以来的理学思潮，将理学与科学对立起来。对此，汤用彤于1914年发表的《理学谵言》⑨ 就明确提出："理学者，中国之良药也，中国之针砭也，中国四千年之真文化真精神也。"（第1页）把宋明理学看作治国之良药，予以大力推崇。在《理学谵言》中，汤用彤推崇理学，尤重朱子、王阳明，认为朱、王为理学中

---

① 冯友兰：《朱熹哲学》，载于《清华学报》1932年第7卷第2期。
② 范寿康：《中国哲学史通论》，开明书店1937年版，第362页。
③ 蒋伯潜、蒋祖怡：《诸子与理学》，世界书局1941年版，第211页。
④ 钱穆：《朱子学术述评》，载于《思想与时代》1947年第47期。
⑤ 李石岑，民国时期哲学家。20世纪30年代之后，学术思想发生转变，接受马克思的唯物辩证法，他于1933年出版的《哲学概论》中指出："'唯物论的辩证法'为最正确的方法，因其能把握宇宙发展的全部，我个人便有这种信仰。"（李石岑：《哲学概论》，世界书局1933年版，第71页）
⑥ 李石岑：《中国哲学十讲》，世界书局1935年版，第333页。
⑦ 吕振羽：《中国政治思想史》，生活·读书·新知三联书店1949年版，第405页。
⑧ 向林冰（赵纪彬）：《中国哲学史纲要》，生活书店1939年版，第425页。
⑨ 汤用彤：《理学谵言》，载于汤一介编《汤用彤选集》，天津人民出版社1995年版。

之巨子,因此,既要"阐王",又要"进朱"。汤用彤还说:"欲求实学,欲求毅力首在道德,求之本国,舍朱王何以哉!"(第28页)然而,就朱、王而言,《理学谵言》更为推崇朱子学,不仅讲朱子学"受于前贤而集其大成",而且认为"朱子之学,理学中之最细密者","为最完全最安全之学术"。(第23~24页)同时,就当时社会时势而言,该文认为,朱子穷理之说要比阳明良知之说更近于社会现实,还说:"况时至今日,不惧士气之不振,而惧士气之不定;不惧人心之太朴,而惧人心之太华;不惧风俗之暗弱,而惧风俗之嚣张。故教民以高明之言,不如以沈潜之言为得也,行阳明之学,不如行朱子之学为安也,非必朱子之胜如阳明也,时势则然也。"(第19页)又说:"鸣呼,世乱道微,邪说横行,淫言杂作,人人失其天真,而流于放纵,自由平等之说遂成嚣张之习,不惧其无知识而惧其无定向,不惧其柔弱而惧其高明,不惧其不知天良而惧其弃天良于不顾,不惧其不识体用而惧其不反躬实践。故今日之救药在乎收放心,不能用阳明之精微,莫若行朱子之深切。"(第13页)这就把朱子学视为救世之良药。该文还明确指出:"欲救吾国精神上之弱,吾愿乞灵于朱子之学。"(第28页)还说:"治朱子穷理之学者,后日成功之张本也。"(第30页)

  1915年,《国学》杂志发表程南园的《与友人论朱陆书》,对朱子学与陆王之学作了比较,指出:"朱子之学随所用而辄效,文安(陆九渊)、阳明之学亦随所用而辄效。虽朱子全而陆与王稍偏,然皆足为圣人之功臣,国家之砥柱。后之学者诚不以空言欺世,何妨推先儒学之有用者为殊途而同归哉!"认为朱子之学和陆王之学,就它们均为"国家之砥柱"而言,殊途而同归。该文还反对过于轻视陆王之学,指出:"陆氏、王氏之学不及朱子之文可也,斥为禅寂而列诸异端,吾窃不敢附和也。近今异学庞兴,伪才杂出。拘牵者,流于固执;脱略者,陷于虚浮。无怪世道人心尤形凌替,究厥病根,惟取良知之说,或足救药。"[1]认为阳明学与朱子学一样,都可以拯救世道人心。

  1927年,陈复光发表的《阳明学派与朱子学派之大别》主要讨论朱子学派与阳明学派的差别,但是又与民国时期的救国主题联系起来。该文认为,救吾国今日人心之弊,"当以阳明说为主,以晦庵说辅之",又说:"苟输入泰西文明,应效朱子专心攻求,格物致知,尽性穷理之功,与己国文化相比较,择其有益于国教民风者,而后言,而后教。"该文最后说:"要之'心'之一字,关系甚重,若不能革心中人欲,而存天理,则虽圣人复起,亦难以救此心病。朱子外求之心学,与阳明内求之心学可以为吾国人针砭矣。"[2]认为朱子学与阳明学虽有差别,

---

[1] 程南园:《与友人论朱陆书》,载于《国学》1915年第1卷第1期。
[2] 陈复光:《阳明学派与朱子学派之大别》,载于《清华周刊》1927年第27卷第15期。

但互为补充,以救心病。

1930年,唐文治所撰《紫阳学术发微》是民国时期最为重要的朱子学研究著作之一。该书"自序"在论及朱子与陈亮之争时指出:"龙川(陈亮)天资豪迈,朱子深加器重,力斥其'义利双行、王霸并用'之说,引而进之于道。而龙川始终趺弛于歧途,且痛诋朱子,以为空谈性命,学无实用;不知南宋时若无朱子,则秦桧之徒,将接迹于天下,而如文文山(文天祥)、谢叠山(谢枋得)、陆秀夫、张世杰诸贤,又乌能闻风兴起,造就其争光日月之节哉!"①朱子曾驳斥陈亮的"义利双行,王霸并用",而陈亮反以为朱子空谈性命,唐文治则为朱子辩护,认为是朱子之学造就了宋末有民族气节的抗敌英雄。该书还明确指出:"国家之兴替,系乎理学之盛衰。理学盛则国运昌,理学衰则国祚灭。人心世道恒与之为转移。"②认为朱子理学改变了人心世道,因此,理学之盛衰关乎国家之兴替。唐文治还明确指出:"居今之世,欲复吾国重心,欲阐吾国文化,欲振吾国固有道德,必自尊孔读经始;而尊孔读经,必自崇尚朱学始。"③

1938年,郭斌龢发表《抗战精神与南宋理学》。针对当时所谓朱子以及南宋理学"空谈性命,不知抗战"的言论,该文阐述了朱子等南宋理学家的主战、复仇的思想,大量引述朱子主战而复疆土的言论,并予以高度评价。④应当说,这些对于朱子为政实践所体现的思想以及政策主张的阐述,既是民国学人对于朱子政治思想的研究,又反映出他们试图通过倡导朱子理学以激发民族的抗战精神、拯救民族危亡的理学救国思想。

1944年,贺麟发表《宋儒的评价》⑤,针对当时有人把宋朝国势的衰弱和宋明之亡于异族归罪于宋明儒学,甚至说宋学盛行时期就是民族衰亡时期,提出不同意见。在为宋明儒学辩护的同时,贺麟还进一步认为,宋明时期的理学家是具有民族气节和民族责任感的学者。他说:"平心而论,这些宋明道学家当国家衰亡之时,他们并不似犹太学者,不顾祖国存亡,只知讲学。他们尚在那里提倡民族气节,愿意为祖国而死,以保个人节操,民族正气。"在贺麟看来,宋明理学家不是单纯的为学术而学术的学者,他们在国家民族危亡之时,倡导民族气节,保持个人节操。贺麟还说:"他们虽在田野里讲学论道,但他们纯全为尽名分,为实践春秋大义,为实现治国平天下的王道理想起见,他们决没有忘记过对民族的责任。他们对民族复兴和民族文化复兴有了很大的功绩和贡献。"显然,贺麟

---

① 唐文治:《紫阳学术发微·自序》,华东师范大学出版社2014年版,第3~4页。
② 唐文治:《紫阳学术发微》卷十二,华东师范大学出版社2014年版,第314页。
③ 唐文治:《朱子学术精神论》,载于《茹经堂文集》四编,文海出版社1974年版,第1573页。
④ 郭斌龢:《抗战精神与南宋理学》,载于《国命旬刊》1938年第5期。
⑤ 贺麟:《宋儒的评价》,载于《思想与时代》1944年第34期。

推崇包括朱子在内的宋明时期理学家对于民族文化和民族复兴所做出的重要贡献。至于宋明理学家的思想学说,贺麟说:"他们思想学说里,暗寓尊王攘夷的春秋大义,散布恢复民族、复兴文化的种子。试看宋以后义烈彪炳民族史上的大贤,如文天祥,如方孝孺,如史可法,皆是受宋儒熏陶培植的人才。"在这里,贺麟关注的是宋明理学中所具有的"尊王攘夷"、复兴民族文化的思想,及其对于培植人才的积极意义,甚至还把包括朱子学在内的宋儒学说思想与民族英雄联系起来。贺麟还说:"宋儒哲学中寓有爱民族、爱民族文化的思想,在某意义下宋明儒之学,可称为民族哲学,为发扬民族文化复兴民族所须发挥光大之学。"除此之外,贺麟还针对所谓宋儒之学是虚玄空疏无用之学的说法提出批评,指出:"宋儒格物穷理,凡事必深究其本源,理论基础甚深厚,虽表面上似虚玄空疏,而实有大用,故发生极大之影响。说宋儒不切实用,大都是只就表面立论,而不明程朱学说之全体大用者。"而且,贺麟还针对当时有人抨击程颐"饿死事小,失节事大"一语,指出:"今日许多爱国之士,宁饿死甚至宁被敌人逼害死而不失其爱国之节,今日许多穷教授,宁贫病致死,而不失其忠于教育和学术之节,可以说是都在有意无意间遵循着伊川'饿死事小,失节事大'的遗训。"由此可见,贺麟更在意于从弘扬民族气节、复兴民族精神的角度解说宋明理学,把对宋明理学的研究与民国时期的救国思潮联系起来,从而体现出理学救国的思想。

  正是由于诸多原因,民国时期,在极其艰难的社会、政治环境中,作为儒学重要组成部分的朱子学,并没有因为"打倒孔家店"而被打倒,反而是得到了充分的研究,取得了丰富的学术成果。

  民国时期,有众多学者研究过朱子学,其中谢无量、胡适、唐文治、吴其昌、周予同、陈钟凡、冯友兰、钱穆、白寿彝、张岱年、李相显等学者的研究工作较为突出。谢无量的《朱子学派》、唐文治的《紫阳学术发微》、周予同的《朱熹》、李相显的《朱子哲学》是这一时期以朱子学研究为专题的重要学术著作;胡适对朱熹《诗经》学的研究、从科学角度对朱熹格致说的诠释以及对朱熹理欲论的分析,吴其昌从考据入手对朱子学的研究,陈钟凡从宋代思想史角度对朱子学的研究,冯友兰《中国哲学史》和张岱年《中国哲学大纲》从中国哲学史角度对朱子学的研究,钱穆从心学入手对朱子学的阐释,白寿彝以史学为依据的朱子学研究,不仅提出了许多重要的学术问题和有价值的学术观点,而且对民国时期的朱子学研究具有重要影响,其中有些观点影响至今。

  由此可见,在民国时期极其艰难的社会、政治和学术环境中,朱子学研究以一种现代的学术方式持续深入地进行着。但是长期以来,由于种种原因,学术界对于民国时期的儒学以及朱子学研究关注不够,甚至过度夸大这一时期儒学以及朱子学所遭受的各种负面冲击，因而往往忽略了这一时期朱子学研究的进展和成就。实事求是地总结民国时期的朱子学研究，可以为我们消除对于民国时期朱子学研究乃至儒学研究的种种误解，还历史之本来面目。

当今朱子学研究兴起于20世纪80年代初，由于缺乏对于民国时期朱子学研究的了解，以至于大多数的研究并没有能够建立在前人的基础之上，有不少是对民国时期的重复，甚至是更低水平的重复。如果当今朱子学研究要有新的发展，就必须首先去把握民国时期的朱子学研究所遗留的宝贵学术资源，站在"前人的肩膀"之上。更为重要的是，民国时期的朱子学研究是现代朱子学研究的开端，对于朱子学的许多方面都作了深入的研究，不仅取得了重要的研究成果，而且形成了现代朱子学研究的学术方向、路径和方法。追溯民国时期的朱子学研究，不只是为了历史地了解这一时期朱子学研究发生、发展的状况，而是要把握民国时期的朱子学研究所遗留的宝贵的学术资源，以作为当今学术研究的重要基础，更是为了追随现代朱子学研究的先驱，接续民国时期朱子学研究的现代学术传统，从中找到进一步发展的坐标。

第一章

谢无量：现代朱子学研究的先驱

谢无量以撰写民国时期第一部以"中国哲学史"命名的学术著作《中国哲学史》而受到学术界的关注；同时，他还撰写了民国时期第一部以朱子学为专题的学术著作《朱子学派》。谢无量（1884~1964），原名蒙，又名沉，别字仲清，号希范，别号啬庵；祖籍四川梓潼，生于四川乐至。18岁时，考入上海南洋公学；27岁时，任四川存古学堂监督，兼教授词章一科，并任四川高等学堂及通省师范讲席。1913年，因病离开学校，病愈后赴上海，为中华书局编书。1917年，谢无量结识了孙中山先生；[①] 1923年，受聘于广东大学；稍后，受孙中山委任，为大本营参议。1926年起，先后任教于南京东南大学、中国公学、四川大学等。1950年以后，历任川西文物保管会主任、川西博物馆馆长、四川省博物馆馆长、四川文史馆研究员、省政协委员等职；1956年，应邀赴京担任中国人民大学教授；1960年，被任命为中央文史馆副馆长。谢无量一生著述颇丰。哲学史和宗教方面，除《中国哲学史》《朱子学派》，还有《阳明学派》《孔子》《韩非》《佛学大纲》《王充哲学》等；文学史方面，著有《中国妇女文学史》《中国六大文豪》《中国大文学史》《诗学指南》《词学指南》《诗经研究》《楚辞新论》《平民文学之两大文豪》等；在历史学方面，著有《古代政治思想研究》《中国古田制考》等。

[①] 谢无量的夫人陈雪湄说："一九一七年，无量结识孙中山先生……当时孙先生正草拟孙文学说建国大纲，无量参与其事。采故实于前代，观通变于当今，理既切至，言亦贞明。许多意见都被采纳。"（陈雪湄：《漫谈谢无量的书法及其他》，载于《文史杂志》1986年第1期）

一、概述

谢无量是一位在中国哲学史、文学史以及历史学方面都颇有成就的学者。从他的学术历程看，他的学术起始于哲学研究。早年，他在为上海中华书局编书时，于1914年出版了他的三部哲学类著作：《新制哲学大要》《新制哲学大要参考书》和《伦理学精义》。《新制哲学大要》之"编辑大意"指出："中国哲学思想，求之古初，已形发达。然大抵偏重观念论。编者编辑是书，略采德国近世实在论学者之说，冀导初学于新思想之潮流。"[①] 该书第一编"知之哲学"，分为"观念论"和"认识论"两章；第二编"实在体之哲学"，分为"物之实体哲学""心之实体哲学"和"人生哲学"三章。正是在哲学研究的基础上，谢无量进入朱子学研究的领域，并把研究重点放在朱子哲学上。

1915年，日本向袁世凯提出有损中国主权的"二十一条"，激起民众愤慨。谢无量在报上撰文呼吁，"炎黄领土，岂容出卖""血肉同胞，誓与争还"。[②] 正是在这样的背景下，谢无量于1915年11月出版了《阳明学派》。该书以阐述王阳明的哲学为主；第一编"序论"，第二编"阳明之哲学"，第三编"阳明之伦理学"，第四编"阳明关于古今学术之评论"。同时，该书也涉及对朱子学的研究，其中第四编第五章"程朱与陆王"，分为"格物致知说之异"和"讲学法之异"两节，主要阐述朱子学与陆王之学的异同；此外，该书第三编第三章"知行合一论"，有"阳明之论知行与朱晦庵之关系"一节，分析了阳明的知行合一与朱子知先行后的差异；第四编第二章《朱子晚年定论》，对王阳明《朱子晚年定论》作了评述，涉及阳明学与朱子学的关系。

1916年7月，谢无量的《朱子学派》出版。该书第一编"序论"，分第一章"朱子传略"，第二章"朱子学术之渊源"，第三章"关于朱子之评论"；第二编"本论"，分第一章"朱子哲学"，有"太极及理气二元论""宇宙发生论"和"鬼神论"三节，第二章"朱子伦理学"，有"性说""心意作用论""仁说""致知与力行"和"德之修养"五节，第三章"朱子教育说"，有"总论为学之方""小学"和"读书法"三节，第四章"古今学术评论"，有"道统评论"和"异学评论"两节；最后附"朱子门人及宋以来朱子学略述"。

同年9月，谢无量的《中国哲学史》出版，其中第三编上"近世哲学史（宋元）"第十一章"朱晦庵"，分为"太极及理气二元论""性说"和"修养之

---

① 谢蒙：《新制哲学大要·编辑大意》，中华书局1914年版，第1页。
② 彭华：《谢无量年谱》，载于《儒藏论坛》（第三辑），四川大学出版社2009年版，第141页。

工夫"三节。需要指出的是,这里对于朱子哲学的阐述,实际上是对谢无量《朱子学派》中"朱子哲学"和"朱子伦理学"两章的取舍和综合。此外,该著作还有第三编上第十二章"朱子门人",主要介绍了朱子门人蔡元定、蔡沈、黄榦、陈淳;第十三章"陆象山",有"朱陆异同"一节;第十六章"魏鹤山及真西山",对朱子后学魏了翁和真德秀作了介绍;第十七章"元之程朱学派",介绍了朱子后学许衡、刘因的事迹和哲学思想。这些对于朱子门人以及朱子后学的阐述,是谢无量的朱子学研究的重要组成部分。

此外,1918 年,谢无量的《中国大文学史》出版,其中第四编"近古文学史"第十三章第一节"周、张、程、朱之道学派文体",论及朱子的文学思想。1923 年,他的《诗经研究》出版,其中对朱子《诗经》学的历史地位作了概述。

谢无量的朱子学研究涉及诸多方面,主要在朱子的思想渊源、朱子的道统说、朱子哲学、朱子学与陆王异同、朱子教育说等方面提出了一些重要的学术观点。

二、朱子的思想渊源

关于朱子的思想渊源,谢无量在《朱子学派》第二章"朱子学术之渊源"中作了深入阐述,其中把朱子的思想渊源分为异学和二程之学两个方面。在对朱子思想渊源中异学的讨论时,谢无量除了讨论朱子与诗文杂学的关系外,更多的是探讨了朱子与禅学的关系,以为朱子早年尝喜好宗杲禅师的《大慧语录》,并与其弟子道谦禅师有过密切交往;而在对朱子思想渊源中二程之学进行讨论时,谢无量不仅讲朱子之学与二程的学脉关系,而且还讨论了程颢与程颐的思想差异以及朱子的有所偏向。

1. 朱子与禅学

朱子自称"出入于释老者十余年",朱子后学真德秀《西山读书记》所载朱子门人李方子《紫阳年谱》说道:"延平(李侗)与其友罗博文宗礼书曰:'元晦进学甚力,乐善畏义,吾党鲜有……渠初从谦开善处下工夫来,故皆就里面体认。'"[①] 认为朱子曾师从于开善道谦禅师。除此之外,黄榦所撰《朱文公行状》以及《宋史·朱熹传》都没有更多的记述。对此,谢无量作了探讨。

谢无量认为,朱子早年好佛,是由于唐宋时期儒、释之间的关系较为密切,

---

① (宋)真德秀:《西山读书记》卷三十一《朱子传授》,载于《景印文渊阁四库全书》(706),台北商务印书馆 1986 年版,第 121 页。

同时又与他早年受学于刘勉之、胡宪、刘子翚三先生有关。胡宪、刘子翚皆好佛学。谢无量引《佛祖通载》所说："朱子十八时，从学刘屏山。屏山意其必留意举业，搜其箧，仅有宗杲《大慧语录》一帙。"又引《归元直指》所谓："朱子尝以'赵州狗子有佛性'之公案，质于大慧弟子开善道谦禅师曰：'熹向蒙大慧禅师开示狗子佛性话头，木有悟入，愿授一言，警所不逮。'"又引《晓莹感山云卧记谈》所载道谦复朱子书曰："十二时中，有事时应受，无事时回头。向这一会子上，提撕'狗子还有佛性也无？'赵州云：'无。'将这话头，只管提撕，不要思量，不要穿凿，不要生知见，不要强承当。如合眼越黄河，莫问跳得过跳不过，尽十二分力气打一跳。若真个跳得，这一跳便千了百当。只管跳，莫论得失，莫顾危亡，勇猛向前，更休拟议。若迟疑动念，便没交涉也。"以证明朱子早年尝好宗杲《大慧语录》，且与其弟子道谦有过交往。[①] 除此之外，谢无量还引《朱子语类》有关记述以说明朱子与道谦的密切交往关系，比如：《朱子语类》载道谦与朱子的一次对话："道谦言：'《大藏经》中言，禅子病脾时，只坐禅六、七日，减食，便安。'谦言：'渠曾病，坐得三、四日便无事。'"[②]

关于朱子早年尝好宗杲《大慧语录》并与其弟子道谦禅师的交往，谢无量以佛书以及《朱子语类》的有关资料作了论证，这实际上开启了民国时期乃至以后对这一问题的探讨。1926 年出版的李石岑《人生哲学》认为朱子之学"从大慧宗杲、道谦得来"，又引佛书《佛法金汤》所载朱子祭道谦文，并指出："朱晦庵之学是受了大慧、道谦最大的影响。"[③] 1930 年，何炳松《程朱辨异》则认为"朱氏是一个'儒化'的道家"[④]。直到 1961 年，胡适在《〈佛法金汤编〉记朱熹与开善道谦的关系》一文中，对《佛法金汤》所述朱子与道谦的关系予以了讨论。

2. 朱子与二程

朱子之学主要本于二程。对此，谢无量论述了二程之学传于杨时、杨时传于罗从彦、罗从彦传于李侗、李侗传于朱子的过程，特别是详细阐述了杨时于喜怒哀乐未发之际体验"中"、罗从彦终日相对静坐、李侗于静中看喜怒哀乐未发时之气象，以及"朱子见延平之后，始渐脱释氏窠臼，趣于儒者之大道"的思想转变，其中还引朱子《答汪应辰书》(《答汪尚书》)所说："熹于释氏之说，盖尝师其人，尊其道，求之亦切至矣，然未能有得。其后以先生（李侗）君子之教，

[①] 谢无量：《朱子学派》，中华书局 1916 年版，第 24~25 页。
[②] 谢无量：《朱子学派》，中华书局 1916 年版，第 27 页。
[③] 李石岑：《人生哲学》，商务印书馆 1926 年版，第 369~370 页。
[④] 何炳松：《程朱辨异》（四），载于《东方杂志》1930 年第 27 卷第 12 号。

校夫先后缓急之序。于是暂置其说，而从事于吾学。"① 谢无量还说："朱子自二十四岁时，始见李延平，三十一岁，再见延平，遂尽弃异学。至三十八岁，访南轩于潭州，相与讲论，最后乃提出程伊川'涵养须用敬，进学在致知'二语。自此论学多本二程。四十以后，益臻纯熟，而其学大成矣。"②

关于朱子之学与二程的关系，一直有学者认为，程颢与程颐之间存在着学术思想上的差异，朱子较多地继承程颐。对此，陆九渊早就有过讨论，指出："元晦（朱子）似伊川，钦夫（张栻）似明道。伊川蔽固深，明道却疏通。"③ 后来，明代的黄宗羲也说："朱子得力于伊川，故于明道之学，未必尽其传也。"④ 显然，这里既讲朱子继承程颐之说，又说朱子的学术与程颢有所不同。1904 年，王国维在《教育世界》上发表的《就伦理学上之二元论》在论述宋代心性论的发展时，既讲"伊川纠正明道之说，分性与气为二"，又讲"朱子继伊川之说，而主张理气之二元论"⑤。这里明确讲程颐与程颢之异，并认为朱子继承程颐之说。蔡元培《中国伦理学史》在阐述宋明理学时，不仅分章讨论程颢与程颐的伦理学思想，而且专题讨论了"伊川与明道之异同"，指出："伊川与明道，虽为兄弟，而明道温厚，伊川严正，其性质较然不同，故其所持之主义，遂不能一致。虽其间互通之学说甚多，而揭其特具之见较之，则显为二派。……其后由明道而递演之，则为象山、阳明；由伊川而递演之，则为晦庵。"⑥ 这里明确认为，程颢与程颐分为两派，后来分别发展为陆王之学和朱子学。

对此，谢无量《朱子学派》指出："综而论之，自周濂溪以来，修养工夫，以主静为第一义。明道虑此'静'字或落于禅，乃代以'诚''敬'二字。'诚'在于内，而'敬'则可以兼外。然明道之学，自尤以'诚'为重，其《识仁篇》《定性书》等，颇可见之。所谓'天理二字，是自家体贴出来'，决非虚语也。至于伊川，亦'诚'与'敬'并言。然其意以'敬'即可以明诚，故专揭出'主敬'。比于明道，似在外者略多。故自涵养、进学，又论格物、致知之要也。朱子于两者之间，虽未有所轻重，然究其学术之全体，诚若有主于归纳。后人遂疑朱子偏于问学，要皆未深考，而误解当时所谓'格物致知'之义也。"⑦ 在谢无量看来，程颢与程颐在"诚"与"敬"的关系问题上有所差异，程颢

---

① 谢无量：《朱子学派》，中华书局 1916 年版，第 35 页。
② 谢无量：《朱子学派》，中华书局 1916 年版，第 29 页。
③ （宋）陆九渊：《陆九渊集》卷三十四《语录上》，中华书局 1980 年版，第 413 页。
④ （清）黄宗羲、全祖望：《宋元学案》（第一册）卷十三《明道学案上》，中华书局 1986 年版，第 542 页。
⑤ 王国维：《论性》，载于《静庵文集》，辽宁教育出版社 1997 年版，第 34~35 页。
⑥ 蔡元培：《中国伦理学史》，商务印书馆 1910 年版，第 164~165 页。
⑦ 谢无量：《朱子学派》，中华书局 1916 年版，第 40 页。

以"诚"为重，程颐主"敬"，又讲"格物致知"；朱子则强调涵养与致知二者之间不可有所轻重，但就其学术总体而言，确实是以致知为主，但不可就以为朱子偏于问学，甚至"朱子于涵养、致知二者，有时且以涵养在先"①。

稍后，谢无量的《中国哲学史》认为，程颢与程颐在宇宙论上大同而小异，朱子继承程颐之说稍多。他说："明道之学，每以综合为体；伊川之学，每以分析立说。此二程所由大同小异者也。后来陆王学派，近于明道；朱子学派，近于伊川。故明道之宇宙观，为气一元论；伊川之宇宙观，为理气二元论。朱子承伊川，其说益密。"② 这里既分析了程颢与程颐在学术上的差异，又认为朱子在宇宙观上对二程之学的继承偏于程颐。1926年，梁启超在清华国学院讲授《儒家哲学》，其中也有类似的表述，指出："明道的学问，每以综合为体；伊川的学问，每以分析立说。伊川的宇宙观，是理气二元论；明道的宇宙观，是气一元论。这是他们弟兄不同的地方。程朱自来认为一派，其实朱子学说，得之小程者深，得之大程者浅。"③ 与此不同，何炳松《程朱辨异》则认为，程颐与朱熹"两人的师承不但不同，而且相反"；④ 甚至还认为，程颐是一个"一元的、客观的、唯物的哲学家"，朱熹是一个"'太极图'式的二元的、主观的、唯心的哲学家"。⑤

三、朱子的道统说

对于朱子的道统说，谢无量《朱子学派》第二编第四章"古今学术评论"第一节"道统评论"作了专门的讨论，指出："宋世始有道学之名。学者之论，皆以周、程接孔、孟之传，其说至朱子始大定。而大率本之韩退之。……盖退之以道统之传，自尧、舜至于孔、孟而止。于汉以来诸学者，皆有所不许也。"⑥ 在谢无量看来，朱子道统说源自韩愈，其基本内容在于"自尧、舜至于孔、孟而止""以周、程接孔孟之传"。他还说："盖朱子以周、程上接孔、孟，而以张（张载）、邵（邵雍）为辅。此朱子道统说至大略也。"⑦ 谢无量还引朱子《沧洲精舍告先圣文》所言"恭惟道统，远自羲轩，集厥大成，允属元圣。……

---

① 谢无量：《朱子学派》，中华书局1916年版，第40页。
② 谢无量：《中国哲学史》第三编上《近世哲学史（宋元）》，中华书局1916年版，第32页。
③ 梁启超：《〈儒家哲学〉第五章"二千五百年儒学变迁概略"（下）》，载于《清华周刊》1926年第26卷第12号。
④ 何炳松：《程朱辨异》（一），载于《东方杂志》1930年第27卷第9号。
⑤ 何炳松：《程朱辨异》（四），载于《东方杂志》1930年第27卷第12号。
⑥ 谢无量：《朱子学派》，中华书局1916年版，第210～211页。
⑦ 谢无量：《朱子学派》，中华书局1916年版，第212页。

惠我光明，传之方来，永永无斁"，认为朱子"隐然以道统自任"①。

在论述朱子所谓道统的相传之"道"时，谢无量引朱子《读余隐之尊孟辨》所言"孔子传之孟轲，轲之死，不得其传，此非深知所传者何事，则未易言也。夫孟子之所传者何哉？曰仁义而已矣。孟子之所谓仁义者何哉？曰仁，人心也；义，人路也。曰恻隐之心，仁之端也；羞恶之心，义之端也。如斯而已矣。然则所谓仁义者，又岂外乎此心哉！尧、舜之所以为尧、舜，以其尽此心之体而已。……而孟子之所谓仁义者，亦不过使天下之人各得其本心之所同然者耳"②，并且指出："朱子所谓道统相传之内容，即是仁义，即是一心而已。"③ 显然，在谢无量看来，朱子所谓道统的相传之"道"在于仁义之心。

关于朱子的道统说，最为完整的表述当在《中庸章句序》之中。该文论及源自"上古圣神"的"道统之传"，从尧、舜、禹，到商汤、文王、武王，以及皋陶、伊尹、傅说、周公、召公，直至孔子、颜子、曾子、子思、孟子，并且还说："程夫子兄弟者出，得有所考，以续夫千载不传之绪。"实际上把自周敦颐、邵雍、张载和二程一脉也列于道统之传。问题是，朱子《中庸章句序》所述相传之"道"为"人心惟危，道心惟微，惟精惟一，允执厥中"，即所谓"十六字心传"，讲的是人心之"中"。从字面上看，人心之"中"不同于朱子《读余隐之尊孟辨》的仁义之心，但事实上，在朱子那里，"中"与"仁"是一致的，朱子曾说："'中者性之道'，言未发也；……'仁者心之道'，言发动之端也。"④ 因此，谢无量以朱子《读余隐之尊孟辨》为据，以为朱子道统所传之"道"在于仁义之心，与《中庸章句序》讲"十六字心传"是一致的。

需要指出的是，谢无量《朱子学派》对于朱子道统说的讨论，实际上是为了阐述朱子对于历代儒家的评论，乃至于对古今学术的评论，所以较为关注朱子对于道统儒家的评论，尤其是对孔门弟子颜渊、曾参以及周敦颐、二程、张载、邵雍的评论，因而并没有对朱子道统说本身展开更进一步的讨论。

谢无量《朱子学派》在阐述了朱子对道统儒家的评论之后，又概述了朱子对道统之外的二程门人以及名儒荀子、董仲舒、扬雄、王通、韩愈的评论，认为朱子对二程子门人多有微词，"似谓其皆未能得程子之传也"，⑤ 又指出："朱子于孔、孟、周、程、张、邵以外，以为于斯道若有闻焉者，则称荀卿、董仲舒、

---

① 谢无量：《朱子学派》，中华书局1916年版，第212页。
② （宋）朱熹：《晦庵先生朱文公文集》卷七十三《读余隐之尊孟辨》，载于《朱子全书》（24），上海古籍出版社、安徽教育出版社2010年版，第3525页。
③ 谢无量：《朱子学派》，中华书局1916年版，第213~214页。
④ （宋）黎靖德：《朱子语类》（七）卷一百一，中华书局1986年版，第2583页。
⑤ 谢无量：《朱子学派》，中华书局1916年版，第216页。

扬雄、王通、韩愈，为优于诸子。"① 还说："朱子对荀、董、扬、王、韩诸子，尤于荀、扬多贬辞，王、韩似有见于道，又各有所短也。"② 此外，谢无量《朱子学派》还概述了朱子对于其他学术派别包括老、庄、申、韩诸子以及释氏所作的评论，朱子对北宋苏轼、王安石和南宋陆九渊、吕祖谦、陈亮、陈傅良、叶适等人的评论。这些讨论，虽然与朱子道统说本身并没有直接的关系，但显然有助于对朱子道统说的理解。

四、朱子哲学

谢无量对于朱子学的研究，以朱子哲学为主；而他的《朱子学派》和《中国哲学史》对于朱子哲学的讨论，是民国时期最早运用西方"哲学"概念对于朱子学术思想所作的系统阐述之一。重要的是，谢无量《中国哲学史》对于朱子哲学的阐述分为"太极及理气二元论""性说"和"修养之工夫"三节，至今仍有不少学者从"本体论""心性论"和"工夫论"三个层次阐述朱子哲学，盖滥觞于此。

（一）本体论

谢无量对于朱子哲学本体论的阐述，主要包括太极理气论、宇宙发生论、鬼神论等诸多方面。需要指出的是，后来乃至当今对于朱子哲学本体论的阐述也大致采用这样的论述框架，包含这些基本内容。

1. 太极理气论

朱子较多地继承程颐之说而讲理气。如前所述，王国维《论性》提出"朱子继伊川之说，而主张理气之二元论"。同时，朱子又把周敦颐的太极解说为理。蔡元培《中国伦理学史》说："晦庵本伊川理气之辨，而以理当濂溪之太极，故曰：由其横于万物之深底而见时，曰太极；由其与气相对而见时，曰理。"③

谢无量《朱子学派》论述朱子哲学的本体论，先言太极，并依据蔡元培《中国伦理学史》，指出："朱子之纯正哲学，本诸濂溪、伊川。取伊川所立理气之名，而以理当濂溪之太极。盖由其横于万物之深底而见时，曰太极，由其与气相对而见时，曰理。故曰：'太极只是一个理字。'"④ 在对朱子"太极"的讨论

---

① 谢无量：《朱子学派》，中华书局1916年版，第217页。
② 谢无量：《朱子学派》，中华书局1916年版，第219页。
③ 蔡元培：《中国伦理学史》，商务印书馆1910年版，第172页。
④ 谢无量：《朱子学派》，中华书局1916年版，第62页。

中，谢无量通过引述朱子论太极及其阴阳动静、太极与天地万物的关系，认为在朱子那里，"太极"即是"理"，"即是宇宙之实体，一切世界万物发生之根本，非仅是空理也"①。

与此同时，谢无量还通过引述朱子论太极与心的关系，认为在朱子那里，"太极即是心"，还说："盖未发而静，是太极之体；已发而动，是太极之用。虽动静有殊，但是体用上差别，而太极则一也。"② 显然，在谢无量看来，朱子的太极，既是天地万物之根本，又是心之本体，二者是统一的。

关于朱子的理气，谢无量《朱子学派》作了进一步阐释，根据朱子讲"所谓理与气决是二物"，指出："朱子虽以太极即是理，然以理气决是二物，并为宇宙之原理，故朱子实是理气二元论也。"③ 又说："盖朱子之意，以天下未有无理之气，亦未有无气之理。理、气虽为二物，而理即在气中。故理、气先后，非有划然之区别可指。但自形上、形下分之，则理无形，气有形，理精气粗，是以可说理先。"④ 还说："朱子之哲学及伦理，咸以理、气二者统之者也。"⑤ 显然，在谢无量看来，朱子持理气二元论观点。谢无量《中国哲学史》也说："朱子既以理搭于气而行，又谓理气不可分先后，盖认理气为决然二物，此所以名之为理气二元论也。"⑥ "朱子所谓理，当周子所谓太极；朱子所谓气，当周子所谓阴阳两仪；是以朱子但说理气二元也。"⑦

谢无量《中国哲学史》对朱子的理一分殊作了详细阐述，主要从两个方面入手：其一，就太极与万物的关系而言。谢无量指出："朱子说万物与太极之关系有二：一曰万物体统一太极，二曰万物各具一太极。宇宙间万物莫不从太极生矣，合此能生之本，是万物体统一太极。穷其所生之殊，是物物各具一太极。"⑧ 其二，就理气关系而言。谢无量认为，在朱子那里，理一分殊是指"理虽同而气无不异，盖同是一理，而禀受者有多有少，有偏有全也"⑨。

自谢无量提出朱子继承程颐而主张理气二元论之后，多数学者都认同这一观点。1924年出版的王治心《中国学术源流》认为，二程的理气二元是"朱子哲学的本源"⑩。1925年出版的徐敬修《理学常识》指出："朱子之宇宙论，虽取之于周、程，然于程伊川之理气二元论，则益趋精密，故朱子之纯正哲学，可谓

---

① 谢无量：《朱子学派》，中华书局1916年版，第64页。
②③ 谢无量：《朱子学派》，中华书局1916年版，第65页。
④ 谢无量：《朱子学派》，中华书局1916年版，第66页。
⑤ 谢无量：《朱子学派》，中华书局1916年版，第114页。
⑥ 谢无量：《中国哲学史》第三编上《近世哲学史（宋元）》，中华书局1916年版，第57页。
⑦⑧⑨ 谢无量：《中国哲学史》第三编上《近世哲学史（宋元）》，中华书局1916年版，第59页。
⑩ 王治心：《中国学术源流》，义利印刷公司1924年版，第94页。

之为二元论。"① 同年出版的赵兰坪《中国哲学史》,其中有专门一节讨论朱子的"太极及理气二元论"②。1926年,江恒源的《中国先哲人性论》在讨论"朱熹的论性学说"时,先论述朱熹的太极论与理气二元论。③ 李石岑的《人生哲学》指出:"朱晦庵的哲学,可以说是集周、张、二程之大成。他的哲学所以带有理气二元的色彩。"④ 1929年,贾丰臻的《宋学》说:"晦庵继续伊川的思想,主张理气二元说。"⑤ 当然,也有学者并不完全赞同谢无量关于朱子主张理气二元论的观点。1929年出版的钟泰《中国哲学史》认为,朱子"虽理气并言,而仍以理为本",而谢无量《中国哲学史》讲朱子纯主理气二元论,并未为真知朱子。⑥ 这实际上是把谢无量提出的朱子主理气二元论的观点当作一家之言而做出的评述。1935年,高名凯发表的《朱子论心》不同意谢无量把朱子理气论归于理气二元论,指出:"尝见谢无量先生作有《朱子学派》一书,认为朱子的形而上学是理气二元论,这实在是一种错误的见解。朱子的学说虽然重理气的两方面的解释,但是他的学说并非二元论,而是一元论,或绝对一元论。"⑦ 这从另一个侧面反映出谢无量的朱子学研究所具有的影响。

2. 宇宙发生论

谢无量论述朱子哲学,除了讨论其太极及理气二元论,还阐述了"由其宇宙二元论,以组织精密之万物发生说"⑧,专门就朱子以"气"为起点的宇宙发生论作了详细阐述。谢无量说:"天地之间,只是一气,有动有静。就其所以动静之本,则谓之理,及有动静便是气。理为实体,气为现象。理虽具在气中,而不可见。故论宇宙发生,但当就气求之。无论为人为物,只能观其气而推其禀此理耳。"⑨ 并且还认为,就实体而言,太极为理,就现象及宇宙发生而言,太极为气。

为此,谢无量阐述了朱子有关阴阳之气生成天地万物的思想。首先从"天地初间,只是阴阳之气"出发,论及天地的形成和天地结构,指出:"朱子以地居气中,气即是天,气轻而地重,故地即气之渣滓也。当时科学未明,故朱子于天地之论证,或未能如今之密合,然其意固在显示此理,亦自无有异耳。"⑩ 然后

---

① 徐敬修:《理学常识》,大东书局1925年版,第46页。
② 赵兰坪:《中国哲学史(卷下)》,国立暨南学校出版部1925年版,第94页。
③ 江恒源:《中国先哲人性论》,商务印书馆1926年版,第162~165页。
④ 李石岑:《人生哲学》,商务印书馆1926年版,第394~395页。
⑤ 贾丰臻:《宋学》,商务印书馆1929年版,第89页。
⑥ 钟泰:《中国哲学史(卷下)》,商务印书馆1929年版,第41页。
⑦ 高名凯:《朱子论心》,载于《正风半月刊》1935年第1卷第16期。
⑧ 谢无量:《中国哲学史》第三编上《近世哲学史(宋元)》,中华书局1916年版,第61页。
⑨ 谢无量:《朱子学派》,中华书局1916年版,第69页。
⑩ 谢无量:《朱子学派》,中华书局1916年版,第70页。

进一步讨论自然万物以及人的生成，生生不已；并且还认为，在朱子那里，"凡有气即有理，气中之理，即是生生不已之心""已经生长，则有形可见，故为无心之气；欲生之时，无形可见，故为有心之理。此宇宙万物发生之通则也"。① 与此同时，谢无量还阐述了朱子的阴阳五行思想，指出："盖阴阳五行，循环错综，升降往来，所以生人物之万殊，立天地之大本也。"② 并且还具体讨论了朱子以阴阳五行解释天地、自然万物与人的形成，以及风、雨、雪、雹、霜、露之类的生成。需要指出的是，谢无量还特别赞赏朱子对于天地间各种自然现象形成的解释，明确指出："朱子论天地间气象变化，已有近于科学矣。"③

谢无量对朱子宇宙发生论的阐述，影响很大。江恒源《中国先哲人性论》讨论"朱熹的论性学说"，不仅先述朱熹的太极论与理气二元论，而且包含了对朱熹宇宙发生论的阐述，并指出："朱子推论宇宙万物发生生长的原因及状况，颇带一点自然科学的意味。"④ 在引述了朱熹有关宇宙成因、宇宙结构以及万物生成的论述之后，江恒源还认为，朱熹的论述，"虽未必真能和最近科学一一吻合，但在七八百年以前，已能具有如此理想，的确也算不容易了。"⑤ 1931 年出版的吕思勉《理学纲要》篇八"晦庵之学"，包含了对朱熹宇宙论的阐述，并且指出："朱子之好学深思，实非寻常理学家所及。故于物理，探索尤勤，发明亦多。衡以科学，固多不足信。然自是当时哲学家一种见解。"⑥ 于是，引述了朱熹有关宇宙生成、宇宙毁坏、生物化生的论述，并作了讨论，认为朱熹"深信物理规则"，他所谓"虽坏而不断绝""动静无端，阴阳无始"的说法，"虽置之认识论中，亦无病矣"。⑦

3. 鬼神论

对于朱子哲学本体论的阐述，除了太极论、理气论、理一分殊、宇宙发生论之外，谢无量《朱子学派》还专门讨论了朱子建立在阴阳二气原理之上的鬼神论，阐述了朱子所论鬼神之原理，所谓"以二气言，则鬼者阴之灵也，神者阳之灵也。以一气言，则至而伸者为神，反而归者为鬼"，⑧ 并且还具体阐述了朱子对于各种鬼神说法的辨析以及对相信鬼神的批评。谢无量认为，在朱子看来，

---

① 谢无量：《朱子学派》，中华书局 1916 年版，第 70~71 页。
② 谢无量：《朱子学派》，中华书局 1916 年版，第 73 页。
③ 谢无量：《朱子学派》，中华书局 1916 年版，第 77 页。
④ 江恒源：《中国先哲人性论》，商务印书馆 1926 年版，第 166 页。
⑤ 江恒源：《中国先哲人性论》，商务印书馆 1926 年版，第 168 页。
⑥ 吕思勉：《理学纲要》，商务印书馆 1931 年版，第 98 页。
⑦ 吕思勉：《理学纲要》，商务印书馆 1931 年版，第 100 页。
⑧ 谢无量：《朱子学派》，中华书局 1916 年版，第 78 页。

"盖天地间，无非此阴阳之气。阳便是神，阴便是鬼。推之日月、昼夜、人生、壮老、魂魄、呼吸，有屈伸往来者，皆可谓之鬼神。物物莫不各有阴阳，即莫不各有鬼神。"① "盖世间既因此阴阳之气，而有公共之鬼神，又时感阴阳不正之气，流为妖异，亦谓之鬼神。要皆是元气所生，有正有不正，即精粗大小之别，未可以正为有，以不正为无也。"②

（二）心性论与仁学

谢无量推崇朱子言性，指出："盖朱子言性，集前世言性者之大成，而为后世言性者所不能外。"③ 并且特别强调朱子论性，"自其理气二元推之"④ "自其理气二元而以一贯之"⑤，而讲天地之性与气质之性；同时又宗二程"性即理"之说，所谓"万物莫不同禀此理，即同禀此性"，而讲人与物之性相同，"其所以不同者，即有通有塞，气为之也"⑥。谢无量还非常重视朱子讲气质之性，指出："朱子谓张、程论性之功，在发明气质之性。"⑦ 又说："朱子尝以气质之说既立，而后言性始备。"⑧ 又说："古来论性，说至纠纷。自程朱立理气二者为宇宙根本原理，遂分别本然之性与气质之性二种：一属于理；一属于气。要之朱子之说，尤为详密，论性者至是有条贯可寻。"⑨

谢无量认为，朱子言心，既讲"心杂理气，兼包藏善与不善"⑩，又论"心、性、理之一贯"，"理在心中"；⑪ 同时又认为，朱子推崇张载所谓心统性情，既讲心与性情之别，又讲心总包性情。谢无量还说："朱子近宗张、程，远称孟子，以证心为主宰，兼摄性情。学者当先明心，得其大本所在，乃可与知性情之辨也。"⑫ 而且还引朱子所言"心之全体湛然虚明，万理具足，无一毫（私欲）之间；其流行该遍，贯乎动静，而妙用又无不在焉。故以其未发而全体者言之，则性也；以其已发而妙用者言之，则情也，然'心统性情'，只就浑沦一物之中，指其已发、未发而为言尔。非是性是一个地头，情又是一个地头，如此悬隔也"，

---

① 谢无量：《朱子学派》，中华书局1916年版，第79页。
② 谢无量：《朱子学派》，中华书局1916年版，第80页。
③ 谢无量：《朱子学派》，中华书局1916年版，第91～92页。
④ 谢无量：《朱子学派》，中华书局1916年版，第92页。
⑤ 谢无量：《中国哲学史》第三编上《近世哲学史（宋元）》，中华书局1916年版，第61页。
⑥ 谢无量：《朱子学派》，中华书局1916年版，第96页。
⑦ 谢无量：《朱子学派》，中华书局1916年版，第101～102页。
⑧ 谢无量：《中国哲学史》第三编上《近世哲学史（宋元）》，中华书局1916年版，第62页。
⑨ 谢无量：《朱子学派》，中华书局1916年版，第114页。
⑩ 谢无量：《朱子学派》，中华书局1916年版，第116页。
⑪ 谢无量：《朱子学派》，中华书局1916年版，第118页。
⑫ 谢无量：《朱子学派》，中华书局1916年版，第121页。

指出："此就心之作用所从出之地，与性情皆在一处，以发与未发而有不同，不可区别太甚也。"①

谢无量论朱子心性，同时又论朱子言仁，并且认为，朱子论仁，"盖实本于明道程子之《识仁篇》"，还说："朱子既承明道之说，以仁为五常百行之首，至善之源，而又远推本《乾·文言》之曰'德'，《孟子》之'四端'，故以信属于诚，以仁义智（义礼智）三者为统于仁，乃作《仁说》。"② 对于朱子《仁说》以天地生物之心言仁，讲四德统于仁，谢无量说："朱子以仁为天地生物之心，盖心统性情，性情之发而得其正者，莫大于仁。故仁可以包贯诸德也。朱子以天地生物之心喻仁，故以五常、百善，皆自生意推之，同为一本所分。"③ 又说："盖仁义礼智，犹春夏秋冬始皆自一气发生。初发者是仁，故譬之于春，譬之于元，可以统三者，必贯通本末而观，仁之体用乃显也。"④ 与此同时，谢无量还具体分析了朱子有关求仁以及仁与恕、仁与公、仁与爱、仁与去私欲关系的论述，指出："盖曰恕，曰公，曰爱，曰无私欲，无非仁之一端，而非仁之全体，但能识其全体根本之所在，而后推之于其枝叶，则凡亲亲、仁民、爱物之事，莫不在其中矣。"⑤ 并且说："综而论之，为仁不外一心。一心敦笃虚静，是为为仁之本。以敦笃虚静，乃能去私欲也。去私欲则公，公则仁矣。恕与爱二者，是仁之效。恕则仁之施，爱则仁之用也。此就'仁'字本义而言。若推而达之，凡礼义信智，及一切万善，何莫非仁之所统乎？"⑥

在谢无量看来，朱子心性论强调"心"与"性"的一贯，而与陆九渊、阳明的"心即理"大同小异，同时，朱子仁学较多地偏于程颢，而不同于在宇宙观上偏于程颐。这一观点与过多强调朱子偏于程颐、朱子与陆王之异，形成对照。

谢无量《朱子学派》认为朱子论仁"本于明道"的说法，影响很大。1928年出版的王凤喈《中国教育史大纲》论及朱熹教育学说，有"仁说"一节，认为朱熹论仁"大致本之明道"⑦。1932年，嵇文甫发表的《程朱论仁之阐略》在阐述朱子论仁时，指出："谢无量氏谓考亭之于仁学，全体大用，体用兼该，表里精粗，交底于极，斯言谅矣。"⑧ 赞同谢无量对于朱子仁学的阐述；并且还认

---

① 谢无量：《朱子学派》，中华书局1916年版，第123页。
② 谢无量：《朱子学派》，中华书局1916年版，第126~127页。
③ 谢无量：《朱子学派》，中华书局1916年版，第128页。
④ 谢无量：《朱子学派》，中华书局1916年版，第133页。
⑤ 谢无量：《朱子学派》，中华书局1916年版，第137页。
⑥ 谢无量：《朱子学派》，中华书局1916年版，第140页。
⑦ 王凤喈：《中国教育史大纲》，商务印书馆1928年版，第185页。
⑧ 甫文（嵇文甫）：《程朱论仁之阐略》（续），载于《尚志周刊》1932年第2卷第6~7两期合刊。

为，程颢受释老影响深重，其仁学"染有佛老之痕迹者"，而朱子无须假借于佛老之教，只要"穷理以致其知，反躬以造其实"。①但又说："要之，二贤论仁，乃同归而殊途，皆有功于仁学者，本无所轩轾于其间。"②认为程颢与朱子在仁学上虽有差异，但终属殊途而同归，同源而异流。1937年出版的范寿康《中国哲学史通论》也认为，朱子仁学"乃系远绍孔子的仁说，近承程明道的《识仁篇》的思想"③。

（三）工夫论

对于朱子的工夫论，谢无量《朱子学派》阐述了朱子论知行关系、格物致知及其与涵养践履的关系。在知行关系上，谢无量引述朱子所说"知行常相须，如目无足不行，足无目不见。论先后，知为先；论轻重，行为重"，指出："朱子亦以行为重，而论为学则须先知后行。此自然之序，不可改也。"④明确认为朱子持"先知后行"之说。同时，他又引朱子所言"《大学》之书，虽以格物致知为用力之始，然非谓初不涵养履践而直从事于此也"⑤。认为朱子虽然讲知为先，但又必须先行涵养践履。

在谢无量看来，朱子讲格物致知，在于穷理。他说："凡人行之不善，皆是未行之先，知有所不尽。若夫致知之事，又不外穷理，理即人人所自具者也。"⑥所以，谢无量还说："朱子为学，以格物致知、穷理居敬为主。尝举程子'涵养须用敬，进德（学）则在致知'二语教人。然格物致知，与穷理居敬，本是一贯。"⑦认为朱子讲格物致知，与朱子工夫论所谓"居敬穷理"是一致的。

谢无量认为，朱子虽然讲知为先，但"致知者，所以为力行也"⑧，并且还说："力行之前，固在先致其知；方行之际，尤当断断于理欲、义利、是非之辨，而后立心处事，庶乎得其正矣。"⑨所以，他对朱熹理欲论作了分析，并且指出："天理、人欲，不外一心；一心所包，不外善恶。善即是天理，恶即是人欲；善

---

① 甫文（嵇文甫）：《程朱论仁之阐略》，载于《尚志周刊》1932年第2卷第4～5两期合刊。
② 甫文（嵇文甫）：《程朱论仁之阐略》（续），载于《尚志周刊》1932年第2卷第6～7两期合刊。
③ 范寿康：《中国哲学史通论》，开明书店1937年版，第358页。
④ 谢无量：《朱子学派》，中华书局1916年版，第142页。
⑤ 谢无量：《朱子学派》，中华书局1916年版，第145页。
⑥ 谢无量：《朱子学派》，中华书局1916年版，第146～147页。
⑦ 谢无量：《中国哲学史》第三编下《近世哲学史（宋元）》，中华书局1916年版，第63页。
⑧ 谢无量：《朱子学派》，中华书局1916年版，第152页。
⑨ 谢无量：《朱子学派》，中华书局1916年版，第153页。

即是义,恶即是利。能先知去恶,则可以为善矣。"① 这实际上是把朱熹"存天理、灭人欲"解读为人的内心上的"去恶""为善"。谢无量还说:"朱子论行为之善恶,以为必先有是善心,而后能行善事。至于所以使之有是善心者,不外平日讲明义理。及熟习于此,则应物自能曲当。"②

谢无量对朱子的道德修养方法作了阐述,并特别强调心的修养,指出:"朱子以为众德皆出一心,而以仁为主。其论德之修养,即心之修养也。人能知所以存心,则应万事而无不善。"③ 谢无量所讨论的朱子的道德修养方法,主要包括求放心、持敬、主静、定性等。他说:"朱子所谓存养之方,以求放心为首。"④ 又说:"盖'敬'字工夫,至伊川程子始提出。朱子深赞其妙。……尝曰:'敬字工夫之妙,圣学之所以成始成终者,皆由此。'"⑤ 又说:"宋儒多言静坐,盖此亦养心之法,而敬义之所从出也。……《语类》曰:'明道教人静坐,李先生亦教人静坐。盖精神不定,则道理无凑泊处。'"⑥"朱子固尝以静坐教人,惟不专主静坐耳。"⑦ 还说:"定性为存养之极功。盖养之于此心未发之际,则其发也,自然中节。……惟性定则可以动静如一,内外无间矣。"⑧

显然,在谢无量看来,朱子的工夫论虽然讲知为先,但更多讲心的修养,尤其是讲程颢的静坐;同时,谢无量还并把程颢《定性书》所言"定性"看作朱子的"存养之极功",强调朱子在工夫论上对程颢的继承。

谢无量从"本体论""心性论"和"工夫论"三个层次对于朱子哲学的阐述,内容翔实且较为完整,不少观点得到学者认同。他的《朱子学派》影响很大,甚至20年之后,直到1937年,由福建协和大学福建文化研究会主办的《福建文化》发表"福建理学专号",其中郭毓麟《论宋代福建理学》在阐述朱子哲学时,还完全是依据谢无量《朱子学派》的有关章节予以缩编,主要涉及谢无量《朱子学派》所述第二编第一章"朱子哲学"第一节"太极及理气二元论",第二章"朱子伦理学"第一节"性说"、第四节"致知与力行"和第五节"德之修养"。⑨

---

① 谢无量:《朱子学派》,中华书局1916年版,第156页。
② 谢无量:《朱子学派》,中华书局1916年版,第158页。
③④ 谢无量:《朱子学派》,中华书局1916年版,第160页。
⑤ 谢无量:《朱子学派》,中华书局1916年版,第165页。
⑥ 谢无量:《朱子学派》,中华书局1916年版,第170页。
⑦ 谢无量:《中国哲学史》第三编上《近世哲学史(宋元)》,中华书局1916年版,第63页。
⑧ 谢无量:《朱子学派》,中华书局1916年版,第177页。
⑨ 郭毓麟:《论宋代福建理学》,载于《福建文化》1937年第4卷第24期。

五、朱子学与陆王的异同

朱子学与陆王的异同，一直是朱子学研究的重要问题之一。蔡元培《中国伦理学史》中的第三期"宋明理学时代"，除了第九章"朱晦庵"讨论朱子伦理学思想，还在第十章"陆象山"中包含"朱陆之论争"，专门就朱陆两派的形成发展以及朱陆的差异作了具体阐述，指出："朱子偏于道问学，尚墨守古义，近于荀子。陆子偏于尊德性，尚自由思想，近于孟子。"[①] 又说："朱学泥于循序渐进之义，曰必先求圣贤之言于遗书，曰自洒扫应对进退始。其弊也，使人迟疑观望，而不敢勇于进取。阳明于是矫之以知行合一之说。"[②] 与此不同，汤用彤的《理学谵言》，更多地强调朱子与陆王的小异而大同、殊途而同归。他在讲理学为"中国之良药也，中国之针砭也，中国四千年之真文化真精神也"的同时，又说："理学中之大者曰程朱，曰陆王。程子沈潜，至晦庵而其学益密，陆子高明，至阳明而其学益精，一则酿有宋一朝之学风，一则酝有明一代之文化，是皆讲学之力也。"[③] 显然，在汤用彤的救世良药中，朱子学与陆王之学是相互补充的。就朱子与阳明的异同而言，《理学谵言》说："二先生之学各有其本根，故曾相抵牾，而其大别则阳明以格致为诚意，紫阳先格致而后诚意，然而最吃紧处，皆在慎独则无所同异也。……至如朱王之异同优劣，记者所不能言，亦不敢言，使释一端之争执而同进于大道。"[④]

谢无量对于朱子学与陆王异同作了具体的讨论。他的《阳明学派》第四编第五章"程朱与陆王"分为"格物致知说之异"和"讲学法之异"两节。在"格物致知说之异"一节中，谢无量先是阐述了朱子"格物"与陆九渊"格心"之不同，接着从七个方面阐述了朱王在"格物致知"诠释上的差异：（1）阳明"致知"在于"致吾心之良知"，"格物"意在"格其非心"；朱子"格物致知"在于即物穷理，"推极吾之知识"。（2）阳明谓："吾欲致其良知，必就每事而正其不正者以归于正。知恶去恶，知善为善，即可以进于知行合一也。"晦庵谓："欲极吾人之知识，必就天下之事，而各穷其理。"（3）阳明谓："非良知昭明灵觉，则不能判断是非善恶。"晦庵谓："人心之灵，凡事物微妙之旨莫不能知。"（4）阳明谓："非良知光明发耀，即不能充为善去恶之功夫。"晦庵谓："非知识完备，不能格穷理之功。"（5）阳明谓："心外无事，心外无理。"晦庵谓："天

[①] 蔡元培：《中国伦理学史》，商务印书馆1910年版，第137～138页。
[②] 蔡元培：《中国伦理学史》，商务印书馆1910年版，第187～188页。
[③] 汤用彤：《理学谵言》，载于汤一介编选《汤用彤选集》，天津人民出版社1995年版，第26页。
[④] 汤用彤：《理学谵言》，载于汤一介编选《汤用彤选集》，天津人民出版社1995年版，第13页。

下之事，皆莫不有理。"（6）阳明所谓学，惟在致良知。良知昭明，则万理自具。施之日用之事，有不待讲习而自得其宜者矣。晦庵所谓学，即在天下之事。由既知之理，而益推穷未知之理。（7）阳明以良知犹明镜照物，良知既明，则众物之表里精粗无所不知。晦庵谓："即物穷理，用力之久，则一旦豁然贯通，物之表里精粗，无所不到。"① 谢无量还说："程朱论格物致知，重在事实之经验；阳明论格物致知，重在良心之悟彻。宋明以来论格物，多此二大派之绪也。"②

在"讲学法之异"一节中，谢无量又从多个方面阐述朱子与陆王在为学上的差异：朱子说"即物穷理"，陆王偏重此心；朱学为经验的、归纳的，或流于支离灭裂；陆王之学，为直觉的，为演绎的，其流或入于禅；陆王以德行之本体即学问，朱子先求学问之方法，而后进及于德行；朱子主张"理气二元"论，陆九渊讲"理为宇宙之一元"，阳明讲"理气合一"；朱子教人，以道问学处较多，陆九渊则以简易直截；朱子言学者修身，始于洒扫、应对、进退之末，极之礼法威仪之至；阳明之言礼，则贵简而不贵繁；朱子以六经为金科玉律，终身注释六经，陆九渊则讲"六经皆我注脚"。③ 谢无量还说："程朱、陆王二派，各有所长。学者如欲循序渐进，宁用晦庵之说为平易著实。陆王主于顿悟，资性聪敏者或好之，然其弊有流于陋，有入于禅，故亦不可不察也。"④

此外，《阳明学派》第三编第三章"知行合一论"，有"阳明之论知行与朱晦庵之关系"一节，分析了阳明的知行合一与朱子知先行后的差异，认为阳明讲知行合一，"其根柢无不在于本心之良知"，而最终在于"正其念虑为事"，其弊"或有流于禅而不自知者"；朱子讲先知后行，"非不重行，而本于事物经验以求之"，其弊"或终身致力于训诂注释，以为居敬穷理之功，至不免流于支离灭裂"。⑤

正是通过对朱子学与陆王异同的多方面的具体讨论，谢无量《中国哲学史》又对此作了概括，指出："宋学有朱陆两派对立，后来或尊朱而抑陆，或尊陆而抑朱，故朱陆异同，亦哲学史上所不可不考者也。朱子尝作书与学者云：'陆子静专以尊德性诲人，故游其门者多践履之士，然于道问学处缺了。某教人岂不是道问学者多了些子？故游某之门者，践履多不及之。'此可为二家异同之定评。"⑥ 又说："盖陆学尚简易直截，朱学重学问思辨；朱学在'即物穷理'，陆

---

① 谢无量：《阳明学派》，中华书局1915年版，第143～145页。
② 谢无量：《阳明学派》，中华书局1915年版，第146页。
③ 谢无量：《阳明学派》，中华书局1915年版，第146～148页。
④ 谢无量：《阳明学派》，中华书局1915年版，第149页。
⑤ 谢无量：《阳明学派》，中华书局1915年版，第60页。
⑥ 谢无量：《中国哲学史》第三编上《近世哲学史（宋元）》，中华书局1916年版，第71页。

学言'心即理'。一主于经验,一主于直觉;一主于归纳,一主于演绎。此其所以卒异也。"① 显然,这是谢无量对于朱陆学术差异的总结。

需要指出的是,谢无量在阐述朱子学与陆王学术差异的同时,又强调二者的相同之处。他的《阳明学派》第四编第二章《朱子晚年定论》明确指出:"阳明与朱子之学,相异之处固多,其中固未尝无符合者。"②《朱子学派》在阐述朱子对古今学术的评论时,其中大量引述朱子对于陆九渊的评述,同时还说:"象山之学,偏于尊德行(性),而略于道问学。朱子以为其弊且流于禅。鹅湖之会,虽不合而罢,然象山与朱子固绝相重,以后常贻书往来论学。象山不喜濂溪《太极图说》,谓:'太极之上,不当著无极字。'此为辨论之最烈者。其后象山访朱子于白鹿洞,朱子请其讲《论语》'君子喻于义,小人喻于利'一章,以示学者。藏而跋之,称其切中学者隐微深痼之病。顾象山之学亦盛行于世。"③ 谢无量《朱子学派》甚至还认为,陆九渊以及后来王阳明的"心即理"说,与朱子讲"心、性、理之一贯"以及"理在心中","亦无以异矣"。④《中国哲学史》在总结朱陆学术差异的同时,又特别指出:"二公于学术虽有争辩,而交谊固甚笃也。"⑤显然是强调朱子学与陆九渊之学的大同而小异。

谢无量《中国哲学史》对于朱陆异同的讨论影响很大。1924年,张恩明发表的《述朱陆学说之异同及其得失》从多个方面对朱陆学说之不同作了概括,其中完全引用了谢无量《中国哲学史》中的说法:"……陆学尚简易直截,朱学重学问思辨;朱学在'即物穷理',陆学主'心即理'。总之,一于主经验,一主于直觉;一主于归纳,一主于演绎。此二氏之学派所以卒异也。"⑦ 1925年董西铭发表的《程朱陆王哲学之长短得失》认为,"程朱尚经验,陆王重直觉。惟其尚经验,所以程朱多用归纳法,即物穷理,从经验上得来;惟其重直觉,所以陆王多用演绎法,心即是理,从直觉上得来。"⑧ 贾丰臻的《宋学》在概述"朱陆两派的异同"时,大量引用谢无量《中国哲学史》所论"朱陆异同",并且也说:"陆学尚简易直截,朱学重学问思辨;朱学在'即物穷理',陆学言'心即理'。一主经验,一主直觉;一主归纳,一主演绎。这就是二人不同之点。"⑨

---

① ⑤ 谢无量:《中国哲学史》第三编上《近世哲学史(宋元)》,中华书局1916年版,第72页。
② 谢无量:《阳明学派》,中华书局1915年版,第136页。
③ 谢无量:《朱子学派》,中华书局1916年版,第231页。
④ 谢无量:《朱子学派》,中华书局1916年版,第118~119页。
⑦ 张恩明:《述朱陆学说之异同及其得失》,载于《东北》1924年第2期。
⑧ 董西铭:《程朱陆王哲学之长短得失》,载于《来复报》1925年第367号。
⑨ 贾丰臻:《宋学》,商务印书馆1929年版,第126页。

六、朱子的教育学说

谢无量《朱子学派》作为当时中华书局出版的"学生丛书"之一，不仅阐述了朱子的哲学与伦理学，还特别讨论了朱子的教育学说。该书第二编第三章"朱子教育说"的第一节"总论为学之方"，再分为（一）"教育根本原理"，（二）"立志精进主义"，（三）"实用切己主义"，主要讨论朱子的教育原理与教育目的。

谢无量说："朱子以人之生也，同禀此理，同禀此性，故人人有穷理尽性之天职；而圣人之生于世，则有教人人使之穷理尽性之责任。"① 为此又明确指出："人人当以圣贤为己任，圣贤当以教人为己任，此朱子教育之根本原理也。"② 在谢无量看来，朱子的教育在于教人穷理尽性。从这一教育原理出发，谢无量认为，朱子的为学之方，最根本的是"当以圣贤为己任，以学问为己性分内事"③。他还引朱子所言："学问是自家合做底。……大抵为己之学，于他人无一毫干预。圣贤千言万语，只是使人反其固有而复其性耳。"④ 谢无量还认为，朱子教人为学，首先是教人"立志精进"，就是要把立志当作"学者第一要义"⑤，以为学者立志，须教勇猛，自当有进；同时又必须"精进不断"，以为"立志者必当勇猛精进不断，学乃有成"⑥。这就所谓"立志精进主义"。谢无量还讨论了朱子的"实用切己主义"。他说："朱子教人为学，以实用切己为主。"⑦ 以为"先由切己实用者，逐一参究，然后乃能推而达之于天下万事"，所以，教人从日用浅近入手，反对好高骛远，以为"积小者致大，行远者自迩，此事本一以贯之也"⑧。

谢无量《朱子学派》不仅讨论了教育原理与教育目的，而且还进一步讨论了教育制度，特别推崇朱子对于小学教育的重视，指出："教育之事，小学尤要。盖蒙养以正，则此后之成材可冀也。自周之衰，学校之法废，小学之制亦亡。有识之士，所为屡叹。朱子尝采《礼》及诸传记，为《小学》一书，以教学者，其用意至为深远。"⑨ 谢无量非常推崇朱子关于小学与大学既相互区别又相互联

---

① 谢无量：《朱子学派》，中华书局1916年版，第177~178页。
②⑤ 谢无量：《朱子学派》，中华书局1916年版，第180页。
③ 谢无量：《朱子学派》，中华书局1916年版，第178页。
④ 谢无量：《朱子学派》，中华书局1916年版，第178~179页。
⑥ 谢无量：《朱子学派》，中华书局1916年版，第182页。
⑦ 谢无量：《朱子学派》，中华书局1916年版，第183页。
⑧ 谢无量：《朱子学派》，中华书局1916年版，第185~186页。
⑨ 谢无量：《朱子学派》，中华书局1916年版，第187页。

系的思想，指出："朱子既遵程子遗说，于《礼记》中取《大学》《中庸》二篇，以为学者入德之门，然此皆大学之事也。故又别辑《小学》，与《大学》对，庶几古者教人之法，可由是而明。"① 又说："小学与大学之异，朱子以为大学所教者在理，小学所教者在事。然理、事终归一贯。"② 还说："朱子以小学工夫为不可少。后之学者，既不得渐渍古之小学教育，虽年岁长大，仍当择小学中之有用者补习之。"③ 为此，谢无量还认为，朱子特别强调小学教育应当"谨"，指出："小学所当谨，即儿童洒扫应对之类。然平日儿童一小举动，亦不可不严。久之自然纯熟，易以入德。"④

此外，谢无量《朱子学派》还从教育学的角度概述朱子的读书法，并且指出："朱子读书法，贵于精熟，默识其文句，反复其义理，而深诋贪多欲速之病。此于学者最有益。尝曰：'大凡看文字，少看熟读，一也；不要钻研立说，但反复体验，二也；埋头理会，不要求效，三也。三者学者当守此。'又谓：'读书须切己体察，庶于身心有用，不徒究其文字而已。立言皆平易，可以学者师法。'"⑤ 为此，谢无量从《朱子语类》中摘引了大量有关读书法的重要语录，并特别强调朱子所倡导的"熟读精思，循序渐进"，尤其重视"体之于身，验之于事"。⑥

谢无量《朱子学派》就朱子教育学说所做出的讨论，对后世影响很大。一方面，后来对于朱子学术思想的阐述，有不少包含了朱子教育学说的内容，比如：1929年出版周予同的《朱熹》，其第三章"朱熹之哲学"中的"价值论"有"教育哲学"一小节，对朱子教育哲学作了专题阐述；1933年出版陈钟凡的《两宋思想述评》，其第十二章"朱熹之综合学说"有"教育论"一节，讨论朱子的教育思想；1937年出版范寿康的《中国哲学史通论》，在阐述朱子思想时也涉及其教育思想；1947年任继愈发表《宋明理学家的教育哲学（从朱子到王阳明）》，对于朱子的教育哲学多有阐发。另一方面，不少有关中国教育史的著作，大都包含有关朱子教育思想的论述，比如：1928年出版的王凤喈《中国教育史大纲》、1929年出版的余景陶《中国教育史要》、1936年出版的陈青之《中国教育史》等等，都包含了对于朱子教育思想的专题讨论，而且，还有一些专门讨论朱子教育思想的学术论文。需要指出的是，这些有关朱子教育思想的阐述，大都对谢无量《朱子学派》中有关朱子的教育学说的论述，有不同程度的参考。比如，周予同《朱熹》在论述朱熹教育哲学时认为，朱熹的教育目的"以穷理尽性为极

---

①② 谢无量：《朱子学派》，中华书局1916年版，第188页。
③ 谢无量：《朱子学派》，中华书局1916年版，第189页。
④⑤ 谢无量：《朱子学派》，中华书局1916年版，第192页。
⑥ 谢无量：《朱子学派》，中华书局1916年版，第210页。

致"，并且以为"人人当以圣贤为己任；而其所以能以圣贤为己任者，第一须立志，其次须精进"，同时"劝勉学者须实用切己"。① 1933年，林玮《朱子的教育思想》指出："朱子之论教育，以为人人同禀此理，同禀此性，所以人人有穷理尽性的天职，而圣人有教人人穷理尽性的责任，而穷理尽性之功，尤在于居敬。故其教育的根本原理，是在于明性、居敬之穷理。"② 1937年，任时先《中国教育思想史》引朱子所言"凡人须以圣贤为己任……"，并指出："达到圣人之途，又须穷理尽性，故穷理尽性实为朱子论教育目的之尽处。"③ 至于如何实现这一目的，任时先认为，第一须立志，第二是精进，第三是力行，第四是涵养，第五是穷理致知。④ 这里讲穷理尽性为朱子的教育目的，要求立志、精进，无疑来自谢无量《朱子学派》，当然又有了更为丰富的内容。

七、余论

作为民国时期朱子学研究的先驱，谢无量不仅撰写了第一部以朱子学为专题的学术著作《朱子学派》，而且重要的是，他对朱子学的诸多方面都做了深入的研究，提出了不少学术问题，形成了一些重要的学术观点，其重要贡献主要有二。

其一，大致确立了朱子学研究的领域。就谢无量的朱子学研究所涉及的各个领域而言，他对于朱子思想渊源、朱子的道统说、朱子哲学、朱子教育说的研究，以及在朱子哲学研究中对于朱子本体论、心性论（包括仁学）、修养论以及朱子学与陆王关系等方面的探讨，事实上成为民国时期朱子学研究的主要论题。尤其是，他对于朱子哲学及其各个论题的阐释，是民国时期最早运用西方"哲学"概念对于朱子学术思想所作的系统研究。当然，谢无量的朱子学研究所涉及的领域，还不够完备，有待后来学者作进一步完善。

其二，形成了一些重要的学术观点。谢无量认为，朱子早年尝好宗杲《大慧语录》且与其弟子道谦禅师有过交往；程颢与程颐存在着思想上的差异，朱子对二程的继承在宇宙论上偏于程颐，而在心性论、工夫论上对程颢多有继承；朱子所谓道统的相传之"道"在于仁义之心；朱子的太极，既是天地万物之根本，又是心之本体；朱子在本体论上继承程颐而主张理气二元论；这些观点在民国时期的朱子学研究中都具有一定的学术价值。此外，他对于朱子"理一分殊"的讨论、对朱子以"气"为起点的宇宙发生论的阐述、从心性论入手对朱子《仁说》

---

① 周予同：《朱熹》，商务印书馆1929年版，第29~32页。
② 林玮：《朱子的教育思想》，载于《师大月刊》1933年第1卷第4期。
③ 任时先：《中国教育思想史》，商务印书馆1937年版，第195页。
④ 任时先：《中国教育思想史》，商务印书馆1937年版，第195~196页。

的讨论、对朱子工夫论中道德修养方法的探讨、对朱子学与陆王异同的细致辨析，在民国时期的朱子学研究中，无疑都具有开创之功。

正如前面所述，谢无量除了在朱子哲学方面有所创建，在对朱子的教育学说方面，也有自己的创建，并对后来的朱子学研究以及中国教育史的研究具有重要影响。他对朱子门人及后学的研究，在现代朱子学研究上也具有开先河之功。

由此可见，谢无量作为民国朱子学研究的先驱，是当之无愧的。而且，从谢无量的朱子学研究发展而来的民国时期的朱子学研究，是当今朱子学研究的重要学术基础。将今天的朱子学研究与谢无量的朱子学研究作一比较，便不难发现：谢无量的朱子学研究已经涉及当今朱子学研究的许多方面；有些学术问题同样也是当今朱子学研究的重要问题；其提出的观点，有些已为当今学术界所共识，有些依然需要作进一步讨论，还有些可能对今天的朱子学研究有所启发。因此，谢无量的朱子学研究不仅是民国时期朱子学研究的重要组成部分，并对民国时期朱子学研究产生过重要影响，同时也应当成为当今朱子学研究所追溯和利用的学术思想资源。

第二章

胡适：新文化运动中的朱子学研究

作为民国时期新文化运动的领袖之一，胡适并没有在这一时期留下朱子学研究的专题著作，但是，他对于朱子学作过深入的研究，而且所提出的一些学术观点对于民国时期乃至当代的朱子学研究产生了重要影响。胡适（1891~1962），原名嗣穈，学名洪骍，又改名适，字适之；安徽绩溪人。1904年到上海，先后就读于梅溪学堂、澄衷学堂和中国公学等新式学堂；1910年赴美国留学，于康奈尔大学先读农科，后改读文科；1915年转入哥伦比亚大学，师从著名哲学家杜威学哲学；1917年回国，任北京大学教授。1919年，他于《新青年》上发表《新思潮的意义》，提出"研究问题，输入学理，整理国故，再造文明"的新文化运动的纲领。1931年，任北京大学文学院院长；1938年被任命为中国驻美国大使，1942年辞去驻美大使职务，从事学术研究；1945年被任命为北京大学校长，1948年当选为南京中央研究院院士。1949年寓居美国，1957年任台湾"中央研究院"院长。胡适的学术著作以《中国哲学史大纲（卷上）》最为著名，此外还有《胡适文存》《胡适文存二集》《胡适文存三集》《胡适文存四集》《戴东原的哲学》《中国中古思想史长编》《四十自述》等。

一、概述

胡适曾于1921年发表的《〈吴虞文录〉序》中赞赏"只手打孔家店"的老英雄吴虞，并指出："正因为二千年吃人的礼教法制都挂着孔丘的招牌，故这块孔丘的招牌——无论是老店，是冒牌——不能不拿下来，捣碎，烧去！"① 然而，对于孔子本人及其思想，胡适则一直给予正面的肯定。早在1919年出版的《中国哲学史大纲（卷上）》中，胡适就指出："孔子那样的精神魄力，富于历史的观念，又富于文学美术的观念，删《诗》《书》，订礼乐，真是一个气象阔大的人物。"② 他在1934年发表的《说儒》中指出："这个广义的、来源甚古的'儒'，怎样变成了孔门学者的私名呢？这固然是孔子个人的伟大成绩，其中也有很重要的历史原因。孔子是儒的中兴领袖，而不是儒教的创始者。儒教的伸展是殷亡以后五六百年的一个伟大的历史趋势；孔子只是这个历史趋势的最伟大的代表者，他的成绩也只是这个五六百年的历史运动的一个庄严灿烂的成功。"③ 他后来又说："人家说我打倒孔家店，是的；打倒孔家店并不是打倒孔子。"④ 并且还说："有许多人认为我是反孔非儒的。在许多方面，我对那经过长期发展的儒教的批判是很严厉的。但是就全体来说，我在我的一切著述上，对孔子和早期的'仲尼之徒'如孟子，都是相当尊崇的。我对十二世纪'新儒学'（Neo-Confucianism）（'理学'）的开山宗师的朱熹，也是十分崇敬的。"⑤

显然，胡适在尊崇孔子的同时，对于朱熹也给予了高度的肯定。他还说："从某些方面来说，朱子本人便是一位科学家。他对古代典籍深具批判能力。朱熹也是研究古音韵的急先锋。他开始怀疑《书经》中大部都是伪作；平时对古籍的处理也完全不拘泥于传统；每每使用新方法，另创新论。所以从这一方面来说，我国自十七世纪初期其后凡三百年的学术研究，实在并不是反对朱熹和宋学；相反的，近三百年来的学者实是承继了朱子治学的精神。"⑥ 他甚至认为，"朱熹是近六百年来，影响我国学术思想最大的思想家和学问家"⑦。应当说，胡适对于朱熹做出这样的肯定，与他对朱子学的研究联系在一起。

胡适自幼受理学的熏陶。他的父亲笃信宋儒，尤其崇奉程颢、程颐和朱熹，受程朱理学的影响很大。⑧ 在这样的家庭背景中，胡适很早就读过朱熹的《小学》以及朱熹注《论语》《孟子》《大学》《中庸》《诗经》《易经》。⑨ 15岁时，

---

① 胡适：《〈吴虞文录〉序》，载于《胡适全集》（第1卷），安徽教育出版社2003年版，第763页。
② 胡适：《中国哲学史大纲（卷上）》，商务印书馆1919年版，第143页。
③ 胡适：《说儒》，载于《胡适全集》（第4卷），安徽教育出版社2003年版，第40页。
④ 胡适：《关于教育问题的答问》，载于《胡适全集》（第20卷），安徽教育出版社2003年版，第295页。
⑤ 胡适：《胡适口述自传》，载于《胡适全集》（第18卷），安徽教育出版社2003年版，第424页。
⑥ 胡适：《胡适口述自传》，载于《胡适全集》（第18卷），安徽教育出版社2003年版，第443页。
⑦ 胡适：《胡适口述自传》，载于《胡适全集》（第18卷），安徽教育出版社2003年版，第450页注⑥。
⑧ 胡适：《胡适口述自传》，载于《胡适全集》（第18卷），安徽教育出版社2003年版，第163页。
⑨ 胡适：《四十自述》，载于《胡适全集》（第18卷），安徽教育出版社2003年版，第27~28页。

读朱熹的《近思录》以及其他宋明理学书。①

1910年，胡适开始读汉毛亨传、郑玄笺、唐孔颖达疏《毛诗正义》，并且很快就感到不满。他于1911年4月13日的日记中写道："汉儒解经之谬，未有如《诗》笺之甚者矣。盖诗之为物，本乎天性，发乎情之不容已。诗者，天趣也。汉儒寻章摘句，天趣尽湮，安可言诗？而数千年来，率因其说，坐令千古至文，尽成糟粕，可不痛哉？故余读《诗》，推翻毛传，唾弃郑笺，土苴孔疏，一以己意为造《今笺新注》。自信此笺果成，当令《三百篇》放大光明，永永不朽，非自夸也。"② 后来，他在《口述自传》中说道："今日回思，我想我那时是被宋儒陶醉了。我幼年期所读的（《四书》《五经》）一直是朱熹注。我也觉得朱注比较近情人理。因而当我接触到毛公、郑玄一派的注释时，我为他们（汉、宋）两派之间显明的差异炫惑了；所以才引起我自己企图来写点批判性的文章。"③

胡适早年推崇朱子学，曾说过"朱注为千古第一伟著"，因而"排斥汉儒说经而推崇晦庵"，甚至还认为，"程朱心性之学为世界哲学之一大派""人类最高尚之智识"。④ 他还在1915年所撰《论宋儒注经》的札记中指出："宋儒注经，其谬误之处固不少，然大率皆有所循。后人不知宋儒集注之功之大，徒知掇拾一二疵瑕以为宋儒诟病，非君子忠厚存心之道也。宋儒注经之功，非以之与汉注唐疏两两相比，不能得其真相。汉儒失之迂而谬，唐儒失之繁而奴。宋儒之迂，较之汉儒已为远胜，其荒谬之处亦较少。至于唐人之繁而无当，及其不注经而注注之奴性，则宋儒所不为也。"⑤ 在这里，胡适既说"宋儒注经，其谬误之处固不少"，又认为"宋儒之迂，较之汉儒已为远胜"。

于是，他在美国留学期间先后撰写了《汉宋说诗之家及今日治诗之法》《为朱熹辨诬》等札记，从汉宋《诗经》学的比较中，对朱熹的《诗经》学做出评价。胡适对《诗经》学有过深入的研究，因而涉及朱熹《诗经》学。除了早年的札记之外，1931年，胡适发表《谈谈〈诗经〉》，其中也包含了对于朱熹《诗经》学的论述。

胡适不仅研究朱熹《诗经》学，而且对朱熹的格物致知说有深入的研究。1917年，胡适完成的博士论文《先秦名学史》关注于古代中国逻辑方法的发展，并在《导论：逻辑与哲学》中讨论了宋代程朱以及明代王阳明对于《大学》"格

---

① 胡适：《四十自述》，载于《胡适全集》（第18卷），安徽教育出版社2003年版，第62页。
② 胡适：《留学日记》卷一，载于《胡适全集》（第27卷），安徽教育出版社2003年版，第129页。
③ 胡适：《胡适口述自传》，载于《胡适全集》（第18卷），安徽教育出版社2003年版，第276页。
④ 梅光迪：《致胡适信四十六通》，载于《梅光迪文录》，辽宁教育出版社2001年版，第114~115页。
⑤ 胡适：《留学日记》卷十一《论宋儒注经》，载于《胡适全集》（第28卷），安徽教育出版社2003年版，第282页。

物致知"的不同诠释。

1919年，胡适的《中国哲学史大纲（卷上）》出版。该书指出："凡研究人生切要的问题，从根本上着想，要寻一个根本的解决：这种学问，叫做哲学。……因为人生切要的问题不止一个，所以哲学的门类也有许多种。例如：一、天地万物怎样来的（宇宙论）。二、知识思想的范围、作用及方法（名学及知识论）。三、人生在世应该如何行为（人生哲学，旧称'伦理学'）。四、怎样才可使人有知识，能思想，行善去恶呢（教育哲学）。五、社会国家应该如何组织，如何管理（政治哲学）。六、人生究竟有何归宿（宗教哲学）。"① 这一对于"哲学"的界定，对于中国哲学史包括朱熹哲学的研究，确定了基本的框架，不仅在民国时期，而且至今仍具有重要影响。

同年，胡适在《北京大学月刊》上发表《清代汉学家的科学方法》（后更名为《清代学者的治学方法》），认为清代学者的治学方法有两点："（1）大胆的假设；（2）小心的求证。"② 同时，该文把清代学者的治学方法与科学方法联系起来，并进一步追溯到朱熹的格物致知说，因而对朱熹的格物致知说作了深入的分析和阐释。

1924年，胡适发表《戴东原在中国哲学史上的位置》，次年又发表《戴东原的哲学》，在系统阐释戴震哲学的同时，就戴震哲学与宋儒哲学的异同作了比较，其中不仅包括了对于朱熹的格物致知说的分析，而且还包含了对于朱熹的理欲说的述评。除此之外，胡适于1928年发表的《几个反理学的思想家》、1934年发表的《格致与科学》以及1941年发表的《颜习斋哲学及其与程朱陆王之异同》等，都包含了对朱熹的格物致知说以及理欲说的分析。

1949年之后，胡适对于朱子学的研究更为具体。据楼宇烈的《胡适的朱熹研究》③ 所述，胡适于1950年后相继撰写了有关朱熹研究的论文、笔记和资料摘录等共计八篇，即：

《朱子与经商》④（1950年1月5日札记）。该文中引《朱子语类》所载，问："吾辈之贫者，令不学子弟经营，莫不妨否？"曰："止经营衣食，亦无甚害。陆家亦作铺买卖。"因指其门阈云："但此等事，如在门限里，一动着脚，便在此门限外矣。缘先以利存心，做时虽本为衣食不足，后见利人稍优，便多方求余，遂生万般计较，做出碍理事来。须思量止为衣食，为仰事俯育耳。此计稍

---

① 胡适：《中国哲学史大纲（卷上）》，商务印书馆1919年版，第1~2页。
② 胡适：《清代学者的治学方法》，载于《胡适全集》（第1卷），安徽教育出版社2003年版，第388页。
③ 楼宇烈：《胡适的朱熹研究》，载于《朱子学刊》1991年第2辑。
④ 胡适：《朱子与经商》，载于《胡适全集》（第8卷），安徽教育出版社2003年版，第408页。

足，便须收敛，莫令出元所思处，则粗可救过。"

《〈朱子语类〉的历史》①（1950 年 1 月 8 日初稿，1959 年 1 月 8 日改稿）。该文认为，《语类》的历史始于李道传在池州刻的《朱子语录》33 家，即《池录》。其后依次是：黄士毅编、史公说在眉州刻的《语类》70 家，即《蜀录》；李性传在饶州鄱阳刻的《语续录》41 家，即《饶录》；王佖在婺州编刻的《语录》30 余家，即《婺录》；蔡抗在饶州刻的《语后录》23 家，即《饶后录》；徽州翻刻《蜀类》，增入《饶录》9 家，即《徽类》；徽州刻王秘的"语续录"40 卷，即《徽续类》，吴坚在建安刻的《语别录》2 册，即《建别录》；黎靖德在江西建昌刻的《语类大全》，即流传至今的《朱子语类》。

《朱子论"尊君卑臣"》②（1950 年 2 月 7 日札记，1957 年 8 月初补记）。该文认为"朱子读史常不满意于'尊君卑臣'的制度"，并引有关资料予以论证。

《朱熹论生死与鬼神》③（1952 年 1 月 7 日札记）。该文摘引朱熹若干书信以及《朱子语类》中有关论死生鬼神的资料，另作眉批数条。

《考"朱子答廖子晦"最后一书的年份》④（1952 年 7 月 6 日）。该文认为，王懋竑《朱子年谱》将"朱子答廖子晦"最后一书的年份排在庆元六年庚申（1200）正二月间，是为了证明其为朱子的"晚年定论""其实这封长信的年月，我们不能确实考定。我们只能说，因为来往书中都提及《韩文考异》，故应在庆元三年丙辰至四年戊午（1196～1197）《考异》写定之后。又因为陈淳、黄义刚记录己未冬间讨论里都提到这封信，故这信应在庆元五年冬天之前，大概是四年与五年之间写的"。

《朱子论禅家的方法》⑤（1952 年 7 月 13 日）。该文摘引朱子语录甚多，分为十三小节，其中第八、九、十三小节有标题，分为"论行脚""禅与行不相应""朱子与吴寿昌谈禅"。

《〈佛法金汤编〉记朱熹与开善道谦的关系》⑥（1961 年 2 月 5 日）。该文认为，明初会稽心泰和尚所作的《佛法金汤编》，其卷十五中载有《朱熹传》，其中"所记晦翁早年与禅宗的关系，尤其是他与开善道谦的关系，比我所见诸书详

---

① 胡适：《〈朱子语类〉的历史》，载于《胡适全集》（第 8 卷），安徽教育出版社 2003 年版，第 397 页。
② 胡适：《朱子论"尊君卑臣"》，载于《胡适全集》（第 8 卷），安徽教育出版社 2003 年版，第 466 页。
③ 胡适：《朱熹论生死与鬼神》，载于《胡适全集》（第 8 卷），安徽教育出版社 2003 年版，第 410 页。
④ 胡适：《考"朱子答廖子晦"最后一书的年份》，载于《胡适全集》（第 13 卷），安徽教育出版社 2003 年版，第 586 页。
⑤ 胡适：《朱子论禅家的方法》，载于《胡适全集》（第 9 卷），安徽教育出版社 2003 年版，第 270 页。
⑥ 胡适：《〈佛法金汤编〉记朱熹与开善道谦的关系》，载于《胡适全集》（第 9 卷），安徽教育出版社 2003 年版，第 543 页。

细得多,故钞出备参考"。该文还抄录了朱熹的祭道谦文,还说:"我看这篇祭文的文字那么明白朴素,我颇倾向于承认他是朱子早年的文字。"

《〈朱子语略〉二十卷》①(1961年8月28日)等等。该文认为,《朱子语略》是一部分类的语录,每卷自成一门类,二十卷即是二十类,还说,此书"似是比较早出的一部规模较小的'语类'。其编成可能在黄士毅的《朱子语类》百四十卷(刻成在嘉定十三年,1220)之前,也可能在晦翁死后(1200)的二三十年里。"

此外,1959年,胡适发表《中国哲学里的科学精神与方法》②一文,其中用大量的篇幅,阐述朱熹的思想,指出:"朱子在宋儒中地位最高,是最善于解说,也最努力解说那个'即物而穷其理'的哲学的人,一生的精力都用在研究和发挥儒家的经典。他的《四书(新儒家的〈新约〉)集注》,还有《诗经》和《易经》的注,做了七百年的标准教本。""十一世纪的新儒家常说到怀疑在思想上的重要。……朱子有校勘、训诂工作的丰富经验,所以能从'疑'的观念推演出一种更实用更有建设性的方法论。他懂得怀疑是不会自己生出来的,是要有了一种困惑疑难的情境才会发生的。……朱子所说的话归结起来是这样一套解决怀疑的方法:第一步是提出一个假设的解决方法,然后寻求更多的实例或证据来作比较,来检验这个假设。"该文被认为是胡适"研究朱子最重要之文字"③。

二、对朱熹《诗经》学的评价

孔子删存《诗》三百篇而为《诗经》,汉代儒家推崇汉毛公的"传"、郑玄的"笺",而有《毛诗》,《毛诗》中含《诗序》,前有"大序",各篇之前有"小序"。对此,胡适曾说道:"孔子是一个有文学眼光的人。故他选那部《诗经》替人类保存了三百篇极古的绝妙文章。这部书有无上的文学价值,没有一毫别的用意。不料后来的腐儒以为孔子所删存的诗一定是有腐儒酸气的。所以他们假造《诗序》,把那些绝妙的情诗艳歌都解作道学先生的寓言。如《周南》各篇本多是痴男怨女征夫思妇的情诗,那些腐儒却要说是后妃之德,文王之化。……所以《诗》学到了汉朝,可算得遭了一大劫。后来宋儒无论如何总跳不出这个'后妃之德,文王之化'的圈子。"④由此可见,无论是汉儒《诗经》学,还是宋儒

---

① 胡适:《〈朱子语略〉二十卷》,载于《胡适全集》(第8卷),安徽教育出版社2003年版,第514页。
② 胡适:《中国哲学里的科学精神与方法》,载于《胡适全集》(第8卷),安徽教育出版社2003年版,第483页。
③ 陈荣捷:《朱子新探索》,华东师范大学出版社2007年版,第546页。
④ 胡适:《中国哲学史大纲卷中(残篇)》,载于《胡适全集》(第5卷),安徽教育出版社2003年版,第766页。

《诗经》学，胡适在总体上都持批评的态度。其实，早在1914年的《汉宋说诗之家及今日治诗之法》中，胡适就说过："《诗》三百篇为汉儒穿凿傅会，支离万状，真趣都失。宋儒注诗，虽有时亦能排斥毛、郑，自树一帜，而终不能破除旧说，为诗学别开生面。"① 所以，他又说："读《诗》者须唾弃《小序》，土苴'毛传'，排击'郑笺'，屏绝'朱传'，于诗中求诗之真趣本旨焉，然后可以言诗。"② 以为读《诗》应当"于诗中求诗"，摒弃汉宋儒家对于《诗经》的解读。

事实上，汉宋《诗经》学是有明显差异的。汉儒《诗经》学推崇"毛传"、"郑笺"，以《诗序》作为对诗义的权威解说。自北宋开始，便有学者对《诗序》提出质疑。南宋初年，郑樵撰《诗辨妄》，以为《诗序》实为汉人所作。朱熹作《诗序辨说》，对《诗序》采取否定态度。他还明确指出："《诗序》实不足信。向见郑渔仲（郑樵）有《诗辨妄》，力诋《诗序》，其间言语太甚，以为皆是村野妄人所作。始亦疑之，后来子细看一两篇，因质之《史记》《国语》，然后知《诗序》之果不足信。因是看《行苇》《宾之初筵》《抑》数篇，《序》与《诗》全不相似。以此看其他《诗序》，其不足信者煞多。"③ 更为重要的是，朱熹所作《诗集传》还把《诗经》中的部分诗解作"淫奔之诗"。孔子曾说："《诗》三百，一言以蔽之，曰：'思无邪。'"对此，朱熹说："《诗》有善有恶，头面最多，而惟'思无邪'一句足以该之。上至于圣人，下至于淫奔之事，圣人皆存之者，所以欲使读者知所惩劝。其言'思无邪'者，以其有邪也。"④ 清代，汉学复兴，因而一直有学者对朱熹《诗经》学予以批评。

胡适虽然对于汉宋《诗经》学均持批评态度，但相比较而言，胡适称宋儒"能排斥毛、郑，自树一帜"，对宋儒《诗经》学，尤其是朱熹《诗经》学又有所肯定。1915年，胡适作《为朱熹辨诬》，反驳陈蜕盦遗诗《读十五国诗偶及集注》中对于朱熹《诗集传》的讥讽，指出："朱子注《诗》三百篇，较之《毛传》《郑笺》已为远胜。近人不读书，拾人牙慧，便欲强入朱子以罪，真可笑也。"⑤ 极力为朱熹《诗经》学辩护。尤其是，该文对朱熹敢于将《诗经》中的

---

① 胡适：《汉宋说诗之家及今日治诗之法》，载于《胡适全集》（第12卷），安徽教育出版社2003年版，第2页。
② 胡适：《汉宋说诗之家及今日治诗之法》，载于《胡适全集》（第12卷），安徽教育出版社2003年版，第3页。
③ （宋）黎靖德：《朱子语类》（六）卷八十，中华书局1986年版，第2076页。
④ （宋）黎靖德：《朱子语类》（二）卷二十三，中华书局1986年版，第541页。
⑤ 胡适：《留学日记》卷十一《为朱熹辨诬》，载于《胡适全集》（第28卷），安徽教育出版社2003年版，第283页。

部分诗解作"淫奔之诗"而大加赞赏,指出:"《毛传》《郑笺》乃并'此亦淫奔'四字亦不敢道,其为奴性,甚于宋儒,何啻伯什倍乎?"①

1919年,追随胡适的傅斯年发表《宋朱熹的〈诗经集传〉和〈诗序辩〉》,阐述了朱熹的《诗集传》和《诗序辩》在《诗经》学史上的重要地位,指出:"这两部书很被清代汉学家的攻击,——其实朱子同时的人,早已有许多争论了,——许多人认他做全无价值的'杜撰'书。但是据我看来,他实在比毛公的传、郑君的笺高出几百倍。就是后人的重要著作,像陈启源的《毛诗稽古编》、陈奂的《毛诗传疏》、马瑞辰的《毛诗传笺通释》,虽然考证算胜场了,见识仍然是固陋得很,远敌不上朱晦庵。"②又说:"朱晦庵的这两部书,在清代一般汉学家的眼光里,竟是一文不值了;其实这是很不公允的见解。据我个人偏陋之见,关于《诗经》的著作,还没有超过他的。"③

1921年,胡适在一次以《〈诗经〉的研究》为题的讲演中,讲述了他对于《诗经》的见解,其中说道:"关于三百篇的见解,在破坏的方面,当打破一切旧说;在历史的方面,当以朱熹的《诗集传》为最佳。"④ 1923年,胡适提出了《一个最低限度的国学书目》,其中《诗经》所选的书目有五部:朱熹的《诗经集传》,姚际恒的《诗经通论》,龚橙的《诗本谊》,方玉润的《诗经原始》和陈奂的《诗毛氏传疏》。⑤

1923年,郑振铎发表《读毛诗序》,其中对朱熹《诗集传》作了评述。既肯定朱熹对于《毛诗序》的怀疑,又认为朱熹的《诗集传》"因袭《毛诗序》的地方太多",还说:"除了朱熹认《国风》的'风'字应作'风谣'解,认《郑风》是淫诗,与《诗序》大相违背外,其余的许多见解,仍然都是被《诗序》所范围,而不能脱身跳出。"⑥

胡适于1931年发表的《谈谈〈诗经〉》,进一步阐述了他对于《诗经》的基本观点,其中在对历代《诗经》学的讨论中说道:"……到了唐朝,大凡研究《诗经》的人都是拿《毛传》《郑笺》做底子。到了宋朝,出了郑樵和朱子,他们研究《诗经》,又打破毛公的附会,由他们自己作解释。他们这种态度,比唐朝又不同一点,另外成了一种宋代说《诗》的风气。清朝讲学的人都是崇拜汉

---

① 胡适:《留学日记》卷十一《为朱熹辨诬》,载于《胡适全集》(第28卷),安徽教育出版社2003年版,第283页。

②③ 傅斯年:《宋朱熹的〈诗经集传〉和〈诗序辩〉》,载于《新潮》1919年第1卷第4号。

④ 胡适:《日记·一九二一年》,载于《胡适全集》(第29卷),安徽教育出版社2003年版,第219页。

⑤ 胡适:《一个最低限度的国学书目》,载于《胡适全集》(第2卷),安徽教育出版社2003年版,第119页。

⑥ 郑振铎:《读毛诗序》,载于《小说月报》1923年第14卷第1号。

学，反对宋学的……殊不知汉人的思想比宋人的确要迂腐得多呢！"① 显然，在胡适看来，宋儒《诗经》学要比汉儒《诗经》学进步得多。同时，该文在讨论《诗经》的内容时又说道："这一部《诗经》已经被前人闹得乌烟瘴气，莫名其妙了。诗是人的性情的自然表现，心有所感，要怎样写就怎样写，所谓'诗言志'是。《诗经·国风》多是男女感情的描写，一般经学家多把这种普遍真挚的作品勉强拿来安到什么文王、武王的历史上去；一部活泼泼的文学因为他们这种牵强的解释，便把它的真意完全失掉，这是很可痛惜的！……说来倒是我的同乡朱子高明多了，他已认《郑风》多是男女相悦淫奔的诗。"② 显然，胡适认同朱熹关于"淫奔诗"的说法。但是他又认为，朱熹对于《诗经》的解读"亦多荒谬"，并举例说："《关雎》明明是男性思恋女性不得的诗，他却在《诗集传》里说什么'文王生有圣德，又得圣女姒氏以为之配'，把这首情感真挚的诗解得僵直不成样了。"③ 所以，胡适认为，要读懂《诗经》，"必须撇开一切《毛传》《郑笺》《朱注》等等，自己去细细涵咏原文"④。

1934年，龚书辉发表《朱子攻击〈毛诗序〉的检讨》，进一步讨论了朱熹与《诗序》的关系。该文一方面，对朱熹敢于攻击《诗序》的怀疑精神给予了肯定，指出："朱子治诗的态度是很对的，他的攻击《毛序》的精神也是很可佩服的，虽然还免不了'佞序'的讥骂。"⑤ 另一方面，又对朱熹《诗集传》袭用《诗序》解《诗》进行了批评，指出："在我们想来，朱子对于《毛序》既是攻击得这么厉害，应该是不会再依傍《序》来说《诗》，不会再受到它的束缚才对，可是呈现在我们面前的事实同我们的期望正是截然相反，他不但不能把《序》丢到脑后，而是死缠着《序》说不甘放弃；这充分的表明他对于自己的主张的游移与不彻底。"⑥

显然，在这一时期的对朱熹《诗经》学的研究中，包括胡适在内学者，大都既肯定朱熹对于《诗序》的否定以及朱熹关于"淫奔诗"的说法，但又反对朱熹《诗集传》解读《诗经》仍留有《诗序》的痕迹。

胡适对于朱熹《诗经》学的最全面的评价，当属1959年发表的《中国哲学里的科学精神与方法》。该文明确指出："朱子的《诗集传》（1177）在他身后做了几百年的标准读本，这部注解也是他可以自傲的。他这件工作有两个特色足以开辟后来的研究道路。一个特色是他大胆抛弃了所谓《诗序》所代表的传统解释，而认定《雅》《颂》和《国风》都得用虚心和独立的判断去读。另一个特色

---

① 胡适：《谈谈〈诗经〉》，载于《胡适全集》（第4卷），安徽教育出版社2003年版，第605页。
②③ 胡适：《谈谈〈诗经〉》，载于《胡适全集》（第4卷），安徽教育出版社2003年版，第610页。
④ 胡适：《谈谈〈诗经〉》，载于《胡适全集》（第4卷），安徽教育出版社2003年版，第612页。
⑤⑥ 龚书辉：《朱子攻击〈毛诗序〉的检讨》，载于《厦大周刊》1934年第14卷第11期。

是他发现了韵脚的'古音';后世更精确的全部古音研究,科学的中国音韵的前身,至少间接是他那个发现引出来的。"①

应当说,胡适之所以赞赏朱熹敢于抛弃《诗序》并把《诗经》中的部分诗解作"淫奔之诗",更在于其中所体现的怀疑精神。胡适认为,朱熹有两大成就:"第一,他常常对人讲论怀疑在思想和研究上的重要,——这怀疑只是'权立疑义',不是一个目的,而是一个要克服的疑难境地,一个要解决的恼人问题,一个要好好对付的挑战。第二,他有勇气把这个怀疑和解除怀疑的方法应用到儒家的重要经典上,因此开了一个经学的新时代。"② 而在胡适看来,朱熹《诗经》学的成就也正在于此。因此,他说:"近代的全不受成见左右的学者用了新的工具,抱着完全自由的精神,来做《诗经》的研究,绝不会忘记郑樵和朱熹的大胆而有创造性的怀疑。"③

三、从科学角度对朱熹格致说的诠释

朱熹《大学章句》"格物致知补传"把"格物"诠释为"即物而穷其理",为王阳明所诟病而斥之以"析'心'与'理'为二"。与此不同,在现代朱子学研究中,朱熹的格物论与西方的认识论联系在一起,受到诸多学者的大力推崇,而这一切始于民国时期的胡适。

1915年,与胡适同在美国留学的任鸿隽在《科学》创刊号上发表《说中国无科学之原因》,指出:"吾国之无科学,第一非天之降才尔殊,第二非社会限制独酷,一言以蔽之,曰未得研究科学之方法而已。"④ 任鸿隽认为,以实验方法为基础的科学之所以没有在中国产生,是因为中国"未得研究科学之方法"。而且,任鸿隽认为,科学方法最根本的在于归纳法,所谓"无归纳法则无科学"⑤。因此,在他看来,以实验方法为基础的科学之所以没有在中国产生,是因为中国无归纳法。

与任鸿隽不同,胡适于1917年完成的博士论文《先秦名学史》指出:"程氏兄弟及朱熹给'格物'一语的解释十分接近归纳方法,即从寻求事物的理开始,旨在借着综合而得最后的启迪。但这是没有对程序作出详细规定的归纳方

---

① 胡适:《中国哲学里的科学精神与方法》,载于《胡适全集》(第8卷),安徽教育出版社2003年版,第503~504页。
② 胡适:《中国哲学里的科学精神与方法》,载于《胡适全集》(第8卷),安徽教育出版社2003年版,第500页。
③ 胡适:《中国哲学里的科学精神与方法》,载于《胡适全集》(第8卷),安徽教育出版社2003年版,第504~505页。
④⑤ 任鸿隽:《说中国无科学之原因》,载于《科学》1915年第1卷第1期。

法。……王阳明企图穷究竹子之理的故事，就是表明缺乏必要的归纳程序的归纳方法而终归无效的极好例证。"① 在这里，胡适一方面针对任鸿隽所谓中国无归纳法，而提出程朱对于"格物"的解释"十分接近归纳方法"，另一方面又指出：程朱"格物"所缺乏的是"对程序作出详细规定"。胡适又说："即使宋学探求事事物物之理，也只是研究'诚意'以'正心'。他们对自然客体的研究提不出科学的方法，也把自己局限于伦理与政治哲学的问题之中。因此，在近代中国哲学的这两个伟大时期中，都没有对科学的发展作出任何贡献。可能还有许多其他原因足以说明中国之所以缺乏科学研究，但可以毫不夸张地说，哲学方法的性质是其中最重要的原因之一。"② 在胡适看来，宋学的"格物"在于"研究'诚意'以'正心'"，而不在于研究自然科学，所以"没有对科学的发展作出任何贡献"。胡适的这些观点在后来得到了进一步的讨论和完善。

在《清代学者的治学方法》中，胡适对朱熹《大学章句》"补格物传"作了阐释，认为其中所言"即物而穷其理"要求通过研究具体事物而寻出物的道理来，"这便是归纳的精神"；还说："'即凡天下之物，莫不因其已知之理而益穷之，以求至乎其极'，这是很伟大的希望，科学的目的，也不过如此。"③

问题是，既然朱熹的格物致知说包含了科学方法，那么，中国科学为什么还会落后呢？对此，胡适提出了三个原因：其一，"科学的工具器械不够用"；其二，"没有科学应用的需要"；其三，"他们既不讲实用，又不能有纯粹的爱真理的态度"。胡适还说："他们口说'致知'，但他们所希望的，并不是这个物的理和那个物的理，乃是一种最后的绝对真理。……宋儒虽然说'今日格一事，明日格一事'，但他们的目的并不在今日明日格的这一事。他们所希望的是那'一旦豁然贯通'的绝对的智慧。这是科学的反面。科学所求的知识正是这物那物的道理，并不妄想那最后的无上智慧。丢了具体的物理，去求那'一旦豁然贯通'的大彻大悟，决没有科学。"④

胡适把朱熹的"格物致知"看作科学方法，那么就应当对这种方法与现代科学方法作出比较。在《清代学者的治学方法》中，胡适认为，程朱的格致说，作为科学方法，其本身也有一大缺点："科学方法的两个重要部分，一是假设，一是实验。没有假设，便用不着实验。宋儒讲格物全不注重假设。"⑤ 在胡适看来，

---

① 胡适：《先秦名学史》，载于《胡适全集》（第5卷），安徽教育出版社2003年版，第8页。
② 胡适：《先秦名学史》，载于《胡适全集》（第5卷），安徽教育出版社2003年版，第9页。
③④ 胡适：《清代学者的治学方法》，载于《胡适全集》（第1卷），安徽教育出版社2003年版，第366页。
⑤ 胡适：《清代学者的治学方法》，载于《胡适全集》（第1卷），安徽教育出版社2003年版，第366~367页。

程朱的格致说讲的是"'不役其知'的格物","是完全被动的观察,没有假设的解释,也不用实验的证明",因此他提出质疑:"这种格物如何能有科学的发明?"① 胡适还说:"程朱的格物论注重'即物而穷其理',是很有归纳的精神的。可惜他们存一种被动的态度,要想'不役其知',以求那豁然贯通的最后一步。那一方面,陆王的学说主张真理即在心中,抬高个人的思想,用良知的标准来解脱'传注'的束缚。这种自动的精神很可以补救程朱一派的被动的格物法。"②

尽管如此,胡适还是强调:"宋儒的格物说,究竟可算得是含有一点归纳的精神。'即凡天下之物,莫不因其已知之理而益穷之'一句话里,的确含有科学的基础。"③ 同时,他还进一步引述《朱子语类》中的两段语录:"今登高山而望,群山皆为波浪之状,便是水泛如此,只不知因什么事凝了";"尝见高山有螺蚌壳,或生石中。此石即旧日之土,螺蚌即水中之物。下者却变而为高,柔者却变而为刚。此事思之至深,有可验者",并且明确指出:"这两条都可见朱子颇能实行格物。他这种观察,断案虽不正确,已很可使人佩服。西洋的地质学者,观察同类的现状,加上胆大的假设,作为有系统的研究,便成了历史的地质学。"④

显然,对于朱熹《大学章句》的格物致知说,胡适《清代学者的治学方法》既肯定其中具有科学的内涵,并认为朱熹通过格物,观察自然,取得了一定的科学成就,同时又指出其作为科学方法,本身存在着很大的缺点。

在《戴东原在中国哲学史上的位置》一文中,胡适一方面认为,朱熹的"格物致知"是要"即凡天下之物,莫不因其已知之理而益穷之,以求致乎其极","这是科学家穷理的精神","是程朱一派的特别贡献",⑤ 另一方面又认为,程朱具有"把'理'看作'如有物焉得于天而具于心'"的错误,"容易把主观偏执的'意见'认作'理',认作'天理'",因此,虽然也曾说"即物而穷其理","但他们把理看作无所不在的浑沦的天理,所以后来终于回到冥心求理的内功路上去"。⑥

胡适的《戴东原的哲学》则在认为朱熹格物致知说具有科学内涵的基础上,较多地分析其作为科学方法所存在的种种不足和错误。胡适明确指出:"宋儒虽

---

①③④ 胡适:《清代学者的治学方法》,载于《胡适全集》(第1卷),安徽教育出版社2003年版,第367页。

② 胡适:《清代学者的治学方法》,载于《胡适全集》(第1卷),安徽教育出版社2003年版,第370页。

⑤ 胡适:《戴东原在中国哲学史上的位置》,载于《胡适全集》(第6卷),安徽教育出版社2003年版,第476页。

⑥ 胡适:《戴东原在中国哲学史上的位置》,载于《胡适全集》(第6卷),安徽教育出版社2003年版,第478~480页。

说'即物而穷其理',但他们终不曾说出怎样下手的方法。"① 并且认为,程朱说穷理,有两个根本错误:"一是说理得于天而具于心,一是说理一而分殊。"② 对此,胡适进一步指出:"程朱一派虽说'吾心之明莫不有知,而天下之物莫不有理',然而他们主张理即是性,得之天而具于吾心。……程朱的格物说所以不能彻底,也正因为他们对于理字不曾有彻底的了解。他们常说'即物而穷其理',然而他们同时又主张静坐省察那喜怒哀乐未发之前的气象。于是久而久之,那即物穷理的也就都变成内观返视了。"③ 又说:"程朱终是从道家、禅家出来的,故虽也谈格物致知,而终不能抛弃主敬;他们所谓主敬,又往往偏重静坐存理,殊不知格物是要去格的,致知是要去致的,岂是静坐的人干得的事业?"④ 同时,胡适还说:"宋儒虽然也说格物穷理,但他们根本错在把理看作无所不在的一个,所以说'一本而万殊'。他们虽说'万殊',而其实只妄想求那'一本';所以程朱论格物,虽说'今日格一事,明日格一事',而其实只妄想那'一旦豁然贯通'时的'表里精粗无不尽,而吾心之全体大用无不明'。"⑤ 又说:"程朱在当时都是从中古的宗教里打了一个滚出来的,所以不能完全脱离宗教的影响。既说'即物而穷其理'了,又不肯抛弃笼统的理,终要妄想那'一旦豁然贯通'的大觉悟。这是程朱的根本错误。"⑥

在《几个反理学的思想家》中,胡适对程朱的格物说之不足作了分析,指出:"旧理学盲目的推崇'理',认为'天理',认为'得于天而具于心',故无论如何口头推崇格物致知,结果终走上主静主敬的宗教路上去,终舍不掉那'复其初'的捷径。"⑦ 又说:"程朱一派走上了格物致知的大路,但终丢不了中古遗留下来的那一点宗教的态度,就是主敬的态度。他们主张静坐,主张省察'喜怒哀乐未发之前是何气象',主张无欲,都属于这个主敬的方面,都只是中古宗教的遗毒。因为他们都不肯抛弃这条宗教的路,故他们始终不能彻底地走那条格物致知的路。"⑧

胡适的《格致与科学》引朱熹所言"天下之物莫不有理,而吾心之明莫不

---

① 胡适:《戴东原的哲学》,载于《胡适全集》(第6卷),安徽教育出版社2003年版,第383页。
② 胡适:《戴东原的哲学》,载于《胡适全集》(第6卷),安徽教育出版社2003年版,第396页。
③ 胡适:《戴东原的哲学》,载于《胡适全集》(第6卷),安徽教育出版社2003年版,第379页。
④ 胡适:《戴东原的哲学》,载于《胡适全集》(第6卷),安徽教育出版社2003年版,第368页。
⑤ 胡适:《戴东原的哲学》,载于《胡适全集》(第6卷),安徽教育出版社2003年版,第384页。
⑥ 胡适:《戴东原的哲学》,载于《胡适全集》(第6卷),安徽教育出版社2003年版,第470~471页。
⑦ 胡适:《几个反理学的思想家》,载于《胡适全集》(第3卷),安徽教育出版社2003年版,第94页。
⑧ 胡适:《几个反理学的思想家》,载于《胡适全集》(第3卷),安徽教育出版社2003年版,第92页。

有知。……即凡天下之物，莫不因其已知之理而益穷之，以求至乎其极"，指出："即（就）物穷理，是格物；求至乎其极，是致知。这确是科学的目标。"① 还说："程子、朱子说的格物方法，也很可注意。他们教人：今日格一物，明日又格一物；今日穷一理，明日又穷一理。只要积累多了，自然有豁然贯通的日子。程子、朱子确是有了科学的目标、范围、方法。"②

至于中国科学为什么后来会落后，胡适说："是因为中国的学者向来就没有动手动脚去玩弄自然界实物的遗风。……从不肯去亲近实物。他们至多能做一点表面的观察和思考，不肯用全部精力去研究自然界的实物。久而久之，他们也觉得'物'的范围太广泛了，没有法子应付。所以程子首先把'物'的范围缩小到三项：（一）读书穷理，（二）尚论古人，（三）应事接物。后来程朱一派都依着这三项的小范围，把那'凡天下之物'的大范围完全丢了。范围越缩越小，后来竟从'读书穷理'更缩到'居敬穷理''静坐穷理'，离科学的境界更远了。"③

该文最后说："我们中国人的科学遗产只有两件：一是程子、朱子提出的'即物穷理'的科学目标，一是三百年来朴学家实行的'实事求是'的科学精神与方法。"④

胡适的《颜习斋哲学及其与程朱陆王之异同》在阐述颜元对于理学的批评时，对程朱的"格物致知"作了阐述，指出："'格物致知'的路子是科学的路子，但太早了，太缺乏科学的背景了，所以始终行不通。程子和朱子都把'物'解作①读书的理，②尚论古人，③待人接物。朱子确能做到读书穷理。他在考证、校勘各方面都有开山之功。"⑤

总之，在胡适看来，朱熹的格致说，就概念和思想而言，具有科学的内涵，包含了科学的目标、范围、方法。显然，他对于朱熹格致说的科学价值以及朱熹本人通过格物观察自然所取得的成就，给予了充分的肯定。与此同时，他又认为，朱熹的格致说，在实践中又存在着诸多问题：就目标而言，格物的最终目的在于把握得于天而具于心的"天理"，同时也是统摄"万殊"的一理；就范围而言，格物局限于"读书穷理"；就方法而言，强调"冥心求理""居敬穷理""静坐穷理"，即使是研究自然物，也缺乏假设、实验，所以离科学还很远。

----

① 胡适：《格致与科学》，载于《胡适全集》（第8卷），安徽教育出版社2003年版，第80页。
②③ 胡适：《格致与科学》，载于《胡适全集》（第8卷），安徽教育出版社2003年版，第81页。
④ 胡适：《格致与科学》，载于《胡适全集》（第8卷），安徽教育出版社2003年版，第82页。
⑤ 胡适：《颜习斋哲学及其与程朱陆王之异同》，载于《胡适全集》（第8卷），安徽教育出版社2003年版，第143页。

胡适从科学的角度诠释朱熹的格致说,对学术界影响很大。1926年,朱谦之的《〈大学〉研究》一文对程朱的格物说作出了阐释。他赞同胡适的观点,认为朱熹《大学章句》"格物致知补传""的确是含有一点归纳的精神,的确含有科学的基础的方法论",并且还指出:"虽然他们所求者,或者不是这个物的真理,那个物的真理,乃是'至于用力之久,而一旦豁然贯通'的哲学上的绝对真理。但他们的哲学是以科学方法为依据,这一点无论如何是不能否认的。"① 又说:"这种格物方法的应用,在宇宙观方面,便成功了'形而上学'。……格物就是要发现那'未知的',要研究天如何而能高?地如何而能厚?鬼神如何而能幽显?自然,这种方法,可以成功'哲学',也可以成功了'科学'。"② 把朱熹的格物说看作一般的方法加以讨论。

同年,李石岑的《人生哲学》在讨论朱熹人生观时则说:"朱晦庵的格物,完全是本着程颐川'今日格一件,明日又格一件'的精神,和近代科学上归纳的研究法很相似。他这种说法,影响于中国学术界很不小。后来由明而清,有许多看重知识、看重考证的学派,可以说大半是受了这种格物说的暗示。"③ 后来,还有常乃惪《中国思想小史》指出:"朱氏之学本从格物入手,他的穷理致知之说,实在是近代科学家的态度。"④ 周予同、吴其昌等也持类似观点,待后再叙。

当然,也有一些学者只是从道德修养的角度诠释朱熹的格致说,甚至反对胡适的诠释。比如,1929年出版的贾丰臻《宋学》只是把朱熹的格致说归于修为说加以讨论。1933年出版的陈钟凡《两宋思想述评》在论述朱熹学说时认为,朱熹所谓格物致知"非由归纳研究以求贯通,实由冥然默契以求贯通""非客观了解自然,乃主观了解思维"。⑤ 显然也不同意胡适将朱熹的格致说诠释为归纳法。1934年出版的冯友兰《中国哲学史》指出:"朱子所说格物,实为修养方法,其目的在于明吾心之全体大用。"⑥ 明确反对胡适从科学的角度诠释朱熹格致说。

四、对朱熹理欲论的分析

朱熹提出"存天理、灭人欲",后来的戴震予以批评。蔡元培《中国伦理学

---

① 朱谦之:《〈大学〉研究》,载于《谦之文存》,泰东图书局1926年版,第8~9页。
② 朱谦之:《〈大学〉研究》,载于《谦之文存》,泰东图书局1926年版,第11页。
③ 李石岑:《人生哲学》,商务印书馆1926年版,第397页。
④ 常乃惪:《中国思想小史》,中华书局1930年版,第124页。
⑤ 陈钟凡:《两宋思想述评》,商务印书馆1933年版,第218页。
⑥ 冯友兰:《中国哲学史》,商务印书馆1934年版,第920页注。

史》赞同戴震的批评，并引述戴震所言"自宋儒立理欲之辨，谓不出于理，则出于欲，不出于欲，则出于理。……此理欲之辨，适以穷天下之人，尽转移为欺伪之人，为祸何可胜言也哉"，指出："其言可谓深切而著明矣。"① 与之不同，汤用彤《理学谵言》则完全赞同朱熹的"存天理、灭人欲"，指出："盖天理人欲有密私关系，不复天理以灭人欲，则天理蔽；不抑人欲以助天理，则人欲滋，此进则彼退，此退则彼进，毫不可忽略，毫不可苟且。……故学者要着在先认定天理，躬行实践步步为营，久而久之则天性日长，私欲日退，君子道长，小人道消矣。"② 把朱熹"存天理、灭人欲"中的"人欲"解读为"私欲"。并且还说："朱子之学欲收人之放心，退人欲以尊天理，惧学者之失于浮光掠影而言穷理以救之；惧学者之荡检逾矩而言主敬以药之；惧学者之偏于自觉而不反求诸己，乃以反躬实践之言鞭策之，使学者一本诸心，刻刻实在，有体有用。"③ 谢无量则明确认为，在朱熹那里，"善即是天理，恶即是人欲"，去恶则可以为善。显然，在民国初年，对于朱熹"存天理、灭人欲"就已存在截然相反的观点。

胡适推崇戴震，称"他是朱子以后第一个大思想家，大哲学家"④，同时又认为，"戴震的哲学是一种新的理学"，"戴震用他的新理学来反抗程朱的威权"，⑤ 所以"戴学实在是程朱的嫡派，又是程朱的诤友"⑥。可见，胡适对于戴震的推崇，并不仅仅在于戴震反对程朱理学及其理欲论，而且还在于戴震是对程朱理学的发展和超越。

因此，从根本上说，胡适并不完全否定程朱理学，他甚至明确认为，程朱理学在历史上有"好的方面"："学者提倡理性，以为人人可以体会天理，理附着于人性之中；虽贫富贵贱不同，而同为有理性的人，即是平等。这种学说深入人心之后，不知不觉地使个人的价值抬高，使个人觉得只要有理可说，富贵利禄都不足羡慕，威武刑戮都不足畏惧。理既是不生不灭的，暂时的失败和压制终不能永远把天理埋没了，天理终有大白于天下的一日。我们试看这八百年的政治史，便知道这八百年里的知识阶级对政府的奋斗，无一次不是揭着'理'字的大旗来和政府的威权作战。北宋的元祐党禁（1102），南宋的庆元党禁（1196），明初成祖的杀戮学者（1402），明代学者和宦官或权相的奋斗，直到明末的东林党案（1624~1627），无一次没有理学家在里面做运动的中坚，无一次不是政府的权威

---

① 蔡元培：《中国伦理学史》，商务印书馆1910年版，第194~195页。
② 汤用彤：《理学谵言》，载于汤一介编《汤用彤选集》，天津人民出版社1995年版，第15~16页。
③ 汤用彤：《理学谵言》，载于汤一介编《汤用彤选集》，天津人民出版社1995年版，第13页。
④ 胡适：《戴东原在中国哲学史上的位置》，载于《胡适全集》（第6卷），安徽教育出版社2003年版，第481页。
⑤ 胡适：《戴东原的哲学》，载于《胡适全集》（第6卷），安徽教育出版社2003年版，第434页。
⑥ 胡适：《戴东原的哲学》，载于《胡适全集》（第6卷），安徽教育出版社2003年版，第471页。

大战胜，却也无一次不是理学家得最后的胜利。"① 所以，胡适还说："我们试想程子、朱子是曾被禁锢的，方孝孺是灭族的，王阳明是廷杖后贬逐的，高攀龙是自杀的，——就可以知道理学家在争自由的奋斗史上占的重要地位了。在这一方面，我们不能不颂赞理学运动的光荣。"②

与此同时，胡适又对程朱理学的"坏的方面"作了阐述，指出："理学家把他们冥想出来的臆说认为天理而强人服从。他们一面说存天理，一面又说去人欲。他们认人的情欲为仇敌，所以定下许多不近人情的礼教，用理来杀人，吃人。譬如一个人说'饿死事极小，失节事极大'，这分明是一个人的私见，然而八百年来竟成为天理，竟害死了无数无数的妇人女子。又如一个人说'天下无不是的父母'，这又分明是一个人的偏见，然而八百年来竟成为天理，遂使无数无数的儿子媳妇负屈含冤，无处伸诉。八百年来，'理学先生'一个名词竟成为不近人情的别名。……八百年来，一个理学遂渐渐成了父母压儿子，公婆压媳妇，男子压女子，君主压百姓的唯一武器；渐渐造成了一个不人道、不近人情、没有生气的中国。"③ 可见，胡适对于程朱理学讲"存天理、灭人欲"持批评态度。

胡适指出："程朱的大错有两点：一是把'性'分成气质之性与理义之性两部分，一是把'理'看作'如有物焉得于天而具于心'。"④ 他还认为，从第一个错误上生出的恶果是绝对的推崇理性而排斥情欲；从第二个错误上生出的恶果是容易把主观偏执的"意见"认作"理"，认作"天理"。⑤

胡适认为，程朱理学之所以提出"存天理、灭人欲"，其根源在于分理气为二元。他说："旧理学崇理而咎欲，故生出许多不近人情的，甚至于吃人的礼教。一切病根在于分理气为二元与分理欲为二元。"⑥ 他认为，程朱理学在本体论上依据《周易·系辞》所谓"形而上者谓之道，形而下者谓之器"而建立理气二元论，因而在心性论上，"把'性'分成气质之性与理义之性"，而"气质之性其实不是性，只有理性才是性；理无不善，故性是善的"⑦；正是从这样的心性论出发，程朱理学把理性与情欲对立起来，"分理欲为二元"，结果是"绝对的推崇理性而排斥情欲"。胡适引朱熹所说"人欲云者，正天理之反耳"，指出：

---

① 胡适：《戴东原的哲学》，载于《胡适全集》（第6卷），安徽教育出版社2003年版，第375~376页。

② 胡适：《戴东原的哲学》，载于《胡适全集》（第6卷），安徽教育出版社2003年版，第376页。

③ 胡适：《戴东原的哲学》，载于《胡适全集》（第6卷），安徽教育出版社2003年版，第376~377页。

④⑤ 胡适：《戴东原在中国哲学史上的位置》，载于《胡适全集》（第6卷），安徽教育出版社2003年版，第478页。

⑥ 胡适：《几个反理学的思想家》，载于《胡适全集》（第3卷），安徽教育出版社2003年版，第94页。

⑦ 胡适：《戴东原的哲学》，载于《胡适全集》（第6卷），安徽教育出版社2003年版，第363页。

"这样绝对的二元论的结果便是极端地排斥人欲。他们以为'去人欲'即是'存天理'的唯一方法。这种排斥人欲的哲学在七八百年中逐渐造成了一个不近人情、冷酷残忍的礼教。"① 在胡适看来,"存天理"本身并没有问题,而且,这是程朱理学的"好的方面",但是,由程朱理学的理气二元论而来的把理性与情欲对立起来,并以为"'去人欲'即是'存天理'的唯一方法",而导致对于人的情欲的排斥,则是程朱理学的"坏的方面"。他还说:"理学最不近人情之处在于因袭中古宗教排斥情欲的态度。……人人乱谈'存天理,去人欲',人人瞎说'得乎天理之极而无一毫人欲之私',于是中国的社会遂变成更不近人情的社会了。"②

胡适认为,程朱理学提出的"存天理、灭人欲"之所以造成危害,还在于"把'理'看作'如有物焉得于天而具于心'"。他针对朱熹所说"理在人心,是谓之性……性便是许多道理,得之天而具于心者",指出:"理学家先假定一个浑然整个的天理,散为万物;理附着于气质之上,便是人性。他们自以为'性'里面具有'许多道理',他们误认'性即是理在人心',故人人自信有天理。于是你静坐冥想出来的,也自命为天理;他读书傅会出来的,也自命为天理。人人都可以把他自己的私见,偏见,认作天理。'公有公的道理,婆有婆的道理'。人人拿他的'天理'来压迫别人,你不服从他,他就责你'不讲理'!"③ 在胡适看来,由于朱熹把"理"看作"得于天而具于心",所以会把个人的主观"私见"认作天理,并以此压迫别人,因而造成"以理杀人"。他还说:"宋明以来的理学先生们往往用理责人,而不知道他们所谓'理'往往只是几千年因袭下来的成见与习惯。这些成见与习惯大都是特殊阶级(君主、父母、舅姑、男子等等)的保障;讲起'理'来,卑者、幼者、贱者实在没有开口的权利。'回嘴'就是罪!理无所不在;故背理的人竟无所逃于天地之间。所以戴震说:'死矣!无可救矣!''死于法犹有怜之者。死于理,其谁怜之!'"④ 胡适甚至还认为,"存天理、灭人欲"这本身也是一种"偏见",指出:"这种人生观把一切人欲都看作反乎天理,故主张去欲、无欲,不顾人的痛苦,做出种种违反人情的行为。这正是认一种偏见为天理了。"⑤

需要指出的是,胡适对于朱熹理欲论的批评,是与他对朱熹理学的推崇联系

---

① 胡适:《戴东原的哲学》,载于《胡适全集》(第6卷),安徽教育出版社2003年版,第386页。
② 胡适:《几个反理学的思想家》,载于《胡适全集》(第3卷),安徽教育出版社2003年版,第100~102页。
③ 胡适:《几个反理学的思想家》,载于《胡适全集》(第3卷),安徽教育出版社2003年版,第97页。
④ 胡适:《戴东原的哲学》,载于《胡适全集》(第6卷),安徽教育出版社2003年版,第390页。
⑤ 胡适:《几个反理学的思想家》,载于《胡适全集》(第3卷),安徽教育出版社2003年版,第102页。

在一起。他推崇朱熹理学对于理性的倡导以及其中所蕴含的平等观念，但是反对把"天理"与"人欲"对立起来，"绝对的推崇理性而排斥情欲"，同时也反对把人的主观偏见认作"天理"，并以这样的"理"杀人。

继胡适对朱熹理欲论的批评之后，李石岑的《中国哲学十讲》也对朱熹理欲论作了批评，指出："他的天理人欲说，是从他的绝对观念说而来。在他的绝对观念说里面，把世界截成真实界和迷妄界，因此在他的修养法里面，就有天理人欲说。他主张天理宜存，人欲宜去，但人欲如何可去呢？……欲望在人类，正是一种生机，'饮食男女，人之大欲'，如何可去，如何可无？晦庵把世界截成两段，当然从他的玄学演绎到他的伦理学，不能不得出这样一种结论。"① 他还说："晦庵主张存天理、去人欲，东原则明目张胆地认天理和人欲并非两事，……东原对晦庵的攻击，可谓达到百尺竿头，但所持的理由，却是很正确的。"② 应当说，李石岑从理欲不可二分的角度对朱熹理欲论的批评，与胡适是一致的。

与对朱熹"存天理、灭人欲"持批评态度不同，冯友兰《中国哲学史》就戴震对朱熹理欲论的批评作了分析。对于戴震批评宋儒把"天理"与"人欲"对立起来，冯友兰特别强调朱熹所谓的"人欲"并非指"饮食男女之欲"，而是特指"饮食男女之欲之不'正'者"③，是指"私欲"。冯友兰的这一观点，为当时不少学者所接受。范寿康《中国哲学史通论》在阐述戴震的哲学时指出："他攻击宋儒，以为宋儒分理与欲为二，把二者看做互不相容，乃是大谬。但是由我们看来，他的攻击虽具一面之理，其实，宋儒所谓人欲，实即欲之失于私的那种私欲，并非指一切的欲望而言。（宋儒把正当的欲望归人于天理之中。）"④ 张岱年《中国哲学大纲》也认为，"宋代道学中所谓人欲，亦即是私欲之意""道学家之排斥人欲，其实并不是否认一切欲"。蒋伯潜《理学纂要》在阐述戴震对于宋儒理欲之辨的批评时指出："宋儒所云与天理不并存之'人欲'，乃指'私欲'而言，即东原亦有'欲之失为私'之言。东原所云资以遂其生之欲，吾人血气心知自然而有之欲，则指人人所同具之饮食男女之欲，亦即孟子所云'食色，性也'之食色；则宋儒岂能无之？且情欲之不爽失者，即是情而不失于偏，欲而不失于私者，宋儒亦未尝以为恶而欲无之。所以这争论，乃由所谓'欲'者，外包内含之不同而已。"⑤ 显然，这与冯友兰《中国哲学史》所持的相关观点是一致的。

---

① 李石岑：《中国哲学十讲》，世界书局1935年版，第335～336页。
② 李石岑：《中国哲学十讲》，世界书局1935年版，第339～341页。
③ 冯友兰：《中国哲学史》，商务印书馆1934年版，第1005页。
④ 范寿康：《中国哲学史通论》，开明书店1937年版，第431页。
⑤ 蒋伯潜：《理学纂要》，正中书局1948年版，第192页。

五、余论

应当说，在胡适那里，他的朱子学研究与新文化运动是统一的。他赞同"打倒孔家店"，但并不是打倒孔子。他说："新文化运动的一件大事业就是思想的解放。我们当日批评孔孟，弹劾程朱，反对孔教，否认上帝，为的是要打倒一尊的门户，解放中国的思想，提倡怀疑的态度和批评的精神而已。"① 因此，对于中国古代思想，他主张"以汉还汉，以魏晋还魏晋，以唐还唐，以宋还宋，以明还明，以清还清；以古文还古文家，以今文还今文家；以程朱还程朱，以陆王还陆王""各还它一个本来面目，然后评判各代各家各人的义理的是非"。② 换言之，就是要把孔子、朱熹等当作学术研究的对象，进行价值中立的客观研究，而不是当作崇拜的偶像。

正因为如此，胡适对于朱熹的评价，批评中有肯定，肯定中有批评。他批评包括朱熹《诗经》学在内的汉宋儒家对于《诗经》的解读，但是又充分肯定朱熹《诗经》学敢于抛弃《诗序》并把《诗经》中的部分诗解作"淫奔诗"在历史上的重要贡献，以及所体现的怀疑精神。尤其是，他从科学方法的角度肯定朱熹格致说具有科学内涵，但是又指出其作为科学方法所存在的诸多问题，离科学还很远；他赞同戴震对于朱熹理欲论的批评，但又肯定朱熹理学在历史上有"好的方面"，包含提倡理性、人人平等的思想。由此亦可看出，胡适似乎在努力地通过对朱熹理学的分析和批评，从其中所具有的、尚存在着种种不足和错误的科学内涵和平等思想开发出新文化运动所追求的科学与民主。重要的是，胡适对于朱熹的评价，不仅对于民国时期的学术界产生了重要影响，而且至今仍具有学术价值，并给予今天的朱子学研究以启迪。

---

① 胡适：《新文化运动与国民党》，载于《胡适全集》（第21卷），安徽教育出版社2003年版，第439页。

② 胡适：《〈国学季刊〉发刊宣言》，载于《胡适全集》（第2卷），安徽教育出版社2003年版，第8页。

第三章

唐文治：《紫阳学术发微》的理学救国思想

唐文治以民国时期的教育家而闻名于世；同时他也是民国时期著名的朱子学研究者以及"理学救国"的倡导者。唐文治（1865～1954），字颖侯，号蔚芝，晚号茹经，江苏太仓人。18岁中举人，21岁入江阴南菁书院；光绪十八年（1892年）中进士，官至商部左侍郎、农工商部署理尚书。42岁后，他退出官场，从事教育事业。光绪三十三年（1907年），就任邮传部上海高等实业学堂（原名南洋公学）监督；1911年该校改名南洋大学，1912年又改称交通部上海工业专门学校（上海交通大学前身），继任校长。直至1920年，因目疾日深而辞去该校职务。同年，应聘为无锡国学专修馆（后改为无锡国学专修学校）校长，达30年，是民国时期著名的教育家。唐文治一生，笔耕不辍，著述颇丰，在朱子学研究方面尤为用功，自称"治朱子学五十余年"[1]，研究著作主要有：《性理学大义》《紫阳学术发微》《阳明学术发微》《性理救世书》等；此外还有《茹经堂文集》《茹经堂奏疏》《十三经提纲》《国文经纬贯通大义》《茹经先生自订年谱》等著述。

一、概述

据唐文治《性理救世书》所说："文治十五岁时，先大夫授以《御纂性理精义》，命先读朱子《读书法》与《总论为学之方》，其时已微有会悟。逮年十七

---

[1] 唐文治：《朱子学术精神论》，载于《茹经堂文集》四编，文海出版社1974年版，第1567页。

岁，受业于先师王文贞公（王紫翔）之门，命专治性理学。"① 王紫翔告之曰："为文先从立品始，然后涵濡于四子、六经之书，研求于史汉诸子百家之言，不患不为天下第一等人，不患不为天下第一等文。"又曰："士君子读书贵在明理，不能明理，读书奚为？"因此，"命读汪武曹《四书大全》、陆清献《三鱼堂集》，曰：'此理学入门之始。'"② 于是，唐文治"日夜淬厉于性理文学"，初知入门之径。③

在这一时期，唐文治读朱子《小学》《近思录》等，"沉潜反复，颇有心得"④"理学乃日进"⑤。19岁时，"读《二程遗书》《朱子文集》，并先儒语录等书"⑥。

21岁时，考入江阴南菁书院，受业于院长黄以周⑦之门，先是抄读朱子门人陈淳的《北溪字义》。后来又作《宋明诸儒说主一辨》⑧，对程朱以及其他宋明儒家的"主一"思想作了论述。23岁时作《陈同甫与朱子辨论汉唐治法论》⑨。

1913至1917年间，唐文治在任交通部上海工业专门学校校长的同时，先后编《论语大义》《孟子大义》《大学大义》和《中庸大义》；其中《论语大义》和《孟子大义》采用朱子注；《大学大义》和《中庸大义》以郑玄注、朱子注以及其他人的注相互参照。

1922年，唐文治在主持无锡国学专修馆的同时，不顾目疾日深之困扰，编成《性理学大义》，分为：《周子大义》二卷，《二程子大义》二卷，《张子大义》一卷，《洛学传授大义》一卷，《朱子大义》八卷；"每卷各冠以叙文及传状，发明大义，篇中精要处，各加评语、圈点。学者得此讲本，可窥性理学之

---

① 唐文治：《性理救世书》卷三，载于《民国时期哲学思想丛书》（第1编99册），文听阁图书公司2010年版，第217页。
② 唐文治：《王紫翔先生文评手迹跋》，载于《茹经堂文集》三编，文海出版社1974年版，第1385页。
③ 唐文治：《茹经先生自订年谱》，文海出版社1986年版，第6页。
④ 唐文治：《南菁书院日记》附录"论日记"，载于《唐文治文选》，上海交通大学出版社2005年版，第7页。
⑤ 唐文治：《茹经先生自订年谱》，文海出版社1986年版，第7页。
⑥ 唐文治：《茹经先生自订年谱》，文海出版社1986年版，第10页。
⑦ 黄以周（1828~1899），本名元同，后改以周，以元同为字，号儆季，浙江定海人。清同治九年（1870）中举，官处州府教授，赐内阁中书衔。"于《易》《诗》《春秋》皆有著述，而《三礼》尤为宗主。""江苏学政黄侍郎体芳建南菁讲舍于江阴，延之主讲。先生教人以博文约礼，实事求是，道高而不立门户。"（徐世昌等：《清儒学案》卷一百五十四《儆居学案下·黄以周》，中华书局2008年版，第5957~5958页）
⑧ 唐文治：《宋明诸儒说主一辨》，载于《茹经堂文集》一编，文海出版社1974年版，第224页。
⑨ 唐文治：《陈同甫与朱子辨论汉唐治法论》，载于《茹经堂文集》一编，文海出版社1974年版，第213页。

门径"①。唐文治《朱子大义序》指出："癸亥岁，为国学馆生讲《朱子大义》，乃详加选录，择其尤精者著于篇。"又说："朱子之书，犹夫子之宫墙也。其义理之精博而纯粹，犹宗庙之美，百官之富也。百世而下，儒林之士，讲求道学，诵习师法，莫之能违也。……盖其毕生精力，穷极乎天人性命之原，博综乎《诗》《书》《易》象之奥，圣功王道，物理人情，靡不兼赅而洞瞩焉。"②《朱子大义》选录朱子的重要奏稿、书札、论文、著作篇章以及各种序、跋、记等，此外还有黄榦的《朱文公行状》。次年，唐文治组织王蘧常、唐兰、吴其昌等人编辑《朱子全集校释》，并命王蘧常编纂，得十余万言，③同时还撰《朱文公文集校释序》。1924年，唐文治为重刻《朱止泉先生朱子圣学考略》作序。④

据《茹经年谱》记载，1927年冬，63岁的唐文治在全面研究清代朱子学的基础上编成《紫阳学术发微》。全书分十二卷：卷一、"朱子为学次第发微"，卷二、"朱子己丑悟道发微"，卷三、"朱子心性学发微"，卷四、"朱子论仁善国发微"，卷五、"朱子经学发微"，卷六、"朱子政治学发微"，卷七、"朱子论道释二家学发微"，卷八、"朱子辨金溪学发微"，卷九、"朱子辨浙东学发微"，卷十、"朱子晚年定论发微"，卷十一、"九贤朱学通论上"，卷十二、"九贤朱学通论下"。唐文治的学生冯振称该书"于紫阳毕生学术，提要钩玄，洪纤毕备。自李榕村（李光地）、王白田（王懋竑）两先生后，未有能道此者，可谓体大而思精矣"⑤。

1930年，正值朱子诞辰八百周年之际，唐文治为所编《紫阳学术发微》作"序"，并付印。该书"序"指出："昔先圣赞《易》曰：'《易》无思也，无为也，寂然不动，感而遂通天下之故。''天下同归而殊途，一致而百虑。天下何思何虑？'此朱子悟未发、已发之宗旨也。又曰：'夫《易》开物成务，冒天下之道。''富有之谓大业，日新之谓盛德。'是朱子体用本末、格致诚正修齐治平之本原也。圣门家法，道德学问，功业文章，务在一以贯之，汉、唐后能实践此诣者，盖朱子一人而已尔。"落款为"时在紫阳八百岁周揽揆之辰私淑弟子唐文治谨序"⑥。

同年，唐文治辑《阳明学术发微》，书成后，即付印。该书主要阐述阳明之学，同时也讨论阳明学与朱子学的关系：卷一、"阳明讲学事迹考"，卷二、"阳明圣学宗传"，卷三、"阳明学四大题"，卷四、"阳明学贯通经学变化神明"，卷

---

① 唐文治：《茹经先生自订年谱》，文海出版社1986年版，第84页。
② 唐文治：《朱子大义序》，载于《茹经堂文集》一编，文海出版社1974年版，第276~278页。
③ 唐文治：《茹经先生自订年谱》，文海出版社1986年版，第86页。
④ 唐文治：《茹经先生自订年谱》，文海出版社1986年版，第88页。
⑤ 唐文治：《茹经先生自订年谱》，文海出版社1986年版，第96页。
⑥ 唐文治：《紫阳学术发微·自序》，华东师范大学出版社2014年版，第4~5页。

五、"阳明学通于朱子学一",卷六、"阳明学通于朱子学二",卷七、"王龙溪述阳明学髓"。

1935年,唐文治《性理救世书》付印。分为三卷:"求心大本第一","学派大同第二","读书大路第三"。其中"学派大同第二"收录25篇论文,包括《朱子学为今时救世之本论》《朱子、陆子学派异同论》等。

1936年,唐文治发表《朱子之精神生活》①,阐述了朱子的孝、仁精神,指出:"朱子论仁之精神,曰'察识'、曰'扩充';而朱子行仁之生活,曰'社仓',曰'发赈'。"同时又论及朱子"复国仇""复国土"之精神。该文于1941年改定为《朱子学术精神论》②。

从唐文治的学术历程可以看出,他不仅通过教育传播朱子学,而且还深入进行朱子学的研究。需要指出的是,他对于朱子学的研究,更多的是出于当时的世道人心。他说:"吾常谓:欲淑人心,必明心(性)理,而欲明性理,非昌明闽学不为功。理学明,则人心善而国运以盛;理学晦,则人心昧而国运亦衰。征诸史书,毫发不爽,非虚言也。"③ 这里所谓"闽学",即朱子学。在唐文治看来,程朱理学关乎人心之善恶、国家之兴衰。他甚至明确指出:"综览历史,理学盛则世道昌,理学衰则世道晦,毫发不爽。吾辈今日惟有以提倡理学、尊崇人范为救世之标准。"④ 并在《朱子学为今时救世之本论》中说:"仲尼祖述尧、舜,宪章文、武;朱子则祖述孔、孟,师法周、程,一脉相承,为人心、民命之所依赖。欲救今日之世界,当自尊孔读经始;而尊孔读经,当自学朱子之学始。"⑤ 唐文治的朱子学研究涉及诸多方面,尤其在朱子的学术思想历程、朱子的心性学与工夫论、朱子的经学、朱子政治学、朱子与陆王及浙东学派的关系等方面提出了重要的学术观点。

二、朱子的学术思想历程

朱子曾自称早年"出入于释老者十余年"⑥,对此,清代夏炘的《述朱质疑》

---

① 唐文治:《朱子之精神生活》,载于《江苏教育》1936年版,第9期。
② 唐文治:《朱子学术精神论》,载于《茹经堂文集》四编,文海出版社1974年版,第1567页。
③ 唐文治:《送周予同先生赴台湾序》,载于《茹经堂文集》六编,文海出版社1974年版,第2103~2104页。
④ 唐文治:《无锡国学专修馆学规》,载于《茹经堂文集》一编,文海出版社1974年版,第197~198页。
⑤ 唐文治:《性理救世书》卷二,载于《民国时期哲学思想丛书》(第1编99册),文听阁图书公司2010年版,第110页。
⑥ (宋)朱熹:《晦庵先生朱文公文集》卷三十八《答江元适》(一),载于《朱子全书》(21),上海古籍出版社、安徽教育出版社2010年版,第1700页。

中有《朱子出入于老释者十余年考》，其中认为，朱子出入释老自十五岁开始，直到二十四五岁始见延平后，始觉其非，其实，在此十余年之中，朱子"沉思经训，潜心理学，未尝一日不精研吾道"。对于夏炘之说，唐文治表示赞同，并指出："朱子泛滥于老释者十余年，乃博览之学耳。度其时，必以圣经贤传为主，而旁通二氏之书，非专沉溺于老释之学也。故一见延平先生之后，即脱除旧习矣。"① 认为朱子早年虽出入于释老，但实际上并未沉溺于其中，而仍然是"以圣经贤传为主"。

关于朱子思想与李侗的关系，唐文治较多地强调李侗对于朱子的影响。夏炘《述朱质疑》指出："朱子《大学》'格物补传'，一宗程子，……然则朱子格致之功，其得于延平者深矣。"唐文治则从李侗所传授"理一分殊"入手，对此作了进一步的论证，指出："理一分殊之旨，为延平传授一大关键。朱子毕生穷理之学，所以臻于精密无间者，实基于此。"② 此外，唐文治还认为，李侗以《中庸》未发、已发之说传授于朱子，"实为圣学入门之要"③；而且朱子主敬与李侗主静并非截然相反，"敬与静之相须而不离"，"惟静乃可以言敬"。④

唐文治对朱子"己丑悟道"多有研究。据清代王懋竑《朱子年谱》所载，乾道二年（1166年）丙戌，朱子先后四书张栻，即：《朱文公文集》卷三十《与张钦夫》（三）（四），卷三十二《答张敬夫》（三十四）（三十五），⑤ 提出了所谓"中和旧说"；乾道五年己丑，朱子对自己的"中和旧说"产生了疑问，而形成"中和新说"，于是，先撰《已发未发说》，并修订成《与湖南诸公论中和第一书》，稍后又撰《朱文公文集》卷三十二《与张钦夫》（四十九），⑥ 此即"己丑悟道"。但是，明代的刘宗周《圣学宗要》把属于"中和旧说"的《与张钦夫》（三）、《答张敬夫》（三十四）与属于"中和新说"的《与张钦夫》（四十九）以及《与湖南诸公论中和第一书》，混为一谈，分别命名为"中和说（一）（二）（三）（四）"加以评说，并且还指出："此朱子特参《中庸》奥旨以明道也。第一书先见得天地间一段发育流行之机，无一息之停待，乃天命之本然，而有所为未发者存乎其间，是即已发处窥未发，绝无彼此先后之可言者也。第二书则以前日所见为儱侗，浩浩大化之中，一家自有一个安宅，为立大本、行达道之枢要，是则所谓性也。……最后一书又以工夫多用在已发者未是，而专求之涵养一路，归之未发之中云。合而观之，第一书言道体也，第二书言性体也，第三书

---

① 唐文治：《紫阳学术发微》卷一，华东师范大学出版社2014年版，第6页。
② 唐文治：《紫阳学术发微》卷一，华东师范大学出版社2014年版，第9页。
③ 唐文治：《紫阳学术发微》卷一，华东师范大学出版社2014年版，第12页。
④ 唐文治：《紫阳学术发微》卷二，华东师范大学出版社2014年版，第54页。
⑤ （清）王懋竑：《朱熹年谱》，中华书局1998年版，第27～29页。
⑥ （清）王懋竑：《朱熹年谱》，中华书局1998年版，第39～44页。

合性于心,言工夫也,第四书言工夫之究竟处也。见解一层进一层,工夫一节换一节。孔子而后,几曾见小心穷理如朱子者!"对此,唐文治颇不以为然,并就刘宗周的观点提出了批评,指出:"细玩刘先生评语,实有未安者。……且朱子自注与张钦夫先生第一书(即《与张钦夫》三)云:'此书非是,特存之以见议论本末耳。'可见此书即系'中和旧说',明系未定之论。而刘先生乃云第一书言道体也,第二书言性体也,第四书言工夫之究竟也,其实皆误。"① 明确认为,刘宗周把本属于"中和旧说"的《与张钦夫》(三)与"中和新说"混为一谈,是完全错误的。尤其是,唐文治还认为,刘宗周对第一书的评说,"误以朱子之言心体为阳明之言性体";对第二书的评说,"是误认心为性";对第四书的评说,"即推衍第三书之意,亦未可谓究竟工夫"。②

在对朱子学术历程的研究中,唐文治还讨论了朱子晚年与道、释的关系。他说:"朱子晚年,颇参用道家而力辟释氏。其参用道家者,取其为存心养性之助也;其力辟释氏者,以其废人伦而蔑天理也。"他还认为,朱子之所以颇信道家,是因为在朱子看来,"文王、周公、孔子皆通黄帝之学,实即后世道家之学",所以,"朱子取之以为存养之助,实即《易传》'无思,无为,寂然不动'之旨"。但又说:"惟儒家之用,则重在开物成务,冒天下之道;而道家之学,则以为神大用则竭,形大劳则敝,故欲使人精神专一、动合无形而与天地长久。此则其始同而终异者尔。"③

三、朱子的心性学与工夫论

朱子《中庸章句》注"天命之谓性,率性之谓道,修道之谓教",以为人与物"性道虽同,而气禀或异";《孟子集注·告子章句上》则说:"性,形而上者也;气,形而下者也。人物之生,莫不有是性,亦莫不有是气。然以气言之,则知觉运动,人与物若不异也;以理言之,则仁义礼智之禀,岂物之所得而全哉?"既讲人与物的不同,又讲人与物的相同之处。对此,后世儒家多有质疑。唐文治认为,朱子讲人与物同,确有语病,"皆未定之论",并指出:"夫朱子疏漏之处,固不必为之讳。然读书须统观全书大义,亦不可执未定之论,遽加訾毁也。"④

在心与性的关系上,唐文治力主朱子的观点,讲心与性之不同。朱子《观心

---

①② 唐文治:《紫阳学术发微》卷二,华东师范大学出版社 2014 年版,第 43 页。
③ 唐文治:《紫阳学术发微》卷七,华东师范大学出版社 2014 年版,第 182~183 页。
④ 唐文治:《紫阳学术发微》卷三,华东师范大学出版社 2014 年版,第 69 页。

说》阐释《孟子·尽心上》所谓"尽其心者知其性也,知其性则知天矣。存其心,养其性,所以事天也"曰:"尽其心而可以知性知天,以其体之不蔽而有以究夫理之自然也;存心而可以养性事天,以其体之不失而有以顺夫理之自然也。"对此,唐文治引明陆陇其曰:"夫人之生也,气聚而成形,而气之精英又聚而为心。是心也,神明不测,变化无方,要之亦气也。其中所具之理则性也。故程子曰:'性即理也。'邵子曰:'心者,性之郛郭。'朱子曰:'灵处是心不是性。是心也者,性之所寓,而非即性也。性也者,寓于心而非即心也。'先儒辨之亦至明矣。若夫禅者,则以知觉为性,而以知觉之发动者为心。故彼之所谓性,则吾之所谓心也;彼之所谓心,则吾之所谓意也。"并且指出:"据此知吾儒之与禅宗,毫厘之差,千里之谬,正在于心性之辨。"① 认为朱子讲心与性的不同,而与禅宗相异。

唐文治讲朱子心性论,还与《中庸》已发未发说结合在一起,指出:"朱子心性之学与已发未发之说互相贯通,而有以得其体验之实功矣。"② 《紫阳学术发微》卷二附唐文治《读朱子〈已发未发说〉》认为,"朱子已发未发之说,有本体,有工夫;有本体中之工夫,有工夫中之本体,功至密矣",还说:"孟子言'存心养性''万物皆备于我',此涵养于未发之时者也;言'尽心知性''反身而诚''强恕而行',此省察扩充于已发之时者也。然则朱子已发未发之说,虽受自程子,而实远绍乎舜、禹、孔子、曾子、子思子、孟子之学者也。"③ 该卷所附唐文治《朱子已发未发精义本于复卦说》把朱子对《中庸》"已发""未发"的诠释与《复》卦所言"休复""敦复"结合起来,指出:"朱子言性、言心、言仁、言敬,辨析毫厘,至精至密,皆孔门性学、心学之真传也。后世学者能知《中庸》之'未发''已发'即大《易》'休复''敦复'之旨,则于所谓'通神明之德''顺性命之理'者,其庶几乎?"④

唐文治对朱子仁学多有研究。《紫阳学术发微》卷四《朱子论仁善国发微》在引述朱子《仁说》之后讨论了朱子撰《仁说》的动机。该卷引黄式三(字薇香)《朱子〈仁说〉说》所言:"朱子虑仁道为禅所蠓,学者无以识仁,何由行仁,不得已而作《仁说》也。朱子既斥离爱言仁之弊,直言仁者'在天地则块然生物之心,在人则温然爱人利物之心',可谓明析矣!"指出:"黄说邃矣!窃谓朱子之功在以爱言仁。人苟无爱情,则于性乎何有?爱者,不忍之本原也。"⑤

---

① 唐文治:《紫阳学术发微》卷三,华东师范大学出版社2014年版,第85~86页。
② 唐文治:《紫阳学术发微》卷三,华东师范大学出版社2014年版,第86页。
③ 唐文治:《紫阳学术发微》卷二,华东师范大学出版社2014年版,第54~57页。
④ 唐文治:《紫阳学术发微》卷二,华东师范大学出版社2014年版,第60页。
⑤ 唐文治:《紫阳学术发微》卷四,华东师范大学出版社2014年版,第93页。

认为朱子撰《仁说》旨在"以爱言仁"。该卷所附唐文治《读朱子〈仁说〉诸篇》就朱子《仁说》对《孟子·告子上》"仁,人心也"所作的阐释给予了进一步发挥,指出:"人而能仁,则其心生而可以谓之人;人而不仁,则其心死而不得谓之人。"并且推崇朱子《仁说》所言"天地以生物为心者也,而人物之生,又各得夫天地之心以为心者也";"在天地则块然生物之心,在人则温然爱人利物之心"。同时还赞同朱子《仁说》"以爱之理而名仁",把仁与爱统一起来,反对"离爱而言仁",指出:"仁者,爱情也,亦公理也。韩子曰:'博爱之谓仁。'而论者乃曰:'爱不足以名仁'。朱子之言曰:'仁者,爱之理。'离爱不可以言仁。斯言一出,而天下之爱情不泯矣。……夫天地之所以不陆沉者,人心中爱情而已矣。而说者又曰:'公不足以名仁。'朱子之言曰:'扩然而大公者,仁之所以为体也。'又曰:'人或不公,则于其所当爱者,又有所不爱。惟公则视天地万物皆为一体而无所不爱。'斯言一出,而天下之公理不灭矣。……夫世界之所以不销毁者,人心中公理而已矣。是故宋代虽亡,而朱子之学说不亡,千古之人心,亦遂不亡。"[①]

在工夫论上,朱子讲居敬穷理。唐文治指出:"朱子毕生学问得力,在于居敬穷理。"[②] 关于居敬,朱子赞同二程所谓"主一之谓敬"。唐文治早年曾作《宋明诸儒说主一辨》,述及朱子主敬之说。《紫阳学术发微》卷二附唐文治《朱子主敬源于主静说》,既认为朱子主敬之说是对二程思想的发明,又说:"主敬乃自古圣贤相传之心学,非自朱子倡之也。"同时该文较多论及朱子主敬与静坐的关系,指出:"敬与静有相须为用之理,非静何以言敬?……是故惟静乃可以言敬。"[③] 并且明确指出:"盖敬必本于静,静而后能敬。……苟非主静,乌足以敬?"[④] 所以,他并不避讳朱子讲静坐,指出:"朱子静坐传自罗、李,远绍程门,何必讳言静坐乎?"并认为,《朱子语类》中"言静坐处亦甚多"。[⑤]

关于穷理,朱子以为《孟子·尽心上》"尽其心者知其性也,知其性则知天矣"意在"性则心之所具之理",尽其心"必其能穷夫理而无不知者"。唐文治进一步以《易传》所谓"穷理尽性以至于命"予以论证,认为"《孟子》不言《易》而书中随处无非《易》理",并且还认为,《孟子·尽心上》讲"知性""知天",实为"穷理之学也"。[⑥] 朱子的穷理,既讲穷究天下万物之理,又讲"合内外之理"。清朱泽沄《朱子格物说辨》指出:"夫朱子格物之学,心理合

---

① 唐文治:《紫阳学术发微》卷四,华东师范大学出版社2014年版,第107~109页。
② 唐文治:《紫阳学术发微》卷二,华东师范大学出版社2014年版,第32页。
③ 唐文治:《紫阳学术发微》卷二,华东师范大学出版社2014年版,第53~54页。
④ 唐文治:《紫阳学术发微》卷十一,华东师范大学出版社2014年版,第289页。
⑤ 唐文治:《紫阳学术发微》卷十,华东师范大学出版社2014年版,第265页。
⑥ 唐文治:《紫阳学术发微》卷三,华东师范大学出版社2014年版,第76页。

一，无内非外，无外非内，可谓显明矣。……学者循朱子之序，由发处用功，体验到未发之中，即仁义礼智之浑然者，原自天地万物一处来，自与天地万物同条共贯，而无彼此之分，夫乃恍然知朱子格物之学真是心理合一而非二也。"唐文治赞同此说，并按曰："此篇合涵养、致知为一事，深得《易传》'敬以直内，义以方外'之旨，所谓'方外'者，实在内而非外也。"① 显然，在唐文治看来，朱子的穷理实际上是在于向内用功。

四、朱子的经学

唐文治《紫阳学术发微》卷五"朱子经学发微"，通过分析朱子《易》学、《书》学、《诗》学、《礼》学、"四书"学著作的序或跋，阐述朱子的经学思想，主要包括三个方面。

第一，阐述朱子对于《易》学、《书》学、《诗》学、《礼》学的贡献。唐文治于该卷首按曰："郑君说《易》主爻辰；朱子说《易》尚占筮。虽家法不同，而朱子作《易五赞》，于易简中寓精微之旨，不可及也。《书传》口授蔡九峰先生，其疑古文《尚书》之伪，为唐以来学者所未逮；遂开阎百诗（名若璩）、江艮庭（名声）、王西庄（名鸣盛）、孙渊如（名星衍）诸家之先河。读《书》深细至此，厥功岂不伟欤？《诗集传》虽不可与'郑笺'同日而论，然兴、观、群、怨，所以涵养性情者备矣！孔孟说《诗》，不以文害辞，不以辞害志，仅点缀数虚字而义理、志意自见。朱子真得圣门之家法者也。《仪礼经传通解》虽黄勉斋、杨信斋两先生所续成，而实系朱子之命意。其以冠义、昏义、祭义、射义、乡饮酒义诸篇作为十七篇之传义，宏见卓识，知类通达，远绍郑君《目录》、刘子政《七略》。学者分类读《礼》，舍此奚由？"②

第二，推崇朱子"四书"学。唐文治于该卷首又按曰："……至于《大学》《中庸》，郑《目录》本属之通论，朱子特辑录合《语》《孟》为'四书'。天德、王道、圣功一以贯之，其于世道人心，岂小补哉，岂小补哉！"③ 唐文治特别重视朱子《大学章句》《中庸章句》，指出："'四书'注以《大学》《中庸》为尤精，而《中庸》首章注'不睹''不闻'两节与'喜怒哀乐'两节，更为精密无间。盖朱子固得力于'已发未发''敬义夹持'之学，故于《章句》外复作《〈中庸首章〉说》，举'敬以直内，义以方外'之说以发明之，所谓'体用

---

① 唐文治：《紫阳学术发微》卷十二，华东师范大学出版社2014年版，第324～326页。
② 唐文治：《紫阳学术发微》卷五，华东师范大学出版社2014年版，第116～117页。
③ 唐文治：《紫阳学术发微》卷五，华东师范大学出版社2014年版，第117页。

一原，显微无间'，作圣之基，实本于此。"① 唐文治也非常推崇朱子《论语集注》，指出："昔朱子殚毕生之精力以为《集注》，且复涵养德性，阅历人情，体之与身，验之于心，夫然后发之于言。故其为意也，如日月之经天，江河之行地，后世学者，其奚容复缀一辞。"② 对于朱子《孟子集注》，唐文治说："夫《孟子》一书，大要在崇仁义、辨心性、别王霸。而仁义、心性、王霸之辨，则莫精于宋儒。自朱子《集注》行，后之潜研理学者，萃诸儒之说编为《大全》，精谭性道，辨析毫芒，此诚赵氏（赵岐）之所不逮。"③

第三，强调朱子融会汉宋之学。唐文治于该卷首按曰："汉宋学派，意见分歧，一则钩稽训诂，一则崇尚义理，各有专长，遂至互分门户。近曾文正（曾国藩）谓汉儒之'实事求是'，即宋儒之'即物穷理'。其说最为允当。按：汉代大儒，无过郑君（郑玄）；宋代大儒，无过朱子。朱子之于学，靡不登峰造极，而其尤要者，在博通群经。绎其学说，安往而非实事求是哉？"④ 因此，唐文治认为，朱子经学不仅限于宋学，也包含着汉学之实事求是。就朱子《易》学而言，唐文治说："伏羲、文王、周公之作《易》，主乎数者也。孔子之赞《易》，主乎理者也。汉儒郑、荀、虞诸家之说《易》，主乎数者也。宋儒程子、朱子诸家之说《易》，主乎理者也。数者难测，变动不居。理者易明，守之有则。虽仁者见之谓之仁，智者见之谓之智，而其教人之宗旨，未尝不归于一贯。"⑤ 又说："朱子以占言《易》，而名其书曰'本义'。《本义》篇次，复孔门十二篇之旧。先儒兴复古学，皆由朱子开之，可谓探本之论。"⑥ 就朱子《书》学而言，唐文治说："读《书》难易之论，发自朱子，可谓精密无伦，二十八篇之真宝书，于是乎显。盖梅赜古文之伪，实自朱子发之。"⑦ 就朱子《礼》学而言，唐文治说："朱子尝论《仪礼》曰：'读此书，乃知汉儒之学有补于世教者不小。'书讨论丧礼《奏稿后》云：'礼经之文，诚有阙略，不无待于后人。向使无郑康成，则此事终未有断决。'其虚心审慎，推尊先哲也如此。"⑧ 至于朱子"四书"学，唐文治说："朱子最重章句注疏之学，……所以《学》《庸》取名'章句'，《论》《孟》取名'集注'者，盖《学》《庸》摘取《礼记》，又于郑君章句稍有变易，

---

① 唐文治：《紫阳学术发微》卷五，华东师范大学出版社2014年版，第135~136页。
② 唐文治：《论语大义定本跋》，载于《唐文治文选》，上海交通大学出版社2005年版，第261页。
③ 唐文治：《读焦理堂孟子正义》，载于《茹经堂文集》二编，文海出版社1974年版，第629页。
④ 唐文治：《紫阳学术发微》卷五，华东师范大学出版社2014年版，第116页。
⑤ 唐文治：《学易大旨》，载于《唐文治文选》，上海交通大学出版社2005年版，第169页。
⑥ 唐文治：《紫阳学术发微》卷五，华东师范大学出版社2014年版，第121页。
⑦ 唐文治：《紫阳学术发微》卷五，华东师范大学出版社2014年版，第122页。
⑧ 唐文治：《紫阳学术发微》卷五，华东师范大学出版社2014年版，第117页。

故定名'章句'；《论》《孟》则采取先儒说较多，故定名'集注'也。"① 又说："朱子尊汉儒如此，后学者安得有门户之分哉？……《四书集注》不独兼备训诂义理，实吾中国文法最要之书也。"②

此外，唐文治还对朱子《小学》和《近思录》作了研究，认为朱子《小学》"立人极之根本"③；又推崇王紫翔所言："《小学》《近思录》为近时救世之万金良药。"并指出："盖是二书实可继'四书'之后，平易之中有无穷之意味，修己治人之道，不外乎此矣！"④

五、朱子政治学

唐文治《紫阳学术发微》卷六"朱子政治学发微"节录朱熹所撰《戊申封事》《己酉拟上封事》《甲寅行宫便殿奏札二》《壬午应诏封事》《庚子应诏封事》《建宁府崇安县五夫社仓记》《与星子诸县议荒政书》《劝谕救荒》和《与陈丞相书》（《晦庵先生朱文公文集》卷三十七）等文，并且说："文治辑朱子政治学，凡分五类，曰'正君德'，曰'复仇'，曰'用人'，曰'纪纲风俗'，曰'恤民'，而'恤民'之中又分'总论''社仓''救荒'三要端。虽简之又简，然后世学者读之，当知修身治人之道不外乎此，而要之必以气节为本。"⑤ 认为朱子政治学是将儒家"修身治人之道"与帝王之学统一起来，要求"以气节为本"。

唐文治认为，朱子政治学把"正君德"摆在首位。关于"正君德"，唐文治节录朱子《戊申封事》，论及"人主之心"，并引朱泽沄所言："《戊申封事》是汉唐、宋明以来告君第一篇文字，其言正君心也。"还说："此疏实足为万世法则也。"⑥ 显然，在唐文治看来，《戊申封事》所阐述的"正君心"是朱熹政治哲学的基本法则。此外，唐文治还节录朱子《己酉拟上封事》《甲寅行宫便殿奏札二》，并指出："古者君师之道，合而为一。然则帝王之学，岂与儒者有异？惟其判而为二，此民生之所以日困也。"⑦ 认为在朱子那里，帝王之学与儒学之道"合而为一"。

在"复仇"方面，唐文治节录朱子《壬午应诏封事》，论及"复仇""自

---

① 唐文治：《紫阳学术发微》卷五，华东师范大学出版社2014年版，第136页。
② 唐文治：《紫阳学术发微》卷五，华东师范大学出版社2014年版，第139页。
③ 唐文治：《紫阳学术发微》卷五，华东师范大学出版社2014年版，第141页。
④ 唐文治：《紫阳学术发微》卷五，华东师范大学出版社2014年版，第142页。
⑤ 唐文治：《紫阳学术发微》卷六，华东师范大学出版社2014年版，第149页。
⑥ 唐文治：《紫阳学术发微》卷六，华东师范大学出版社2014年版，第152页。
⑦ 唐文治：《紫阳学术发微》卷六，华东师范大学出版社2014年版，第157页。

强",指出:"宋南渡以后,讲和之为害烈矣!读岳武穆(岳飞)、宗忠简(宗泽)集,未尝不为之太息流涕也。朱子父韦斋先生,以不附秦桧和议,致遭贬黜。故朱子平生专以复仇为旨。……惟是复仇之要,首在自强。朱子之言修攘也,谓必'敬以直内',而后能内修政事;必'义以方外',而后能外攘夷狄。然则,朱子自强之策,固在于本心方寸之间,其非虚憍浮夸之士所能伪托,明矣。后世之言外交者,当以此书为金鉴也。"①

在"用人"方面,唐文治节录朱子《戊申封事》,论及"天下之事,必得刚明公正之人",并引述朱泽沄所言:"此篇论用大臣以刚正为栋梁,以柔媚为蛇蝎。……用人者能奉此以为圭臬,则公私之途立判矣。"② 此外,唐文治还节录朱子《己酉拟上封事》《与陈丞相书》等予以说明。

在"纪纲风俗"方面,唐文治节录朱子《戊申封事》,论及"纲纪不振于上"与"风俗颓弊于下",又节录朱子《己酉拟上封事》,论及"振纲纪以厉风俗",并指出:"此条虽似老生常谈,而实为建国之根本。"③

在"恤民"方面,又分为"总论""社仓""救荒"三要点。唐文治节录朱子《庚子应诏封事》,论及"赋税偏重",作为总论,并指出:"薄赋税一事,实为爱民经国之大本。或谓国用不足将奈何?不知君民一体,百姓足,君孰与不足?且财聚民散。若一意聚敛,怨谤繁兴,倒戈者将踵起矣。此篇'剥肤椎髓之祸'数语,可为千古殷鉴。"④ 又节录朱子《建宁府崇安县五夫社仓记》,指出:"社仓积谷,法良意美,吾国民生命脉实系乎此。惟职掌者,贵乎得人。"⑤ 还节录朱子《与星子诸县议荒政书》和《劝谕救荒》,并指出:"居今之世,惟以正人心、救人命两端为急务。欲正人心,宜读朱子心性学;欲救人命,宜读朱子社仓法与救荒策。"⑥

后来,唐文治撰《朱子学术精神论》,重申朱子"攘夷狄""复疆土"之政策主张,并且还指出:"朱子平生精神生活,以《大学》格致为宗。格致者,兼学问践履阅历而言,能为第一等之学术,始能行第一等之政治。考朱子自主簿以至安抚使,仕于外者仅九载。……然其流风善政,民不能忘。约之可分三大纲:曰美风化之政,则如褒崇忠孝大节,俎豆先代名贤,修明礼教仪式;曰兴庠序之政,则如修葺学校书院,广储经史书籍,躬亲讲习讨论;曰惠闾阎之政,则如敦崇伦纪,清厘经界,兴修水利,蠲减赋额,简省繇役,蒸蒸

---

① 唐文治:《紫阳学术发微》卷六,华东师范大学出版社2014年版,第160~161页。
② 唐文治:《紫阳学术发微》卷六,华东师范大学出版社2014年版,第162~163页。
③ 唐文治:《紫阳学术发微》卷六,华东师范大学出版社2014年版,第169页。
④ 唐文治:《紫阳学术发微》卷六,华东师范大学出版社2014年版,第170~171页。
⑤ 唐文治:《紫阳学术发微》卷六,华东师范大学出版社2014年版,第172页。
⑥ 唐文治:《紫阳学术发微》卷六,华东师范大学出版社2014年版,第176页。

乎盛治矣!"① 此外,还有"经武之政",分为"条陈军政""训练武艺""谕降洞猺""约束保甲""劾罢庸将"五目,还说:"夫朱子才略,经文纬武,惜其在朝只六十日,为金壬所阻,在外任屡迁,故其设施仅止此。藉令其得位乘时,膏泽下民,当不难佐成尧舜之治。"② 在这里,唐文治对朱熹的政策主张予以了高度评价。

六、朱子与陆王、浙东学派的异同

朱陆之辨是朱子学研究的重要内容。陆九渊兄弟六人,为抚州金溪(今属江西)人,故亦称"金溪学派"。唐文治《紫阳学术发微》卷八"朱子辨金溪学发微",阐述朱陆之辨。

在该卷首按语中,唐文治不赞同学者讨论朱陆异同所持的门户之见,指出:"若持门户之见,入主出奴,甚至党同伐异,意气嚣然,恐失圣人之本意矣。……窃以为学以救世为主,而救世尤以人心、世道为先。其有益于人心、世道者,皆圣贤之徒也。何必自隘其门墙哉?"他赞同清陆世仪所谓"朱、陆异同,不必更扬其波。但读两家年谱所记,朱子则有谦谨求益之心,象山不无矜高挥斥之意",并且指出:"然陆之在白鹿洞书院讲《论语》'义利'章,诸生为之泣下,朱子未尝不心折之。若夫朱子之学重在道问学、陆子之学重在尊德性之说,此盖朱子谦抑之辞,岂可各标宗旨?"为此,唐文治反对所谓朱熹以道问学为宗、陆九渊以尊德性为宗而把朱陆之学对立起来。他说:"朱子《中庸》注云:'尊德性,所以存心而极乎道体之大也;道问学,所以致知而尽乎道体之细也。'盖非存心无以致知,而存心者又不可以不致知。是尊德性,即程子所谓'涵养须用敬'也;道问学,即程子所谓'进学则在致知'也。二者有兼营并进之功,无背道分驰之理。朱子道问学,即所以充其德性;而陆子尊德性,则不过明其昭昭灵灵之体而已。此不可不辨也。虽然,吾儒尚论古人,析理贵乎精严,而立心归于平恕。……朱陆异同之说,倘能平心而折衷之,要所谓'连而不相及,动而不相害''道并行而不相悖'者也,抑岂独论朱陆而已,由是推之天下之争端皆可以息矣。"③

因此,唐文治一方面要求全面理解朱子的思想;另一方面又要求正确评价陆九渊的学术。他曾在评价陆九渊白鹿洞书院《论语》'喻义、喻利'章讲义时

---

①② 唐文治:《朱子学术精神论》,载于《茹经堂文集》四编,文海出版社1974年版,第1572~1573页。

③ 唐文治:《紫阳学术发微》卷八,华东师范大学出版社2014年版,第210~211页。

说："陆子此篇，可谓万世法戒。"① 他还引述黄式三《读陆氏〈象山集〉》所言："朱子平日教学者，详言'自明诚'，未尝不言'自诚明'；陆氏平日教学者，详言'自诚明'，未尝不言'自明诚'。……朱子谓学问所以求放心，正欲读书者之辗转归己也；陆氏以宇宙事皆分内事，安得以考订经传为儒者分外事也？"，并且认为，黄式三此篇，"为实事之求，平心之论。其意义精密周帀，后学所当奉为圭臬者也"②。又说："师孟子者，不独程子、朱子皆有实用，即陆子、王子（王阳明）亦绝非空谈。孟子言本心，陆子宗之，此指礼义廉耻而言。"③ 而且，唐文治还撰《陆象山"先立乎其大"辨》，认为陆九渊的"先立乎其大"有两方面的价值：其一，"其浅焉者，足以制此心嗜欲之动，与孟子祛耳目之欲同"；其二，"其深焉者，则欲一空其心之所有，并善念而屏绝之，乃与禅家净智妙圆、体自空寂同。"所以，唐文治说："陆子之学，近于禅宗，不必讳饰。朱子别书，谓其从葱岭带来，切中病痛。然若以为悖于孔门，恐亦非圣人兼容并包之量也。"④ 而且他还说："朱子之于象山也，高明沉潜，虚实相济，旧学新知，相观而善，琢磨同在一室，巧力各有千秋，所谓'道并行而不相悖''连而不相及'。"⑤

关于朱子学与阳明学的异同，唐文治《紫阳学术发微》卷十"朱子晚年定论发微"予以辨析。王阳明曾作《朱子晚年定论》，认为朱子晚年"大悟旧说之非"，而且还说"世之所传《集注》《或问》之类，乃其中年未定之说"；"其诸《语类》之属，又其门人挟胜心以附己见"。于是，集朱子书信中所言三十余条，以证明朱子晚年走向"心学"，以此说明自己的学说"不谬于朱子"；"朱子之先得我心之同然"。对此，后世有宗朱子者指责阳明对朱子书信年代考证存在缺陷，颠倒年次。与此不同，唐文治的"朱子晚年定论发微"卷首按语指出："窃以为阳明之论朱子，不考其平生为学次第，举其《集注》《或问》《语类》之说，一埽而空之，仍不免卤莽灭裂之病。然其所引朱子晚年涵养之说在己丑以后者，亦未可遽以为失而概废之也。……然文治窃谓：读先儒书，当先辨其是非。其言而是也，虽出于中年，未尝不可以笃信之；其言而非也，虽出于晚年，亦当慎思、明辨，知其或有为而发也。《晚年定论》确有中年而误以为晚者，有中年而其言是者，有晚年有为而发者。然亦确有晚年专主于涵养者。"⑥ 认为应当实事求是地考证朱子有关著述的编年，分析朱子不同时期的思想，但不可否认朱熹晚年确

---

① 唐文治：《紫阳学术发微》卷八，华东师范大学出版社 2014 年版，第 221 页。
② 唐文治：《紫阳学术发微》卷八，华东师范大学出版社 2014 年版，第 228~229 页。
③ 唐文治：《〈孟子〉分类简明读本序》，载于《茹经堂文集》四编，文海出版社 1974 年版，第 1647 页。
④ 唐文治：《紫阳学术发微》卷八，华东师范大学出版社 2014 年版，第 229~230 页。
⑤ 唐文治：《紫阳学术发微·自序》，华东师范大学出版社 2014 年版，第 3 页。
⑥ 唐文治：《紫阳学术发微》卷十，华东师范大学出版社 2014 年版，第 261 页。

有专主于涵养的言论。该卷对《朱子晚年定论》所引述的朱子书信及其所言作了细致的考证与分析，以证明《朱子晚年定论》"非尽诬也"，并且还附唐文治《读〈朱子晚年定论〉》，对阳明《朱子晚年定论》的攻之者与信之者都作了批评，认为应当具体分析阳明《朱子晚年定论》中所述而为宗朱子者所讳言的朱子有关"反求身心""体验未发"以及心之本体的言论，摒弃有我之私和好胜之心，扫除门户之争。①

在此基础上，唐文治《阳明学术发微》中列有"阳明学通于朱子学"上下两卷，具体讨论阳明学与朱子学的相通之处。在该卷首按语中，他说："陆王之学，世儒并称；阳明学出于陆子，夫人而知之。近谢氏无量所著《阳明学派》一书，内有'阳明与象山关系'及'程朱与陆王'诸条，考核精详，深为可佩。……然余考朱、王二家之学，实有殊途而同归者。"同时引清胡泉《阳明先生书疏证》"自序"所言"以阳明之学拟诸象山，尚属影响；以阳明之学准诸朱子，确有依凭"；"惟朱子精微之语，自阳明体察之以成其良知之学；惟朱子广博之语，自阳明会通之以归于致良知之效"，指出："是说也，虽不免附会，然实有独得之处。"并且还认为，他撰"阳明学通于朱子学"两卷，就是为了论证"朱、王二家殊途同归"。② 尤其是，唐文治针对清代张承武《王学质疑》把阳明所言"心即理"与程颐所谓"性即理"对立起来而批评"心即理"，明确指出："解字有'浑言''析言'之别。"③"浑言"，即合而言之；"析言"，即分而言之，"'心即理'与'性即理'浑言未尝不同。"④ 他还针对张承武将阳明"知行合一"与朱子"知先行后"对立起来而反对"知行合一"，指出："昔朱子言致知力行，多言随知随行，而云小学先行后知，大学先知后行。朱子之意，盖亦统知行先后而言之也。陈氏北溪深得朱子之师法者也，其言曰：'致知力行，如目视足履，动辄相应，非截然判先后为二事。'阳明之言，与陈氏合，亦未尝与朱子相悖也。要而言之，知而不行是谓虚知，行而不知是谓冥行。阳明盖有鉴于天下多虚知、冥行之人，故为知行合一之说。"⑤ 在唐文治看来，无论是阳明，还是朱熹，他们都主张"知行合一"，而朱熹之所以讲"知先行后"，王阳明之所

---

① 唐文治：《紫阳学术发微》卷十，华东师范大学出版社2014年版，第279~282页。
② 唐文治：《阳明学术发微》卷五，载于《民国时期哲学思想丛书》（第1编91册），文听阁图书公司2010年版，第69~70页。
③ 唐文治：《阳明学术发微》卷三，载于《民国时期哲学思想丛书》（第1编91册），文听阁图书公司2010年版，第40页。
④ 唐文治：《阳明学术发微》卷三，载于《民国时期哲学思想丛书》（第1编91册），文听阁图书公司2010年版，第36页。
⑤ 唐文治：《阳明学术发微》卷三，载于《民国时期哲学思想丛书》（第1编91册），文听阁图书公司2010年版，第45页。

以讲"知行合一",实际上都是有其不同的针对性和合理性,这就是所谓"'知行合一'与朱子'先知后行'之说义各有当,不必入是出非"①。后来,他还明确指出:"宋朱子之教,孔子之真传也;宋陆子、明王阳明先生之教,孟子之真传也。此应时施教之法,其救世苦心一也。"②

唐文治重视朱子与浙东学派的关系,《紫阳学术发微》卷九"朱子辨浙东学发微",阐述朱子与浙东学派的关系,尤其对朱子与永康学派陈亮的论辩多有阐述。唐文治早年曾作《陈同甫与朱子辨论汉唐治法论》,后又题为《唐文治读陈同甫与朱子论汉唐书》附入《紫阳学术发微》卷九。朱子曾与陈亮就三代与汉唐治法问题展开论辩。陈亮主"义利双行,王霸并用"的观点,推崇汉唐,以为"虽不及三代,而实与三代不异";而朱子则劝他绌去"义利双行,王霸并用"之说,并认为"三代专以天理行,汉唐专以人欲行"。唐文治赞同朱子的观点,但又指出:"宋儒之贬抑汉唐,而以为舍三代无可学者,其本意亦非谓汉唐之果一无可采也。……夫宋儒之必贬抑汉唐,而自谓得三代不传之学,其说固不免于过自期许。然其剖析乎义利之界、理欲之微,使后之人主有以内纯其心,兢兢业业,而歉然常有所不足,是真圣贤之教也。"③唐文治还认为,陈亮讲"义利双行、王霸并用",批评朱子空谈性命,而"不知南宋时若无朱子,则秦桧之徒,将接迹于天下,而如文文山、谢叠山、陆秀夫、张世杰诸贤,又乌能闻风兴起,造就其争光日月之节哉"④。显然,唐文治反对陈亮的"义利双行,王霸并用"及其对朱子的批评,甚至以为朱子之学造就了宋末有民族气节的抗敌英雄。

七、余论

唐文治的朱子学是在全面研究清代朱子学的基础上展开的。他在《紫阳学术发微自序》中阐述了他以"平心而考其世,实事而求其是"的态度,遍览清代朱子学各家之言,尤其是朱泽沄(号止泉)的《朱子圣学考略》、秦云爽(号定叟)的《紫阳大指》和夏炘(字弢甫)的《述朱质疑》。他说:"文治编辑此书,虽网络群言,然实本此三家,以为准则也。"⑤ 由此可见,唐文治的朱子学

---

① 唐文治:《阳明学术发微》卷三,载于《民国时期哲学思想丛书》(第1编91册),文听阁图书公司2010年版,第41页。
② 唐文治:《石刻王阳明先生遗像跋》,载于《茹经堂文集》五编,文海出版社1974年版,第1980页。
③ 唐文治:《紫阳学术发微》卷九,华东师范大学出版社2014年版,第253~254页。
④ 唐文治:《紫阳学术发微·自序》,华东师范大学出版社2014年版,第3~4页。
⑤ 唐文治:《紫阳学术发微·自序》,华东师范大学出版社2014年版,第2页。

研究，旨在延续清代的朱子学研究。而且在这一过程中，他大量引述朱子著述，并通过对后人研究的评述，以进一步阐发自己的观点。

正是通过深入的研究，唐文治对朱子学以很高的评价。如前所述，他在《紫阳学术发微自序》中指出："圣门家法，道德学问，功业文章，务在一以贯之，汉唐后能实践此诣者，盖朱子一人而已尔。"他还在《紫阳学术发微》卷三论及朱子心性学时认为，孔孟心性之学为周敦颐、二程所继承，"朱子远绍圣学，更集诸儒之大成，其体验穷究，抉心性之根源"①。为此，唐文治接着朱子"道统"之说，把朱子列入道统。

朱子在《中庸章句序》中讲"道统"，认为从尧、舜、禹到文、武、周公、孔子、子思、孟子，直至周敦颐、二程，以"人心惟危，道心惟微，惟精惟一，允执厥中"为所传之"道"，而形成"道统之传"。朱子门人黄榦又在二程之后，继以朱子。

唐文治也讲"道统"，指出："昔孟子述由尧舜至汤，由汤至文王，由文王至孔子，或见而知，或闻而知，所知者何？道统是已。……圣圣相传，心法一贯，后世尊崇师范，欲求最高之范，在先宗法文王。"② 同时又说："洛学者，道统所由传也。其所传之道本安在？曰：主静而已矣。……朱子恐言静之流于虚寂也，又发明程子主敬之说。于是动静一原，显微无间，而万世学者咸得所指归，而不入于歧路矣。"③ 这就把朱子列入继二程之后的道统。他还说："孔子之道，传诸曾子，递传诸子思子，又传诸其门人，乃传诸孟子。自孔子凡四传而至孟子。程子之道，传诸杨龟山先生，递传诸罗仲素先生，又传诸李延平先生，乃传诸朱子。自程子凡四传而至朱子。道统渊源，先后仿佛，斯亦奇矣！"④ 唐文治甚至还以《周易·乾卦》"元、亨、利、贞"言之："周子其'元'也，二程子其'亨'也，罗、李两先生其'利'也，朱子则'贞'下而起'元'者也。"⑤

唐文治在把朱子列入道统的同时，极力推崇朱子学对于修己治人、正人心而兴国运的价值。他曾指出："盖自古圣贤所以修己而治人者，曰天德、曰王道；所以'终日乾乾，夕惕若厉'者，曰尽性、曰立命；而其所以贯彻终始、经纬天人者，不过曰理而已矣。理也者，弥纶于六合，卷舒于一心。析之极其精，扩之极其大，显之以开物而成务，微之以探赜而索隐得其纪，则经纶参赞辅相天地之

---

① 唐文治：《紫阳学术发微》卷三，华东师范大学出版社2014年版，第64页。
② 唐文治：《文周孔三圣宗要》，载于《茹经堂文集》四编，文海出版社1974年版，第1521~1524页。
③ 唐文治：《洛学传授大义序》，载于《茹经堂文集》一编，文海出版社1974年版，第273~274页。
④ 唐文治：《二程大义序》，载于《茹经堂文集》一编，文海出版社1974年版，第266~267页。
⑤ 唐文治：《洛学传授大义序》，载于《茹经堂文集》一编，文海出版社1974年版，第273页。

所不足。"① 认为朱子理学是修己治人、开物成务、辅相天地之根本。他还说:"吾尝谓:天下至大、至难之学问,无过于管摄吾之心体,未有不能管摄吾之心体而能办天下之大事者。故论朱子之学,不惮反复申明用以自警其心,亦冀有以正人之心也。"② 以为朱子学具有正人心的价值。

唐文治晚年所撰《朱子学术精神论》指出:"余治朱子学五十余年。初辑《朱子大义》八卷,继撰《紫阳学术发微》十二卷。觉其精神之高远,识见之广大,思虑之闳深,条理之精密,一时莫测其津涯。"③ 可见,唐文治推崇并研究朱子学,首先是为朱子之学术所折服,同时又为其"精神之高远"所震撼。在《朱子学术精神论》中,唐文治把朱子的讲学精神归结为"孝""仁",而且还说:"朱子一生,出处精神,惟以气节为重。读壬午、庚子、戊申、己酉《封事》诸篇,浩然正大之气溢于楮墨之表。呜呼!盛矣!厥后文文山先生廷对策问,谓政治之本在于帝王不息之心,其说实本于朱子《戊申封事》。而谢叠山、陆秀夫诸贤,接踵而起,岂非讲学之精神有以致此?然则宋末气节之盛,实皆朱子提倡之功,有以激励之也。而余向所深佩者,尤在攘夷狄、复疆土两事。特节录于左,以兴起吾人爱国之精神。"④ 显然,唐文治推崇并研究朱子学,还为朱子之民族气节所感动。该文还针对陈亮对于朱子的批评,指出:"朱子平生,专以复仇为要旨。虽然欲复仇,当明战略,而讲战略,首在自强。朱子之言修攘也,谓必敬以直内,而后能内修政事;必义以方外,而后能外攘夷狄。岂迂言哉?……而维时陈同甫之徒,乃诋道学为无用。谬哉!谬哉!"⑤ 为此,该文最后还说:"余尝谓:居今之世,欲复吾国重心,欲阐吾国文化,欲振吾国固有道德,必自尊孔读经始;而尊孔读经,必自崇尚朱学始。"⑥ 所以,唐文治对于朱子学的推崇和研究,既有学术上的考量,也希望通过提倡朱子理学而达到"善国性、救人心"之目的。

需要指出的是,唐文治认为"朱、王二家殊途同归","其救世苦心一也",所以,他在讲朱子学救世,撰《朱子学为今时救世之本论》的同时,也讲阳明学救国,曾撰《阳明学为今时救国之本论》,指出:"'致良知'之学,决然可以救国;'知行合一'之说,断然可以强国也。""夫实者,宜济以虚,而用必端其体。'致良知'与'知行合一'之学说,所以运实于虚,而明体达用之大本也。……欲陶淑吾民之国性,急救吾国之亡,惟有取阳明之学说,上溯

---

① 唐文治:《正谊堂逸书序》,载于《茹经堂文集》二编,文海出版社1974年版,第751页。
② 唐文治:《紫阳学术发微》卷二,华东师范大学出版社2014年版,第57页。
③ 唐文治:《朱子学术精神论》,载于《茹经堂文集》四编,文海出版社1974年版,第1567页。
④ 唐文治:《朱子学术精神论》,载于《茹经堂文集》四编,文海出版社1974年版,第1570页。
⑤ 唐文治:《朱子学术精神论》,载于《茹经堂文集》四编,文海出版社1974年版,第1572页。
⑥ 唐文治:《朱子学术精神论》,载于《茹经堂文集》四编,文海出版社1974年版,第1573页。

群经，心体而躬行之，毋诈毋虞，犹可以为善国。"①

　　唐文治的朱子学研究是民国时期朱子学研究的重要组成部分，其研究涉及诸多方面，且深入而扎实，甚至有些成就为当今朱子学研究者所不及。更为重要的是，作为一个教育家，唐文治把朱子学研究当作其安身立命的根本，旨在通过教育实现其朱子学救国之理想。

---

① 唐文治：《阳明学为今时救国之本论》，载于《学术世界》1935年第1卷第3期。

第四章

吴其昌:"理学而尚考据"的朱子学研究

吴其昌(1904~1944),字子馨,浙江海宁人;1921年考入无锡国学专修馆,从唐文治学习宋代理学,与王蘧常、唐兰合称"国专三杰";1925年,考入清华大学国学研究院,从王国维治甲骨文、金文及古史,从梁启超治文化学术史及宋史。1928年起,先后任教于南开大学、清华大学,并于1932年起任武汉大学教授,后兼任历史系主任。著作主要有《殷虚书契解诂》《金文历朔疏证》《金文世族谱》《金文名象疏证》等,并有不少史学论文。吴其昌虽然以甲骨金文学以及史学而著名,但他早年"一宗朱子"①,并专注于朱子学研究,发表相关学术论文《朱子传经史略》《朱子一元哲学》《朱子著述考(佚书考)》《朱子之根本精神——即物穷理》《朱子治学方法考》以及《宋代哲学史料丛考》等。

一、概述

吴其昌于1921至1924年就读于无锡国学专修馆。如前所述,该馆馆长唐文治于1922年编成《性理学大义》,次年,唐文治组织王蘧常、唐兰、吴其昌等人编辑《朱子全集校释》,得十余万言。

1923年,吴其昌发表了约2万字的长篇学术论文《朱子传经史略》。该文把朱子一生的经学研究过程分为六个时期:自14岁至24岁的"初启端倪时期",自24岁至34岁的"渐加注意时期",自34岁至43岁的"浸施功力时期",自44岁至48岁的"始有所得时期",自48岁至53岁的"益加阐明时期",自54

---

① 王蘧常:《吴子馨教授传》,载于《国文月刊》1946年第45期。

岁至68岁的"竭力发挥时期"。① 该文还依据各种可靠史料对朱子的22种经学著作的编撰时间以及过程作了考察，同时还对朱子主要门人及其后传的经学著作作了记述，并进一步考察了朱子《易》学、《书》学、《诗》学、《礼》学、《乐》学、《春秋》学、"四书"学在其门人及后学中的传授路径，最后附"朱子经籍考"，录各种版本朱子著作计51部。

同年，吴其昌发表《朱子一元哲学》②，分为：第一"明朱子宇宙观念之一元"；第二"明朱子身心观念之一元"；第三"明朱子善恶观念之一元"；第四"明朱子心物观念之一元"；第五"明朱子体用观念之一元"。针对当时不少学者认为朱子为理气二元论，该文提出不同意见，而主张朱子哲学为一元论。吴其昌说："朱子之学，其广如海，其深如渊，而其根本，一元而已。其以居敬穷理为宗，有如二元，不知此正程子所谓体用一源也。今人于朱子之学，初未少窥门径，因朱子有格物之说，遂目朱子为二元，则是以朱子为二本也。其诬朱子一已犹小，其误天下学者入德之门则大矣。"他还引朱子所言"太极生阴阳，理生气也"，说："阴阳则生于太极，而太极一实理而已。故朱子以为宇宙之构成，一理流行而已。理生气，气生质，质成万物。故举凡天地人物，皆生于一理。"

此后，吴其昌开始编撰《朱子著述考》。1927年，他发表《朱子著述考（佚书考）》，述及朱子佚书、疑佚书以及拟撰书、未成书等，共计百余部；篇首按："其昌作《朱子著述考》：第一经部，第二史部，第三子部，第四集部，凡八卷，仿朱彝尊《经义考》例；因书存，故未就。第五《佚书考》，凡四卷；因书已亡，恐久就湮，故稿先具，即此编是也。第六为表，凡四卷，已成其半，因太占篇幅，故暂不发表。此为其第五部《佚书考》四卷也。"③ 遗憾的是，《朱子著述考》仅发表《佚书考》部分，其余部分终未发表。

同年，吴其昌还对一些有关朱子的文献进行了考辨，撰《〈紫阳书院志〉本〈朱子年谱〉跋尾》《朱文公文集丙戌答张钦夫论未发二书跋尾》《嘉兴沈氏日本长尾氏所藏朱子〈论语〉注稿三种跋尾》等。

《〈紫阳书院志〉本〈朱子年谱〉跋尾》对《紫阳书院志》本《朱子年谱》作了考证，指出："王白田先生作《朱子年谱》，深惜宋李果斋（方子）原本《紫阳年谱》不可复得，而世所传者，皆为明李古冲（默）窜乱之本。……今按：李果斋原本年谱，诚已不复可见。而欲得见其近似者，未为李古冲所窜乱者之《朱子年谱》，则遍考群书，惟有《紫阳通志》所著录之《朱子年谱》而已。"④

---

① 吴其昌：《朱子传经史略》，载于《学衡》1923年第22期。
② 吴其昌：《朱子一元哲学》，载于《无锡国学专修馆讲演集初编》，无锡国学专修馆1923年版。
③ 吴其昌：《朱子著述考（佚书考）》，载于《国学论丛》1927年第1卷第2号。
④ 吴其昌：《宋代哲学史料丛考》，载于《国立武汉大学文哲季刊》1941年第7卷第1期。

《〈朱文公文集〉丙戌答张钦夫论未发二书跋尾》将朱子于乾道二年丙戌所撰《与张钦夫》二书，即《朱文公文集》卷三十《与张钦夫》（三）（四），与佛经《释摩诃衍论》相比较，认为"此二书所言，与佛经中《释摩诃衍论》，义旨全合"，又说："朱子此二书，皆作于乾道二年丙戌，时年三十七岁，正朱子于佛学浸郁方浓，而未挈然舍去时也。《语类》'包扬录'云：'某旧时亦要无所不学，禅道、文章、楚辞、诗、兵法，事事要学。'则此二书决受《释摩诃衍论》影响无疑。……惟与彼论十九皆同，而有最后不同者一焉，则立论之目的也。"朱子之书最后究竟，"要在'达用'"；彼论最后究竟，"仍在'明体'"。①

　　《嘉兴沈氏日本长尾氏所藏朱子〈论语〉注稿三种跋尾》将沈氏、日本长尾氏所藏朱子《论语集注》与宋刊淳祐大字本《论语集注》相雠校，从而认为，此稿非定稿，或为48岁以前所作。该文还认为，《论语集注》起稿于44岁，而成于48岁之夏，其后，又分别于54岁、61岁、67岁、68岁先后作了修订。②

　　1928年，吴其昌撰《平湖葛氏〈爱日吟庐书画续录〉朱文公〈春雨帖〉跋尾》，对平湖葛嗣浵的《爱日吟庐书画续录》卷一所著录朱文公《与或人帖》作了考辨，指出："帖中论及《大学》格物之说，颇为重要；而朱子《文集》《续集》《别集》，并皆失之，惟赖葛氏著录以传，甚为有功。"吴其昌还认为，"此帖乃'与李寿翁（椿）者也'"。③

　　1929年，吴其昌撰《〈易本义〉九图辨伪申宝应王氏说》，对王懋竑《白田草堂存稿》中的《〈周易本义〉九图论》所言"《易本义》九图，非朱子之作也，后之人以《启蒙》依放为之"，作了进一步的论证，指出："王氏坚决断定九图非朱子所作，是也。然其论证，胥在易图本身范围以内，故未由委曲审详其所以致误冒戴之原因，而但泛称'后之人以《启蒙》依放为之'，此犹勘验者，已获赃证，而不能推明其曲折之情伪。故其爱书，犹不能无遗憾也。今再旁侦侧测，始知王氏之判牍无误，而其致误之由，似亦隐约可明，故作说以申论之。"④

　　1930年，吴其昌的《朱子之根本精神——即物穷理》和《朱子治学方法考》在《大公报》所辟《文学副刊》发表，分别对朱子的格物致知说以及治学态度和方法作了阐述，尤其是，在《朱子治学方法考》中，还对朱子有关古籍辨伪的大量语录进行了整理。

　　1940年，吴其昌撰《利津李氏〈书画鉴影〉朱文公〈墓志〉〈钟山〉〈起居〉三帖跋尾》，对利津李氏的《书画鉴影》卷三所著录朱文公三帖《辞撰墓志帖》《论修纲目帖》（《钟山帖》）《致问起居帖》的来龙去脉，作了考辨。

　　1941年，吴其昌发表《宋代哲学史料丛考》。该文实际上由11篇短文所组

---

①②③④　吴其昌：《宋代哲学史料丛考》，载于《国立武汉大学文哲季刊》1941年第7卷第1期。

成（目录所列12篇，其中《明程资刻本〈朱程问答〉三卷跋尾》暂阙），主要是在清华大学国学研究院期间撰写的未刊行之稿；其中属于朱子学方面的论文，除以上所述《〈紫阳书院志〉本〈朱子年谱〉跋尾》《〈朱文公文集〉丙戌答张钦夫论未发二书跋尾》《嘉兴沈氏日本长尾氏所藏朱子〈论语〉注稿三种跋尾》《平湖葛氏〈爱日吟庐书画续录〉朱文公〈春雨帖〉跋尾》《〈易本义〉九图辨伪申宝应王氏说》《利津李氏〈书画鉴影〉朱文公〈墓志〉〈钟山〉〈起居〉三帖跋尾》，还包括其他考证文章，如《明道先生定性书年代考证》（1925年）《伊川先生〈颜子所好何学论〉及〈上仁宗皇帝书〉年代考证》（1926年）《〈河南程氏遗书〉第十七卷跋尾》（1927年）等。这些短文实际上是吴其昌为撰写宋元明清哲学史所做的部分史料准备，后来收入1945年出版的《子馨文在》，并改名为《宋元明清学术史》①。

由此可见，吴其昌曾对朱子学做过深入的研究。需要指出的是，吴其昌的朱子学研究以对朱子学有关文献史料的考据为主，而成为民国时期朱子学研究的一大特色。为此，王蘧常对他说："理学而尚考据，自君始。"② 李学勤认为，王蘧常所言"实在是非常贴切的"③。此外，吴其昌还非常注重对朱子治学方法及"格物致知"的研究。

二、朱子的著述

朱子学研究以朱子的著述为依据，对于朱子著述的考察是朱子学研究的基础。与研究朱子学的义理不同，吴其昌对于朱子学的研究，着重于朱子著述的考察，其研究成果主要包括三个方面：其一，对朱子经学著作的编撰过程的考察；其二，对朱子著述中的佚书的考察；其三，对朱子易学著述的考察。

1. 朱子经学著作的编撰过程

吴其昌《朱子传经史略》对朱子经学著作的编撰过程的考察，涉及著作《论语要义》《论语训蒙口义》《论语精义》《孟子精义》《中庸集解》《家礼》《论语集注》《论语或问》《孟子集注》《孟子或问》《周易本义》《诗集传》《周易启蒙》《孝经刊误》《小学》《大学章句》《大学或问》《中庸章句》《中庸或问》《孟子要略》《仪礼经传通解》《书集传》等22种；论及各著作编撰的起始、成稿、修定的时间，其中《论语集注》《论语或问》《孟子集注》《孟子或问》

---

① 吴其昌：《子馨文在》（下），独立出版社1945年版，第548页。
② 王蘧常：《吴子馨教授传》，载于《国文月刊》1946年第45期。
③ 李学勤：《吴其昌文集·序》，三晋出版社2009年版。

的编撰，起始于44岁，成稿于48岁，又分别于54岁、61岁、67岁、68岁先后作了修定；①《大学章句》《大学或问》《中庸章句》《中庸或问》的编撰，起始于38岁前，并分别于43岁、44岁、54岁、56岁先后草修，著定成书于60岁，之后，又不断修改，直至71岁逝世前三天"改《大学》'诚意'章"②。

当今学者束景南对朱子经学著作的编撰过程亦有所研究，有些结论与吴其昌略有出入。关于朱子《论语集注》《论语或问》《孟子集注》《孟子或问》的编撰，吴其昌引淳熙二年（1175年）朱子《答张敬夫》所云："《中庸大学章句》缘此略修一过，……《论语》亦如此草定一本，未暇脱稿。《孟子》则方欲为之，而日力未及也。"又引洪去芜《朱子年谱》所云："先生既编次《论孟精义》，既而约其精粹，得其本旨者为《集注》，又疏其所以去取之意为《或问》。"由于朱子《论孟精义》成于43岁，所以，吴其昌认为，此四书者，必起稿于44岁，并指出："朱子之与四书，直未尝有一刻之相离，既成《精义》，即思所以约之，因成书后即行起稿。此《论孟集注》之权舆也。"③ 束景南则据朱熹《答张敬夫》所云，认为朱熹之约取《孟子精义》而作《孟子集注》始于淳熙三年（1176年），朱熹47岁。④

关于朱子《大学章句》的编撰，吴其昌引乾道三年（1167年）朱子《答许顺之》云："《大学》之说，近日多所更定，旧说极陋处不少"，而认为《大学章句》的编撰，起始于38岁前。⑤ 束景南则认为，朱子《答许顺之》所云"《大学》之说"当指《大学集解》，而非《大学章句》，又说："乾道四年（1168年）朱熹因编《程氏遗书外书》有得，生平学问大旨确立，其后乃复有《大学章句》之作。"⑥ 以为朱子撰《大学章句》起始于39岁后。

2. 朱子著述中的佚书

吴其昌的《朱子著述考》试图对朱子的全部著述，包括存书、佚书等，进行考察分析。就已发表的《佚书考》而言，涉及佚书、疑佚书以及拟撰书和未成书等；分为四卷：第一卷分为"经部"《易》类（5部）、《书》类（5部）、《诗》类（4部）、《周礼》类（1部）、《仪礼》类（2部）、《礼记》类（2部）、《乐》类（1部）、《春秋》三传类（1部）；第二卷分为"经部"《孝经》类（2部）、"四书"类（17部）、经总类（2部）、小学类（2部）；第三卷分为"史部"正史类（1部）、编年类（2部）、传记类（1部）、仪注类（4部）、地志类（1

---

① ② ③ ⑤ 吴其昌：《朱子传经史略》，载于《学衡》1923年第22期。
④ 束景南：《朱熹前〈四书集注〉考》，载于《朱熹佚文辑考》，江苏古籍出版社1991年版，第598页。
⑥ 束景南：《朱熹前〈四书集注〉考》，载于《朱熹佚文辑考》，江苏古籍出版社1991年版，第607~609页。

部)、史评类（1 部)、金石类（1 部)、杂史类（3 部)、谱牒类（1 部)，第四卷上分为"子部"儒家类（31 部)、道家类（1 部)、杂家类（1 部)；第四卷下分为"集部"楚辞类（2 部)、别集类（8 部)、总集类（2 部)、文评类（3 部)，共计约 107 部，其中佚书和疑佚书近 90 部。

吴其昌之后，周予同对朱熹的著作（包括佚书）也作了考证，待后再叙。此外还有，1933 年，牛继昌发表《朱熹著述分类考略》[①]，分"经部"（57 部)、"史部"（12 部)、"子部"（48 部)、"集部"（21 部)，考察朱熹著作共计约 138 部，并且特别指出："近人吴其昌先生曾为《朱子著述考》一文，……考证颇详。"次年，金云铭发表《朱子著述考》[②]，分为：（1）"朱子撰著之书"（35 部)，（2）"朱子编次之书"（16 部)，（3）"朱子注释之书"（5 部)，（4）"朱子校刊之书"（12 部)，（5）"朱子著述经后人代为编次而成者"（61 部)；述及朱子著述近 130 部。显然，对朱子著述的考察是民国时期朱子学研究的重要方面，而这样的研究最初始于吴其昌。

束景南于 1997 年发表《朱熹著述考略》（后收入 2001 年出版的《朱熹年谱长编》），考察朱熹著述 137 部，并按："朱熹生平著述宏富，今人作朱熹著述目者，主要有吴其昌《朱子著述考》（《国学论丛》第 1 卷第 2 号)、牛继昌《朱熹著作分类考略》（《师大月刊》第 1 卷第 6 期)、周予同《朱熹之著作》（《朱熹》)、金云铭《朱子著述考》（《福建文化》第 2 卷第 16 期)。然皆远未备，且多舛误。今在兹四家考之基础上，再作一全面总考。"[③] 虽然这里有对前人的研究过度贬低之嫌，但至少说明吴其昌等学者对于朱子著述的考察，至今依然有益于学术。

3. 朱子易学著述

在对朱子著述的研究中，吴其昌对朱子易学著述的考察颇为详细。在《朱子传经史略》中，吴其昌认为，朱子《周易本义》的撰写起始于 46 岁，成稿于 48 岁，又分别于 58 岁、59 岁先后作了修定。《周易启蒙》的撰写起始于 48 岁，成稿于 57 岁，又分别于 62 岁、64 岁、66 岁先后作了审定。

在《朱子著述考（佚书考）》中，吴其昌对朱子易学著作的佚书部分作了考察，包括《易传》十二卷、《古易音训》二卷、《易问答》二卷、《损益象说》一卷，拟撰书《易程传节要》。

关于朱子是否作过《古易音训》，历来有不同说法。吴其昌根据《宋史·艺文志》所载"吕祖谦《定古易》十二篇为一卷，又《音训》二卷，《周易系辞精

[①] 牛继昌：《朱熹著作分类考略》，载于《师大月刊》1933 年第 1 卷第 6 期。
[②] 金云铭：《朱子著述考》，载于《福建文化》1934 年第 2 卷第 16 期。
[③] 束景南：《朱熹著述考略》，载于《古典文献与文化论丛》，中华书局 1997 年版，第 131 页；载于《朱熹年谱长编》，华东师范大学出版社 2001 年版，第 1465 页。

义》二卷。朱熹《易传》十一卷,又《本义》十二卷,《易学启蒙》三卷,《古易音训》二卷",认为吕祖谦作《音训》,"与朱子之书为二而非一,可知矣";吴其昌又引王应麟《玉海·艺文志》载"淳熙四年,朱文公(熹)《易本义》成,十二卷。又为诸图冠首,为《五赞》及《筮仪》附于末,《音义》二卷",认为王应麟曾见过朱子的《古易音训》;吴其昌还引朱彝尊《经义考》载"朱子《古易音训》二卷,未见",认为朱彝尊亦"以《音训》为有二书也"。由此可见,吴其昌似乎认为,朱子曾作《古易音训》。但是,他又说:"余友唐君兰力言此书即东莱(吕祖谦)《音训》之误,盖根据朱子孙鉴跋《东莱音训》;然无以折上列三说之疑,今故未敢断从。"①

此外,吴其昌的《〈易本义〉九图辨伪申宝应王氏说》在论证王懋竑所谓"《易本义》九图非朱子之作"的观点时,通过对《儒学警悟》收录的宋陈善《扪虱新话》所论伏羲文王八卦图的考辨,认为陈善所言《朱先生〈易〉图》绝非朱子所作,而今传世朱子《周易本义》九图,"实在朱子以前已有,而非始出于朱子"。该文还认为,《周易本义》九图滥觞于朱震《汉上易卦图》;南宋时,朱震《汉上易卦图》被改头换面为《朱先生〈易〉图》,南宋末而被误认为朱子所作;咸淳乙丑(1265年),九江的吴革最早将九图附于《周易本义》。②

关于朱子易学著述的考证,束景南撰《朱熹〈周易本义〉与〈易九图〉〈筮仪〉真伪考》《朱熹未作〈古易音训〉考辨》③ 等,提出了一些与吴其昌不同的观点。吴其昌认为朱子《周易本义》成稿于48岁,束景南则认为,该书成于淳熙十五年(1188年),朱熹59岁;吴其昌认为朱子曾作《古易音训》,束景南则撰《朱熹未作〈古易音训〉考辨》;吴其昌赞同王懋竑所谓"《易本义》九图非朱子之作",束景南则认为《易九图》为朱熹与蔡元定共同制定于庆元二年(1196年)十二月前后。

需要指出的是,吴其昌对于朱子著述的考察,虽然随着研究资料的发掘和研究的深入,有些具体的结论可能出现误差,但是,前人的研究成果是学术进一步发展的基础和参考,这是毫无疑问的。

三、朱子的治学方法与辨伪

由于从考据入手研究朱子学,吴其昌对于朱子治学方法的研究,侧重于其治

---

① 吴其昌:《朱子著述考(佚书考)》,载于《国学论丛》1927年第1卷第2号。
② 吴其昌:《宋代哲学史料丛考》,载于《国立武汉大学文哲季刊》1941年第7卷第1期。
③ 束景南:《朱熹〈周易本义〉与〈易九图〉〈筮仪〉真伪考》《朱熹未作〈古易音训〉考辨》,载于《朱熹佚文辑考》,江苏古籍出版社1991年版,第629~644页。

经方法。在《朱子治学方法考》① 一文中，吴其昌以《朱子语类》为依据，分别从治经态度和治经方法两个方面入手加以概述。

就朱子的治经态度而言，吴其昌概括为七个方面：其一曰"求真"，"求真云者，当虚心以探求一事之真相，丝毫不可掺入自己之主观概念也"；其二曰"求实"，"求实云者，就其本体以还其本来实义，不容有一切虚伪情感之存在也"；其三曰"求疑"，"求疑云者，即今人所谓'怀疑'也"；其四曰"阙疑"，"怀疑是大胆破坏，阙疑是小心建设也"；其五曰"专一"；其六曰"循序"；其七曰"不求速效"；其八曰"鉴别真伪"。

就朱子的治经方法而言，吴其昌依照治学的步骤，概括为先后五个方面。

第一，"求博学无方"，"此为治学最低限度之基础"。

第二，"求精密工具"，"绩学既博，然后可以进而第二步，谈工具问题"，包括：（1）先求"识字"；（2）次求"详明音读"；（3）次求"详明训故"；（4）次求"校勘异文"。

第三，"求巩固证据"，即"求坚定明确之证据"，又略分数项：（1）"自证"及"互证"，"自证者，于本书中，以前后文、上下文为证；互证者，于同类中类集比观以为证也"；（2）"旁证"及"广证"，"旁证者，于不同类中，取又一方面之证据也；广证者，言向各种不同类中博征证据，不厌其多也"；（3）"物证"及"事证"，"物证者，从物质之遗留以推求古事"；"事证以必然之事实驳正空想及鉴别古说可靠性之程度也"。

第四，"求会通异同"，"有证据者，固胪列群证，不厌其多，以求巩固，亦有无证据之可求者，则必须比类属辞，错综纬互，始可以见其会通"。

第五，"求明瞭当时风俗人情"，即"求当时之社会背境也"，此为方法上最后之一步，亦为比较更深刻之一步。

应当说，吴其昌《朱子治学方法考》对朱子治经态度和治经方法的阐述，既是对朱子治学方法的概括，又融合了一般的治学方法，事实上是对二者的综合，因而完全不同于在朱子学研究中那种单纯的对于朱子读书法的阐述。

尤其需要指出的是，吴其昌《朱子治学方法考》非常重视朱子对于古籍文献的"鉴别真伪"，并对朱子所辨伪书以及辨伪书的语录作了详细的列表整理。该表分为四项：（1）书名；（2）伪之性质及程度；（3）朱子以前之先觉；（4）辨伪语举要及其所载之卷帙；其中包括朱子所辨伪书及各种可疑、难解、有问题书：《易系辞》《麻衣易》《易龙图》《古文尚书》《古文尚书序》《古文尚书传》《书小序》《诗序》《诗小序》《孝经》《古文孝经序》《春秋经》《春秋左氏传》

---

① 吴其昌：《朱子治学方法考》，载于《大公报·文学副刊》第149、150期，1930年11月17、24日。

《大戴礼》《小戴礼记》《周礼》《论语后十篇》《孟子正义》《尔雅》《说文音》《元经》《孔丛子》《孔子家语》《文中子》《管子》《老子》《列子》《鹖冠子》《握奇经》《唐太宗李卫公问答》《阴符经》《清静经》《消灾经》《度人经》《楞严经》《维摩诘经》《圆觉经》《西京杂记》《龙城杂记》《省心录》《春秋指掌图》《李陵答苏武书》《木兰诗》等。

　　吴其昌曾在师从梁启超期间，于1927年为梁启超讲授《古书真伪及其年代》作记录，后成一书。在该书中，梁启超称朱子"是注解古书，用功最多的人"，并且指出："虽然他所注的书也不免有假的，但他开后来怀疑辨伪的路，在南宋总是第一人。"① 吴其昌《朱子治学方法考》对于朱子所辨伪书以及辨伪书语录的整理，无疑是对梁启超关于朱子辨伪问题的进一步研究。

　　民国时期，古籍辨伪问题是学术研究的重要问题之一，与此相关，朱子辨伪学的研究也受到了极大的关注。除了梁启超以及吴其昌，1921年，顾颉刚在与胡适、钱玄同的通信中就开始讨论编辑"辨伪丛刊"，并拟辑录《朱熹文集》《语录》中有关辨伪的论述，② 继而有了1933年出版的白寿彝的《朱熹辨伪书语》③，把朱子辨伪学的研究推向了高潮。然而，不可否认的是，吴其昌在1930年发表的《朱子治学方法考》中对于朱子所辨伪书以及辨伪书语录的整理，为民国时期朱子辨伪学的研究开了先河。直至1971年出版的钱穆《朱子新学案》，其中的"朱子论解经""朱子之辨伪学"两节，仍然讨论着与吴其昌《朱子治学方法考》相同的问题。

四、朱子"格物致知"与科学的关系

　　吴其昌对于朱子的研究，与中国科学史联系在一起。他曾在给胡适的信中认为，宋代的学术，除了理学之外，其他各门学科包括地理学、天文学、历算学等"无一不超迈古今"；还说"宋代理学在七百年前——皆已启科学端倪（读张子《正蒙》、程子《遗书》、朱子《语类》等可见），又能将极高深之理论而施之实行，此尤为世界哲学上之特色。"④ 在清华国学研究院期间，他研究宋代学术史，其中就包括了宋代的天文、地理、金石、算学等；⑤ 同时，他还发表了一系列有

---

① 梁启超：《古书真伪及其年代》，中华书局1936年版，第34页。
② 顾颉刚：《古史辨》第一册，朴社出版部1926年版，第32~34页。
③ 白寿彝：《朱熹辨伪书语》，朴社出版部1933年版。
④ 耿云志：《胡适遗稿及秘藏书信》第二十八册《吴其昌信二通》，黄山书社1994年版，第402~403页。
⑤ 清华国学研究院：《研究院纪事》，载于《国学论丛》1927年第1卷第1号。

关中国科学史的论文,其中有《两宋历朔天文学考》《三统历简谱》等。他于1927 年发表的《宋代之地理学史》分为"宋代以前之地理学""宋代地理学与历代之比较""宋代地理学所以发展原因之推测""宋代之舆图学""宋代郡志纪盛""宋代地理学之分类史略""水利学之产生"等节,并对宋代地理学之兴盛作了全面的总结。该文还认为,在宋代地理学中,"虽为推想之言,而其说与今之地质学合者,沈括、朱子可为代表"①。

如前所述,作为新文化运动的领袖之一,胡适很早就从中国科学史以及中国近代科学落后的角度对于朱子"格物致知"与科学的关系作过探讨。吴其昌推崇胡适,曾在给胡适的信中指出:"我相信不是整个新文化产生,中国的乱源是永远不会消灭。五四运动,才是新文化的种子的坼甲,像五四运动那样的运动,不断的努力继续五十年或一百年,真正的中国的第四次的新文化产生,中国或者有最后的希望。这样,先生真正是中国的'文父'了。"②

吴其昌于 1930 年发表的《朱子之根本精神——即物穷理》③,基本上与胡适的研究路数相一致,既肯定朱子"格物致知"具有科学精神,同时又结合着讨论中国近代科学落后的问题。该文开宗明义指出:"'即物穷理''致知格物'为朱子伟大精神之表现。"接着,通过与惠施的比较,讨论朱子格物致知说所蕴含科学精神的思想渊源,并进一步阐述朱子《大学章句》"格物致知补传"所包含的科学方法和态度,以及与中国近代科学落后的关系。

吴其昌认为,"朱子之根本思想,实接近于惠施""其心理即物理之说,与陆子静原无二致",他指出:"朱、陆之根本异点即陆为信任直觉,朱为不信任直觉;陆为不必求物质证验,朱为必须求物质证验而已。"还说:"可怜朱晦翁一生,只做到'今日格一件,明日又格一件'地步,而'一旦豁然贯通焉'之梦想,则始终未达到,宜其为陆子静之徒党所讪笑。……故朱文公者,实为中国科学思想之冲锋队中一战死之小卒,彼因孤立无后援而被牺牲,故尤值得吾侪之致敬也。"

吴其昌认为,朱子格物致知说所蕴含的科学方法和态度是:其一,"格物须先从实体着手";其二,"今日格一件,明日格一件,一件不漏";其三,"格物须用澈底之态度以求真知"。吴其昌说:"此三信条,联合而观之,朱子格物之界说始明瞭,基础始确定,合而为一言,即'格物者,必须凭藉实物,逐物逐件,

---

① 吴其昌:《宋代之地理学史》,载于《国学论丛》1927 年第 1 卷第 1 号。
② 中国社会科学院近代史研究所中华民国史组:《胡适来往书信选》(中册),中华书局 1979 年版,第 93 页。
③ 吴其昌:《朱子之根本精神——即物穷理》,载于《大公报·文学副刊》第 146 期,1930 年 10 月 27 日。

澈底研究之也。'"他还说:"在七百余年前,中国学者中已有此种最忠实态度之宣言,转可为吾民族骄傲也。"

吴其昌还特别列举了朱子通过"即物穷理"研究天地结构以及其它各种自然现象而做出的一些"推想",并且进一步认为,朱子"实有'实验'精神",指出:"一部《朱子语类》,'推想'多而'实验'少,其率当为九十五与五,然谓无'实验'则不可也。"还说:"在朱子当时之所以生如此推想者,则在朱子个人,亦已由实验而得矣。"与此同时,吴其昌还对朱子在科学上的成就作了阐述,并且认为,朱子的有些推想,虽然不合于理,但是"其所据以证验之方式,则近于理[①],尤为可尚也",而且,这是"中国稚弱的原始的科学思想之种子"。

该文最后指出:"朱子之客观实验态度,实筚路蓝缕指示一曙光曦微之道路,不幸南宋所谓'理学家'者,无一具晦翁之头脑,相率而误入歧途,复归于清谈。历短促之胡元而入于明清,八股化之脑筋,更根本与此种思想、方法为深仇,必欲扑灭之使无丝毫存在而后已。故'格物'之说,痛斥于明人;'辟伪'之论,深恶于清儒,使此曙光曦微之道路,及朱子身殁而复塞,历宋元明清,外表阳尊朱子,奉之如在天上,而朱子之学则早已及身灭绝无噍类矣,此吾民族之深悲奇耻也。使当时能循此道路,改进之,发挥光大之,则此八百年中,当有无数十倍、百倍、千倍朱子其人者挺生,则中国科学之发达,又安知必不如欧洲哉!"

应当说,吴其昌的以上论述是对胡适从科学角度诠释朱熹格致说的进一步发挥,尤其是,吴其昌的《朱子之根本精神——即物穷理》发表在当时的《大公报》上,因而对民国时期的朱子学研究产生了很大的影响。

1935年,高名凯发表《朱子论心》,认为朱子主张致知格物的学说,"不但与科学没有冲突,而且大有助长科学发达的势头",还说:"我们读朱子的书,看到他对于心的理论,就可以明白中国人的思想不见得可以障碍科学的发展,中国科学之不发达是国人不努力的结果,并非思想的障碍。"[②] 1936年,牟宗三发表《朱王对话——向外求理与向内求理》。该文模拟朱熹所说:"我的'即物穷理'有三个函义:(一)科学家可以应用;(二)我们道学家可以应用;(三)理是普遍的存在,在科学家为物理,在道学家为伦理。科学家因'即物穷理'而得概然之自然律;道学家因'即物穷理'而时时警惕以归于至当。"[③] 显然肯定朱熹的

[①] "则近于理"一句,后改为"则有实验一精神"。参见吴其昌:《子馨文在》下,独立出版社1945年版,第514页。

[②] 高名凯:《朱子论心》续,载于《正风半月刊》1935年第1卷第18期。

[③] 牟宗三:《朱王对话——向外求理与向内求理》,载于《牟宗三先生全集(25)·牟宗三先生早期文集(上)》,联经出版事业公司2003年版,第530页。

格致说对于科学研究的价值。1945年出版的熊十力《读经示要》其中虽然对朱熹的格致说有所疑义,但仍肯定其对于科学的价值,指出:"朱子以致知之知为知识,虽不合《大学》本义,却极重视知识。……且下启近世注重科学知识之风。程、朱说理在物,故不能不向外寻理。由其道,将有产生科学方法之可能。"① 这一观点实际上包含了对朱熹的格致说内涵科学精神的肯定。1948年,严群发表《〈大学〉"格物""致知"朱子补传解》,指出:"尝谓朱子'补传'不及数百言,顾于知识之形成,及其主观客观之条件,皆已具其端倪,实与近代西哲之知识论相发明,而'即物穷理'之论尤与科学精神相吻合,惜乎后儒之识浅,而不能竟其绪也。"② 明确认为朱熹的格物致知说与科学精神相一致。重要的是,胡适、吴其昌从科学角度对于朱熹格致说的诠释,至今仍为不少学者所接受。

五、余论

学术界往往以考据与义理分别作为汉学与宋学的特点,以为汉学专言考据,宋学以阐发义理为主。但事实上,宋学,尤其是朱子学,并非弃考据而专言义理,而是以考据为基础阐发义理,是义理与考据兼备。同样,研究朱子学,既可以研究朱子的义理之学,也可以研究其考据之学,而且,即便是研究朱子的义理之学,也应当具备考据学的基础。民国时期的朱子学研究者,大都具备良好的考据学基础;他们或是深入研究朱子的义理之学,或是从考据入手,展开对于朱子学的研究。吴其昌从考据入手研究朱子学,不仅是民国时期朱子学研究的重要组成部分,而且由此开发出了朱子学研究的新思路。

当然,吴其昌对于朱子学的研究,并不仅仅停留于考据。他对于朱子"格物致知"与科学关系的研究,则更多的是对于朱子义理的研究。因此,就总体而言,吴其昌从考据入手对于朱子学的研究,仍然是考据与义理的结合。据王蘧常回忆,当他对吴其昌说"理学而尚考据,自君始"时,吴其昌"笑为外道,不顾也"③。

由于考据学日渐式微,当今的朱子学研究,具备考据能力者已为数不多,所以,不仅很少从考据入手,即使研究朱子义理之学,也缺乏考据基础,其结果往往造成对于朱子学的歧解和误解,以至于以讹传讹,面目全非。因此,吴其昌从考据入手研究朱子学,至今依然是需要倡导的研究思路和方法。

---

① 熊十力:《读经示要》,载于《熊十力全集》第三卷,湖北教育出版社2001年版,第666页。
② 严群:《大学"格物""致知"朱子补传解》,载于《申报》1948年2月24日。
③ 王蘧常:《吴子馨教授传》,载于《国文月刊》1946年第45期。

第五章

周予同：经学史视野下的《朱熹》

周予同以经学史家而闻名于世，同时他也是民国时期重要的朱子学研究者。周予同（1898～1981），原名周毓懋，学名周豫桐、周蘧，曾用笔名天行，字予同，浙江瑞安人。1916年，以第一名的成绩考入北京高等师范学校（现为北京师范大学）国文部。"五四运动"前夕，曾作为学生领袖之一发表演说；稍后又撰文《中国古代社会主义的思潮》。1920年毕业之后，于次年任教于厦门大学；后任上海商务印书馆国文部编辑，《教育杂志》主编，并在上海大学执教。1933年，任教于安徽大学，兼中文系主任、文学院院长。1935年，任教于暨南大学，兼史地系主任、南洋研究馆主任、教务长。1945年之后，任教于复旦大学，并先后兼任历史系主任、复旦大学副教务长、上海社会科学院历史研究所副所长等职。① 周予同的著述以经学史为主，有《经今古文学》、皮锡瑞《经学历史》注释本、《群经概论》《〈汉学师承记〉选注》《中国经学史讲义》等；此外还有1929年出版的《朱熹》和1934年出版的《孔子》。

一、概述

周予同最初从事教育学研究，曾发表《我的理想的教育制度》。自1925年起，把研究重点转向中国经学史。1927年，周予同为皮锡瑞《经学历史》的注释本作序而撰《经学史与经学之派别》，主张开展经学史的研究，并且指出：

---

① 周予同：《周予同自传》，载于《晋阳学刊》1981年第1期。

"现在时髦的口号是'打倒孔子''废弃经学';但是我所不解的,是他们之无理由的打倒和废弃,不足以服顽旧者之心。我自是赞成'打倒'和'废弃'的,但我自以为是站在历史的研究上的。我觉得历史派的研究方法,是比较的客观、比较的公平;从历史入手,则孔子一部分的思想与经学一部分的材料之不适于现代,不适于现代的中国,自然而然呈现于我们的目前。我们不必高呼口号,而打倒和废弃的理由已了然于胸中。"① 显然,周予同赞成"打倒孔子""废弃经学",但是又认为,要"打倒孔子""废弃经学",必须开展经学史的研究。他还说:"我年来时常作如此的计划,假使我的环境与学力允许的话,我将献身于经学史的撰著。我将慎重地著撰一部比较详密而扼要的《经学通史》,使二千年来经学的变迁,明晰地系统地呈献于读者。其次,分经撰述,成《易学史》《尚书学史》《诗经学史》等书;其次,分派撰述,成《经今文学史》《经古文学史》《经宋学史》及《经古今文学异同考》《经汉宋学异同考》等书;再其次,以书籍或经师为经,以时代为纬,成《历代经部著述考》与《历代经学家传略》;再其次,探究孔子与经学的关系,成《孔学变迁史》与《孔子传记》;最后,我将以我个人的余力编辑一部比较可以征信的《经学年表》与《经学辞典》。"② 可见,在周予同的经学史研究中,孔子研究是非常重要的部分。

在周予同看来,中国经学史可分为十期。他说:"中国经学,依学派之盛衰分合,约可析为十期,即:(一)经学开创时期,自古代至孔子之没;(二)经学流传时期,自孔子之没至秦;(三)经今文学昌明时期,约当西汉一代;(四)经古文学兴盛时期,约当东汉一代;(五)经今古文学混淆时期,约当东汉末年以至西晋;(六)经今文学衰灭时期,约当东晋一代;(七)经学义疏派兴盛时期,约自南北朝以迄隋唐;(八)经学怀疑派崛起时期,约当宋、元、明三代;(九)经古文学重兴时期,约自清初以迄乾嘉;(十)经今文学继起时期,约自清嘉道以迄今日。此十时期,如再归纳言之,其重要之学派,仍不外今文学、古文学及宋学三派;至所谓宋学,即上述经学怀疑派之通名。朱熹之在经学史,为第八时期之中心人物,亦即所谓经学的宋学中之重镇也。"③ 因此,在周予同看来,研究经学史,必定要研究宋学,研究"经学怀疑派崛起时期"的中心人物——朱熹。

周予同还认为,在中国经学史上,今文学、古文学及宋学三派各有特点:"今文学以孔子为政治家,以六经为孔子致治之说,所以偏重于微言大义,其特色为功利的,其流弊为狂妄;古文学以孔子为史学家,以六经为孔子整理古代史料之书,所以偏重于名物训诂,其特色为考证的,而其流弊为烦琐;宋学以孔子

---

①② 周予同:《经学史与经学之派别》,载于《民铎杂志》1927 年第 9 卷第 1 号。
③ 周予同:《朱熹》,商务印书馆 1929 年版,第 52~53 页。

为哲学家，以六经为孔子载道之具，所以偏重于心性理气，其特色为玄想的，而其流弊为空疏。"① 显然，在周予同看来，宋学与哲学有着密切的关系。后来，周予同还说："'宋学家'在表面上虽自称为孔、孟道统的继承者，而实际他们所用力的，不是热情地去拯救社会，而是理智地去思考本体。将'宋学家'与孔子对比，则显然可见：孔子是偏于伦理的、社会的、情意的，而'宋学家'则偏于哲学的、个人的、理智的。"② 所以，研究朱熹哲学乃至其全部学术，正是周予同的经学史研究的组成部分。

周予同强调朱熹在中国经学史上的重要地位和哲学特点，并指出："朱熹在中国哲学史与中国经学史上，固自有其特殊之贡献。"③ 为此，在经学史的视野下，周予同研究朱熹，并撰学术专著《朱熹》，分为第一章"引言——宋学之产生与完成"、第二章"朱熹传略"、第三章"朱熹之哲学"、第四章"朱熹之经学"、第五章"朱熹之史学与文学"、第六章"朱熹与当代学派"、第七章"朱熹之著作"、第八章"朱学之传授"，并附"朱熹简明年谱"；其中在朱熹学术思想来源及著述、朱熹哲学、朱熹经学、朱熹史学与文学研究、朱熹与象山及浙东学派的关系等方面，提出了不少新观点，此外，对朱熹的史学与文学也有颇多研究。

二、朱熹学术思想来源及著述

周予同说："中国历来之学术思想，约略言之，分为八期：第一，自上古至春秋老、孔以前，曰思想胚胎时期；第二，自春秋老、孔以后至秦，曰诸子争鸣时期；第三，两汉自为一期，曰儒学独尊时期；第四，魏晋自为一期，曰道家复兴时期；第五，自南北朝至隋唐，曰佛教输入时期；第六，自宋迄明，曰儒佛混合时期；第七，满清一代，曰古学复兴时期；第八，自清末迄今，曰西学东渐时期。……第六时期，儒佛混合时期，显然又可划分为前后两期；前期之唯一代表人物为朱熹，而后期之唯一代表人物为王守仁（阳明）。"④ 在周予同看来，朱熹学术思想的形成时期，不仅是经学史上的"经学怀疑派崛起时期"，而且还是思想史上的"儒佛混合时期"。周予同还说："朱熹之学术思想，不产生于其他时期，而必产生于第六时期之前期，则不无时代的背景在；换言之，即完全受时代

---

① 周予同：《经学史与经学之派别》，载于《民铎杂志》1927 年第 9 卷第 1 号。
② 周予同：《"汉学"与"宋学"》，载于朱维铮《周予同经学史论著选集（增订本）》，上海人民出版社 1996 年版，第 327 页。
③ 周予同：《朱熹》，商务印书馆 1929 年版，第 2 页。
④ 周予同：《朱熹》，商务印书馆 1929 年版，第 1~2 页。

思潮之影响。"① 可见，周予同是把朱熹学术思想放在当时的学术背景中，考察时代的学术思潮对于朱熹学术思想形成的影响。

至于第六时期学术思想产生的原因，周予同分为"消极的"与"积极的"两个方面，"消极的"方面又析为二："一为训诂学之反动，二为纯文学之反动"；"积极的"的方面又析为三："一为佛教思想之影响，二为道家思想之影响，三为方士思想之影响"。② 周予同特别强调佛学对于宋学的影响，指出："佛学之影响于宋学，其时最久，而其力亦最伟。吾人如谓无佛学即无宋学，决非虚诞之论。宋学之所号召者曰儒学，而其所以号召者实为佛学；要言之，宋学者，儒表佛里之学而已。盖原始之儒家，留意于修齐治平之道，疲精于礼乐刑政之术；虽间有仁义中和之谈，要不越日常道德之际。及至宋代之理学，始进而讨究原理，求垂教之本原于心性，求心性之本原于宇宙。故儒家之特色为实践的、情意的、社会的、伦理的；而理学之特色则为玄想的、理智的、个人的、哲学的，二者殊不相同。至理学之所以异于儒家者，则完全受佛学之激刺与影响。……明乎此，则宋学之产生，实以佛学为其重要之因素也。"③

分析朱熹学术思想的来源，除了探讨宋代学术思想产生的"消极的"与"积极的"因素，周予同还具体阐述了朱熹学术思想的先驱，指出："朱熹之学术思想既可称为第六时期前期之集大成者，则必有其前驱者在。朱熹学术思想之前驱者，简言之，可分为二期：第一期可以胡瑗、孙复为代表，第二期可以周敦颐、邵雍、张载、程颢、程颐五子为代表。"④

与此同时，周予同还进一步阐述了朱熹学术之传授，指出："朱熹幼年虽禀受其父遗命，师事胡宪、刘子翚、刘勉之，但学术渊源上之关系，殊非深切。自二十四岁至三十四岁，十年之间，屡见李侗，始传二程之学。三十八岁时，访张栻于潭州，相与讲论，似颇受其影响。其后专发挥小程（颐）'涵养须用敬，进学在致知'二语，直有舍大程（颢）而追小程（颐）之概。故普通谓朱子集宋学之大成，实一极浮泛之语；严格言之，朱子学术实由李侗以上溯程颐，其余周敦颐、邵雍、张载、程颢等等，不过其学术渊源上之旁流而已。"⑤ 可见，在周予同看来，朱熹学术虽为集宋学之大成，源自北宋"五子"，但实际上主要来源于程颐。

周予同不仅阐述了朱熹学术思想之来源，而且对于朱熹的著述也作了考证和

---

① 周予同：《朱熹》，商务印书馆1929年版，第2页。
② 周予同：《朱熹》，商务印书馆1929年版，第3页。
③ 周予同：《朱熹》，商务印书馆1929年版，第5~6页。
④ 周予同：《朱熹》，商务印书馆1929年版，第8页。
⑤ 周予同：《朱熹》，商务印书馆1929年版，第114页。

整理。他的《朱熹》第七章"朱熹之著作",按照《四库全书要目提要》把朱熹的著作(包括佚书)分经、史、子、集"四部"进行了整理,其中"经部"48部,分为《易》类(8部),《书》类(5部),《诗》类(5部),《礼》类(6部),《孝经》类(2部),四书类(17部),五经总义类(4部),小学类(1部);"史部"12部,分为编年类(2部),传记类(4部),政书类(5部),地志类(1部);"子部"45部,分儒家类(42部),道家类(2部),杂家类(1部);"集部"21部,分楚辞类(2部),别集类(14部),总集类(2部),诗文评类(3部)。共126部。其中还特别对朱熹《四书章句集注》的归类作了说明,指出:"朱熹之学术思想,以哲学为其中心;换言之,即以儒家思想为其中心。朱熹之著作,虽四部具备,然仍以子部儒家为重镇。即如经部《四书集注章句》,按其性质,实亦可隶于儒家类也。"①

三、朱熹哲学

如前所述,胡适于1919年出版的《中国哲学史大纲》不仅对"哲学"下了定义,而且认为哲学的门类可以分为:宇宙论、名学及知识论、人生哲学(旧称"伦理学")、教育哲学、政治哲学、宗教哲学。或许是根据胡适的说法,周予同于1929年出版的《朱熹》第三章"朱熹之哲学",开宗明义便是:"哲学内容之区分,学者说各不同;就其简明而有系统者言,自以区为(一)本体论、(二)价值论、(三)认识论之三分法为优。"②并将该章分为:第一节"本体论",又分"理气二元论""理一气殊说";第二节"价值论",又分"伦理哲学""教育哲学""政治哲学""宗教哲学";第三节"认识论",又分"知与行""致知与格物""穷理与读书"。周予同《朱熹》对于朱熹哲学的阐述,其创新之处主要有以下五个方面。

第一,建立了宏大而完整的朱熹哲学体系。蔡元培《中国伦理学史》论述朱熹的思想,分为"理气""性""心情欲""人心道心""穷理""养心"等,大致可以归为"本体论""心性论"和"工夫论"三个层次。谢无量《朱子学派》讨论朱子哲学,与其伦理学分别开来,而把朱子心性论、工夫论归于伦理学;在他的《中国哲学史》中,朱子哲学则包括本体论、心性论和工夫论三部分。赵兰坪的《中国哲学史》在阐述朱子哲学时,分为:第一款"太极及理气二元论",第二款"性说"。黄子通于1927年发表的《朱熹的哲学》分为"宇宙论""论

---

① 周予同:《朱熹》,商务印书馆1929年版,第93页。
② 周予同:《朱熹》,商务印书馆1929年版,第19页。

性""论仁"和"论修养"四节。钟泰于 1929 年出版的《中国哲学史》论述朱子哲学,分为:一、"理气";二、"天命之性、气质之性";三、"居敬穷理"。周予同《朱熹》对于朱熹哲学的阐述,不仅论述了朱熹的"本体论"以及"伦理哲学"中的"性论""心论"和"修养论",而且还论述了朱熹的"认识论",从认识论角度探讨了"知与行""致知与格物""穷理与读书"等问题;此外,"价值论"不仅有"伦理哲学",而且还延伸至对于"教育哲学""政治哲学""宗教哲学"的探讨。显然,这比此前对于朱熹哲学的阐述,要丰富得多。

第二,在本体论上提出朱熹实为"一元的二元论者"。在周予同《朱熹》之前,有不少学者认为朱熹继承程颐而主张理气二元论。与此不同,1925 年,黎群铎发表的《晦庵学说平议》则认为,在朱子那里,"理与气的关系,并非两两对立",朱子有许多说法,"似乎二元而实非的",所以,"理气在他学说中非二元的","朱子主张理气,正为其认宇宙只有一个理"。[①] 他还明确指出:"理气二元,并不是朱子的主张。"[②] 1926 年,日本渡边秀方《中国哲学史概论》在中国出版,认为朱子综合周敦颐的"太极说"和程颐的理气二元论,在理气之上再置太极,"而欲抱二元于一元",因此"是一个一元的二元论者"。[③] 周予同赞同所谓朱熹继承程颐而主张理气二元论,但是又认为,"朱熹之理气二元论,绝非完全沿袭程颐,而实杂糅周敦颐之太极说",朱熹之本体论"显然的采用'太极'一术语以当'理',而与所谓'气'相对,以自成其二元论",所以,他赞同渡边秀方《中国哲学史概论》称朱子"是一个一元的二元论者"的观点,指出:"朱熹当考究宇宙之本体时,主于太极一元论,即理一元论;而说明现象界之体用时,则又主于理气二元论。故其'理'字的含义实歧为二:一为当于太极之理,一为与'气'对待之理。简言之,即朱熹实为一元的二元论者。"[④] 显然,在周予同看来,朱熹本体论属于理气二元论,但是,又主于太极一元论,所以,朱熹的理气二元论,是一元的二元论。这显然不同于此前单纯讲朱熹属于理气二元论。

第三,把朱熹仁学与其哲学体系融合为一体。谢无量《朱子学派》第二编"本论"第二章"朱子伦理学"分为"性说""心意作用论""仁说""致知与力行"和"德之修养",其中包含了对朱子仁学的讨论,但是,朱子仁学与心性论、工夫论被分别开来阐述。黄子通的《朱熹的哲学》有"论仁"一节,又分为"仁与四端""仁与爱"两小节,对朱熹仁学作了专门的阐述。在该文中,朱

[①②] 黎群铎:《晦庵学说平议》,载于《国学丛刊》1925 年第 2 卷第 4 期。
[③] [日]渡边秀方著、刘侃元译:《中国哲学史概论·近世哲学》,商务印书馆 1926 年版,第 67~69 页。
[④] 周予同:《朱熹》,商务印书馆 1929 年版,第 21 页。

熹仁学虽然被看作其哲学的一部分，但仍然与心性论、工夫论区别开来。与周予同《朱熹》同时出版的贾丰臻《宋学》有"朱子"一章，分为（一）"哲理说"，（二）"心性说"，（三）"修为说"；其中在"心性说"中对朱熹仁说作了讨论，并且认为，在朱熹那里，"仁就是哲学上所说的理，人生哲学的性，就是绝对的性，故同时包含仁、义、礼、智"①。该章还附《朱子语类》卷一百五所载"仁说图"，并引朱熹所言加以说明。② 这是把朱熹仁学纳入"心性说"之中。周予同《朱熹》则在朱熹"伦理哲学"的"修养论"中阐述朱熹仁学。周予同对于朱熹"修养论"的讨论，着重于修养之目标和修养之方法。他说："朱熹以仁为伦理上之最高标准，故吾人修养之目标即在乎求仁。"③ 为此，周予同进一步讨论了朱熹的仁学思想，认为朱熹仁学思想的形成，"其远因固在孔子之仁说，其近因实受程颢《识仁篇》之影响"④。他还说："考朱熹之意，以为本体之化生万物，为仁德之表显；而吾人得本体之一部分以生，则内心亦自当有仁德之存在。……朱熹不仅以仁为诸德之首，而且以仁包举诸德；彼以为仁之包举义礼智，犹四时之春之于夏秋冬，乾德之元之于亨利贞，五行之木之于火金水；盖仁为仁之本体，义为仁之断制，礼为仁之节文，知为仁之分别，皆由广义之仁推演而出也。"⑤ 周予同在把"仁"看作修养之目标的同时，还论及朱熹的修养之方法，指出："其方法又可析为内外二面。内的方法为居敬，外的方法为穷理。前者属于内心方面，为情意之涵养；后者属于外物方面，为智识之陶冶。前者由内而外，后者由外而内。内外合一，浑融同体，于是达于修养之极致。"⑥ 周予同《朱熹》把朱熹仁学纳入"修养论"之中，这实际上就把朱熹仁学与其哲学体系融合为一体。

第四，对朱熹的教育哲学、政治哲学、宗教哲学，做了专题讨论，其中对于朱熹政治哲学的论述，在民国时期为最早。

周予同对朱熹教育哲学的论述，分为教育目的论、教育方法论和教育制度三个方面。周予同说："在教育目的论方面，朱熹以穷理尽性为极致，故具有教育万能论之倾向。"⑦ 又说："在教育方法论方面，朱熹似颇有主意论之倾向。盖彼以为人人当以圣贤为己任；而其所以能以圣贤为己任者，第一须立志，其次须精进。……关于教育方法论，朱熹又曾劝勉学者须实用切己。"⑧ 应当说，这些观

---

① 贾丰臻：《宋学》，商务印书馆1929年版，第100页。
② 贾丰臻：《宋学》，商务印书馆1929年版，第102～104页。
③④ 周予同：《朱熹》，商务印书馆1929年版，第27页。
⑤ 周予同：《朱熹》，商务印书馆1929年版，第27～28页。
⑥ 周予同：《朱熹》，商务印书馆1929年版，第28页。
⑦ 周予同：《朱熹》，商务印书馆1929年版，第29页。
⑧ 周予同：《朱熹》，商务印书馆1929年版，第31～32页。

点与谢无量《朱子学派》中的"朱子教育说"所述,大体一致。关于教育制度,周予同说:"朱熹依据其教育哲学之见地,对于当时之学校制度及科举制度,诋斥颇力。……然朱熹之于教育制度,固非以消极的排诋为止境,而实抱有积极的理想。其理想的教育制度,简明言之,分为二级制,曰小学,曰大学,依学者年龄之高低,而授以程度不同之事与理。"① 还说:"朱熹之理想的教育制度,不仅为纸上之空谈,尝曾施之于实际,而与后代学校制度及民族文化发生重大之关系。其所修建之白鹿洞书院,实其理想的大学制之试验。"② 这些论述对于后来研究朱熹教育思想具有一定影响。

对于朱熹政治哲学,周予同认为,朱熹政治哲学是以其本体论以及伦理哲学为基础的,要了解朱熹政治哲学,"当求其源于其本体哲学及伦理哲学"。他说:"盖朱熹以为本体中有所谓理者存,而人心则禀本体之理以为性;理无不善,是以性无不善。人君之治天下,如穷理尽性,以自正其心,则百官万民自受其感化,而达于至治之境。"③ 所以,在周予同看来,朱熹政治哲学的核心在于心。他说:"朱熹之政治哲学,一言以蔽之,曰:唯心论而已。……故朱熹之奏议封事以及论治之文,每以正君心为第一义。"④ 周予同还认为,唯其偏于唯心,"故重人治而轻物治",而且"以为道德系政治之目的,教育系政治之手段";唯其偏于唯心,"故主德治而薄法治",而且"以人心超于法纪,而大发挥其人治主义也";所以,"朱熹之政论,虽旁及兵刑税赋,然其出发点根于本体论与性论"。⑤ 周予同对于朱熹政治哲学的论述,在民国时期具有重要影响,不仅在一些阐述朱熹学术思想的著作中有这方面的内容,而且在以中国政治思想史为题的著作中,大都包含有关朱熹政治哲学或政治思想的论述。

朱熹宗教哲学,在周予同《朱熹》的论述中,实际上就是鬼神论。周予同说:"朱熹复本其本体上理气二元论之见解,而演化为阴阳二元论,更演化为鬼神二元论。虽其指导门徒,不愿多及鬼神;……然一涉哲学的论辨,则其广譬妙喻,殊见其趣味之浓厚。"⑥ 他还说:"朱熹以为本体可析为理气,气又可析为阴阳,而鬼神则不过为阴阳之灵之别名。阴阳二气,在宇宙间,无所不在,故鬼神亦无所不在。……朱熹既以鬼神为阴阳二气之往来屈伸合散之名,故其鬼神之含义殊广。"⑦ 通过对朱熹鬼神论的阐述,周予同说:"鬼神一观念,由原始的宗教

---

① 周予同:《朱熹》,商务印书馆1929年版,第33~34页。
② 周予同:《朱熹》,商务印书馆1929年版,第35页。
③ 周予同:《朱熹》,商务印书馆1929年版,第36页。
④ 周予同:《朱熹》,商务印书馆1929年版,第35~36页。
⑤ 周予同:《朱熹》,商务印书馆1929年版,第37页。
⑥ 周予同:《朱熹》,商务印书馆1929年版,第38页。
⑦ 周予同:《朱熹》,商务印书馆1929年版,第39页。

的意味而进于修正的玄学的思辨,则朱熹或不无功绩焉。"① 但是又说:"朱熹于鬼神一观念,虽哲学的视为阴阳之灵之别称;然对于世俗之所谓鬼神,以及人鬼物魅等,绝不加以否认,而且客观的承认其存在。就此点而言,朱熹之鬼神论,实未完全脱离原始宗教之意味,而不无大纯小疵之讥。"②

第五,从认识论的角度阐释朱熹格物致知说,建构了朱熹的认识论。在周予同《朱熹》之前,谢无量的《朱子学派》和《中国哲学史》以及赵兰坪《中国哲学史》、黄子通《朱熹的哲学》、钟泰《中国哲学史》等,大都从"本体论""心性论"和"工夫论"三个层次阐述朱子哲学,从工夫论的角度阐述朱熹的格物致知说。胡适最早从科学的角度对朱熹格致说作了诠释。朱谦之于1926年发表的《〈大学〉研究》不仅赞同胡适的观点,而且把朱熹的格物说看作一般的方法加以讨论,指出:"这种格物方法的应用,在宇宙观方面,便成功了'形而上学'。……格物就是要发现那'未知的',要研究天如何而能高?地如何而能厚?鬼神如何而能幽显?自然,这种方法,可以成功'哲学',也可以成功了'科学'。"③ 为此,朱谦之《〈大学〉研究》还专题阐述了"程朱的格物说""陆王的格物说""清代学者与格物说之关系"等。1927年,刘尧民发表《格物的解释》,把程朱对"格物"的解释归于"主知主义的说法",并指出:"宋儒的谬点,是在将物指普通的物而言,知是指纯粹的知识言。"④ 周予同进一步从认识论的角度对朱熹格物致知说展开讨论,并建构了朱熹的认识论。

关于朱熹的认识论,周予同认为,朱熹在知与行之轻重上,以力行为重,而在知与行之先后上,则主先知后行说;至于"如何以完成其知",这一问题"实为朱熹哲学全部精神之所在"⑤。为此,周予同具体分析了朱熹对《大学》"格物致知"的诠释,认为朱熹"训'知'为知识,训'格'为穷至;以为'致知在格物'云者,谓欲推极吾人之智识,在即凡天下之事物,而穷究其理",还说:"其论理的方法为归纳,而含有近代科学之精神。"⑥ 他还认为,朱熹是把穷究物理看作解决如何以完成其知之"唯一法门",而且,朱熹之所谓"物",范围至广,天下万物,莫不包举;所谓"格物","非尽穷天下之事物,而实有赖于类推",所以,周予同指出:"程、朱之格物论,非绝对的,而为相对的;非逐物的实验,而为依类的推论;其所以略有科学的精神者在此,而其所以终无科学的成绩者亦在此。"⑦

---

①② 周予同:《朱熹》,商务印书馆1929年版,第40页。
③ 朱谦之:《〈大学〉研究》,载于《谦之文存》,泰东图书局1926年版,第11页。
④ 刘尧民:《格物的解释》,载于《国学月报》1927年第2卷第7期。
⑤ 周予同:《朱熹》,商务印书馆1929年版,第46页。
⑥ 周予同:《朱熹》,商务印书馆1929年版,第46~47页。
⑦ 周予同:《朱熹》,商务印书馆1929年版,第48页。

为此，周予同对朱熹之格物说既含有科学之精神又无科学成绩，作了进一步的阐述，认为这既有当时"科学环境之贫乏"的原因，包括当时"缺乏科学应用之需要"以及"科学之工具器械太贫乏"，也有"本身方法之缺陷"的原因："第一，因程、朱之所谓格物，其目的不在于此物或彼物之理，而在于最后之绝对真理或绝对智慧"，"着眼于'一旦豁然贯通'之顿悟的禅学的之最后境界"；"第二，科学方法之重要部分，一为实验，一为假设；但程、朱之所谓格物，仅有观察而无假设。"①周予同还引朱熹所云"今登高山而望，群山皆为波浪之状，便是水泛如此。只不知因什么事凝了"；"尝见高山有螺蚌壳，或生石中，此石即旧日之土，螺蚌即水中之物。下者却变而为高，柔者却变而为刚，此事思之至深，有可验者"，指出："此不能谓非实地的观察，然因无假设之故，仅成为对于自然界之零碎见解，而不能发展为独成一科之地质学。"②

此外，周予同还从认识论的角度对朱熹所论穷理与读书的关系作了分析，认为朱熹既强调"以读书为穷理之首"，又"绝非对读书为因袭的盲目的崇信，实以读书为穷理之捷径"。他还说："此种读书穷理说最容易发生流弊；程、朱之末流，每每无大创见，而仅将'四书''五经'咿哦一番，即自以为达格物致知之妙境，皆坐此故。陆九渊斥朱熹之传注功夫为支离事业，亦未始毫无相当之理由也。"③

周予同既从认识论的角度阐释朱熹格物致知说，又揭示出朱熹格物致知说在认识论上存在着不足，从而使得朱熹格物致知说从其工夫论中分离出来，成为独立的哲学认识论问题。周予同《朱熹》之后，冯日昌发表的《朱熹"格物致知"论》④、吴其昌发表的《朱子之根本精神——即物穷理》等学术论文，正是从认识论角度对朱熹格物致知说所作的专题研究。朱谦之的《中国思想方法问题》第二章"中国思想方法发展史"，在先前《〈大学〉研究》的基础上，对朱熹格物说作了进一步的专题研究，在第二节"格物说之阶段的发展"中，既阐述了程朱的"宇宙观的格物说"，又讨论了陆王的"人生观的格物说"以及黄宗羲、顾炎武、王夫之的"社会观的格物说"，并且指出："总而言之，《大学》的'格物'实在是中国近代哲学史上顶重要的一个问题，宋代学者把他看作'穷理'的宇宙观方法，所以成功了宋代的'宇宙哲学时期'。明代学者把他看作'致良知'的人生观方法，所以成功了明代的'人生哲学时期'。清代学者把他解作实践行为的方法，又一转而为变相科学的研究法，所以成功了清代'政治学

---

① 周予同：《朱熹》，商务印书馆1929年版，第49~50页。
② 周予同：《朱熹》，商务印书馆1929年版，第50页。
③ 周予同：《朱熹》，商务印书馆1929年版，第51页。
④ 冯日昌：《朱熹"格物致知"论》，载于《朝华月刊》1929年第1卷第1期。

科学的哲学时期'。"①

四、朱熹经学

周予同《朱熹》第四章"朱熹之经学",分别阐述了朱熹的《易经》学、《书经》学、《诗经》学、《礼经》学、《春秋》学、《孝经》学和"四书"学。

关于朱熹的《易经》学,周予同特别强调朱熹与程颐在《易经》学上的相互对立。他说:"程、朱之《易》学,虽均属与汉《易》对峙之宋《易》;然程为宋《易》中之义理派,而朱则为宋《易》中之象数派,二人之立场固自不同。……朱熹之《易》,喜言太极无极,先天后天,其继承陈抟、邵雍象数之学,无可讳言。在熹之本意,或以为程颐《易传》偏于义理,故济以象数,以维持其哲学上之调和统一的态度;殊不知学术上有绝不能调和统一者,于是程、朱之《易》学陷于敌派之嫌,此实非朱熹初意所及料也。"②

同时,周予同还阐述了程颐对于象数《图》《书》之学的反对,以及朱熹对《图》《书》之学的赞同和推尊,并指出:"朱熹作《周易本义》以补程《传》,谓程言理而未言数,遂于篇首冠以九图;又作《易学启蒙》,发明《图》《书》之义。其初意盖欲调和程、邵之间,以实现宋《易》之大一统;然不知已陷于进退无据矣。"③周予同还就朱熹《周易本义》所谓"自伏羲以上,皆无文字,只有《图》《书》,最宜深玩,可见作《易》本原精微。文王以下,方有文字,即今之《周易》。然读者亦宜各就本文消息,不可便以孔子之《易》为文王之说"提出批评,指出:"其所云云,皆推尊《图》《书》之言。不知其所谓伏羲者,非传说之伏羲,而为陈、邵之书;其所谓《图》《书》者,非经学家言,而为方士之说也。"④

关于朱熹的《书经》学,周予同说:"朱熹于《书经》学史上具有一大功绩,即对于东晋晚出之伪《古文尚书》及伪孔安国《尚书传》加以怀疑是也。"⑤并且认为,这实际上"开明清学者辨伪之端"⑥。还说:"追本溯原,《尚书》学之能自拔于伪托,朱熹盖不无筚路蓝缕之功焉。"⑦

关于朱熹的《诗经》学,周予同认为,朱熹对于《诗经》的研究,仅次于

---

① 朱谦之:《中国思想方法问题》,曲江民族文化出版社1941年版,第81页。
② 周予同:《朱熹》,商务印书馆1929年版,第54~55页。
③④ 周予同:《朱熹》,商务印书馆1929年版,第56页。
⑤ 周予同:《朱熹》,商务印书馆1929年版,第57页。
⑥ 周予同:《朱熹》,商务印书馆1929年版,第59页。
⑦ 周予同:《朱熹》,商务印书馆1929年版,第60页。

"四书"。他还指出:"朱熹治《诗》,……将《诗》'大序''小序'别为一编而辨之,名曰《诗序辨说》;其所作《集传》,亦不主毛、郑,而以《国风》中之《郑》《卫》为淫诗,且以为淫人自言。其怀疑之精神,在经学史上实罕俦匹。"①为此,周予同认为,朱熹之《诗序辨说》及《诗集传》是集宋代《诗经》学怀疑派之大成,并且还指出:"朱熹《诗经》学之大要,约可析为三方面,即:一、反对《诗序》,以为不足凭信;二、不专主毛、郑,而间采今文《诗》说;三、提出新解,以《诗经》中二十四篇为男女淫佚之作。"②尤其是朱熹《诗集传》把《诗经》中的二十四篇看作男女淫佚之诗,周予同给予高度评价,认为朱熹之于《诗经》,"其所以能在《诗经》学史上放一异彩者,在于大胆的提出新解,即所谓淫诗问题",还说:"朱熹在经学上最能表现其怀疑之精神者在此,而其最受后世经学家之攻击者亦在此。"③当然,周予同还对朱熹论《诗》仅限于经学表示遗憾,指出:"朱熹不能使《诗经》脱经学之轭而跻于文学之域,故其说每不甚澈底,致见讥于后代之经生硕儒。"④"如更进一步,超脱宗教性之经学,而立场于纯文学之观点,则一切新说适足以显其伟大的创见;奈其说仍局促于经学桎梏之下,仍以伦理的观念为中心,则何怪乎责难者之纷来。"⑤

关于朱熹的《礼经》学,周予同说:"朱熹之于三礼,以《周礼》为周制,《仪礼》为未备,而于《礼记》加以贬抑。"⑥又说:"要之,朱子之治礼,盖不拘拘于《礼经》,而欲依据古礼,酌斟人情,以自创一当时可行之礼仪而已。故以经学言,朱熹多因袭之论;而以礼制言,则朱熹亦自有其创见也。"⑦

关于朱熹的《春秋》学,周予同说:"朱熹之于《春秋》,固尝有志而未逮焉。故以经学论,朱熹之在《春秋》学史上,实无地位之可言。然朱熹怀疑之见,为治《春秋》者去一障蔽,亦自有其相当之价值。"⑧

关于朱熹的《孝经》学,周予同说:"朱熹之《孝经》学,今可考见者,除语录若干则外,尚有《孝经刊误》一书。按:《孝经》虽寥寥不及二千言,然其在经学上论难之繁,亦不亚于他经;至朱子,始大加删改,分为经传。就其怀疑一端言,固自足表见其宋学之精神;然删改本经为治经之大忌,而朱子蹈之,故

---

① 周予同:《朱熹》,商务印书馆1929年版,第60~61页。
② 周予同:《朱熹》,商务印书馆1929年版,第62页。
③ 周予同:《朱熹》,商务印书馆1929年版,第65页。
④ 周予同:《朱熹》,商务印书馆1929年版,第61页。
⑤ 周予同:《朱熹》,商务印书馆1929年版,第66页。
⑥ 周予同:《朱熹》,商务印书馆1929年版,第68页。
⑦ 周予同:《朱熹》,商务印书馆1929年版,第70页。
⑧ 周予同:《朱熹》,商务印书馆1929年版,第71页。

不免后儒之讥。"① 关于《孝经刊误》，周予同则指出："是书内容之特点，约略言之，凡有三端，即：一、反对《孝经》为孔子所自著；二、分《孝经》为经一章、传十四章；三、删改经文二百三十三字。"②

关于朱熹的"四书"学，周予同说："朱熹之于'四书'，为其一生精力之所萃；其剖析疑似，辨别毫厘，远在《易本义》《诗集传》等书之上。名物度数之间，虽时有疏忽之处，不免后人之讥议，然当微言大义之际，托经学以言哲学，实自有其宋学之主观的立场。惟绳以治经之术，其绝不可为训者，在于改窜《大学》本经。"③ 此外，周予同还就"四书"的次序作了论述，指出："'四书'之次序，本首《大学》，次《论语》，次《孟子》，次《中庸》。盖以《大学》为初学入德之门，《中庸》为孔门传心之法；其功力有深浅，故次第有先后。后世或因刊本篇幅之便利，移《中庸》以先《论语》；或因作者时代之早晚，移《中庸》以先《孟子》；皆失朱熹之本意。"④

五、朱熹史学与文学研究

朱熹的史学著作，现存的主要有《资治通鉴纲目》《名臣言行录》和《伊洛渊源录》。周予同认为，其中的《伊洛渊源录》"实一学术思想史之专著"，并且还说："《伊洛渊源录》阐明其自身学派之来源与内含，为治学术思想史之要籍。"⑤ 而对于《名臣言行录》和《资治通鉴纲目》，周予同则表示出较多的不满。他说："《名臣言行录》一书，与其称为历史，不如称为伦理，盖道德教训之意味过重也。"⑥ 至于《资治通鉴纲目》，周予同认为，由于该书"惟凡例一卷出于朱熹手定，其纲皆门人依凡例而修，其目则全由赵师渊任之"，所以，"此书可信赖之程度已极薄弱"。⑦ 他还说："《资治通鉴纲目》一书，腐儒尊奉为续麟之作；其实此书因司马光之《资治通鉴》，而强施以所谓《春秋》之书法。……吾人今日所以赞誉司马光之《资治通鉴》者，以其网罗宏富，取材详慎，为编年史空前之宏著；而所以不满于朱熹之《资治通鉴纲目》者，则以其强法《春秋》之笔法，以经而乱史。"⑧

民国时期对于朱熹文学思想的专题论述，为周予同《朱熹》为最早。周予同

---

① 周予同：《朱熹》，商务印书馆 1929 年版，第 73 页。
② 周予同：《朱熹》，商务印书馆 1929 年版，第 74 页。
③④ 周予同：《朱熹》，商务印书馆 1929 年版，第 77 页。
⑤⑥ 周予同：《朱熹》，商务印书馆 1929 年版，第 79 页。
⑦ 周予同：《朱熹》，商务印书馆 1929 年版，第 80 页。
⑧ 周予同：《朱熹》，商务印书馆 1929 年版，第 80~81 页。

指出:"朱熹对于文学之根本观念,亦不外于由因袭的'文以载道'之说进而持较深澈的'文自道出'之论。"① 由于主张道本文末,朱熹以为"欲文采之可传,须先致力于义理",否则,"不究义理,专治文词,为枉费工夫";对此,周予同认为,"立场于浅薄的功利之见,其窒扼艺术之灵魂,固易流于艺术排斥论",如果能够"扩充道之范围,而不仅仅局促于宋儒空虚诞妄之所谓心理,则朱子之文学说固未见其完全不可通也"。② 与此同时,周予同又肯定了朱熹对文学作品"故为简省生涩""矫揉作造"的批评,指出:"朱熹之文学见解,固不免于因袭的、传统的;然其修辞方面之意见,则颇自有其廓清之功。朱熹对于文章之故为简省生涩者,深致不满,以为失为文之原则。……其指斥当时古文派之矫揉作造,殊可发噱也。"③ 周予同对于朱熹文论的这一评述,实际上开启了民国时期对朱熹文学批评的研究。

周予同《朱熹》之后,对朱熹文学批评做出系统研究的有郭绍虞于1938年在《文学年报》上发表的《朱子之文学批评》④,以及罗根泽于1946年在《中国学术》上发表的《朱熹对于文学的批评》⑤。此外,1944年出版的朱东润《中国文学批评史大纲》也有专题论述。⑥ 重要的是,他们都与周予同《朱熹》一样,主要围绕着朱熹文道观而展开讨论,但观点有所不同。周予同认为朱熹持"文自道出",而郭绍虞、朱东润、罗根泽都认为,朱熹持道文统一说。

民国时期,最早对朱熹文学作品进行研究的是曾毅、谢无量。曾毅的《中国文学史》对包括朱熹在内的理学家的诗文作品作了评价,认为他们在古文创作上取得很高成就,"皆非后世号为古文专家者所易及"⑦。与此同时,曾毅还在比较朱熹与陆九渊的作品时,指出:"朱陆之学,一长一短,未易轩轾,大抵自周程以来,并为道学,皆融取二氏之精义以成,……但以文学论,陆之诗不若朱之圆熟温润,陆之文不若朱之敷腴纵放也。"⑧ 认为就朱陆二人的文学作品而言,朱熹在陆九渊之上。谢无量的《中国大文学史》也对朱熹的文学作品以很高评价,认为"朱子文体醇雅,并深于古诗"⑨,同时还引述《诗人玉屑》《怀麓堂诗话》所言,阐述朱熹诗歌风格,指出其深受古诗影响,字句效仿汉魏,托意比兴则得

---

① 周予同:《朱熹》,商务印书馆1929年版,第81页。
② 周予同:《朱熹》,商务印书馆1929年版,第82~83页。
③ 周予同:《朱熹》,商务印书馆1929年版,第83页。
④ 郭绍虞:《朱子之文学批评》,载于《文学年报》1938年第4期。
⑤ 罗根泽:《朱熹对于文学的批评》,载于《中国学术》1946年第1期。
⑥ 朱东润:《中国文学批评史大纲》,开明书店1944年版,第172页。
⑦ 曾毅:《中国文学史》,泰东图书局1915年版,第183页。
⑧ 曾毅:《中国文学史》,泰东图书局1915年版,第220页。
⑨ 谢无量:《中国大文学史》,中华书局1918年版,第53页。

之于《诗经》。

周予同《朱熹》在评价朱熹的文学作品时，指出："朱熹之文学作品，诗赋散文，各体均有，然韵文喜插入说理之语，每使人深感酸腐之气。"① 又说："朱熹在文学史上之所以尚能取得一地位者，在其说理之文与解经之文。"② 显然，周予同虽不满于朱熹文学作品中的"酸腐之气"，但依然肯定其在文学史上的地位。他还引黄震赞朱熹"天才卓绝，学力宏肆，落笔成章，殆于天造。其剖析性理之精微，则日精月明；其穷诘邪说之隐遁，则神搜霆击。……"并指出："其言虽不无过誉，然亦非无根之谈也。"③ 周予同《朱熹》之后，不少以中国文学史为题的著作，包含了对于朱熹文学作品的评述，只是褒贬略有不同。

六、朱熹与象山、浙东学派的关系

周予同《朱熹》对朱陆关系作了深入的探讨。周予同认为，陆九渊在哲学上之本体论、心性论以及方法论，均与朱熹异趣："就本体论言：朱为理气二元论之主张者；以近代哲学术语言之，可称为一实在论者，即以为一切现象界之背后有所谓理气二元之实在者在。陆为心即理说之主张者；以近代哲学术语言之，可称为一唯心论者，即以为一切现象皆自心生，离心则一切现象无存在之可能。就性论言：朱为二元论者，即分性为本然之性及气质之性；陆为一元论者，即以性、情、才为不过一物之异名。……朱之方法论主归纳，主潜修，主自外而内，主自物而心，主自诚而明；而陆之方法论主演绎，主顿悟，主自内而外，主自心而物，主自明而诚。普通以朱为道问学而陆为尊德性，即指此也。"④ 关于朱陆方法论之异同，周予同通过具体分析朱陆对于《大学》"致知在格物"的不同诠释，认为这种异趣"亦即朱、陆二派哲学方法论不同点之所在"，还说："陆、王一派，大抵训'知'为良知，训'格'为正；以为'致知'云者，非扩充知识之谓，乃致吾心固有之良知；'格物'云者，非穷究物理之谓，乃正意念所在之事物。总之，其论理的方法为演绎，而含有极浓的唯心论之色彩。朱熹不然，训'知'为知识，训'格'为穷至；以为'致知在格物'云者，谓欲推极吾人之智识，在即凡天下之事物而穷究其理；总之，其论理的方法为归纳，而含有近代科学之精神。"⑤

此外，周予同还特别讨论了朱陆之争及其哲学内涵。他具体考察了朱陆鹅湖

---

① 周予同：《朱熹》，商务印书馆1929年版，第83页。
②③ 周予同：《朱熹》，商务印书馆1929年版，第84页。
④ 周予同：《朱熹》，商务印书馆1929年版，第86～87页。
⑤ 周予同：《朱熹》，商务印书馆1929年版，第46～47页。

之会，并且认为，"鹅湖之会可称为朱、陆方法论之争辨"①；同时，他又考察了无极之辨，并认为，"无极之辨可称为朱、陆本体论之争辨"②。

周予同对朱熹与陈亮、叶适为代表的浙东学派的关系也作了阐述。他说："朱学与浙学之根本不同点，即一以哲学为中心，一以政治、经济为中心。以哲学为中心，故假借《周易》《中庸》，而专究太极、无极、理气、心性等本体论上问题；以政治、经济为中心，故凭藉《尚书》《周礼》，藐视此种玄虚问题，而归宿于事功。专究本体，自以人性与本体合一为极致，故带有伦理学上动机论之倾向；归宿事功，自以人群获得幸福为标的，故带有伦理学上乐利主义之色彩。以朱学批评浙学，则浙学为舍本逐末；以浙学批评朱学，则朱学为避实趋虚。"③ 后来，周予同还明确把以陈亮、叶适为代表的浙东学派称为批评派，以与程朱的归纳派、陆王的演绎派相区别。④

七、余论

正如赞成"打倒孔子""废弃经学"而研究经学史，成就了经学史大家，周予同在主观上也憎恶理学家。他的学生朱维铮说："周予同先生同样憎恶理学家高唱的封建'道统'观念，更其讨厌他们那套'存天理、灭人欲'的僧侣主义说教。但他总认为，主观的爱憎不能替代客观的研究，你反对被孔子、朱熹牵着鼻子走，就得认真了解孔子、朱熹是怎么回事，说清楚自己主张的切实理由。"⑤ 这就是周予同研究朱熹的原因之一。为此，他"致力于剥掉后来封建统治者所崇拜的朱熹的假象，还历史上朱熹的本色"⑥，阐述朱熹的学术思想体系，写成了《朱熹》。因此，周予同的《朱熹》既包含了他对待朱熹的主观立场和情感，又有实事求是的客观的学术研究，从而使得他能够在其经学研究中呈现出对于民国时期朱子学研究的学术贡献。

同时，也正是这份对于学术的执着追求和实事求是的客观态度，周予同的《朱熹》对朱熹的学术贡献和历史地位予以了充分的肯定，认为"朱熹在中国哲学史与中国经学史上，固自有其特殊之贡献"，朱熹之学术思想"可称为第六时期（自宋迄明）前期之集大成者"，朱熹之性论"在中国之性论史上，则固可谓

---

① 周予同：《朱熹》，商务印书馆1929年版，第88页。
② 周予同：《朱熹》，商务印书馆1929年版，第90页。
③ 周予同：《朱熹》，商务印书馆1929年版，第90~91页。
④ 周予同：《"汉学"与"宋学"》，载于朱维铮《周予同经学史论著选集（增订本）》，上海人民出版社1996年版，第327~328页。
⑤⑥ 朱维铮：《中国经学史研究五十年——〈周予同经学史论著选集〉后记》，载于《周予同经学史论著选集（增订本）》，上海人民出版社1996年版，第966页。

集大成者"①，朱熹格物论"含有近代科学之精神"，朱熹《诗经》学的怀疑之精神"在经学史上实罕俦匹"，等等；而对于朱熹学术的不足之处则依据事实予以合理的批评。即使在今天看来，周予同的《朱熹》仍是一部具有重要价值的学术专著。也许正因为如此，周予同在晚年的自传中，把他的《朱熹》与《经今古文学》《群经概论》《经学历史》注释本以及《孔子》一起并列为"还可以看看"的著述。②

就周予同《朱熹》的内容而言，该书对于朱子学的研究全面而深入，对于朱熹思想的阐述准确、清晰而简要，对于朱熹的评价客观而合理；其中有些学术观点仍于当今所流行，有些研究材料仍为当今所运用；尤为重要的是，周予同把朱子学研究纳入经学史的研究范围，以经学史的视野研究朱子学，其中对于朱熹经学的阐述和评价，更应当为当今朱熹经学研究所参考。

---

① 周予同：《朱熹》，商务印书馆1929年版，第26页。
② 周予同：《周予同自传》，载于《晋阳学刊》1981年第1期。

第六章

陈钟凡：宋代思想史中的朱子学研究

陈钟凡（1888~1982），又名陈中凡，字觉元，号斠玄，江苏建湖人。早年曾对哲学产生兴趣，并于1914年考入北京大学哲学门，1917年毕业留校任教，同时为哲学门研究所研究生，研究的科目包括逻辑学史、近世心理学史、儒学玄学、二程学说、心理学及身心关系等。[①] 1918年初，参与发起组织北京大学哲学会，被选为干事。1921年任东南大学教授兼国文系主任，后来又先后任教于广东大学、东吴大学、金陵大学、暨南大学、中山大学等；1952年起任南京大学中文系教授。一生著述颇丰，主要有：《古书校读法》《诸子书目》《经学通论》《诸子通谊》《中国文学批评史》《中国韵文通论》《周秦文学》《汉魏六朝文学》等。陈钟凡以研究中国古典文学而著称，然而在民国时期，他曾对宋代学术思想作过深入研究；他所撰《两宋思想述评》各章节连续在1930至1933年间的《学艺》杂志上发表，并于1933年10月由上海商务印书馆合集出版。需要指出的是，该书从宋代思想史的角度对朱熹学术思想做出阐述，而不同于哲学史或理学史上的表述，因此成为民国时期朱子学研究的重要组成部分。

一、概述

民国时期对于宋代学术思想的专题研究，至少应追溯到1929年出版的贾丰臻《宋学》。该书分为"宋学勃兴的原因""宋学的曙光""宋学的勃兴"，

[①] 姚柯夫：《陈中凡年谱》，书目文献出版社1989年版，第10页脚注②。

此后依次阐述周敦颐、邵雍、张载、二程、司马光、欧阳修、王安石、苏轼、程学后继、朱熹、朱熹门人、陆九渊、陆九渊门人、浙东学派、朱学后继的学术思想。需要指出的是，在贾丰臻《宋学》那里，"宋学"实际上就是宋代理学，或是以理学为中心。该书认为，宋代儒家学者所关注的是"性心""理""气"三者，他们"或以性为重，或以理气为中心，或以心为中心，或说性即理，这就是宋学出发的要点"①。因此，贾丰臻对于宋代儒家学者的学术思想的阐述，实际上仅限于理学；比如，阐述北宋理学之外司马光、欧阳修、王安石、苏轼的学术思想，仅限于他们的心性学说，而归属于所谓"二程同时的性说"；阐述朱熹的学术思想，则仅限于他的"哲理说""心性说"和"修为说"三项。正是由于《宋学》以理学为中心，以至于后来，贾丰臻又在此基础上撰《中国理学史》。

与此不同，稍后于贾丰臻《宋学》，陈钟凡《两宋思想述评》的主要创新在于对这一时期儒家学者学术思想的阐述不仅限于理学。该书对于北宋理学之外欧阳修、王安石学术思想的阐述，为避免以理学为中心，而另列"江西学派"，并且除讨论王安石的心性说之外，还较多阐述了其政治学说的诸多方面；而且，对于其他各家学术思想的阐述，也较贾丰臻《宋学》以理学为中心的阐述更为丰富和全面，而更具有宋代思想史而不是宋代理学史的意味。

1931 年，陈钟凡在《学艺》上发表《〈两宋思想述评〉（七）第十二章"朱熹之综合学说"》②；1933 年发表《〈两宋思想述评〉（八）第十三章"朱氏学派"》③ 以及《〈两宋思想述评〉（八）第十四章"陆九渊之惟理学说"》④，后者第五节"朱陆学术之异同"。同年，陈钟凡《两宋思想述评》出版。陈钟凡《两宋思想述评》第十二章"朱熹之综合学说"对于朱熹学术思想的阐述，有以下六个部分。

（一）"传略及著书"。

（二）"师承及其学派"，分为：（1）"始学时期"，（2）"进学时期"，（3）"成学时代"。

（三）"学说"，分为：

（1）"宇宙论"，又分为：（子）"具体一元论"，再分为（甲）"理气论"，（a）"就性质言"，（b）"就作用言"，（c）"就方所言"，（d）"就时间言"，

---

① 贾丰臻：《宋学》，商务印书馆 1929 年版，第 7 页。
② 陈钟凡：《〈两宋思想述评〉（七）第十二章"朱熹之综合学说"》，载于《学艺》1931 年第 11 卷第 7 号。
③ 陈钟凡：《〈两宋思想述评〉（八）第十三章"朱氏学派"》，载于《学艺》1933 年第 12 卷第 1 号。
④ 陈钟凡：《〈两宋思想述评〉（八）第十四章"陆九渊之惟理学说"》，载于《学艺》1933 年第 12 卷第 1 号。

(乙)"太极说",(a)"太极即理",(b)"太极即在气中";(丑)"目的论";(寅)"泛神论";(卯)"自然见象之说明",再分为(a)"天地",(b)"万物"。

(2)"心性论",又分为:(子)"心理之类别及其界说",再分为(a)"心",(b)"性",(c)"情",(d)"欲",(e)"意",(f)"志",(g)"才",(h)"知觉",(i)"思虑";(丑)"各种心理之关系及其区别",再分为(a)"性与命",(b)"心与性",(c)"性与情",(d)"心与性情",(e)"情与欲",(f)"心、性、情、意",(g)"意与志",(h)"情与才";(寅)"释心";(卯)"释性",再分为(a)"性即理说",(b)"性即道说",(c)"性善说",(d)"气质之性";(辰)"结论"。

(3)"行为论",又分为:(子)"穷理",(丑)"居敬",(寅)"仁说",(卯)"主静"。

(四)"政治论",又分为:(1)"心术",(2)"仁义",(3)"王伯(王霸)",(4)"官制",(5)"任贤",(6)"财赋",(7)"军政",(8)"刑罚"。

(五)"教育论",又分为:(1)"立志",(2)"切己",(3)"气象",(4)"下学"。

(六)"结论"。

可见,该书不仅讨论朱熹理学的"宇宙论""心性论""行为论",而且还包括"政治论"和"教育论",即使对于朱熹心性论的阐述,也不只限于从理学的角度,还包括从心理学的角度。显然,这一对朱熹学术思想的阐述,已超出了一般理学的范围,因而具有更加广泛的学术视野和创新。

陈钟凡《两宋思想述评》对于朱子学做了诸多方面的研究,尤其在朱熹的学术历程与思想来源、朱熹的宇宙论、朱熹的心性论与修养论、朱熹的政治论与教育论、朱陆学术之异同等方面有新的创建。

二、朱熹的学术历程与思想来源

1. 学术历程

关于朱熹的生平事迹,学者多依据朱熹门人黄榦所撰《朱文公行状》,后来的《宋史·朱熹传》《宋元学案·晦翁学案》等对于朱熹生平事迹的叙述,均以此为依据;与此同时,朱熹门人李方子撰《紫阳年谱》,至清代而有王懋竑《朱子年谱》等。根据《朱文公行状》以及《朱子年谱》,陈钟凡《两宋思想述评》把朱熹的学术历程分为三个时期:其一,"年十四,受学于胡宪、二刘,为其幼学时期";其二,"二十四,始见李侗,为其进学时期";其三,"至四十后,拈出程颐'涵养须用敬,进学用致知'两语,为其学术之基础,是为成学时期"。①

朱熹《中和旧说序》曾说："乾道己丑（1169年，朱熹四十岁）之春，为友人蔡季通言之，问辨之际，予忽自疑，……则复取程氏书，虚心平气而徐读之，未及数行，冻解冰释，然后知情性之本然，圣贤之微旨，其平正明白乃如此。"②陈钟凡重视朱熹的己丑之悟以及所撰《与湖南诸公论中和第一书》，认为朱熹"至此恍然大悟"，还说："朱熹之学，至此乃卓然有以自立，巍然成一代思想之主峰焉。"③

2. 思想来源

朱熹的学术思想与二程有着密切的关系；然而，程颐与程颢之间存在着学术差异。对此，陈钟凡《两宋思想述评》不仅分章阐述他们各自的思想，而且还从四个方面作了区别：其一，自宇宙论言之，程颢持神气一元论之说，程颐主理气二元论；其二，自人生论言之，程颢超主观客观而任直觉，近惟理派之说，程颐讲涵养、穷理，近经验派之说；其三，自心性论言之，程颢专论气质，程颐于气质之性以外又立义理之性，分性为二元；其四，自方法论言之，程颢注重综合，程颐偏于分析。④

事实上，在陈钟凡《两宋思想述评》之前，大多数朱子学研究者都认为，二程的学术思想存在着差异，而朱熹较多地继承程颐之说。从较早的王国维《论性》、蔡元培《中国伦理学史》到谢无量《中国哲学史》、梁启超《儒家哲学》、周予同《朱熹》都持这种观点。贾丰臻《宋学》在论及朱熹思想的来源时说道："晦庵汇集古来诸家的思想，为自己学说的资料；如孔子的仁，子思的诚，孟子的仁义，周子的太极图说，小程子的理气二元论、居敬穷理说，张子的心性说，邵子的先天易说等；一经过晦庵的手，即有详细的说明，并能融会贯通。"⑤ 这里唯独没有提及大程子程颢。吕思勉的《理学纲要》则指出："二程之异，朱子'明道弘大，伊川亲切'一语，足以尽之。大抵明道说话较浑融，伊川则于躬行之法较切实。朱子喜切实，故宗伊川。象山天资高，故近明道也。"⑥ "二程性质，实有不同，其后朱子表章伊川，象山远承明道，遂为理学中之两大派焉。"⑦

与此不同，陈钟凡《两宋思想述评》虽然讲程颐与程颢之间存在着学术差

---

① 陈钟凡：《两宋思想述评》，商务印书馆1933年版，第184页。
② （宋）朱熹：《晦庵先生朱文公文集》卷七十五《中和旧说序》，载于《朱子全书》（24），上海古籍出版社、安徽教育出版社2010年版，第3634~3635页。
③ 陈钟凡：《两宋思想述评》，商务印书馆1933年版，第187页。
④ 陈钟凡：《两宋思想述评》，商务印书馆1933年版，第121~122页。
⑤ 贾丰臻：《宋学》，商务印书馆1929年版，第89页。
⑥ 吕思勉：《理学纲要》，商务印书馆1931年版，第78页。
⑦ 吕思勉：《理学纲要》，商务印书馆1931年版，第94页。

异，但又认为，朱熹的学术思想"以横渠、伊川为宗，而旁通于濂溪、明道"①。该书还明确指出："朱熹学说之特色，在网罗古今，融会贯通，自成系统。举凡《论语》之言仁，《大学》之言致知、格物，《中庸》之言诚，《孟子》之言仁义，汉儒之言阴阳、五行；下逮周敦颐之《太极图说》，张载之心性说，邵雍之先天易说，程颢之仁说，程颐之理气二元说，旁及佛老之书，莫不兼容并包，冶诸一炉，加以系统的组织，自成一家之言。信乎括囊大典，承先启后，集近代思想之大成者也。"②这里不仅讲朱熹学术思想来源于程颐，而且具体指出了朱熹学说对于程颢仁说的兼容并包，显然是把程颢看作朱熹学术思想的来源之一。正因为如此，陈钟凡对于朱熹学术思想的阐述，要比其他学者更多地强调朱熹对于程颢学术思想的吸取。

三、朱熹的宇宙论

对于朱熹的宇宙论，陈钟凡《两宋思想述评》从四个层面加以讨论："一曰，宇宙存在之原理；二曰，宇宙表见之原理；三曰，神之观念；四曰，自然现象之说明。"③前两项属哲学问题，后两项分别属神学和科学问题。

1. 哲学层面

如前所述，与陈钟凡同时的学者有不少认为朱熹继承程颐讲理气二元论，同时，这种观点在当时已受到一定程度的质疑；吴其昌《朱子一元哲学》、黎群铎《晦庵学说平议》都提出了不同意见，而认为朱子哲学为理一元论。周予同《朱熹》则认为，"朱熹实为一元的二元论者"。钟泰《中国哲学史》认为，朱子"虽理气并言，而仍以理为本"，明确反对把朱熹的理气论看作理气二元论，而要求以体用关系解释朱熹的理气论，强调朱熹的理气不相分。④吕思勉《理学纲要》则认为，在朱子那里，"理气为一"，"疑朱子谓气之外别有所谓理之一物焉，则亦失朱子之意已"⑤；还说："然统观全体，则朱子未尝以理为实有一物，在气之外，固彰彰也。"⑥

陈钟凡《两宋思想述评》则进一步明确认为，朱熹宇宙论属于"具体一元

---

① 陈钟凡：《两宋思想述评》，商务印书馆1933年版，第230页。
② 陈钟凡：《两宋思想述评》，商务印书馆1933年版，第187页。
③ 陈钟凡：《两宋思想述评》，商务印书馆1933年版，第187~188页。
④ 钟泰：《中国哲学史（卷下）》，商务印书馆1929年版，第41~42页。
⑤ 吕思勉：《理学纲要》，商务印书馆1931年版，第95页。
⑥ 吕思勉：《理学纲要》，商务印书馆1931年版，第96页。

论"①。他说:"关于宇宙存在之原理,周敦颐言太极,邵雍言惟心,程颢、杨时言惟气,取心取物虽不同,同属单元论之主张。程颐则兼言理气二元,熹更综合二者以为具体的一元论焉。"②认为朱熹综合了程颐的理气二元以及程颢等人的一元论,而提出"以太极一元为最后之本体,由理气而生二气五行、天地万物"的"具体的一元论"。他还说:"理气孰为先后,无可推究。常言理先气后,此特假设之词耳。就理论之,实同时并著,断难截然分立、强判主从也。……故虽存于同一之方所,著于同一之时间,仍不失其为对待之两元也。"③但又说:"理气虽属对待,然同与太极有密切之关系,故可融合之而为一元焉。"④也就是说,朱熹宇宙论"以太极一元为最后之本体",但在具体的理气关系上又主张理气"同时并著,断难截然分立,强判主从"。

与当时学者讨论朱熹的宇宙论仅限于理气论、太极论不同,陈钟凡还在讨论朱熹的"宇宙表见之原理"时对其所谓"天地之心"作了分析,并且认为朱熹具有目的论的倾向。但是他又说:"天地只以生物为心,其目的至简,不如人类思虑之繁,故有似无有。然观于生物之演进,均依一定之系统,秩然有纪,各不淆杂;则谓成于目的之关系,未为不可。熹非主张纯粹之目的论者。盖采用目的论以为一般原理,复承认因果关系为其附属之原理也。"⑤ 在陈钟凡看来,朱熹所谓"天地之心"实际上就是承认宇宙存在与变化的规律性。

2. 科学层面

对于朱熹宇宙论,陈钟凡不仅从哲学层面上,而且还特别强调从自然科学的层面做出评价。对于朱熹所谓"天地初间只是阴阳之气。这一个气运行,磨来磨去,磨得急了,便拶许多渣滓;里面无处出,便结成个地在中央。气之清者便为天,为日月,为星辰,只在外,常周环运转。地便只在中央不动,不是在下";"天运不息,昼夜辗转,故地㩍在中间。使天有一息之停,则地须陷下。惟天运转之急,故凝结得许多渣滓在中间。地者,气之渣滓也,所以道'轻清者为天,重浊者为地'",陈钟凡指出:"此言天地之成因,由于动力之运转;至其互相维

---

① 1920年,杨昌济发表《哲学上各种理论之略述》,其中指出:"具体的一元论,以宇宙万有之本体为自唯一之本体而成,又谓此本体为非与现象分离者,一一之现象即是本体,本体即一一之现象也。且不但不分现象与本体而已,且于一一之现象认绝对之本体焉。……中国之宋儒承佛教之思想以补儒教哲学者也,其理气之说,亦实达于此阶段。彼等以太极为万有究竟之大元,谓气自太极之动静而成,而阴阳二气之所以一动一静相交错,则理也。理不能离气而存,气亦不能离理而存。气本自太极而生,故阴阳亦一太极,离太极更无阴阳,阴阳生五行(木火土金水),五行成万物,万物皆阴阳之所合而成也,有气则有理,理即寓乎万物之中,一一之万有固皆为一太极也。"(杨昌济:《哲学上各种理论之略述》,载于《民铎杂志》1920年第2卷第3号)
② 陈钟凡:《两宋思想述评》,商务印书馆1933年版,第188页。
③④ 陈钟凡:《两宋思想述评》,商务印书馆1933年版,第189页。
⑤ 陈钟凡:《两宋思想述评》,商务印书馆1933年版,第193页。

系，则由运行之不息。视后世之言天者，虽精粗有别，其原理则无异也。"① 显然，对于朱熹提出的关于天地由清浊之气凝结而成以及天地运行不息而互相维系的原理，予以了肯定。但是，他又说："惟言地居中不动，天以气而依地之形，地以形而附天之气，则思致不能如近代科学之精密也。"②

对于朱熹所谓"天地始初混沌未分时，想只有水火二者。水之渣脚便成地。今登高而望，群山皆为波浪之状，便是水泛如此。只不知因甚么事凝了。初间极软，后方凝得硬"，陈钟凡认为，朱熹这个推断，"因登高望山，状如波浪，推及地壳因水火之力，由流至凝。此其想像所及，非全无依据、闭目思维者比矣"③。他还说："其他推论玑衡、黄赤道、日月经度、日月蚀、弦望、潮汐及风雨雷霆之原因，并有说明，较之张载，尤为密察。"④ 显然，在陈钟凡看来，朱熹对自然现象的解释，既有合理之处，较之前人有所进步，但又"不能如近代科学之精密"。

正是通过从宇宙存之原理、宇宙表见之原理、神之观念、自然现象之说明四个层面对朱熹宇宙论的分析，陈钟凡指出："统观熹之宇宙论，以太极一元为最后之本体；由理气而生二气五行、天地万物，莫不循一定之体系以为演进，则知于因果上之关系外，当有目的上之关系，为其表见之根据。故进而主张目的论。至阴阳之所以能往来屈申，发生万物者，则属神之妙用。故进而主张泛神论。此并形而上学及神学上之见解也；至自然现象，则属诸科学范围，其说虽视张载、程颐为密，究未足入近世科学之林，则以其说多由臆测，非由仪器以测知、本数理以推验也。"⑤ 显然，正是从哲学与科学统一的层面加以考量，陈钟凡认为，朱熹之宇宙论，"以太极一元为最后之本体"。

陈钟凡《两宋思想述评》提出朱熹宇宙论属于"具体的一元论"之后，有不少学者明确持朱熹为太极一元论的观点。1934 年，先前认为朱子哲学的本源是理气二元的王治心在《中国学术体系》中认为，朱子"很明白地承认本体为太极，还是绝对的一元论"⑥。1935 年，先前认为朱熹哲学带有理气二元色彩的李石岑在《中国哲学十讲》中认为，朱熹虽讲理和气是不能分的，却仍以理为主，他的思想"依旧是'理一元论'的立场"⑦。同年，孙远发表的《朱学检讨》指出："朱子之宇宙观念，是为理一元论。"⑧ "虽于方法上杂为气说，然非以理与气并立为相对之二元，只以一元之体用拆开来说。"⑨ 1937 年，李兆民发表的《紫阳理学之我见》认为，周敦颐主太极说，程颐倡理气二元论，"朱子整

---

① ② ③ ④　陈钟凡：《两宋思想述评》，商务印书馆 1933 年版，第 195 页。
⑤　陈钟凡：《两宋思想述评》，商务印书馆 1933 年版，第 196 页。
⑥　王治心：《中国学术体系》，福建协和大学讲义 1934 年版，第 150 页。
⑦　李石岑：《中国哲学十讲》，世界书局 1935 年版，第 305 页。
⑧　孙远：《朱学检讨》，载于《国学论衡》1935 年第 5 下期，第 11 页。
⑨　孙远：《朱学检讨》，载于《国学论衡》1935 年第 6 期，第 24 页。

理二家冶诸一炉,造成二元融和之一元论"①。1938 年,张铁君发表的《程朱理学的认识论评价》认为,朱熹"虽然统理气为一元,而理终先于气";"他的一元只是统一于'理'的",是理的一元论。② 这些观点与陈钟凡基本相一致。

四、朱熹的心性论与修养论

1. 心理学与心性论

与当时学者讨论朱熹的心性论大都从理气二元论出发阐述其天地之性与气质之性、心统性情、道心与人心不同,陈钟凡《两宋思想述评》主要是从心理学的角度,通过阐述朱熹对于心、性、情、欲、意、志、才、知觉、思虑等各种心理要素的界定,具体分析各心理要素之间的关系,论及"性与命""心与性""性与情""心与性情""情与欲""心、性、情、意""意与志""情与才"等;并在此基础上,通过对心、性功能的讨论,进一步讨论朱熹的心性论。

民国时期,从心理学的角度阐述朱熹心性论可以追溯到 1924 年汪震发表的《中国心理学史上的戴震》。该文在讨论戴震心理学思想的同时,对中国古代的心理学作了概述,并涉及朱熹的心理学思想,指出:"朱熹是宋儒当中最伟大的一个人物;他又是一位大哲学家,又是大教育家,大心理学家。他的心理学在中国心理学史上占极重要的位置。"③ 同时又认为,"在心理学史上,宋儒的心理学实在是中国心理学的中心"④。

1926 年出版的江恒源《中国先哲人性论》第四篇第九节"朱熹的论性学说"进一步从心理学的角度深入讨论朱熹的心性论,指出:"朱子论性,……能把心的作用、心的现象,分析开来,组织成一个较明晰的系统,由周以至于宋,可说得是第一人了。"⑤ 因此认为朱熹的学术中包含了"有系统的心理学"⑥,并且具体阐述了朱熹在心理学上的贡献:第一,"他能就各种物体,加以比较,区别其有无生命、有无心灵";第二,"他能就各种心象加以区别,并且各下一个定义";第三,"他能说明各种心象交互的关系和区别"。⑦

---

① 李兆民:《紫阳理学之我见》,载于《福建文化》1937 年第 4 卷第 24 期。
② 张铁君:《程朱理学的认识论评价》,载于《中华评论》1938 年第 1 卷第 2 期。
③ 汪震:《中国心理学史上的戴震》,载于梁启超《戴东原二百年生日纪念论文集》,晨报社出版部 1924 年版,第 22 页。
④ 汪震:《中国心理学史上的戴震》,载于梁启超《戴东原二百年生日纪念论文集》,晨报社出版部 1924 年版,第 35 页。
⑤ 江恒源:《中国先哲人性论》,商务印书馆 1926 年版,第 169 页。
⑥ 江恒源:《中国先哲人性论》,商务印书馆 1926 年版,第 162 页。
⑦ 江恒源:《中国先哲人性论》,商务印书馆 1926 年版,第 169~171 页。

在汪震、江恒源对朱熹心理学思想做出概述的基础上，陈钟凡《两宋思想述评》进一步从心理学的角度深入具体地讨论朱熹的心性论，不仅对朱熹心性论在心理学上的贡献做出阐述，而且还从朱熹与北宋"五子"的比较中给予了评价。他说："宋人根据心性问题以讨论人生者，周、张、二程，约别两派：周敦颐言性纯粹至善，程颢言'人生而静以上不容说'，并属玄学的研究。张载分天地之性及气质之性为两事，程颐亦言'论气不论性不备，论性不论气不明'，其分析研究，始略近于科学。至朱熹乃综合两派，组织而成系统的心理学焉。"① 认为朱熹的心性论实际上就是"系统的心理学"。

陈钟凡认为，邵雍对心理略有分析，但"仍未密察"，张载虽较有条理，但"未能精详"；直至朱熹把心理分为心、性、情、欲、意、志、才、知觉、思虑等若干类，并分别"加以确切之界说"。比如，心："心者气之精爽""心官至灵，藏往察来""虚灵是心之本体""心须兼广大流行底意看，又须兼生意看""惟心无对"；性："生之理谓性""性是实理，仁义礼智皆具""性则纯是善底"；情："情是性之用""性动处是情""情是心之发见处"；欲："欲是情发出来底"；意："意是心所发"；志："心之所之谓之志"；才："才是心之力，是有气力去做底"；知觉："理与气合便能知觉""所觉者心之理也，能觉者气之灵也"；思虑："思所以启发其聪明""学莫贵于思，惟思为能窒欲"。② 陈钟凡还认为，朱熹对于各种心理要素的界定之严谨，"其说较张、程益趋密矣"③。尤其是，陈钟凡还具体阐述了朱熹对各心理要素之间关系的系统分析，并且指出："熹以心为统摄全部精神作用之主宰，以实理言谓之性；其发动处谓之情；动之甚者谓之欲；发动之力谓之才；意者计议发动之主向；志则表明发动之目的也。熹分析心象为数事，且排比而成一定之系统。中国言心理者，至是乃远于玄学而近于科学矣。"④

在此基础上，陈钟凡进一步从哲学的层面讨论朱熹对心、性的分析，论及朱熹心性论的诸多问题，包括心性之别、道心与人心、"性即理""性善说"、天地之性与气质之性等，并且指出："综观熹之心性说，以人心与道心由操舍存亡之用而异名，非谓人有二心。本然天命之性，受气禀之蔽，而为气质之性，犹浮屠言真如在缠，亦非谓前后异性也。审是，乃知熹之心性论，实能融合周、邵、张、程一元二元之说，而求其贯通，信足自成家言，有伦有脊者矣。"⑤ 而且还

---

① 陈钟凡：《两宋思想述评》，商务印书馆1933年版，第197页。
② 陈钟凡：《两宋思想述评》，商务印书馆1933年版，第197~198页。
③ 陈钟凡：《两宋思想述评》，商务印书馆1933年版，第198页。
④ 陈钟凡：《两宋思想述评》，商务印书馆1933年版，第204页。
⑤ 陈钟凡：《两宋思想述评》，商务印书馆1933年版，第212页。

以图示之:①

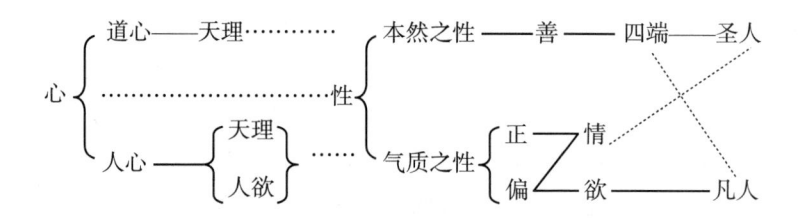

```
    ┌ 道心──天理·········  ┌ 本然之性──善──四端──圣人
心 ┤         ········性 ┤              正╲情╱
    │       ┌ 天理      │              ╱  ╲
    └ 人心 ┤         ······└ 气质之性 ┤ 偏╱欲╲──凡人
            └ 人欲
```

陈钟凡说:"由上图观之,性与情并统于心,心似一身之主宰;然熹谓性是实理,心特神明之宅舍耳。……心特空洞之物,性乃实理,情欲则出于气质,非本然之所固具者矣。"②

应当说,陈钟凡《两宋思想述评》从心理学的角度对朱熹心性论的阐述,又较汪震、江恒源更为深入,并影响很大。1936年出版的陈青之《中国教育史》在阐述朱熹教育学说时,专题讨论了朱熹的"心理说",分为(1)"心是什么",(2)"性是什么",(3)"心与性之关系",(4)"心与其他精神现象之关系";并且指出:"朱子说明心理现象及作用,比较以前各家都说得详细:他不仅只论性之善恶,并将心、性、情、才、欲及意志种种心理名词都一一下个解释。大要以心为人生之主,性是天所赋与的心之理,其他各种作用全是由心所发生、由心所指使的。"③ 为此,陈青之还在总结朱熹关于心、性、情、才、欲、意、志等七种心理现象及其相互关系的思想时指出:"总括起来:心为吾人精神作用的本质,所以主宰一切精神作用的。此精神本质,含着由天所命的仁、义、礼、智种种属性而使精神本质发生意义的谓之性。此精神本质虽为活动,却呈静止的状态,因感而动者谓之情。情不过是一种动的表现,能够动出种种模样者谓之才,动无节制而至于荡检逾闲者谓之欲。再者由心所发生一种动作而有一定目标者谓之志,如何设法以达到此目标者谓之意。再简单些说,性乃心之体,其他一切作用乃心之用,其实只是一个心就包摄了。"④ 陈青之还说:"朱子这种心理的解释,虽不尽合于科学,但以心为中心,分述一切,而于其他许多意义中侧重一个性字,只要知性便可以尽心,片段之中却有一个系统,他的一切教育理论莫不以此为根据。"⑤

2. 修养论

由于在思想来源上强调朱熹对程颢学术思想的吸取,陈钟凡在修养论上不仅

---

①② 陈钟凡:《两宋思想述评》,商务印书馆1933年版,第213页。
③ 陈青之:《中国教育史》,商务印书馆1936年版,第297页。
④⑤ 陈青之:《中国教育史》,商务印书馆1936年版,第300页。

讲朱熹继承程颐的居敬穷理之说,而且还讲他吸取程颢的存仁主静之说,因此,除了讲朱熹的格物致知、持敬力行,还讲他的仁说和以静为本。

陈钟凡认为,朱熹《仁说》,"以仁者通天地而贯万物,包四德而统四端,周遍时空,而专一心之全德者也";而且朱熹讲,"觉者仁之一端,爱者仁之迹象,公及无私然后可以见仁,四者并非仁之体也"。① 陈钟凡还认为,在朱熹那里,"仁广义无所不包,故曰心之德;其狭义则莫要于恻隐温厚,故曰爱之理,其量足以被天地万物,故曰天地生物之心也"②。对此,陈钟凡说:"熹言'无私然后仁,惟仁然后与天地万物为一体',盖由忘情物我,而后了无是非,而后乃能与天地万物混同为一。与庄周齐物之恉,默契无间,惟又言由恻隐之心,推至亲亲仁民爱物,则取孟轲扩充之说,由情感发端,与纯任直觉者不同,此其说之未纯者也。"③

朱熹讲"敬",但又讲"敬"与"静"的相互联系。陈钟凡特别对朱熹讲"静"作了阐述。他说:"自周敦颐有主静之说,传之程颢,其后罗从彦、李侗专教人默坐澄观,看喜怒哀乐之未发时气象。熹早年问业李侗,固尝服膺其说已;后又参以程颐主敬之言,以静字为稍偏,不复理会。迨其晚年,又深悔平日用功,未免疏于本领,致有辜负此翁之语,深信延平立教之无弊。……熹固始终认主静为涵养之惟一方法也。"④ 在陈钟凡看来,朱熹虽然对于自周敦颐、程颢直至李侗的主静之说有过怀疑,但最终仍然予以肯定。而且他明确认为,朱熹是"以敬为贯通动静,而必以静为本"⑤。他还说:"统观熹之人生论,其居敬穷理之说,本诸伊川,存仁主静之说,原于明道,盖会粹经验、惟理两派而一之。特以理为先天固具之实体,敬为常惺惺之征验,倾向于惟理派者为多;故以主静为惟一之方法,而以仁为最高之理想焉。熹于二程,盖左右采获,而自成一系统者也。"⑥ 显然,陈钟凡在讲朱熹思想源于程颐居敬穷理的同时,非常强调朱熹对于程颢修养论的吸取,因而能够更好地阐述朱熹的存仁主静思想。

五、朱熹的政治论与教育论

陈钟凡《两宋思想述评》对于朱熹学术思想的阐述,并不仅限于理学,而且还涉及政治论与教育论。关于朱熹的政治论与教育论,当时周予同所撰《朱熹》

---

① 陈钟凡:《两宋思想述评》,商务印书馆1933年版,第219页。
② 陈钟凡:《两宋思想述评》,商务印书馆1933年版,第220页。
③ 陈钟凡:《两宋思想述评》,商务印书馆1933年版,第220~221页。
④ 陈钟凡:《两宋思想述评》,商务印书馆1933年版,第221页。
⑤ 陈钟凡:《两宋思想述评》,商务印书馆1933年版,第222页。
⑥ 陈钟凡:《两宋思想述评》,商务印书馆1933年版,第222~223页。

已经从哲学层面做过论述。如前所述，在周予同看来，朱熹哲学包括"本体论""价值论""认识论"，而"价值论"除了阐述心性论、修养论之外，还包括朱熹的教育哲学、政治哲学、宗教哲学。当然陈钟凡对于朱熹政治论与教育论的阐述不仅限于哲学层面。

1. 政治论

关于朱熹的政治论，陈钟凡分为八个方面：分为：（1）"心术"，（2）"仁义"，（3）"王伯（王霸）"，（4）"官制"，（5）"任贤"，（6）"财赋"，（7）"军政"，（8）"刑罚"。在对朱熹的"心术""仁义""王霸"思想的论述中，陈钟凡认为，在朱熹那里，"天下万事，有大根本；而每事之中，又各有要切处。所谓大根本者，固无出于人主之心术；而此谓要切处者，则必大本既立，然后可推而见焉。……此古之欲平天下者，所以汲汲于正心诚意以立其本也。""古圣贤之言治，必以仁义为先，而不以功利为急。……盖天下万事，本于一心，而仁者，此心之存之谓也。此心既存，乃克有制；而义者，此心之制之谓也。"① 还说："尝谓天理人欲二字，不必求之于古今王伯（王霸）之迹，但反之于吾心义利邪正之间，察之愈密，则其见之愈明；持之愈严，则其发之愈勇。"② 显然，这些是从哲学层面对于朱熹政治论基本内涵的阐述。对此，陈钟凡还说："统观熹之政见，'以仁心行仁政'一语，足以赅之。"③

除了对于朱熹政治哲学的阐述，陈钟凡还在此基础上进一步对朱熹的"官制""任贤""财赋""军政"和"刑罚"思想一一作了概述。这些则是从具体的治国方法以及政策主张的层面对于朱熹政治论的阐述。

需要指出的是，陈钟凡把朱熹的政治论概括为"以仁心行仁政"对后来的学术研究具有重要影响。1937 年出版的杨幼炯《中国政治思想史》在阐述朱熹政治思想时指出："其政治论之中心，主张'以仁心行仁政'，此为儒家之传统思想。所谓'恤民之本，在人君正心术以立纲纪'，此即谓政治之本，基于人主之心术。"④ 这一说法显然来自陈钟凡的《两宋思想述评》。

2. 教育论

如前所述，关于朱熹的教育论，1916 年出版的谢无量《朱子学派》作了专题讨论，其中认为朱熹的教育就是"教人人使之穷理尽性之责任"，而且首先是教人"立志精进"，并且"以实用切己为主"，这些观点还得到周予同《朱熹》以及其他人的赞同。对于谢无量的《朱子学派》，陈钟凡《两宋思想述评》认

---

① 陈钟凡：《两宋思想述评》，商务印书馆 1933 年版，第 223 页。
② 陈钟凡：《两宋思想述评》，商务印书馆 1933 年版，第 224 页。
③ 陈钟凡：《两宋思想述评》，商务印书馆 1933 年版，第 225 页。
④ 杨幼炯：《中国政治思想史》，商务印书馆 1937 年版，第 253 页。

为,"此书不足取"①,但还是将它列入"参考书",并对其中所述朱熹教育说多有汲取和丰富。

陈钟凡认为,古人的教育之本旨,在于"使学者求修齐治平之要道,备国家官人之选"②,所以朱熹论教育,重在教人为学,主要包括"立志""切己""气象""下学"等四个方面。陈钟凡认为,在朱熹那里,"学者知圣凡以学识不同,非气禀有异,则当磨砺精神,勇猛精进,痛切恳恻以求之,方有所得。""学者既立大志,更须细密用功。如徒以远大自期,而不切己理会,则虚浮夸大,终无成就。""开阔宏毅之气象,必由涵养得来。……故气象为涵养之结果,然亦须平日潜心理会。""为学须踏实用功,循序渐进。"③ 对此,陈钟凡还作了概括,说:"统观熹之教育学说,立志务求远大,气象务求恢宏,而功夫必须切己踏实,不可专恃书册求义理,须就自身推究,切近处理会。积累日久,而后天地事物之理,修齐治平之道,莫不贯通。此由近及远、下学上达之功,非一超直悟、直捷简易之说之可比也。"④

六、朱陆学术之异同

陈钟凡《两宋思想述评》对于朱熹学术思想的阐述,除了第十二章"朱熹之综合学说",还有"朱陆学术之异同"一节,具体而深入地分析了朱陆之间的学术异同。该节首先阐述了朱陆之辩的来龙去脉,指出:"溯两家思想之歧出,原于周敦颐之《太极图说》。初,九韶以《太极图说》与《通书》不类,疑非周氏之书,或其少时之作,熹力辩之。九渊则更致疑于'无极而太极'一言;谓'太极者实有是理',不当言无。熹则以'无形有理'之说答之。盖一主惟理之一元论,一主理先气后之二元论,反复辩诘,累千百言而不休,盖由其根本主张不同也。"⑤ 此后,便有了著名的"鹅湖之辩"。

关于朱陆之异同,陈钟凡作了细致地分析,分为以下五个方面:

(1)"以宇宙论言之:九渊言'塞宇宙一理',主惟理一元说;熹言'理先气后',合理气二元以为具体的一元论。此其不同者一也。"

(2)"以心性论言之:熹立人心、道心之别,及义理之性、气质之性等说;九渊则谓'心一心也,理一理也',不取其具体的一元之说。此其不同者二也。"

---

① 陈钟凡:《两宋思想述评》,商务印书馆1933年版,第232页。
② 陈钟凡:《两宋思想述评》,商务印书馆1933年版,第226页。
③ 陈钟凡:《两宋思想述评》,商务印书馆1933年版,第227~229页。
④ 陈钟凡:《两宋思想述评》,商务印书馆1933年版,第229~230页。
⑤ 陈钟凡:《两宋思想述评》,商务印书馆1933年版,第248页。

(3)"以人生论言之：熹严天理人欲之辨，谓：'不出于理，则入于欲。'九渊则主天人合一，理欲无殊。此其不同者三也。"

(4)"以方法论言之：熹解致知格物，谓'即物穷理'；九渊谓：'万物皆备于我，只要明理。'熹主理由外入，注重归纳；九渊主理由内出，注重演绎。此其不同者四也。"

(5)"以行为论言之：熹以道问学为主，谓：'读书以观圣贤之意；因圣贤之意，以观自然之理。'九渊以尊德性为宗，谓：'先立乎其大者，而后天之所与我者，不为小者所夺。本体不明，徒致力于外索，是无原之水也。'一贵经验，一尚直觉。此其不同者五也。"①

基于以上对于朱陆之异同的分析，陈钟凡说："总之：两家之学，一主惟理，一综理气二元；一贵循序渐进，一求顿悟；一以德性为先，一以学问为要。经验直觉，乃各趋一途，屹立并峙于南宋时期，而成当代之两大学派焉。"②

关于朱陆异同的学术根源，与陈钟凡同时的学者大都认为朱陆之异源于程颐、程颢之别。对此，陈钟凡依据史料作了细致分析，指出："象山学术，原于家传，别无所承。黄震谓其'遥出于上蔡'，全祖望谓其'兼出于信伯'，王梓材谓为'上蔡震泽横浦林竹轩续传'，并属臆测之谈。盖以其学近明道，因谓明道由谢良佐、王苹、张九成、林季仲而传九渊；犹之伊川之学由杨时、罗从彦、李侗而传朱熹，俨然两大支流，派别分岐也。"③ 但是，陈钟凡又认为，陆九渊宗明道而黜伊川"亦未尝全无依据"，因而也赞同所谓"南宋朱陆学派之分，原于北宋二程"的说法。

七、余论

陈钟凡《两宋思想述评》对于朱熹学术思想的研究，虽然只是其中的一个章节，但是已经表现出从思想史角度研究朱子学与从哲学史角度研究之不同，主要有以下几个方面。

第一，就研究视阈而言，陈钟凡对于朱熹学术思想的阐述，不仅限于理学，还涉及其他学科领域的学术思想，包括政治思想、教育思想；而且在分析和阐述中，也不仅限于哲学层面，还包括从不同学科层面的研究，包括从自然科学层面对朱熹宇宙论的阐述，从心理学的层面对朱熹心性论的阐述；即使是阐述朱熹理

---

① 陈钟凡：《两宋思想述评》，商务印书馆1933年版，第250页。
② 陈钟凡：《两宋思想述评》，商务印书馆1933年版，第250~251页。
③ 陈钟凡：《两宋思想述评》，商务印书馆1933年版，第240页。

学，也不仅限于以程颐思想为宗，还包括对于程颢思想的吸取。正是这种多学科、多层次、多角度的研究，才能全面展示朱熹学术思想的丰富性和综合性。

第二，就研究方法而言，陈钟凡对朱熹学术思想的阐述，较多的是运用历史的方法，不仅在研究和阐述中以史料为依据，而且更注重于对所研究问题的历史过程、来龙去脉的分析和阐述。其中对于朱熹的学术历程以及朱陆之辩来龙去脉的梳理，展示了朱熹学术思想的发展过程，为从思想史角度研究朱子学提供了新的思路。

第三，就学术观点的创新而言，陈钟凡在阐述朱熹学术思想的过程中提出了许多新观点，就当时而言，最重要的是认为，朱熹不仅以程颐为宗，而且也吸取了程颢的思想。正因为如此，朱熹在宇宙论上综合了程颐的理气二元以及程颢的一元论，而提出"具体的一元论"；在心性论上"综合两派，组织而成系统的心理学"；在修养论上，讲程颢的存仁主静。尽管这一观点由于后来冯友兰《中国哲学史》较多强调朱陆之异源于程颐与程颢之别，而实际上并没有成为学术界的主流观点，但却为后来钱穆强调周、程、朱熹一脉相承，而得到进一步的发挥。

正是通过对朱熹学术思想的多学科、多层次、多角度的研究，陈钟凡在《两宋思想述评》第十二章"朱熹之综合学说"的"结论"中针对当时所谓朱熹思想庞杂而有歧异，"与儒家旧说，多不相蒙"之类的言论，指出："然吾观其大体，则以横渠、伊川为宗，而旁通于濂溪、明道，更上酌斟乎孟荀之辨，旁参稽乎释老之言，折衷至当，确定新儒家之学说者也。是故孔子之书，详于文章政事，性与天道，不可得闻；孟子道性善，亦据情感为言，未尝有形而上学之说明焉；惟朱熹综合北宋群言，参以两氏精义，儒家之说，至是乃确立一不拔之新基，浸成人间最有威权之一宗教焉，则熹之力也。"① 显然，这里对于朱熹学术思想来源的全面概括，不同于哲学史或理学史上较多地强调朱熹思想源于程颐的表述，而凸显其思想史的研究特点；这里对于朱熹学术思想的评价，也不同于哲学史或理学史上较多地讨论其与陆王心学的是非优劣，而是从儒学思想发展史的角度对其所起的重要作用做出恰如其分的肯定。

---

① 陈钟凡：《两宋思想述评》，商务印书馆1933年版，第230页。

第七章

白寿彝：以史学为依据的朱子学研究

白寿彝（1909～2000年），字肇伦，又名哲玛鲁丁，回族，河南开封人。1925年，考入上海文治大学；次年，因上海政局不稳，转河南中州大学（今河南大学）。1929年毕业后，考入北平燕京大学国学研究所。1937年，被北平研究院聘为名誉编辑。1938年，任教于桂林成达师范学校；1940年开始，先后在云南大学、中央大学、北京师范大学等多所大学任教。白寿彝一生著述颇丰，多在史学方面，著作主要有：《中国交通史》（1937年）、《中国回教小史》（1944年）、《中国伊斯兰史纲要》（1946年）等；并主编《中国通史纲要》《史学概论》《中国史学史》《中国回回民族史》《回族人物志》《中国通史》等。

白寿彝以史学而著称，然而，在民国时期，他对朱熹有过颇深的研究，发表了不少相关的学术论著。对于早年的朱熹研究，白寿彝予以充分的肯定，并曾在晚年回忆说："我下了很大的力气整理朱熹的著作，编辑了《朱子语录诸家汇辑》《朱子文集篇目系年》《朱熹辨伪书语》等，写了《周易本义考》《仪礼经传通解考证》《从政及讲学中的朱熹》等文章。这些工作，实际上使我在历史文献学方而也得到很好的锻炼。"① 今人编《白寿彝史学论集》以及《白寿彝文集》，均编有《朱熹撰述丛考》②，收录白寿彝所发表论著《〈周易本义〉考》附《〈易学启蒙〉考》《朱熹对于易学的贡献》《〈仪礼经传通解〉考证》《朱〈易〉

---

① 白寿彝：《我在燕京的学习生活》，载于《白寿彝文集》第6卷，河南大学出版社2008年版，第490页。

② 参见《白寿彝史学论集》（下册），北京师范大学出版社1994年版；《白寿彝文集》第7卷，河南大学出版社2008年版。

散记》《朱子语录诸家汇辑·叙目》《朱熹辨伪书语》《朱熹底师承》等七篇。毫无疑问，白寿彝是民国时期在朱子学研究方面发表论著数量最多的学者。

一、概述

白寿彝的学术，起步于 1929 年考入燕京大学国学研究所。他后来回忆说："这是当时老一辈学者相当集中的地方。陈垣先生、张星烺先生、郭绍虞先生、冯友兰先生、许地山先生、顾颉刚先生、容庚先生、黄子通先生，都在这里。一下子能见到这些前辈，这件事本身就使我大开眼界。"①

当时，他在黄子通的指导下"研究两宋哲学"②，而以朱熹研究为专题，并撰写相关的学术论文；直到 1932 年毕业后的一段时间里，甚至是在长期失业的状态下，靠着微薄的稿费收入，仍一直把研究朱熹当作自己主要的学术工作。③ 白寿彝后来回忆说："当时是想做三件事。一件是朱熹语录的研究，一件是朱子文集系年的编撰，一件是写朱熹撰述考。对这三件事，我都尽其所能，认真工作过。"④

1930 年 10 月，白寿彝计划作《朱熹弟子考》；为此，他整理朱熹弟子所记的各种语录，并于次年 2 月大体编成《朱子语录诸家汇辑》148 卷。1935 年，白寿彝发表《朱子语录诸家汇辑·叙目》，阐述了编撰《朱子语录诸家汇辑》的缘由，考察了各种版本的朱子《语录》《语类》以及黎靖德《朱子语类》的形成过程，并对黎靖德《朱子语类》的不足之处作出了分析。

1931 年 4 月，白寿彝写成《朱熹底师承》（于 1936 年发表）⑤。该文分为第一节：总论，第二节：胡宪，第三节：刘勉之，第四节：刘子翚，第五节：道谦，第六节：李侗，第七节：诸师影响下的朱熹。不仅考察了与朱熹有着师承关系的胡宪、刘勉之、刘子翚、道谦和李侗的生平、思想以及朱熹的从学经历，而且还进一步根据史料，深入分析朱熹所受到的思想影响。

在《朱熹底师承》写成之后，同年 8 月，白寿彝又写成《从政及讲学中的朱熹》（于 1935 年发表）⑥。该文分上、下两篇；上篇："从政中的朱熹"，分为

---

① 白寿彝：《我在燕京的学习生活》，载于《白寿彝文集》第 6 卷，河南大学出版社 2008 年版，第 489 页。
② 白寿彝：《我在燕京的学习生活》，载于《白寿彝文集》第 6 卷，河南大学出版社 2008 年版，第 490 页。
③ 白至德：《青年时代的白寿彝》，载于《回族文学》2008 年第 1 期。
④ 白寿彝：《白寿彝史学论集·题记》，北京师范大学出版社 1994 年版。
⑤ 白寿彝：《朱熹底师承》，载于《文哲月刊》1936 年第 1 卷第 8、9 期。
⑥ 白寿彝：《从政及讲学中的朱熹》，载于《国立北平研究院院务汇报》1935 年第 6 卷第 3 期。

第一节：总论，第二节：同安县主簿，第三节：壬午封事与癸未奏札，第四节：知南康军，第五节：提举两浙东路常平茶盐公事，第六节：戊申奏札与戊申封事，第七节：知漳州，第八节：知潭州，第九节：焕章阁待制兼侍讲，第十节：从政治中所见的朱熹；下篇"讲学中的朱熹"，分为第一节：总论，第二节：在同安，第三节：在南康，第四节：在漳州和潭州，第五节：在玉山，第六节：在沧州精舍，第七节：《语类》中所收的讲学材料，第八节：在讲学中所表现的朱熹。

同年9月，白寿彝还完成了《朱熹辨伪书语》的撰著（于1933年出版）[①]。该书分析了朱熹辨伪书的缘由和方法，汇集了朱熹对于多种著作的辨伪语录。该书为顾颉刚提议编撰，并作为他所主编的"辨伪丛刊"之一。

1936年，白寿彝先后发表《朱熹对于易学的贡献》[②]《朱〈易〉散记》[③]和《〈周易本义〉考》[④]。《朱熹对于易学的贡献》认为，朱熹在易学上的贡献有二：其一，认《易》为一部卜筮书；其二，把伏羲、文王、周公、孔子之《易》分开，以为它们并不完全相同。《朱〈易〉散记》分为6节：一、坊刻本《本义》前的序，二、《古易音训》和《蓍卦考误》，三、《易传》校本，四、《易传节要》，五、《损益象说》，六、《易图》的本子问题。《〈周易本义〉考》分为4节：第一《周易本义》的基本观念，第二《周易本义》著作始末，第三《周易本义》的版本，第四《周易本义》卷首的《易图》和《序例》，并附《易学启蒙》考；对朱熹有关易学的著述文献作了考辨。

同年，白寿彝还发表《〈仪礼经传通解〉考证》[⑤]，分为四节：第一《仪礼经传通解》的组织和贡献，第二《仪礼经传通解》设计的经过，第三《仪礼经传通解》的助理编者，第四《仪礼经传通解》未完成部分之窥测。

除此之外，据白寿彝回忆，他还曾编撰《朱子文集篇目系年》，但至今未能知其下落。《朱子文集》，即《晦庵先生朱文公文集》100卷，续集11卷，别集10卷，收录朱熹的各种诗词、奏章、书信以及其他文章等。白寿彝《朱子文集篇目系年》为《朱子文集》的篇目系年，可见工程之浩大。1989年，陈来撰《朱子书信编年考证》出版，成为朱子学研究重要的参考书。又据白寿彝回忆，他曾计划写《朱熹撰述考》，并为此"尽其所能，认真工作过"，但该书是否完成，是否正式出版，至今也未能知晓。如前所述，在白寿彝之前，

[①] 白寿彝：《朱熹辨伪书语》，朴社出版部1933年版。
[②] 白寿彝：《朱熹对于易学的贡献》，载于《晨报·思辨》第31期，1936年3月16日。
[③] 白寿彝：《朱易散记》，载于《晨报·思辨》第34期，1936年4月16日。
[④] 白寿彝：《〈周易本义〉考》，载于《史学集刊》1936年第1期。
[⑤] 白寿彝：《〈仪礼经传通解〉考证》，载于《国立北平研究院院务汇报》1936年第7卷第4期。

吴其昌曾撰《朱子著述考》，并于1927年发表《朱子著述考（佚书考）》，其余部分并未发表。因此也无法比较白寿彝《朱熹撰述考》与吴其昌《朱子著述考》之异同。

根据现存的著作，白寿彝对于朱子学的研究，归结起来，大致包括对朱熹的师承、朱熹的从政与讲学经历、朱熹的著述、朱熹的辨伪书、朱熹的易学思想的研究。重要的是，白寿彝的朱子学研究，以史学考据为基础，成为民国时期朱子学研究的一大特色。

二、朱熹的师承与经历

对于朱熹的研究，白寿彝非常重视研究其生平事迹。他说："我们研究朱熹，对于'朱熹是什么样的人？'这一问题，有先解决之必要。这一问题解决后，因解决结果之不同，往往足以影响第二步研究所采之趋向。这一问题如不解决，关于朱熹之研究，进行不无障碍。解决这个问题的惟一方法，是不要单从某一方面去观察朱熹，而是要把朱熹底事业各加检讨。……根据这种见解，我们可以先分别地研究朱熹底仕绩、讲学和著述，然后就其结论，加以综合，以求朱熹之真精神所在。"① 在白寿彝看来，要研究朱熹，先要研究"朱熹是什么样的人"，研究朱熹的生平事迹。

白寿彝对朱熹生平事迹的研究，主要依据大量可靠的原始文献，包括《朱文公文集》《朱子语类》以及黄榦《朱文公行状》《宋史·朱熹传》和各种朱熹年谱等。而且，白寿彝认为，"材料既丰富，又比较地正确"，省了许多推索和考订的功夫，而他所当较致力的工作，"只是材料的分析和排列而已"。② 当然，也许是在燕京大学研究过哲学的缘故，白寿彝对朱熹生平事迹的研究，不只是注重生平事迹的表面事实，而是要进一步分析事实背后所隐藏的思想。为此，白寿彝在《从政及讲学中的朱熹》中提出了研究朱熹生平事迹的基本原则，其中最重要的是："不只作这些事业之表面的事实之研究，而须注意这些事实下面所隐伏的精神；同时，也不为急于获得结果，而忽略了这些表面的事实。"③ 也就是说，既要注重事实材料，又要分析事实材料所能够反映的思想内容。

正是依据这一基本原则，白寿彝展开了对朱熹生平事迹的研究，主要包括两个部分：其一，对朱熹师承的研究；其二，对朱熹从政与讲学经历的研究。

---

①②③　白寿彝：《从政及讲学中的朱熹》，载于《国立北平研究院院务汇报》1935年第6卷第3期。

（一）对朱熹师承的研究

关于朱熹的师承，一般认为，朱熹早年从学于胡宪、刘勉之、刘子翚，后来又从学于李侗；这在黄榦《朱文公行状》中早有记述。白寿彝对朱熹师承的研究，着重于两个方面：其一，对朱熹从学于道谦的论证；其二，对朱熹所受诸师影响的分析。

1. 对朱熹从学于道谦的论证

民国时期，谢无量对朱熹从学于道谦禅师有过探讨；在此基础上白寿彝《朱熹底师承》又作进一步考证，主要分为三个方面。

第一，白寿彝认为，朱熹从学于道谦，可能与刘子翚有关。他说："熹从道谦问学，我疑即是子翚的关系。子翚尝修开善院，而道谦是开善底和尚，且出世于开善的时候，颇得力于子翚之兄子羽，道谦与子翚之往来，当甚密。熹大概是在子翚那里看见道谦而认得他的。（此亦可见熹从道谦问学的时候，自较初从学子翚时为迟。）"①

第二，从佛书之外得到两个证据："一个证据，是李侗《与罗博文书》，说熹'初从谦开善处下工夫来'。按谦开善即谓开善寺的道谦。又一个证据，是熹《游密庵》诗自述'弱龄慕丘壑，兹山履（屡）游盘'。按，'慕丘壑'即游心世外之意。密庵，道谦所居，熹《答吕伯恭》谓'密庵主僧（从穆）近已死，……但此庵所入亦薄，非复谦老之时矣'，可证。慕丘壑而屡游盘于密庵是即熹屡从道谦学佛之证。"② 白寿彝还引朱熹《答汪尚书》说"熹于释氏之说，盖尝师其人，尊其道，求之亦切至矣"，指出："如果'其人'不是指释迦及其他祖师说，恐怕也只有道谦来承当了。"③

第三，以佛书《云卧纪谈》载道谦答朱熹书，以及《释氏资鉴》载朱熹祭道谦文，作为旁证，并且认为，这两篇文字虽然不一定完全出于道谦和朱熹的手笔，但其中所述的情形，可能是事实。④

应当说，白寿彝的考证是有一定说服力的，尤其是提出佛书之外的两个证据，既肯定以往所谓李侗《与罗博文书》的说法，又提出以朱熹《游密庵》作为新的证据，这对于论证朱熹从学于道谦具有重要的学术价值。

自白寿彝的考证之后，胡适于1961年有《〈佛法金汤编〉记朱熹与开善道谦的关系》⑤ 一文，对《佛法金汤编》一书中有关朱熹与道谦关系的论述予以了

---

①②③④　白寿彝：《朱熹底师承》，载于《文哲月刊》1936年第1卷第9期。
⑤　胡适：《〈佛法金汤编〉记朱熹与开善道谦的关系》，载于《胡适全集》（第9卷），安徽教育出版社2003年版，第543页。

讨论。该文提及《佛法金汤编》中引自《释氏资鉴》的朱熹祭道谦文,并肯定它是朱熹早年的文字。该文也引述了李侗的《与罗博文书》作为论据,同时还认为,《朱子语类》卷一百四所载朱熹言"某年十五六时,亦尝留心于此(禅)。一日在病翁(刘子翚)所,会一僧,与之语"中的"一僧"即道谦。该文最后引《朱子语类》卷一百二十六所载道谦与朱熹的一次关于病愈的对话:"道谦言:'《大藏经》中言,禅子病脾时,只坐禅六七日,减食,便安。'谦言:'渠曾病,坐得三四日便无事。'"这是从佛书之外论证朱熹曾师从于道谦的又一证据。

笔者提出一条新的证据:据《朱子语类》卷一百三十八所载,朱熹曾自云:"向送葬开善,望见两山之间有光如野烧,从地而发,高而复下。问云,其山旧有铜坑也。"① 开善,即道谦。显然,朱熹曾为道谦送葬。

2. 对朱熹所受诸师影响的分析

白寿彝对朱熹师承的研究,不仅只是依据史料就其师承关系进行阐述,而且还对朱熹所受诸师的不同影响进行具体分析,并由此做出综述。他指出:"综观熹从师始末,始于十三岁,父死时;止于三十四岁,侗死时;约二十二年。在这二十二年中,可就他所受到的影响之不同,而分作两期。第一期,是从十三岁到二十三岁。第二期,是从二十四岁到三十四岁。两期,均恰好为十一年。在第一期中,因所从师之学博杂及喜禅,熹这时所受到的影响,也就是杂学和习禅。在第二期中因李侗专治河洛之学,熹也在这时学儒。就熹底整个思想发展史上看,侗给熹的影响自是最大。"② 除了李侗之外,白寿彝还就胡宪、刘勉之、刘子翚对朱熹思想的影响作了阐述,指出:"胡、刘底博杂,能使熹比较地能得些多方面的智识,使他的视野扩大,对于增加熹底思索的资料上,不能说没有帮助。"③

至于道谦对朱熹思想的影响,白寿彝认为,道谦的根本思想,虽后来为朱熹所完全不取,但"也不是全无意义的"。他引佛书《云卧纪谈》所载《道谦答熹书》说:"十二时中,有事时,随事应受;无事时,便回头,向这一念上提撕。'狗子还有佛性也无?'赵州云:'无。'——将这话头只管提撕,不要思量,不要穿凿,不要生知见,不要强承当。如合眼跳黄河,莫问跳得过,跳不过,尽十二分气力打一跳。若真个跳得,这一跳便百了千当也。若跳不过,但管跳,莫论得失,莫顾危亡,勇猛向前,更休拟议。若迟疑动念,便没交涉也。"④ 又引《朱子语类》载朱熹六十岁时告徐容父说:"为学须是裂破藩篱,痛底做去。所

---

① (宋)黎靖德:《朱子语类》(八)卷一百三十八,中华书局1986年版,第3288页。
②③④ 白寿彝:《朱熹底师承》,载于《文哲月刊》1936年第1卷第9期。

谓一丈（杖）一条痕，一掴一掌血，使之历历落落，分明开去，莫要含糊。"并且认为，朱熹的这种学问态度，"却正是道谦告诉熹的跳黄河式的办法"①。所以，他接着说："总之，熹从各师都受到各不相同的影响，而李侗对于他的影响不过较大罢了。"②

（二） 对朱熹从政与讲学经历的研究

1. 对朱熹从政经历的研究

由于白寿彝对朱熹生平事迹的研究，"不只作这些事业之表面的事实之研究，而须注意这些事实下面所隐伏的精神"，因此，他在研究朱熹的从政经历时，不只是关注朱熹的从政过程以及从政中的功过是非，而是较多地关注这些从政经历背后的涵义，进而对朱熹的政治才能做出深入分析和概括。

他在《从政及讲学中的朱熹》上篇"从政中的朱熹"的结束部分中指出："综观朱熹仕宦的历史，他登第五十年，外仕凡九考，立朝仅只四十天。依上所述：熹对于当时民生的凋敝、军政之紊乱、财赋之困窘、朝野当局之自私舞弊，都有明白的认识。这可见他对于当时政治情形的熟悉。熹对于当时所见到的各种政治上的困难都有一种具体的办法说出来，而这些办法又都不是浮浅的办法，而是谋根本的解决。这可见他对于当时的政治是有具体的见解的。熹历仕外郡，都有治绩。他于教育与民生两大事，尤能处理得井井有条。这可见他在政治上是有干才的。熹于国家大政不管听者是否承受，总一再言之。国家兴一利、举一弊，一如身受。这可见他有政治上的兴趣。以有政治兴趣的朱熹，同时熟悉政治情形，抱有政治上的具体见解，具有政治上的干才，说是一个政治家，真不能算有什么惭愧了。"③ 在这里，白寿彝具体分析了朱熹对于当时政治情形的熟悉、对于当时政治的具体见解以及在政治上的干才和对政治的兴趣，进而认为朱熹是一个政治家。可见，白寿彝对于朱熹从政经历的研究，实际上包含了他对于朱熹作为一个政治家的分析。

通过对朱熹从政经历的研究，白寿彝不仅分析了朱熹的政治才能，而且还对朱熹的政治思想作了概括，指出："朱熹对于政治，有一个最基本的见解，就是：治国平天下，须先从正心诚意起。他对于当时政治情形的批评，对于当时政治所主张的办法，以及他自己在政治上的设施，实都从正心诚意为起点。心怎样能正？意怎样能诚？他的回答是：要格物致知。格物致知以及正心诚意的根本问题，都是哲学的范围内的问题。熹关于政治的一切言行，显然以他的哲学思想为

---

①② 白寿彝：《朱熹底师承》，载于《文哲月刊》1936 年第 1 卷第 9 期。
③ 白寿彝：《从政及讲学中的朱熹》，载于《国立北平研究院院务汇报》1935 年第 6 卷第 3 期。

根本出发点。若就朱熹对于政治之出发点说，他实在只是一个哲学家。他关于政治的一切，不过他的哲学思想底表现之一端。"① 可见，白寿彝对于朱熹从政经历的研究，实际上包含了他对于朱熹政治哲学的观点，以及对于朱熹作为一个哲学家的分析。

2. 对朱熹讲学经历的研究

与研究朱熹的从政经历时较多地关注这些从政经历背后的涵义一样，白寿彝研究朱熹的讲学经历，同样"不只作这些事业之表面的事实之研究"，而是较多地关注朱熹讲学的思想内容，以及与之相关的朱熹哲学思想的形成和发展过程。

朱熹于宋绍兴二十一年（1151年）被任命为泉州同安县主簿，绍兴二十三年（1153年）七月到任，并于绍兴二十六年（1156年）七月离任。在这期间，他既从政，又讲学。通过对朱熹同安讲学的研究，白寿彝认为，朱熹最初颇注重于个人品格的修养，到了最后一年，其范围不只限于品格的修养，"已由修身问题，扩充到知识的问题"②。按照白寿彝的分析，这时的朱熹已经开始触及后来他与陆九渊之争所讨论的尊德性与道问学的关系问题。

朱熹于宋淳熙五年（1178年）八月被任命知南康军，次年三月到任，淳熙八年（1181年）三月离任。在这期间，他不仅从政，而且还重修白鹿洞书院，兴学授徒。通过对朱熹重修白鹿洞书院以及讲学的研究，白寿彝指出，白鹿洞书院"揭示"所示，"不外'讲明义理以修其身'。修身是为学的目的，所以说'学者，学此而已'。讲明义理是为学的方法，所以说是'所以学之之序'。……从前一说看，这时熹所办的教育还是道德教育。从后一说看，熹是很看重研究思辨的。这时，已去同安讲学时，有二十多年，熹讲学的要旨仍是如故，不过更为有条理有系统而已。"③ 朱熹于同安讲学后，经历了淳熙二年（1175年）朱陆鹅湖之辨，又于南康重修白鹿洞书院以及讲学，在尊德性与道问学的关系上，较多讲道问学的特点愈加明显。白寿彝通过对白鹿洞书院"揭示"的分析，以说明朱熹较为重视道问学的特点。

朱熹于宋淳熙十六年（1189年）十一月被任命知漳州，绍熙元年（1190年）四月到任，一年后，离开漳州；绍熙四年（1193年）十二月被任命知潭州，次年五月到任，七月辞任。通过对朱熹漳州讲学的有关材料的分析，白寿彝认为，这一时期，朱熹"仍是很注意品格的修养"④。通过对朱熹修复岳麓书院以及讲学的有关材料的分析，白寿彝认为，朱熹教诸生，"以读经书、识圣贤法语大训为先，仍是先读书穷理之意"，而且，朱熹当时以《大学》为课

---

①②③④　白寿彝：《从政及讲学中的朱熹》，载于《国立北平研究院院务汇报》1935年第6卷第3期。

本,"不过是致知格物以正心诚意,修身、齐家、治国、平天下",而这与白鹿洞书院"揭示"的"讲明义理以修其身"是一致的,"实在并没有什么出入"。①

从白寿彝《从政及讲学中的朱熹》下篇"讲学中的朱熹"可以看出,白寿彝所关注的不仅仅在于朱熹的讲学经历本身,而且还在于其讲学过程中所反映的朱熹思想的形成和发展。在白寿彝那里,这样的研究方法,不仅运用于研究朱熹在同安、南康、漳州和潭州讲学,而且还运用于研究朱熹在玉山、在沧州精舍的讲学,也就是说,运用于对朱熹整个讲学过程的研究。此外,白寿彝还对《朱子语类》中所收的讲学材料进行分析,并指出:"就《语类》所收材料之总量来说,熹之讲学仍是以修身与穷理并重的讲,不过讲穷理的时候有时较讲修身的时候更为多些,——在《语类》中,竟多了八倍!"②

由此可见,白寿彝对于朱熹讲学经历的研究,最根本的不只是要叙述讲学过程本身,而是在于阐述作为朱熹讲学重心的"讲明义理以修其身"的思想的形成和发展过程。关于朱熹的"讲明义理以修其身"的思想,白寿彝还说:"在很多的时候,熹常常表示明理与修身并重,表示明理不过是修身的一种工具。但身究竟要如何修,却要讲明义理去决定它。这就是说,要给予伦理的行为一个哲学的基础。这样,明理便占据了根本的统治的地位。所以朱熹在讲学中,虽常以修身与明理对比,而实际上,熹谈理的地方总比讲修身的地方多。"③ 所以,白寿彝对于朱熹讲学经历的研究,实际上是对朱熹关于尊德性与道问学关系的研究,是为了说明朱熹的尊德性与道问学并重、而讲道问学较多的思想特点,是对朱熹哲学思想以及朱熹作为一个哲学家的研究。

从白寿彝对朱熹从政与讲学经历的研究可以看出,他提出研究朱熹首先要研究其生平事迹,而研究朱熹生平事迹"须注意这些事实下面所隐伏的精神",实际上就是强调朱熹学术思想的研究与朱熹生平事迹的研究,二者应当紧密结合,相互印证。分门别类的方法是现代重要的科学研究方法,但是,这种方法也存在一种弊病,这就是容易产生学科之间的壁垒;表现在朱熹研究上,研究朱熹生平事迹者,多为历史学研究者,并且往往不关注朱熹思想的研究;研究朱熹思想者,多为哲学研究者,并且往往不关注朱熹生平事迹的研究。正因为如此,白寿彝强调朱熹学术思想研究与朱熹生平事迹研究的紧密结合,恰恰是要通过学科综合的方法,以克服分门别类方法所导致的学科壁垒的弊病,因而是研究方法上的一种创新。

---

①②③ 白寿彝:《从政及讲学中的朱熹》,载于《国立北平研究院院务汇报》1935 年第 6 卷第 3 期。

三、朱熹的著述

对于朱熹，白寿彝不仅研究其师承以及从政与讲学经历，而且对朱熹的著述也作了较多的研究，主要包括两个方面：其一，对《朱子语类》的研究；其二，对朱熹著述的考证。

（一）对《朱子语类》的研究和改编

在《朱子语录诸家汇辑·叙目》中，白寿彝首先考察了《朱子语类》的形成过程。关于《朱子语类》的最初雏形，不少学者认为是南宋嘉定八年（1215年）李道传在池州刊刻的《朱子语录》（通称"池录"）。如前所述，胡适于1959年完成的《〈朱子语类〉的历史》就明确认为，《语类》的历史始于李道传在池州刻的《朱子语录》33家。但是，比胡适《〈朱子语类〉的历史》早20多年之前，白寿彝于1935发表的《朱子语录诸家汇辑·叙目》却认为，在"池录"之前，"已有度正（字周卿）集刊于青衣的语录"①。理由是黎靖德《朱子语类》所附魏了翁于南宋嘉定十三年（1220年）撰写的《眉州刊朱子语类序》说："开禧中，予始识辅汉卿（辅广）于都城。汉卿从朱文公最久，尽得公平生语言文字。……予既补外，汉卿悉举以相畀。嘉定元年，予留成都，度周卿请刻本以幸后学。……后数年，竟从予乞本刊诸青衣，彼不过予所藏十之二三耳。……其后，李贯之刊于江东，则已十之六七。"② 可见是先有度正的刊本，后来才有李道传"池录"。白寿彝还认为，度正集刊的年代"当在辛未至甲戌（公元1211至1214）年之间"。此外，白寿彝还引魏了翁《眉州刊朱子语类序》所言"子知今之学者之病乎？凡千数百年不得其传者，今诸儒先之讲析既精，后学之粹类亦广，而闽浙庸蜀之锓刻者已遍于天下。若稍损赘用，则立可以充厨切"，并且还说："如了翁所说的锓刻的书，有熹语录在内，恐未必都是单行本子，难免也有汇刻的语录。"所以，在白寿彝看来，度正的刊本"也未必就是汇刻诸录最先的书"③。由此可见，胡适撰《〈朱子语类〉的历史》以李道传的"池录"为最先，显然是不知晓白寿彝的研究。

"池录"所刊朱熹语录共43卷，收录33家。"池录"刊后约五年，嘉定十三年（1220年），眉州有黄士毅所编《朱子语类》（通称"眉语类"或"蜀类"）

---

①③ 白寿彝：《朱子语录诸家汇辑·叙目》，载于《国立北平研究院院务汇报》1935年第6卷第4期。
② （宋）魏了翁：《眉州刊朱子语类序》，（宋）黎靖德：《朱子语类》，中华书局1986年版。

行世，合计卷数共 138 卷，收录 70 家。关于黄士毅所编《朱子语类》与"池录"的关系，白寿彝依据南宋嘉定八年（1215 年）黄榦所作《池州刊朱子语录后序》对"池录"作了分析，并依据黎靖德《朱子语类》所附黄士毅于南宋嘉定十二年（1219 年）所撰《朱子语类后序》和魏了翁《眉州刊朱子语类序》，对黄士毅所编《朱子语类》及其与"池录"的关系作了考察，认为黄士毅的《朱子语类》虽参考了"池录"，但其中的许多材料并非取自"池录"，而且"遗漏是极可能的"①。

此后，李道传之弟李性传承其兄"池录"辑《朱子语续录》，于嘉熙二年（1238 年）刊于饶州（通称"饶录"）。白寿彝依据黎靖德《朱子语类》所附《饶州刊朱子语续录后序》，对"饶录"及其与"池录"的关系作了分析。

"饶录"之后，王佖（字符敬）于婺州辑"婺录"。继后，蔡杭（字仲觉）又于南宋淳祐九年（1249 年）在饶州刊《朱子语后录》（通称"饶后录"）。当时徽州对"眉语类"作了重刊，有蔡杭于南宋淳祐十二年（1252 年）所作《徽州刊朱子语类后序》；同年，王佖又于徽州编成《朱子语续类》（通称"续语类"或"徽续类"），并作《徽州刊朱子语续类后序》。南宋咸淳元年（1265 年），吴坚在"池录""饶录""饶后录"的基础上，于建安集刊《朱子语别录》（通称"建别录"），并作《建安刊朱子语别录后序》。

通过对度正的刊本以及"池录""眉语类""饶录""婺录""饶后录""续语类""建别录"的考察，白寿彝指出："自度正刊于青衣的语录以来，至'建别录'，凡八种。除了正书，不可详考外，'池录''饶录''饶后录''建别录'属于一个系统，'眉语类''续语类'属于又一个系统。两个系统的书，不只在编纂的方法上不一样，就是在材料的搜集上，也差不多是各自为政。'婺录'和两个系统都有关系，但无论在那一个系统里，都没有位置。"② 于是，黎靖德《朱子语类》将各书合编成一书，初编成于景定四年（1263 年），咸淳六年（1270 年）刊于盯江，而流传于世。

与白寿彝相比，胡适《〈朱子语类〉的历史》对于《朱子语类》形成过程的叙述虽更为细致，但总体上并没有超出白寿彝；而且白寿彝对"池录"之前的考察，这是胡适所忽略的。需要指出的是，胡适的《〈朱子语类〉的历史》影响颇大，"载于台北正中书局 1962 年与 1970 年本《朱子语类》之首"，陈荣捷说："其精详处可谓前无古，后无今。"③

---

①② 白寿彝：《朱子语录诸家汇辑·叙目》，载于《国立北平研究院院务汇报》1935 年第 6 卷第 4 期。
③ 陈荣捷：《朱子新探索》，华东师范大学出版社 2007 年版，第 544～545 页。

需要指出的是，白寿彝对于《朱子语类》形成过程的叙述，是为了作《朱熹弟子考》而对朱熹弟子所记的各种语录作出整理，并撰《朱子语录诸家汇辑》，所以，他在叙述了《朱子语类》的形成过程后，便对黎靖德《朱子语类》的不足之处作了分析，并提出了自己的看法。

第一，"靖德底编辑法并不见得怎样精密"。白寿彝认为，黎靖德《朱子语类》所采用的是"按各纪录底性质分类的方法"，"这个方法的好处，固能一方面便于检查，又一方面可以汇聚一问题下的各家语录，玩味它们的详略异同之处。但它本身最大的困难是：若遇着一条语录同时具备二种以上的性质，便不好办"，所以，"靖德所用的分类法实在不能说是一种健全的方法"，这是因为"语录一类的材料之总汇集，不易以性质分类法来厘定"。①

第二，"靖德《语类》中所收的材料，也并不很完备"。白寿彝指出："我于《朱文公〈易〉说》中，见六十二家语录，于《诗传遗说》中见三十六家语录，去其重复，有十四家为《语类》中所未收。又于《文集》中见误收语录一家，《宋元学案》《朱子年谱》中各见一家。这是就我浅见所及，《语类》所未收的，已有十七家之多了。"②

正是通过对黎靖德《朱子语类》所存在的不足之处的分析，白寿彝把《朱子语类》改编成《朱子语录诸家汇辑》。与现行的黎靖德《朱子语类》的分类方式不同，白寿彝《朱子语录诸家汇辑》"以记录者为主，将各家纪录分别归于各家，不另以己意别立名目"③。白寿彝还特别强调说："这种办法不只为作《朱熹弟子考》底便利，在研究朱熹思想时，也有许多帮助。……我们如先把每家（记）录，一一地整个地看去，对于记录者脾胃较易了解，对于各家（语）录之史材的价值上，可以分别地看待。遇到矛盾剌谬的地方，也未尝不可以从这里得到一种解决的方法。"④ 白寿彝《朱子语录诸家汇辑》共收 114 家，分为 148 卷。遗憾的是，由于种种原因，白寿彝的《朱熹弟子考》以及为之而作的《朱子语录诸家汇辑》最终并没有能够公开发表；1935 年发表的《朱子语录诸家汇辑·叙目》，虽然其中叙及《朱子语类》的形成过程，但实际上也没有能够在学术界产生应有的影响，以致后来胡适在撰写《〈朱子语类〉的历史》时也没有能够了解到白寿彝的相关的研究成果。

（二）对朱熹著述的考证

白寿彝重视对朱熹著述的考证，除为写《朱熹撰述考》《朱子文集篇目系

---

①②③④　白寿彝：《朱子语录诸家汇辑·叙目》，载于《国立北平研究院院务汇报》1935 年第 6 卷第 4 期。

年》而"尽其所能，认真工作过"，还先后发表了《朱〈易〉散记》《〈周易本义〉考》和《〈仪礼经传通解〉考证》，对朱熹所撰易学类的著作以及《仪礼经传通解》作了详细考证。

在《〈周易本义〉考》中，白寿彝指出：《周易本义》"通行的本子，窜改倒乱，更大非原书之旧。近有一二学人考订朱熹底书，又不能剖析《本义》编著的经过，误以《易传》（不是程颐《易传》）和《本义》是两书，亦足以滋疑惑。"① 于是，他对《周易本义》著作始末、《周易本义》的版本以及《周易本义》卷首的《易图》作了考辨。

据《宋史·艺文志》及其他史料记载，朱熹曾作《易传》十二卷。这一说法，至今仍为人所接受。但是，白寿彝则指出："《周易本义》底初稿，大概在淳熙二年（1175 年）朱熹四十六岁时开始起草。这时还没有《周易本义》底名称，而称作《易传》。"② 他还认为，朱熹最初是根据王弼的通行本子作《易传》；淳熙八年（1181 年），吕祖谦的《古周易》出来之后，《易传》稿仍未成，于是，朱熹根据《古周易》进行修正，并改题《周易本义》。他还引南宋陈振孙《直斋书录解题》所言"初为《易传》，用王弼本。后以吕氏《古易经》为《本义》，其大旨略同，而加详焉"③，并且明确指出："在朱熹自己，是不承认所谓'《易传》'是成书的。"④ 当然，白寿彝认为，初稿《易传》本，虽未定稿，但早已为人传出摹印而盛传，是《周易本义》最早的刊本；而《周易本义》直到庆元年间（1195 年稍后）朱熹晚年才形成最后的定本。⑤ 白寿彝关于朱熹《易传》即《周易本义》初稿本以及《周易本义》于晚年定稿的观点，后来又出现于朱伯崑《易学哲学史》中。⑥

白寿彝的《〈周易本义〉考》，除了对《周易本义》著作始末做了细致考辨，还进一步考察了《周易本义》的版本，详细阐述了《周易本义》成书后的各种版本以及从十二卷本变为四卷本的过程。

在考辨《周易本义》卷首的《易图》时，白寿彝将《周易本义》卷首九图与《易学启蒙》作了比较，并且指出："《易图》中，凡与《启蒙》不同者，都不类朱熹之作。""其与《启蒙》相同的，也决不是朱熹自辑，而放在《本义》之前的。如《河图》《洛书》之图，名称和说明，都和《启蒙》相同，却非《本义》所应有。……王懋竑说：'《易本义》九图，非朱子之作也，后之人以《启蒙》依放为之，又杂以己意，而尽失其本指者也。'这真是一句见到

---

①②③④⑤　白寿彝：《〈周易本义〉考》，载于《史学集刊》1936 年第 1 期。
⑥　朱伯崑《易学哲学史》（第二卷），华夏出版社 1995 年版，第 411~412 页。

的话。"①

白寿彝的《〈周易本义〉考》还附《〈易学启蒙〉考》，明确指出："《易学启蒙》是朱熹用通论的形式，在《周易本义》外，另著的一部《易》说。"② 并且还说："朱熹在《启蒙》里表现了他的伟大的拥抱力，把《周易》《河图》《洛书》《太极图说》《皇极经世》都溶化在一个大炉子里；同时，也就使《启蒙》为一个十足的'旧瓶装新酒'式的东西，成功（为）了朱熹发挥他个人之宇宙论底工具。"③ 同时，《〈易学启蒙〉考》还考辨了《易学启蒙》的成书过程、原本的篇章、各种版本等。

除了《〈周易本义〉考》，白寿彝的《朱〈易〉散记》也对朱熹有关易学的文献作了考辨。关于通行的朱熹《周易本义》刻本的"易序"，白寿彝说："序末，不署年月，亦无作者姓名。然论易不言卜筮，论太极阴阳不言理气，其文浮薄无余味，知其决非朱子所作。"④ 他还经过考证认为，这篇"易序"不见于宋刻本《周易本义》，而是在元天历元年（1328年）时已冠于程颐《易传》，可能是刻书者加上去的；明代奉敕编辑《周易大全》收入了这篇"易序"，后来，《周易大全》中的《周易本义》单行，这篇"易序"被移植到《周易本义》的前面。

朱熹的易学著作，除《周易本义》《易学启蒙》外，还有《古易音训》《蓍卦考误》《损益象说》等。如前所述，吴其昌认为吕祖谦和朱熹分别作过《古易音训》。白寿彝经过考证则明确认为，朱熹的《古易音训》"是吕祖谦《古易音训》的一个补充本子"⑤。白寿彝还认为，朱熹的《蓍卦考误》"是对邵雍《蓍卦辨疑》加以订正的书"⑥，而《损益象说》可能是《勉斋集》所载《损益大象》⑦。此外，白寿彝认为，朱熹对于程颐《易传》，"有一个校正的本子"，并且还准备编撰一部《易传节要》。⑧

《仪礼经传通解》是朱熹重要的礼学著作。在《〈仪礼经传通解〉考证》中，白寿彝首先阐述了朱熹《仪礼经传通解》的篇章结构，取材和分类，以及对于礼学的贡献：第一，"《通解》贡献一种新的编礼方法"，"以礼之施行的场合分类"

---

① ② ③　白寿彝：《〈周易本义〉考》，载于《史学集刊》1936年第1期。
④　白寿彝：《朱〈易〉散记》，载于《白寿彝史学论集》（下册），北京师范大学出版社1994年版，第1070页。
⑤ ⑥　白寿彝：《朱〈易〉散记》，载于《白寿彝史学论集》（下册），北京师范大学出版社1994年版，第1071页。
⑦　白寿彝：《朱〈易〉散记》，载于《白寿彝史学论集》（下册），北京师范大学出版社1994年版，第1076页。
⑧　白寿彝：《朱〈易〉散记》，载于《白寿彝史学论集》（下册），北京师范大学出版社1994年版，第1074~1076页。

"所收材料，不限于仪文，而兼及于义理；不限于上古，而兼及于后世"；第二，"《通解》对于礼经，贡献一种新的看法"，即朱熹所言"圣贤用礼，必不一切从古之礼。疑只是以古礼减杀，从今世俗之礼，令稍有防范节文，不至太简而已"；白寿彝认为，"这完全是一种历史的看法"。① 接着，白寿彝考察了《仪礼经传通解》的设计经过，具体阐述了朱熹先后所做的四次设计；同时还考察了朱熹编集《仪礼经传通解》所找的助理者及其所做的工作。最后，白寿彝还考察了《仪礼经传通解》的未完成部分以及各种刊本。

四、朱熹的辨伪书

1931年，白寿彝完成了《朱熹辨伪书语》。在该书"序"中，白寿彝说："编这小册子的动机，是顾颉刚先生提起的。"② 顾颉刚是现代古史辨学派的创建者。早在1921年，顾颉刚在与胡适、钱玄同的通信中就开始讨论编辑"辨伪丛刊"，并拟辑录《朱熹文集》《语录》中有关辨伪的论述。③ 显然，这就是白寿彝所撰写的《朱熹辨伪书语》。

白寿彝的《朱熹辨伪书语》辑录了《晦庵先生文集》和《别集》《朱子语类》和《诗传遗说》中有关朱熹辨伪书的语录，分为四大类：第一，"原文有专论伪书的，则全行采入"；第二，"有是偶而涉及伪书的，如与文义无碍，则只采取这几句话"；第三，"有因系答人疑问，非载原来问题不能使文义明白的，则连原问一并采入"；第四，"还有些话，并不一定是要辨明某书是伪书，而是订正传说之谬，因与辨伪书的性质有几分相近，也一并收入"。④ 涉及所辨伪书近五十种，包括《归藏》《易龙图》《正易心法》《书》《书古文》《书序》《书孔安国传》《书解义》《尚书全解》《书集解》《诗》《诗序》《礼运》《保傅》《春秋》《春秋左氏传》《春秋公羊传》《穀梁传》《春秋繁露》《孝经》《中庸义》《论语十说》《孟子疏》《通鉴节要》《世本》《东坡事实》《指掌图》《孔丛子》《中说》《省心录》《握奇经》《管子》《潜虚》《子华子》《黄山谷帖》《琴志》《龙城杂记》《石林过庭录》《谈苑》《维摩诘经》《楞严经》《传灯录》《阴符经》《列子解》《龙虎经》《吕祖谦集》《皇宋文鉴》《警世图》《竞辰图》等，涉及经、史、子、集，儒、释、道及杂记、小说等各个门类。

在《朱熹辨伪书语》"序"中，白寿彝还特别就朱熹辨伪书的方法作了分析

---

① 白寿彝：《〈仪礼经传通解〉考证》，载于《国立北平研究院院务汇报》1936年第7卷第4期。
② 白寿彝：《朱熹辨伪书语》，朴社出版部1933年版，第13页。
③ 顾颉刚：《古史辨》第一册，朴社出版部1926年版，第32~34页。
④ 白寿彝：《朱熹辨伪书语》，朴社出版部1933年版，第12~13页。

和概括。他引朱熹所言"熹窃谓生于今世而读古人之书,所以能别其真伪者,一则以其义理之所当否而知之,二则以其左验之异同而质之。未有舍此两涂,而能真以臆度悬断之者也",指出:"这一段话,就是他辨伪书的方法论。所谓'义理之所当否'是就理论方面说。所谓'左验之异同'是就证据方面说。"① 白寿彝还说:"在理论方面,朱熹所应用的,是根据常识来推测。""在证据方面,朱熹所用的约有五种":(1)"因确知作伪者为谁,而知其书为伪书";(2)"因一书底内容与历史上的事实不符,而知其书为伪书";(3)"因一书中的思想与其所依托的人之思想不符,而知其书为伪书";(4)"因一书中的内容之抄袭凑合之迹显然可见,而知其书是伪的";(5)"从一书之文章的气象上,知其书伪的""从一书之文章的体制上,知其书伪的""从一书所用的词句上,知其书伪"。② 对此,白寿彝作了评价,指出:"朱熹辨伪书的方法,无须讳言地,还很幼稚;他所有的辨伪书的话也大半过于简单。但所谓幼稚,是和后来考证学发达起来时的情形比较而言的。在当时能提出一种辨伪书的具体方案,并能应用这样多的方法的人,恐怕还是要推朱熹为第一人了。他辨伪书的话虽大半过于简单,但在简单的话里,颇有一些精彩的见解,给后来辨伪书的人不少的刺激。"③

此外,白寿彝还分析了朱熹在辨伪书方面之所以能有这样的成就,除了时代的关系外的三个原因:第一,"朱熹是在小孩子时候就喜欢发问题的","他这一点怀疑的倾向,以后随着年龄增长起来,成为他治学问的一种态度";第二,"朱熹读书,是主张专一的";第三,"朱熹所感到的学术兴趣,方面颇多"。④ 白寿彝还说:"朱熹有了博学的本领,他可以从许多方面得到暗示,他可以从许多方面采获工具。就这一点,伪书就很可以在他面前失败了,他的辨伪书的成绩就已经可以比较地多些。更加以他的怀疑精神,根本不预先存一个信仰的成见,他的专一工夫,一个字一个字地敲剥审问,于是,一批批的伪书更不得不血肉狼藉、尸身横陈了。"⑤

五、朱熹的易学思想

对于朱熹易学,白寿彝不仅对有关著作进行了考证,而且还对其思想作了深入的研究,主要有三个方面:其一,对程、朱易学差异的分析;其二,对朱熹《周易本义》与《河图》《洛书》关系的研究;其三,对朱熹易学贡献的阐述。

---

① 白寿彝:《朱熹辨伪书语》,朴社出版部 1933 年版,第 6 页。
② 白寿彝:《朱熹辨伪书语》,朴社出版部 1933 年版,第 6~10 页。
③ 白寿彝:《朱熹辨伪书语》,朴社出版部 1933 年版,第 11 页。
④ 白寿彝:《朱熹辨伪书语》,朴社出版部 1933 年版,第 1~4 页。
⑤ 白寿彝:《朱熹辨伪书语》,朴社出版部 1933 年版,第 5 页。

1. 对程、朱易学差异的分析

如前所述，周予同《朱熹》在论及程、朱易学的差异时认为，朱熹易学继承陈抟、邵雍象数之学，讲太极无极，先天后天，以与其哲学调和统一，并且通过"济以象数"以补程颐《易传》"偏于义理"之不足，"于是程、朱之《易》学陷于敌派之嫌，此实非朱熹初意所及料也"①。除此之外，1930 年，何炳松发表《程朱辨异》，又对此作了进一步阐述，提出了四个方面的论证：其一，"朱氏对《易》主张象数，根本上和程氏不同"；其二，"朱氏对于程氏'易'的定义不肯赞同"；其三，"朱氏批评程氏《易传》说理太多"；其四，"朱氏要想根本推翻程氏《易传》"。何炳松指出："以上所述的四个不同的地方，足以证明程氏和朱氏对于《易经》的见解真是完全背道而驰，各趋一个极端。"②

白寿彝也认为程、朱易学存在着明显的差异。他说："朱熹虽很尊敬程颐，却并不一定无条件地接受后者的一切学说和见解。朱熹对于程颐《易传》的看法，并不是以它'偏于义理'，而是以它的办法根本上有点不对。"③ 认为程、朱易学的差异不只是在于程颐《易传》"偏于义理"，朱熹易学"济以象数"，而是在朱熹看来，程颐《易传》在根本上不合《周易》之本义。对于周予同《朱熹》所谓"程、朱之《易》学陷于敌派之嫌，此实非朱熹初意所及料也"的说法，白寿彝说："朱熹的《本义》和程颐《易传》不同，是经过缜密考虑的，是有意识地换转方向，并不是什么'非初意所及料'，朱熹本人也决不顾虑什么'敌派之嫌疑。'所以，周先生所指摘的第一点，未免对于朱熹的真意，太隔膜了。"④ 认为程、朱易学的差异是由于朱熹"有意识地换转方向"而造成。

2. 对朱熹《周易本义》与《河图》《洛书》关系的研究

如前所述，周予同《朱熹》在论及朱熹推尊《图》《书》之学时认为，朱熹《周易本义》所谓"自伏羲以上，皆无文字，只有《图》《书》，最宜深玩，可见作《易》本原精微。文王以下，方有文字，即今之《周易》。然读者亦宜各就本文消息，不可便以孔子之《易》为文王之说"，皆推尊《图》《书》之言，是"不知其所谓伏羲者，非传说之伏羲，而为陈、邵之书；其所谓《图》《书》者，非经学家言，而为方士之说也"⑤。

对此，白寿彝分析了朱熹《周易本义》与《河图》《洛书》的关系，认为《河图》《洛书》与《周易本义》"并无多大关系"。他说："朱熹对《河图》《洛

---

① 周予同：《朱熹》，商务印书馆 1929 年版，第 55 页。
② 何炳松：《程朱辨异》（三），载于《东方杂志》1930 年第 27 卷第 11 号。
③④ 白寿彝：《朱熹对于易学的贡献》，载于《白寿彝史学论集》（下册），北京师范大学出版社 1994 年版，第 1033 页。
⑤ 周予同：《朱熹》，商务印书馆 1929 年版，第 56 页。

书》,虽曾采入于《易学启蒙》中,而《易本义》却不惟无《河图》《洛书》之模写,亦且无《河图》《洛书》之解说。《启蒙》是朱熹假《易》学之名而自成一家言的书,其内容溶铸《河图》《洛书》《先天图》《太极图》,以及《易·大传》之说,而自发挥其宇宙论之具体的见解,实与《易》之本书无关。无论《河图》《洛书》之是否太古之旧,是否经学家所传或后世方士之造作,若用一哲学家之眼学观之,在助成一个宇宙论的体系上说,并无多大关系。《本义》是朱熹为《易》作的一部正式注解,这部书是可以规规距距地受经学上的批判的。但它却也就依着它本身所特有的性质,对于《河图》《洛书》的态度,和《启蒙》大大地不同。《本义》对于《易经》及《易·大传》无详文记载的《图》《书》,绝不解说。坊刻《本义》卷首的《河图》《洛书》以及其他各图,并不是《本义》所原有,这些图及图说也都不是朱熹所自作,并且其中有一部分还和《本义》相冲突。(我另有《〈周易本义〉考证》一文,考《本义》卷首《易》图之后起。)周先生所指摘的第二点,如果是指《本义》卷首的《易图》,则未免缺欠考证。如果是指《启蒙》所载,则亦昧于《启蒙》与《本义》之区别。"①

在白寿彝看来,朱熹《周易本义》原本既"无《河图》《洛书》之模写",也"无《河图》《洛书》之解说";《易学启蒙》对《河图》《洛书》作了解说,但与《易》之本书无关,而且,朱熹《周易本义》"对于《河图》《洛书》的态度,和《启蒙》大大地不同";尤其是,坊刻《本义》卷首的《河图》《洛书》及图说,"其中有一部分还和《本义》相冲突";所以,周予同《朱熹》以为朱熹《周易本义》推尊《图》《书》,有"立论过勇之嫌"②。

3. 对朱熹易学贡献的阐述

白寿彝认为,朱熹《周易本义》有两个基本观念:"一个观念,是认伏羲底《卦》,文王、周公底《卦爻辞》,和孔子底《十翼》,相互间的内容并不一致";"另外的一个观念,是认《易》为一部卜筮书。伏羲、文王、周公、孔子底《易》,虽各有不同,但在以卜筮为主之一点上,却是相同的"。③对于这两个基本观念,白寿彝给予了正面的评价。他认为,前一个观念,"是用历史的眼光,把这部非一人一时所作的书拆开来看的,把某时期某人底作品,分别地各归还其人,不再混合地一律看待了。这个观念,是以前说《易》者所没有的";而后一

---

① 白寿彝:《朱熹对于易学的贡献》,载于《白寿彝史学论集》(下册),北京师范大学出版社1994年版,第1033~1034页。

② 白寿彝:《朱熹对于易学的贡献》,载于《白寿彝史学论集》(下册),北京师范大学出版社1994年版,第1034页。

③ 白寿彝:《〈周易本义〉考》,载于《史学集刊》1936年第1期。

个观念,"把《周易》看得很'平易浅近',既可以充分发挥'《易》以神道设教'的精神,同时在骨子里又不带什么神秘的迷信的成分。这在以前的说《易》者,虽也偶尔有类似的意见,但都不像朱熹这样地透澈和圆熟"。①

因此,白寿彝认为,朱熹《周易本义》之所以采用吕祖谦的《古周易》的本子,就是要"把孔子底《十翼》和伏羲、文王、周公底《经》分开",以使人知道其中的不同之处,并且"易于明白《易》之卜筮的性质";同时,他还认为,朱熹《周易本义》保持了伏羲《卦》、文王周公《卦爻辞》与孔子《十翼》的差异,而且在对《易》的解释上,"侧重于卜筮的解释",并以为这样就可以"阐明《易》之本来的意义"。②

关于朱熹《周易本义》的这两个基本观念,白寿彝《朱熹对于易学的贡献》作了重申,说:"朱熹对于《易》的根本看法,是认《易》为一部卜筮书。……其次,朱熹把伏羲、文王、周公、孔子之《易》分开,认为它们并不完全相同。"③并且明确指出:"朱熹对于《易》的这两个看法,是《易》学史上的大贡献。"④认为朱熹《周易本义》提出《易》为卜筮之书,以及把伏羲、文王、周公、孔子之《易》区别开来,是朱熹易学对于《易》学史的两大贡献。关于《易》为卜筮之书的说法,古已有之。白寿彝说:"宋以前解《易》者,未曾不言卜筮,但不能专言卜筮。宋时解《易》者,也何曾不知卜筮,但除极少数人外,却都不肯专言卜筮。所以在着重卜筮之一点上,朱熹的《易本义》是最彻底的。"⑤至于把伏羲、文王、周公、孔子之《易》分开,并认为它们之间并不完全相同,白寿彝说:"这完全是一种历史的看法。这种看法,在《本义》中表现得最明显的有二;一,是采用吕祖谦《古周易》的本子,把彖、象、文言、系辞、说卦和经文分开。又一,于解释经文中的'元亨利贞'及文言传中的'元亨利贞'时,分别用两种不同的解释。这是以前人所没有的。"⑥白寿彝还认为,朱熹对易学的两大贡献,"不惟他以前人不及他,他的许多弟子及后来《本义》的诠释者也多不能理会。清儒虽是精密,但在《易》学的贡献上,并不能超越《本义》而上。……现在,朱熹死七百三十余年了,《本义》初稿行世已七百六十年了,我们讲《易》,虽然不敢信《易》为伏羲文王诸人之作,但《本义》所提出的两点,大致上仍是应当肯定的"⑦。应当说,白寿彝关于朱熹易学贡献的观点,至今仍不失为一家之言。

---

①② 白寿彝:《〈周易本义〉考》,载于《史学集刊》1936年第1期。
③ 白寿彝:《朱熹对于易学的贡献》,载于《白寿彝史学论集》(下册),北京师范大学出版社1994年版,第1034~1035页。
④⑥⑦ 白寿彝:《朱熹对于易学的贡献》,载于《白寿彝史学论集》(下册),北京师范大学出版社1994年版,第1036页。
⑤ 白寿彝:《朱熹对于易学的贡献》,载于《白寿彝史学论集》(下册),北京师范大学出版社1994年版,第1035页。

六、余论

20世纪30年代，白寿彝以其二十来岁的青春才华和激情研究朱子学，用了六、七年的时间取得了不少成就。重要的是，他提出的一些观点和思想，至今仍具有重要学术价值。他提出研究朱熹首先要研究朱熹生平事迹，而研究朱熹生平事迹"须注意这些事实下面所隐伏的精神"，以及对于朱熹生平事迹分为不同专题的研究，依然是当今研究朱子学的重要思路之一。在研究朱熹的师承关系中，他对朱熹从学于道谦的论证，并且强调从佛书之外的文献中找寻证据，也依然是当今需要进一步研究的问题之一。尤其是，他对《朱子语类》形成过程的考察和不足之处的分析、对于《朱子语类》的重新整合和改编、对朱熹某些重要著述的考证、对朱熹辨伪书和朱熹易学思想的研究，都具有重要的创新，提供了不少新观点，至今依然具有新意。或许是由于白寿彝后来以史学而闻名，当今的朱熹研究者很少能够跨越学科壁垒去关注白寿彝的朱熹研究；或许是由于民国时期的朱熹研究长期受到忽视，民国时期白寿彝对于朱熹的研究一直没有能够引起当今学术界的足够重视。这不能不说是一种遗憾。

第八章

张岱年：《中国哲学大纲》对朱子学的阐释

张岱年的《中国哲学大纲》是民国时期第一部以哲学问题为纲阐述中国哲学基本概念范畴发生、发展过程的重要学术著作；其中虽然没有专门论述朱子哲学的篇章，但是实际上包含了对于朱子哲学的许多问题的讨论，反映了民国时期张岱年对于朱子哲学的研究。尤其是，作为民国时期最重要的中国哲学史著作之一，张岱年《中国哲学大纲》对于朱子哲学的研究不仅是民国时期朱子学研究的重要组成部分，而且对20世纪80年代以来的朱子哲学研究产生了重要影响，在现代朱子学研究中具有重要地位。因此，探讨自民国以来的现代朱子学研究，不能不探讨张岱年《中国哲学大纲》对朱子哲学的研究。

张岱年（1909~2004），曾用名宇同，别号季同，河北沧县人。1928年考入北京师范大学；1933年毕业，应清华大学之聘，任哲学系助教。1943年任教于北平私立中国大学；1946年受聘任清华大学哲学系副教授，1951年升任教授；1952年调任北京大学哲学系教授。著作主要有：1937年写成的《中国哲学大纲》；1942~1948年写成的《哲学思维论》《知实论》《事理论》《品德论》和《天人简论》（合称"天人五论"）；还有《中国唯物主义思想简史》（1957年）、《张载——十一世纪中国唯物主义哲学家》（1957年）、《中国伦理思想发展规律的初步研究》（1957年）、《宋元明清哲学史提纲》（1957~1958年）[1]、《中国哲

---

[1] 张岱年撰写的《中国哲学史讲授提纲（初稿）》第三部分"封建社会高度发展时期唯物主义的发展及其反对唯心主义的斗争（宋代至清中期）"发表于《新建设》1957年第7~12期、1958年第1~2期。后来，张岱年对此略加修改，名为《宋元明清哲学史提纲》，编入他的《求真集》。（参见张岱年：《求真集》，湖南人民出版社1985年版）

学发微》（1981年）、《中国哲学史史料学》（1982年）、《中国哲学史方法论发凡》（1983年）、《玄儒评林》（1985年）、《文化与哲学》（1988年）、《中国伦理思想研究》（1989年）、《中国古典哲学概念范畴要论》（1989年）等。

一、概述

自1919年胡适《中国哲学史大纲》出版，学术界越来越多地运用"哲学"概念研究中国学术思想，直到1934年冯友兰《中国哲学史》出版，中国哲学史的研究达到了高潮。

对于冯友兰的《中国哲学史》，张岱年在1935年发表的《冯著〈中国哲学史〉的内容和读法》中指出："这实在是一本最好的中国哲学史，在许多方面，都有独到的精彩，为别的中国哲学史所不能及。如说这本书在中国哲学史书中是空前的，实非过甚其词。这实在是近年来出版的一本极有价值的巨著，的确能对于中国哲学思想之发展演变，作一个最清楚的最精审的最有系统最有条理的叙述。"[①]

当然，在张岱年看来，冯友兰《中国哲学史》只是叙述中国哲学史的一种体裁。他认为，中国哲学史书籍有三种体裁："一是学案体，按年代先后选录重要人物的主要资料并加以评论，以《宋元学案》《明儒学案》为代表。二是通史体，以人物或学派为纲叙述哲学思想的发展过程。三是问题解析体，以问题为纲，叙述哲学各方面的重要问题的源流演变。胡适《中国哲学史大纲》（上卷）、冯友兰先生旧著《中国哲学史》都是通史体。"[②] 而他的《中国哲学大纲》则属于问题解析体。在《中国哲学大纲·自序》中，张岱年论及了写作动机，指出："近年来，中国哲学史的研究颇盛，且已有卓然的成绩。但以问题为纲，叙述中国哲学的书，似乎还没有。此书撰作之最初动机，即在弥补这项缺憾。此书内容，主要是将中国哲人所讨论的主要哲学问题选出，而分别叙述其原流发展，以显出中国哲学之整个的条理系统，亦可以看作一本中国哲学问题史。"[③] 后来，张岱年还回忆说："30年代之初，对于中国古代哲学有些自己的见解，本拟撰写一本中国哲学史。这时冯友兰先生的巨著《中国哲学史》出版了，内容渊博精深，我读了很钦佩。于是放弃了撰写以人物为纲的哲学史的计划，而变更体裁，另写一部以问题为纲的中国哲学史。"[④] 这就是他的《中国哲学大纲》。

[①] 张岱年：《冯著〈中国哲学史〉的内容和读法》，载于《出版周刊》1935年新126号。
[②] 张岱年：《〈中国古代哲学问题发展史〉序》，载于《张岱年全集》第八卷，河北人民出版社1996年版，第110页。
[③] 宇同（张岱年）：《中国哲学大纲·自序》，商务印书馆1958年版。
[④] 张岱年：《张岱年全集·自序》，河北人民出版社1996年版，第2页。

张岱年对于中国哲学史的不同叙述体裁的思考和分析以及用不同于冯友兰《中国哲学史》的体裁叙述中国哲学史，撰写《中国哲学大纲》，体现了他的问题意识和创新精神。而且，张岱年以问题为纲撰写中国哲学史，把中国哲学史看作提出学术问题与解决问题的历史，看作"中国哲学问题史"，显然要比以人物为纲叙述中国哲学史更能突出中国哲学史研究的问题意识。

　　张岱年的《中国哲学大纲》写成于1937年。关于《中国哲学大纲》的写作与出版经过，张岱年曾说："1935至1937年以两年之力写成五十多万字的《中国哲学大纲》，内容展示了中国古代哲学的理论体系，注重阐明中国哲学的概念范畴的确切含义，详述了中国哲学的各种理论问题的演变过程。这部书写成后，承冯友兰先生介绍给商务印书馆。商务印书馆接受了，但因战事关系未能付印。1943年中国大学校长何其巩先生听说我写了此书，于是邀我到中国大学任教，将书稿印成讲义。新中国成立后，商务印书馆检查旧存纸型，发现了此书，于是在1958年正式刊印。"①

　　在《中国哲学大纲》的"序论"中，张岱年指出："中国哲学家对于其所讲的学问，未尝分别部门。现在从其内容来看，可以约略分为宇宙论或天道论，人生论或人道论，致知论或方法论，修养论，政治论，五部分。其中宇宙论，人生论，致知论三部分为其主干；总此三部分，正相当于西洋所谓哲学。"② 接着，他又把宇宙论分为三部分："一，本根论或道体论，即关于宇宙之最究竟者的理论。二，大化论，即关于宇宙历程之主要内容之探究。三，法象论，即关于世界事物之一般要素与关系之研讨。"③ 人生论分为四部分："一，天人关系论，即关于人与本根之关系，人在宇宙中之位置的论究。二，人性论，即关于人性之研讨。三，人生至道论或人生最高准则论，即关于理想生活之基本准则之理论。四，人生问题论，即关于人生的各种问题如义与利，兼与独，损与益，动与静等等之讨论。"④ 致知论分为两部分："一，知论，即关于知之性质、可能、表准之理论。二，方法论，即关于求道之方、名言与辩等之理论。"⑤

　　在张岱年《中国哲学大纲》中，有关朱子的论述，主要分布在第一部分宇宙论中的本根论、大化论，第二部分人生论中的人性论、人生至道论、人生问题论，第三部分致知论中的知论、方法论，其中包含了对于朱子哲学思想的详细阐

---

① 张岱年：《张岱年全集·自序》，河北人民出版社1996年版，第2页。
② 宇同（张岱年）：《中国哲学大纲》，商务印书馆1958年版，第3页。
③ 宇同（张岱年）：《中国哲学大纲》，商务印书馆1958年版，第3页。1982年再版《中国哲学大纲》（中国社会科学出版社1982年版），宇宙论分为二部分，没有第三部分"法象论"。
④ 宇同（张岱年）：《中国哲学大纲》，商务印书馆1958年版，第3～4页。1982年再版《中国哲学大纲》（中国社会科学出版社1982年版），"人生至道论"改为"人生理想论"。
⑤ 宇同（张岱年）：《中国哲学大纲》，商务印书馆1958年版，第4页。

述和独到评价，主要涉及对朱子学派归属及理气论、朱子的两一思想、朱子的心性论与修养论、朱子的致知论的阐述等。

应当说，张岱年《中国哲学大纲》对于朱子哲学的论述，是把朱子哲学摆在中国哲学问题的提出与解决的过程中来思考，凸显了朱子哲学在这一过程中所处的地位和贡献，从而体现了张岱年《中国哲学大纲》对于朱子哲学研究的创新特色。当然，张岱年《中国哲学大纲》的创新不只是论述体裁的改变，而且更在于在新的论述框架中对于中国哲学，包括对于朱子哲学诸多思想内涵的新的发现和创新的阐释。

二、朱子学派归属及理气论

关于宋代及以后的哲学思想，张岱年说："自宋至清的哲学思想，可以说有三个主要潮流。第一是唯理的潮流，始于程颐，大成于朱熹。朱子以后此派甚盛，但不曾再出过伟大有创造力的思想家，大家都是述朱而已。第二是唯心的潮流，导源于程颢，成立于陆九渊，大成于王守仁。此派最盛的时期是在王氏以后。第三是唯气的潮流亦即唯物的潮流，始于张载，张子卒后其学不传，直到清初王夫之才加以发扬，颜元、戴震的思想也是同一方向的发展。"①

张岱年之所以把宋代及以后的哲学思想分为唯理、唯心与唯气三个主要潮流，其依据在于中国本根论有三大最显著的根本趋向：一是理则，二是气体，三是心，于是乃形成三种关于本根的学说："以理则为本根者，即是道论与唯理论或理气论；以气为本根者，即是太极论与气论；以心为本根者，即是唯心论。"所以，张岱年说："中国哲学中本根论，共有三类型，即唯理论，唯气论，与唯心论。（所谓唯者，非谓一切惟何，乃表示最究竟者为何。）"②

就朱子的学派归属问题而言，在张岱年《中国哲学大纲》之前，谢无量等学者把朱子归于理气二元论；而陈钟凡等学者则明确持朱熹为太极或理一元论的观点。与此不同，冯友兰《中国哲学史》不只是从理气关系上，而是从朱陆的理学与心学的对立关系上，把朱子学界定为理学。他说："伊川一派之学说，至朱子而得到完全的发展。明道一派之学说，则至象山、慈湖而得到相当的发展。若以一、二语以表示此二派差异之所在，则可谓朱子一派之学为理学，而象山一派之学则心学也。……朱子言'性即理'，象山言'心即理'。此一言虽只一字之不

---

① 宇同（张岱年）：《中国哲学大纲》，商务印书馆1958年版，第23页。
② 宇同（张岱年）：《中国哲学大纲》，商务印书馆1958年版，第108页。

同，而实代表二人哲学之重要的差异。"① 显然，在冯友兰看来，朱陆的差异在于朱子言"性即理"而为理学，陆九渊言"心即理"而为心学。冯友兰《中国哲学史》还说："盖理学与心学之差别之一，即理学需要二世界，心学只需要一世界。或可谓理学为二元论的，心学为一元论的。"②

张岱年《中国哲学大纲》对于朱子哲学的阐述，与冯友兰《中国哲学史》有许多相似之处，且又有所不同。张岱年赞同冯友兰所谓的理学与心学的对立，并分别称为唯理论与唯心论，同时还特别强调朱子唯理论在根本上不同于张载的唯气论。对于张载所言"天地之气，虽聚散、攻取百途，然其为理也，顺而不妄"，冯友兰《中国哲学史》说："如此说法，则于气之外，尚须有理。……不过横渠于此点，仅略发起端，至于大成，则有待于后起之朱子。"③ 显然，在冯友兰看来，张载气学与朱子理学在根本上是一致的，因而不讲理学与气学的对立。张岱年《中国哲学大纲》则说："张子言理，以分殊言；理是气之条理，乃气之所有，即在气内。气是最根本者，而理则非事物之本根。"④ 明显是将张载气学与朱子理学区分开来，因而讲理学与气学的对立。他还说："关于理与气的问题，唯理论与唯气论对立，一认理为根本，一认气为根本。唯理论言理亦言气，唯气论言气亦言理，所争在于孰为最究竟者。"⑤ 这样，张岱年就把朱子学界定为不仅与陆王唯心论对立而且也与张载唯气论对立的唯理论，因而不同于冯友兰只是从理学与心学对立关系上界定朱子学。但需要指出的是，张岱年只是就本根论上讲朱子唯理论与张载唯气论的对立。

张岱年不仅从唯理论、唯气论与唯心论相互对立的关系上把朱子学界定为唯理论，同时又认为，朱子不只是讲理，同时又讲气，指出："唯理论虽以理为最根本者，然亦讲气，故又称理气论。"⑥ 但最终还是认为，在朱子那里，理更为根本，指出："理气论于理之外亦兼言气，故亦可说是一种二元论，然终以理为最究竟者。"⑦ 显然，张岱年把朱子学归于唯理论或理气论，也不同于此前将朱子学归于理气二元论。⑧

在冯友兰看来，朱熹的"理"与"气"虽有先后，但终究不可分；而张岱

---

① 冯友兰：《中国哲学史》，商务印书馆 1934 年版，第 938~939 页。
② 冯友兰：《中国哲学史》，商务印书馆 1934 年版，第 982 页。
③ 冯友兰：《中国哲学史》，商务印书馆 1934 年版，第 856 页。
④ 宇同（张岱年）：《中国哲学大纲》，商务印书馆 1958 年版，第 72 页。
⑤⑦ 宇同（张岱年）：《中国哲学大纲》，商务印书馆 1958 年版，第 108 页。
⑥ 宇同（张岱年）：《中国哲学大纲》，商务印书馆 1958 年版，第 109 页。
⑧ 宇同（张岱年）《中国哲学大纲》于 1982 年再版时，在"附注"中明确指出："朱熹的宇宙本根学说可以说是理一元论，乃是一种客观唯心论体系。然朱氏学说中关于气的理论，亦不可忽视。"（张岱年：《中国哲学大纲》，中国社会科学出版社 1982 年版，第 64 页）

年虽赞同冯友兰的观点,但还是认为,朱熹"终以理为最究竟者",把"理"与"气"分离开来,因而有了唯理论与唯气论的对立。

在冯友兰《中国哲学史》那里,朱熹的"理"和"气"分别被诠释为古希腊哲学中的形式(Form)和材质(Matter)①,还说:"气即生物的材料。具体的物之生,气为材料,理为形式。"② 在此基础上,张岱年《中国哲学大纲》把朱熹的"理"诠释为"规律",并指出:"形式,可以说是理之较原始的意谓。常则或规律,可以说是理之主要的哲学意谓。形式与规律,实亦相通,形式也可以说是一种规律,规律也可以说是一种形式。"③ 他还说:"朱子又名理为太极,阴阳之气乃太极所生,太极乃究竟本根。……太极是理之究竟极至者,为一切理之根本的大理,其余一切理皆含蕴于此理之中。理是所以或规律,太极便是究竟所以或根本规律。朱子所谓理又有道德表准之意,太极便是最高的表准。"④ 在张岱年看来,朱熹的"理"不仅是"规律",而且还是"道德表准"。

张岱年从唯理论、唯气论与唯心论三者相互对立的关系上研究宋明理学,并以此把朱子哲学界定为唯理论,是民国时期张岱年《中国哲学大纲》对于朱子学研究的重要创获,而且对 20 世纪 80 年代以来的朱子哲学研究产生了重要影响。甚至冯友兰在这一时期写成的《中国哲学史新编》中也一改早年《中国哲学史》分宋明道学为理学与心学二派的观点,认为宋明道学中有三个主要派别,除了理学、心学之外,还有张载一派的气学。⑤ 1993 年,张岱年在所撰《我与中国 20 世纪》中指出:"近几十年来,研究中国哲学史的,大多认为宋明理学分为两大学派,即程朱学派与陆王学派。我在此书(《中国哲学大纲》)中首次提出:自宋至清的哲学思想,可以说有三个主要潮流,一是唯理论,即程朱之学;二是唯心论,即陆王之学;三是唯气论,即张载、王廷相、王夫之以及颜元、戴震的学说。这一论点到近年已为多数哲学史家所承认了。"⑥ 与此同时,张岱年把朱熹的"理"既诠释为事物规律又诠释为道德原则,也产生很大影响,并经陈来《宋明理学》作了进一步解说:"理学中所说的'理',其中两个最主要的意义是指事物的规律和道德的原则。在理学看来,理虽然可以主要分析为这样两种不同意义,而这两者在本质上是统一的,即道德原则实质上是宇宙普遍法则在人类社会的特殊表现而已。"⑦

---

① 冯友兰:《中国哲学史》,商务印书馆 1934 年版,第 903 页。
② 冯友兰:《中国哲学史》,商务印书馆 1934 年版,第 908 页。
③ 宇同(张岱年):《中国哲学大纲》,商务印书馆 1958 年版,第 75 页。
④ 宇同(张岱年):《中国哲学大纲》,商务印书馆 1958 年版,第 80~83 页。
⑤ 冯友兰:《中国哲学史新编》(第五册),人民出版社 1988 年版,第 125 页。
⑥ 张岱年:《我与中国 20 世纪》,载于《张岱年全集》第八卷,河北人民出版社 1996 年版,第 511 页。
⑦ 陈来:《宋明理学》,辽宁教育出版社 1991 年版,第 162 页。

三、朱子的两一思想

张岱年《中国哲学大纲》对于宇宙论的阐述，既讨论本根论，又讨论大化论，而在大化论中又包含了对于"两一"思想的阐述，指出："中国哲学中，……有两一的观念。两者对待，亦即对立；一者合一，亦即统一。两一即对待合一，亦即对立统一。"①

应当说，张岱年对于中国哲学的两一思想的研究和阐述，与他接受马克思的辩证唯物论有着密切的关系。他很早就开始研究和宣传马克思的辩证唯物论。1932 年，他发表的《辩证法与生活》就指出，"辩证法的精旨在于：矛盾而一体（或内在矛盾），对立而统一，一切皆转变为其相反，而皆不完全消灭；一切皆一总体中的矛盾部分，一切又皆各有其矛盾部分，而世界乃一矛盾的发展历程。"② 同时，他还将辩证法运用于中国哲学的研究，并于同年先后发表《先秦哲学中的辩证法》和《秦以后哲学中的辩证法》。因此，在后来《中国哲学大纲》中，张岱年自觉地运用辩证法的对立统一概念，从《周易》卦爻辞、《老子》以及《易传》入手，深入分析中国哲学所蕴含的"两一"思想。他甚至明确指出："中国哲学中两一的观念，可以说与西洋哲学之辩证法中所谓对立统一原则，极相类似。对立统一原则，是辩证法核心，中国哲人所发阐实甚精而详。"③

正是在讨论中国哲学的两一思想的过程中，张岱年《中国哲学大纲》对张载、二程以及朱子的两一思想作了阐述。他认为，"两一的观念，在《易》爻辞已开其端，到老子乃发阐之甚详"，"到宋时，张子乃创立'两'与'一'的名词"。④ 所以，他认为，"两一学说，大成于北宋张子"⑤；同时又认为，"二程子最注重两极现象，认为天下事物莫不有对，无往而无对"⑥。为此，他说："朱子受张、程之影响，亦很注重对待合一，认为一切事物皆有对，对立遍于一切。"⑦

张岱年从多个层面具体阐述朱子的两一思想。他认为，在朱熹看来，"一切莫不成对，更无孤立之物。对乃理之必然，理是对之所以。事物固有其对，而绝

---

① 宇同（张岱年）：《中国哲学大纲》，商务印书馆 1958 年版，第 126 页。
② 张岱年：《辩证法与生活》，载于《张岱年全集》第一卷，河北人民出版社 1996 年版，第 60~61 页。
③ 宇同（张岱年）：《中国哲学大纲》，商务印书馆 1958 年版，第 142 页。
④ 宇同（张岱年）：《中国哲学大纲》，商务印书馆 1958 年版，第 126 页。
⑤ 宇同（张岱年）：《中国哲学大纲》，商务印书馆 1958 年版，第 136 页。
⑥ 宇同（张岱年）：《中国哲学大纲》，商务印书馆 1958 年版，第 138 页。
⑦ 宇同（张岱年）：《中国哲学大纲》，商务印书馆 1958 年版，第 139 页。

对之本根，亦与相对者为相对。""不只有外的对待，更有内的对待。此物与彼物为对，而一物之中亦有对。一之中有其二，独之中有其对，即今所谓内在的矛盾。凡一体之中，莫不有其对待。""对待的二者，各自更含对待，层层对待，更无单独。所谓阴阳之中各含阴阳，即谓正中有正负，负中亦分正负。由对待乃有变化，对待正是变化之根源。""两是变之所以，宇宙中一切充满了两，故万变万化无有止息了。"同时，"朱子又讲对待之同属，凡一固皆有其两，凡两亦皆有其一，一切对立其实是一体的。"所以，在朱熹看来，"凡对待都是合一中之对待，而非只单纯的对待而已。对待莫不合一，合一莫无对待。没有绝然无两的一，亦没有绝然不一的两。一而两，两而一，乃万物之实在的情状。"① 正是通过对朱子两一思想的阐述，张岱年说："两一的理论，到张子而大成，到朱子更分析入微了。"② 显然，在张岱年看来，朱子与张载虽然在本根论上分属唯理论与唯气论而相互对立，但都具有相同的并有先后继承关系的两一思想。

关于朱子的两一思想，在张岱年《中国哲学大纲》之前，并未有学者做过论述。通常对于朱子本体论、宇宙论的阐述，主要是对朱子关于太极、阴阳、理气、理一分殊等学说展开论述。因此，朱子的两一思想，实际上是张岱年对于朱子哲学研究的一大发现。

需要指出的是，张岱年《中国哲学大纲》运用辩证唯物论的对立统一概念而对朱子的两一思想的发现，后来逐渐为学术界所接受；他于 1957～1958 年《新建设》杂志上发表的《中国哲学史讲授提纲（宋、元、明、清部分）》（后更名为《宋元明清哲学史提纲》）对此又作了复述，③ 而且在 20 世纪 80 年代以来的朱子哲学研究中得以广泛传播。冯契于 1985 年出版的《中国古代哲学的逻辑发展》（下册），在"朱熹：正统派理学的完成"一章中对朱熹"物无无对"的思想作了阐述。④

四、朱子的心性论与修养论

（一）心性论

关于朱子心性论，谢无量《朱子学派》分朱子的性说、心说加以讨论，周予

---

① 宇同（张岱年）：《中国哲学大纲》，商务印书馆 1958 年版，第 139～141 页。
② 宇同（张岱年）：《中国哲学大纲》，商务印书馆 1958 年版，第 141 页。
③ 张岱年：《宋元明清哲学史提纲》，载于《张岱年全集》第三卷，河北人民出版社 1996 年版，第 331～332 页。
④ 冯契：《中国古代哲学的逻辑发展》（下册），上海人民出版社 1985 年版，第 834～838 页。

同《朱熹》阐述朱熹心性论，虽分别"性论""心论"，但又说："其性论与心论实二而一也。"① 冯友兰《中国哲学史》从理学与心学的对立关系上把朱子学界定为理学，因而强调心与性之别。

张岱年《中国哲学大纲》第二部分第二篇"人性论"，对中国哲学心性论的产生与发展作了阐述，并探讨了宋代以及朱子的心性论。张岱年指出："北宋时，关于人性，又有一种新说，与以前的性论都大不同，即是性两元论：认为人性实有二，一是'天地之性'，或'义理之性'，亦简称'理性'，又仅称为'性'；一是"气质之性"，亦仅称为"气质"。天地之性或义理之性是纯善的，气质之性则有善有恶。……性两元论，创始于张载，精练于程颐，大成于朱熹。"② 又说："性两元论之大成者是朱子。朱子综合张、程之说，成立一个比较严密的系统。"③

对于朱子的性二元论，张岱年特别强调朱子注重二元的统一，指出："朱子虽认为性有两元，但甚注重此两元之统一。天地之性与气质之性，虽不相同，然有其密切的联结，非绝然对立。……气质之性只是天地之性随气质而表见者。有天命便有气质，气质中皆有理，即天命之性；而此理经过气质之表见，便是气质之性。天地之性与气质之性，实非相离。"④

此外，张岱年还对性二元论在中国古代心性论发展中的重要地位予以了肯定，指出："性两元论实为人性论之一大综合，除性无善恶论之外，性善论，性恶论，性超善恶论，性有善有恶论，性三品论，皆被兼综并包。从战国以来，分争无定之人性论，自性两元论出，确实得到一种相对的统一，达得一个相对的定论。"⑤

与冯友兰《中国哲学史》一样，张岱年《中国哲学大纲》也讲心与性之别，重视朱子论性。但是，在阐述朱子论性的同时，张岱年又十分强调朱子论心，指出："先秦哲学家中论心最详者是荀子；秦以后的哲学家中，论心最详者，是朱子。朱子综合张、程之思想，成立一精密周详之心说。"⑥ 张岱年特别对朱子的心说作了概括，指出："朱子论心的话甚多，可总为四点：一，心之特质是知觉，乃理与气合而后有；二，心是身之主宰；三，心统性情；四，人心与道心。"⑦ 并且还说："朱子之说，条理实甚缜密，乃张、程心说之大成。"⑧

此外，张岱年还就朱子与陆九渊在心说上的异同作了比较，并指出："朱子

---

① 周予同：《朱熹》，商务印书馆1929年版，第26页。
② 宇同（张岱年）：《中国哲学大纲》，商务印书馆1958年版，第226页。
③ 宇同（张岱年）：《中国哲学大纲》，商务印书馆1958年版，第233页。
④⑤ 宇同（张岱年）：《中国哲学大纲》，商务印书馆1958年版，第235页。
⑥⑦ 宇同（张岱年）：《中国哲学大纲》，商务印书馆1958年版，第253页。
⑧ 宇同（张岱年）：《中国哲学大纲》，商务印书馆1958年版，第256页。

本伊川，言性即理；象山本明道，言心即理。……性即理说，谓人之性即同于宇宙之本根，人禀受宇宙之本根以为性；性在于心中，而心不即是性。心即理说，则谓人之心即同于宇宙之本根，人得宇宙之本根以为心，心性无别。两说之根本不同，在所说心性之关系不同：一谓心中含性而非即性，一谓心即是性。"① 还说："朱陆之根本不同，在于：朱谓心统性情，知觉非性，性在心而性非即心，性即理而心非即理；陆王则谓心即性即理即知。"② 但同时又说："象山虽是心学开山，与朱子之为理学宗师相对立；但象山论心，实不若朱子之详备。"③

关于这一点，钱穆于1948年发表的《朱子心学略》中也有类似的表述，指出："朱子未尝外心而言理，亦未尝外心而言性，其《文集》《语类》，言心者极多，并极精邃，有极近陆王者，有可以矫陆王之偏失者。"④ "只有朱子，把人心分析得最细，认识得最真。一切言心学的精彩处，朱子都有；一切言心学的流弊，朱子都免。识心之深，殆无超朱子之右者。"⑤

（二）修养论

在张岱年看来，二程之间不仅在本根论上存在着差别，而且在修养论上也各不相同；朱子宗程颐，与朱子对立的陆九渊则宗程颢。他说："大程不注重经验，小程则甚重经验。大程的生活理想是与物同体的神秘生活，小程则不喜言神秘，而注重修持之渐进的切实工夫。……到南宋时，遂分裂为二大派。一派宗小程，以居敬穷理为宗旨，其首领是朱熹。一派则发挥大程的思想，主张发明本心，首领是陆九渊。"⑥ 他还认为，北宋程颐以居敬穷理为修养之根本工夫，以"与理为一"为人生之最高境界；朱子发挥程颐之学说，"以居敬穷理为修养之基本工夫，以'心与理一'即'心中天理流行'为修养之最高境界。更以为心中天理流行即是'仁'的境界"⑦。

张岱年讨论朱熹的居敬穷理，与其仁学结合起来。关于朱熹仁学，张岱年认为，"朱子甚注重仁，以为仁是最高的道，最高的德；但他讲仁，注重心中天理流行之意"，所以在朱熹看来，"仁即天地之'生'的原则，（所谓天地之心即天地之主宰的准则之意）而乃人心之本来的性德；人只要克去私意，返于天理，便是仁。" "天理之内容即是仁义礼智，而仁可以统义礼智，故天理实即是仁。"同

---

① 宇同（张岱年）：《中国哲学大纲》，商务印书馆1958年版，第196页。
② 宇同（张岱年）：《中国哲学大纲》，商务印书馆1958年版，第259页。
③ 宇同（张岱年）：《中国哲学大纲》，商务印书馆1958年版，第257页。
④⑤ 钱穆：《朱子心学略》，载于《学原》1948年第2卷第6期。
⑥ 宇同（张岱年）：《中国哲学大纲》，商务印书馆1958年版，第19~20页。
⑦ 宇同（张岱年）：《中国哲学大纲》，商务印书馆1958年版，第359页。

时，仁作为修养之最高境界，其基本的修养工夫在居敬与穷理，"居敬与穷理二事，是为仁工夫之两方面"。①

通过对朱熹的居敬穷理的分析，张岱年进一步认为，"朱子以居敬穷理为修养之基本工夫，以心之全体大用无不明，即心与理一的境界为最高理想"，而不喜讲神秘幽玄的"万物一体"；他甚至还认为，程朱"清晰提出与理为一的观念，并特重致知穷理之修养工夫"，因此，"最注重知识与人生之关系，而不喜讲神秘经验，此实为程朱之最大特色"。②

同时，张岱年还就朱子与陆九渊在修养论上的异同作了比较，并指出："朱子言穷理，象山亦言穷理；象山言明心，朱子亦未尝不言明心。但象山所说，正与朱子相反。朱子是穷理以明心，象山则是明心以穷理。朱子是由知物以得自觉，象山是由自觉以推知物。朱子亦谓心具众理，但以为受气质所昏蔽，心不能自明其所具之理，必须格物穷理，而后心中之理乃明。象山则谓心即是理，只须发明此心，则于事物之理无所不知；穷理之道，实在于明心。此其不同之所以，仍在于朱谓性即理而心非即理，陆谓心即性即理。以此，故朱之学是理学，陆之学是心学。"③

此外，张岱年还讨论了朱子在义与利、动与静、理与欲等关系上的基本观点，尤其是对朱子的存理去欲说做了详细的分析和阐述。他说："宋代道学中天理人欲之辨，发端于张子，成立于二程子，至朱子而大成。"④ 还说："所谓天理，即自然的普遍的规律或准则。自然而普遍，则含括必然的意思。故所谓天理，亦可以说是必然的规律或准则。……人欲一词，最易起误会。《乐记》所谓人欲，指一人之欲，实与私欲同义。宋代道学中所谓人欲，亦即是私欲之意。在宋代道学，凡有普遍满足之可能，即不得不满足的，亦即必然的欲，皆不谓之人欲，而谓之天理。如饥而求食，寒而求衣，以及男女居室，道学皆谓之天理。凡未有普遍满足之可能，非不得不然的，即不是必然的欲，如食而求美味，衣而求美服，不安于夫妇之道而别有所为，则是人欲。所谓天理人欲之辨，其实是公私之辨。"⑤ 也就是说，"道学家之排斥人欲，其实并不是否认一切欲，而是将最基本的欲提出不名为欲；将欲之一词，专限于非基本的有私意的欲。"⑥

至于戴震对宋儒理欲论的批评，张岱年说："东原对于宋儒理欲之辨之真义，稍有误会，认为持理欲之辨者是否认一切欲，所以他对于理欲之辨的驳论，并非

---

① 宇同（张岱年）：《中国哲学大纲》，商务印书馆1958年版，第359～360页。
② 宇同（张岱年）：《中国哲学大纲》，商务印书馆1958年版，第363页。
③ 宇同（张岱年）：《中国哲学大纲》，商务印书馆1958年版，第366页。
④ 宇同（张岱年）：《中国哲学大纲》，商务印书馆1958年版，第459页。
⑤ 宇同（张岱年）：《中国哲学大纲》，商务印书馆1958年版，第459～460页。
⑥ 宇同（张岱年）：《中国哲学大纲》，商务印书馆1958年版，第463页。

完全中其肯綮。"① 当然，张岱年又说："宋儒持理欲之辨，虽未一概否认饮食男女之欲，究竟制欲太甚，使所谓礼教成为严酷的。……东原之贡献，在分别欲与私为二，不善原于私，而欲非即私。宋儒不分欲与私，且将不私之欲认为理，不名为欲，实不妥当。"② 因此，他认为，程朱理学的天理人欲之辨，"不能照旧维持了"③。

五、朱子的致知论

民国时期对于朱熹格物致知说，先是谢无量从伦理学或工夫论的角度加以阐释，稍后，胡适最早从科学的角度加以诠释，对学术界影响很大，并为不少学者所接受。后来，周予同又进一步从认识论的角度阐述朱熹的格物致知说。与此不同，冯友兰《中国哲学史》在阐述朱子哲学时，以"道德及修养之方"为题对朱子的格物致知说做了分析，并明确指出："朱子所说格物，实为修养方法，其目的在于明吾心之全体大用。即陆、王一派之道学家批评朱子此说，亦视之为一修养方法而批评之。若以此为朱子之科学精神，以为此乃专为求知识者，则诬朱子矣。"④

张岱年认为，中国哲学，最注重人生，至于知识问题，则实非中国哲学所注重。但是，"中国哲人，也未尝没有论及知识与方法者，不过非其所尚而已"⑤；又说："中国哲学中，知识论不甚发达，然亦非全然无有，不过不如宇宙论与人生论之丰富整齐而已。"⑥ 因此，他运用西方知识论和方法论的概念研究中国哲学中的致知论，包括研究朱子的致知论。

通过对朱子《大学章句》"补格物传"的分析，张岱年认为，在朱子那里，"心本有知，而欲致心之知，必即物而求物之理。如不即物而求物之理，则心虽具众理而不能自明；必至穷尽万物之理以后，心中所具之理方能显出。物心同理，而欲此理明显，不能靠反省，而必以格物为方法。"⑦ 因此，张岱年一方面赞同冯友兰《中国哲学史》把朱子格物致知论归于修养方法，强调"朱子以居敬穷理为修养之基本工夫"，但另一方面又认为"程朱最注重知识与人生之关系，

---

① 宇同（张岱年）：《中国哲学大纲》，商务印书馆1958年版，第467页。
② 宇同（张岱年）：《中国哲学大纲》，商务印书馆1958年版，第469页。
③ 宇同（张岱年）：《中国哲学大纲》，商务印书馆1958年版，第583页。
④ 冯友兰：《中国哲学史》，商务印书馆1934年版，第920页注。
⑤ 宇同（张岱年）：《中国哲学大纲》，商务印书馆1958年版，第493页。
⑥ 宇同（张岱年）：《中国哲学大纲》，商务印书馆1958年版，第521页。
⑦ 宇同（张岱年）：《中国哲学大纲》，商务印书馆1958年版，第504页。

而不喜讲神秘经验，此实为程朱之最大特色"。①

就认知方法而言，张岱年认为，朱子的方法完全同于程颐，而程颐的哲学方法是"参用直觉与思辨的"②。他还说："朱子所讲'即物而穷其理'，含有直觉的体会，而'一旦豁然贯通'更是一种直觉。然朱子亦甚注重分析，他很在'剖析烦乱'上用力。朱子治学的最高目标，是'众物之表里精粗无不到，而吾心之全体大用无不明'，这是一种直觉的境界；而同时又以'析之极其精而不乱，然后合之尽其大而无余'为理想，他实很致力于分析与综合。中国哲学家中，思想条理最清楚者，乃是朱子。……要之，朱子的哲学方法是直觉与理智参用，虽甚注重直觉，而亦注重理智的辨析。"③ 显然，张岱年在把朱子格物致知论归于修养方法的同时，又承认其中的知识论价值。

在论及朱子的格物穷理与科学的关系时，张岱年认为，朱子的格物穷理主要在于读书讲论，并不重视观察外物，"虽然类乎科学，而实际上是与科学异趣的"④；同时又说："朱子虽然不甚讲观察外物，但他有一部分学说乃从观察外物而得。如论天地原始云：'天地始初，混沌未分时，想只有水火二者，水之滓脚便成地。今登高而望，群山皆为波浪之状，便是水泛如此。'这种观察，虽极粗疏，却是一种观察。"⑤

此外，张岱年还就朱子与陆王以及与王船山在致知论上的异同作了比较。就知识的来源而言，他说："朱谓一切知识皆必待格物方能致之，陆谓一切知识吾心自有之，船山则谓大部分知识有待于格物，而亦有不由格物而得者。程朱之说本是知出于心与知原于物之一种折中说，船山的思想，则又是一种新的折中说了。"⑥ 就认知方法而言，他认为，"程朱的方法，是参用直觉与理智的，象山的方法则是纯然直觉"，而且，"这种直觉法，又与程朱的方法中之直觉法不同。程朱的直觉法是'即物'的，象山的直觉法则是向内的，反求于心的。象山实即是以内省为达到宇宙本根及人生准则之理的方法"。⑦ 他还说："朱陆两派虽不同，而都认为格物致知是一事，船山则分为二。格物是求之于外，致知是求之于内，乃相济而各致的两个方法。船山所谓格物，是验事以得理，实即今所谓归纳法；其所谓致知，是专用思以穷理之隐，实即今所谓演绎法。"⑧ "船山分格物与致知为二，亦可谓兼综朱陆，然实有与陆大不同而与朱亦相异者，即船山所谓格物及

---

① 宇同（张岱年）：《中国哲学大纲》，商务印书馆1958年版，第363页。
②④ 宇同（张岱年）：《中国哲学大纲》，商务印书馆1958年版，第545页。
③⑤ 宇同（张岱年）：《中国哲学大纲》，商务印书馆1958年版，第546页。
⑥ 宇同（张岱年）：《中国哲学大纲》，商务印书馆1958年版，第509页。
⑦ 宇同（张岱年）：《中国哲学大纲》，商务印书馆1958年版，第547页。
⑧ 宇同（张岱年）：《中国哲学大纲》，商务印书馆1958年版，第549页。

致知，都不是直觉。他所谓格物，以观察为主；他所谓致知，以辨析为主。"①正是在将朱子与陆王以及王船山的格物致知论的比较中，张岱年逐步呈现出朱子格物致知论中的知识论内涵。

六、余论

对于朱子哲学，张岱年始终抱着既有肯定也有所批评的态度。他推崇张载的唯气论，不赞同朱子唯理论中所谓"理在事先"。1932年，冯友兰发表《新对话》，其中通过讨论"要造飞机，须先明飞机之理"，"当人未明飞机之理之时，此理是不是已经有了"的问题，以论证朱熹的"理在事先"。② 对此，1933年，张岱年发表《谭"理"》，不同意冯友兰的观点，指出："我觉得外界虽有理，但无独立自存之理，理依附于个别的事物，并没有理的世界，理只在事物的世界中。"③

1934年，张岱年发表的《中国思想源流》指出："朱熹主居敬穷理，注重钻研经史，严分天理人欲。陆九渊只讲'先立乎其大'，要静中涵养。程朱所谓敬，本有常常自觉的意思，提撕警醒，毋怠毋忘。但终不免太拘束，使人不活泼，失刚健之气。陆氏所讲，是达到神志清明的神秘生活的捷径，而离国计民生之学益远。"④ 同样，在《中国哲学大纲》中，他又指出："程朱理学的长处，在于宣扬即物穷理，由以达到人生最高境界。对于知识与人生之关系，实是有所见。但理学的理气二元的宇宙论，恐是需要改造的；而天理人欲之辩，就更不能照旧维持了。"⑤

张岱年于1957~1958年发表的《宋元明清哲学史提纲》有"朱熹的客观唯心主义"一节，其中认为朱熹提出的"理在物先""理在事先"是一种客观唯心主义；但同时对朱熹又多有肯定，指出："朱熹关于天、地起源的学说基本上是根据当时天文学知识及自己的观察而提出的，这是他的哲学中的唯物主义成分。"⑥ "朱熹的哲学体系是唯心主义，但他的体系中却包含着某些辩证法的因素。"⑦ "朱熹注重博观，因而他对许多自然现象进行了观察，对历史资料也进行

---

① 宇同（张岱年）：《中国哲学大纲》，商务印书馆1958年版，第551页。
② 冯友兰：《新对话》（一），载于《三松堂全集》第五卷《南渡集》上编，河南人民出版社2001年版，第244页。
③ 张岱年：《谭"理"》，载于《张岱年全集》第一卷，河北人民出版社1996年版，第98页。
④ 张岱年：《中国思想源流》，载于《张岱年全集》第一卷，河北人民出版社1996年版，第197页。
⑤ 宇同（张岱年）：《中国哲学大纲》，商务印书馆1958年版，第583页。
⑥ 张岱年：《宋元明清哲学史提纲》，载于《张岱年全集》第三卷，河北人民出版社1996年版，第331页。
⑦ 张岱年：《宋元明清哲学史提纲》，载于《张岱年全集》第三卷，河北人民出版社1996年版，第332页。

过考证，这表现了一定程度的科学精神。"①

张岱年晚年对于朱子则是肯定的较多，但仍认为他具有作为唯心主义哲学所存在的缺陷。1985年，他在为陈来的博士论文《朱熹哲学研究》所作"序"中指出："朱熹的学说是中国哲学史上论证最细密、条理最清晰的哲学体系，全祖望称赞朱熹的学术是'致广大而尽精微'，确有一定的理由。朱熹自述其治学方法，亦说'析之极其精而不乱，然后合之尽其大而无余'，可谓力求将分析与综合统一起来。所以朱氏哲学虽系客观唯心主义，却可以说是体大思精，含有丰富的内容。"② 1991年，他在《朱子学论文集》的"序"中指出："朱熹综周、张、二程的学说，加以扩充发展，更建立了博大宏伟的体系，达到当时世界范围的哲学理论的最高水平。朱子发扬了'尊德性而道问学'的优良学风，既重视德性的涵养，又重视问学的博通，同时又肯定了分析与综合的必要，强调'析之极其精而不乱，然后合之尽其大而无余'，致力于分析与综合的统一，因而在当时的条件下，在一定程度上，做到了'致广大而尽精微'，从而达到了理学思潮的高峰。"③ 同时又说："朱子学说有其时代局限性以及一些理论缺欠。他的学说体系可以称为客观唯心主义，受到后来的唯物主义哲学家的批评。"④ 这些对于朱子哲学既有肯定也有所批评的论述，与张岱年在民国时期所撰写的《中国哲学大纲》是一致的，都表现出他对于朱子哲学研究的问题意识与创新精神，以及实事求是的治学态度。

---

① 张岱年：《宋元明清哲学史提纲》，载于《张岱年全集》第三卷，河北人民出版社1996年版，第333页。
② 张岱年：《〈朱熹哲学研究〉序》，载于《张岱年全集》第八卷，河北人民出版社1996年版，第48页。
③ 张岱年：《〈朱子学论文集〉序》，载于《张岱年全集》第八卷，河北人民出版社1996年版，第193页。
④ 张岱年：《〈朱子学论文集〉序》，载于《张岱年全集》第八卷，河北人民出版社1996年版，第194页。

第九章

李相显:"以朱解朱"的《朱子哲学》

当代朱子学研究学者陈来曾回忆他在其博士论文《朱熹哲学研究》答辩前夕,由朱伯崑提醒而得知民国时期学者李相显的《朱子哲学》,并且说:"后来我跟张先生(张岱年)提起李相显,张先生也说,怎么把李相显给忘了。因为李相显是张先生的老朋友。"① 陈来还在评价李相显《朱子哲学》时说:"其书除叙述朱子哲学体系而外,于朱子文集、语录颇加考订之功,思想叙述亦力求依照历史的顺序,惜乎李先生故世太早,此书外间极少有知之者。"②

李相显(1903~1954),山东菏泽曹县人,1929 年毕业于北京大学政治系;1935 年秋入清华大学研究院哲学部,开始研究朱子哲学。1938 年,李相显任教于北平私立中国大学,经常与张岱年有往来。1941 年秋,他至陕西城固,任教于西北大学;后又相继任教于西北师范学院、北平师范学院、山西大学等。

与此同时,李相显勤于著述,笔耕不辍。早在 1937 年,他的《朱子哲学》的体系就已大致完备;由于日军侵华,时局动荡,文稿以及相关材料不幸皆失。此后,他日坐于北平图书馆四库阅览室中研究,"将朱子所著之书及与朱子哲学有关之书,尽行读阅""且更将其中有关材料一一抄录收藏",于 1939 年开始《朱子哲学》的再次起草。后来,他又遭到日本人的驱逐,被迫离开北平,携文稿及有关材料,回家乡农村继续写作。当时遇日寇烧杀,家院起火,家人劝他逃

---

① 陈来:《燕园问学记》,北京大学出版社 2008 年版,第 172 页。
② 陈来:《此亦一述朱 彼亦一述朱(关于〈朱子新学案〉)》,载于《读书》1989 年第 9 期。

出家门,他说:"独不闻黑格尔之往事,当法军入耶拿,犹执笔写作如故乎?"于是发誓:"《朱子哲学》若不脱稿,绝对不出大门。"日军听说他闭户写作,遇乱不扰,颇为奇怪,多次要他出门相见;他却以写作未脱稿不能出门相见为由,予以拒绝。日军司令官说:"不来者死!"为此,李相显的家人相劝说:"不出大门,为写作也。身若死,尚能写作乎?从权往见,何如?"李相显无奈,只得前往。日寇询问写作之内容,他如实以告;当得知他所写的是纯哲学,与军政无关,而未予加害。地方的保安旅长曾对他说:"子不执戈报国,反而闭户写作,非爱国之士也,应罚款以赎罪。"他回应说:"予日食粗粮,皆贷自他人,何来款以助军饷?"旅长怒,遂逮捕其父,不久又释放,但他的写作并未因此中断。后来又遇母亲不幸去世,悲痛欲绝,但他处理好后事,仍终日写作如故。1941年6月,他的《朱子哲学》终于在民族危亡的极度艰难的环境中得以脱稿,并于同年获得教育部学术奖;最后又几经周折,于1947年问世。① 该书分上、下两册,约60万字,是民国时期以朱子哲学为专题的最大部头的学术著作。此外,李相显还在1946~1947年间相继出版了《先秦诸子哲学》《宋明哲学》以及应讲课需要而编撰的《哲学概论》《人生哲学》《逻辑大纲》和《道德问题》等。②

一、《朱子哲学》的研究方法

李相显对朱子哲学的研究,是他系统研究中国哲学史的重要组成部分。他曾于1943年所撰《先秦诸子哲学自序》中说:"我对于中国哲学发生兴趣,盖在二十年前;久欲作一中国哲学史,而不可得。深知欲作一中国哲学史,必先作一中国某时代哲学史;欲作一中国某时代哲学史,必先作一中国某学派哲学史;欲作一中国某学派哲学史,必先作一中国某学派之哲学大师哲学史;拙著《朱子哲学》即依此态度而作成者。"③

至于如何研究各哲学大师的哲学理论,李相显主张"完全抱客观的态度,用逻辑及解析的方法,以研究各哲学大师底哲学理论,而叙述其哲学系统";"完全以各哲学大师底哲学理论为研究的对象,对于哲学大师底时代背景及社会情形,不甚注意";"且写作时,完全叙述各哲学大师底哲学系统的本身,对于其哲学思想所受他人哲学思想之影响,及其哲学思想对于他人哲学思想之影响,亦不甚注意";"且写作时,完全以各哲学大师底遗书为研究的材料,对于古今人对于哲学

---

① 唐嗣尧:《朱子哲学·序》,世界科学社出版部1947年版,第2~3页。
② 参见李相显:《道德问题·自序》,北平文成堂福记书店1947年版。
③ 李相显:《先秦诸子哲学·自序》,世界科学社出版部1946年版,第1页。

大师之解说及批评，亦不甚注意"。① 这就是所谓"以某哲学大师解某哲学大师"的方法。他还说："如此办法，方不至曲解各哲学大师底哲学理论，方能得到哲学系统的本来面目，而达到'信史'的目的"。②

对于朱子哲学的研究，李相显也是采取这种"以某哲学大师解某哲学大师"的方法，即"用以朱解朱的方法，以叙述朱子底哲学"③。《朱子哲学》"凡例"对这一方法作了具体说明，涉及叙述的范围、叙述的方式、叙述的内容、叙述的材料及其考证等。

就叙述的范围而言，"凡例"指出："本书以讨论朱子底哲学为范围。"凡朱子以外的哲学、朱子学说中不属于哲学者、朱子哲学所受其他哲学的影响以及朱子哲学对于其他哲学的影响，概不讨论。因此，其中也不讨论所谓朱陆异同问题、王阳明所谓朱子晚年定论问题。

就叙述的方式而言，"凡例"指出："本书对于朱子底哲学，仅作客观的叙述，不作主观的批评"；"本书抱考证的态度，以讨论朱子底哲学，故引朱子底文字言语则较多，而解释的文字则较少"；"本书用以朱解朱的方法，以叙述朱子底哲学，故在解释的文字中，引用朱子底文字言语以解释所引朱子底文字言语则较多，而用自己底文字以解释所引朱子底文字言语则较少"。

就叙述的内容而言，"凡例"指出："本书讨论朱子底哲学，注意其发展之过程"；"本书讨论朱子底哲学所采取之材料，依朱子底年岁而排列之"；"凡某年之材料，皆排列于某年而讨论之，作为朱子某岁的哲学理论"；"凡某年以后及某年与其他年之间的材料，皆排列于某年以后而讨论之，作为朱子某岁以后的哲学理论"。

就叙述的材料而言，"凡例"指出："本书讨论朱子底哲学所采取之材料，以《朱子文集》《朱子语类》及朱子底其他著作为限，凡他人对于朱子底哲学有关系之著作，概不采取"；"凡《朱子文集》中有时期之重要材料，皆被采取，其无时期之重要材料，则尽量考证其时期，然后采取"；"凡《朱子语类》中有时期之重要材料，皆被采取，其无时期之重要材料，则因不能考证其时期，故不采取"；"凡朱子底其他著作中有时期之著作，其重要材料皆被采取，其无时期之著作，则考证其时期，然后采取其重要材料"。

就材料的考证而言，"凡例"指出："本书之作考证，乃以《朱子文集》、宋人文集、《宋史》《朱子语类》及朱子底其他著作为根据，重新考证之"；"凡古人对于朱子底哲学之材料所作之考证，其比较正确而可采取者，则采取之"。

---

① 李相显：《先秦诸子哲学·自序》，世界科学社出版部1946年版，第1~2页。
② 李相显：《先秦诸子哲学·自序》，世界科学社出版部1946年版，第2页。
③ 李相显：《朱子哲学·凡例》，世界科学社出版部1947年版，第2页。

由此可见，李相显所谓"用以朱解朱的方法，以叙述朱子底哲学"，就是以经过严密考证的朱子著述为依据，对朱子哲学本身及其发展做出客观的叙述。

二、《朱子哲学》的体系建构

李相显的《朱子哲学》分为第一编：道；第二编：理气；第三编：性理；第四编：伦理与政治；第五编：工夫；并附朱子重要书信、著述的时期考证40篇，朱子年表1篇，朱子语录姓氏1篇。

该书认为，道为朱子哲学之纲领。所以第一编讲"道"。道有广义、狭义之分；就广义而言，道无所不包，无所不通，所以该编第一章讲"道即全"，又分两节，即"道兼体用""道通天地人"；就狭义而言，道即是理：一为理气之理，一为性理之理，一为伦理之理，所以该编第二章讲"道即理"，又分三节，即"道是理气之理""道是性理之理""道是伦理之理"。

该书认为，理气为朱子之本体论。所以第二编讲"理气"，分为第一章"太极"，第二章"理"，第三章"气"，第四章"理与气"。"太极"章又分四节，即"无极而太极""天地万物之理""太极之动静""人物各有一太极"；"理"章又分五节，即"形上生物之本""理与事物""理之流行""当然之则""所以然之故"；"气"章又分五节，即"形下生物之具""气之运转""气之新生""阴阳""五行"；"理与气"章又分三节，即"理气之合""理气不相离杂""理气之先后"。

该书认为，性理为朱子之人生论。所以第三编讲"性理"，分为第一章"性"，第二章"心"，第三章"四德"。"性"章又分四节，即"性即理""本然之性气质之性""理之同异""气质"；"心"章又分五节，即"心具众理""人心道心""情""心统性情""性心情之善恶"；"四德"章又分四节，即"五常与阴阳五行""性之条目""仁为天地生物之心""仁包四德"。

该书认为，朱子哲学包含伦理学说和政治哲学。所以第四编讲"伦理与政治"，分为第一章"伦理"，第二章"政治"。"伦理"章又分三节，即"善恶是非""理一分殊""五伦"；"政治"章又分两节，即"天理人欲""王霸"。

该书认为，朱子哲学包含对于涵养心性之工夫的阐述。所以第五编讲"工夫"，分为第一章"敬"，第二章"格物"。"敬"章又分四节，即"敬与格物""敬通内外""敬贯动静""敬与察识涵养"；"格物"章又分四节，即"格物所以致知""格物所以修养""格物之方""豁然贯通"。

```
                                  ┌─ 道兼体用
                      ┌─ 道即全 ──┤
                      │           └─ 道通天地人
              ┌─ 道 ──┤           ┌─ 道是理气之理
              │       └─ 道即理 ──┼─ 道是性理之理
              │                   └─ 道是伦理之理
              │                   ┌─ 无极而太极
              │                   ├─ 天地万物之理
              │       ┌─ 太 极 ──┼─ 太极之动静
              │       │           └─ 人物各有一太极
              │       │           ┌─ 形上生物之本
              │       │           ├─ 理与事物
              │       ├─ 理   ────┼─ 理之流行
              │       │           ├─ 当然之则
              ├─ 理气─┤           └─ 所以然之故
              │       │           ┌─ 形下生物之具
              │       │           ├─ 气之运转
              │       ├─ 气   ────┼─ 气之新生
              │       │           ├─ 阴阳
              │       │           └─ 五行
              │       │           ┌─ 理气之合
              │       └─ 理与气 ──┼─ 理气不相离杂
              │                   └─ 理气之先后
              │                   ┌─ 性即理
              │       ┌─ 性   ────┼─ 本然之性气质之性
              │       │           ├─ 理之同异
              │       │           └─ 气质
              │       │           ┌─ 心具众理
              │       │           ├─ 人心道心
朱子哲学 ─────┼─ 性理─┼─ 心   ────┼─ 情
              │       │           ├─ 心统性情
              │       │           └─ 性心情之善恶
              │       │           ┌─ 五常与阴阳五行
              │       │           ├─ 性之条目
              │       └─ 四 德 ──┼─ 仁为天地生物之心
              │                   └─ 仁包四德
              │                   ┌─ 善恶是非
              │       ┌─ 伦 理 ──┼─ 理一分殊
              ├─伦理与政治┤        └─ 五伦
              │       │           ┌─ 天理人欲
              │       └─ 政 治 ──┴─ 王霸
              │                   ┌─ 敬与格物
              │                   ├─ 敬通内外
              │       ┌─ 敬   ────┼─ 敬贯动静
              │       │           └─ 敬与察识涵养
              └─ 工夫─┤           ┌─ 格物所以致知
                      │           ├─ 格物所以修养
                      └─ 格 物 ──┼─ 格物之方
                                  └─ 豁然贯通
```

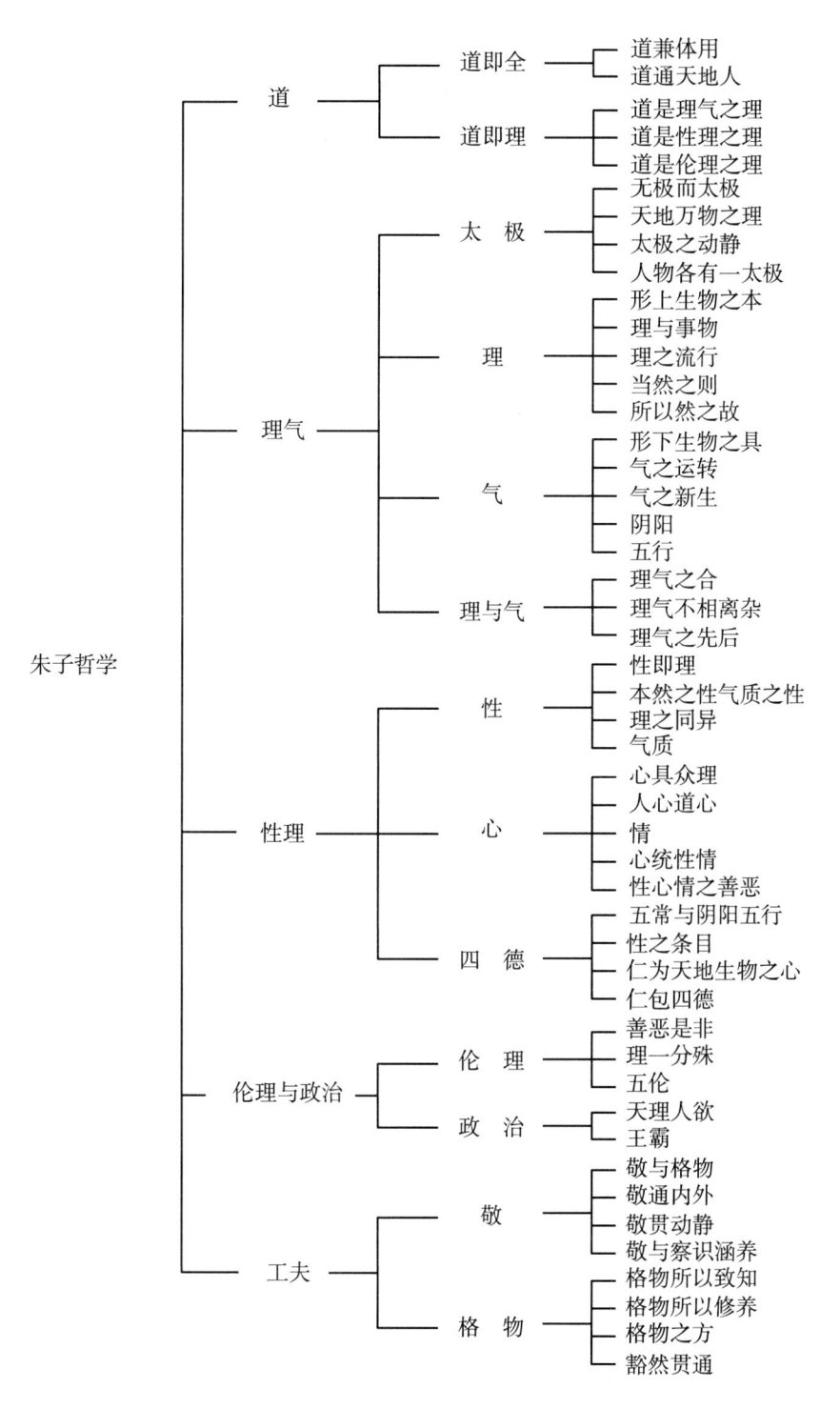

李相显的《朱子哲学》全面阐述了朱子哲学的诸多概念和思想；其分梳细

微，规模庞大，而且按照一定的逻辑框架进行归类和编排，形成了一个宏大的朱子哲学体系；应当说，基本上周全了朱子哲学的重要概念和思想。当然，这些概念的取舍，由于主要是取决于李相显本人对于朱子哲学的理解，以及《朱子哲学》"凡例"对叙述范围的限定，也可能有所疏漏。尤其是，《朱子哲学》"凡例"规定："本书以讨论朱子底哲学之本身为目标，凡朱子底哲学所受其他哲学之影响及朱子底哲学对于其他哲学之影响，概不讨论。"① 所以，《朱子哲学》对于朱子哲学的源流、朱子哲学与同时代其他哲学的关系以及与佛、道教的关系等，均未做出详细阐述。《朱子哲学》"凡例"也明确指出："所谓朱陆同异之问题，因不在本书范围内，故不讨论"；"所谓朱子晚年定论之问题，在本书中虽未特别提出讨论，但已得圆满解决"。② 尽管如此，李相显《朱子哲学》将朱子哲学中的诸多概念和思想汇集在一起，进行逐一加以讨论，具有对民国时期的朱子哲学研究做出总结的意味，对于从整体上把握朱子哲学体系是有重要学术价值的。

三、《朱子哲学》的动态阐释

如前所述，在中国哲学史的研究中，张岱年并不满足于以往以人物为纲的哲学史，而是写了一部以问题为纲的《中国哲学大纲》，并且特别注重有关概念和思想的发展源流。与此相类似，李相显的《朱子哲学》，不同于以往的朱子哲学研究只是关注概念和思想之间的相互逻辑关系，而是把研究重点放在每一个概念和思想的形成、发展过程，对朱子哲学进行动态的阐释。

如对朱子的"太极"思想的阐述。以往的朱子哲学研究只是将朱子有关"太极"的论述，按照一定的逻辑关系进行阐释，而不太考虑朱子"太极"思想的实际形成、发展过程。与此不同，李相显的《朱子哲学》则是按照朱子"太极"思想的形成、发展过程，展开论述。该书第二编第一章第一节"无极而太极"，一开始便说："朱子底无极而太极的思想，萌芽于其丁亥（1167年）三十八岁十一月之《二诗奉酬敬夫赠言并以为别》中的一诗。"接着，又考察朱子于庚寅（1170年）四十一岁《答张敬夫》（十三）讨论无极而太极的意义。然后又说："朱子底无极而太极的理论，于其癸巳（1173年）四十四岁四月十五日之《太极图解》及《太极图说解》中，又有发展。""朱子于乙未（1175年）四十六岁十一月以前，曾有《答杨子直》（一）书一封，复讨论无极而太极的意义。""朱子于己亥（1179年）五十岁十月辛亥日，作《隆兴府学濂溪先生祠记》，亦

---

① 李相显：《朱子哲学·凡例》，世界科学社出版部1947年版，第1页。
② 李相显：《朱子哲学·凡例》，世界科学社出版部1947年版，第2页。

论及无极而太极的意义。"直到该节最后说:"沈僩戊午（1198年）以后所录朱子之语,仍言无极而太极,乃无形而有理,及太极不离阴阳之义。"①

又如对朱子的"性即理"思想的阐述。与以往朱子哲学研究只是将朱子有关"性即理"的论述做出逻辑的阐释不同,李相显的《朱子哲学》按照朱子"性即理"思想的形成、发展过程,展开论述。第三编第一章第一节"性即理",一开始便说:"朱子底性即理的思想,始发现于其甲申（1164年）三十五岁之《答李伯谏》（一）书。"然后又说:"朱子于其丙戌（1166年）三十七岁《杂学辨》中之苏轼《易解》、张无垢《中庸说》及吕氏《大学解》中,亦言及性即理的意义。""朱子于其癸巳四十四岁四月十五日之《太极图说解》及癸巳四十四岁四月之《通书解》,亦言及性即理的意义。""朱子于其乙未四十六岁长至日之《阴符经考异》中,亦言及性即理的意义。""朱子于丁酉（1177年）四十八岁六月之《论语或问》《孟子集注》及《孟子或问》中,言'性即理'的意义,颇为详尽。"直到该节最后说:"朱子于其己未（1199年）七十岁三月之《楚辞集注》中,亦言及'性即理'的意义。"②

应当说,李相显《朱子哲学》以动态的方式阐释朱子哲学诸多概念和思想的形成、发展过程,是民国时期朱子哲学研究的进一步深化。在李相显之前,朱子哲学的研究,重点在于对朱子哲学中的重要概念和思想做出逻辑的阐释。随着研究的深入,这些重要概念和思想的形成、发展过程,必然会引起关注,进而使研究从静态的阐释深入到动态的阐释。李相显《朱子哲学》正是对朱子哲学的重要概念和思想做出动态阐释的重要著作。1971年钱穆的《朱子新学案》出版;该书"例言"讲"本书专就朱子原书叙述朱子"③,这与李相显《朱子哲学》"凡例"所谓"用以朱解朱的方法,以叙述朱子底哲学"是一致的;钱穆《朱子新学案》"例言"还指出:"本书叙述朱子,尤重在指出其思想学术之与年转进处。在每一分题下,并不专重其最后所归之结论,而必追溯其前后首尾往复之演变。"④ 这与李相显《朱子哲学》"凡例"所说"本书讨论朱子底哲学,注意其发展之过程"⑤,也是完全相同的。

四、《朱子哲学》的创新思想

李相显《朱子哲学》对朱子哲学诸多概念和思想做出动态的阐释,不仅展现

---

① 李相显:《朱子哲学》,世界科学社出版部1947年版,第64~75页。
② 李相显:《朱子哲学》,世界科学社出版部1947年版,第246~266页。
③④ 钱穆:《朱子新学案·例言》,九州出版社2011年版,第2页。
⑤ 李相显:《朱子哲学·凡例》,世界科学社出版部1947年版,第1页。

这些概念和思想的形成、发展过程，而且还对朱子哲学及其包含的概念和思想做出了新的阐述，提出了一些重要的创新思想。主要涉及四个方面。

第一，对朱子哲学逻辑起点的阐述。在李相显《朱子哲学》之前，大多数学者研究朱子哲学，首先关注的是朱子的"太极""理""气"。这或许与南宋黎靖德所编《朱子语类》以及明代的胡广等所编《性理大全》以"理气"卷开头阐述朱子理学有关。正由于如此，朱子的道论，往往没有被作为专题进行研究，而只是把朱子的"道"简单地等同于"太极""理"加以阐述。

与此不同，李相显《朱子哲学》把"道"看作为朱子哲学之纲领。通过阐述"道兼体用"和"道通天地人"思想的形成、发展过程，以揭示"道"无所不包，无所不通，论证朱子的"道即全"思想；同时，通过阐述"道是理气之理""道是性理之理""道是伦理之理"思想的形成、发展过程，以论证朱子的"道即理"思想。

李相显《朱子哲学》不仅以道论统领整个朱子哲学，而且把其中"道兼体用"的思想摆在朱子哲学的首位，因而不同于以往的朱子哲学研究。在以往乃至当今不少的朱子哲学研究中，朱子"道兼体用"的思想，并不受到重视。李相显《朱子哲学》之后，钱穆的《朱子新学案》在论朱子理气、太极之后，才论及道器和体用。① 李相显《朱子哲学》重视朱子的道论以及"道兼体用"的思想，实际上为理解朱子哲学提供了新的视角。

第二，对朱子哲学某些新问题的探讨。与以往的朱子学研究相比，李相显《朱子哲学》在阐述朱子哲学时，对一些被忽略的朱子所谓"当然之则""所以然之故"以及朱子仁学所包含的"仁为天地生物之心""仁包四德"等概念作了新的阐释。

李相显认为，朱子关于理是当然之则以及理是所以然之故的思想都萌芽于三十七岁作《杂学辨》中之《吕氏大学解》；② 至六十岁作成《大学章句》及《大学或问》时，朱子关于理是当然之则的理论已完成，③ 六十五岁以后，朱子关于理是所以然之故的理论方成熟。④ 李相显特别强调，在朱子那里，人心之为物、人之五官、五伦之事，以至于天地鬼神、鸟兽草木，皆谓之物，"既谓之物，亦皆各有其当然之则；此物之所以为此物者，固必依照其当然之则而不可离也；而人之所以处此物者，亦必遵从其当然之则，而不可违也"⑤，也就是说，无论是思虑情感，还是社会伦理，乃至自然万物，都有其当然之则；而且，"当然之则乃

---

① 钱穆：《朱子新学案》（第一册），九州出版社 2011 年版，第 461~481 页。
② 李相显：《朱子哲学》，世界科学社出版部 1947 年版，第 129、141 页。
③⑤ 李相显：《朱子哲学》，世界科学社出版部 1947 年版，第 133 页。
④ 李相显：《朱子哲学》，世界科学社出版部 1947 年版，第 150 页。

是理之重要意义，比理之所以然之故之意义更为重要也"①，"若知当然之则，则所以然之故自可默会矣"②；同时，"事物当然之则便是理；此当然之则，必有所以然的原因，此原因便是所以然之故，即是此理之源头处，此源头处即其所以然之故之理也"③。

在李相显看来，朱子关于仁为天地生物之心以及仁包四德的思想，都萌芽于杨方庚寅（庚寅朱子四十一岁）所录朱子之语，即朱子所说"只从生意上说仁""复见天地心。动之端，静中动，方见生物心"，以及朱子所说"其全体固是仁，所谓专言之也"；④据程端蒙及周谟己亥（己亥朱子五十岁）以后所录朱子之语可以看出，他的这一思想，"至此时已成熟"⑤；据杨道夫己酉（己酉朱子六十岁）以后所录朱子之语可以看出，他的这一思想，"至此时已完成"⑥。

第三，对朱子哲学中某些概念归属的重新定位。李相显《朱子哲学》对于朱子哲学诸多概念和思想作了归类，其中将"理一分殊"归属于第四编"伦理与政治"的第一章"伦理"，将"天理人欲"归属于该编第二章"政治"，与以往的朱子哲学研究有着明显的差异。

在通常的朱子哲学的阐述中，朱子的"理一分殊"思想，归属于本体论。然而事实上，朱子的"理一分殊"思想，既具有本体论的意义，又具有伦理学的意义；通常的朱子哲学研究较为强调朱子"理一分殊"思想从伦理学意义到本体论意义的发展。

对于朱子的"理一分殊"思想，李相显《朱子哲学》说："朱子底理一分殊的理论，已成熟于其壬辰（1172年）四十三岁冬十月朔旦日之《西铭解义》中。……朱子在《西铭解义》中，谓'天地之间，理一而已'，天地人物同此一理，此理为伦理之理，故天地人物同此伦理，而世界为一伦理的世界。在此伦理的世界中，人物之生，'其大小之分，亲疏之等，至于十百千万而不能齐'，而世界为一复杂的伦理世界。因世界为一伦理的世界，而天地人物同此一理，此即所谓理一也；因世界为一复杂的伦理世界，而天地人物之地位不同，此即所谓分殊也。所谓理一而分殊者，即天地人物同此一理，而其地方不同也。……朱子底理一分殊的理论，至此时已完成；朱子以后再言理一分殊，皆不能超过此理论，不过对于此理论再加发挥扩充而已。"⑦显然，在阐述朱子"理一分殊"思想的形

---

① 李相显：《朱子哲学》，世界科学社出版部 1947 年版，第 136 页。
② 李相显：《朱子哲学》，世界科学社出版部 1947 年版，第 147 页。
③ 李相显：《朱子哲学》，世界科学社出版部 1947 年版，第 152~153 页。
④ 李相显：《朱子哲学》，世界科学社出版部 1947 年版，第 515、526 页。
⑤ 李相显：《朱子哲学》，世界科学社出版部 1947 年版，第 517 页。
⑥ 李相显：《朱子哲学》，世界科学社出版部 1947 年版，第 531 页。
⑦ 李相显：《朱子哲学》，世界科学社出版部 1947 年版，第 551~552 页。

成过程中，李相显特别关注朱子的《西铭解义》，并强调在《西铭解义》中"世界为一复杂的伦理世界""天地人物同此伦理"，以及这一思想在朱子"理一分殊"思想中的重要性。这可能就是李相显《朱子哲学》把朱子的"理一分殊"归于"伦理"的重要原因。

朱子的"天理人欲"思想，在通常的朱子哲学的阐述中，归属于心性论，或伦理学说，但在李相显《朱子哲学》中，却归属于政治哲学。从李相显所引朱子关于"天理人欲"的论述来看，其中有不少是出自朱子的奏札、封事。比如，李相显认为，朱子在其辛丑（1181 年）五十二岁之《延和奏札二》中所谓"天理者此心之本然，循之则其心公而且正，人欲者此心之疾疢，循之则其心私而且邪"，此乃谓心为人欲蔽则为恶也。[①] 李相显还说："朱子于其戊申（1188 年）五十九岁十一月一日之《戊申封事》中，亦言及天理人欲的意义"；"朱子于其戊申五十九岁之《延和奏札五》中，亦言及天理人欲的意义。"[②] 此外，李相显还引朱子于其甲寅（1194 年）六十五岁十月与闰十月之《经筵讲义》和甲寅六十五岁之《行宫便殿奏札二》中有关天理人欲的言论。[③] 应当说，朱子的"天理人欲"思想，既具有心性论或伦理学的价值，又具有政治哲学的价值。李相显《朱子哲学》从政治哲学的角度阐述朱子的"天理人欲"思想，可以反映出朱子这一思想主要是针对统治者的，要求统治者"存天理，灭人欲"，因而可以避免对于朱子"天理人欲"思想的诸多误解。

第四，对朱子哲学中某些概念的动态阐释。朱子哲学中的许多问题，有不少是需要通过研究朱子思想的形成、发展过程才能得以解决的。如理气先后问题、已发未发问题等。

理气先后问题，是朱子哲学所讨论的重要问题。如前所述，冯友兰《中国哲学史》对此作了研究，认为在朱子那里，"依事实言，则有理即有气""若就逻辑言，则'须说先有是理'"。[④] 李相显《朱子哲学》第二编"理气"第四章"理与气"，分别阐述朱子"理气之合""理气不相离杂""理气之先后"思想的萌芽以及发展过程。在"理气之先后"一节中，李相显具体分析了朱子在不同时期对于理气先后关系的不同观点，并且指出："朱子所谓理气无先后之可言者，乃从理智来说，由其哲学系统而言也；其所谓理先而气后者，乃从感情来说，由其伦理观念而言也。朱子对于理气之先后的理论，始终不能有一致的主张者，盖

---

① 李相显：《朱子哲学》，世界科学社出版部 1947 年版，第 581 页。
② 李相显：《朱子哲学》，世界科学社出版部 1947 年版，第 582 页。
③ 李相显：《朱子哲学》，世界科学社出版部 1947 年版，第 587 页。
④ 冯友兰：《中国哲学史》，中华书局 1934 年版，第 906 页。

因朱子既重视其哲学系统，尤重视其伦理观念也。"① 需要指出的是，对于朱子的理气先后思想的发展过程，1988 年出版的陈来的博士论文《朱熹哲学研究》又作了系统的疏理。②

已发未发问题，是朱子哲学所讨论的重要问题。李相显《朱子哲学》第五编"工夫"第一章"敬"讨论了这个问题。在"敬与察识涵养"一节中，李相显引《朱文公文集》卷三十《与张钦夫》（三）和《与张钦夫》（四）、《朱文公文集》卷三十二《答张敬夫》（三十五），并指出："朱子底敬与察识涵养的思想，已萌芽于此时矣。"③ 这就是所谓"中和旧说"。后来，李相显又引《朱文公文集》卷三十二《与张钦夫》（四十九）、《朱文公文集》卷六十四《与湖南诸公论中和第一书》、《朱文公文集》卷六十七《已发未发说》、《朱文公文集》卷四十三《答林择之》（二十）等，并指出："朱子底敬与察识涵养的理论，至此时已完成；朱子以后再言敬与察识涵养，皆不能超过此理论，不过对于此理论再加发挥扩充而已。"④ 这就是所谓"中和新说"。对于这个问题，后来牟宗三《心体与性体》、钱穆《朱子新学案》又做了详细的理论分析。⑤

此外，李相显《朱子哲学》对朱子哲学的其他思想和概念的形成、发展过程以及在不同时期的各种表述的分析和阐发，都提出了一些新的见解，对于研究朱子哲学以及各种思想和概念，都具有重要的学术价值。

五、《朱子哲学》的文献考证

李相显《朱子哲学》对朱子哲学诸多概念和思想的形成、发展过程做出阐述，是以朱子有关著述的写作年代为依据的，所以，需要对朱子著述中那些没有标明写作年代的重要文献做出细致周密的年代考证。李相显《朱子哲学》书后附朱子重要书信、著述的年代考证 40 篇，包括朱子答吕伯恭、廖子晦、汪尚书、赵提举、陈安卿、陈同甫、陆子静等书信年代考以及《大学或问》《中庸或问》《玉山讲义》等成书年代考。以下仅就该书有关朱子书信年代考，略举几例，以与当今陈来《朱子书信编年考证》⑥作一比较。

附录一：朱子答吕伯恭书时期考，考证《朱文公文集》卷三十三《答吕伯

---

① 李相显：《朱子哲学》，世界科学社出版部 1947 年版，第 235 页。
② 陈来：《朱熹哲学研究》，中国社会科学出版社 1988 年版，第 3~29 页。
③ 李相显：《朱子哲学》，世界科学社出版部 1947 年版，第 643 页。
④ 李相显：《朱子哲学》，世界科学社出版部 1947 年版，第 649 页。
⑤ 参见牟宗三：《心体与性体》（下），吉林出版集团 2013 年版，第 71~140 页；钱穆：《朱子新学案》（第二册），九州出版社 2011 年版，第 223~278 页。
⑥ 陈来：《朱子书信编年考证》，上海人民出版社 2007 年版。

恭》（四）、《答吕伯恭》（五）。李相显《朱子哲学》（第734页）认为，此二书之时期，皆在庚寅年（1170年）。陈来《朱子书信编年考证》（第73~74页）认为，《答吕伯恭》（四）当在庚寅春夏间，《答吕伯恭》（五）亦在庚寅夏。

附录二：朱子答廖子晦书时期考，考证《朱文公文集》卷四十五《答廖子晦》（一）、《答廖子晦》（三）二书之时期。李相显《朱子哲学》（第735页）认为，此二书之时期，皆在癸巳年（1173年）以后。陈来《朱子书信编年考证》（第128~129页）认为，此二书以及《答廖子晦》（二）皆在甲午（1174年）。

附录三：朱子答汪尚书书时期考，考证《朱文公文集》卷三十《答汪尚书》（七）。李相显《朱子哲学》（第737页）认为，此书之时期，当在癸巳年（1173年）以后。陈来《朱子书信编年考证》（第93页）认为，此书当在壬辰（1172年）。

附录四：朱子答赵提举书时期考，考证《朱文公文集》卷三十八《答赵提举》（一）。李相显《朱子哲学》（第738页）认为，此书之时期，当在丙午年（1186年）。陈来《朱子书信编年考证》（第250页）认为，此书当作于丙午年或稍后。

附录六：朱子答陈安卿书时期考，考证《朱文公文集》卷五十七《答陈安卿》（三）。李相显《朱子哲学》（第747页）认为，此书之时期，定在绍熙元年庚戌（1190年）以后。陈来《朱子书信编年考证》（第344页）认为，此书当在辛亥（1191年）。

附录九：朱子答陈同甫书时期考，考证《朱文公文集》卷三十六《答陈同甫》（六）、《答陈同甫》（七）、《答陈同甫》（八）。李相显《朱子哲学》（第752页）认为，《答陈同甫》（六）之时期，定在甲辰（1184年）之秋；（第754页）认为，《答陈同甫》（七）、《答陈同甫》（八）二书之时期，皆在乙巳年（1185年）。陈来《朱子书信编年考证》（第225页）认为，《答陈同甫》（六）作于甲辰之秋；（第235~236页）认为，《答陈同甫》（七）、《答陈同甫》（八）二书作于乙巳春。

附录十：朱子答陆子静、陆子美论太极书时期考，考证《朱文公文集》卷三十六《答陆子静》（五）、《答陆子静》（六）、《答陆子美》（一）、《答陆子美》（二）。李相显《朱子哲学》（第758页）认为，《答陆子静》（五）之时期，乃在戊申（1188年）十一月八日；（第760页）认为，《答陆子静》（六）之时期，当在己酉（1189年）正月上旬；（第763页）认为，《答陆子美》（一）之时期，当在丙午（1186年）正月；（第762页）认为，《答陆子美》（二）之时期，当在丙午（1186年）十二月。陈来《朱子书信编年考证》（第281页）认为，《答陆子静》（五）乃作于戊申十一月八日；（第297页）认为，《答陆子静》（六）作于己酉春正月；（第247~248页）认为，《答陆子美》（一）、《答陆子美》（二）成于丙午。

通过以上比较可以看出，除"附录三"对《朱文公文集》卷三十《答汪尚书》（七）的考证出入较大，其余大体一致。关于《朱文公文集》卷三十《答汪尚书》（七）的考证，李相显《朱子哲学》（第735~737页）先是分析清代王懋竑《草堂存稿》以为该书之时期在癸巳年（1173年），并认为，王懋竑的说法缺乏论证；接着又分析清代夏炘《述朱质疑》以为该书之时期在壬辰（1172年）癸巳之间；最后做出自己的考证，以为该书论及《太极图》，而朱子《太极图说解》成书于癸巳年，所以《答汪尚书》（七）之时期，当在癸巳年以后。与此不同，陈来《朱子书信编年考证》（第93页）直接依据《东莱集》和《南轩文集》的资料进行逻辑推断，认为朱子与吕祖谦、张栻论《太极图》在庚寅（1170年）辛卯（1171年），所以《答汪尚书》（七）当在壬辰。

总体而言，李相显《朱子哲学》对于朱子书信年代的考证，用功之深，与四十多年后陈来《朱子书信编年考证》的考证相比，其结果多有一致，但也略有出入。就具体的考证方法而言，李相显《朱子哲学》较为重视对于前人考证的分析，且考证较详；而陈来《朱子书信编年考证》因所要考证的书信较多，对于前人考证的分析则作了一些省略，而长于逻辑推断。

六、余论

李相显《朱子哲学》以其对朱子哲学做出动态阐释而独具特色。它强调的"以朱解朱的方法"，实际上，就是要通过揭示在朱子心路历程中那些构成哲学体系的每一个概念和思想的形成、发展过程，动态地阐释朱子的哲学。正如在中国哲学史研究中，张岱年以问题为纲阐述有关概念和思想的发展源流，撰《中国哲学大纲》，从而创新中国哲学史的研究方法，李相显用"以朱解朱的方法"阐述朱子哲学有关概念和思想的形成、发展过程，撰《朱子哲学》，为朱子哲学的研究提供了新的研究思路，无疑也是对朱子哲学研究的一种方法上的创新。

对于朱子哲学的重要概念和思想，既可以作逻辑的静态的研究，也可以作历史的动态研究，还可以进行二者的结合。但无论如何，民国时期对朱子哲学的重要概念和思想的形成、发展过程做出动态阐释，且最为全面、最为系统者，当属李相显的《朱子哲学》。此外，李相显《朱子哲学》通过总结民国时期的朱子哲学研究，建构了宏大的朱子哲学体系，提出了一些新的学术观点，同时还对朱子的部分重要书信、著述做了较为详细而深入的年代考证，从而把民国时期的朱子学研究推向了新的高度。

第十章

朱熹门人后学及朱子学传播研究

"朱子学"这一概念,不仅仅指称朱熹的学术,而且也涉及朱熹的学术思想在后世的传播,包括朱熹门人的学术思想及其后传、宋元明清朱子学以及朱子学在海外的传播。民国时期的朱子学研究,除了研究朱熹的学术思想,对于朱熹门人后学及朱子学传播也给予了很大的关注和研究。

一、朱熹门人及其后传

朱熹门人众多[①]。关于朱熹门人,明代宋端仪《考亭渊源录》卷六至卷二十四以及戴铣《朱子实纪》卷八"朱子门人"都有过叙述,而以黄宗羲《宋元学案》中对于朱熹门人的叙述影响最大。此外,还有清代万斯同《儒林宗派》卷九"朱子学派"、卷十"朱子门人"对于朱熹门人的叙述。

民国时期对于朱熹门人的研究,始于谢无量《朱子学派》;该书在阐述朱子学的同时,最后还附"朱子门人及宋以来朱子学略述",分"朱子门人"和"朱子之后学"两部分。在"朱子门人"一节中,谢无量说:"朱子尝论二程门人,无一人真得其传者,每以为叹。然朱子之门,较之二程,又若不逮,信乎极盛之难继也。当时及门有名者,如蔡西山元定及子仲默沈、黄勉斋榦、李敬子燔、张元德洽、廖子晦德明、叶知道味道、李公晦方子、詹元善体仁、陈安卿淳、傅忠

[①] 有所谓"朱之门人半天下"之说。(《北溪大全集·北溪外集》,载于《景印文渊阁四库全书》(1168),台北商务印书馆1986年版,第897页)

简伯成、徐崇甫侨、辅汉卿广、杨信斋复、黄商伯灏、石克斋子重；而其造诣精深者，尤推蔡西山父子、黄勉斋、陈安卿四人而已。"① 接着，分别简要介绍了朱熹高足蔡元定、蔡沈、黄榦和陈淳的事迹，包括生平、学术和著述等。

谢无量《中国哲学史》第三编上第十二章"朱子门人"，对于蔡元定、蔡沈、黄榦、陈淳的介绍较《朱子学派》略微详细，并有所评说。对于蔡元定，谢无量说："西山从文公游最久，精识博闻，同辈皆不能及，尤长于天文、地理、乐律、历数、兵阵之说，凡古书盘错肯綮，学者读之不能以句，西山爬梳剖析，细入秋毫，莫不畅达。……西山之学，律吕象数最长，于哲学非有独得之说。然蔡氏一门父子兄弟，并朱学之股肱，西山造次不达，以身殉道，尤为难能。"② 对于蔡沈，谢无量叙述了蔡沈作《书集传》的过程，指出："九峰沈潜反覆者数十年，而后成书，因数以推理，究极精微，学者重焉。……然《书传》晚出，亦颇与朱子之说有异同也。"③ 对于黄榦，谢无量引黄震《黄氏日钞》所言，讲述了朱子之后黄榦"强毅自立，足任荷负"，并对朱子门人中的错误，"皆一一辨明不少恕"。④ 对于陈淳，谢无量指出："北溪之学，多述师训，虽少特见，而实有融会贯通之妙，《性理字义》于心性命道等字，能集众家而明其精义，是理学之秘要也。"⑤

应当说，谢无量对于朱熹门人的研究，尚处于起步阶段，只是对主要门人及其著述和思想逐一做出简要介绍，但是，朱熹门人显然已经成为朱子学研究中专门的学术问题被提了出来，无疑为后来的研究开了先河。

此后，不少中国哲学史或思想史的通史类著作都包含有对朱熹门人蔡元定、蔡沈、黄榦、陈淳的阐述。比如，赵兰坪《中国哲学史》论述朱熹哲学，其中"朱子后继"一节分为第一款"蔡西山"，第二款"蔡九峰"，第三款"黄勉斋"，第四款"陈北溪"；钟泰《中国哲学史》第三编有第十四章"蔡西山、蔡九峰"；贾丰臻《宋学》"朱子门人"章分为"蔡西山""蔡九峰""黄勉斋""陈北溪"四节；陈钟凡《两宋思想述评》第十三章"朱氏学派"，分为"蔡元定""蔡沈""黄榦""陈淳"四节；陈青之《中国教育史》第二十五章第八节"朱门弟子"，分为"蔡西山""蔡九峰""陈北溪""黄勉斋"四小节。

1937年，《福建文化》第4卷第24期开辟"福建理学专号"，发表了李兆民的《福建理学之渊源》《紫阳理学之我见》《明清福建理学诸家之概况》等，以

---

① 谢无量：《朱子学派》，中华书局1916年版，第253~254页。
② 谢无量：《中国哲学史》第三编上《近世哲学史（宋元）》，中华书局1916年版，第64~65页。
③ 谢无量：《中国哲学史》第三编上《近世哲学史（宋元）》，中华书局1916年版，第65~66页。
④ 谢无量：《中国哲学史》第三编上《近世哲学史（宋元）》，中华书局1916年版，第66页。
⑤ 谢无量：《中国哲学史》第三编上《近世哲学史（宋元）》，中华书局1916年版，第67页。

及郭毓麟的《论宋代福建理学》。这些论文以"福建理学"为主题，从思想史的角度系统地概述了福建理学的思想渊源，宋代福建理学思想，以及明清时期的福建理学。

郭毓麟的《论宋代福建理学》除了着重阐述宋代福建重要理学家杨时、胡安国、陈瓘、罗从彦、李侗、胡寅、胡宏、朱熹，还介绍了朱子门人蔡元定、蔡沈、黄榦、陈淳以及真德秀的学术思想。[①] 关于蔡元定，郭毓麟称之为"数理派蔡西山先生元定"，并且说："西山精研《易》理，上继康节（邵雍）之遗绪，重有发明。"关于蔡沈，郭毓麟称之为"范数派蔡九峰先生沈"，并且说："九峰先生最大之发明，厥为数之一字。先生以数字能含括一切妙理。"关于黄榦，郭毓麟称之为"一本派黄勉斋先生榦"，并且说："勉斋学说之大要，以为道有体用二方面，体者一本，天命之性，……用者万殊，率性之道。"关于陈淳，郭毓麟称之为"道理派陈北溪先生淳"，并且说："北溪学说注重道理二字，道理却有分别，万古通行是道，万古不易是理，道理须参得透，……方可达到诚意居安之地步。"关于真德秀，郭毓麟称之为"象理派真西山先生德秀"，并且说："西山先生以为天下凡有象有形之物，皆有无形之道理存于其中。"

此外，任时先《中国教育思想史》第九章第三节"各家的教育思想"中有"朱子的门人"一小节，范寿康《中国哲学史通论》第五编第二章"宋明儒家思想的概要"中有"朱熹门人"一小节，直至1948年出版的蒋伯潜《理学纂要》第十一章"朱子后学"，都对蔡元定、蔡沈、黄榦、陈淳作了叙述。显然，这一时期学者多把蔡元定、蔡沈、黄榦、陈淳看作朱熹的最为重要的四大门人。

朱谦之于1941年出版的《中国思想方法问题》第二章"中国思想方法发展史"，在把格物说分为"宇宙观的格物说""人生观的格物说"以及"社会观的格物说"三个发展时期的同时，对朱子门人蔡元定、蔡沈、黄榦、陈淳的格物说及其特点作了扼要阐述，认为朱子的格物说属于宇宙观的格物说，而在朱子门人那里却发生了分歧，指出："朱子以后，门人得其师传者，多以'格物致知'和'穷理居敬'并为一谈。……朱门弟子，虽有如蔡西山（元定）、蔡九峰（沈）父子以性与天道为先，自本而支，自源而流，可谓宇宙观格物说的嫡传，而黄勉斋、陈北溪，则风气已变，而以居敬为先，不分知行先后，居敬即是修己以敬，不分知行即是主行，于是宇宙观的格物说，也渐渐为人生观的格物说所代替了。"[②]

民国时期对于朱熹门人及其后传的研究，除了对主要门人分别做出阐述，还

---

① 郭毓麟：《论宋代福建理学》，载于《福建文化》1937年第4卷第24期。
② 朱谦之：《中国思想方法问题》，曲江民族文化出版社1941年版，第57~58页。

有学者对朱熹门人的后传脉络进行了综合研究。关于朱熹门人的后传脉络，清代章学诚曾指出："一传而为勉斋（黄榦）、九峰（蔡沈），再传而为西山（真德秀）、鹤山（魏了翁）、东发（黄震）、厚斋（王应麟），三传而为仁山（金履祥）、白云（许谦），……"①

民国时期，吴其昌《朱子传经史略》在对朱熹的经学著作的编撰时间以及过程作了详细考察之后，还概述了朱熹主要门人的经学著作，并进一步考察了朱子《易》学、《书》学、《诗》学、《礼》学、《乐》学、《春秋》学、四书学在其门人及后学中的传授路径。②

周予同《朱熹》第八章"朱学之传授"，既讲"朱子学术实由李侗以上溯程颐，其余周敦颐、邵雍、张载、程颢等等，不过其学术渊源上之旁流而已"，又讲朱子学的后世传衍，并指出："朱子门人颇多，但真能传朱子之学而发挥光大之者却鲜。蔡元定、蔡沈、黄榦、陈淳四人，比较可称为造诣精深者，但其气象均不甚伟大。"③ 还列"朱学之传授"表：

吕思勉《理学纲要》对朱熹门人及其后传脉络作了阐述，指出："朱门之著者：有蔡西山父子，其律历象数之学，足补师门之阙。勉斋以爱婿为上座，实能总持朱子之学。勉斋殁而后异说兴，犹孔门七十子丧而大义乖矣。勉斋之学，一传而为金华，再传而为鲁斋、白云、仁山、双峰，皆卓有声光。辅汉卿学于朱子，兼受学于成公，其传为魏鹤山；詹元善亦学于朱子，其传为真西山；皆宋末名儒。詹氏再传，辅氏四传而得黄东发，则体大思精，又非其师所能逮矣。此朱学之在南者也。其衍于北者，始于赵江汉。姚枢、许衡、郝经、刘因，皆出其门。朱学自宋理宗时，得朝廷表章；元延祐科举，又用其法，遂如日中天矣。"④

杨东莼《中国学术史讲话》第八讲"儒学的大转变——理学"有"晦庵之学"一节，既讲朱熹"理气之说""性说""论仁""居敬穷理"，又述朱熹门人及其后传脉络，并列朱熹门人传授表。⑤

范寿康《中国哲学史通论》第五编第二章"宋明儒家思想的概要"中的"朱熹门人"一小节，不仅论述了朱熹门人蔡元定、蔡沈、黄榦、陈淳的学术，而且还对朱熹门人的后传脉络作了叙述，指出："朱子的学说传入福建北部的有蔡元定父子等支，南部有陈淳、陈沂等支；传入四川的有魏了翁一支；浙江朱派学说最盛；在金华有黄榦、杜煜等支，在四明有叶味道、詹体仁等支，在绍兴有

---

① （清）章学诚：《文史通义》卷三《内篇三·朱陆》，上海书店1988年版，第78页。
② 吴其昌：《朱子传经史略》，载于《学衡》1923年第22期。
③ 周予同：《朱熹》，商务印书馆1929年版，第114页。
④ 吕思勉：《理学纲要》，商务印书馆1931年版，第30～31页。
⑤ 杨东莼：《中国学术史讲话》，北新书局1932年版，第280页。

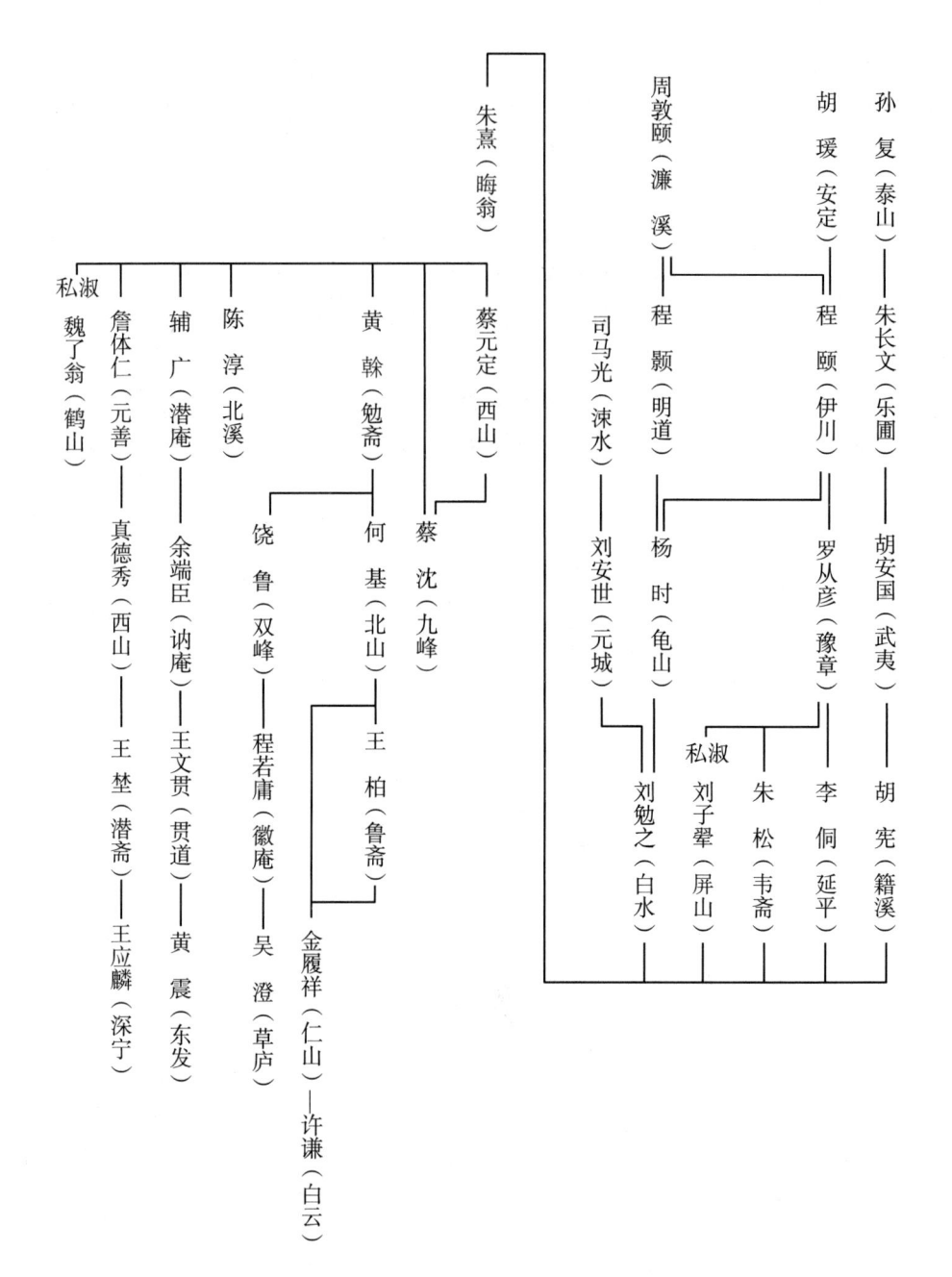

```
                                                     孙复(泰山)——朱长文(乐圃)
                                                     胡瑗(安定)——胡宪(籍溪)
                                                              ┌胡安国(武夷)
                                                     周敦颐(濂溪)┐
                                                              │
                                          朱熹(晦翁)  程颢(明道)│
                                                     程颐(伊川)┤
                                                              ├杨时(龟山)——罗从彦(豫章)——李侗(延平)
                                                     司马光(涑水)┘         ┤         私淑
                                                                        朱松(韦斋)——刘子翚(屏山)
                                                              刘安世(元城)——刘勉之(白水)
```

│ 蔡元定(西山)——蔡沈(九峰)
│ 黄榦(勉斋)——何基(北山)——王柏(鲁斋)——金履祥(仁山)——许谦(白云)
│ 陈淳(北溪)——饶鲁(双峰)——程若庸(徽庵)——吴澄(草庐)
│ 辅广(潜庵)——余端臣(讷庵)——王文贯(贯道)——黄震(东发)
│ 詹体仁(元善)——真德秀(西山)——王埜(潜斋)——王应麟(深宁)
私淑 魏了翁(鹤山)

辅广一支，在浙东南部有陈埴等支，从这种分布的区域上我们可以想见朱派学说的影响的广大了。"① 接着，还将朱熹门人及其后传脉络列为图表。

---

① 范寿康：《中国哲学史通论》，开明书店1937年版，第362~363页。

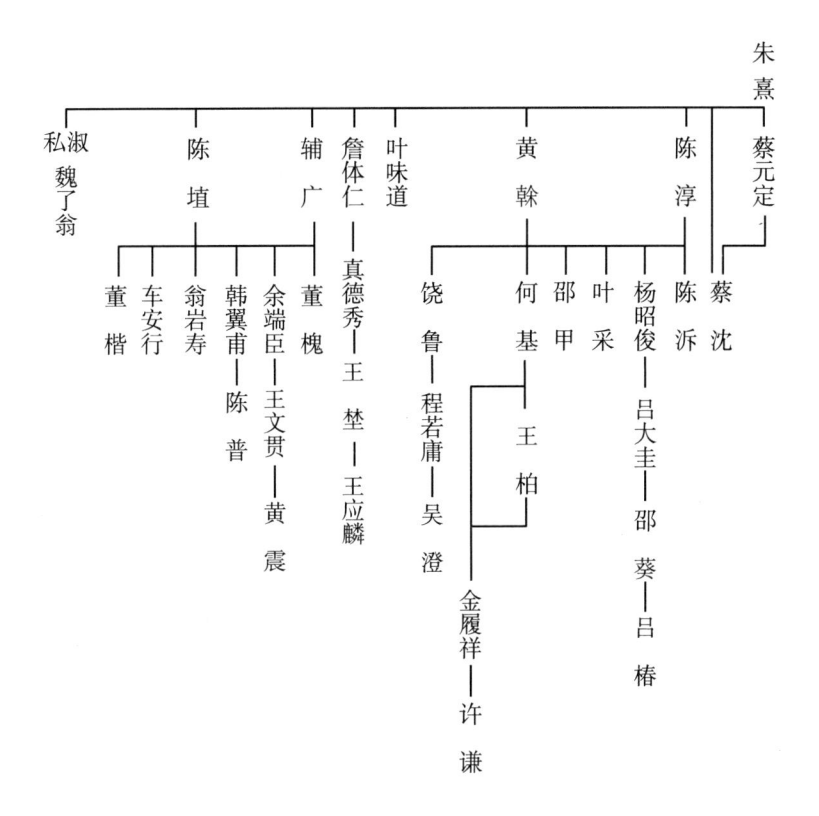

```
                                           朱
                                           熹
   私    陈    辅  詹   叶   黄      陈    蔡
   淑    埴    广  体   味   榦      淳    元
   魏              仁   道              定
   了
   翁
   ┌──┬──┐    ┌──┬──┐  真    ┌──┬──┐  ┌──┬──┐ ┌─┬─┐
   董  车  翁  韩  余  董  德  饶  何  邵  叶  杨  陈  蔡  沈
   楷  安  岩  翼  端  槐  秀  鲁  基  甲  采  昭  沂
        行  寿  甫  臣      │       │           俊
                陈  王      王      程      王  │
                普  文      埜      若      柏  吕
                    贯      │               │  大
                    │      王               │  圭
                    黄      应               金  │
                    震      麟               履  邵
                                            祥  葵
                                            │  │
                                            许  吕
                                            谦  椿
```

二、宋元明清朱子学

谢无量《朱子学派》所附"朱子门人及宋以来朱子学略述",除了对朱子门人作了阐述,还简要介绍了朱子后学,分为"宋之朱子学派""元之朱子学派""明之朱子学派""清之朱子学派"四小节,分别从朱子后学的生平和著述两个方面,简要介绍宋代朱门私淑魏了翁和朱门后传真德秀,以及元代朱子学派的代表许衡和刘因,明代朱子学派的代表吴与弼、薛瑄、胡居仁和罗钦顺,清初朱子学派的代表顾炎武、张履祥、陆世仪和陆陇其;最后还说:"此外,王夫之、张尔岐、刁包、应撝谦、李光地、张伯行,皆治朱子之学。惟李文贞(李光地)著书规模较为博大,余并顾(顾炎武)、张(张履祥)、二陆(陆世仪和陆陇其)之亚云。"①

谢无量《中国哲学史》第三编上第十六章"魏鹤山及真西山"认为,"鹤山哲学,亦绝对之唯心论",他所谓"人心之灵,则所以奠人极,人极立而天地位焉",颇近陆九渊门人杨简的《己易》;"又谓人生有刚柔故有善恶,在变化气

---

① 谢无量:《朱子学派》,中华书局1916年版,第262页。

质，则可以至圣贤矣"。① 真德秀强调"主敬与致知二者相待为用，不可偏于一也"，而且"于旧说颇能综贯得力，惟亦罕所发明耳"。② 第十七章"元之程朱学派"认为，元代儒者中以朱子为归宿的许衡和刘因，"盖元所藉以立国者也"；又说："二子之中，鲁斋功最大，数十年彬彬号名卿大夫者，多出其门，于是国人始知圣贤之学；静修享年不永，所及不远，然持身高洁，实不可及。"③

后来的钟泰《中国哲学史》第十六章"真西山、魏鹤山"认为，大抵言居敬，言穷理，魏鹤山与真西山略相似。此所以真、魏常并称也。"然鹤山宗晦翁，而实兼有永嘉经制之粹；西山尝及杨慈湖、袁絜斋之门（《西山集》有《慈湖先生训语》《絜斋先生训语》）"。④ 贾丰臻《宋学》"朱子后继"章有"魏鹤山""真西山"两节，则汲取谢无量《中国哲学史》的观点，同样认为"鹤山的哲学，亦是绝对的唯心论"⑤；而且还认为，"西山乃完全墨守晦庵思想，就物而求理，其理且属于客观的，终不免有支离灭裂的倾向"，因此，"西山罕所发明，可以知道"。⑥

章太炎《国学概论》对宋元时期的朱子学派作了阐述，认为这一时期传朱熹学说的有金华派，"金履祥（仁山）、王柏（会之）、许谦（白云）是这一派底巨擘"；又说："金履祥偶亦说经，立论却也平庸；许谦也不过如此；王柏和朱很接近，荒谬之处也很多，他竟自删《诗》了。"接着还说："金华派传至明初，宋濂承其学，也只能说他是博览，于'经'于'理'，都没有什么表见。宋之弟子方孝孺（正学）对于理学很少说，灭族以后，金华派也就式微。"⑦

1926年，梁启超的《中国近三百年学术史》出版。该书的第九章"程朱学派及其依附者"，述清初程朱学派张履祥、陆桴亭、陆陇其、王懋竑等，还说："清初因王学反动的结果，许多学者走到程朱一路，即如亭林、船山、舜水诸大师，都可以说是朱学者流。自余如应潜斋撝谦、刁蒙吉包、徐俟斋枋、朱伯庐用纯……等气节品格能自异于流俗者不下数十辈，大抵皆治朱学。故当晚明心学已衰之后，盛清考证学未盛行前，朱学不能不说是中间极有力的枢纽。"⑧

梁启超《中国近三百年学术史》还特别对王懋竑的《朱子年谱》以较高评价，指出："'朱子年谱'，从前有三个人做过：一、李果斋晦，朱子门人，其书三卷，魏了翁为之序；二、李古冲默，明嘉靖间人；三、洪去芜璟，清康熙间

---

① 谢无量：《中国哲学史》第三编上《近世哲学史（宋元）》，中华书局1916年版，第79~80页。
② 谢无量：《中国哲学史》第三编上《近世哲学史（宋元）》，中华书局1916年版，第81页。
③ 谢无量：《中国哲学史》第三编上《近世哲学史（宋元）》，中华书局1916年版，第84页。
④ 钟泰：《中国哲学史（卷下）》，商务印书馆1929年版，第71页。
⑤ 贾丰臻：《宋学》，商务印书馆1929年版，第135页。
⑥ 贾丰臻：《宋学》，商务印书馆1929年版，第137页。
⑦ 章太炎：《国学概论》，泰东图书局1922年版，第76页。
⑧ 梁启超：《中国近三百年学术史》，民志书店1926年版，第164~165页。

人。果斋本今不存，因为古冲本以果斋本作底本而改窜一番，后者行而前者废了。洪本则将古冲本增删，无甚特识。古冲生王学正盛之时，脑子里装满了《朱子晚年定论》一派话，援朱入陆之嫌疑，实是无可解免。白田著这部新年谱的主要动机，自然是要矫正这一点。……白田则尽力搜罗客观事实，把年月日调查得清清楚楚，令敌派更无强辩的余地。所以他不用说闲话争闲气，自然壁垒森严，颠扑不破。我常说王白田真是'科学的研究朱子'。朱子著作注释纂辑之书无虑数百卷，他钻在里头寝馈几十年，没有一个字不经过一番心，而且连字缝间也不放过。……我们要知道朱子是怎样一个人，我以为非读这部书不可，而且读这部书也足够了。"①

1930 年，唐文治《紫阳学术发微》以清人对朱子学的研究为基础，所以对清代的朱子学研究多有阐述，特别对明末清初之后的陆世仪、顾炎武、黄宗羲、陆陇其、朱泽沄、章学诚、唐鉴、陈澧、夏炘九人的朱子学研究作了评说。

陆世仪晚年辑《儒宗理要》，并撰《读朱子序言》。对于该篇，唐文治说："绪言所论，掇紫阳之大义，而剖析其精微，且谓'朱、陆异同之说，不必更扬其波'，可谓卓识！"②顾炎武的《日知录》中有专论王阳明《朱子晚年定论》一篇。对于该篇，唐文治说："《日知录》中论《朱子晚年定论》，发明罗文庄（罗钦顺）之说，特为透辟。然其意主于实事求是，非叫嚣激烈者可比。"③又按："亭林先生之论，与后来陆清献（陆陇其）无异，可谓能闲朱子之道者矣。然其词究嫌过激。"④黄宗羲《宋元学案》有《晦翁学案》《象山学案》等论及朱子学。唐文治对《象山学案》所涉及朱陆的评述尤为推崇，指出："其评朱陆，尤为心平气和。《象山学案》论一则，两家学术之精纯、交谊之周挚，都括其中。考据家通贯之学，于斯为美矣！"⑤陆陇其专治朱子之学，著《读朱随笔》等。唐文治说："陆氏毕生治朱学，精密无伦，……然微病其专辟异己，尽有余之言。"⑥对于陆陇其《三鱼堂集》中《答秦定叟书》所论朱子进学转关，唐文治既认为其"极为精深"，又指出其"稍有数语失考之处"。⑦朱泽沄为清代朱子学大家，著《朱子圣学考略》《宗朱要法》，编《朱子分类文选》。唐文治曾为重刻《朱止泉先生朱子圣学考略》作序，以为朱泽沄《朱子圣学考略》"真得朱子之心传者也"，而《宗朱要法》则是"精粹无与伦比"⑧。在《紫阳学术发微》

---

① 梁启超：《中国近三百年学术史》，民志书店 1926 年版，第 163～164 页。
②③ 唐文治：《紫阳学术发微》卷十一，华东师范大学出版社 2014 年版，第 288 页。
④ 唐文治：《紫阳学术发微》卷十一，华东师范大学出版社 2014 年版，第 302 页。
⑤⑦ 唐文治：《紫阳学术发微》卷十一，华东师范大学出版社 2014 年版，第 289 页。
⑥ 唐文治：《紫阳学术发微·自序》，华东师范大学出版社 2014 年版，第 2 页。
⑧ 唐文治：《重刻〈朱止泉先生朱子圣学考略〉序》，载于《茹经堂文集》一编，文海出版社 1974 年版，第 313、316 页。

中，唐文治认为，《朱止泉先生文集》中论朱子学的篇章极多，其中最精彩的《朱子未发涵养辨》《朱子格物说辨》，"皆洞中窾要"①；而《朱子圣学考略提要》"更能撷菁挈领，囊括无遗"②。唐文治还说："盖止泉先生于朱子之学不独口诵心维，贯通纯熟，实能力践躬行，循序渐进，以数十年之心得，上契朱子之心传，非讲演文义、稽考年月者所能望尘而及也。"③ 与朱泽沄《朱子圣学考略》一样，夏炘《述朱质疑》也受到唐文治的高度评价，指出："夏弢甫先生《述朱质疑》一书，论朱子毕生之学，精详周至，无义不搜，几几乎叹观止矣。度其为学，必有四、五十年之苦功，乃克臻此。"④ 此外，唐文治还对章学诚《文史通义》中的《朱陆》篇、唐鉴《朱子学案目录序》、陈澧《东塾读书记》中的《朱子书》等，一一作了述评。

除了对以上九人的朱子学研究作了评说，唐文治对王懋竑的朱子学研究也有过评述。早在1923年，唐文治在《朱文公文集校释序》中就认为，王懋竑与朱泽沄于朱子之书，"订年月，辨异同，务使归于至当，使异端者无所措其巧，还朱子之真于千百年之后，实为元明以来诸儒所莫能逮"，并且指出："白田先生尤为精密周详，一字之定，万义纷陈，且旁及史事各家，栉文梳义，往往以单辞引证，解千百年聚讼之纷，而各使如日月之经天，人人得指而明之。其于朱子学，盖不啻精审而已，复加之以贯串；不啻贯串而已，复加之以身体力行。"⑤ 后来又说："后世为朱子学者，舍二先生其谁与归？"⑥ 甚至还认为，朱泽沄于朱子之学，"终身服膺，寝馈更胜于白田"⑦。

1935年，容肇祖发表了《记正德本〈朱子实纪〉并说〈朱子年谱〉的本子》⑧，对明代戴铣《朱子实纪》中的朱子年谱以及明清时期其他各种《朱子年谱》作了考证和比较分析。该文有十节：一、"序说"，二、"《朱子实纪·后序》所记戴铣的卒年足证《明史·本传》之疏"，三、"《朱子实纪》刻成的年期及续附入的材料"，四、"《朱子实纪》的内容及其年谱的要例"，五、"《朱子实纪》中年谱的渊源"，六、"陈建《学蔀通辨》所引《朱子年谱》与《实纪》中年谱的异同"，七、"几种徽刻本的《朱子年谱》"，八、"《四库全书总目提要》论朱世润本《朱子年谱》之误"，九、"《朱子实纪》中违碍清代之语"，十、"我所

---

①②③ 唐文治：《紫阳学术发微》卷十二，华东师范大学出版社2014年版，第313页。
④ 唐文治：《紫阳学术发微》卷十二，华东师范大学出版社2014年版，第315页。
⑤ 唐文治：《朱文公文集校释序》，载于《茹经堂文集》二编，文海出版社1974年版，第742~743页。
⑥ 唐文治：《重刻〈朱止泉先生朱子圣学考略〉序》，载于《茹经堂文集》一编，文海出版社1974年版，第314页。
⑦ 唐文治：《茹经先生自订年谱》，文海出版社1986年版，第86页。
⑧ 容肇祖：《记正德本〈朱子实纪〉并说〈朱子年谱〉的本子》，载于《燕京学报》1935年第18期。

见的《朱子年谱》的一类书",附《朱子年谱》本子源流表;大致可以分为以下三个部分。

第一,对戴铣《朱子实纪》以及其中朱子年谱作了考察。《朱子实纪》全书十二卷,其中二至四卷为朱子年谱。容肇祖对《朱子实纪》作者戴铣的卒年以及该书刻板的年代作了考证,同时还阐述了《朱子实纪》的内容以及其中朱子年谱的渊源,认为《朱子实纪》中的年谱渊源于朱子门人李方子的《紫阳年谱》,并且都分为三卷。

第二,就明代陈建《学蔀通辨》所引《朱子年谱》与《朱子实纪》中的年谱作了比较。陈建所撰《学蔀通辨》旨在辨王阳明《朱子晚年定论》之是非。对于该书所引证《朱子年谱》,容肇祖认为,或为宣德间婺源刻本。

第三,对明清时期其他各种《朱子年谱》作了考证和比较分析,包括徽州刻的赵滂《程朱阙里志》卷四《实录志》中的《晦庵先生年谱》和朱世润的《朱子年谱》,以及闽刻本《朱子年谱》、李默的《朱子年谱》、舒敬亭《朱子文公传道经世言行录》中的《年谱》、洪去芜的《朱子年谱》、王懋竑的《朱子年谱》、郑士范的《朱子年谱》、邹琢其的《朱子年谱正讹》、朱泽沄的《朱子圣学考略》、李元禄的《朱子年谱纲要》等。

最后,容肇祖在比较分析各种《朱子年谱》的基础上,就它们的相互关系构画了"《朱子年谱》本子源流表"。

1936年,容肇祖借到了清代洪嘉植(字去芜)所撰《朱子年谱》,于是撰《跋洪去芜本朱子年谱》。该文除了对洪嘉植的生平作了研究,主要就他的《朱子年谱》与王懋竑《朱子年谱》作了详细的比较,阐述其主要特点,并且指出:"洪嘉植的《朱子年谱》,是整个的增订改作的。他的改作,压倒了以前的《朱子年谱》的各种本子,增益进去的不少,许多都是重要的材料。确是一种承前启后的工作,为王懋竑的《朱子年谱》的先锋。"[①]

1937年,李兆民发表的《明清福建理学诸家之概况》[②]对明清时期福建理学作了概述,其中作专门论述的学者有:曾在福建讲学的阳明弟子王畿;泰州学派之入闽学者耿天台;周瑛,莆田人;蔡清,晋江人;陈真晟,漳浦人;张岳,惠安人;黄道周,漳浦人。显然,其中包括了对于明清朱子学的阐述。对于周瑛(号翠渠),李兆民说:"翠渠之学以居敬穷理为鹄,谓圣人静有以立天下之大本,动有以行天下之达道,求诸万殊而后一本可得。……此说于白沙(陈献章)、阳明有所不契。"对于蔡清(号虚斋),李兆民说:"虚斋为学从训诂而窥见大体,

---

[①] 容肇祖:《跋洪去芜本朱子年谱》,载于《燕京学报》1936年第20期。
[②] 李兆民:《明清福建理学诸家之概况》,载于《福建文化》1937年第4卷第24期。

《朱子年谱》本子源流表

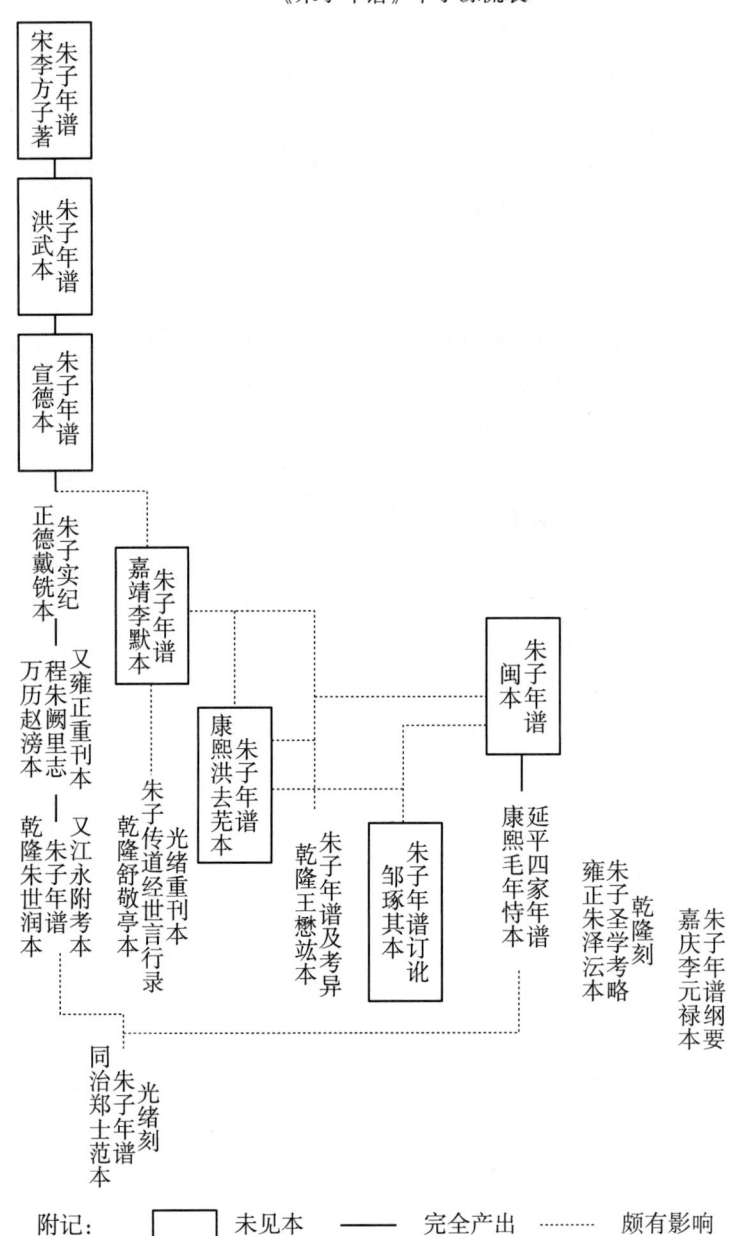

```
朱子年谱 宋李方子著
    │
朱子年谱 洪武本
    │
朱子年谱 宣德本
    │
    ├── 朱子实纪 正德戴铣本 ── 又雍正重刊本 ── 程朱阙里志 万历赵滂本 ── 又江永附考本 朱子年谱 乾隆朱世润本
    │
    ├── 朱子年谱 嘉靖李默本
    │       │
    │       ├── 朱子传道经世言行录 乾隆舒敬亭本
    │       │
    │       ├── 朱子年谱 康熙洪去芜本 ── 光绪重刊本
    │       │
    │       ├── 朱子年谱及考异 乾隆王懋竑本
    │       │       │
    │       │       ├── 朱子年谱订讹 邹琢其本
    │       │       │
    │       │       ├── 朱子年谱 闽本 ── 康熙毛年恃本
    │       │       │
    │       │       ├── 延平四家年谱
    │       │       ├── 朱子圣学考略 雍正朱泽沄本
    │       │       ├── 乾隆刻
    │       │       ├── 朱子年谱纲要 嘉庆李元禄本
    │       │
    │       └── 朱子年谱 光绪刻 同治郑士范本
```

附记： □ 未见本　── 完全产出　……… 颇有影响

究不为支离所域也。概以静而虚断之。……虚斋说出慈湖（杨简）而宗陆氏。"对于陈真晟（字剩夫），李兆民说："剩夫为程朱传统思想之继承也。与白沙派大别。"对于张岳，李兆民称之为"保守闽学而力拒新兴阳明势力侵入者"。对于黄道周（号石斋），李兆民说："石斋先生，为一独立不羁之理学家，有辩才，说不拘于宋明，及程朱、陆王。"除此之外，李兆民所述及的学者还有：蔡世远及从子蔡新、雷鋐、阴承方、谢金銮、林赞龙等。

1941年，容肇祖的《明代思想史》① 出版。该书第二章"明初的朱学"，述"明初朱学中的博学或致知派"学者宋濂、王袆、方孝孺，"朱学中的涵养或躬行派"学者薛瑄、吴与弼以及"初期的朱学之秀"胡居仁；第六章"朱学的后劲"，述罗钦顺、陈建。

此外，蒋伯潜《理学纂要》第十一章"朱子后学"，除叙述朱子门人，还述及宋末的真德秀、魏了翁，元代朱子后学赵复、许衡、刘因、吴澄等。

三、朱子学的海外传播

关于朱子学的海外传播，1936年，王锦第发表《东渡后的朱王之学》②，讨论了朱子学与阳明学东渡日本以及对于日本所产生的重大影响。该文认为，以朱子为代表的宋学，在日本促成建武中兴的大业，并在日本德川时代受到了极大的推崇。该文还说："无论是学术思想，以至于事功政治，德川三百年间的历史，朱子学为代表的新儒学是他们学术的渊丛，文教的中心。"

朱子学在欧洲的传播，受到朱谦之的重视。1937年，他发表《宋儒理学对于欧洲文化之影响》③，分别阐述了宋儒理学对于法国哲学和德国哲学的影响。在讨论法国哲学所受的影响时，朱谦之认为，17世纪法国一些学者把宋儒理学当作中国哲学来攻击，以为"中国哲学和基督教哲学的不同，即由于中国哲学所主张之'理'，和基督教所主张之'神'的不同"，所以"中国哲学即是无神论"；而18世纪法国哲学家孟德斯鸠（Montesquieu）也以中国人为无神论者，以为无神论在中国，"很有许多好处"，伏尔泰（Voltaire）也是以中国哲学之"理"代替基督教之"神"，攻击正宗的宗教，还有百科全书派都把中国哲学解读为无神论。在讨论德国哲学受宋儒理学的影响时，朱谦之讨论了莱布尼兹（Leibniz）与宋儒之关系，认为在莱布尼兹那里，"中国哲学的'理'，就是欧洲人所讲的神""理是天之自然法则，违背天的法则就是违背理性的法则。这根本是和基督教相合"，因此"否认中国哲学为无神论的说法"。与此同时，朱谦之还讨论了叔本华（Schopenhauer）与朱子学说的相同，并且认为，叔本华哲学的自然意志说与朱子的学说有着密切的关系。最后，朱谦之指出："十八世纪欧洲

---

① 容肇祖：《明代思想史》，开明书店1941年版。
② 王锦第：《东渡后的朱王之学》，载于《自由评论》1936年第28期。
③ 朱谦之：《宋儒理学对于欧洲文化之影响》，载于《现代史学》1937年第3卷第2期。

的'哲学时代',实受中国哲学的影响,尤其是受宋儒理学的影响。"

1940年,朱谦之的《中国思想对于欧洲文化之影响》出版,其中对此前的《宋儒理学对于欧洲文化之影响》做了更为详细的阐述。该书"本论"题解曰:"十八世纪欧洲思想界,以争论礼仪问题,使当时无论迎拒中国哲学之人,均以宋儒理学为对象。一方有人认中国哲学为唯物论无神论而加攻击,一方即有人认中国哲学为唯物论无神论而加欢迎。又一方有人认中国哲学之理性说为异端外道,一方即有人拥护此理性说,而对于中国哲学曲加解释。前者之影响,可以法国麦尔伯兰基(Malebranche)之攻击中国哲学为例;后者之影响,可以德国来布尼兹(Leibniz)之拥护中国哲学为例。前者之攻击,其反响为法国百科全书派之无神论的唯物论的哲学;后者之拥护,遂造成德国观念论之古典哲学。前者之影响,为法国之政治革命;后者之影响,为德国之精神革命。"①"本论"分为四编:(1)"耶稣会士对于宋儒理学之反响",(2)"启明运动与中国文化",(3)"中国哲学与法国革命",(4)"中国哲学与德国革命"。在"启明运动与中国文化"中,讨论了"宋儒理学传入欧洲的影响",并在讨论"来布尼兹与宋儒理学之关系"时阐述了"来布尼兹之宋儒理气观",分为:(1)"理",(2)"'理'与'气'之关系",(3)"人类之灵";在"中国哲学与德国革命"中,讨论了"叔本华之中国文化观",阐述了"叔本华与朱子哲学",分为:(1)"朱子哲学之价值",(2)"自然意志说与天论之比较",(3)"叔本华所受朱子哲学之影响";并在最后得出结论:"德国的观念论哲学实受中国思想的影响,扩大来说,就是十八世纪欧洲的'哲学时代'实受中国哲学的影响,尤其是受宋儒理学的影响。"②

此外,关于朱子学的海外传播,1945年,程中道发表《朱子学在日本》③,对朱子学传入日本以及所形成的朱子学派别等作了阐述。分为:(1)"宋学的传入",(2)"朱子学之祖藤原惺窝",(3)"朱子学的派别"。该文认为,日本朱子学之祖为德川时代的藤原惺窝,继藤原惺窝之后,主要有林罗山、松永尺五、那波活所、堀杏菴等;林罗山在江户(今东京)讲学,为江户朱子学之祖;而松永尺五继藤原惺窝在京都讲学,门下有木下顺庵、安东省庵、宇都宫遯庵、贝原益轩等,木下顺庵门下最著名的有新井白石和室鸠巢等,形成京都朱子学;此外,在江户还有另一脉始于南村梅轩、谷时中,传及山崎暗斋的土佐朱子学。

---

① 朱谦之:《中国思想对于欧洲文化之影响》,商务印书馆1940年版,目录第1页。
② 朱谦之:《中国思想对于欧洲文化之影响》,商务印书馆1940年版,第323页。
③ 程中道:《朱子学在日本》,载于《东方学报》1945年第1卷第2期。

第十一章

从阶级分析入手的朱子学研究

民国时期，社会动荡，政治纷争，对学术研究造成了很大的影响，甚至在局部形成了一定程度的学术政治化的倾向。尤其是，随着社会政治的发展，一种在当时政治领域具有重要作用的阶级分析方法，应社会政治的需要而进入了学术领域。不可否认，这种以社会的阶级矛盾与对抗为依据并把各种学术思想归属于不同阶级的分析方法，虽然具有很强的政治色彩，并在一定程度上可能会影响学术的纯粹性和独立性，但对于当时的社会政治发展具有重要的意义，而且，也实实在在地构成了民国时期学术研究的一种特色。民国时期的朱子学研究同样也受到这种阶级分析方法的影响。

一、概述

民国时期，运用阶级分析方法研究朱子学，至少可以追溯到1935年出版的李石岑《中国哲学十讲》所述第八讲"什么是理学"。李石岑曾于1926年出版的《人生哲学》中对朱熹的人生哲学做过阐述。该书指出："他的哲学所以带有理气二元的色彩，也就因为他学问的方面太广阔。他做学问的方法，是本着大慧宗杲的教旨，先慧而后定。《宋史》叙朱晦庵为学，谓'大抵穷理以致其知，反躬以践其实，而以居敬为主'。所谓穷理与居敬，便是慧与定的功夫。朱晦庵借《大学》'格物致知'一段，发挥先慧后定的道理。……朱晦庵是做先慧后定的功夫的,所以把格物解作'穷理',是主张'致知在格物'。"① 接着,李石岑又对朱熹的格物说予以了高度肯定,认为朱熹的格物,"和近代科学上归纳的研究法很相似"。② 此外,李石岑还将朱熹哲学与西方哲学家康德作了比较,指出:"朱子在中国哲学史上的地位,好像康德在西洋哲学史上的地位一般。朱子是中国哲学之集大成者,康德便是西洋哲学之集大成者。康德哲学的特点是本务观念,朱子哲学的特点是读书功夫。"③ 应当说,这时的李石岑并不在意于朱熹及其学术思想的阶级属性,而是较多强调其与大慧禅师的关系,并认为朱熹做的是"先慧后定的功夫""援释入儒的工作"。④ 然而,后来他的《中国哲学十讲》在阐述中国哲学包括朱熹理学时则明确引入了阶级分析方法。该书第八讲"什么是理学"分为"宋代思想发生的背景""晦庵思想体系的概说""晦庵思想的批判"三节;一方面说"朱晦庵是宋代哲学一个集大成的人。他是继承周、张、二程的思想的,尤其是受程伊川的影响最大,他提出一个'理'字说明他的全部哲学"⑤,另一方面又认为,朱熹"拼一生的心血以加强中国社会的封建意识,以增多无知民众的固定观念,以厚植维护宗法的儒家势力"⑥,强调朱熹学术旨在维护中国古代统治阶级的意识形态和根本利益。这明显是用政治的阶级分析方法阐述和分析朱熹的学术。

继李石岑《中国哲学十讲》之后,1936年,谭丕模的《宋元明思想史纲》出版。该书在阐述南宋各派的学术思想时,通过对南宋社会阶级矛盾的分析,明确指出,陆九渊的哲学是"从大地主阶层的立场出发"的"绝对唯心论的哲学";朱熹的哲学是"从谋大地主阶层与小地主阶层的妥协的立场出发"的"理气二元论的哲学";叶适、陈亮的哲学则是"从小地主阶层的立场出发的"。⑦ 所以,该书以"大小两地主阶层之调和论——朱熹的格物论"为题阐述朱熹的哲学思想,把朱熹的学术与社会的阶级矛盾联系起来。

1937年,吕振羽的《中国政治思想史》出版;后经修订于1947年再版。该书旨在对中国历史中"社会思想的各流派,从其形成、发展、死亡的过程上,以及其相互对立斗争——作为各别阶级的本质的对立和同一阶级内部各阶层的统一对立——的关系上,作系统的探究"⑧,强调社会思想各流派与社会政治各阶级

---

① 李石岑:《人生哲学》,商务印书馆1926年版,第394~395页。
② 李石岑:《人生哲学》,商务印书馆1926年版,第397页。
③ 李石岑:《人生哲学》,商务印书馆1926年版,第400~401页。
④ 李石岑:《人生哲学》,商务印书馆1926年版,第402页。
⑤ 李石岑:《中国哲学十讲》,世界书局1935年版,第287页。
⑥ 李石岑:《中国哲学十讲》,世界书局1935年版,第334页。
⑦ 谭丕模:《宋元明思想史纲》,开明书店1936年版,第64页。
⑧ 吕振羽:《中国政治思想史》"初版序",生活·读书·新知三联书店1949年版。

的紧密联系。该书第九编"封建主义衰落期政治思想的各流派"第二章"地主阶级内部的分化和朱陆两学派的对立"有"朱熹的折衷主义"一节,分为"朱熹传略""作为朱熹哲学之认识论的'理''气'二元论""折衷主义的政治论"三部分,专门阐述朱熹的哲学思想和政治思想,不仅把朱熹的学术思想归属于统治阶级,而且还用统治阶级的内部斗争阐述朱陆之辩。

1939 年,赵纪彬的《中国哲学史纲要》出版。该书认为,中国哲学的研究,"要对于各时代的哲学,依唯物史观的考察,即一方面由社会诸关系的特征上,确定其阶级的背景;而另一方面也由模写论上批判其逻辑的命题,并把握哲学史发展的内在关联"①。该书第四篇"经学发展的新阶段——宋明时代的新儒教哲学"第十四章"作为宋学集大成的朱熹的理气二元论及朱陆对立的阶级与哲学意义",分为"朱熹的时代背景及其阶级性""朱熹的理气二元论及其根本的缺陷——对于唯心论的屈服""朱陆对立的社会根据及其哲学意义"三节,专门阐述朱熹的哲学思想,并特别分析了朱熹哲学思想的阶级属性。

同年,周谷城的《中国通史》出版。该书第四编"封建势力持续时代(自北宋初至鸦片之战)"第十章"巩固统治的理学",其中"理学之生长完成"一节分为"中国思想之演变""理学内容之特质""理学有裨于统治"三部分,包括了对朱熹理学思想的阐述,并且明确指出,朱熹的"存天理、灭人欲"有助于统治者。

1940 年,范文澜在延安新哲学年会上发表《中国经学史的演变》,其中在论及朱熹的学术思想时,认为朱熹理学"供给统治阶级更精妙的压迫工具,比汉学讲礼、讲阴阳五行精妙得多,朱熹被尊为道统继承人,决不是偶然的事"②。1942 年,范文澜的《中国通史简编》(中册)在延安付印出版。该书的第三编"封建经济的发展到西洋资本主义的侵入——隋统一至清鸦片战争"第五章"南北分裂与封建经济南盛北衰时代——金与南宋"第三节"南宋的腐朽政治与道学的提倡"和第九章"隋唐以来文化概况"第五节"正统派宋学"论及朱熹及其思想。其中认为,以朱熹为代表的"正统派宋学""完全符合统治阶级的需要"③。

蔡尚思于 1931 年出版的《中国学术大纲》在阐述朱熹哲学思想时,几乎完全吸纳李石岑早先《人生哲学》中的表述,只是不同意他所谓"朱子是中国哲学之集大成者"的说法。④ 1948 年,蔡尚思发表《宋明理学相同的缺点》,分为:

---

① 向林冰(赵纪彬):《中国哲学史纲要》,生活书店 1939 年版,第 22 页。
② 范文澜:《中国经学史的演变》(续完),载于《中国文化》1940 年第 2 卷第 3 期,第 18 页。
③ 范文澜:《中国通史简编》,新知书店 1947 年版,第 744 页。
④ 蔡尚思:《中国学术大纲》,启智书局 1931 年版,第 387~388 页。

"地主的立场""三教的杂家""不行的修养""无上的君权"四部分;同年又发表《程朱派哲学的批判》,分为"学说的来源——儒家与道佛""两种的功夫——心头与纸上""骗人的谈玄""吃人的讲理"四部分。不仅运用阶级分析方法阐述朱熹的学术,而且对它展开了严厉的政治批判。该二文后来收入他于1950年出版的《中国传统思想总批判》。①

二、朱熹家庭背景以及生平事迹的阶级分析

运用阶级分析方法研究朱熹学术,首先是要对朱熹本人的家庭背景以及生平事迹做出阶级分析,其次是要以此为依据,进一步对朱熹的学术思想的阶级属性做出分析和批判。

关于朱熹的家庭背景,《宋史·朱熹传》指出:"家故贫,少依父友刘子羽,寓建之崇安,后徙建阳之考亭,箪瓢屡空,晏如也。诸生之自远而至者,豆饭藜羹,率与之共。往往称贷于人以给用,而非其道义则一介不取也。"② 对此,吕振羽《中国政治思想史》不以为然,指出:"此殆为过甚之辞,未有其贫至衣食无着而能穷年以事学问者;且其父子相继为显官,而未有无产业者。故原其出处,应为一官僚地主之家庭,后来式微了的。"③ 赵纪彬《中国哲学史纲要》也说:"朱熹的家世及经历,为官僚阶级。"④ 蔡尚思《宋明理学相同的缺点》则说:"二程、朱熹、张栻、陆氏……那班理学大师,都是官家地主的子弟;而自己也常做官,如朱熹、许衡、王守仁、李光地……等的官位都是很高,所以和下层大众很隔阂,不知稼穑之艰难,不知痛苦为何物,其思想全是代表上层,而不适于实际之用。"⑤

关于朱熹的生平事迹,谭丕模《宋元明思想史纲》说:"他是以进士出身,做过同安主簿,知南康军,累次对策,都是劝人君以正心和格物致知为主,后来以政见关系被贵族地主排斥,乃退而讲学于白鹿洞。在学术上与陆九渊对立,致演成鹅湖之会的三日舌战,在政治上与韩侂胄对立,致演成'庆元党祸'。他的生活,非常有秩序,举止非常娴雅,真能遵守封建社会的信条,博得当时多数士大夫的尊崇。"⑥ 应当说,这一评述与《宋史》所载基本一致。

与谭丕模以为朱熹"真能遵守封建社会的信条"相反,在当时延安出版的范

---

① 蔡尚思:《中国传统思想总批判》,棠棣出版社1950年版,第85~98、120~142页。
② (元)脱脱等:《宋史》(36)卷四百二十九,中华书局1977年版,第12767~12768页。
③ 吕振羽:《中国政治思想史》,生活·读书·新知三联书店1949年版,第398页。
④ 向林冰(赵纪彬):《中国哲学史纲要》,生活书店1939年版,第424页。
⑤ 蔡尚思:《宋明理学相同的缺点》,载于《新中华》1948年复刊第6卷第9期。
⑥ 谭丕模:《宋元明思想史纲》,开明书店1936年版,第65页。

文澜《中国通史简编》则另有一说:"朱熹讲正心诚意的道学,被认为登峰造极。他本人的行为,并不与他口说符合,虽然他声名大,徒弟多,经长时期的修饰隐讳,似乎装成圣贤模样,可是不能掩尽的行迹,却依然流传。例如朱熹与陈亮友善,陈亮游台州狎官妓,求台州太守唐仲友代为脱籍。仲友卑视陈亮,不肯出力,亮怒,往见朱熹。熹问小唐说些什么?亮答,唐说你字都不认识,如何做得监司(大官)。熹怒,借查冤狱名义,巡按台州,立夺仲友官印,奏告他的罪状,仲友也上奏自辩。官妓严幼芳色艺冠一时,熹捕幼芳强令供与唐通奸,幼芳备受鞭杖,抵死不认。她说:'我是贱妓,与太守通奸,止是杖罪,不过是非真假,岂可乱说,我终死不能诬人'。熹再三痛杖,逼令认奸,幼芳受刑不屈。赵眘起初看朱、唐互告,止当是秀才争闲气(闹意气),后来看朱熹冤人通奸,令朱、唐二人都罢免才了事。其他如迷信风水,掘别人的墓地,葬自己的母亲;娶尼姑二人作宠妾;托名邹䜣注释《参同契》(炼丹书,东汉道士魏伯阳著);标榜俭德,不让老母吃好米。这都是南宋人的记载,应该可信。"①

这段叙述的前半部分,最初出自南宋人洪迈的《夷坚支志》庚卷十《吴淑姬严蕊》,《四库全书总目》将该书归为"小说家类",并指出:"是书所记,皆神怪之说。"后来南宋人周密的《齐东野语》卷二十《台妓严蕊》有所增补,直至明代凌濛初写成小说集《二刻拍案惊奇》,其中卷十二《硬勘案大儒争闲气,甘受刑侠女著芳名》作了详细描写。而后半部分,出自"庆元党案"时朱熹的政敌韩侂胄指使监察御史沈继祖上疏弹劾朱熹而编造的罪状,据陈荣捷《朱子新探索》考证,沈继祖疏,最早见于稍后于朱熹的南宋人叶绍翁的《四朝闻见录》卷四丁集《庆元党》。② 此外,宋嘉熙三年(1239年),李心传所撰《道命录》卷七上也有《沈继祖劾晦庵先生疏》。

不可否认,沈继祖疏中所编造的诸条罪状,有些应当是事实,比如,朱熹托名邹䜣注释《参同契》,而撰《〈周易参同契〉考异》,但也有些则为沈继祖捏造的诬陷之词,而没有得到证明,不能被当作事实。否则就无法解释朱熹因沈继祖疏而遭落职罢祠之后,"尚许仍居于散秩"③,保留官阶。而且,作为抄录沈继祖疏的学者,叶绍翁与朱熹后学真德秀交往密切,"其学一以朱子为宗"④;李心传

---

① 范文澜:《中国通史简编》,新知书店1947年版,第419~420页。
② 陈荣捷:《朱子新探索》,华东师范大学出版社2007年版,第518页。
③ (宋)朱熹:《晦庵先生朱文公文集》卷八十五《落秘阁修撰依前官谢表》,载于《朱子全书》(24),上海古籍出版社,安徽教育出版社2010年版,第4016页。
④ (清)永瑢等:《四库全书总目》卷一百四十一,中华书局1965年版,第1201页。叶绍翁曾称赞朱熹批评告子"徒知知觉运动之蠢然者,人与物同;而不知仁义礼智之粹然者,人与物异",指出:"此其一言破千古之惑,我文公真有大功于性善如此。"[(宋)叶绍翁:《四朝闻见录》,中华书局1989年版,第5页。]

则崇奉程朱理学。他们只是客观地抄录了沈继祖弹劾朱熹疏,更多的应该是表达对于朱熹遭受诬陷的不满,因而绝不可能相信沈继祖诬陷朱熹而编造的罪状。

朱熹去世之后,宋朝廷"诏赐熹遗表恩泽,谥曰文。寻赠中大夫,特赠宝谟阁直学士。理宗宝庆三年(1227年),赠太师,追封信国公,改徽国",后来又"诏以周、张、二程及熹从祀孔子庙";①直至清康熙五十一年(1712年),"诏宋儒朱子配享孔庙,在十哲之次"。②显然,明清时期不会有人相信沈继祖疏中对于朱熹的诬陷之词。

民国时期,1918年出版了孙毓修所撰《朱子》,为上海商务印书馆所推出"少年丛书"之一,至1929年已出第10版,几乎年年再版;1935年又出版了章衣萍所撰《朱子》,为上海儿童书局推出儿童读物"中国名人故事丛书"之一,至1946年已出第11版。③而且,1930年,正值朱熹诞辰800周年之际,当时著名的《大公报》所辟《文学副刊》以"朱晦翁诞生八百年纪念"为题,连续5期整版刊载朱子学研究的长篇学术论文。④可见,在民国时期,朱熹仍然是一个受到多数文人学者以及广大的社会读者所推崇的人物,而且是作为教育下一代的典范,因此也不可能相信"南宋人"那一"记载"中有关朱熹品行的说法。1937年出版的陈登原《中国文化史》(下册)明确认为,叶绍翁《四朝闻见录》所载沈继祖劾朱子"诱引尼姑二人,以为宠妾",属"莫须有之辞"。⑤

三、朱熹学术思想的阶级分析

关于朱熹学术思想的阶级属性,如前所述,李石岑《中国哲学十讲》认为,朱熹的学术是为了"加强中国社会的封建意识"。同时,该书还对朱熹讲读书、主敬作了分析,指出:"无论主敬也好,读书也好,他的根本意思是在'销磨飞扬倔强之气'。自经晦庵这番的说明,于是后来的统治阶级,尤其是满清,遂专用这种态度,提倡读书,以销磨被统治阶级的飞扬倔强之气。……用慴伏身心、销磨志气的态度提倡读书,只是表现一个御用学者的可悯的心境。"⑥此外,李石岑还大力推崇戴震对于朱熹"存天理、灭人欲"的批评,并引述戴震所言"人死于法,犹有怜之者,死于理,其谁怜之",指出:"东原对晦庵的攻击,可

---

① (元)脱脱等:《宋史》(36)卷四百二十九,中华书局1977年版,第12768~12769页。
② 赵尔巽等:《清史稿》(2)卷八,中华书局1976年版,第281页。
③ 乐爱国:《民国时期的两部儿童读物:〈朱子〉》,载于《朱子文化》2012年第6期。
④ 乐爱国:《民国时期〈大公报〉纪念朱子诞生八百年》,载于《朱子文化》2013年第4期。
⑤ 陈登原:《中国文化史》(下册),世界书局1935年版,第114页。
⑥ 李石岑:《中国哲学十讲》,世界书局1935年版,第336页。

谓达到百尺竿头，但所持的理由，却是很正确的。在封建社会统治阶级的淫威之下，'死于理'的确实要比'死于法'的更可怜。"接着，李石岑还进一步得出结论："晦庵谈理，建立一种理学，结果，对于封建社会统治阶级的效用大，而对于被统治阶级的帮助却是极微极微。"①

谭丕模《宋元明思想史纲》认为，朱熹"一方面把周程所遗留的学说，加以有系统的组织与发挥，一方面把王安石的政治学在不违背大地主的利益的原则下而加以修正，而另成一新的体系"②；又认为，朱熹讲穷理，是为了"明了封建社会中的'人伦'关系，指示其各阶层彼此的正当行为，而达到其阶级的说教"③；同时又说："他的政治论的根本原则，就是守旧与因时并用，这也是从谋大小两地主阶层调协的观点出发的。"④ 而且还指出："朱氏是一位开明的大地主阶层之代言者，一方面在不完全抹杀小地主阶层和农民利益的原则之下而继承着大地主一部分的传统政策，一方面在不十分抵触大地主阶层利益的原则之下而采用小地主阶层一部分的维新政策，尽力地弥补大小两地主阶层的裂痕。"⑤

吕振羽《中国政治思想史》对朱熹的政治思想作了阶级分析，认为朱熹的政治主张，"基本上是符合中小地主的要求，同时也部分的符合商人、地主、中间阶层乃至农民的要求。但他又受到贵族大地主排斥，并引发为严重的'伪学'之禁。这说明他是代表中小地主而出现的"⑥；同时还认为，朱陆之争"都是由于其各自所代表的社会层利益的不同，同时也正在表现地主阶级内部诸阶层利益冲突的剧烈"⑦。

赵纪彬《中国哲学史纲要》则明确认为，朱熹"是南宋商工业阶级的思想家"，因此，"在政治的实践上遂确立了比较前进的、和纯封建地主不相容的态度"⑧。该书又指出："由于当时商工业者对于封建支配的从属性，所以他无论在政治实践上及哲学思想上，都未能成为真实的变革的存在；而不过是在政治上提出了部分改良的主张，在哲学上建立了理气二元论的体系。"⑨ 还说："朱陆之间的对立，完全是当时商工业者阶层与封建贵族的地主之间的冲突的反映；即朱熹代表着前者，陆象山代表着后者。"⑩ 同时，该书赞同戴震对宋儒理欲之辨的批

---

① 李石岑：《中国哲学十讲》，世界书局 1935 年版，第 341 页。
② 谭丕模：《宋元明思想史纲》，开明书店 1936 年版，第 65 页。
③ 谭丕模：《宋元明思想史纲》，开明书店 1936 年版，第 73～74 页。
④ 谭丕模：《宋元明思想史纲》，开明书店 1936 年版，第 74 页。
⑤ 谭丕模：《宋元明思想史纲》，开明书店 1936 年版，第 77 页。
⑥ 吕振羽：《中国政治思想史》，生活·读书·新知三联书店 1949 年版，第 398 页。
⑦ 吕振羽：《中国政治思想史》，生活·读书·新知三联书店 1949 年版，第 410 页。
⑧ 向林冰（赵纪彬）：《中国哲学史纲要》，生活书店 1939 年版，第 425 页。
⑨ 向林冰（赵纪彬）：《中国哲学史纲要》，生活书店 1939 年版，第 444 页。
⑩ 向林冰（赵纪彬）：《中国哲学史纲要》，生活书店 1939 年版，第 448 页。

评,并且指出:"在戴东原看来,宋儒这种去欲存理的学说,在实践上乃是统治阶级残杀被压迫大众的工具。"①

周谷城《中国通史》在阐述朱熹理学思想时,特别对朱熹"存天理、灭人欲"作了阶级分析,认为朱熹"存天理、灭人欲"作为政治原则,不仅"统治的君主要依循这个原则以施政",而且"凡受治的人民,也必须依循'存天理、灭人欲'之原则以守秩序,以作顺民"②。因此,该书明确指出:"'存天理、灭人欲'这个原则,君民两方,都用得着。君主用此以统天下,为令主;人民依此以守秩序,为顺民。但君主未必愿意执行这个原则,以规范自己,人民未必懂得这个原则,奉行无少差池。于是介于君民之间的智识分子重要了。智识分子依据着'存天理、灭人欲'之原则以保种族,以辅君主,以导人民。"③

范文澜《中国通史简编》特别强调以朱熹为代表的"正统派宋学"符合统治阶级的需要,指出:"宋学的所以发生,由于统治阶级需要这种学说;所以发展,由于这种学说,完全符合统治阶级的需要。统治阶级需要怎样的学说呢?要能教人服从尊长的,不敢犯上(反抗)的,听天信命的,庸言庸行的学说。宋学恰恰就是训练这样庸人的学问。"④

蔡尚思《宋明理学相同的缺点》则认为,理学家代表地主阶级,"所以明认贫富是天经地义,极尽偏袒富人的能事"⑤;又说:"宋、明、清初是中国君主专制最盛时代,同时也是理学最盛时代,理学家与专制君主,互相响应,互相利用,理学家最偏袒专制君主,专制君主最爱护理学家,理学家是专制君主的脑,专制君主是理学家的足。"⑥

四、对朱熹学术思想的批判与肯定

事实上,民国时期从阶级分析入手的朱子学研究,也包含了学术层面的对于朱熹理学的阐述。李石岑的《中国哲学十讲》第八讲"什么是理学"第二节"晦庵思想体系的概说"对朱熹的理学作了学术层面的概述,指出"他提出一个'理'字说明他的全部哲学。他虽提到心性情欲,与乎心性的关系,却是特别尊重'心'和'理'的合一。其次,便是说明'性'与'理'的关系。他虽提出天地之性和气质之性的分别,但他主张天地之性是理,气质之性是理与气杂,于

---

① 向林冰(赵纪彬):《中国哲学史纲要》,生活书店1939年版,第596页。
② 周谷城:《中国通史》(下册),开明书店1939年版,第955~956页。
③ 周谷城:《中国通史》(下册),开明书店1939年版,第957页。
④ 范文澜:《中国通史简编》,新知书店1947年版,第744页。
⑤⑥ 蔡尚思:《宋明理学相同的缺点》,载于《新中华》1948年复刊第6卷第9期。

是又认'性'和'理'的合一。他对于修养方面，则提出居敬穷理四字。居敬是涵养的工夫，属于内的方面；穷理是致知的工夫，属于外的方面。所谓居敬，所谓穷理，实际上都指理而言。这样看来，我们可以把晦庵全部的思想，叫做'理一元论'。"① 该节分为"心即理说""性即理说""修养的方法"三个部分阐述朱熹理学。

但是，从阶级分析入手对于朱熹理学的阐述，旨在对此做出政治批判。因此，李石岑《中国哲学十讲》在"晦庵思想体系的概说"之后又有"晦庵思想的批判"。谭丕模《宋元明思想史纲》、吕振羽《中国政治思想史》、赵纪彬《中国哲学史纲要》以及周谷城《中国通史》、范文澜的《中国通史简编》在阐述朱熹及其理学的同时，又包含了批判。这种批判，既有学术层面上的批评，也有政治层面上的批判，甚至也有情绪化、简单化的批判。蔡尚思《程朱派哲学的批判》说："这般贵族地主，饱食煖衣，闲得无聊，妄作玄谈，表示高深，例如什么心、性、理、气、天命、象数、太极、无极、阴阳、五行等，全是自欺欺人的鬼话。……他们师徒，终身终日，开口瞎说，闭目瞎想。""程朱派理学家最不讲理，最无良心。""缠足与守节同是摧残妇女的，且皆为理学家所重视，而盛行于南宋以后。朱熹生长福建，又常在福建做官，下令妇女缠足，以绝淫风。……在世界各国中，以古代中国人最压迫女子；在古代中国各思想家中，以程朱派最压迫女子；在中国历代政府君主中，亦以提倡程朱理学的元、明、清三代为最压迫女子。"② 显然，这已经超出了学术层面而带有很强的政治色彩和情绪色彩。

需要指出的是，民国时期从阶级分析入手的朱子学研究，对于朱熹学术思想，除了政治批判之外，也包含了一定程度上的学术研究，并给予了实事求是的肯定。

谭丕模《宋元明思想史纲》不仅在学术层面上阐述朱熹"主张立纲纪""主张劝农""主张防止兼并""主张立社仓""主张废除经总制钱"等政策主张，而且还进一步认为，这些政策主张"适合当时社会需要"，有利于"实现其各阶层的协调"。③

吕振羽《中国政治思想史》和赵纪彬《中国哲学史纲要》都对朱熹在政治实践中所提出的具体政策主张做出了学术层面的阐述，并且予以了肯定。吕振羽指出："在当时民族危机的严重关头，朱熹所主张的那种改良政策，不只是必要，而且是有进步作用的。"④ 赵纪彬指出："凡此种种主张，总而言之，即朱熹这种

---

① 李石岑：《中国哲学十讲》，世界书局1935年版，第287页。
② 蔡尚思：《程朱派哲学的批判》，载于《中国建设》1948年第6卷第4期。
③ 谭丕模：《宋元明思想史纲》，开明书店1936年版，第74~75页。
④ 吕振羽：《中国政治思想史》，生活·读书·新知三联书店1949年版，第408页。

对外抗战到底，对内由改善民生以求团结一致的实践态度，在当时的政治经济条件下，已经是历史制限内的最大可能性的前进思想。"①

与此同时，吕振羽《中国政治思想史》和赵纪彬《中国哲学史纲要》还对朱熹的科学思想和格物致知说有所肯定。对于朱熹的科学思想，吕振羽指出："他肯定地球形成的过程，是由气体凝聚，然后成为流质体，后来便慢慢冷却成为硬壳体，并肯定地球为圆形体，又认为月本身没有光，其发出的光，是吸收日光的反射，这都是有其盖然的正确性，也是朱熹对天文学的伟大贡献。"②并且还认为，朱熹"可算是中国封建时代第一个伟大的哲学家"③。对于朱熹的格物致知说，赵纪彬明确指出："'格物致知'的认识论（按冯友兰氏在其所著《中国哲学史》920页上，特加注指明：'朱子所说格物，实为修养方法，其目的在于明吾心之全体大用，即陆、王一派之道学家批评朱子此说，亦视之为一修养方法而批评之。若以此为朱子之科学精神，以为此乃专求知识者，则诬朱子矣'云云。显系错误。因为儒教的认识论、论理学及伦理学，经常地混为一谈。朱熹的哲学，虽本质上仍不免此倾向，但其格物致知说的认识论＝论理学的性格，则异常鲜明，而不容抹杀。至其与伦理学的终于相混，则是其唯心论的思想所使然……），实已充满着把握客观事物本质的科学精神。而且朱熹也确乎依此方法，在当时历史条件之下，获得了惊人的自然认识。"④同时还分别列举了朱熹有关宇宙起源、生成以及月本无光、地质变化等方面的论述，并且指出："在朱熹这种自然认识上，我们首先看到了他以为宇宙的本体是气，由于气自身内在矛盾的发展，即阴阳的对演与水火的交感而形成了宇宙的起源；其次宇宙的生成顺序，是由气体而液体而固体，且周期的由形成而消灭（虽然是单纯的循环）；这一些的见解，和康德的星云说的宇宙生成论，颇为近似。至其以月本无光、得日之光而始明的见解以及关于地质学的发现，均与今日的科学定论相符合。凡此，皆其格物致知说的唯物论的科学精神的直接产物。"⑤后来，赵纪彬《中国知行学说简史》在分析朱熹知行论的同时，指出："朱熹由于此种知行学说之根据，故在政治实践上亦有如下之进步主张：第一，坚持对金抗战到底以恢复失地。第二，主张限制兼并以实现耕者有其田。第三，创设社仓而抵抗高利贷之剥削民众。第四，主张提高农业生产力以增加生产。"又说："朱熹由于其知行学说之科学性，故在自然科学知识方面，亦为丰富。"并把朱熹著述所涉及自然

---

① 向林冰（赵纪彬）：《中国哲学史纲要》，生活书店1939年版，第429页。
② 吕振羽：《中国政治思想史》，生活·读书·新知三联书店1949年版，第401页。
③ 吕振羽：《中国政治思想史》，生活·读书·新知三联书店1949年版，第405页。
④ 向林冰（赵纪彬）：《中国哲学史纲要》，生活书店1939年版，第437页。
⑤ 向林冰（赵纪彬）：《中国哲学史纲要》，生活书店1939年版，第439页。

科学知识方面的内容分述为：第一，关于地质学者；第二，关于天文地理学者；第三，关于化石学者；第四，关于天文学者。最后得出结论："由此可知，朱熹之知行学说，其在格物致知一方面，不惟与丰富之自然科学知识相结合，亦且在政治上导出进步之主张，其价值诚不可忽视。"① 赵纪彬的《中国哲学思想》还明确认为，朱熹的格物致知思想，"无疑的包含着科学精神"②。

五、余论

民国时期从阶级分析入手的朱子学研究，既有对于朱熹家庭背景以及生平事迹、朱熹学术思想的阶级分析，也包含了对于朱子学的实事求是的阐述和评价。李石岑、赵纪彬都对朱子学做过相当深入的理论分析，并且提出了新的学术观点。李石岑《中国哲学十讲》特别强调朱熹的"心即理说"，认为在朱熹那里，"心是性和情的主宰""心是天理的主宰"，因而建立了宋代观念论的根基。③ 赵纪彬《中国哲学史纲要》实际上提出了朱熹理学与西方哲学中唯物论、唯心论的关系问题以及朱熹格物致知说与自然科学的关系问题；后来，他的《中国知行学说简史》还对朱熹知行论中所谓"知先行后""理具于心""致知以敬为本"三个命题作了理论分析。④ 应当说，这些问题本身都是学术问题，民国时期学者对于这些问题的研究都具有一定的学术价值。

民国时期从阶级分析入手的朱子学研究，从总体上看主要是对于朱熹学术思想的政治层面的批判，但是也包含了一定程度上的学术层面的肯定。谭丕模《宋元明思想史纲》、吕振羽《中国政治思想史》和赵纪彬《中国哲学史纲要》都对朱熹学术思想的某些方面有所肯定。这与后来对于朱熹学术思想的全面批判和否定有着很大的不同。如前所述，赵纪彬在《中国哲学史纲要》中认为，朱熹的格物致知说"实已充满着把握客观事物本质的科学精神"，并且认为，朱熹对于自然的认识，"皆其格物致知说的唯物论的科学精神的直接产物"。这些学术层面的肯定，完全不同于后来他所参与执笔的侯外庐《中国思想通史》（第四卷下册）第十三章"朱熹的思辨哲学及其反动的正宗性质"所说："朱熹所谓'格物致知'是'无人身的理性'本身的复归，'物'既非客观事物，'知'也不是对客观事物的认识，其体系是一种狡猾的僧侣哲学，但居然有人说它'是有唯物论精

---

① 赵纪彬：《中国知行学说简史》，中国文化服务社1943年版，第171~174页。
② 赵纪彬：《中国哲学思想》，中华书局1948年版，第152页。
③ 李石岑：《中国哲学十讲》，世界书局1935年版，第293页。
④ 赵纪彬：《中国知行学说简史》，中国文化服务社1943年版，第175~178页。

神的',这就不仅是令人失笑而已,我们必须警惕这种说法的意图。"① "朱熹提到自然科学的地方,有关于宇宙的生成和结构的一些问题,他也提出了一些假说,但是朱熹的假说在当时不是进步的,它既不是由他自己的科学实践中导出,也不是对既有的科学成果加以提高或综合,而不过是掇拾当时的公认的论点,加入神秘的内容,凑成一幅与他的僧侣主义哲学最能对合的宇宙图画。"②

需要指出的是,从阶级分析入手研究中国哲学,在民国时期的学术界就有不同意见。贺麟于1945年写成的《当代中国哲学》中就认为,阶级斗争"只是政治斗争中一个口号""历史上的斗争并不限于阶级,我们也可说历史是观念的斗争,民族的斗争,譬如即以前后两次世界大战来说,就很难以阶级斗争四字来解释清楚"。③ 不可否认,从阶级分析入手研究中国哲学,包括朱子学,是一定范围内社会政治的需要,对于民国时期的社会发展有着一定的意义。但就研究方法而言,由于在学术研究中带入了明显的主观政治立场,在一定程度上可能会造成对实事求是的学术精神的损害,甚至有可能为了主观的政治立场,而在研究材料不够充分并且尚未做出深入的理论研究的情况下,仓促而简单地得出与实际不相符合的结论;而且,随着主观的政治立场的改变,既有的学术观点也会随之改变。

民国时期从阶级分析入手的朱子学研究,虽然只是当时学术研究的一部分,但是对后世影响很大。后来的朱子学研究,有相当长一段时期就是沿袭或夸大了这种从阶级分析入手的研究方法。

---

① 侯外庐:《中国思想通史》(第四卷下册),人民出版社1960年版,第647页。
② 侯外庐:《中国思想通史》(第四卷下册),人民出版社1960年版,第611页。
③ 贺麟:《当代中国哲学》,胜利出版公司1945年版,第79页。

下篇

现代朱子学研究的兴盛

——从冯友兰到唐君毅、牟宗三、钱穆的朱子哲学研究

导　言

20世纪初以来的现代朱子哲学研究，伴随着中国哲学史的研究逐渐兴起，至1919年胡适《中国哲学史大纲（卷上）》对"哲学"的界定和对哲学的门类的划定，学术界真正开始运用西方哲学的概念和方法系统诠释中国学术，包括研究朱子学。此后，以朱熹为专题的论著越来越多，研究越来越深入。1930年，正值朱熹诞辰800周年之际，当时著名的《大公报》所辟《文学副刊》以"朱晦翁诞生八百年纪念"为题，连续五期整版刊载朱子学研究的长篇学术论文，即：吴其昌的《朱子之根本精神——即物穷理》、贺麟的《朱熹与黑格尔太极说之比较观》、素痴（张荫麟）的《关于朱熹太极说之讨论》和吴其昌的《朱子治学方法考》，现代朱子学研究逐渐兴盛起来。1932年，冯友兰发表《朱熹哲学》《宋明道学中理学心学二派之不同》；1934年，冯友兰《中国哲学史》出版，其中对朱子哲学的系统阐释，开创了朱子哲学研究的新领域。继后，20世纪六七十年代，唐君毅的《中国哲学原论》出版，其中对朱子哲学的研究，有了新的进展；与此同时，牟宗三的《心体与性体》、钱穆的《朱子新学案》又更进一步，从而使现代朱子哲学研究进入新的境界。

一、冯友兰的朱子哲学研究

冯友兰（1895~1990），字芝生，河南南阳唐河人。1915年，考入北京大学法科，入学后转入文科哲学门，学习中国哲学。1919年，考上公费留学，到美国哥伦比亚大学研究院哲学系当研究生，学习西方哲学；1923年毕业，获博士学位。回国后，先后任教于河南中州大学、广东大学、燕京大学；1928年，应聘为清华大学哲学系教授，与逻辑学家金岳霖共事。在清华大学期间，曾兼任哲学系主任、文学院院长等；1948 年，当选为南京中央研究院院士；1952 年，调任北京大学教授；1955 年，被选为中国科学院哲学社会科学部学部委员。

冯友兰的朱子哲学研究始于 20 世纪二三十年代。1922 年，冯友兰在美国留学期间发表《为什么中国没有科学——对中国哲学的历史及其后果的一种解释》，其中说道："……中国哲学家还把哲学看成极其严肃的东西。它不只是知识，它是要做到的。新儒家的哲学家朱熹说，圣人并不说出道德是什么样子，仅只要求你实践它；就像他不说出糖怎样甜，只要你尝它。在这个意义上，我们可以说，中国哲学家爱的是知觉的确实，不是概念的确实，因此他们不想也没有把他们具体的所见翻成科学的形式。总之一句话，中国没有科学，是因为在一切哲学中，中国哲学是最讲人伦日用的。"[1] 在这里，冯友兰以道德与知识对立的观点评述中国哲学以及朱子哲学，并且认为，中国没有科学，是因为中国哲学最讲道德，而不重视知识。

1927 年，冯友兰发表《中国哲学中之神秘主义》，其中指出："宋明诸哲学家，皆以神秘主义底境界为最高境界，而以达到此境界为个人修养之最高成就。所谓程朱、陆王之争论，特在其对于'格物'之解释。朱晦庵之欲尽格天下之物，诚未可厚非，但以之为达到神秘主义底境界之方法，则未见其可。……总之，智识底知识与神秘主义，乃在两个绝不相干底世界之中。朱子亦不能言格尽天下之物如何能转到万物一体之境界，特以'而一旦'三字为过渡，亦勉强极矣。陆象山以'支离'诋之。就此点言，则诚支离矣。"[2] 认为朱子讲格物，是通过"一旦豁然贯通"，把格尽天下之物与万物一体之境界联系起来。

1932 年 6 月，冯友兰在《清华学报》上发表《朱熹哲学》，大致按照胡适《中国哲学史大纲》对于哲学门类的划分，分为：(一)"理、太极"，(二)"气"，(三)"天地人物之生成"，(四)"人物之性"，(五)"道德及修养之方"，(六)"政治哲学"，(七)"对于佛家之评论"。该文运用古希腊哲学的"形式"和"材质"分别诠释朱子哲学中的"理"和"气"，又针对当时有学者把朱子哲学诠释为西方哲学的唯心论，指出："朱子之哲学，非普通所谓之唯心论，而近于现代之新实在论。"[3]

同年，冯友兰在《大公报·世界思潮》上先后发表《新对话》(一)(二)(三)。其中《新对话》(一)通过讨论"要造飞机，须先明飞机之理""当人未明飞机之理之时，此理是不是已经有了""造飞机者必依照飞机之理，具体的飞

---

[1] 冯友兰：《为什么中国没有科学——对中国哲学的历史及其后果的一种解释》，载于《三松堂全集》第十一卷《哲学文集（上）》，河南人民出版社 2001 年版，第 51 页。
[2] 冯友兰：《中国哲学中之神秘主义》，载于《燕京学报》1927 年第 1 期。
[3] 冯友兰：《朱熹哲学》，载于《清华学报》1932 年第 7 卷第 2 期。

机，方能造成",诸如此类问题,以论证朱熹所谓"凡天下之物,莫不有理""理在事先",并进一步得出结论:"人类组织也是一个东西,也有它的理。人必须依照这个理作组织,这组织才能成立。犹之乎造飞机者必依照飞机之理,具体的飞机,方能造成。"冯友兰还说:"在有飞机之前,飞机之理不新。在有飞机之后,飞机之理不旧。它是永久如此。人类组织之理,亦是如此。人类组织之理无新旧;道德亦无新旧。"①

同年12月,冯友兰还在《清华学报》上发表《宋明道学中理学心学二派之不同》,主要讨论朱子与陆王的差异;分为:(一)"朱子与象山、慈湖之不同",(二)"朱子与阳明之不同",(三)"朱派后学之意见"。该文指出:"伊川一派之学说,至朱子而得到完全的发展。明道一派之学说,则至象山、慈湖而得到相当的,至阳明而得到完全的发展。若以一二语以表示此种差异之所在,则可谓朱子一派之学为理学,而象山一派之学,则心学也。"② 次年,他的《中国哲学小史》出版,其中有"朱子"一章。③

1934年,冯友兰的《中国哲学史》出版。该著作被学术界一致认为是"当时水平最高的一部中国哲学史"④。对于其中所述朱子哲学,陈寅恪说:"此书于朱子之学多所发明。昔阎百诗在清初以辨伪观念、陈兰甫在清季以考据观念,而治朱子之学,皆有所创获。今此书作者取西洋哲学观念,以阐明紫阳之学,宜其成系统而多新解。"⑤ 该书第二编第十三章"朱子",第十四章中的"朱陆异同"与"朱王异同"两节,在此前《朱熹哲学》《宋明道学中理学心学二派之不同》等论文的基础上,对朱子哲学作了全面而深入的阐述。

冯友兰曾就他的《中国哲学史》发表自己的看法,认为他的《中国哲学史》有两点"可以引以自豪""是发前人之所未发",其一是提出先秦的名家分两派,"一派主张'合同异',一派主张'离坚白'。前者以惠施为首领,后者以公孙龙为首领";其二是提出"明道乃以后心学之先驱,而伊川乃以后理学之先驱也。兄弟二人开一代思想之两大派"。⑥ 显然,冯友兰的朱子学研究,重视程颐、朱子理学与陆九渊、王阳明心学的对立以及各自不同学派的思想源流。

1936年,冯友兰在《哲学评论》上发表《朱子所说理与事物之关系》,就朱

---

① 冯友兰:《新对话》(一),载于《三松堂全集》第五卷《南渡集》上编,河南人民出版社2001年版,第244~245页。
② 冯友兰:《宋明道学中理学心学二派之不同》,载于《清华学报》1932年第8卷第1期。
③ 冯友兰:《中国哲学小史》,商务印书馆1933年版,第77页。
④ 张岱年:《近百年来的中国哲学史研究》,载于《文史知识》1999年第3期。
⑤ 陈寅恪:《(冯友兰〈中国哲学史〉)审查报告三》,载于冯友兰《中国哲学史》,商务印书馆1934年版。
⑥ 冯友兰:《三松堂自序》,生活·读书·新知三联书店1984年版,第226页。

子论理事关系,与亚里士多德、柏拉图作了比较,指出:"朱子所说'理'与'事物'之关系,与亚里士多德同。亚里士多德与朱子虽皆以为'理'或'式'为客观的实在,在一种意义下,较具体的事物更为实在。此其与柏拉图相同者。但又皆以为'理'或'式'即在事物中,而不在其外。具体的事物,为'理'或'式'之显现,而非只为其不完全的摹本。在此点,亚里士多德、朱子与柏拉图不同。"①

1939年,冯友兰的《新理学》出版,该书旨在创建"新理学"的哲学体系,并且认为,"新理学"之系统,"大体上是承接宋明道学中之理学一派","亦有与宋明以来底理学,大不相同之处","是'接着'宋明以来底理学讲底,而不是'照着'宋明以来底理学讲底"。②需要指出的是,冯友兰"新理学"用西方新实在论的"共相"和"殊相"分别诠释朱子哲学中的"理"和"气"。与此同时,《新理学》还对朱子的"道"作了分析。

1943年,冯友兰在《中央周刊》上发表《宋明儒家哲学述评》,论及程朱与陆王修养方法之异同;1944年,他的《儒家哲学及其修正》出版,除了收录《宋明儒家哲学述评》,还有"对于儒家哲学之新修正"一章,其中论及"对于宋儒的修正意见",提出对程朱修养方法之修正。③1945年,他的《新原道》(一名中国哲学之精神)出版,在第九章"道学"中,论及朱子理学以及朱陆异同等。④

1848年,冯友兰在美国宾夕法尼亚大学讲授中国哲学史的英文讲稿 A Short History of Chinese Philosophy(中文译名:《中国哲学简史》)出版,其中第二十五章"新儒家:理学"专门阐述朱子哲学,分为"朱熹在中国历史上的地位""理""太极""气""心、性""政治哲学""精神修养方法"等节。⑤

冯友兰晚年于1988年出版的《中国哲学史新编》(第五册),其中第五十四章"朱熹",对早年《中国哲学史》的相关内容略有增补,尤其是所增补的"朱熹易学中的辩证法思想"一节,阐述了与《中国哲学史》略有不同的新观点。⑥

二、唐君毅、牟宗三的朱子哲学研究

唐君毅(1909~1978),学名毅伯,四川宜宾人。1925年考入北京大学哲学

---

① 冯友兰:《朱子所说理与事物之关系》,载于《哲学评论》1936年第7卷第2期。
② 冯友兰:《新理学》,商务印书馆1939年版,第1页。
③ 冯友兰:《儒家哲学及其修正》,中周出版社1944年版,第38~39页。
④ 冯友兰:《新原道》(一名中国哲学之精神),商务印书馆1945年版,第98~111页。
⑤ 冯友兰:《中国哲学简史》,北京大学出版社1985年版,第337~351页。
⑥ 乐爱国:《冯友兰晚年朱熹哲学研究的新意》,载于《南京社会科学》2016年第7期。

系，1927年转读南京东南大学，即后来的中央大学。大学毕业后，自1933年起，任教于中央大学，1944年升为教授，兼哲学系主任。1949年移居香港，与钱穆等创办新亚书院，兼任教务长。1963年，受聘为香港中文大学哲学系讲座教授，兼任系务委员会主席，又被选为中文大学第一任文学院院长。

牟宗三（1909~1992），字离中，山东栖霞人。1927年考入北京大学预科，两年后升入北京大学哲学系。1933年大学毕业后，曾在中学教书，1942年任教于成都华西大学。1945年起，任教于中央大学，与唐君毅共事，次年兼任哲学系主任。后来又任教于金陵大学、江南大学、浙江大学。1949年移居台湾，先后任教于台湾师范学院（后改为台湾师范大学）、台湾东海大学。1960年，任教于香港大学，后转香港中文大学，兼任新亚书院哲学系主任。

与冯友兰长期在清华大学、北京大学从事学术研究并与逻辑学家金岳霖多有交往不同，唐君毅、牟宗三都曾任中央大学教授，兼哲学系主任，且都受到哲学家熊十力的影响；[①] 1949年后又都在香港、台湾从事哲学研究。

唐君毅的朱子哲学研究始于20世纪30年代。1936年，唐君毅发表《论中西哲学问题之不同》，其中对朱子的"理"作了讨论，并反对把"理"诠释为西方新实在论的"共相"。对于朱子所言"凡天下之物，莫不有理""理先于气，气生于理"，唐君毅说："从表面看去，朱子之所谓理，颇与新实在论者之所谓共相（Universals）相同。但是我们看朱子，一方面说物各有理，一方面又说万物只是一理。所以他一方说'一物一太极'（太极即是理），一方又说'统体一太极'。我们说一物一理之理是共相，还说得通；说万物之统体是一共相，则朱子曾说，理为'包括乾坤，提挈造化，无远不周，无微不到'，理若是抽象之共相，如何能有此作用？"他还反对把朱子所谓最高之理，即太极，看成是西方唯心论者如黑格尔的"绝对"（Absolute），因为在他看来，西方唯心论者的"绝对"，包裹万物而又超乎万物之上，而朱子从不曾如此解释他的"理"。为此，唐君毅说："在我看来，朱子之理只是一形容万象之交遍融摄的原则，因为万象处处都息息相关，所以交遍融摄的意味，在每一物均表现得出，因此才说'一物一太极'，

[①] 据唐君毅所述，20世纪40年代，他曾因个人生活之种种烦恼，而于人生道德问题，有所用心，对"人生之精神活动，恒自向上超越"一义，及"道德生活纯为自觉的依理而行"一义，有较真切之会悟，"遂知人有其内在而复超越的心之本体或道德自我"，因而有《人生之体验》和《道德自我之建立》二书，同时对熊十力先生之形上学，"亦略相契会"。（唐君毅：《中国文化之精神价值·自序》，正中书局1996年版，第5页）据牟宗三弟子蔡仁厚《牟宗三先生学思年谱》所述："先生自谓：遇见熊先生，乃其生命中之大事。从此，先生之学思工夫乃形成双线并行之历程：一是从美的欣趣与想像式的直觉解悟，转入如何为何之架构的思辨；以后撰著《逻辑典范》与《认识心之批判》，皆顺此线索而发展。二是从外在化提升一步，而内转以正视生命，契入儒圣之学，是即熊先生启迪振拔之功也。"（蔡仁厚：《牟宗三先生学思年谱》，学生书局1996年版，第5页。）

前所引'包括乾坤，提挈造化，无远不周，无微不到'，正当作如是解释，'理生气'，亦当作是解。"①

同年，唐君毅发表《论中西哲学中本体观念之一种变迁》，其中对宋代理学的本体思想作了概述。该文指出："宋代理学一方面可谓集大成于朱晦庵，但是关于纯粹形而上学之讨论，亦以朱晦庵为最多；明道、伊川的理在宇宙中的地位亦愈高；'理生气'的说法也正式成立。……所谓理无不在的意思在晦庵哲学中也发挥得最透彻。"②

1937年，唐君毅发表《朱子道体论导言》，该文将朱子的"理"归于四义："一、理先于物义；二、理气凑泊成物义；三、理先于气义；四、理生气义"。而且通过论证阶砖之方之理为能离方之阶砖而自存，证明"一切物之一切理能离一切物而自存，天地万物公共之理能离天地万物而成之义立"，并指出："……由上所论，可知方之为方，实可离方物而自存。推而广之，一切理均可离其所由表现之事物而自存。其表现于事物也，不过理之显，其未表现其事物也，不过理之隐。曰隐曰显，皆系自事物上而观，就理之本身，则固无所谓隐显。"③

1947年，唐君毅发表《朱子理气关系论疏释（一名朱子道德形上学之进路）》，认为朱子的"理"是"人心当然之理兼是万物存在之理"④。该文不赞同冯友兰把朱子的"理先气后"诠释为"逻辑在先"，并由此强调朱子的"理"是当然之理，并进一步论证"当然之理本身是一种存在者之理"，又引申出"仁之理"以及"生之理"。全文分上、下两篇。上篇正文分为六部分：甲、"辨五种先后义及逻辑之先后义等非朱子理先气后之先后"，乙、"辨逻辑先后不足成就形上学之先后，及分析经验事物以发现共相而以之为理，不能建立朱子形上学之理先气后及理一与理善之义"，丙、"辨'当然之理之自觉先于实现此理之气之自觉'之体验，乃使理先气后之言最初得有所指处"，丁、"辨当然之理之自觉先于其气之自觉，非时间之先后，知识论之先后，及逻辑之先后"，戊、"辨当然之理之自觉先于气之自觉乃须是一种主观心理认识之先后，然非一般之主观心理认识之先后，而可启示一形上学之理先气后之命题者"，己、"辨吾人对当然之理之自觉或肯定中，同时显示出当然之理之超主观的形上学的真实意义，当然之理之自觉之先于其气之自觉乃根据于形上学的理之在先性"。下篇分为八部分：甲、"当然之理本身是一种存在者之理"，乙、"当然之理为存在者存在之根据之一

---

① 唐君毅：《论中西哲学问题之不同》，载于《新民月刊》1936年第2卷第4期。
② 唐君毅：《论中西哲学中本体观念之一种变迁》，载于《文哲月刊》1936年第1卷第8期。
③ 唐君毅：《朱子道体论导言》，载于《论学》1937年第8期。
④ 唐君毅：《朱子理气关系论疏释（一名朱子道德形上学之进路）》（上），载于《历史与文化》1947年第1期。

种"，丙、"一切存在皆有具仁之理之可能"，丁、"一切存在必具仁之理之超越的建立"，戊、"仁之理之超个人自觉性，仁之理即生之理"，己、"一切存在之生之事皆必根据于一生之理"，庚、"一切特殊之理皆根据于此生之理、仁之理"，辛、"论无不仁不生之理"。该文的思想已经较为成熟，后来略作删改，而作为唐君毅于1973年出版的《中国哲学原论·原道篇》附录二，并更名为"由朱子之言理先气后，论当然之理与存在之理"。

与唐君毅相同，牟宗三很早就对朱子哲学有兴趣。据蔡仁厚《牟宗三先生学思年谱》记载：牟宗三考入北京大学预科第二年，"因读《朱子语类》而引发想象式的直觉的解悟，对抽象玄远之义理甚具慧解"[1]。1935年，牟宗三《从周易方面研究中国之元学及道德哲学》出版，其中有"朱子的易观"一节[2]，从朱子的易学入手，系统阐述朱子的理气论。1936年，牟宗三发表《朱王对话——向外求理与向内求理》。该文以模拟对话方式，就王阳明把朱子"即物穷理"看作"析心与理为二"展开论辩，其中朱子说："我所谓'即物穷理'并不是如科学家之用归纳法焉，我只是藉事物之感发而事事警惕，时时注意而已。所以我的结果是无不至当的一旦豁然贯通之理，而不是归纳法得的概然之理。所以我也不是科学家。我以为'致良知'或'穷理'，在中国的系统之下，只有这种讲法始得其解。我是注意于事物方面，所以说'即物穷理'，何尝忘了心？若无心，如何能警惕于事物？你是注意于心方面，所以说致'吾心之良知'，其实致良知是离不了事物的。离了事物，如何施其警惕？如何能至'至当'之良知？这可见你是心、理为一，我也未曾心、理为二。"[3]

1949年，牟宗三《认识心之批判》"大体俱已写成"（1956年开始出版）。该书论及朱子哲学，指出："由存在之物可以分析出存在之相即种种共相或确定之概念，亦可以分析出物质之气，但不能分析出创造之当然之理。此当然之理为一，实现任何物，而不固定于任何物以为其构成之成分。朱子之理实当如此确定之，而只因其言有理有气，遂使近人以为物由理气合，故由存在物所具之种种相以言理，而此种种共相之为理不能一，亦无所谓善，更亦无创造义，故遂否决朱子所言之理之一切函义，而形上学亦不复可能矣。复次，吾人亦不言：未有天地以前，毕竟亦有是理。朱子此义，虽足以加重理之尊严与先在性，然而实不可如此说。盖本体之创造不容已，实不容有此曲折也。故本体无限，世界无限。理必

---

[1] 蔡仁厚：《牟宗三先生学思年谱》，学生书局1996年版，第4页。
[2] 牟宗三：《从周易方面研究中国之元学及道德哲学》，天津大公报馆1935年版，第109页。
[3] 牟宗三：《朱王对话——向外求理与向内求理》，载于《牟宗三先生全集（25）·牟宗三先生早期文集（上）》，联经出版事业公司2003年版，第529～530页。

指导气，引生气，扭转气。唯如此而后极成'有理必有气'。"①

1954年，牟宗三发表《世界有穷愿无穷》，其中"六、文化所以悠久之超越原则：以理生气"对朱子所谓"理生气"多有发挥，指出："中国文化是在'以理生气'之原则下进行，故知文化所以悠久之道。此即'世界有穷愿无穷''维天之命，于穆不已'。先由生命之凸出逆回来而呈露'无我无人之法体，统天先天之悲愿'，故能'以理生气'，引生无尽的未来，而决然主张文化不断也。故文化不断之超越原则即是由悲愿无尽所成之'以理生气'。……儒家重德性，重仁义之心，此由孔子已开辟出。孟子承之言性善，则仁义之心尤彰著。其'由此德性之心理生气'一义，则见之于养浩然之气。'其为气也，至大至刚。以直养而无害，则塞于天地之间。其为气也，配义与道，无是馁也。是集义所生者，非义袭而取之也。行有不慊于心，则馁矣。'此固言其刚大，然配义与道，集义所生，则以理生气之意甚显。理能生气，则引生无尽未来而不断灭。自然之气有尽，而心愿之理无尽，故其引生亦无尽也。后来宋明儒者承之而讲说尤密，阐发尤多。涵养、察识、居敬，以及致良知，俱是旨在透露本源，以理生气。……心性之学最大之作用就是'以理生气'，此是文化不断之超越原则，亦是实践之超越原则。"②

1958年，唐君毅、牟宗三以及张君劢、徐复观联合发表了《为中国文化敬告世界人士宣言》，特别强调心性之学即论"人之当然的义理之本原所在者""为中国学术思想之核心"，并且认为，"中国心性之学，乃至宋明而后大盛。宋明思想，亦实系先秦以后，中国思想第二最高阶段之发展"。该文反对"把中国心性哲学，当作西方心理学或传统哲学中之理性之灵魂论，及认识论形上学去讲"，而认为，"中国由孔孟至宋明儒之心性之学，则是人之道德实践的基础，同时是随人之道德实践生活之深度，而加深此学之深度的"，而此心性之学所包含的形上学，"乃近乎康德所谓道德的形上学，是为道德实践之基础，亦由道德实践而证实的形上学。而非一般先假定一究竟实在存于客观宇宙，而据一般的经验理性去推证之形上学"。③

此后，唐君毅、牟宗三愈加重视对于宋明心性之学的研究和阐释。在朱子哲学方面：

1960年，牟宗三受香港大学之聘，主讲中国哲学；并于次年发表《朱子苦参中和之经过》；1963年，在香港大学校外课程部主讲《宋明儒学综述》，其中

---

① 牟宗三：《认识心之批判》（下），载于《牟宗三先生全集（19）》，联经出版事业公司2003年版，第716页。

② 牟宗三：《道德的理想主义》，载于《牟宗三先生全集（9）》，联经出版事业公司2003年版，第284~286页。

③ 牟宗三、徐复观、张君劢、唐君毅：《为中国文化敬告世界人士宣言》，唐君毅：《中华人文与当今世界》（下），学生书局1975年版，第884~887页。

对朱子哲学多有阐述；1965 年，发表《象山与朱子之争辩》。

1966 年，唐君毅的《中国哲学原论》（上册）出版，该书即后经修订再版的《中国哲学原论·导论篇》。其中第九、十章"原致知格物：大学章句辨证及格物致知思想之发展"，对朱子《大学章句》格物致知思想及其与王阳明的致良知说的关系作了分析；第十三章"原太极上：朱陆太极之辩与北宋理学中太极理气思想之发展"、第十四章"原太极中：天地之根原问题，与太极一名之诸义，及太极理气论之哲学涵义"、第十五章"原太极下：朱子太极理气论之疑难与陆王之言太极及即心言太极之说"，对朱子太极理气论及其思想来源、与陆王的关系作了分析。1968 年出版的《中国哲学原论·原性篇》第十三章"朱子之理气心性论"以及附编"原德性工夫：朱陆异同探源"，对朱子心性论以及朱陆异同作了分析和阐释。1975 年出版的《中国哲学原论·原教篇》第十、十一、十二章"朱陆之学圣之道与王阳明之致良知之道"，讨论朱子与陆王的异同。此外，他还先后发表《朱陆异同探源》（1967 年）、《阳明学与朱陆异同重辩》（1968 年）、《朱子与陆王思想中之一现代学术意义》（1968 年）等学术论文。

与此同时，1968 年，牟宗三《心体与性体》第一、二册出版，次年《心体与性体》第三册出版。该书对朱子的学术思想作了新的诠释，从朱子学术思想的形成发展，讨论朱子思想的来源以及朱子的理气论、仁说、心性论、格物致知论及其与周敦颐、张载、程颢、胡宏的差异。1979 年，牟宗三的《从陆象山到刘蕺山》出版，其中包含了 1965 年发表的《象山与朱子之争辩》对于朱陆之辩的讨论。

三、钱穆的朱子哲学研究

钱穆（1905～1990），字宾四，江苏无锡人。13 岁入常州中学堂；17 岁辍学，后开始在乡村任小学教师；自 1922 年起任中学教师，先后任教于厦门集美学校、无锡江苏省立第三师范、苏州省立中学。1930 年，赴北平燕京大学任教；次年，又任教于北京大学历史系。1937 年后，先后任教于武汉大学、四川大学等多所大学，并曾任无锡江南大学文学院院长。1949 年移居香港，1950 年于香港创建新亚书院，任院长。1967 年，迁居台湾，次年当选为台湾"中央研究院"院士。

钱穆早年的学术研究与他在小学的教学工作联系在一起。起初，他因讲授《论语》而编撰《论语文解》，于 1918 年出版。1926 年，他在无锡第三师范学校讲授"国学概论"，并开始编撰《国学概论》；后来，到苏州中学又续讲并续编。1931 年，他的《国学概论》出版。该书共 10 章，第八章"宋明理学"，涉及朱子学以及朱陆异同。此前,他的《王守仁》于1930年出版,其中第一章"宋学里面留下的几个问题"也已经论及朱陆异同。此后,钱穆以史学研究为主。

在北京大学历史系任教期间,钱穆开设了"中国近三百年学术史"课程。1937年,他的《中国近三百年学术史》出版,极力推崇宋学。该书以"两宋学术"作为全书的"引论",指出:"治近代学术者当何自始?曰:必始于宋。何以当始于宋?曰:近世揭橥汉学之名以与宋学敌,不知宋学,则无以平汉宋之是非。且言汉学渊源者,必溯诸晚明诸遗老。然其时如夏峰、梨洲、二曲、船山、桴亭、亭林、蒿庵、习斋,一世魁儒耆硕,靡不寝馈于宋学。继此而降,如恕谷、望溪、穆堂、谢山乃至慎修诸人,皆于宋学有甚深契诣。而于时已及乾隆,汉学之名,始稍稍起。而汉学诸家之高下浅深,亦往往视其所得于宋学之高下浅深以为判。道咸以下,则汉宋兼采之说渐盛,抑且多尊宋贬汉,对乾嘉为平反者。故不识宋学,即无以识近代也。"① 他的这种看法,完全不同于梁启超《清代学术概论》所言"清学之出发点,在对于宋明理学一大反动"② 以及梁启超《中国近三百年学术史》所谓清代"是从他前头的时代反动出来"③ 的观点。

1937年,抗日战争全面爆发。北京大学南迁至湖南南岳时,钱穆经常到图书馆借阅《四库珍本初集》中有关宋明各家的文集。当时,他"读王龙溪、罗念庵两集,于王学得失特有启悟",并撰写专文。后来他说:"是为余此下治理学一意归向于程朱之最先开始。"④ 后来,钱穆还回忆了当时他与冯友兰就其《新理学》的一次讨论:"一日傍晚,冯芝生来余室,出其新撰《新理学》一稿,嘱余先读,加以批评,彼再写定后付印。约两日后再来。余告以中国理学家论理气必兼论心性,两者相辅相成。今君书,独论理气,不及心性,一取一舍,恐有未当。又中国无自创之宗教,其对鬼神亦有独特观点,朱子论鬼神亦多新创之言,君书宜加入此一节。今君书共分十章,鄙意可将第一章改为序论,于第二章论理气下附论心性,又加第三章论鬼神,庶新理学与旧理学能一贯相承。芝生云,当再加思。"⑤

1944年,钱穆于养病期间,细读完《朱子语类》全书。后来他说:"是为余通览《语类》全部之第一次。"他还回忆说:"及读《语类》既毕,余病亦良已。……又向寺中方丈某僧借读《指月录》全部。此数月内,由于一气连读了《朱子语类》及《指月录》两书,对唐代禅宗终于转归宋明理学一演变,获

---

① 钱穆:《中国近三百年学术史》,商务印书馆1937年版,第1页。
② 梁启超:《清代学术概论》,商务印书馆1921年版,第5页。
③ 梁启超:《中国近三百年学术史》,民志书店1926年版,第2页。
④ 钱穆:《八十忆双亲 师友杂忆》,三联书店2005年版,第200页。
⑤ 钱穆:《八十忆双亲 师友杂忆》,三联书店2005年版,第200~201页。

有稍深之认识。"①

1947 年，钱穆发表了《朱子学术述评》。其中提出了朱子在学术思想史上的四大贡献：第一，对儒家新道统之组成；第二，汇集并注释四书；第三，对经学地位的新估定；第四，集孔子以下儒学之大成。同时，还论及朱子《大学章句》"格物致知补传"，朱子心性论与孟子的不同，朱子的理气及其与心性的关系，朱子有关《中庸》未发、已发的论述。该文最后指出："以整个中国学术史观之，若谓孔子乃上古之集大成者，则朱子乃中古之集大成者。"②

1948 年，钱穆又发表《周程朱子学脉论》和《朱子心学略》。前者强调周敦颐、程颢、程颐、朱子的一脉相承，特别是从心性论的角度把周、二程、朱子统一起来，批评当时一些论文"屡尝指出此四家思想之相异及其先后转接之线索"，指出："此四家思想，虽有小异，仍属大同。"③ 后者从心学入手阐述朱子学，认为朱子与陆九渊、王阳明之不同，不在于理学与心学之对立，而在于心学上的大同小异，同时还通过从心性论和工夫论两个方面的论证，最后指出："陆王发明心学，到底在人生哲学上不失为一种大贡献，但朱子在此处实也并没有忽略过，……与陆王分别甚微，只在入门下手处，虚心涵泳，未要生说，较之陆王似转多添了一层，正是先立定本，喻之乃好，践履之外又重讲学，必如此乃能扩大心量，直达圣境。"④

20 世纪 50 年代，钱穆又先后发表《朱熹学述》（1953 年）、《孔孟与程朱》（1954 年）、《朱子与校勘学》（1957 年）、《朱子读书法》（1958 年）等论文，出版《宋明理学概述》（1953 年）、《四书释义》（1953 年）等著作。

钱穆《宋明理学概述》强调"朱熹的宇宙论，是'理气混合一元论'，亦可说是'理性一元论'"，并且认为，在心性论上，朱子"似与孟子性善论宗旨有违"，还说："就程朱的思想系统讲，他自有一条贯，似较孟子说更详备了。"钱穆还认为，朱子采用了张载'心统性情'"所以一切工夫与方法，全要偏主在心上。所以他还竭力注重'涵养须用敬'一语。但他不认有所谓心体，他总认为一说心体便落空渺茫了。体只属性与理，如是便注重到外面的事物，便一切着实，不落空。心则是工夫的把柄，但又说心统了性情，便不致把工夫与本体划分了。这是他由二程会通到周、邵、张诸家而始有的他在宋学中一种更广大更圆备的思想体系之完成"⑤。

---

① 钱穆：《八十忆双亲 师友杂忆》，三联书店 2005 年版，第 239 页。
② 钱穆：《朱子学术述评》，载于《思想与时代》1947 年第 47 期。
③ 钱穆：《周程朱子学脉论》，载于《学原》1948 年第 2 卷第 2 期。
④ 钱穆：《朱子心学略》，载于《学原》1948 年第 2 卷第 6 期。
⑤ 钱穆：《宋明理学概述》，载于《钱宾四先生全集》（9），联经出版事业公司 1998 年版，第 153～157 页。

1964年夏，钱穆计划编纂《朱子新学案》，"先读《朱子文集》百二十一卷"，接着，"续读《语类》百四十卷"，"皆随读随摘其要旨，粗加类别，凡得三千余条"，然后，"就所摘类别要旨分题属草，再络续参读其他各籍，至1969年11月完稿；1970年又撰《朱子学提纲》作为全书的开头；1971年《朱子新学案》出版。《朱子新学案》分五大册，主要分为"思想"和"学术"两大部分："思想"之部，又分理气与心性两部分；"学术"之部分经、史、文学三部分。经学中分《易》、《诗》、《书》、《春秋》、《礼》、"四书"诸题；又于经、史、文学三部分之外，添附校勘、考据、辨伪诸篇，并游艺格物之学一篇。同时，介乎"思想""学术"两大部分之间，又分朱子评述周敦颐、张载、二程诸篇，还包含朱陆异同、朱子论禅学等。[1]

四、从学术思想史的角度看

从20世纪初以来的现代朱子哲学研究的发展可以看出，1934年冯友兰《中国哲学史》对于朱子哲学的阐释，代表了那一时期朱子哲学研究的最高水平。从学术思想史的角度看，该书不仅对朱子哲学做了深入的阐述，提出了创新的观点，而且还在于形成了新的研究方向，而成为后世朱子哲学研究的典范，主要有以下三个方面。

第一，确立了朱子哲学研究的基本框架。在《中国哲学史》中，冯友兰对于朱子哲学的阐述大致包括：（1）朱子学术思想来源；（2）太极、理气论；（3）天地人物生成论或宇宙形成论；（4）心性论；（5）道德修养论；（6）朱子与陆王异同；等等。这是自蔡元培《中国伦理学史》专题阐述朱子学以来，对各种关于朱子哲学的研究和阐述作出综合概括而形成的基本框架。正是在这一框架中，冯友兰对朱子哲学的各个方面都做了具体阐述和深入分析，并提出了自己的观点，成为进一步研究的基础。

第二，运用西方哲学概念，通过中西比较的方法研究朱子学。在《中国哲学史》中，冯友兰运用古希腊哲学的概念"潜存"与"存在"分析朱子的"形而上者"与"形而下者"；用"形式"与"材质"分析"理"与"气"；并且认为，朱子所谓"太极"，就其为天地万物之最高标准言，"即如柏拉图的所谓好之概念，亚利斯多德所谓上帝"[2]。他还指出："盖朱子之兴趣，为伦理的，而非

---

[1] 钱穆：《朱子新学案·例言》，九州出版社2011年版，第1~2页（钱穆《朱子新学案》有多种版本，最早为台北三民书局1971年版。为方便大陆读者阅读，本书采用钱胡美琦女士授权的北京九州出版社2011年版）。

[2] 冯友兰：《中国哲学史》，商务印书馆1934年版，第899页。

逻辑的。柏拉图亦有此倾向，特不如朱子为甚耳。"①

第三，重视朱子哲学与其他学派之间的异同关系，运用西方哲学概念进行派别归属研究。在《中国哲学史》中，冯友兰反对把朱子哲学归属为西方哲学中的唯心论，而强调朱子哲学"近于现代之新实在论"；同时又从理学与心学对立的角度，把朱子哲学界定为理学，而把与朱子哲学有明显差异的陆九渊、王阳明的哲学界定为心学，并且强调朱子与程颐的思想渊源关系，陆王与程颢的思想渊源，而形成两大哲学流派。

冯友兰《中国哲学史》运用西方哲学概念对于朱子哲学的研究，以及所开辟的朱子哲学研究领域和建构的朱子哲学的基本框架和基本观点，实际上确立了朱子哲学研究的基本方向和内容，对后来的朱子哲学研究影响很大，在一定程度上仍影响着今天的朱子哲学研究。

张岱年于1937年完成的《中国哲学大纲》吸取了冯友兰《中国哲学史》的许多观点，包括有关朱子哲学的观点，并作了一些发挥。李相显于1941年完稿的《朱子哲学》，作为当时最大部头的朱子哲学研究专著，其中既吸取了冯友兰《中国哲学史》中的一些观点，又有所创新。②

当然，学术界对于冯友兰《中国哲学史》及其对朱子哲学的阐述和观点，一直存有不同意见。贺麟对朱子的心与理的关系、太极动静、格致说以及朱陆异同等提出不同看法。③ 1945年，张东荪为李相显《朱子哲学》所作"序"以《朱子的形而上学》为题发表，其中对冯友兰《中国哲学史》中有关朱子哲学的观点多有商榷。④ 如前所述，唐君毅、钱穆也很早撰文对冯友兰有关朱子哲学的观点提出质疑。

20世纪五六十年代，中国哲学研究以及朱子学研究经历了曲折的过程。张岱年曾在《近百年来的中国哲学史研究》一文中指出："50年代以来的哲学史研究主要受苏联日丹诺夫的影响，强调哲学史中唯物主义、唯心主义两条路线的斗争，强调阶级斗争，把思想搞僵化了。"⑤ 1957~1958年，张岱年发表的《宋元明清哲学史提纲》包含了对于朱熹哲学的阐述；而他于1937年完成的《中国哲学大纲》在1958年正式出版时被看作"有许多显著的错误与缺点"的"'仅供参考'的书"⑥。1960年出版的侯外庐《中国思想通史》（第四卷下册），1961年

---

① 冯友兰：《中国哲学史》，商务印书馆1934年版，第927页。
② 乐爱国：《民国学人李相显〈朱子哲学〉述论》，载于《南昌大学学报》2013年第3期。
③ 乐爱国：《民国时期冯友兰、贺麟对于朱熹哲学的不同诠释》，载于《上饶师范学院学报》2016年第2期。
④ 张东荪：《朱子的形而上学》，载于《中大学报》1945年第3卷第1~2合期。
⑤ 张岱年：《近百年来的中国哲学史研究》，载于《文史知识》1999年第3期。
⑥ 宇同（张岱年）：《中国哲学大纲·新序》，商务印书馆1958年版，第9页。

4月11日上海《文汇报》发表署名武仁的长篇论文《研究朱熹哲学的几个问题》，1962年出版的杨荣国《简明中国思想史》，1963年出版的侯外庐《中国哲学简史》（上册）以及1964年出版的任继愈《中国哲学史》（第三册），其中所包含的对于朱熹哲学的阐述，虽然也有一些新观点，但很大程度上是出于政治批判的需要；而1961年重印的冯友兰《中国哲学史》则被当作以敌对阶级的阶级立场、哲学观点和历史学方法所写的一种"反面教材"[①]。

与此不同的是，张君劢于1957、1963年在美国出版《新儒家思想史》（The Development of Neo-Confucian Thought）上、下册[②]，其中第十二章"集大成之朱子"，第十三章"朱子与陆象山"，第十四章"朱子与陈亮"。后来出版的唐君毅《中国哲学原论》、牟宗三《心体与性体》以及钱穆《朱子新学案》，则把中国哲学研究以及朱子哲学研究推向了更高的水平。其间，还有1964年出版的范寿康的《朱子及其哲学》[③]。张岱年认为，他们的很多研究"有相当高的水平""取得了一定成就"。[④]

关于唐君毅、牟宗三、钱穆的朱子哲学研究，当今学者刘述先曾经指出："近年来，关于朱子的研究有了突破性的成就。牟宗三先生出版三大卷的《心体与性体》，钱穆先生出版《朱子新学案》，都是卷帙浩繁的伟构。钱先生考证精详，牟先生义理精透，但两方面似平行而不相交，有的地方则又互相刺谬，有不可调停者。其实除钱、牟两位先生之外，唐君毅先生对这个题目也有深湛的研究。他虽未出专书论朱子，但在他的《中国哲学原论》之中，也有好多篇幅讨论这个问题。"[⑤] 又说："唐先生的研究其实很有蕴涵，有涵括性，可以弥补牟先生的不足。"[⑥]

由此可以看出，在现代朱子哲学研究的曲折发展过程中，明显存在着一条从冯友兰到唐君毅、牟宗三、钱穆的脉络，这是一个研究逐步深入、观点不断更新的过程。它既是现代朱子哲学研究的传统，也是当代朱子哲学研究的学术基础。

需要指出的是，学术研究是一项超越前人而不断创新的工作。冯友兰、唐君毅、牟宗三、钱穆的朱子哲学研究之所以成为现代朱子哲学研究发展的里程碑，正在于他们的研究不同于并且超越了前人。因此，当今要深入研究朱子哲学，就

---

① 冯友兰：《中国哲学史·新序》，中华书局1961年版，第1页。
② 张君劢：《新儒家思想史》，弘文馆出版社1986年版。
③ 范寿康：《朱子及其哲学》，开明书店1964年版。
④ 张岱年：《近百年来的中国哲学史研究》，载于《文史知识》1999年第3期。
⑤ 刘述先：《朱子哲学思想的发展与完成·自序》，学生书局1984年版，第1页。
⑥ 引自丁为祥：《学术性格与思想谱系——朱子的哲学视野及其历史影响的发生学考察》，人民出版社2012年版，第497页注释①。

必须了解冯友兰、唐君毅、牟宗三、钱穆的朱子哲学研究，尤为重要的是，要看到他们的研究与前人的不同以及创新之处，看到他们之间学术观点的差异与冲突，从而弄清他们在朱子哲学研究过程中的学术关联，并由此勾画出现代朱子哲学研究的学术发展的基本轨迹。

第一章

"集大成"或"别子为宗"

  学术界称朱子学术集宋代理学之大成，由来已久，几成定论，但是，对此做出深入分析，予以首尾一贯论证的，寥寥无几。冯友兰称"朱子之学，可谓集其以前道学家之大成"①，但又强调北宋程颐与程颢之差异，并且认为程颐与朱子为理学一派，而有别于由程颢所开出的陆王心学一派。牟宗三通过分析朱子之学与周敦颐、张载、程颢、程颐等人的异同，把程颐与朱子列为一系，而有别于周敦颐、张载、程颢开出的另一系，并称程颐是《礼记》所谓"别子"，朱子是"继别子为宗者"②。钱穆则进一步具体分析朱子与北宋理学的关系，重申"朱子之集理学之大成"③，认为朱子将北宋理学汇通合一。虽然这一表述与冯友兰颇为相近，但内涵却大相径庭。

一、问题的由来

  孟子称孔子为集大成，说："孔子之谓集大成。集大成也者，金声而玉振之也。金声也者，始条理也；玉振之也者，终条理也。"汉赵岐注曰："孔子集先圣之大道以成己之圣德者也，故能金声而玉振之。"宋孙奭疏曰："集大成，即集伯

---

① 冯友兰：《中国哲学史》，商务印书馆1934年版，第896页。
② 牟宗三：《心体与性体》（上），吉林出版集团2013年版，第49页。（牟宗三《心体与性体》有多种版本，最早为台北学生书局1968～1969年版。为方便大陆读者阅读，本书采用台北学生书局授权的吉林出版集团2013年版。）
③ 钱穆：《朱子新学案》（第一册），九州出版社2011年版，第21页。

夷、伊尹、下惠三圣之道，是为大成耳。"① 朱子注曰："此言孔子集三圣之事而为一大圣之事。"②

朱子《中庸章句·序》讲"道统"，即从尧、舜、禹，到商汤、文王、武王，以及皋陶、伊尹、傅说、周公、召公，直至孔子、颜子、曾子、子思、孟子、周敦颐、二程。朱子门人黄榦《圣贤道统传授总叙说》在叙述了朱子所谓道统之后，又说："先师文公之学，见之'四书'，而其要则尤以《大学》为入道之序。盖持敬也，诚意、正心、修身而见于齐家、治国、平天下，外有以极其规模之大，而内有以尽其节目之详，此又先师之得其统于二程者也。"③ 把朱子列入道统。黄榦还在《祭晦庵朱先生文》中指出："若昔孔孟，迄于周程，异世相望，各以道鸣。……自夫子之继作，集累圣之大成。"④ 朱子门人陈淳也称朱子"集诸儒之大成，嗣周程之嫡统而粹乎洙泗濂洛之渊源者也"⑤。

明代王阳明对朱子之学多有批评。他认为，朱子解《大学》"格物"为"即物穷理"是"析'心'与'理'而为二矣"⑥，同时又认为，"圣人之学，心学也"，与"析心与理而为二"截然对立，而陆九渊之学，"接孟子之传"，而为孟子之学也。⑦ 实际上否定了朱子之学集大成的说法。

民国时期的朱子学研究者大都称朱子学为宋代理学之集大成，但是又有不少学者认为北宋程颐与程颢之间存在学术差异。蔡元培《中国伦理学史》指出："宋之有晦庵，犹周之有孔子，皆吾族道德之集成者也。……晦庵学术，近以横渠、伊川为本，而附益之以濂溪、明道。远以荀卿为本，而用语则多取孟子，于是用以训释孔子之言，而成立有宋以后之孔教。"⑧ 在这里，蔡元培将朱子与孔子相提并论，并且明确称二者皆为"吾族道德之集成者"。但是，蔡元培又强调程颐与程颢的差异以及朱子与程颐的学脉继承关系，指出："伊川与明道，……虽其间互通之学说甚多，而揭其特具之见较之，则显为二派。如明道以性即气，而伊川则以性即理，又特严理气之辨。明道主忘内外，而伊川特重寡欲。明道重

---

① （汉）赵岐、（宋）孙奭：《孟子注疏》卷十上，载于《十三经注疏》，中华书局1980年版，第2741页。
② （宋）朱熹：《四书章句集注》，中华书局2012年版，第320页。
③ （宋）黄榦：《勉斋集》卷三《圣贤道统传授总叙说》，载于《景印文渊阁四库全书》（1168），台北商务印书馆1986年版，第38页。
④ （宋）黄榦：《勉斋集》卷三十九《祭晦庵朱先生文》，载于《景印文渊阁四库全书》（1168），台北商务印书馆1986年版，第475页。
⑤ （宋）陈淳：《北溪大全集》卷十五《师友渊源》，载于《景印文渊阁四库全书》（1168），台北商务印书馆1986年版，第615~616页。
⑥ （明）王守仁：《传习录中》，载于《王阳明全集》卷二，上海古籍出版社1992年版，第45页。
⑦ （明）王守仁：《象山文集·序》，载于《王阳明全集》卷七，上海古籍出版社1992年版，第245页。
⑧ 蔡元培：《中国伦理学史》，商务印书馆1910年版，第177页。

自得，而伊川尚穷理。盖明道者，粹然孟子学派；伊川者，虽亦依违孟学，而实荀子之学派也。其后由明道而递演之，则为象山、阳明；由伊川而递演之，则为晦庵。"① 蔡元培一方面认为朱子学术以程颐之学为本，并吸取程颢之学，另一方面又讲程颐与程颢存在差异，朱子学术由程颐之学而来，陆九渊、王阳明由程颢之学而来。这一看法在民国时期颇为流行。

周予同的《朱熹》一方面称朱子之学术思想为宋代之集大成者，② 并且说："朱熹之理气二元论，绝非完全沿袭程颐，而实杂糅周敦颐之太极说。但朱虽以太极当理，而对于周之太极一元论复屏而不用。故朱熹之本体论，实混合周程之说，而又与周程各异。朱熹之所以集宋学大成者在此，而朱熹之所以无创见者亦在此。"③ 另一方面又说："普通谓朱子集宋学之大成，实一极浮泛之语；严格言之，朱子学术实由李侗以上溯程颐，其余周敦颐、邵雍、张载、程颢等等，不过其学术渊源上之旁流而已。"④ 在周予同看来，朱子学术虽为集宋学之大成，源自北宋"五子"，但实际上主要来源于程颐。

陈钟凡于1931年发表的《两宋思想述评（七）十二章"朱熹之综合学说"》指出："朱熹学说之特色，在网罗古今，融会贯通，自成系统。举凡《论语》之言仁，《大学》之言致知、格物，《中庸》之言诚，《孟子》之言仁义，汉儒之言阴阳、五行；下逮周敦颐之《太极图》说，张载之心性说，邵雍之先天易说，程颢之仁说，程颐之理气二元说，旁及佛老之书，莫不兼容并包，冶诸一炉，加以系统的组织，自成一家之言。信乎括囊大典，承先启后，集近代思想之大成者也。""熹以太极统理气二元，心统性情二事，欲建立具体二元论，终谓太极即理，性即理，而有惟理论之倾向。虽其说多本诸前人，要能加以组织，自成系统，实集近代思想之大成者也。……然吾观其大体，则以横渠、伊川为宗，而旁通于濂溪、明道，更上酌斟乎孟、荀之辨，旁参稽乎释老之言，折衷至当，确定新儒家之学说者也。"⑤ 显然，在陈钟凡看来，所谓朱熹学术集宋学之大成，主要是指朱熹的学说"网罗古今，融会贯通，自成系统"，在于对北宋理学家周敦颐、邵雍、张载以及程颢和程颐的学说，甚至包括佛老之学，"莫不兼容并包，冶诸一炉，加以系统的组织，自成一家之言"。

二、冯友兰论"集大成"及存在的问题

冯友兰《中国哲学史》"朱子"章一开头便指出："道学家中，集周、邵、

---

① 蔡元培：《中国伦理学史》，商务印书馆1910年版，第164~165页。
② 周予同：《朱熹》，商务印书馆1929年版，第8页。
③ 周予同：《朱熹》，商务印书馆1929年版，第21页。
④ 周予同：《朱熹》，商务印书馆1929年版，第114页。
⑤ 陈钟凡：《两宋思想述评（七）十二章"朱熹之综合学说"》，载于《学艺》1931年第11卷第7期。

张、程之大成，作理学一派之完成者为朱子。"① 明确认为，朱子理学集周敦颐、邵雍、张载、二程之大成。冯友兰还说："朱子之形上学，系以周濂溪之《太极图说》为骨干，而以康节所讲之数，横渠所说之气，及程氏弟兄所说形上、形下及理、气之分融合之。故朱子之学，可谓集其以前道学家之大成也。"② 显然，这里所谓朱子之学集大成，是就朱子学术的来源而言，不仅指出朱子学术思想来源于周敦颐、邵雍、张载、二程，而且具体指明来源于哪些思想。

需要指出的是，冯友兰《中国哲学史》虽然讲朱子学术来源于周敦颐、邵雍、张载、二程，但又特别指出朱子学术与周敦颐《太极图说》以及与程颢的不同。

在《中国哲学史》中，冯友兰论及周敦颐《太极图说》时指出："周濂溪谓：'太极动而生阳；动极而静，静而生阴。'此言在朱子系统中为不通之论。盖在朱子系统中，吾人只能言，太极有动之理，故气动而为阳气。太极有静之理，故气静而为阴气。濂溪之太极，依朱子之系统言，盖亦形而下者。……朱子虽用濂溪之说，而其对于濂溪之解释，则不必即濂溪之意也。"③ 显然，冯友兰一方面讲朱子之学集周、邵、张、程之大成，"以周濂溪之《太极图说》为骨干"，另一方面又认为，不可将周敦颐《太极图说》中属于形而下而有动静的"太极"，等同于朱子系统中属于形而上而无动静的"太极"。

关于朱子学术与二程的关系，冯友兰《中国哲学史》对程颢与程颐的学术差异多有论述。冯友兰认为，程颢与程颐所言"理"是不同的，并且指出："《遗书》中言及天理或理诸条，其标明为明道所说者，不言理离物而独存；其标明为伊川所说者，则颇注重此点。"④ 在冯友兰看来，程颐的"理"与"气"相分，"气及一切具体的事物为形而下者，理则为形而上者也"；程颢的"理"则是"具体的事物之自然趋势，非离事物而有者"。⑤ 由于对于"理"之见解之不同，程颢与程颐对于形上形下之见解也不同。程颢"不以理为离物而有，故对于形上形下之分不十分注重"；程颐则"对于形上形下之分，极为注重"。⑥ 显然，冯友兰一方面讲朱子之学集周、邵、张、程之大成，融合了"程氏弟兄所说形上形下及理气之分"，另一方面又认为，程颢与程颐在理气之分以及对于形上形下之分见解方面存在着差异。

冯友兰《中国哲学史》还认为，程颢讲"生之谓性，性即气，气即性，生之谓也""善固性也，然恶亦不可不谓之性也"；而程颐则强调"性即人所得于

---

① 冯友兰：《中国哲学史》，商务印书馆1934年版，第895页。
② 冯友兰：《中国哲学史》，商务印书馆1934年版，第896页。
③ 冯友兰：《中国哲学史》，商务印书馆1934年版，第907页注。
④ 冯友兰：《中国哲学史》，商务印书馆1934年版，第875页。
⑤ 冯友兰：《中国哲学史》，商务印书馆1934年版，第876页。
⑥ 冯友兰：《中国哲学史》，商务印书馆1934年版，第877~878页。

理;'性即是理'。理无不善。但因一具体的人既为一具体的人,则须依乎气。气有清浊,故人有贤愚之不齐。"① 在修养方法上,程颢讲"吾人实本来与天地万物为一体",修养之目的在于"回复于万物一体之境界";程颐则注重穷理,而其所讲穷理,则近于"知之事",以为"吾人之心中,本具众理。故穷理者,穷物之理,亦即穷吾人心中之理也"。② 为此,冯友兰指出:"二人之学,开此后宋明道学中所谓程朱、陆王之二派,亦可称为理学、心学之二派。程伊川为程朱,即理学,一派之先驱,而程明道则陆王,即心学,一派之先驱也。"③ 显然,冯友兰在讲朱子之学融合二程的同时,又认为程颐与朱子为理学一派,而不同于由程颢而来的陆王心学一派。

由此可见,冯友兰称朱子之学为集大成,仅是就朱子学术的来源而言,或是就其对周、邵、张、二程的学术思想多有吸取并加以综合而言,而不是说把前人诸多学术思想不加区别、原封不动地汇集在一起,因而并不排除在吸取和综合前人学术思想的同时,又有所区别,做出不同的概念解释,从而建构起超越前人的学术体系。因此,既不能认为朱子之学为集大成而否认其与前人的差异,且有所创新,又不能由于朱子之学与周敦颐、程颢有别而否认其为集大成。

冯友兰《中国哲学史》之后,称朱子之学为集大成者,不在少数。李石岑的《中国哲学十讲》说:"晦庵的思想是融合儒、道、释三家思想而成的,又为周、张、二程诸人思想之集大成者,在中国思想界确实是个有数的人物。"④ 范寿康的《中国哲学史通论》说:"朱子的学说大体是以程伊川的见解为经,以周濂溪、张横渠、程明道及程门诸子的见解为纬,再参以孔、《易经》《大学》《中庸》的思想结合而成的。……他是一个集自来学问的大成的学问家,也是一个承先启后的思想家"⑤。

应当说,包括冯友兰《中国哲学史》在内,大多数称朱子之学为集大成者,不仅认为朱子之学是对周、邵、张、二程的学术思想的综合,而且还把朱子看作儒家的正宗,尽管也看到朱子之学与其他儒家有所差异。重要的是,冯友兰在称朱子之学为集大成的同时,所提出的朱子的太极与周敦颐的太极存在差异以及程颢与程颐有别而朱子与程颐同为一派的问题,实际上指明了朱子哲学研究进一步发展的重要路径在于深化对朱子之学与周、邵、张、二程关系的研究。而在这一方面最有成就者,莫过于牟宗三。

---

① 冯友兰:《中国哲学史》,商务印书馆1934年版,第881~884页。
② 冯友兰:《中国哲学史》,商务印书馆1934年版,第886~893页。
③ 冯友兰:《中国哲学史》,商务印书馆1934年版,第869页。
④ 李石岑:《中国哲学十讲》,世界书局1935年版,第333页。
⑤ 范寿康:《中国哲学史通论》,开明书店1937年版,第361~362页。

三、牟宗三论"别子为宗"

与冯友兰既讲"朱子之学,可谓集其以前道学家之大成"又讲朱子的太极与周敦颐的太极存在差异以及程颢与程颐有别而朱子与程颐为一派不同,唐君毅通过把朱子的"理"诠释为"生生之理",强调朱子之学"近承周、张、二程之言生生之理生生之道"①,因而与周、张、二程一脉相承。关于这一点,待后再作详叙。

牟宗三起初也接受所谓朱子之学为集大成的说法。他曾说过:"南宋朱子集理学之大成。其注《易》见解与伊川同。……朱子是集大成者,在中国思想史上最有势力,且也最易误解。"② 1963 年,他在香港大学校外课程部主讲《宋明儒学综述》时,论述了宋明新儒学之所以为新,在于"昭著了由士成圣的奥义",其中论及朱子,指出:"集北宋儒学大成的朱子,说得最为精辟:'格物致知是梦觉关,诚意是圣凡关。'可见一个人假如未能格物致知,那末他的生活仿如作梦;一个人假如不能诚意,那末他到底总是凡人,不能超凡入圣。"③ 然而,在后来的《心体与性体》中,牟宗三从宋明儒学的发展过程入手,通过分析朱子之学与周、张、二程的关系,明确指出他们之间的相互差异。

牟宗三认为,宋明儒家以"天道性命通而为一"呼应于先秦儒家,这就是:"仁与天为一,心性与天为一,性体与道体为一,最终由道体说性体,道体性体仍是一"④。从这一观点出发,牟宗三把周敦颐、张载、程颢合为一组。他认为,对于"天道性命通而为一",周敦颐"虽言之而略,亦有不尽处""然此脉络则固已显出";张载"言之极为精透""然此一面之义理为其言太和太虚、言神言气所掩盖";程颢"首言'只心便是天,尽之便知性,知性便知天,当下便认取,更不可外求',而成其'一本'之义。是则道体、性体、诚体、敬体、神体、仁体,乃至心体,一切皆一",所以是"真相应先秦儒家之呼应而直下通而为一之者"。⑤

---

① 唐君毅:《中国哲学原论·导论篇》,中国社会科学出版社 2005 年版,第 282 页。(唐君毅《中国哲学原论》分为《导论篇》《原性篇》《原道篇》《原教篇》四部。《导论篇》初为香港人生出版社 1966 年版;《原性篇》初为香港新亚研究所 1968 年版;《原道篇》初为香港新亚研究所 1973 年版;《原教篇》初为香港新亚研究所 1975 年版。后又有多种版本。为方便大陆读者阅读,本书采用唐君毅门人霍韬晦授权的中国社会科学出版社 2005 年。)
② 牟宗三:《从周易方面研究中国之元学及道德哲学》,天津大公报馆 1935 年版,第 109~110 页。
③ 牟宗三:《宋明儒学综述》,载于《牟宗三先生全集(30)》,联经出版事业公司 2003 年版,第 17 页。
④ 牟宗三:《心体与性体》(上),吉林出版集团 2013 年版,第 33 页。
⑤ 牟宗三:《心体与性体》(上),吉林出版集团 2013 年版,第 39~40 页。

接着，牟宗三又通过分析程颐与周敦颐、张载、程颢的差异，进一步讲朱子只是继承程颐而为一系。他认为，程颐把道体以及性体"只收缩提炼，清楚割截地视为'只是理'，即'只存有而不活动'的理""把孟子所说的'本心即性'亦拆开而为心性情三分""工夫之重点落在《大学》之致知格物上"，而与周敦颐、张载、程颢乃至先秦儒家相去甚远。他还说："此一系统为朱子所欣赏，所继承，而且予以充分的完成。……此自不是儒家之大宗，而是'别子为宗'也。"① 他还说："北宋自伊川开始转向，不与濂溪、横渠、明道为一组，朱子严格遵守之，此为伊川朱子系。伊川是《礼记》所谓'别子'，朱子是继别子为宗者。"②

为此，牟宗三还认为，朱子对于先秦儒家经典的解读"于基本义理处实不相应"。他说："首先，彼以'心之德、爱之理'之方式去说仁，实不能尽孔子所说之仁之实义；彼以'心、性、情三分'之格局去理解孟子，尤与孟子'本心即性'之本心义不相应，彼以'理、气二分'之格局去理解《中庸》《易传》'生物不测'之天道、神体，乃至诚体，尤觉睽违重重。……惟一相应者是《大学》。虽不必合《大学》之原义，然毕竟是相应者。"③

至于朱子与周敦颐、张载、程颢的差异，牟宗三说："彼对于濂溪之诚体、神体并无相应之契悟，因而对于太极之理解亦有偏差。彼对于横渠，因二程未能了解横渠'太虚神体'之思理，彼亦随之而更隔阂太甚。彼对于明道本不相契，且亦不满，然而常为之讳，或只以程子笼统之，而归其实于伊川，是则明道在朱子之传承下只成为隐形的，彼似对于其妙悟道体根本未理会也。然则普通所谓'程、朱'实只是伊川、朱子也。以伊川之程子概二程非是。以伊川为主之二程再概括濂溪与横渠尤非是。然则以为一言程、朱，即可示朱子上通北宋四家而为正宗，未尽其实。"④

为此，牟宗三《心体与性体》还专题讨论了朱子与周敦颐、张载、程颢的差异以及朱子对于程颐的继承关系。

对于周敦颐《太极图》，朱子说："此所谓无极而太极也，所以动而阳、静而阴之本体也。"⑤ 对此，牟宗三说："此句即等于说：太极是所以阴阳之理；亦等于说：太极是所以动之理、所以静之理。动而阳、静而阴，是气，而所以然则是理。'所以然'之理是无所谓动静的'只是理'，不是诚体、神体之心神理是一之理。"⑥ 他还说："此一直线之分解思考之清楚割截自然形成'太极不能动'

---

① 牟宗三：《心体与性体》（上），吉林出版集团2013年版，第41页。
② 牟宗三：《心体与性体》（上），吉林出版集团2013年版，第49页。
③④ 牟宗三：《心体与性体》（上），吉林出版集团2013年版，第50页。
⑤ （宋）朱熹：《太极图解》，载于《周濂溪集》（一），中华书局1985年版，第2页。
⑥ 牟宗三：《心体与性体》（上），吉林出版集团2013年版，第320页。

之结论。……此静态的所以然之形上之理只摆在那里，只摆在气后面而规律之以为其超越的所以然，而实际在生者化者变者动者俱是气。而超越的所以然之形上之理却并无创生妙运之神用。此是朱子之思路也。在此思路下，太极不能动，理不能动。'太极动而生阳'一语便不可通。"① 牟宗三认为，在朱子那里，气有动静，而作为所以然之理，太极不能动，因而与周敦颐所谓"太极动而生阳"相矛盾。

对于张载讲"太虚即气""虚空即气"，程颢说："子厚以清虚一大名天道，是以器言，非形而上者。"②"若如或者以清虚一大为天道，则乃以器言而非道也。"③ 朱子赞同程颢对张载的诘难，还说："渠本要说形而上，反成形而下，最是于此处不分明。"④ 对此，牟宗三认为，张载言"清、虚、一、大""只是对于道体之另一表示，即以太虚神体说道体""并不是以太虚神体为器（气），为形而下者"，不是把形而下的气等同于形而上的道。⑤ 他还认为，张载"虚空即气"，是指"虚体即气"；此"即"字，"是圆融之'即'，不离之'即'，'通一无二'之'即'，非等同之即，亦非谓词之即"。为此，他说："显然神体不等同于气。"⑥ 也就是说，张载"太虚即气""虚空即气"，不能解释为"太虚""虚空"等同于气，气为宇宙本体。牟宗三还对张载"太和所谓道""不如野马氤氲，不足谓太和"作了解释，说："此中所谓'太和'，若云不离野马氤氲可，若云野马氤氲即是太和，即是道，则非是。……横渠由野马氤氲说太和，说道，显然是描写之指点语，即由宇宙之广生大生、充沛丰盛，而显示道体之创生义。故核实言之，创生之实体是道。而非游气之氤氲即是道也。"⑦ 因此，他还反对把张载"太虚即气""虚空即气"误解为气为宇宙本体的"唯气论"。

至于朱子与程颢的差异以及对程颐的继承关系，如前所述，冯友兰《中国哲学史》认为"程伊川为程朱，即理学，一派之先驱，而程明道则陆王，即心学，一派之先驱"，对此，牟宗三说："世或谓明道开象山，伊川开朱子。此自非全无是处，特只笼统言之，仿佛嗅到一点气味之同异，而未能真明其所以。……此中煞有义理之关键，而历来多不能深切著明之。"⑧ 显然，牟宗三不满于冯友兰对程颢与程颐的分疏，以及所谓"明道开象山，伊川开朱子"的说法。为此，他从

---

① 牟宗三：《心体与性体》（上），吉林出版集团2013年版，第319页。
② （宋）程颢、程颐：《河南程氏粹言》卷一，载于《二程集》（下），中华书局2004年版，第1174页。
③ （宋）程颢、程颐：《河南程氏遗书》卷十一，载于《二程集》（上），中华书局2004年版，第118页。
④ （宋）黎靖德：《朱子语类》（七）卷九十九，中华书局1986年版，第2538页。
⑤ 牟宗三：《心体与性体》（上），吉林出版集团2013年版，第363页。
⑥ 牟宗三：《心体与性体》（上），吉林出版集团2013年版，第396页。
⑦ 牟宗三：《心体与性体》（上），吉林出版集团2013年版，第379～380页。
⑧ 牟宗三：《心体与性体》（中），吉林出版集团2013年版，第7页。

义理上将程颢与程颐、朱子区分开来,认为在程颢那里,"天理固是本体论的实有,但决不只是静态的实有,而是即活动即实有之动态的实有,决不是只是理,而是亦是心,亦是神,亦是诚,亦是寂感真几之理""当竖起来观其生化之源时,则它亦是宇宙论的寂感真几、创造的实体";而在程颐那里,理"渐倾向于只是静态的实有、实理,意即只是理";到朱子,则明确地理解为"只是理",明确地"将心、神一条鞭地视为气",因此,"理只成静态的、本体论的实有(存有),而竖起来作为生化之源的那动态的、宇宙论的寂感真几、创造的实体,这意义便显然丧失而不能保"。①

由此可见,牟宗三是依据周敦颐、张载、程颢讲本体论的实有是动态、创造的实体,程颐、朱子讲本体论的实有是静态、丧失创造的实体,从而把程颐、朱子与周敦颐、张载、程颢区分开来,并进一步认为程朱"别子为宗"。对此,牟宗三的学生蔡仁厚作了进一步解读,明确认为,朱子"只继承伊川一人,根本不继承明道""对濂溪、横渠虽加以推尊,亦讲述二人之文献,但在重大的义理关节上并不相应",所以,"世俗所谓'朱子集北宋理学之大成',实乃后人不知学术之实的空泛之言。朱子的伟大不在集什么之大成,而在于他思理一贯,能独辟一义理系统。"②

四、钱穆论"集大成"及其涵义

冯友兰《中国哲学史》虽然讲"朱子之学,可谓集其以前道学家之大成",但又较多讲朱子与周敦颐之别,讲程颐、朱子与程颢之别,对学术界产生重要影响。对此,早在1947年,钱穆在所发表的《朱子学术述评》中就认为,朱子的最大贡献,"不在其自己创辟,而在能把他理想中的儒学传统,上自五经四书,下及宋代周、张、二程,完全融成一气,互相发明",并且明确认为,朱子"把他系统下的各时代各家派,一切异说,融会贯通,调和一致""集孔子以下儒学之大成""乃中古之集大成者"。③ 次年,钱穆又针对当时一些论文过多指出周敦颐、程颢、程颐、朱子四家思想之相异而发表了《周程朱子学脉论》,强调周、二程、朱子的一脉相承,指出:"此四家思想,虽有小异,仍属大同。"④ 又说:"四家虽有种种异同出入,只提出此一大节目,便是其主要血脉,一气相承处。

---

① 牟宗三:《心体与性体》(中),吉林出版集团2013年版,第69页。
② 蔡仁厚:《牟先生的学思历程与著作》,载于《牟宗三先生的哲学与著作》,学生书局1978年版,第69页。
③ 钱穆:《朱子学术述评》,载于《思想与时代》1947年第47期。
④ 钱穆:《周程朱子学脉论》,载于《学原》1948年第2卷第2期。

这里便见宋儒理学正统精神。"①（钱穆晚年将该句订正为："四家复有种种异同出入，只是在大节目上，其主要血脉处，则一气相承。这里便见宋儒理学正统精神。"②）

1970年，钱穆在完成了《朱子新学案》的基础上又撰《朱子学提纲》，其中对"朱子之集理学之大成"作了讨论。③ 与牟宗三从义理上分析程颐、朱子之学与周敦颐、张载、程颢的差异不同，钱穆较多地从学术史入手，阐述朱子在学术上对周、张、二程之学的融合。就程颐与程颢的差异而言，钱穆认为，两人之学大同而有小异，然而，虽两人为学之有异，但"言理学者，每以二程为宗""朱子亦从此传统来"。④ 钱穆又认为，周敦颐对于二程之学虽有所启迪但无师承关系，"至朱子，乃始推尊濂溪，奉为理学开山，确认濂溪之学乃二程所自出"⑤，从而确定了周、程传统。钱穆还认为，"当时理学界，知重二程，不知重周、张"，而朱子既推尊周敦颐，又极盛推张载，而将周敦颐《太极图》和张载《西铭》"奉以终身"。为此，钱穆指出："后人言北宋理学，必兼举周、张、二程，然此事之论定，实由朱子。"⑥ 显然，在钱穆看来，是朱子将相互之间存有差异的周、张、二程之学汇通合一。

钱穆还说："朱子于北宋理学，不仅汇通周、张、二程四家，使之会归合一。又扩大其范围，及于邵雍尧夫、司马光君实两人，特作《六先生画像赞》，以康节、涑水与周、张、二程并举齐尊。"⑦ 为此，钱穆又说："朱子虽为理学大宗师，其名字与濂溪、横渠、明道、伊川并重，后人称为濂洛关闽，然朱子之理学疆境，实较北宋四家远为开阔，称之为集北宋理学之大成，朱子决无愧色。"⑧ 由此可见，钱穆之所以称"朱子之集理学之大成"，在于朱子将各种或有差异的北宋理学各家之学汇通合一。

钱穆不仅论述了朱子集北宋理学之大成，而且还论述了"朱子集宋学之大成"，讨论了朱子对宋儒"政事治道之学""经史博古之学"和"文章子集之学"的重要贡献。接着，他又进一步论述了朱子集汉唐儒学之大成，讨论了朱子对于汉唐经学家以及宋代经学家的推崇，指出："朱子于经学，虽主以汉唐古注疏为主，亦采及北宋诸儒，又采及理学家言，并又采及南宋与朱子同时之人。其意实欲融贯古今，汇纳群流，采撷英华，酿制新实。……朱子不仅欲创造出一番新经学，实欲发展出一番新理学。经学与理学相结合，又增之以百家文史之学。至其

---

① 钱穆：《周程朱子学脉论》，载于《学原》1948年第2卷第2期。
② 钱穆：《中国学术思想史论丛》（五），台北东大图书公司1978年版，第193页。
③ 钱穆：《朱子新学案》（第一册），九州出版社2011年版，第21~24页。
④⑤ 钱穆：《朱子新学案》（第一册），九州出版社2011年版，第21页。
⑥⑦ 钱穆：《朱子新学案》（第一册），九州出版社2011年版，第23页。
⑧ 钱穆：《朱子新学案》（第一册），九州出版社2011年版，第23~24页。

直接先秦，以《孟子》《学》《庸》羽翼孔门《论语》之传，而使当时儒学达于理想的新巅峰，其事尤非汉唐以迄北宋诸儒之所及。故谓朱子乃是孔子以下集儒学之大成，其言决非过夸而逾量。"①

需要指出的是，钱穆早年的《朱子学术述评》对朱子在学术思想史上的学术贡献做出了总结，包括："对儒家新道统之组成""汇《学》《庸》《论》《孟》成一系统""对经学地位之新估定""集孔子以下儒学之大成"；而这一观点，在1973年陈荣捷的《朱熹集新儒学之大成》一文中，又作了进一步补充。陈荣捷说："朱子之集大成，约有三端，即新儒家哲学之发展与完成，新儒学传受道统之建立，以及《论》《孟》《学》《庸》之集合为四子书。"② 可见，陈荣捷所谓朱子"集大成"，只是就朱子对于新儒学之贡献而言，不仅不同于冯友兰所言，而且也不同于钱穆。

五、余 论

从以上所述可以看出，所谓"集大成"，有就朱子的学术而言，有就朱子的贡献而言。冯友兰《中国哲学史》称"朱子之学，可谓集其以前道学家之大成"，是就朱子的学术而言，认为朱子的学术来源并吸取周、邵、张、二程的学术思想，加以综合而言，并不排除在吸取和综合前人的学术思想的同时，又做出不同的概念解释和创新。因此，冯友兰在阐述朱子学时，既讲朱子学与程颐的学脉继承关系，又较多地关注朱子学与周敦颐、程颢的差异。

与冯友兰既讲"朱子之学，可谓集其以前道学家之大成"又较多地关注朱子学与周敦颐、程颢的差异不同，牟宗三《心体与性体》明确强调朱熹学术与周敦颐、张载、程颢之间存在着差异，并且认为朱熹只是继承程颐，"不与濂溪、横渠、明道为一组"，是"别子为宗"，完全不讲朱熹学术对于周敦颐、张载、程颢的吸取和综合。问题是，朱熹学术与周敦颐、张载、程颢之间存在差异，是否就没有交集，没有吸取与继承关系？

与冯友兰、牟宗三较多地关注朱熹学术与周、张、二程的差异不同，钱穆《朱子学提纲》称"朱子之集理学之大成"，是就朱子的学术贡献而言，认为朱子的贡献在于将周、张、二程等相互有异的学术汇通合一，且更强调朱子与周敦颐、程颢和程颐的一脉相承。需要指出的是，钱穆的表述与冯友兰虽然相近，但却有完全不同的内涵。冯友兰称"朱子之学，可谓集其以前道学家之大成"，意

---

① 钱穆：《朱子新学案》（第一册），九州出版社2011年版，第30~31页。
② 陈荣捷：《朱学论集》，华东师范大学出版社2007年版，第2页。

在朱熹学术吸取和综合周、张、二程而大成；钱穆称"朱子之集理学之大成"，则意在朱熹将周、张、二程等相互有异的学术汇通合一。

研究朱子的学术，当然要研究其学术来源、学术构成以及学术归宗，同时也要研究其与前人之差异和创新，因而，需要研究朱子学术与周、张、二程的关系。无论是冯友兰称"朱子之学，可谓集其以前道学家之大成"，还是牟宗三认为朱熹是"别子为宗"，钱穆称"朱子之集理学之大成"，虽然各有不同内涵，但都肯定朱熹的学术思想与周、张、二程有着密切的关系。相比较之下，牟宗三与冯友兰虽然在表述上针锋相对，但实际上都较为关注各学术思想之间的不同之处，他们的差异在于：冯友兰关注朱子学术与周敦颐、程颢的差异，但仍强调"朱子之学，可谓集其以前道学家之大成"，讲朱子学术对于周、张、二程的吸取和综合；而牟宗三进一步强调朱子学术与周敦颐、张载、程颢之间存在的差异，并且认为，朱子只是继承程颐，"不与濂溪、横渠、明道为一组"，是"别子为宗"，完全不讲朱子学术对于周敦颐、张载、程颢的吸取和综合。牟宗三还说："朱夫子以一程概括二程，再以二程作中心，来概括周濂溪和张横渠，以此方式消化这四家。因此，就表面上看，大家都以为朱夫子是宋儒的正宗，是正统派，是所谓的道学家。……事实上全是假象。朱夫子只继承了程伊川一家，而程伊川也不能代表他老哥程明道。就是把程伊川和程明道两人合起来，也不能代表张横渠和周濂溪。"① 与冯友兰、牟宗三不同，钱穆称"朱子之集理学之大成"，则是讲朱熹对于各种学术思想的汇通合一，强调朱熹与周敦颐、程颢和程颐的一脉相承。

需要指出的是，冯友兰讲"朱子之学，可谓集其以前道学家之大成"，钱穆讲"朱子之集理学之大成"，固然承认朱子为正宗，即使牟宗三讲朱子"别子为宗"，亦有其特定含义，也并非完全否定朱子学术。牟宗三说："朱子固伟大，能开一新传统，其取得正宗之地位，实只是别子为宗也。"② 又说："朱子之系统亦自有其庄严弘伟处，如其本性而明澈之，亦当属可喜之事，非贬视也。"③ 还说："现在那些拥护朱夫子的人一看到'别子为宗'，就很不高兴，以为有伤朱夫子之尊严。其实这又伤了他什么尊严呢？他能另开一个宗派，岂不很伟大吗？朱子传统是朱子传统，孔子传统是孔子传统，两者不必能完全相合。"④ 由此可见，称朱子学术为"集大成"并不是一种溢美之词，称之为"别子为宗"也没有诋毁之意，而都是对于朱子学术与周、张、二程关系的不同评判和表述。

---

① 牟宗三：《中国哲学十九讲》，学生书局1983年版，第391页。
② 牟宗三：《心体与性体》（上），吉林出版集团2013年版，第19页。
③ 牟宗三：《心体与性体》（上），吉林出版集团2013年版，第53页。
④ 牟宗三：《中国哲学十九讲》，学生书局1983年版，第415页。

应当说，无论是钱穆讲"朱子之集理学之大成"，强调朱子与周敦颐、程颢和程颐的一脉相承，还是冯友兰既讲"朱子之学，可谓集其以前道学家之大成"，又讲朱子学术与周敦颐、程颢的差异，再到牟宗三进一步讲朱子学术与周敦颐、张载、程颢的差异，直至讲朱子"别子为宗"，问题的关键，不在于"集大成"或是"别子为宗"的表述上，而应当深入分析各自的立论依据，并进一步具体而全面地研究朱子之学与作为其学术来源的周、张、二程之学的关系，既要看到他们之间有哪些相同，又要看到有哪些不同，从而真正弄清朱子之学的学术来源、学术构成和学术创新。

第二章

"理"之内涵的不同诠释

冯友兰《中国哲学史》认为,朱子的哲学"近于现代之新实在论"[①]。牟宗三则在论及冯友兰《中国哲学史》时针锋相对地指出:"冯氏以新实在论的思想解析朱子,当然是错的。"[②] 对此,陈来认为,程朱理学在哲学上确有与新实在论相通之处,"冯先生从新实在论的立场所阐发的程朱理学的哲学见解,还是相当深刻的"[③]。从这些尖锐的讨论中至少可以看出,现代学者对于朱子哲学的诠释存在着很大的差异。而且在笔者看来,这一差异最根本的在于对朱子的"理"的内涵之不同诠释。

一、朱子论"理"之内涵

朱子讲"理"。早在宋乾道二年丙戌(1166年),他所撰《吕氏大学解》就引述程颐所说"凡一物上有一理,物之微者亦有理""大而天地之所以高厚,小而一物之所以然,学者皆当理会",指出:"程子之为是言也,特以明夫理之所在,无间于大小精粗而已。"还说:"伊川之说,正谓物各有理,事至物来,随其理而应之,则事事物物无不各得其理之所当然者。"[④] 这里不仅讲"一物上有一

---

① 冯友兰:《中国哲学史》,商务印书馆1934年版,第927页。
② 牟宗三:《中国哲学的特质》,吉林出版集团有限责任公司2010年版,第4页。
③ 陈来:《现代中国哲学的追寻——新理学与新心学》,人民出版社2001年版,第333页。
④ (宋)朱熹:《晦庵先生朱文公文集》卷七十二《杂学辨·吕氏大学解》,载于《朱子全书》(24),上海古籍出版社、安徽教育出版社2010年版,第3494页。

理""物之所以然",又讲"物各有理""理之所当然者"。

朱子于淳熙十六年己酉（1189年）所完成的《大学章句》"格物致知补传"说："天下之物莫不有理。"① 对此，《大学或问》作了进一步解释，认为天下之物，"必各有所以然之故，与其所当然之则，所谓理也"②。可见，朱子的"理"包涵"所以然之故"和"所当然之则"两个方面。按照今天的理解，"所以然之故"，即"所以然之理"，是指事物的本质原因；"所当然之则"，即"当然之理"，是指人对于事物法则合理性的价值判断，多就道德而言。但是，朱子对于当然之理有着不同的理解。朱子《大学或问》说："天道流行，造化发育，凡有声色貌象而盈于天地之间者，皆物也。既有是物，则其所以为是物者，莫不各有当然之则，而自不容已，是皆得于天之所赋，而非人之所能为也。今且以其至切而近者言之，则心之为物，实主于身，其体则有仁义礼智之性，其用则有恻隐羞恶恭敬是非之情，浑然在中，随感而应，各有攸主，而不可乱也。次而及于身之所具，则有口鼻耳目四肢之用。又次而及于身之所接，则有君臣父子夫妇长幼朋友之常。是皆必有当然之则，而自不容已，所谓理也。外而至于人，则人之理不异于已也；远而至于物，则物之理不异于人也；极其大，则天地之运，古今之变，不能外也；尽于小，则一尘之微，一息之顷，不能遗也。……若其用力之方，则或考之事为之著，或察之念虑之微，或求之文字之中，或索之讲论之际，使于身心性情之德，人伦日用之常，以至天地鬼神之变，鸟兽草木之宜，自其一物之中，莫不有以见其所当然而不容已，与其所以然而不可易者。"③ 由此可见，在朱子那里，"当然之理"与"所以然之理"一样，都是就"天下之物"而言，包括自然界事物在内，并非仅限于道德领域，而且往往与"不容已"联系在一起，是皆"得于天之所赋，而非人之所能为"，即所谓"当然而不容已"。

关于"不容已"，据《朱子语类》载，问："《或问》云：'天地鬼神之变，鸟兽草木之宜，莫不有以见其所当然而不容已。'所谓'不容已'，是如何？"曰："春生了便秋杀，他住不得。阴极了，便阳生。如人在背后，只管来相趁，如何住得！"或问："理之不容已者如何？"曰："理之所当为者，自不容已。孟子最发明此处。如曰：'孩提之童，无不知爱其亲，及其长也，无不知敬其兄。'自是有住不得处。"④ 在朱子看来，"春生了便秋杀""阴极了，阳便生"，都有其当然之理，而且"住不得"，有其必然性。这就是朱子所谓"理之所当然，而人

---

① （宋）朱熹：《四书章句集注》，中华书局2012年版，第7页。
② （宋）朱熹：《四书或问》，载于《朱子全书》（6），上海古籍出版社，安徽教育出版社2010年版，第512页。
③ （宋）朱熹：《四书或问》，载于《朱子全书》（6），上海古籍出版社，安徽教育出版社2010年版，第526～528页。
④ （宋）黎靖德：《朱子语类》（二）卷十八，中华书局1986年版，第413～414页。

心之不能已者"①，即"所当然而不容已"。又据《朱子语类》载，广曰："'所以然而不可易者'，是指理而言；'所当然而不容已'者，是指人心而言。"曰："下句只是指事而言，凡事固有'所当然而不容已'者，然又当求其所以然者何故。"② 显然，在朱子那里，"当然之理"只是就事的必然性而言，并非指人心而言，就人的主观意愿而言。

那么，什么是"当然之理"？朱子曾说："如人见赤子入井，皆有怵惕、恻隐之心，此其事'所当然而不容已'者也。"③ 对此，朱子门人陈淳认为，"理有能然，有必然，有当然，有自然处"，并且说："……如赤子之入井，见之者必恻隐。盖人心是个活底，然其感应之理必如是，虽欲忍之，而其中惕然自有所不能以已也。不然，则是槁木死灰，理为有时而息矣。此必然处也。又如赤子入井，则合当为之恻隐。盖人与人类，其待之理当如此，而不容以不如此也。不然，则是为悖天理而非人类矣。此当然处也。"对此，朱子说："此意甚备。"④ 由此可见，在朱子那里，所谓"当然之理"是指事物本身所固有的、非人之所能为的"合当"性，即合理性。正如陈淳所说："只是事物上正当合做处便是'当然'。"⑤ "'当然'是就目今直看其合当如此。"⑥ 而所谓"所当然而不容已"，不仅是就合理性而言，而且其中的"不容已"是就必然性而言，所以，朱子所谓"当然之理"，是合理性与必然性的统一。

既然天下之物都具有当然之理和所以然之理，那么二者的区别何在？相互关系如何？据《朱子语类》载，问："《或问》，物有当然之则，亦必有所以然之故，如何？"曰："如事亲当孝，事兄当弟之类，便是当然之则。然事亲如何却须要孝，从兄如何却须要弟，此即所以然之故。如程子云：'天所以高，地所以厚。'若只言天之高，地之厚，则不是论其所以然矣。"⑦ 在朱子看来，"事亲当孝，事兄当弟""天之高，地之厚"，这是当然之理；"事亲如何却须要孝，从兄如何却须要弟""天所以高，地所以厚"，这是所以然之理。又据《朱子语类》载，广曰："大至于阴阳造化，皆是'所当然而不容已'者。所谓太极，则是'所以然而不可易者'。"曰："固是。"⑧ 在朱子看来，当然之理只是"指事而

---

① （宋）朱熹：《晦庵先生朱文公文集》卷四十四《答江德功》（二），载于《朱子全书》（22），上海古籍出版社、安徽教育出版社2010年版，第2039页。

②③⑦ （宋）黎靖德：《朱子语类》（二）卷十八，中华书局1986年版，第414页。

④ （宋）朱熹：《晦庵先生朱文公文集》卷五十七《答陈安卿》（三），载于《朱子全书》（23），上海古籍出版社、安徽教育出版社2010年版，第2737页。

⑤ （宋）陈淳：《北溪字义》卷下，中华书局1983年版，第42页。

⑥ （宋）陈淳：《北溪大全集》卷四十《答陈伯澡问大学》，载于《景印文渊阁四库全书》（1168），台北商务印书馆1986年版，第825页。

⑧ （宋）黎靖德：《朱子语类》（二）卷十八，中华书局1986年版，第415页。

言",就阴阳消长化生万物而言;所以然之理是"指理而言",就太极而言。

朱子门人陈淳来书曰:"当然者,正就事而直言其理;……所以《大学章句》《或问》论难处,惟专以当然不容已者为言,亦此意。"对此,朱子《答陈安卿》曰:"此意甚备。《大学》本亦更有'所以然'一句,后来看得且要见得所当然是要切处,若果得不容已处,即自可默会矣。"① 在朱子看来,当然之理是"就事而直言其理",是就事物的理所当然而言,而且,当然之理是"要切处",明白了当然之理,就能体会出所以然之理。

同时,朱子又认为,明白了当然之理,还必须进一步明白所以然之理。据《朱子语类》载,郭兄问"莫不有以知夫所以然之故,与其所当然之则。"曰:"所以然之故,即是更上面一层。"② 朱子还说:"其所以然者,理也。理如此,固不可易。又如人见赤子入井,皆有怵惕、恻隐之心,此其事'所当然而不容已'者也。然其所以如此者何故,必有个道理之不可易者。……以至于天地间造化,固是阳长则生,阴消则死,然其所以然者是如何? 又如天下万事,一事各有一理,须是一一理会教彻,不成只说道:'天,吾知其高而已;地,吾知其深而已;万物万事,吾知其为万物万事而已!'"③ 在朱子看来,"人见赤子入井,皆有怵惕、恻隐之心""阳长则生,阴消则死",乃至天之高,地之深厚,都是当然之理;而比当然之理更上面一层的是"其所以然者",即所以然之理。因此,朱子又说:"天下万物,当然之则,便是理;所以然底,便是原头处。"④ "知事物之当然者,只是某事知得是如此。某事知得是如此,到知其所以然,则又上面见得一截。"⑤ 显然,朱子讲的所以然之理,是当然之理之所以"当然"之理,是较当然之理更上面一层的"事物所以当然之故"⑥。也就是说,先要知得当然之理,然后进一步知得其之所以"当然"的"所以然之故";讲所以然之理,是为了当然之理,是为当然之理建立之所以"当然"的根本依据。由此可见,朱子所谓"理"不只是日常的当然之理,而且还有更深层次的所以然之理,同时,又不只是抽象的所以然之理,不只是道理而已,而且必须是落实到日常事物的当然之理,甚至朱子往往更为重视当然之理。

---

① (宋)朱熹:《晦庵先生朱文公文集》卷五十七《答陈安卿》(三),载于《朱子全书》(23),上海古籍出版社、安徽教育出版社 2010 年版,第 2737 页。
② (宋)黎靖德:《朱子语类》(二)卷十七,中华书局 1986 年版,第 383 页。
③ (宋)黎靖德:《朱子语类》(二)卷十八,中华书局 1986 年版,第 414~415 页。
④ (宋)黎靖德:《朱子语类》(七)卷一百一十七,中华书局 1986 年版,第 2825 页。
⑤ (宋)黎靖德:《朱子语类》(二)卷二十三,中华书局 1986 年版,第 555~556 页。
⑥ 据《朱子语类》载,问:"'五十知天命',《集注》云:'天命,即天道也,事物所以当然之故也。'如何是'所以当然之故'?"曰:"如孝亲悌长,此当然之事。推其所以然处,因甚如此?"[(宋)黎靖德:《朱子语类》(二)卷二十三,中华书局 1986 年版,第 553 页]

需要指出的是，朱子讲"理"，多指向社会伦理，并且提出"理无不善"。他说："性即理也。当然之理，无有不善者。"① 又说："盖善者天理之本然。"② 他还注《孟子》所言"孟子道性善"而引程颐曰："天下之理，原其所自，未有不善。"③ 可见，朱子讲"理无不善"与孟子言性善联系在一起。他还赞同程颐所言："性即是理，理无不善，孟子之言性善是也。"④ 因此，他还说："天下事物之理，皆有所谓善，要当明其当然，而识其所以然，使吾心晓然真知善之为善，而不可不为，是乃所谓明善者。"⑤ 从朱子讲"理无不善"可以看出，他所谓的理，并非"价值中性"，更多的是合乎善的当然之理。

朱子讲"理"，不仅有当然之理和所以然之理，而主要是当然之理，而且还讲"一理"与"万理"的关系。朱子说："上而无极、太极，下而至于一草、一木、一昆虫之微，亦各有理。"⑥ "无极、太极"之理，即为"一理"；"一草、一木、一昆虫"之理，即为"万理"。朱子强调"万物各具一理，而万理同出一原"，并指出："万物皆有此理，理皆同出一原。但所居之位不同，则其理之用不一。如为君须仁，为臣须敬，为子须孝，为父须慈。物物各具此理，而物物各异其用，然莫非一理之流行也。"又说："近而一身之中，远而八荒之外，微而一草一木之众，莫不各具此理。……然虽各自有一个理，又却同出于一个理尔。……所以谓格得多后自能贯通者，只为是一理。释氏云：'一月普现一切水，一切水月一月摄。'这是那释氏也窥见得这些道理。"⑦ 这里所说的一理与万理的关系，即朱子所谓的"理一分殊"。问题是，虽然"万理"同出"一理"，但"一理"的"理"与"万理"的"理"，正如月与水月，是有差异的，属于不同层次。朱子还说："圣人未尝言理一，多只言分殊。盖能于分殊中事事物物，头头项项，理会得其当然，然后方知理本一贯。不知万殊各有一理，而徒言理一，不知理一在何处。圣人千言万语教人，学者终身从事，只是理会这个。要得事事物物，头头件件，各知其所当然，而得其所当然，只此便是理一矣。"⑧ "万理"属当然之理，"一理"属所以然之理。朱子重视"万理"。他说："万理虽只是一理，学者且要去万理中千头百绪都理会，四面凑合来，自见得是一理。不去理会那万理，

---

① （宋）黎靖德：《朱子语类》（一）卷四，中华书局1986年版，第67页。
② （宋）朱熹：《晦庵先生朱文公文集》卷十一《戊申封事》，载于《朱子全书》（20），上海古籍出版社、安徽教育出版社2010年版，第602页。
③ （宋）朱熹：《四书章句集注》，中华书局2012年版，第254页。
④ （宋）朱熹：《四书章句集注》，中华书局2012年版，第177页。
⑤ （宋）朱熹：《四书或问》，载于《朱子全书》（6），上海古籍出版社，安徽教育出版社2010年版，第955页。
⑥ （宋）黎靖德：《朱子语类》（一）卷十五，中华书局1986年版，第295页。
⑦ （宋）黎靖德：《朱子语类》（二）卷十八，中华书局1986年版，第398～399页。
⑧ （宋）黎靖德：《朱子语类》（二）卷二十七，中华书局1986年版，第677～678页。

只管去理会那一理，……只是空想象。"① 认为理会得"万理"，并把万理"凑合"起来，自见得是"一理"。他还说："这事自有这个道理，那事自有那个道理。各理会得透，则万事各成万个道理；四面凑合来，便只是一个浑沦道理。而今只先去理会那一，不去理会那贯，将尾作头，将头作尾，没理会了。"② 认为先要理会"万理"，也就是说，先要理会当然之理。

至于"一理"，也就是作为宇宙本体的"太极"，即阴阳五行之理，在人和物，则为仁义礼智信。朱子说："天以阴阳五行化生万物，气以成形，而理亦赋焉。……于是人物之生，因各得其所赋之理，以为健顺五常之德，所谓性也。"③ 还说："阴阳之为五行，有分而言之者，如木火阳而金水阴也；有合而言之者，如木之甲、火之丙、土之戊、金之庚、水之壬皆阳，而乙、丁、己、辛、癸皆阴也。以此推之，健顺五常之理可见。"④ 所以，朱子强调"气则为金木水火，理则为仁义礼智"⑤，还说："天理既浑然，然既谓之理，则便是个有条理底名字。故其中所谓仁、义、礼、智四者，合下便各有一个道理，不相混杂。……天理只是仁、义、礼、智之总名，仁、义、礼、智便是天理之件数。"⑥ 所以，朱子说："太极只是个极好至善底道理。"⑦"太极中，全是具一个善。"⑧ 他还认为天地万物之理"只是善"。他说："盖天道运行，赋与万物，莫非至善无妄之理而不已焉，是则所谓天命者也。"⑨ 又说："这个理在天地间时，只是善，无有不善者。"⑩ 还说："阴阳在天地间，风和日暖，万物发生，此是善底意思；及群阴用事，则万物凋悴。恶之在人亦然。天地之理固是抑遏阴气，勿使常胜。"⑪ 显然，在朱子看来，不仅社会伦理之理是善的，而且天地之理，乃至宇宙本体之理也都是善的；也就是说，朱子所谓的所以然之理，已非今日所谓"价值中性"的"所以然之理"。

当然，在朱子的论述中，也有一些属于今日所谓"价值中性"的所以然之

---

① （宋）黎靖德：《朱子语类》（七）卷一百一十七，中华书局1986年版，第2820页。
② （宋）黎靖德：《朱子语类》（七）卷一百一十七，中华书局1986年版，第2828页。
③ （宋）朱熹：《四书章句集注》，中华书局2012年版，第17页。
④ （宋）朱熹：《晦庵先生朱文公文集》卷四十六《答黄商伯》（四），载于《朱子全书》（22），上海古籍出版社、安徽教育出版社2010年版，第2129页。
⑤ （宋）黎靖德：《朱子语类》（一）卷一，中华书局1986年版，第3页。
⑥ （宋）朱熹：《晦庵先生朱文公文集》卷四十《答何叔京》（二十八），载于《朱子全书》（22），上海古籍出版社、安徽教育出版社2010年版，第1839页。
⑦ （宋）黎靖德：《朱子语类》（六）卷九十四，中华书局1986年版，第2371页。
⑧ （宋）黎靖德：《朱子语类》（五）卷七十五，中华书局1986年版，第1928页。
⑨ （宋）朱熹：《四书或问》，载于《朱子全书》（6），上海古籍出版社、安徽教育出版社2010年版，第641页。
⑩ （宋）黎靖德：《朱子语类》（一）卷五，中华书局1986年版，第83页。
⑪ （宋）黎靖德：《朱子语类》（一）卷十二，中华书局1986年版，第203页。

理，尤其是朱子对于自然界事物颇有兴趣，其在研究自然过程中所讲之理，则多属这样的所以然之理。只是在朱子那里，这些属于"小道"①。由此可见，朱子讲"理"，虽然将所以然之理与当然之理区别开来，但实际上都属于当然之理。他讲所以然之理，是为了当然之理，是当然之理之所以"当然"的依据，而且所以然之理本身也"只是善"，实际上仍属于今天所谓的当然之理。

二、冯友兰的"形式"与"共相"

20世纪初，西方实在论哲学传入中国。一些学者开始用这种哲学观点阐释朱子哲学。王国维早在1904年发表的《释理》中就开始用实在论诠释朱子的"理"，说："朱子之所谓理与希腊斯多噶派之所谓理，皆预想一客观的理，存于生天、生地、生人之前，而吾心之理不过其一部分而已。……理者主观上之物也。故对朱子之实在论，而有所谓观念论者起焉。"② 显然，王国维是用实在论诠释朱熹的"理"，并将朱熹实在论与观念论相对立。1929年，周予同的《朱熹》作了同样的诠释，指出："就本体论言：朱为理气二元论之主张者；以近代哲学术语言之，可称为一实在论者，即以为一切现象界之背后有所谓理气二元之实在者在。"③

与此同时，西方的新实在论也随之而来。1927年，冯友兰发表译文《孟特叩论共相》，介绍美国新实在论者 W. P. Montague 的哲学观点，有四个结论："（一）每一特殊的物或事，皆有共相以为其性质；此共相先于特殊的物或事而独立暗存。（二）共相虽独立暗存，但并不于时空中与殊相并肩存在。（三）这也并不是说，共相只是人心中之思想。（四）共相复合之自身，不足以构成存在的物。"④ 后来，冯友兰在1934年出版的《中国哲学史》中称朱子的哲学"近于现代之新实在论"，其依据概在于此。

对于朱子的"理"，冯友兰《中国哲学史》依据朱子所言"形而上者，无形无影是此理。形而下者，有情有状是此器"，指出："以现在哲学中之术语言之，则所谓形而上者，超时空而潜存（Subsist）者也；所谓形而下者，在时空而存在

---

① 朱熹说："小道不是异端，小道亦是道理，只是小。如农圃、医卜、百工之类，却有道理在。只一向上面求道理，便不通了。"［（宋）黎靖德：《朱子语类》（四）卷四十九，中华书局1986年版，第1200页］
② 王国维：《释理》，载于《静庵文集》，辽宁教育出版社1997年版，第43页。
③ 周予同：《朱熹》，商务印书馆1929年版，第86页。
④ 冯友兰：《孟特叩论共相》，载于《三松堂全集》第十四卷《译著集》，河南人民出版社2001年版，第914页。

(Exist）者也。"① 又说："形而上之理世界中只有理。至于此形而下之具体的世界之构成，则赖于气。理即如希腊哲学中所说之形式（Form），气即如希腊哲学所说之材质（Matter）也。"② 冯友兰认为，在朱子那里，"天下之物，无论其是天然的或人为的，皆有其所以然之理；其理并在其物之先"③。除了讲"理"，朱子又讲"太极"，所谓"总天地万物之理，便是太极"④，还说："人人有一太极，物物有一太极。"⑤ 对此，冯友兰指出："由此而言，则一切事物中，除其自己之所以然之理外，且具有太极，即一切理之全体。"⑥ 显然，冯友兰强调朱子的"理"为所以然之理。当然，冯友兰又说："其所谓理，有本只应为逻辑的者，而亦与伦理的相混。如视之理，如指视之形式而言，则为逻辑的；如指视应该明而言，则为伦理的。朱子将此两方面合而为一，以为一物之所以然之理，亦即为其所应该。盖朱子之兴趣，为伦理的，而非逻辑的。"⑦ 也就是说，朱子的"理"本应是逻辑的所以然之理，却又混同于伦理的当然之理，因为朱子感兴趣的是伦理的当然之理。但无论如何，冯友兰是从逻辑的所以然之理入手诠释朱子的"理"。

冯友兰不仅在《中国哲学史》中把朱子的"理"和"气"分别诠释为古希腊哲学中的"形式"和"材质"，而且至20世纪40年代建构"接着"程朱理学讲的"新理学"时，又分别诠释为"共相"和"殊相"。他指出："'新理学'的自然观的主要内容，是共相和殊相的关系的问题。共相就是一般，殊相就是特殊或个别。……这个问题在程、朱理学中表现为理、气问题。他们所说的每一类东西的所以然之理就是那一类东西的共相，其中包括有那一类东西所共同有的规定性。有了这个规定性，这一类东西和其他类的东西才有质的区别，但是仅有这些共相还不能使具体的世界中就有这种东西。共相是抽象的，它必须有一定的物质基础才能具体化。具体世界的总的物质基础叫作'气'。"⑧ 这实际上是把朱子的"理"诠释为西方新实在论的"共相"，而把"气"诠释为"殊相"。直至冯友兰晚年撰写《中国哲学史新编》依然持这样的观点，把朱子的"理"和"气"诠释为一般和特殊的关系。⑨

---

① 冯友兰：《中国哲学史》，商务印书馆1934年版，第896页。
② 冯友兰：《中国哲学史》，商务印书馆1934年版，第903页。
③ 冯友兰：《中国哲学史》，商务印书馆1934年版，第897页。
④ （宋）黎靖德：《朱子语类》（六）卷九十四，中华书局1986年版，第2375页。
⑤ （宋）黎靖德：《朱子语类》（六）卷九十四，中华书局1986年版，第2371页。
⑥ 冯友兰：《中国哲学史》，商务印书馆1934年版，第902页。
⑦ 冯友兰：《中国哲学史》，商务印书馆1934年版，第927页。
⑧ 冯友兰：《三松堂自序》，生活·读书·新知三联书店1984年版，第250页。
⑨ 冯友兰：《中国哲学史新编》（第五册），人民出版社1988年版，第159～161页。

与冯友兰《中国哲学史》把朱子的"理"和"气"分别诠释为古希腊哲学中的"形式"和"材质"略有不同，张岱年于1937年所撰《中国哲学大纲》中说："中国哲学之理的观念，与希腊之形式观念，意义有同有异。"① 于是，把程朱学派的"理"诠释为"规律"。他说："二程子所谓理，主要是规律的意思。"② 又说："朱子本根论之实在意义，即是认为最究竟的自然规律乃自然之究竟根本，一切事物皆由此规律而有；而此规律又为事物之最高表准，为人类行为之究竟准则。"③ 张岱年后来又说："朱熹继承程颐，亦以'所以然'讲理，同时又以'所当然'讲理。"并指出："所谓'所以然'即是自然规律，所谓'所当然'即是道德准则。……'所以然'与'所当然'虽有区别，而又是相互统一的。朱氏所谓理既有自然规律的意义，又有道德标准的意义，同时又是世界的本原。"④ 显然，张岱年不仅将朱子的"理"诠释为"规律"，而且还对朱子的"所以然"的"所当然"的相互区别和相互统一做了分析，并按照今天对于"所当然"的理解，把朱子的当然之理限定于道德领域。

李相显《朱子哲学》分别阐述了朱子关于"当然之则"和"所以然之故"概念的形成发展过程。其中认为，在朱子那里，人心之为物、人之五官、五伦之事，以致天地鬼神之大、鸟兽草木之小，"皆谓之物""既谓之物，亦皆各有其当然之则；此物之所以为此物者，固必依照其当然之则而不可离；而人之所以处此物者，亦必遵从其当然之则，而不可违也"⑤。也就是说，无论是思虑情感，还是社会伦理，乃至自然万物，"天下之物，必各有当然之则"。李相显认为，在朱子那里，"当然之则乃是理之重要意义，比理之所以然之故之意义更为重要也"⑥ "若知当然之则，则所以然之故自可默会矣"⑦；同时，"事物当然之则便是理；此当然之则，必有所以然的原因，此原因便是所以然之故，即是此理之源头处，此源头处即其所以然之故之理也。"⑧

张东荪不同意冯友兰以"共相"诠释朱子的"理"。他于1945年所发表的《朱子的形而上学》中明确指出："我们不能用其他的超时空者，例如新实在论的共相与柏拉图的意典（idea）来解释朱子的理。""拿新实在论的共相来与理相比较是很不妥当的。""朱子所说的理不是新实在论的共相，乃是因为新实在论的

---

① ② 宇同（张岱年）：《中国哲学大纲》，商务印书馆1958年版，第75页。
③ 宇同（张岱年）：《中国哲学大纲》，商务印书馆1958年版，第85页。
④ 张岱年：《释'天''道''气''理''则'》，载于《中国哲学范畴集》，人民出版社1985年版，第120页。
⑤ 李相显：《朱子哲学》，世界科学社出版部1947年版，第133页。
⑥ 李相显：《朱子哲学》，世界科学社出版部1947年版，第136页。
⑦ 李相显：《朱子哲学》，世界科学社出版部1947年版，第147页。
⑧ 李相显：《朱子哲学》，世界科学社出版部1947年版，第152～153页。

共相是概念，而朱子的理却绝不是概念。"① 同时，他还深入讨论了朱子的理与西方哲学的共相的诸多不同。后来，他又在《思想与社会》第六章"中国的道统（下）理学思想"中说："以西洋哲学上新实在论派的所谓的'共相'（Universal）来解释理，这是冯友兰先生于其近著《新理学》上所尝试的企图。我则认为和宋儒原理相差太远。……我不但以为宋儒的思想是与西洋近代哲学的新实在论不相侔，并且以为新实在论者主张共相是纯客观的亦复不合于真理。"②

此外，那些对朱子哲学持批判立场的研究者，往往把朱子哲学诠释为西方哲学中的"唯心主义"。1939年出版的赵纪彬《中国哲学史纲要》指出："朱熹以先验论者的态度，武断的认定了理先气后及理先天地而存在并为宇宙间唯一的真实法或究竟法，这实为柏拉图式的极端唯心论的宇宙观。然而，我们决不能由此而断定朱熹的宇宙观为纯粹的唯心论。相反的，在其唯心论的另一面，尚同时存在着唯物论的要素。这就是说，朱熹所谓理，同时又意味着客观事物的内在的普遍法则——即所谓'理在事中'的'当然之则'。"③ 认为朱熹的理，"先天地而存在"，但又内在于事物之中，因而既是"极端唯心论的宇宙观"，又存在着"唯物论的要素"。后来，1960年出版的侯外庐主编《中国思想通史》（第四卷下册）第十三章"朱熹的思辨哲学及其反动的正宗性质"，对以往包括冯友兰在内的朱子哲学研究进行了批判，其中认为朱熹的"理"含有四种意义：第一，"'理'是精神性的"；第二，"'理'是最高的毫无具体内涵的抽象，也可以说是'数量的逻辑范畴'"；第三，"'理'是先于物质存在的实体，是产生万物的神秘的根源"；第四，"'理'是在万物之上的主权者，主宰着万物，而且有能力自由自在地为世界构造各式各样的法规。'理'是宇宙如此存在以及如此变化的神秘的最初原因"。因此，朱熹的理被说成是"宇宙的精神，也就是上帝""最高的君父式的造化者""可以随意制造任何一种奇迹"；朱熹的哲学被看作"彻头彻尾的唯心主义"。④

---

① 张东荪：《朱子的形而上学》，载于《中大学报》1945年第3卷第1~2合期。
② 张东荪：《思想与社会》，商务印书馆1946年版，第114~115页。
③ 向林冰（赵纪彬）：《中国哲学史纲要》，生活书店1939年版，第434页。
④ 侯外庐：《中国思想通史》（第四卷下册），人民出版社1960年版，第602~609页。据侯外庐后来回忆，该章由李学勤执笔，侯外庐修改而成。侯外庐还说："我们确定从《朱子语类》卷六二的'扇子'和'扇子底道理'入手，说明朱熹的客观唯心主义哲学的思辨特征，进而分析朱熹的'理'的真实含义在于：'理'是纯精神的，是无具体内涵的抽象，是先于物质存在，产生万物的神秘根源，是万物的主宰，一切存在和变化的主宰。这种纯精神的'理'，是一种'无人身的理性'。……朱熹的人性论，则借天命为媒介，把无人身的'理'化为'性'，演出'道心'主宰'人心'，天理克服人欲、精神控制肉体的僧侣主义命题，演出'天命'的定数，演出现实社会的'圣人'即'理'的结论。朱熹的'格物致知'说是一种唯心主义的认识论。朱熹之所谓'格物'，形式上是为了'穷理'，而内容上则是三纲五常的伦理实践。朱熹所谓的'格物致知'，并不是要人们去研究和发现客观事物的内在规律，而只不过是要人们去领悟决定等级品类的'天命'，去领悟一切存在着的事物的主宰——'理'。"（侯外庐：《韧的追求》，生活·读书·新知三联书店1985年版，第306~308页）

三、唐君毅的"当然之理"与"实现原则"

对于冯友兰以"共相"和"殊相"诠释朱子的"理"和"气",唐君毅于1947年发表的《朱子理气关系论疏释》提出了质疑,并且指出:"如迳以物之共相为朱子之理,或徒自物之共相以观朱子之理,乃一入路上之错误。"① 他认为,如果把朱子的"理"诠释为"共相",那么,"由此所建立之理,单自其本身而观,乃不能建立其先于气之真实性者",因为"此共相乃由吾人之认识活动向外观察经验事物,经吾人认识活动之抽象作用而认取者"。② 也就是说,由于"共相"是观察外部个体事物由人的思维抽象而成,"共相"的真实性由所观察的个体事物的真实性所决定,所以,"共相"的真实性不能先于个体事物的真实性,也不能成为个体事物真实性的依据;与此相反,在朱子那里,理的真实性先于气的真实性,并且是气的真实性的依据。

唐君毅还说:"吾人如直接以观察经验事物所抽成之共相为理,则恒忘物之相之不足表现物之性处,观相之不足知性处。"③ 也就是说,"共相"并不足以反映所观察事物之性。他还说:"人物之善事有善相,则有善理,恶事有恶相,则有恶理。而其理之为理本身则无所谓善恶。任何物有各方面之相,而每一相均为可与他物共同者,即有各方面之理。于是易以任何物皆为一大堆共相共理之集合体,而不易见其共同之理。纵见其共同之理,亦被视为无数共相所成之无数理之一。则朱子之所谓理有善无恶,性有善无恶,一切理皆善之说与理一之说,皆不得其正解。"④ 也就是说,如果以"共相"诠释朱子的"理",那么,善事有善相,则有善理,恶事有恶相,则有恶理,理之为理本身无所谓善恶,而且,由于任何事物有各方面之相,都可与他物而形成"共相",无数共相则有无数理,这些皆与朱子所谓"一切理皆善之说与理一之说"背道而驰。

为此,唐君毅认为,在朱子那里,"所谓理是人心当然之理兼是万物存在之理,故穷物理于外即穷此内心之理"⑤,强调朱子的"理"是人心当然之理。他还认为,宋明理学家的根本问题是如何作圣的问题,而作圣之道在于"以理导行",所以,"其所求之理夙重在'应如何'之当然之理,而不重在宇宙'是如何'之存在之理";朱熹讲格物穷理,似乎是重存在之理,但是,"朱子论存在之理之文字,实远较其论当然之理为少",可见仍然是以求当然之理为主,所以,"宋明儒之言理也,恒曰义理。义理者,自当然之义上所说之理也";由此可知,

---

①②③④⑤ 唐君毅:《朱子理气关系论疏释(一名朱子道德形上学之进路)》(上),载于《历史与文化》1947年第1期。

"朱子所承之理学问题原是当然之理之问题,而由当然之理引申为存在之理",所以,"当先向内反省吾人对当然之理之直接体验""然后再说明其何以于一切存在之理亦可说"。① 为此,他对"当然之理"与"存在之理"的关系作了分析,"说明吾心之当然之理即一切存在者存在之理,说明一切存在之理皆根据于当然之理"。② 于是,他又进一步提出"当然之理本身是一种存在之理""当然之理即存在者所以存在之根据之一种",并由此证明了"当然之理即存在之理"。③ 与此同时,唐君毅还以朱子所谓仁之理为依据,既说明仁之理为"绝对的当然之理"④,又说明"一切存在之理皆须根据此仁之理以为其存在之理"⑤,而且还通过把仁之理解读为生之理,论证了"生之理、仁之理即一切存在者存在之理",万物皆具生之理、仁之理,并且"不能不显示为遍在于一切存在之理,在一切存在内部鼓之舞之之理"⑥。

唐君毅在后来出版的《中国哲学原论·导论篇》中,把中国哲学史中所谓"理"归结为"六义"⑦,并特别强调宋明理学家的"性理之理",是"人生行为之内在的当然之理,而有形而上之意义并通于天理者"⑧。他还说:"朱子讲理虽及于物理,然仍主要是仁义礼智之性理。……由人之仁义礼智之理,以见其源自天之元亨利贞、阴阳五行之理,遂再进而论及于其他万物之禀此元亨利贞、阴阳五行之理而存,遂附及物理之论而已。"⑨ 显然,在唐君毅看来,朱子的"理",最重要的在于发自人之内心的"当然之理",至于朱子的"所以然",他说:"朱子之所谓所以然兼二义,或为当然者之所以然,或为今所谓实然者之所以然。"⑩ 因此,唐君毅认为,朱子之所以重穷理,"意在使人知一切人所止之至善之当然,与其所以为当然""知当然者之所以然之理"。⑪ 同时,他还认为,当然之理的决定有赖于"实然及其所以然之理"之知,并受其规定,而当然之理"亦即包含物之实然及其所以然之理于其中",当然之理与所以然之理相互交错,因而可以

---

① 唐君毅:《朱子理气关系论疏释(一名朱子道德形上学之进路)》(上),载于《历史与文化》1947 年第 1 期。
②③④⑤⑥ 唐君毅:《朱子理气关系论疏释(一名朱子道德形上学之进路)》(下),载于《历史与文化》1947 年第 2 期。
⑦ 唐君毅说:"中国哲学史中所谓理,主要有六义。一是文理之理,此大体是先秦思想家所重之理。二是名理之理,此亦可指魏晋玄学中所重之玄理。三是空理之理,此可指隋唐佛学家所重之理。四是性理之理,此是宋明理学家所重之理。五是事理之理,此是王船山以至清代一般儒者所重之理。六是物理之理,此为现代中国人受西方思想影响后特重之理。此六种理,同可在先秦经籍中所谓理之涵义中,得其渊源。"(唐君毅:《中国哲学原论·导论篇》,中国社会科学出版社 2005 年版,第 2~3 页)
⑧ 唐君毅:《中国哲学原论·导论篇》,中国社会科学出版社 2005 年版,第 3 页。
⑨ 唐君毅:《中国哲学原论·导论篇》,中国社会科学出版社 2005 年版,第 32 页。
⑩ 唐君毅:《中国哲学原论·导论篇》,中国社会科学出版社 2005 年版,第 205 页注①。
⑪ 唐君毅:《中国哲学原论·导论篇》,中国社会科学出版社 2005 年版,第 204 页。

统称为"理"。① 至于朱子讲"穷理",而对于当然之理与所以然之理未作区分,唐君毅说:"穷理固以当然之理为要……然吾人应具体事物,以何者为当然,恒有待于吾人先知事物之实然及其所以然,由是而吾人知实然与其所以然之理,亦可助成吾人之知种种具体行为上之当然之理。"② 认为朱子讲穷理,最重要的在于知当然之理,而知当然之理,又必须知所以然之理,通过知所以然之理而可以达到知当然之理。

与此同时,唐君毅《中国哲学原论·导论篇》对冯友兰《中国哲学史》把朱子的"理"和"气"诠释为古希腊哲学中的"形式"和"材质",提出了不同观点。唐君毅认为,西方哲学除了讲"形式"和"质料",还讲"实现原则"(Principle of Realization)或"现实原则"(Principle of Actualization),用以说明"一新事物之形式,何以能实现于其质料,或潜能之所以化为现实,以使新事物得创生而存在"③,而且,在西方哲学中,"实现原则"与"形式之理"是分别开来的。比照西方哲学所谓"形式之理"与"实现原则",唐君毅说:"朱子之所谓理,固有二义,其一义为:一物所具之理或一事一物之极至之理。此可为就一事一物之特定之形式构造相状而言之理,而相当于西哲之形式之理者,……然朱子所归宗之理,则又为一统体之理。此统体之理,即一生生之理生生之道,而相当于西方哲学所谓实现原则者。"④ 在唐君毅看来,朱子的"理",既是一事一物所特有之理,相当于西方哲学之"形式之理",又是一切事物所共同的普遍之理,即"统体之理",但归根到底是指"统体之理",相当于西方哲学之"实现原则",或称"实现之理"。唐君毅还认为,朱子的"理",是"使新事物得生而得存之理",此理"决不同于一新事物之为如何如何、为 What、表现何形式何自然律之理",因此,"与此 What 或形式之理本身,不同其层次者"⑤。显然,在唐君毅看来,朱子的"理",不能等同于"就一事一物之特定之形式构造相状而言之理",即不同于"形式之理",而应为更高层次的"实现原则"。为此,唐君毅还明确指出:"朱子之所以重理,即重其为一实现原则。"⑥ "朱子所谓统体之理,不同于西哲所谓形式之理。"⑦

除了强调朱子的"理"不同于古希腊哲学中的"形式",唐君毅还认为,朱子所谓的气,"只能是一在生生历程中或流行历程中之气,亦即其本身在生而化、化而生之历程中之气",因而"不能无理以贯乎其中,而主乎其中",也就是说,

---

① 唐君毅:《中国哲学原论·导论篇》,中国社会科学出版社 2005 年版,第 205 页。
② 唐君毅:《中国哲学原论·导论篇》,中国社会科学出版社 2005 年版,第 213 页。
③⑥ 唐君毅:《中国哲学原论·导论篇》,中国社会科学出版社 2005 年版,第 285 页。
④ 唐君毅:《中国哲学原论·导论篇》,中国社会科学出版社 2005 年版,第 285~286 页。
⑤⑦ 唐君毅:《中国哲学原论·导论篇》,中国社会科学出版社 2005 年版,第 287 页。

气与理不离不杂,所以"不同于西哲如亚里士多德所谓一物之质料"。①

由此可见,对于朱子所谓"理",唐君毅的诠释与冯友兰有很大的不同。冯友兰较多地从物之理的角度进行逻辑分析,把朱子的"理"看作所以然之理,并诠释为古希腊哲学中的"形式",新实在论的"共相"。与此不同,唐君毅认为,朱子的"理"首先是人心的当然之理,并由当然之理而引申为存在之理。应当说,唐君毅强调朱子"理"之当然之理的内涵,具有充分的依据,因而也是对冯友兰较多讲所以然之理的补充。与此同时,唐君毅认为,朱子的"理"不能等同于西方哲学中的"共相"或"形式",而兼有"形式之理"与"统体之理"二义,既是一物所具有的"形式之理",又是一切事物之共同普遍具有的"统体之理",而朱子所归宗之理在于"统体之理",属"实现原则"。需要指出的是,唐君毅不仅认为朱子的"理"兼有"形式之理"与"统体之理"二义,而且认为"形式之理"与"统体之理"之间形成了一定的结构,强调所谓"一切形式之理之一统体之理,或统摄万理之一太极之理"②,也就是把朱子的"理"诠释为一"统体之理"统摄一切"形式之理"的结构,在这一结构中,"统体之理"不同于并且统摄一切"形式之理"。他说:"此统体之理所统摄者虽至广,而其自身则至为单纯。即此理虽为真正之内在于气之流行之理,而其自身实又不同于其所统摄之理之多姿多彩;而又遍在于一切气之流行中,非如其所统摄之形式之理,不断为物所体现,不断离之而去,可有时而不在者也。"③

四、牟宗三的"所以然之理"与"存在之理"

牟宗三对朱子的"理""气"早有论述。他曾说:"在实录世界里,理气总是互相含蕴而分离不开。但须不要以为他这理气是西洋思想中所谓'方式'与'质料'之分。它的意义甚多,且与'方式''质料'大异其趣。"④ 不赞同冯友兰把朱子的"理"和"气"诠释为古希腊哲学中的"形式"和"材质",而认为朱子的"理"是"'所以然之故'之理。"后来,他又强调朱子的"理"所内涵的所以然之理是"存在之理"。同时,他认为,朱子的"理"虽然内涵"当然之理"之义,但"提不住道德上之'应当'义",因而只有"所以然之定理"。显然,这不同于唐君毅强调朱子的"理"主要是"当然之理",朱子的"理"固有二义,既是"形式之理",又是"统体之理",而朱子所归宗之理在于统摄一

---

① 唐君毅:《中国哲学原论·导论篇》,中国社会科学出版社 2005 年版,第 287~288 页。
②③ 唐君毅:《中国哲学原论·导论篇》,中国社会科学出版社 2005 年版,第 289 页。
④ 牟宗三:《从周易方面研究中国之元学及道德哲学》,天津大公报馆 1935 年版,第 110 页。

切"形式之理"的"统体之理"。

牟宗三《心体与性体》对"所以然之理"作了深入的分析,认为通常所说的"所以然之理""是现象学的、描述的所以然,物理的、形而下的所以然,内在于自然自身之同质同层的所以然,而非形而上的、超越的、本体论的、推证的、异质异层的'所以然'"①。他说:"此种自然义、描述义、形下义的'所以然之理',吾人名之曰'形构原则'(Principle of Formation),即作为形构原则的理,简之亦即曰'形构之理'也。"② 接着,牟宗三又认为,朱子的"所以然之理""是形而上的、超越的、本体论的、推证的、异质异层的'所以然之理'";"单是超越地、静态地、形式地说明其存在,不是内在地、实际地说明其征象",此"所以然之理"即曰"存在之理"(Principle of Existence),亦曰"实现之理"(Principle of Actualization),而这里的"实现""只是静态地定然之之实现,不是创生地妙运之之实现也"。③

牟宗三特别强调,"形构之理"与自然自身同质同层,"依此理可以形成或构成一自然生命之特征""依此原则可以抒表出一自然生命之自然征象";而"存在之理"与自然自身异质异层,"此理不抒表一存在物或事之内容的曲曲折折之征象,而单是抒表一'存在之然'之存在""相当于来布尼兹所说的'充足理由原则'"。④ 他还说:"形构之理是'类概念',是气之凝聚结构之性,是多,而存在之理则不是类概念,是纯一而非多,此即所谓超越的义理之性或本然之性也。"⑤ 为此,他还认为,"存在之理"不由归纳而得,亦非"归纳普遍化之理"⑥。

通过把"所以然之理"分为"存在之理"与"形构之理"两个不同层面,牟宗三强调朱子的"理"只是一"存在之理",而不是"形构之理"。他说:"依朱子,此理只是一理,一太极,一个绝对普遍的、存有论的、纯一的极至之理。所谓百理、万理,实只是一极至之理对应个别的存在之然而显现(界划出)为多相,实并无定多之理也。"⑦认为朱子的"理"只是一"存在之理",并不是多,所谓万理,是"存在之理"对应个别存在的多而显现出来的"多相",并非有多理。对于朱子讲太极含万理,具众理,他明确指出:"朱子之意是一为真一(真地是一),多只是权说之假象。"⑧ 他还说:"所谓权说之假象者,就存在之然而为其所以然之理,是因'存在之然'之多而权说为多,而实无多理,只是此整全

---

① 牟宗三:《心体与性体》(上),吉林出版集团2013年版,第79页。
②③④ 牟宗三:《心体与性体》(上),吉林出版集团2013年版,第80页。
⑤⑦ 牟宗三:《心体与性体》(上),吉林出版集团2013年版,第81页。
⑥ 牟宗三:《心体与性体》(上),吉林出版集团2013年版,第90页。
⑧ 牟宗三:《心体与性体》(下),吉林出版集团2013年版,第459页。

之一之理也。……是以就存在之然而说为万理、众理者，实只是因'存在之然'之多而权说，实非真多也，故多只是假象。"① 在牟宗三看来，朱子的"理"只是一"存在之理"，所谓"阶砖便有阶砖之理""竹椅便有竹椅之理"，这里的"理"，是与阶砖、竹椅"同质同层的'形构之理'"，只是"权说之假象"。

牟宗三还引入亚里士多德的"本质"（Essence）之说。他认为，本质是一物之所以为此物之理，"此所以然之理由定义而表示，亦当是'形构之理'，因而亦是'类概念'，是多而非一"，但是，"定义所表示的本质则只是一个抽象的概念（类概念）"，与存在相分离，因此，"必须存在与本质结合为一，始可有具体的个体物之存在。使此两者结合为一而产生一具体存在物者即西方哲学中所谓'实现之理'"，它是"一个超越而绝对的真实体，使一物如是如是存在者"。牟宗三认为，朱子的"理"，是存在之理，而非形构之理，与实现之理为同一层次，所以，"不可混其形上的、超越的'所以然'为定义中所表示的本质之为'所以然'也"。②

通过对"存在之理"与"形构之理"的关系的分析，牟宗三明确认为，朱子只讲"存在之理"而无"形构之理"之义。他说："伊川朱子无'形构之理'之义，但因其通过格物穷理（即物而穷其理，即存在之然而推证其所以然）之认知方式而把握其所说之太极性理（存在之理、静态的实现之理），人可误会其所说之'所以然'为定义中的本质之为'所以然'，因而亦可误会为形构之理矣。此因'所以然'之歧义而生之误会。"③ 也就是说，朱子的"所以然之理"是"存在之理"，而不是"形构之理"，但是，朱子讲"即物而穷其理"，容易使人把他的"所以然之理"误会为"形构之理"。他还说："形构之理是类概念，因而亦是个知识概念（即知识问题上的概念）。伊川朱子所说之'所以然'虽不表示此概念，然其格物穷理之认知方式可以带出此概念，吾人今日亦可以自觉地建立此概念，以与'存在之理'（静态的实现之理）相区别。存在之理是形而上学的概念，亦是存有论的概念，此与知识概念有别。"④ 又说"虽伊川朱子并无形构之理一层，然亦无碍，而亦未始不隐含此一层，而亦未尝不可自觉地由之而开出此一层（由即物穷理而留住于气之曲折之相上即可开出此一层）。"⑤ 也就是说，朱子的"所以然之理"虽然只是"存在之理"，而不是"形构之理"，但是，隐含并可以自觉地由之而开出"形构之理"。

牟宗三强调朱子的"所以然之理"只是"存在之理"，而不是"形构之理"，

---

① 牟宗三：《心体与性体》（下），吉林出版集团2013年版，第460页。
② 牟宗三：《心体与性体》（上），吉林出版集团2013年版，第81~83页。
③④ 牟宗三：《心体与性体》（上），吉林出版集团2013年版，第83页。
⑤ 牟宗三：《心体与性体》（上），吉林出版集团2013年版，第87页。

因而反对冯友兰把朱子的"理"诠释为"形式"或"共相",并且认为,冯友兰是顺着"形构之理"的"所以然"去理解朱子的"理",似乎根本不知道存在之理与形构之理之不同,"尤甚者似乎他根本没有'实现之理'这个观念"①。

显然,牟宗三更多的是把朱子的"理"看作"存在之理"层面上的"所以然之理"。至于朱子的"理"所内涵的"所当然之则",牟宗三说:"伊川朱子系统中作为'存在之理'之性理其所表示的'当然而不容已与所以然而不可易'实并提不住道德上之'应当'义。再加上'形构之理'之重要,'应当'全由'实然'来决定,是即'应当'全转成平铺之实然,实然通其所以然而定然即是应当。"② 在牟宗三看来,朱子的"理"虽然内涵"当然之理"之义,但由于讲"当然而不容已与所以然而不可易",要求一切行为活动顺从于理,不具有"心之自主、自律、自决、自定方向"上的"应当"义,因而为他律道德;与之不同,只有讲"性体是即活动即存有者",才是"从此性体之自主、自律、自决、自定方向上说应当,此方真能提得住、保得住道德上之'应当'者。此是真正理想主义的自律道德"③。

五、余论

在现代朱子哲学研究中,运用哲学概念诠释朱子的"理"的内涵,具有重要意义。冯友兰从逻辑的所以然之理入手,最先用古希腊哲学中的"形式"和新实在论的"共相"诠释朱子的"理"的内涵,开朱子哲学研究之先河,其学术贡献,自不待言。此后,张岱年沿着冯友兰的思路,进一步将朱子的"理"诠释为"规律"。李相显强调,在朱子那里,"当然之则乃是理之重要意义,比理之所以然之故之意义更为重要也";张东荪则不同意冯友兰以"共相"诠释朱子的"理"。直到唐君毅、牟宗三有了根本性的变化。

唐君毅认为,朱子的"理",是"人心当然之理兼是万物存在之理",并明确认为,宋明理学家的"性理之理",是"人生行为之内在的当然之理"。但是,他又认为,当然之理的决定有赖于"实然及其所以然之理"之知,而且朱子的"理"兼有"形式之理"与"统体之理"二义,并归宗于"统体之理",相当于西方哲学之"实现原则",或称"实现之理"。

牟宗三把朱子的"理"看作"存在之理"层面上的"所以然之理",认为

---

① 牟宗三:《宋明儒学综述》,载于《牟宗三先生全集(30)》,联经出版事业公司2003年版,第102页。
② 牟宗三:《心体与性体》(上),吉林出版集团2013年版,第98页。
③ 牟宗三:《心体与性体》(上),吉林出版集团2013年版,第98~99页。

朱子的"理""提不住道德上之'应当'义",同时还认为,朱子的"理""只是一理,一太极,一个绝对普遍的、存有论的、纯一的极至之理",只是"存在之理",而非"形构之理"。牟宗三甚至还把"形构之理"看作"权说之假象"。

其一,朱子的"理"包含"所以然之故"和"所当然之则"两个方面,何者最为重要?冯友兰从逻辑的所以然之理入手诠释朱子的"理";牟宗三把朱子的"理"看作"存在之理"层面上的"所以然之理""提不住道德上之'应当'义";与此不同,唐君毅认为,朱子的"理"最重要的是"人心当然之理",但还是认为朱子的"理"归宗于"统体之理",即形上学的"存在之理"层面上的"所以然之理"。

其二,朱子讲"理一分殊",还讲"一理"与"万理"的关系,讲"万理"同出"一理",又讲"一理"与"万理"属于不同层次。冯友兰把朱子的"理",无论"一理"还是"万理",都诠释为"形式"或"共相",属于逻辑层面的"所以然之理";牟宗三把朱子的"理"只是"一理",属于形上学的"存在之理",而把"万理"归于"权说之假象";与此不同,唐君毅认为,朱子的"理"既是"万理"又是"一理",但归宗于"一理"。

毫无疑问,唐君毅、牟宗三从形上学的"存在之理"的层面上诠释朱子的"理",与冯友兰从逻辑的层面上诠释朱子的"理",有着根本的不同。同时,牟宗三与唐君毅也有很大差异。牟宗三只讲所以然之理,并认为朱子的"理""提不住道德上之'应当'义";而唐君毅则强调朱子的当然之理,并关注当然之理与所以然之理的相互关系。

需要指出的是,唐君毅、牟宗三虽然以形上学的"存在之理"诠释朱子的"理",但是反对把朱子的"理"等同于西方哲学中的上帝。唐君毅认为朱子所归宗的"统体之理"相当于西方哲学所谓"实现原则"者,同时又说:"朱子之论此统体之生生之理生生之道,与西方哲学之论实现原则,又有大不相同之处。"① 唐君毅认为,在西方哲学中,此实现原则为上帝之心灵所先知,并内在于上帝之意志中;而在朱子的思想中,"其言统体之生生之理生生之道,固亦为先天地万物而自有者""天地万物之依此道此理而生"。唐君毅还说:"此道此理亦即直接为人物之所以生之理由或实现原则。故此道此理,即可视为人物所以生之性,而直接内在于人物者。"② 也就是说,虽然"统体之理"在天地万物生成之先而存在,但万物依此道此理而生,且此道此理又内在于万物之中。牟宗三则

①② 唐君毅:《中国哲学原论·导论篇》,中国社会科学出版社2005年版,第286页。

认为，虽然朱子的"存在之理"相当于来布尼兹所说之充足理由，但来布尼兹之充足理由是指上帝之意志说，而朱子的"存在之理"，是"只存有而不活动者""只是一个'作为存有'的、静态的、形式意义的纯一之理，并无心义活动义"①。由此可见，唐君毅、牟宗三对于朱子的"理"的诠释，虽然根本不同于冯友兰以"形式"或"共相"所作的诠释，但由于强调朱子的"理"并不等同于西方哲学中的上帝，所以，与冯友兰一样，都否认了由"理"而创生天地万物，实际上也否定了把朱子哲学简单地归属于西方哲学中的客观唯心主义的观点。

应当说，朱子讲"理"，包括所以然之理和当然之理，有就所以然之理而言，有就当然之理而言。而且，在朱子那里，当然之理只是"指事而言""就事而直言其理"，是就事物的理所当然而言；所以然之理是当然之理之所以"当然"的依据，是"事物所以当然之故"，讲所以然之理，是为了当然之理，而且朱子的所以然之理本身是善的，也属于今天所谓的当然之理。所以，朱子的"理"，主要是当然之理。

同时，朱子特别强调当然之理。他说："圣人千言万语，只是说个当然之理。"②"道者，事物当然之理。苟得闻之，则生顺死安，无复遗恨矣。"③他还说："'天生蒸民，有物有则。'……莫不各有当然之则。所谓穷理者，穷此而已。"④又说："《大学》所谓格物致知，乃是即事物上穷得本来自然当然之理，而本心知觉之体光明洞达、无所不照耳。"⑤"天下万物，当然之则，便是理；所以然底，便是原头处。今所说，固是如此。但圣人平日也不曾先说个天理在那里，方教人做去凑。只是说眼前事，教人平平恁地做工夫去，自然到那有见处。"⑥也就是说，即物穷理即是"穷得本来自然当然之理"。朱子门人陈淳《北溪字义》释"理"曰："只是事物上一个当然之则便是理。'则'是准则、法则，有个确定不易底意。只是事物上正合当做处便是'当然'，即这恰好，无过些，亦无不及些，便是'则'。……古人格物穷理，要就事物上穷个当然之则，亦不过只是穷到那合做处，恰好而已。"⑦

因此，冯友兰从逻辑的所以然之理入手以"形式"或"共相"诠释朱子的"理"，以及牟宗三把朱子的"理"看作"存在之理"层面上的"所以然之理"，

---

① 牟宗三：《心体与性体》（下），吉林出版集团2013年版，第458页。
② （宋）黎靖德：《朱子语类》（一）卷十一，中华书局1986年版，第187页。
③ （宋）朱熹：《四书章句集注》，中华书局2012年版，第71页。
④ （宋）黎靖德：《朱子语类》（四）卷五十九，中华书局1986年版，第1382页。
⑤ （宋）朱熹：《晦庵先生朱文公文集》卷五十《答潘文叔》（一），载于《朱子全书》（22），上海古籍出版社、安徽教育出版社2010年版，第2290页。
⑥ （宋）黎靖德：《朱子语类》（七）卷一百一十七，中华书局1986年版，第2825页。
⑦ （宋）陈淳：《北溪字义》卷下，中华书局1983年版，第42页。

相对于朱子的"理"主要是就当然之理而言,并不完全相契合。尤其需要指出的是,朱子的"理"多指向道德心性,"事亲当孝,事兄当弟",即当然之理,"事亲如何却须要孝,从兄如何却须要弟",即所以然之理;"人见赤子入井,皆有怵惕、恻隐之心",即当然之理,"其所以然者",即所以然之理。这里所谓的"理",是否如牟宗三所说,是"只存有而不活动者""只是一个'作为存有'的、静态的、形式意义的纯一之理,并无心义活动义""提不住道德上之'应当'义"?这个问题尚需要作进一步的讨论。与此不同,唐君毅强调朱子的"理"主要是当然之理,固然合乎朱子之义。但是他又认为,朱子的"当然之理"主要是"人心当然之理""人生行为之内在的当然之理",把当然之理仅限于人心,这与在朱子那里,当然之理只是"指事而言""就事而直言其理",似乎仍有所差异。而且,在唐君毅看来,朱子的"理"虽有"形式之理"与"统体之理"二义,但归宗于"统体之理",仍然是"存在之理"层面上的"所以然之理",因此,朱子的"理"所内涵的"当然之理",实际上仍没有得到充分的展现。

　　不过,在唐君毅和牟宗三看来,"理"实际上可以分为两个层面,或"形式之理"与"统体之理"("实现原则"),或"形构之理"与"存在之理"("实现之理"),这种对于朱子"理"的诠释,比起只是把"理"诠释为单一的"形式""共相"或"规律",有新的推进。在笔者看来,唐君毅和牟宗三所谓"形式之理"或"形构之理",相当于朱子的"当然之理",是"万理";而"统体之理"或"存在之理",相当于朱子的"所以然之理",是"一理"。换言之,朱子的"当然之理",相当于牟宗三所谓"现象学的、描述的""物理的、形而下的""同质同层的",而朱子的"所以然之理",则相当于牟宗三所谓"形而上的、超越的、本体论的、推证的、异质异层的"。需要指出的是,唐君毅虽然认为朱子的"理"兼有"形式之理"与"统体之理"二义,但归宗于"统体之理";而牟宗三则明确认为,朱子的"理"只是"存在之理",而非"形构之理",这与朱子特别强调当然之理,似乎仍有可商榷之处。

第三章

"理先气后"及"理生气"的不同诠释

现代朱子哲学研究重视对于朱子的"理""气"关系的分析,特别对"理先气后"及"理生气"等思想作出阐释,并出现了多种诠释。冯友兰以为朱子的理先气后是"逻辑在先",因而对朱子的"理生气"并没有作出直接的阐释。唐君毅、牟宗三不同意冯友兰的"逻辑在先",而认为朱子的理先气后是"形上之先",并且还认为,朱子的"理生气"并不是如"母之生子",而是"气之依理而生,依理而行"。钱穆则认为朱子讲"理气一体",并在此基础上讨论"理先气后"及"理生气",同时又讲"气强理弱"。

一、朱子论"理""气"关系

朱子在理气关系上,既讲理气不离不杂,又讲理先气后。宋淳熙四年丁酉(1177年),朱子所撰《孟子或问》既认为"理也,形而上者也;气也者,器也,形而下者也",又说:"以本体言之,则有是理,然后有是气,而理之所以行,又必因气以为质也。"① 后来,朱子还说:"天地之间,有理有气。理也者,形而上之道也,生物之本也;气也者,形而下之器也,生物之具也。是以人物之生,必禀此理,然后有性;必禀此气,然后有形。"② 又说:"所谓理与气,此决是二

---

① (宋)朱熹:《四书或问》,载于《朱子全书》(6),上海古籍出版社,安徽教育出版社2010年版,第934页。
② (宋)朱熹:《晦庵先生朱文公文集》卷五十八《答黄道夫》(一),载于《朱子全书》(23),上海古籍出版社、安徽教育出版社2010年版,第2755页。

物。但在物上看，则二物浑沦，不可分开各在一处，然不害二物之各为一物也；若在理上看，则虽未有物而已有物之理，然亦但有其理而已，未尝实有是物也。"①据《朱子语类》载，问："先有理，抑先有气？"曰："理未尝离乎气。然理形而上者，气形而下者。自形而上下言，岂无先后！"或问"理在先，气在后"。曰："理与气本无先后之可言。但推上去时，却如理在先，气在后相似。"②朱子甚至还说："未有天地之先，毕竟也只是理。有此理，便有此天地；若无此理，便亦无天地，无人无物，都无该载了！有理，便有气流行，发育万物。"③

需要指出的是，朱子讲理先气后，但又强调理气不可分。他说："天下未有无理之气，亦未有无气之理。"④据《朱子语类》载，或问："必有是理，然后有是气，如何？"曰："此本无先后之可言。然必欲推其所从来，则须说先有是理。然理又非别为一物，即存乎是气之中；无是气，则是理亦无挂搭处。"或问先有理后有气之说。曰："不消如此说。而今知得他合下是先有理，后有气邪；后有理，先有气邪？皆不可得而推究。然以意度之，则疑此气是依傍这理行。及此气之聚，则理亦在焉。"⑤可见，朱子讲理先气后，是为了说明"气是依傍这理行"。朱子接着还说："盖气则能凝结造作，理却无情意，无计度，无造作。只此气凝聚处，理便在其中。且如天地间人物草木禽兽，其生也，莫不有种，定不会无种子白地生出一个物事，这个都是气。若理，则只是个净洁空阔底世界，无形迹，他却不会造作；气则能酝酿凝聚生物也。但有此气，则理便在其中。"⑥这里明确认为"理在气中"。他还说："周子言'太极动而生阳，静而生阴'。如言太极动是阳，动极而静，静便是阴；动时便是阳之太极，静时便是阴之太极，盖太极即在阴阳里。如'《易》有太极，是生两仪'，则先从实理处说。若论其生则俱生，太极依旧在阴阳里。但言其次序，须有这实理，方始有阴阳也。其理则一。虽然，自见在事物而观之，则阴阳函太极；推其本，则太极生阴阳。"⑦

朱子不仅讲理先气后，而且还讲"理生气"。朱子说："未有天地之先，毕竟是先有此理。动而生阳，亦只是理；静而生阴，亦只是理。"⑧他在解读周敦颐《太极图说》所谓"太极动而生阳""静而生阴"时说："'动而生阳''静而生阴'，动即太极之动，静即太极之静。动而后生阳，静而后生阴，生此阴阳之气。"⑨又

---

① （宋）朱熹：《晦庵先生朱文公文集》卷四十六《答刘叔文》（一），载于《朱子全书》（22），上海古籍出版社、安徽教育出版社2010年版，第2146页。
②⑤⑥ （宋）黎靖德：《朱子语类》（一）卷一，中华书局1986年版，第3页。
③⑧ （宋）黎靖德：《朱子语类》（一）卷一，中华书局1986年版，第1页。
④ （宋）黎靖德：《朱子语类》（一）卷一，中华书局1986年版，第2页。
⑦ （宋）黎靖德：《朱子语类》（五）卷七十五，中华书局1986年版，第1929页。
⑨ （宋）黎靖德：《朱子语类》（六）卷九十四，中华书局1986年版，第2367页。

说:"'动而生阳''静而生阴',说一'生'字,便是见其自太极来。"①还说:"有是理后生是气,自'一阴一阳之谓道'推来。"②而且,朱子还明确说:"太极生阴阳,理生气也。阴阳既生,则太极在其中,理复在气之内也。"③应当说,理与气是同时有的,有理即有气,不存在谁生谁的问题。"理生气"所谓的"生",是指气的理是气存在的根据,有此理,气才能成其为气,而不是指由无气之理创生出气来,因为"天下未有无理之气,亦未有无气之理",而且"若理,则只是个净洁空阔底世界,无形迹,他却不会造作"。与此同时,朱子又强调说:"气虽是理之所生,然既生出,则理管他不得。"④

显然,在朱子的理气结构中,一方面理气不离不杂,"理与气本无先后之可言";另一方面,从根本上说,理形而上者,气形而下者,理先气后;不能只讲理气不离不杂,而不讲理先气后,也不能只讲理先气后,而不讲理气不离不杂。

二、冯友兰论"逻辑在先"

如前所述,民国时期,谢无量、周予同都依据朱子讲理气不离不杂而认为朱子在理气关系上属理气二元论。其实,当时持这一观点的学者不在少数。1925年出版的赵兰坪《中国哲学史(卷下)》专门讨论朱子的"太极及理气二元论"⑤。1926年出版的江恒源《中国先哲人性论》在讨论"朱熹的论性学说"时,先论述朱熹的理气二元论。⑥同年,李石岑的《人生哲学》指出:"朱晦庵的哲学,……带有理气二元的色彩。"⑦1929年,贾丰臻的《宋学》说:"晦庵继续伊川的思想,主张理气二元说。"⑧1930年,常乃惪的《中国思想小史》说:"朱熹在思想上最大的建树是在他将程颐的理气二元论扩充成很有条理的思想。"⑨同年,何炳松发表的《程朱辨异》则认为,程、朱两人的学说是根本不同的,程氏主张一元论,朱氏主张二元论;朱氏要把"理和气'歧而两之'",这与程氏要把二者"合并为一"完全相反。⑩

---

① (宋)黎靖德:《朱子语类》(六)卷九十四,中华书局1986年版,第2368页。
② (宋)黎靖德:《朱子语类》(一)卷一,中华书局1986年版,第2页。
③ (宋)朱熹:《太极图说解》,载于《周濂溪集》(一),中华书局1985年版,第6页。
④ (宋)黎靖德:《朱子语类》(一)卷四,中华书局1986年版,第71页。
⑤ 赵兰坪:《中国哲学史(卷下)》,国立暨南学校出版部1925年版,第94页。
⑥ 江恒源:《中国先哲人性论》,商务印书馆1926年版,第162~165页。
⑦ 李石岑:《人生哲学》,商务印书馆1926年版,第394~395页。
⑧ 贾丰臻:《宋学》,商务印书馆1929年版,第89页。
⑨ 常乃惪:《中国思想小史》,中华书局1930年版,第121页。
⑩ 何炳松:《程朱辨异》(二),载于《东方杂志》,1930年第27卷第10号。

与此同时，也有一些学者反对谢无量的观点，强调朱子讲理先气后而认为朱子是理一元论。1925 年，黎群铎发表的《晦庵学说平议》①指出："朱子的宇宙观，近于唯理主义（Rationalism）。""朱子的宇宙观是：1. 宇宙的本质即是理；2. 理是离现象界而能存在的；3. 宇宙非无意识。"所以，"理气二元，并不是朱子的主张"。钟泰《中国哲学史》认为，朱子"虽理气并言，而仍以理为本"，而谢无量《中国哲学史》讲朱子纯主理气二元论，未为真知朱子。②陈钟凡《两宋思想述评（七）十二章"朱熹之综合学说"》则认为，朱熹综合理气二元以为具体的一元论，指出："理气虽属对待，然同与太极有密切之关系，故可融合之而为一元焉。"还说："统观熹之宇宙论，以太极一元为最后之本体；由理气而生二气五行、天地万物。"③

冯友兰《中国哲学史》特别关注朱子所谓理先气后及其与理气不可分的关系，并且在把朱子的"理"和"气"分别诠释为"形式"和"材质"的基础上，指出："就朱子之系统言，一理必在其个体事例之先，盖若无此理，即不必有此个体事例也。至于理与普通的气为有之先后，则须自两方面言之：盖依事实言，则有理即有气，所谓'动静无端，阴阳无始'；若就逻辑言，则'须说先有是理'。盖理为超时空而不变者，气则为在时空而变化者。就此点言，必'须说先有是理'。"④显然，冯友兰把朱子既讲理气不可分又讲理先气后，作了分别解释：理气不可分，依事实言；理先气后，就逻辑言。这就是所谓"逻辑在先"。

对于朱子依据周敦颐《太极图说》"太极动而生阳""静而生阴"而言"理生气"，冯友兰《中国哲学史》认为，在周敦颐那里，"太极生阴阳五行；而太极实即在阴阳五行之内"⑤。至于阴阳五行之气内的太极如何"生"阴阳五行之气，以及朱子讲"理生气"，冯友兰并没有作出具体解释。如前所述，冯友兰明确认为，周敦颐所谓"太极动而生阳；动极而静，静而生阴"，在朱子系统中为不通之论。实际上否定了在朱子哲学中太极有动静以及阴阳之气由太极或理产生出来的说法。

需要指出的是，冯友兰《中国哲学史》还说："盖理学与心学之差别之一，即理学需要二世界，心学只需要一世界。或可谓理学为二元论的，心学为一元论的。"⑥认为朱子哲学属于理气二元论，而不同于陆九渊的心学一元论。既然在

---

① 黎群铎：《晦庵学说平议》，载于《国学丛刊》1925 年第 2 卷第 4 期。该文后来收入许啸天所编《国故学讨论集（第四集）》（上海群学社 1927 年出版）。
② 钟泰：《中国哲学史（卷下）》，商务印书馆 1929 年版，第 41 页。
③ 陈钟凡：《两宋思想述评（七）十二章"朱熹之综合学说"》，载于《学艺》1931 年第 11 卷第 7 期。
④ 冯友兰：《中国哲学史》，商务印书馆 1934 年版，第 906 页。
⑤ 冯友兰：《中国哲学史》，商务印书馆 1934 年版，第 825 页。
⑥ 冯友兰：《中国哲学史》，商务印书馆 1934 年版，第 982 页。

朱子那里，理气为二元，当然也不存在所谓"理生气"这样的问题。

对于冯友兰所谓"逻辑在先"，既有赞同者，也有反对者。1935年，高名凯发表的《朱子论理气》认为，朱子的理是一种可能性。他还说："朱子一方面注重有一个离不开气的理，一方面他又认为有一个先在的理，这个先在的理就是可能性。……他所谓在先之理乃是逻辑上的在先，非时间上的在先。……总之，在逻辑上，我们须先假定有理，有可能性，然后有气，但在时间上，理与气是合一的，无先后之可言。"① 显然，这是在讲朱子为理气合一论基础上对冯友兰"逻辑在先"的一种阐释。同年，严群发表的《朱子论理气太极》认为，朱子讲理先气后，只是"逻辑上的先后""换句话说，在生成上，难说孰先孰后，可是案理，理应当居先，气应当居后，因为理是主，气是辅，二者地位的不同。"② 认为朱子理气论的"逻辑在先"只是就"理是主，气是辅"而言。

张岱年《中国哲学大纲》赞同冯友兰的观点。他认为，在朱子那里，"理与气是二而不相离""理气虽非相离，但宇宙在未有气之先，实已有理"，所以，"在实际上有理即有气，谓理先气后者，乃系在理论上推其所从来，则不得不说先有理""理气未尝相离，然在理论上讲，不可不分先后，不能不说理在先"。③ 李相显《朱子哲学》认为，在朱子那里，自其哲学系统而言，则理气无先后之可言；自其伦理观念而言，则理先而气后。他说："朱子所谓理气无先后之可言者，乃从理智来说，由其哲学系统而言也；其所谓理先而气后者，乃从感情来说，由其伦理观念而言也。朱子对于理气之先后的理论，始终不能有一致的主张者，盖因朱子既重视其哲学系统，尤重视其伦理观念也。"④ 显然，这也是对冯友兰所谓"逻辑在先"的一种阐释。

但是，张东荪则不同意冯友兰的观点。他认为，在朱子系统中，"就理与气的相附着而言，有气即有理，亦有理必有气，二者并无先后可言，但就体用的分别而说，毕竟理是体。所以不能不说理是先有的"，而且，朱子所说的"理"绝不是概念，"虽则我们可以用概念以表现理，但却必须认明理之自身不是概念"，所以，"理气先后的问题，不必含有逻辑的意义，换言之，即不见得必是逻辑的先后"。⑤

侯外庐主编《中国思想通史》认为，在朱熹那里，"'理'是先于物质存在的实体，是产生万物的神秘的根源"，并特别强调朱熹所言"太极生阴阳，理生

---

① 高名凯：《朱子论理气》，载于《正风半月刊》1935年第1卷第11期。
② 严群：《朱子论理气太极》，载于《新民月刊》1935年第1卷第6期。
③ 宇同（张岱年）：《中国哲学大纲》，商务印书馆1958年版，第81~82页。
④ 李相显：《朱子哲学》，世界科学社出版部1947年版，第235页。
⑤ 张东荪：《朱子的形而上学》，载于《中大学报》1945年第3卷第1~2合期。

气也",指出:"这里明白地规定出'理生气'的唯心主义命题,堵塞了一切作二元论误解的道路。"①而且还认为,朱熹讲"理生气""理在气先",表明"'理'是永恒的本体,它不随'山河大地'即物质世界的变化而变化,它是永恒地在那里独存。……'理'是先验的、第一性的。"② 同时又引述朱熹所说"太极,理也;阴阳,气也。气之所以能动静者,理为之宰也""理为气之主",认为朱熹的理,"是在万物之上的主权者,主宰着万物,而且有能力自由自在地为世界构造各式各样的法规"③。显然,这里对于朱熹的理气先后的解读,不同于冯友兰《中国哲学史》所谓"逻辑在先",不仅认为朱熹的理"是先于物质存在的实体",而且还把朱熹的"理生气"解释为理产生出气,气由理产生出来。稍后出版的任继愈主编《中国哲学史》(第三册)第六章"朱熹的客观唯心主义哲学体系"也认为,在朱熹的思想体系中,"未有天地万物,已先有天地万物之理,天地万物的所以生成,所以变化,都是由于理的作用""理主宰着气,成为最高的本体,推动万物的生成变化"。④ 因此,朱熹哲学被看作客观唯心主义体系。

需要指出的是,冯友兰曾对"理生气"做过分析。1962年,冯友兰说过:"关于理气关系,朱熹所谓理先气后,不是从时间上来说的。因为他认为理与气都是无始无终的。在许多地方,他都这样说。但在有的地方,朱熹也说'理生气',这当然是在时间上分先后了。"⑤冯友兰认为,朱熹讲"理生气",是在时间上分理先气后,但这只是在个别地方这样说;而在许多地方,朱熹讲理先气后,都只是就逻辑而言,"不是从时间上来说的"。

冯友兰晚年完成的《中国哲学史新编》把朱熹的理气关系理解为一般与特殊的关系,并且明确指出:"有些人误认为,一般能生特殊的事物,特殊的树都是树之一般生出来的。其实特殊的树都是特殊的树生出来的,树之一般并没有树的种子,特殊的树才有树的种子。朱熹明确地说:'这个都是气',特殊的树是气之聚,气这样聚了,这样的理就在其中。"⑥冯友兰还认为,在朱熹那里,"气和理的关系是'依傍',有依照的意思,理和气的关系是'骑乘''挂搭'"⑦,因此,理和气的关系不是"一般能生特殊的事物"的关系,而是气依傍理而有阴阳之气,不是阴阳之气由理产生出来。同时,冯友兰重申了早年《中国哲学史》的"逻辑在先",指出:"就存在说,理气是互相依存的,……无始无终的,就存在说,理、气先后问题就没有意义了。但朱熹仍然认为,照理论上说应该还是理先

---

① 侯外庐:《中国思想通史》(第四卷下册),人民出版社1960年版,第606页。
②③ 侯外庐:《中国思想通史》(第四卷下册),人民出版社1960年版,第607页。
④ 任继愈:《中国哲学史》(第三册),人民出版社1964年版,第242页。
⑤ 冯友兰:《对于船山哲学的一些看法》,载于《江汉学报》1962年第12期。
⑥ 冯友兰:《中国哲学史新编》(第五册),人民出版社1988年版,第161页。
⑦ 冯友兰:《中国哲学史新编》(第五册),人民出版社1988年版,第166页。

气后，他认为理是比较根本的。就这一点说，先后问题就是本末问题，理是本，气是末；也就是轻重问题，理为重，气为轻。本和重在先，轻和末在后，这样的在先就是所谓逻辑的在先。"① 此外，冯友兰还认为，朱熹的意思还不止于此，在朱熹那里，"虽然在存在上不存在一个没有阴阳的太极，但在理论上却是有的，这是朱熹哲学体系的唯心主义的根本"②。换句话说，在存在上，朱熹认为，理气不可分，不分先后，但在逻辑上，理气可以分，可以有"没有阴阳的太极"，可以有"逻辑在先"，但冯友兰最终没有对朱熹的"理生气"做出直接而肯定的论证。

三、唐君毅、牟宗三论"形上之先"与"气之依理而生"

1937 年，唐君毅发表《朱子道体论导言》，将朱子的理气关系论归于四义："一、理先于物义；二、理气凑泊成物义；三、理先于气义；四、理生气义"。但是，该文并没有对"理先气后"和"理生气"做出更多的阐述，直至 1947 年发表《朱子理气关系论疏释》，这些问题才得到了深入的探讨。

（一）对朱子"理先气后"的解释

唐君毅撰写《朱子理气关系论疏释》，"旨在指出当依何意义朱子所谓'理先气后'及'理一'之义可得其解"，反对当时流行的以冯友兰、金岳霖为代表的"以逻辑上先后说朱子之'理先气后'之说"，并"说明朱子'理先气后'之说可首于当然之理之先于实现此理之气上得其解"。③

在该文中，唐君毅首先对朱子的理气关系作了概括，指出："朱子之言理气有五义：一、在物上看，理气浑沦，理在气中；二、自物之理一方面看，理可超乎气而观，无气亦可有理；三、自气一方面看，气不能离理，必有理而后有气，理先而气后，理主而气从；四、气以聚散而有无，不定而无常，故于气不言实气，理不以气之聚散而有无，故不移而有常，故于理言实理；五、必气后而有所谓理先，气从而后理可为主，故理为必实现于气之理。……于是在究竟义上，理与气既不相杂，亦不相离。"④

接着，唐君毅分析了朱子所谓"理先气后"中"先后"的五种含义：一

---

① 冯友兰：《中国哲学史新编》（第五册），人民出版社 1988 年版，第 167~168 页。
② 冯友兰：《中国哲学史新编》（第五册），人民出版社 1988 年版，第 168 页。
③④ 唐君毅：《朱子理气关系论疏释（一名朱子道德形上学之进路）》（上），载于《历史与文化》1947 年第 1 期。

为客观存在之时间上之先后；二为主观心理去认识客观所对之自然次序之先后；三为真正之知识论上之先后；四为逻辑上之先后之意义；五为形上学之先后。并且指出："吾人既不能以时间上之先后、心理认识上之先后、知识论之先后、逻辑上之先后，释朱子所谓理先气后，则唯有就朱子本人之言与意所谓形上之先以释理之先。所谓形上之先者，以今语释之，即在宇宙之根本真实之意义上，理为超乎形以上之最根本之真实，而气则根据理之真实性而有其形以内之真实性者。……此形上之先后义不仅与逻辑上之先后义迥别，而由逻辑先后之分析亦决不足以成就此形上学中之先后义。"① 显然，唐君毅主张"就朱子本人之言与意所谓形上之先以释理之先"，用"形上之先"诠释朱子的"理先气后"，反对冯友兰的"逻辑在先"，认为"逻辑在先"不足以解释"形上之先"。

唐君毅认为，在朱子那里，"物由理气二者浑合而成，对物之概念而言，不仅理为逻辑上在先者，气亦为逻辑上在先者"，但是，朱子只讲"未有物亦有理"，而未言"未有物亦有气"，因此，"逻辑之分析原非朱子之问题"；而且，"物既由理气浑合而成，理气二概念皆各为逻辑上先于物之概念者。二者平等为物概念之内涵而不能归并者"，所以，"对物概念而言，理气二概念，互不相涵蕴，无所谓谁在谁先"。②

唐君毅还说："逻辑不能示吾人以逻辑上在先者之必为真实，更不能示吾人以必先肯定逻辑上在先者之真实乃能肯定逻辑上在后者之真实。吾人纯论概念之逻辑先后，可与所说概念之真实与否之问题全不相干。……而朱子所谓理先气后，唯是谓理之真实性之肯定先于气之真实性之肯定，气之真实性根据于理之真实性。"③ 在唐君毅看来，朱子的"理先气后"讲的是理之真实性先于并决定气之真实性，而逻辑上的先后与概念的真实与否完全不相干，所以，"逻辑在先"不能作为对朱熹"理先气后"的论证。

唐君毅还认为，冯友兰把朱子的"理"和"气"诠释为"共相"和"殊相"，因而"不能断定此共相本身所具有之形上学的真实性先于个体事物之真实性，而为个体事物之真实性之根据"，而"无理必先于物必先于气之义"，因此"绝不能成就朱子之形上学之理先气后义"。为此，唐君毅说："向外分析事物以得共相而直接以共相为理之说与以逻辑上之先后释理先气后之说，乃同一根长出之思想，而同与朱子所谓形上学之理先气后乃无缘而必须彻底加以否认者。"④

---

①②③④ 唐君毅：《朱子理气关系论疏释（一名朱子道德形上学之进路）》（上），载于《历史与文化》1947年第1期。

在唐君毅看来，论证朱子的"理先气后"，必须先体验人心中"当然之理"与其气的关系入手，进而论证本体论意义上的"存在之理"与气的关系。他说："朱子之形上学的理先气后义，必须先于吾人内部之当然之理与实现此理之气之关系之体验中，得其所指示之意义。而理先气后之形上学的意义亦必须通过此体验乃能透视出。由此透视而可见吾心之当然之理亦即一切存在之存在之理。"①可见，对于朱子的"理先气后"，唐君毅不同于冯友兰从逻辑的角度分析物之理与气的先后关系，而是从分析人心之"当然之理"与其气的关系入手。他甚至说："吾人欲直接建立理先气后，唯有先在吾人对当然之理与实现之之气之关系之体验上措思，吾人必须使当然之理与其气为首出之理与气，使理先气后之言在此有意义；而不能谓理先气后之言可先对一切存在之存在之理与其气之关系上有意义。"②显然，在唐君毅看来，朱子的"理"与"心"不可分离，不仅是由于"理"包含了人心之"当然之理"，而且只有从人心之"当然之理"入手，并由此进一步论证本体论层面的"理先气后"，才能最终理解朱子的"理先气后"。

为此，唐君毅深入细致地分析了人心之"当然之理"在先，然后才有遵循此理而行动并实现此理的过程，即气的运动过程。他说："吾人如反省吾人于当然之理之体验，吾人首发现者，即当然之理之呈现于吾人也，乃首表现出一命令之姿态，命令吾人应遵此理而行，以实现此理。……而'当然'云者，即当如此然之意，亦即当如此实现之意。而吾人于觉当然之理时，吾人即有不容吾人之不遵此理而行，不得不使此理实现于我之感。此即所谓道德义务之感。……吾人此时是先有当然之理之命令之自觉，而继之以当然之理不容我不遵行实现，而即往遵行、实现之之自觉。吾人之遵之而行以实现之，为气之动。以气之为气，即就为理之实现者而立名。气之活动即是一'去实现理'之'去实现'。然吾人于此乃先有理之命令之自觉，而后有气从之动之自觉。吾即以此为'理先气后''理主气从'之言之最初直接可有所指处。"③也就是说，先有人心之当然之理，然后才有遵此理而行，以实现此理，即为气之动。

唐君毅在后来出版的《中国哲学原论·导论篇》中，非常强调在朱子那里，理气的不离不杂。他认为，如果按照冯友兰《中国哲学史》把朱子的"理"和"气"分别诠释为"形式"和"材质"来理解，则可说理不离气，亦可说理离气，"实不合于朱子言理不离气之义"；与此不同，只有把朱子的"理"诠释为"生生之理"，以为"此理乃贯而主乎此生生之气之流行中""理行乎气之中"，

---

① ② ③ 唐君毅：《朱子理气关系论疏释（一名朱子道德形上学之进路）》（上），载于《历史与文化》1947年第1期。

才能合于朱子言理不离气之义。① 与此同时，唐君毅又说："朱子所谓理与气决是二物之意，实非理与气，为可分别存在而不相涵之二物之谓；……实当唯是谓：此理气二者，原互为依据而相保合，以皆有其真实存在之意义，各有其性相，而不可混杂之谓。此即所谓理气之不相杂也。"②

正是在强调朱子的理气不离不杂的基础上，唐君毅《中国哲学原论·导论篇》讨论朱子的"理先气后"与"理生气"。他肯定早先《朱子理气关系论疏释》中的观点，指出："该文于理先气后之说明，则首取证于人之道德生活中，恒是先知一当然之理，而后志气随之，以证理之呈现于先，气之随从于后。……由此以言万物之生，自亦当是有生生之理为导于先，乃有生生之事生生之气，随之于后，故此先后乃形而上之先后云云。该文虽语有未莹洁，然迄今二十年，吾仍持旧日之见。"③ 接着，唐君毅进一步明确其观点，指出："朱子所谓理先气后，初唯是形而上之先后，非逻辑上之先后；而吾人亦复当首在道德生活中，人之志气，随其所知之当然之理而起处，先有所取证，进以观彼万物之生生，皆是以上一层次之生生之理为导于先，生生之事、生生之气，随之于后。"④

需要进一步指出的是，对于朱子的"理先气后"，唐君毅虽然不赞同以"逻辑上之先后"以及"时间上之先后"加以诠释，而主张以"形上学之先后"的诠释，但是又说："此中所谓形而上之先后，亦可包括宽泛义之逻辑上之先后，以及一义上时间之先后。"⑤ 他认为，气"为理之表现之气"，理为气之内涵，"既包括此理，即预设此理，故可说理在逻辑上先于此气"。他又认为，气在流行之历程中，依理而生生，可分成先后之段落，而先后之段落"同根于一统体之理"，但前一段落之气的理，先于后一段落的气；这种理先于气的时间上之在先之义，"方可引申出逻辑上及形而上之在先之义"。⑥

（二）对朱子"理生气"的解释

唐君毅不仅认为朱子的"理先气后"是"形上之先"，而且还对朱子的"理生气"作了解释。需要指出的是，朱子很少直接讲"理生气"。据陈来考证，"理生气"，作为朱子的语录，原当出自朱子的弟子杨与立所编《朱子语略》一

---

① 唐君毅：《中国哲学原论·导论篇》，中国社会科学出版社 2005 年版，第 289 页。
② 唐君毅：《中国哲学原论·导论篇》，中国社会科学出版社 2005 年版，第 296 页。
③④ 唐君毅：《中国哲学原论·导论篇》，中国社会科学出版社 2005 年版，第 298 页。
⑤ 唐君毅：《中国哲学原论·导论篇》，中国社会科学出版社 2005 年版，第 298~299 页。
⑥ 唐君毅：《中国哲学原论·导论篇》，中国社会科学出版社 2005 年版，第 299 页。

书，但《朱子语略》一书不见于今国内各馆藏书目，恐怕已经散失了。① 现代朱子学研究者很早就引述这一语录。如前所述，吴其昌于1923年发表的《朱子一元哲学》已经引述朱子所言"太极生阴阳，理生气也"，并明确说"理生气，气生质，质成万物"。陈钟凡于1931年发表的《〈两宋思想述评〉（七）第十二章"朱熹之综合学说"》也引述朱子所言"太极生阴阳，理生气也。阴阳既生，则太极在其中，理复在气之内也"，还说："是理为根本，气由理生。"② 同年，蔡尚思所撰《中国学术大纲》在论及周敦颐的心性理气时引周敦颐曰"太极动而生阳""静而生阴"，并引朱子释之曰"太极生阴阳，理生气也。阴阳既生，则太极在其中，理复在气之内也"，指出："是周濂溪以太极言理矣。"③

  1936年，唐君毅先后发表的《论中西哲学问题之不同》和《论中西哲学中本体观念之一种变迁》论及朱子的"理生气"。他说："在我看来，朱子之理只是一形容万象之交遍融摄的原则，因为万象处处都息息相关，所以交遍融摄的意味，在每一物均表现得出，因此才说'一物一太极'……'理生气'，亦当作是解。"④ 又说："宋代理学一方面可谓集大成于朱晦庵，但是关于纯粹形而上学之讨论，亦以朱晦庵为最多；明道、伊川的理在宇宙中的地位亦愈高；'理生气'的说法也正式成立。"⑤ 如上所述，1937年，唐君毅的《朱子道体论导言》认为朱子的理气关系包含了"理生气义"；1947的《朱子理气关系论疏释》说："理虽非直接生物者，而气之生物则本于理为必有气以实现之理。此之谓'理生气'"。⑥ 显然，在唐君毅看来，"理生气"是朱子讲理气关系非常重要的概念之一。

  对于冯友兰《中国哲学史》不讲朱子的"理生气"，唐君毅认为，在冯友兰把朱子的"理"解读为"形式"，把气解读为"材质"的框架中，"此形式之理之有，实不涵蕴质料之有，此理自不能生气"；同时又认为，如果把朱子的"理生气"说成是如"母之生子"，那么"此理之义中，既不包涵气之义，亦不能生气"。为此，唐君毅说："然吾人如视理原不离于气，则此理之生气，即气之依理而生，依理而行，如人之依道路而自有其'行走'；则理之生气之义，即不难解。如方气为阴，而依此理之动，则有阳之气生；方气为阳，而依理之静，则有阴之

---

  ① 陈来：《关于程朱理气学说两条资料的考证》，载于《中国哲学史研究》1983年第2期。
  ② 陈钟凡：《〈两宋思想述评〉（七）第十二章"朱熹之综合学说"》，载于《学艺》1931年第11卷第7号。
  ③ 蔡尚思：《中国学术大纲》，启智书局1931年版，第410~411页。
  ④ 唐君毅：《论中西哲学问题之不同》，载于《新民月刊》1936年第2卷第4期。
  ⑤ 唐君毅：《论中西哲学中本体观念之一种变迁》，载于《文哲月刊》1936年第1卷第8期。
  ⑥ 唐君毅：《朱子理气关系论疏释（一名朱子道德形上学之进路）》（下），载于《历史与文化》1947年第2期。

气生。即皆依理而生气之事也。"① 在这里，唐君毅既认为冯友兰对于朱子理气观的诠释不能推出"理生气"，又认为不能把朱子的"理生气"说成是如"母之生子"，而是认为，只有把"理生气"解释为"气之依理而生，依理而行"，才是正确的解释。

为此，唐君毅进一步解读"气之依理而生，依理而行"与"理生气"的关系。他说："若依程朱之气为生生不已，新新而不同其故之说，吾人实不能说此中后来之气，由以前之气之所生。……而只能说由以前之气之过而化所生。然以前之气既过而化，即其已由有而无，而归于寂，此无、此寂，又何能生以后之气？则以后之气之生，如有原因理由可说，即只能直接依于生生之理而生。此中后来之气，初原无有，故其依生生之理而生生，自气上着，实即自无而生，自寂而生，有如自无中之跃起一有，寂中跃起之一感。亦如开天辟地之一创造。"② 在唐君毅看来，在气之生生不已的过程中，以前之气之过而化、由有而无并归于寂之后，后来之气直接依于生生之理而生，这里的后来之气"依于生生之理而生"，也可说是"理生气"。

对于朱子所言"疑此气是依傍这理行。及此气之聚，则理亦在焉。盖气则能凝结造作，理却无情意，无计度，无造作"，唐君毅解释说："情意计度造作，皆有动有静，而生生不已之事。此皆依理之动静，以生以化，而成其变易。然此理之自身，则不可以动静生化言，乃历万古，遍天下，而贞常不易者。故只是一'净洁空阔之世界'，亦无情意计度造作等。然若无此理，则人之情意计度造作，又不能进行……生生不已而成事。"③ 由此可见，唐君毅认为朱子的"理生气"不能解读为如"母之生子"，而只能解读为"气之依理而生，依理而行"，是有依据的。

牟宗三的《心体与性体》虽然把朱子的"理"诠释为静态的"只存有而不活动"之理，而不同于唐君毅所谓动态的"生生之理"，但是，对于朱子的"理先气后"以及"理生气"的解释，却与唐君毅大致相同。

与唐君毅把朱子的"理先气后"诠释为"形上之先"一样，牟宗三说："理先气后，此无问题。'先'只是本义。本当该先在。此先在不只是逻辑的先在，而且是形而上的先在。"④ 显然，在牟宗三看来，朱子讲理先气后是"形而上的先在"，而不只是冯友兰的"逻辑在先"。

如前所述，牟宗三认为，朱子的"理"不是"现象学的、描述的所以然，物理的、形而下的所以然，内在于自然自身之同质同层的所以然"，而是"形而

---

①② 唐君毅：《中国哲学原论·导论篇》，中国社会科学出版社 2005 年版，第 299 页。
③ 唐君毅：《中国哲学原论·导论篇》，中国社会科学出版社 2005 年版，第 297 页。
④ 牟宗三：《心体与性体》（下），吉林出版集团 2013 年版，第 461 页。

上的、超越的、本体论的、推证的、异质异层的'所以然之理'"。所以，牟宗三认为，朱子的理先气后的"先"只是本义。

需要指出的是，牟宗三特别强调朱子的"理"是静态的"只存有而不活动"之理。这与唐君毅所谓动态的"生生之理"完全不同。所以，牟宗三不仅像唐君毅那样讲理的超越性，而且还讲这种超越是静态的超越。这就是他所谓"理只是静态地在'气之然'背后以超越地定然之与规律之，但不能动态地创生之、妙运之、鼓舞之（所谓'鼓之舞之以尽神'）"①。与此同时，牟宗三还认为，朱子的"理"不仅"只是在'气之存在之然'背后而超越地、静态地定然之"，而且亦即"存有论地主宰而定然之"。这种"主宰"，是"在气背后静态而超越地主宰而定然之"，不是"'即活动即存有'之实体创生之、妙运之，因而有气化动静之相生不息之大用，这一动态地实现之、定然之之关系"②。

牟宗三不仅把朱子的理先气后诠释为"形而上的先在"，而且还强调"本当该先在"。他引述朱子所谓"所当然而不容已，与其所以然而不可易"，指出："'不可易'固是定然义，即'当然而不容已'亦是定然义。'所以然'是就'然'向后推说。有所以然之理使之如此，即是有理使之为定然而不可易地如此。'当然'是就理向前看说。以理观存在之然，则存之然皆是合下定须如此，必须如此（形而上地必然的），此即所谓'当然而不容已'也。"③ 这里所谓"定须如此，必须如此"不仅是指朱子的理为"所当然而不容已，与其所以然而不可易"，而且也是指朱子的理先气后"本当该先在"。

牟宗三在对朱子的理先气后作出诠释的同时，还进一步论及"理生气"。如前所述，牟宗三曾以孟子所谓浩然之气"配义与道""集义所生"，以论证"理生气"。他还说："'理生气'不是从理中生出气来，只是依傍这理而气始有合度之生化。……若理是'即活动即存有'之实体，是道德创生的实体，则鼓舞妙运之以引生气之生化不息与合度，亦不是说此气可以从此实体中生出也。"④ 显然，在牟宗三看来，朱子的"理生气"虽然不同于周敦颐言"太极动而生阳""静而生阴"，但二者都不是说，此气可以从太极或理中生出；在周敦颐那里，太极"鼓舞妙运之以引生气之生化不息与合度"，而在朱子那里，气"只是依傍这理而气始有合度之生化"。牟宗三还说："所谓'生'当然不是气存在地从理生出来之意，而是依理而可以引发心气之变化。此当然亦不是心神理是一之实体之立

---

① 牟宗三:《心体与性体》（下），吉林出版集团2013年版，第437页。
② 牟宗三:《心体与性体》（下），吉林出版集团2013年版，第458~459页。
③ 牟宗三:《心体与性体》（下），吉林出版集团2013年版，第458页。
④ 牟宗三:《心体与性体》（下），吉林出版集团2013年版，第461~462页。

体直贯的创生。"① 至于刘宗周把朱子所言"理生气"理解为"太极之理为此气从出之母",牟宗三认为,这是"误解'理生气'之说"。他还说:"无论朱子之体会太极为'只是理',或是濂溪之体会为心神理是一,皆不是说气从理生出来,一如母之生子。……凡此皆当善会生字之意,无人作如此滞碍之解也。若如此滞碍,则凡内圣之学言'本'者皆成不可能之辞矣。而《中庸》言'生物不测',亦岂是万物从道生出来,一如母之生子耶?此是以误解栽赃也。"② 显然,牟宗三反对以"母之生子"解读朱子的"理生气"。

1988年出版的朱伯崑《易学哲学史》对朱子"理生气"作了诠释,指出:"这里的'生'字,不是就时间过程说的,不能理解为父生子的问题。此处的'生'字,其义有二:一是展开或显现的意思,'理生气'是说,气是理的显现。……一是指存在的根据,'理生气'是说,理是气存在的根据,即理为气之所以然,有此理方有此气。"③

如前所述,冯友兰晚年所撰《中国哲学史新编》也是以气"依傍"动之理而有阳气,"依傍"静之理而有阴气,解释朱熹的理气关系。这与唐君毅、牟宗三反对把朱子"理生气"解读为气由理产生出来,而是解读为"气之依理而生,依理而行",是有相同之处的。所不同的是,冯友兰没有将气依傍理而有阴阳之气用以诠释朱子的"理生气"。

四、钱穆论理气"一体两分"与"气强理弱"

无论是冯友兰讲"逻辑在先",还是唐君毅、牟宗三讲"形上之先""气之依理而生",实际上都认为理与气是分立的。与此不同,钱穆于1971年出版的《朱子新学案》在阐述朱子的理气关系时说:"朱子论宇宙万物本体,必兼言'理''气'。然朱子言理气,乃谓其一体浑成而可两分言之,非谓是两体对立而合一言之也。"④ 明确认为,在朱子那里,理气一体浑成,而且"一体两分"。

现代朱子学研究者关于理气一体浑成的观点,可以追溯到1931年出版的吕思勉《理学纲要》。吕思勉说:"宋学家以气为万物之原质,与古人同。而又名气之所以然者为理。此为当时之时代思想,朱子自亦不能外此。有其然必有其所以然,乃人类思想如此,非事实也。就实际言,然与所以然,原系一事。故理气

---

① 牟宗三:《心体与性体》(下),吉林出版集团2013年版,第225页。
② 牟宗三:《心体与性体》(上),吉林出版集团2013年版,第338~339页。
③ 朱伯崑:《易学哲学史》(中册),北京大学出版社1988年版,第500页。
④ 钱穆:《朱子新学案》(第一册),九州出版社2011年版,第255页。

为二之说，实不如理气为一之说之的。……疑朱子谓气之外别有所谓理之一物焉，则亦失朱子之意已。"① 至于朱子所言"所谓理与气，此决是二物，但在物上看，则二物浑沦不可分开各在一处，然不害二物之各为一物也"，吕思勉说："此皆谓理气之别，出于人之拟议，而非真有此二物也。……然统观全体，则朱子未尝以理为实有一物，在气之外，固彰彰也"。②

1938 年，马一浮的《泰和会语》引朱子所言"太极者，本然之妙也；动静者，所乘之机也""自其著者而观之，则动静不同时，阴阳不同位，而太极无不在焉。自其微者而观之，则冲漠无朕，而动静阴阳之理，已悉具于其中矣"，指出："气何以始？始于动，动而后能见也。动由细而渐粗，从微而至著。故由气而质，由质而形。形而上者，即从粗以推至细，从可见者以推至不可见者，逐节推上去，即知气未见时纯是理，气见而理即行乎其中，故曰：'体用一源，显微无间。'不是元初有此两个物事相对出来也。邵康节云：'流行是气，主宰是理。'不善会者，每以理气为二元。不知动静无端，阴阳无始，理气同时而具，本无先后，因言说乃有先后（两字不能同时并说）。就其流行之用而言谓之气，就其所以为流行之体而言谓之理。用显而体微，言说可分，实际不可分也。"③ 马一浮还说："理为气之体，理即在气中，气为理之用，气不能离体，故曰理、气只是一事。"④ 1953 年出版的钱穆《宋明理学概述》指出："朱熹的宇宙论，是'理气混合一元论'，亦可说是'理性一元论'。"⑤ 这一观点，最后发展成《朱子新学案》所谓理气一体，"一体两分"。

钱穆强调朱子的理与气的一体浑成，并非二体对立，但同时又认为可以将理气拆开说。他引述朱子言"才说太极，便带着阴阳。才说性，便带着气。不带着阴阳与气，太极与性那里收附。然要得分明，又不可不拆开说"，并且指出："把理气拆开说，把太极与阴阳拆开说，乃为要求得对此一体分明之一种方便法门。不得因拆开说了，乃认为有理与气、太极与阴阳为两体而对立。"⑥ 所以，钱穆认为，理与气虽一体浑成，非二体对立，但可以合而看，又可以离而看，"离而看，则气与理道为二。合而看，则气与理道为一"⑦。他还说："理气既属一体，实未见有所谓离，即亦未见有所谓合。有则俱有，无则俱无，宜无先后可言。然

---

① 吕思勉：《理学纲要》，商务印书馆 1931 年版，第 95 页。
② 吕思勉：《理学纲要》，商务印书馆 1931 年版，第 96 页。
③ 马一浮：《马一浮集》（第一册），浙江古籍出版社、浙江教育出版社 1996 年版，第 38~40 页。
④ 马一浮：《马一浮集》（第三册），浙江古籍出版社、浙江教育出版社 1996 版年，第 1142 页。
⑤ 钱穆：《宋明理学概述》，载于《钱宾四先生全集》（9），联经出版事业公司 1998 年版，第 153 页。
⑥ 钱穆：《朱子新学案》（第一册），九州出版社 2011 年版，第 34 页。
⑦ 钱穆：《朱子新学案》（第一册），九州出版社 2011 年版，第 257 页。

既可分言，则亦可分先后。若必言先后，则当言理先而气后。"①"朱子本谓理气不可分先后。但若定要分时，则理应在先。因理是形而上者，是本。及其为气成形，则为末，应在后。……故虽说理气一体，又不能不说理是形而上，是本。然又不当硬认成两截。"② 因此，在钱穆看来，朱子讲理先气后，是就理气离而言，是一种方便法门，"本是不得已而推之"③，并非原本如此。

对于朱子言"所谓理与气，此决是二物。但在物上看，则二物浑沦不可分开各在一处，然不害二物之各为一物也。若在理上看，则虽未有物，而已有物之理，然亦但有其理而已，未尝实有是物也"，钱穆说："就于物而观，则理气自见不可分。若屏物离气，单从理上看，则理为虚理，非实理。"④ 他又说："理与气既非两体对立，则自无先后可言。但若有人坚要问个先后，则朱子必言理先而气后。……但朱子亦并不是说今日有此理，明日有此气。虽说有先后，还是一体浑成，并无时间相隔。惟若有人硬要如此问，则只有如此答。但亦只是理推，非是实论。"⑤ 在钱穆看来，理气一体浑成，理气合而本无先后；朱子所谓"理与气决是二物"，是自理气离而言，有理先气后，但"理为虚理，非实理""只是理推，非是实论"。所以，钱穆说："朱子之宇宙论，既不主唯气，亦不主唯理，亦不主理气对立，而认为理事只是一体。"⑥

需要指出的是，钱穆《朱子新学案》还讨论了三十多年前冯友兰就朱子"理在事先"而提出的"要造飞机，须先明飞机之理""当人未明飞机之理之时，此理是不是已经有了"的问题。对此，钱穆引朱子所说"且如万一山河大地都陷了，毕竟理却只在这里"，指出："此如说飞机坏了，飞机之理尚在。但若没有飞机，那项飞机之理，究亦无处顿放，无处挂搭。所以理气当合看，但有时亦当分离开来看。"⑦

钱穆认为，在理与气的一体浑成中，自理气离而言，理先气后，似乎是理为气主，气受理之宰制，然而事实并非如此，因为"理无情意，无计度，无造作，无作用，只是个形而上底'净洁空阔底世界'"，只有气"能酝酿凝聚生物，有活动，有作为，而理则无之"；但是，"气之一切活动作为，必有个范围，不能外于理""理又似此气一大匡廓，大架构。气只由理形成，不能在理外"，所以，

---

① 钱穆：《朱子新学案》（第一册），九州出版社2011年版，第258页。
② 钱穆：《朱子新学案》（第一册），九州出版社2011年版，第259~260页。
③ 钱穆：《朱子新学案》（第一册），九州出版社2011年版，第283页。
④ 钱穆：《朱子新学案》（第一册），九州出版社2011年版，第267页。
⑤ 钱穆：《朱子新学案》（第一册），九州出版社2011年版，第34~35页。
⑥ 钱穆：《朱子新学案》（第一册），九州出版社2011年版，第37页。
⑦ 钱穆：《朱子新学案》（第一册），九州出版社2011年版，第38页。

"究不能谓理之于气一无所主宰，故曰气必不违乎理"。① 显然，在钱穆看来，朱子既讲理不会造作，"日用间运用都由这个气"，又讲"气必不违乎理"。所以，他进一步指出："理与气，必当合而观，又当离而观。'无极而太极'，此太极指理。'太极动而生阳'，此太极乃是指气。故曰'太极非是别为一物，即阴阳而在阴阳'也。"②

由此可见，朱子依据"太极动而生阳""静而生阴"而言"太极生阴阳，理生气也"，这在钱穆看来，只是自理气离而言，即指理是气的"大匡廓，大架构"，气在这一"大匡廓，大架构"中形成，这就是他所谓"气只由理形成"，即朱子的"理生气"，并不是指气由其外的太极而生成，因为理不会造作，"日用间运用都由这个气"；而自理气合而言，"太极非是别为一物，即阴阳而在阴阳"，因而也无所谓"理生气"。钱穆特别强调，"理与气，必当合而观，又当离而观"，不可只靠一边，否则，"或是偏主于理，或是偏主于气，只靠一边，则天地神化将不可见"③。

朱子讲"太极生阴阳，理生气也"，同时又说："气虽是理之所生，然既生出，则理管他不得。如这理寓于气了，日用间运用都由这个气，只是气强理弱。"④ 对此，钱穆说："理生气，而气强过理，理拗不过气。"还说："天地生物……若只说天地有好生之德，试问何不专生人，却偏要生许多禽兽。也不多生麟凤，却又多生了蚊蝇。此即理管不得气，天亦无奈何物。""天地生人，亦不能专生圣贤，却生许多不如圣贤底。盖因人物皆属气一边事。气生坏了，理无奈何，既是管他不得，又是拗他不转，故曰气强理弱。"⑤ 在钱穆看来，朱子虽然讲"气只由理形成""气必不违乎理"，但是"气强理弱"。钱穆还说："朱子言理气，主要在言宇宙自然界，故有理弱气强之说。若使宇宙自然界……一由乎理之驭之，则此宇宙自然界，当已一切尽美尽善，更何待于人之赞育。"⑥ 又说："若理强过气，天地间由理来作主，理无先后，可一下完成。尽生好人，不生坏人，造化亦几乎息，而圣人好人亦将无可作为，更不需有乾健不息、圣敬日跻之功。"⑦ 在钱穆看来，在宇宙自然界，气强理弱，因此，理并非可以完全主宰气。

---

① 钱穆：《朱子新学案》（第一册），九州出版社 2011 年版，第 270~274 页。
② 钱穆：《朱子新学案》（第一册），九州出版社 2011 年版，第 304 页。
③ 钱穆：《朱子新学案》（第一册），九州出版社 2011 年版，第 272 页。
④ （宋）黎靖德：《朱子语类》（一）卷四，中华书局 1986 年版，第 71 页。
⑤ 钱穆：《朱子新学案》（第一册），九州出版社 2011 年版，第 271 页。
⑥ 钱穆：《朱子新学案》（第一册），九州出版社 2011 年版，第 304 页。
⑦ 钱穆：《朱子新学案》（第一册），九州出版社 2011 年版，第 271 页。

五、余论

从以上所述可以看出，无论冯友兰，还是唐君毅、牟宗三以及钱穆，他们都认为在朱子那里，理气不离不杂，反对有所谓独立于气之外并且如"母之生子"那样创生出气、主宰着气的理。正是在这个前提下，他们对朱子的理先气后以及理生气作了不同的诠释。

对于朱子既讲理气不可分又讲理先气后，冯友兰在把朱子的理和气分别诠释为"形式"和"材质"的基础上将理气不可分与理先气后分别开来解释，"理气不可分，依事实言；理先气后，就逻辑言"；并且认为，朱子所谓理先气后指的是，气"依傍"动之理而有阳气、"依傍"静之理而有阴气，不是由理而产生出阴阳之气。冯友兰明确反对把朱熹的理气关系解释为"一般能生特殊的事物"的关系，因而最终没有对朱熹的"理生气"做出直接而肯定的论证。

与冯友兰不同，唐君毅、牟宗三强调理气不杂不离，并在此基础上讲朱子的理先气后以及理生气，明确认为朱子讲理先气后是"形上之先"，朱子讲"理生气"不能解读为如"母之生子"，而只能解读为"气之依理而生，依理而行"。这就把朱子讲"理生气"与讲理先气后统一起来。需要指出的是，唐君毅、牟宗三认为在朱子那里"气之依理而生，依理而行"，这与冯友兰讲气"依傍"动之理而有阳气、"依傍"静之理而有阴气，则有相通之处。

至于钱穆以"理气一体"诠释朱子的理气关系，不仅认为朱子讲理先气后以及讲"理生气"，是就理气离而言，是"不得已而推之"，而且还认为，在朱子那里，"气强理弱"。这实际上是消解了对于朱子讲理先气后以及理生气的讨论。钱穆认为，朱子所谓"气强理弱"，只是就宇宙形上界而言。他说："在宇宙形上界，理是无情意，无计度，无造作，无作用。但一落到人生形下界，人却可以凭此理来造作，理乃变成了有作用。人生界在气的圈子之内，自当有情意，有计度。只要此情意计度合乎理，则此理便会发生作用与造作。"[①] 这里把朱子的理气关系区分为就宇宙形上界而言与就人生形下界而言，并分别二者之间的不同，较唐君毅、牟宗三又有不同。后来的刘述先也说："依朱子的思想，理是形而上的；理只'在'而不'有'，也就是说，理不是现实具体的存有，它乃是现实存有的所以然之超越的形上的根据。以此，理只是个净洁空阔的世界，无情意、无计度、无造作、无作用。只有这样的理是纯善。但理要具体实现，就不能不凭藉气。气恰与理相对，乃是形而下者。气本身并不坏，它是一必要的实现原理。……但由

---

① 钱穆：《朱子新学案》（第一册），九州出版社2011年版，第42页。

存有论的观点看，则必言理先气后，因为有此理始有此物（气），而无此理必无此物，故决不可以颠倒过来说。然而由现实的观点看，则又因为理本身无作用，气才有作用，故又可以说气强而理弱。"① 这里把存有论的观点与现实的观点区别开来。

如前所述，朱子的"理"主要是由当然之理及其更上一层的所以然之理所构成的双层结构。就当然之理而言，当然之理"只是指事而言""就事而直言其理"，因而理气不杂不离。就所以然之理而言，所以然之理较当然之理更上一层，超越了气的层面，因而"理先气后""理生气"。朱子讲"理"，主要是当然之理，所以较多讲理气不杂不离，同时，朱子又讲更上一层的所以然之理，所以又讲"理先气后""理生气"。由于所以然之理较当然之理更高一层，是当然之理之所以"当然"之理，因此，所以然之理"只是个净洁空阔底世界，无形迹"，并且不能脱离当然之理以及气而独立存在。朱子说："'无极而太极'，不是说有个物事光辉辉地在那里。只是说这里当初皆无一物，只有此理而已。既有此理，便有此气；既有此气，便分阴阳，以此生许多物事。惟其理有许多，故物亦有许多。"② 由此可见，朱子讲"理先气后""理生气"，又必须讲理气不杂不离，并不是说先有个"太极"的东西，"光辉辉地在那里"，然后由太极创生出阴阳之气，并创生出具体事物。因此，冯友兰、唐君毅、牟宗三反对有所谓独立于气之外的理，如"母之生子"那样产生出气、主宰着气，而是认为"气之依理而生"。钱穆则进一步由此解读朱子所谓"气强理弱"。这些理解应当是合乎朱子之义。

但是，朱子讲"气强理弱"，并不等于在理气关系中只重视气，因为他讲的是"理先气后""理生气"；他只是反对有所谓独立于气之外"光辉辉地在那里"的理的存在，强调必须讲理气不杂不离。正如以上所引述《朱子语类》载，或问先有理后有气之说。曰："不消如此说。而今知得他合下是先有理，后有气邪；后有理，先有气邪？皆不可得而推究。然以意度之，则疑此气是依傍这理行。及此气之聚，则理亦在焉。"③ 可见，朱子讲"理先气后""理生气"，讲的是气依傍理而行，也就是说，重视的是"就事而直言其理"，就气而言理，重视当然之理以及作为当然之理之依据的更上一层的所以然之理。

---

① 刘述先：《朱子哲学思想的发展与完成》，学生书局1984年版，第270页。
② （宋）黎靖德：《朱子语类》（六）卷九十四，中华书局1986年版，第2387页。
③ （宋）黎靖德：《朱子语类》（一）卷一，中华书局1986年版，第3页。

第四章

"理""气"动静论的不同诠释

现代朱子哲学研究不仅对"理"及其与"气"的关系有着不同诠释,而且对于理气动静也观点各异。冯友兰把朱子的"理"诠释"形式"或"共相",因而认为,作为总天地万物之理的太极,有动之理、静之理,但其本身无动静。针对冯友兰的观点,唐君毅认为朱子的"理"最重要的是当然之理,因而把"理"诠释为动态的"生生之理"。与此不同,牟宗三则认为,朱子的"理"是"存在之理"层面上的"所以然之理",因而把"理"诠释为静态的"只存有而不活动"之理。

一、朱子论"理""气"之动静

朱子于宋乾道九年癸巳(1173年)写成的《太极图解》和《太极图说解》对周敦颐《太极图说》关于"太极"的动静问题,多有阐述。朱子认为,在周敦颐《太极图》中,太极是"所以动而阳、静而阴之本体"[①] 同时,他还以阴阳动静解说太极之体用,认为阳之动,"太极之用所以行也";阴之静,"太极之体所以立也"。对于周敦颐《太极图说》所谓"太极动而生阳;动极而静,静而生阴",朱子注曰:"太极之有动静,是天命之流行也。……盖太极者,本然之妙也;动静者,所乘之机也。太极,形而上之道也;阴阳,形而下之器也。"[②] 同

---

① (宋)朱熹:《太极图解》,载于《周濂溪集》(一),中华书局1985年版,第2页。
② (宋)朱熹:《太极图说解》,载于《周濂溪集》(一),中华书局1985年版,第5页。

年，朱子在《答杨子直》中也说："盖天地之间，只有动静两端，循环不已，更无余事，此之谓易。而其动其静，则必有所以动静之理焉，是则所谓太极者也。……'太极者，本然之妙也；动静者，所乘之机也'，此则庶几近之。……盖谓太极含动静则可，（以本体而言也。）谓太极有动静则可，（以流行而言也。）若谓太极便是动静，则是形而上下者不可分，而'易有太极'之言亦赘矣。"① 在这里，朱子把周敦颐的"太极"解读为"理"，把"太极"动静看作"理搭于气而行"；并且还认为，太极有动静是指"太极"有动静之理，并非指"太极便是动静"。

据《朱子语类》载陈淳于庚戌（1190 年）所闻，问："'太极动而生阳'，是有这动之理，便能动而生阳否？"曰："有这动之理，便能动而生阳；有这静之理，便能静而生阴。既动，则理又在动之中；既静，则理又在静之中。"曰："动静是气也，有此理为气之主，气便能如此否？"曰："是也。"② 在这里，朱子既认为"太极"有动静之理，又说"动而生阳""静而生阴""既动，则理又在动之中；既静，则理又在静之中"，但尚没有直接讲"理"有动静。

但是，朱子在宋绍熙二年辛亥（1191 年）的《答郑子上》中，针对郑可学所说"太极，理也，理如何动静？有形则有动静，太极无形，恐不可以动静言。南轩云太极不能无动静，未达其意"，指出："理有动静，故气有动静；若理无动静，则气何自而有动静乎？且以目前论之，仁便是动，义便是静，此又何关于气乎？"③ 这里明确讲"理有动静"。

此外，朱子还以人乘马作比喻讨论太极的动静。朱子说："阳动阴静，非太极动静，只是理有动静。理不可见，因阴阳而后知。理搭在阴阳上，如人跨马相似。"④ 据《朱子语类》载，问"动静者，所乘之机"。曰："太极理也，动静气也。气行则理亦行，二者常相依而未尝相离也。太极犹人，动静犹马；马所以载人，人所以乘马。马之一出一入，人亦与之一出一入。盖一动一静，而太极之妙未尝不在焉。此所谓'所乘之机'，无极、二五所以'妙合而凝'也。"⑤ 朱子的这些种种说法，不可避免地会引出对于太极或理本身到底是否动静的不同解释。

元代吴澄引朱子言"太极者，本然之妙也；动静者，所乘之机也"，指出："机犹弩牙，弩弦乘此机，如乘马之乘，机动则弦发，机静则弦不发。气动则太极亦动，气静则太极亦静。太极之乘此气，犹弩弦之乘机也。故曰：'动静者，

---

① （宋）朱熹：《晦庵先生朱文公文集》卷四十五《答杨子直》（一），载于《朱子全书》（22），上海古籍出版社、安徽教育出版社 2010 年版，第 2071~2072 页。
② （宋）黎靖德：《朱子语类》（六）卷九十四，中华书局 1986 年版，第 2373~2374 页。
③ （宋）朱熹：《晦庵先生朱文公文集》卷五十六《答郑子上》（十四），载于《朱子全书》（23），上海古籍出版社、安徽教育出版社 2010 年版，第 2687 页。
④ （宋）黎靖德：《朱子语类》（六）卷九十四，中华书局 1986 年版，第 2374 页。
⑤ （宋）黎靖德：《朱子语类》（六）卷九十四，中华书局 1986 年版，第 2376 页。

所乘之机。'谓其所乘之气机有动静，而太极本然之妙无动静也。然弩弦与弩机却是两物，太极与此气非有两物，只是主宰此气者便是，非别有一物在气中而主宰之也。"① 显然，在吴澄看来，朱子的理与气相依而不相离，气有动静而有太极随之而动静，太极本身无所谓动静，但主宰着气的动静。

与吴澄不同，明初曹端《辩戾》认为，有人根据《朱子语类》而说"太极不自会动静，乘阴阳之动静而动静耳"，"理之乘气，犹人之乘马，马之一出一入，而人亦与之一出一入"，若是这样，"则人为死人，而不足以为万物之灵；理为死理，而不足以为万化之原"。这就是所谓"死人乘活马"。曹端说："今使活人乘马，则其出入行止疾徐，一由乎人驭之何如耳。活理亦然。"② 显然，他认为，应当是"活人乘活马"，太极动静而生阴阳，并驾驭阴阳。

二、冯友兰论"太极"无动静

民国时期，谢无量的《朱子学派》认为，在朱子那里，太极有动静，"太极即是心"，并引朱子所言"太极有动静。喜怒哀乐未发，也有个太极；喜怒哀乐已发，也有个太极。只是一个太极，流行于已发之际，敛藏于未发之时"，指出："盖未发而静，是太极之体；已发而动，是太极之用。虽动静有殊，但是体用上差别，而太极则一也。"③ 但是，这里并未就朱子的太极本身是否动静，做出进一步说明。

陈钟凡的《〈两宋思想述评〉（七）第十二章"朱熹之综合学说"》引述朱子所言"太极生阴阳，理生气也。阴阳既生，则太极在其中，理复在气之内也"，指出："是理为根本，气由理生。"并注曰："理何以生气，熹以动静言之。《全书》四十九曰：'当初元无一物，只有此理。有此理便令动而生阳，静而生阴。静极复动，动极复静，循环流转，其实理无穷，气亦与之无穷。自有天地，便有这事物在这里流转。'此其说明由理生气之理由也。特当初元无一物之前，此理何所附，则熹未尝言也。"④ 这里通过朱子所言"理生气"，似乎触及理本身的动静问题。

如前所述，冯友兰在《中国哲学史》中把朱子的"理"和"气"分别诠释为古希腊哲学中的"形式"和"材质"，后来又分别诠释为"共相"和"殊

---

① （元）吴澄：《吴文正集》卷二《答王参政仪伯问》，载于《景印文渊阁四库全书》（1197），台北商务印书馆 1986 年版，第 29 页。
② （明）曹端：《曹端集》卷二《辩戾》，中华书局 2003 年版，第 23~24 页。
③ 谢无量：《朱子学派》，中华书局 1916 年版，第 65 页。
④ 陈钟凡：《〈两宋思想述评〉（七）第十二章"朱熹之综合学说"》，载于《学艺》1931 年第 11 卷第 7 号。

相"。正是在这基础上,冯友兰对理气动静以及太极动静作了讨论。他认为,在朱子那里,"太极永久是有""太极亦无动静"。① 针对朱子所说"理有动静,故气有动静"以及朱子所赞同的"动静是气也",他指出:"'动静是气也',太极中有动静之理,故气得本此理以有动静之实例。……至于形而上之动静之理,则无动无静,所谓'不可以动静言'也。"② 他还说:"盖在朱子系统中,吾人只能言,太极有动之理,故气动而为阳气。太极有静之理,故气静而为阴气""太极中有动静之理,气因此理而有实际的动静。气之动者,即流行而为阳气;气之静者,即凝聚而为阴气。"③ 也就是说,太极有动之理与静之理,因而气有动静,而太极或理本身则无动无静。冯友兰晚年的《中国哲学史新编》依然持这样的观点,其中说道:"太极是不动的,但其中有动之理,既有动之理,就有气'依傍'它,'依傍'动之理的气就是阳气;太极中也有静之理,既有静之理,就有气'依傍'它,'依傍'静之理的气就是阴。'一阴一阳,两仪立焉'。太极是理,阴阳是气。理不能动,也不能静,气能动能静。"④ 还说:"动之理并不动,静之理也并不静。"⑤

张岱年于1937年完成的《中国哲学大纲》赞同冯友兰的观点,认为在朱子那里,"太极中含动静之理,便能生阴生阳,而生出天地万物""太极即所以动静之理,便有动静而生阴阳。既生阴阳,太极即在阴阳之中;生出万物,太极即在万物之中。"⑥

与冯友兰以为朱子的太极无动无静的观点不同,贺麟于1938年在与张荫麟讨论周敦颐的太极与朱子的太极的关系时,对朱子的太极动静问题作了深入分析。张荫麟《宋儒太极说之转变》⑦ 反对朱子"以太极为理",指出:"若以理释《图说》中之太极,则势须言理有动静。濂溪不言太极为理,谓其动静可也。朱子言太极为理,谓其动静不可也。"又说:"有动静之理,而动静之理本身无所谓动静也。……谓有动静之理,故气有动静,可也;谓理有动静之态,故气有动静,不可也。"认为朱子的"理"本身无所谓动静,不能用以解说周敦颐的有动静的太极。对此,贺麟《与张荫麟先生辩太极说之转变》⑧ 回应说:"你似以为周子之太极既是气,则谓气有动静,生阴生阳,本自圆通。今朱子释太极为理,

---

① 冯友兰:《中国哲学史》,商务印书馆1934年版,第900~901页。
② 冯友兰:《中国哲学史》,商务印书馆1934年版,第901~902页。
③ 冯友兰:《中国哲学史》,商务印书馆1934年版,第907页。
④ 冯友兰:《中国哲学史新编》(第五册),人民出版社1988年版,第169页。
⑤ 冯友兰:《中国哲学史新编》(第五册),人民出版社1988年版,第161页。
⑥ 宇同(张岱年):《中国哲学大纲》,商务印书馆1958年版,第83页。
⑦ 张荫麟:《宋儒太极说之转变》,载于《新动向》1938年第1卷第2期。
⑧ 贺麟:《与张荫麟先生辩太极说之转变》,载于《新动向》1938年第1卷第4期。

谓理有动静,则滞碍而不能自圆,是朱子愈解愈坏,陷入困难。但须知,安知周朱太极或理有动静之说,不是有似亚里士多德'不动之推动者'之动静乎?亚氏之神,就其为 Unmoved 言,静也,就其为 Mover 言,动也。今谓朱子不可以动静言理或太极,则亚氏又何能以动静言神或纯范型乎?"贺麟认为,解决周敦颐、朱子的太极动静问题,关键在于对"动静"的理解。贺麟又说:"盖理之动静与气或物之动静不同(周子《通书》亦说明此点)。物之动静,在时空中,是 Mechanical 的,动不自止,静不自动。理或太极之动静是 Teleological 的,动而无动,静而无静,其实乃显与隐,实现与不实现之意。如'大道之行'或'道之不行',非谓道能走路,在时空中动静,乃指道之显与隐,实现与不实现耳。"显然,贺麟认为,在朱子那里,太极是有动静的,"有似亚里士多德'不动之推动者'之动静",只是太极之"动静"并不是指在时空中的动静。①

李相显《朱子哲学》也认为,在朱子那里,"形而上之太极,有动有静,太极乘动静以为机,而有其动静"②,但又认为,"太极是形而上者,动静是形而下者,二者又不可混为一谈",所以太极本身不动静,只是"随阴阳之动静而有其动静";同时还说:"所谓动静者,并非太极动静,只是阴阳动静;但阴阳动静,又必有动静之理为之主,故动静又非阴阳动静,乃是理之动静;但太极无模样,理之本身又不动静,而所谓动静者,归根到底,只是有动静之理耳。"③ 在李相显看来,太极不仅"随阴阳之动静而有其动静",而且阴阳动静,有动静之理,"乃是理之动静",而所谓理之动静,只是动静之理。这里既讲太极、理有动静,但又讲其本身不动静,而认为"太极乘动静以为机,而有其动静"。

当然,冯友兰《中国哲学史》的观点影响很大。直到 1964 年出版的任继愈主编《中国哲学史》(第三册)第六章"朱熹的客观唯心主义哲学体系"仍然持冯友兰关于朱熹的"理"无动无静的观点,其中说道:"太极本身无动静……但一切事物的生灭、动静,却都是太极作用的结果。""太极本身无动静,但因为包含动静之理,因此气有动静。"④ 同年出版的范寿康《朱子及其哲学》也说:"朱子以为太极具有动静之理,而不具动静之实。……因为太极具有动静之理,所以气得依据此理以显现动静之实。气动者为阳,静者为阴。阴阳为形而下者,动静

---

① 贺麟于 1957 年发表的文章中仍然说:"朱熹把太极说成理,无声无臭是无极,至高无上是太极,理有动有静。朱熹发现了理是能动的,这是一绝大的贡献,可以与黑格尔比美。真理是动的,真理到哪里,哪里就要掀起风波。我们今天也认为真理能掌握群众,真理是动的。"(贺麟:《关于对哲学史上唯心主义的评价问题》,载于《中国哲学史问题讨论专辑》,科学出版社 1957 年版,第 198 页)
② 李相显:《朱子哲学》,世界科学社出版部 1947 年版,第 84 页。
③ 李相显:《朱子哲学》,世界科学社出版部 1947 年版,第 90 页。
④ 任继愈:《中国哲学史》(第三册),人民出版社 1964 年版,第 245 页。

之实（即实际的动静）也是属于形而下的。"①

三、唐君毅论"生生之理"及其动静

与冯友兰《中国哲学史》以为朱子的"理"无动无静不同，唐君毅强调朱子的"生生之理"。关于"生生之理"，二程说："近取诸身，百理皆具。屈伸往来之义，只于鼻息之间见之。屈伸往来只是理，不必将既屈之气，复为方伸之气。生生之理，自然不息。"② 对此，朱子解释说："气虽有屈伸，要之方伸之气，自非既屈之气。气虽屈，而物亦自一面生出。此所谓'生生之理'，自然不息也。"③ 唐君毅则认为，朱子所归宗之"统体之理"是"生生之理"，"理"有动静，"天地间之有物之生生，气之生生，正赖有此理之静，理之动"。④

唐君毅把朱子的"理"诠释为"生生之理"，早在1947年发表的《朱子理气关系论疏释》中已见端倪。他说："物直接由气而生，非直接由理而生，只有理不能直接生物，……然理虽非直接生物者，而气之生物则本于理为必有气以实现之之理。此之谓'理生气'。理生气乃生物。故理为真正之生物之本。故曰生理，生生不息之理。"⑤ 如前所述，在该文中，唐君毅特别强调朱子的理是"人心当然之理兼是万物存在之理"，并且证明了"当然之理即存在之理"。在此基础上，他又进一步论证了"一切存在物皆自具仁之理之可能"，认为"一切存在皆须根据此仁之理以为其存在之理"，仁之理"为遍在于一切存在之理，在一切存在内部鼓之舞之之理"，而且，他还通过把仁之理解读为生之理，论证了"仁之理即生之理""一切存在之物之生之事，必根据一形上的生之理""一切存在之物之理，皆根据生之理而名理"。⑥ 后来，唐君毅说："吾于该文，即归于谓朱子之理，应指生之理或生生之理，而非指物之形式之理。"⑦

关于朱子言"生生之理"，唐君毅说："中国哲学家中，最重生生之道之理，而视之为万物之一原所在，而详发其蕴者，则为宋儒之朱子。朱子之所论，既近承周张二程之言生生之理生生之道，远本于《易传》之言生生之易，与《中庸》

---

① 范寿康：《朱子及其哲学》，中华书局1983年版，第65页。
② （宋）程颢、程颐：《河南程氏遗书》卷十五，载于《二程集》（上），中华书局2004年版，第167页。
③ （宋）黎靖德：《朱子语类》（六）卷九十五，中华书局1986年版，第2437页。
④ 唐君毅：《中国哲学原论·导论篇》，中国社会科学出版社2005年版，第292页。
⑤⑥ 唐君毅：《朱子理气关系论疏释（一名朱子道德形上学之进路）》（下），载于《历史与文化》1947年第2期。
⑦ 唐君毅：《中国哲学原论·导论篇》，中国社会科学出版社2005年版，第298页。

之言天之生物之道，而亦遥契孟子之言'生则恶可已'，与孔子之言天道之见于'四时行百物生'之旨。"① 显然，不同于冯友兰既认为朱子学术是对周、邵、张、二程的综合，是"集其以前道学家之大成"，但又强调朱子学术只是与程颐有学脉关系而有别于周敦颐、程颢，唐君毅明确认为，朱子学术"近承周张二程之言生生之理、生生之道"，与周敦颐、张载、二程一脉相承，因而还特别强调朱子言"生生之理"源自程颢。

程颢说："盖上天之载，无声无臭，其体则谓之易，其理则谓之道，其用则谓之神，其命于人则谓之性。"② 又说："'生生之谓易'，生生之用则神也。"③ "天之付与之谓命，禀之在我之谓性，见于事业之谓理。"④ "理也，性也，命也，三者未尝有异。"⑤ 对此，唐君毅说："此中将生生之体，或生生之易，与其理，其道，及命于人之性，与其理之见于事业，及其用之无穷之神者，一贯直说下来；亦即就此人之性之原于天，而言其为原自一生生之易，生生之体，而其理即道；更就其发于用，而言其为无穷之神，与见于事业之理。"⑥ 自程颢，唐君毅又论及程颐。他认为，程颐之说虽然不同于程颢，"然于天地万物皆同本此生生之理，以生以成，则未尝有异于明道"，只是更为强调"由理之原为生生不穷，以说气之所以生生不穷""谓气之生生不穷，乃原自理之生生不穷，或此理之原是一生生不息之理"。⑦ 可见，在唐君毅看来，二程讲"理"，不仅程颢讲"生生之理"，程颐也是"以生生之理为主，并以依之而有而生之气为宾"，"以论天地万物之生生之说"。⑧ 唐君毅还认为，程颐讲"生生之理"，但未尝直言"生生之理"为太极，而朱子则进此一步，"径谓此生生之理即太极，径谓太极为理"，使二程之言"生生之理"，与周敦颐之言"太极"，重相涵接。⑨

唐君毅认为朱子继承程颢讲"生生之理"，那么，朱子的"生生之理"的内涵是什么呢？在唐君毅看来，所谓"生生之理"，是"使新事物得生而得存之理"，可以分为两种：其一，"如吾人谓一物之形式之理，为先一物之有，而自己有，或潜在者，则于此理，应如西方哲学家之径称为一实现原则或实现之理"；其二，"吾人如谓一物之形式，乃属于一具体物，后于具体物之有而有，以为人

---

① 唐君毅：《中国哲学原论·导论篇》，中国社会科学出版社2005年版，第282页。
② （宋）程颢、程颐：《河南程氏遗书》卷一，载于《二程集》（上），中华书局2004年版，第4页。
③ （宋）程颢、程颐：《河南程氏遗书》卷十一，载于《二程集》（上），中华书局2004年版，第128页。
④ （宋）程颢、程颐：《河南程氏遗书》卷六，载于《二程集》（上），中华书局2004年版，第91页。
⑤ （宋）程颢、程颐：《河南程氏遗书》卷二十一下，载于《二程集》（上），中华书局2004年版，第274页。
⑥ 唐君毅：《中国哲学原论·导论篇》，中国社会科学出版社2005年版，第274页。
⑦ 唐君毅：《中国哲学原论·导论篇》，中国社会科学出版社2005年版，第276~277页。
⑧⑨ 唐君毅：《中国哲学原论·导论篇》，中国社会科学出版社2005年版，第277页。

所知",那么此"实现之理"则是此具体事物的创生之理,"如自此理所创生之具体事物,乃生生不穷者言,则应称之为生生之理"。① 这后者便是朱子的"生生之理"。唐君毅还认为,此生生之理不仅是一物得生而存在的理由或真因所在,也是"一切不同事物所以得生而存在之共同真因之所在",所以,此理又称"统体之理"。② 换句话说,朱子的"理"之所以是"生生之理",就在于它作为一切事物所以得生而得存之理,存在于具体事物之中,并使得事物生生不穷。

至于"生生之理"与气的关系,唐君毅说:"今既有天地万物之生生不已,则必有气之生生化化之历程之相继。而有气之生生化化,即有一生而能化,化而能生之生生之理,贯而主乎此气之生生化化之中,以使其相继,成为可能。"③ 显然,在唐君毅看来,朱子的"生生之理",作为天地万物之生生不已的根本原因,"贯而主乎此气之生生化化之中"。唐君毅接着说:"故此生生之理,又初乃由气之生生化化而见;气之生生化化,又由万物之生生不已而见。若无此万物之生生不已,则无气之流行;无气之流行,亦不能说有生生之理。此则朱子有理不离气义,及太极之理行乎动静,而又超于动静之上之义,以说之。此生生之理,其义又不同于气之流行与万物生生不已,其所以不同,则由理气之为二而不相离,亦不相杂之义,以说之。"④ 在唐君毅看来,不仅生生之理"贯而主乎此气之生生化化之中",而且,若没有气之生生化化,就不能说有生生之理。所以,唐君毅说:"朱子言生生之理,则直就此气之生生之所以然而言,此理乃贯而主乎此生生之气之流行中,而为其理者,故曰理行乎气之中。此理之行于气之中,亦姑可说即在其恒承先之气,起后之气,以行于气之中。而此所谓不离气,亦即自其不离其所承之气,与所起之气,而如位于已化已息之气,及方生方起之气之间而言。理乃如前挂于所承之气,后搭于所起之气者。"⑤ 在唐君毅看来,朱子的"生生之理"不仅"行于气之中",而且"前挂于所承之气,后搭于所起之气",随着气之生生而动静。

唐君毅特别关注朱子及其门人有关太极动静之说的讨论,并依据朱子所言"太极者,本然之妙也;动静者,所乘之机也"这一定论,予以诠释。他引述《朱子语类》所载,(直卿)又云:"先生《太极图解》云:'动静者,所乘之机也。'蔡季通聪明,看得这般处出,谓先生下此语最精。盖太极是理,形而上者;阴阳是气,形而下者。然理无形,而气却有迹。气既有动静,则所载之理亦安得谓之无动静!"又举《通书·动静篇》云:"'动而无静,静而无动,物也;动而无动,静而无静,神也。动而无动,静而无静,非不动不静也。物则不通,神妙

---

① ② 唐君毅:《中国哲学原论·导论篇》,中国社会科学出版社2005年版,第287页。
③ ④ 唐君毅:《中国哲学原论·导论篇》,中国社会科学出版社2005年版,第288页。
⑤ 唐君毅:《中国哲学原论·导论篇》,中国社会科学出版社2005年版,第289页。

万物。'动静者，所乘之机也。"① 并且指出："如季通解朱子意是，则朱子言'太极本然之妙用也'，即是自太极之动而无动，静而无静上说。动而无动，静而无静，即不滞一偏，故妙。谓动静为太极所乘之机，即明非以动静说太极本身之意，此则通于其初言太极非动静，不可以动静言之本旨。谓太极乘动静，既涵太极行乎动静之气之中，与气不离之义，而乘字又涵超越其上之义。"② 也就是说，在蔡季通那里，朱子所言"太极者，本然之妙也"，被诠释为"太极之动而无动，静而无静"，朱子所言"动静者，所乘之机也"被诠释为"太极乘动静"。对此，唐君毅强调太极乘"动静之气之实"与"动静相生之机"的区别。他说："如直谓乘动静之气之实，则太极若黏附于气之实之上，则气动静，太极亦将随之而动静；而太极之理之乘气，将如死理乘活气，死人之骑马，随马之动静而动静，而落入动静之范畴之下。此即后之吴澄之疑之所以出也。"③ 也就是说，如果把"动静者，所乘之机也"诠释为太极乘"动静之气之实"，那末就如"死理乘活气"，就会像吴澄所理解的那样，是"死人乘活马"而受到质疑。唐君毅又说："今不直言其乘动静之气之实，而言动静为其所乘之机；则此中所谓动静，非动静之气之实，而只是指动静相生之机。太极于此只在为气之动静相生之机之意义上，以与气相关而不离。即可见太极虽乘此动静之气机，而实未尝黏附于气，亦非复只为随气之动静而动静；而得恒位居于气之动静之上，以保其超越性；而太极之理，即为活理，太极之乘气，亦当喻如'活人骑活马'。此亦即曹端之所以释吴澄之疑之语也。"④ 也就是说，如果把"动静者，所乘之机也"诠释为太极乘"动静相生之机"，那么"太极之理，即为活理"，就会像曹端那样，是"活人乘活马"。通过这些分析，唐君毅对朱子关于太极与阴阳动静关系作了概括。他说："太极既超越于气之动静之上，又内在于气之动静相生之机之中，以乘于此机之上，而行于气之动静之中。"⑤

在此基础上，唐君毅讨论了气之生化与理之动静的关系。他认为，气由生而化，为由阳而阴，"依于理之暂息其用，则可说为理之静，而如只存其体"；气由化而生，为由阴而阳，"依于理之复呈其用，则可说为理之动，而如自行其体"。他还说："如无理之静，则生者不能化；若无理之动，则化者无更生。生者不化，化者不生，则无气之生生，亦无物之生生。"⑥ 明确认为，朱子的理有动静。于是，唐君毅又进一步讨论生生之气与生生之理的关系。一方面，他说："天地间之有物之生生，气之生生，正赖有此理之静，理之动。……气之由生而化，乃依

---

① （宋）黎靖德：《朱子语类》（一）卷五，中华书局1986年版，第84页。
②③ 唐君毅：《中国哲学原论·导论篇》，中国社会科学出版社2005年版，第291页。
④ 唐君毅：《中国哲学原论·导论篇》，中国社会科学出版社2005年版，第291~292页。
⑤⑥ 唐君毅：《中国哲学原论·导论篇》，中国社会科学出版社2005年版，第292页。

上一层面之理之静；其化而生，乃依于上一层面之理之动。"① 认为气之生化依于理之动静，或者说，由理之动静而有气之生化。另一方面，他又说："唯有万物之生而化，化而生，方见此理为生生不息之理。生生不息之理，亦唯有待物之化为过渡，而自见于万物之相继以生生之中。吾人今亦实唯由见万物之生生，方知此生生之理之有。"② 认为从气之动静中方见得理之动静，从生生之气中方知有生生之理。

四、牟宗三论"只存有而不活动"

在对宋代儒学的研判中，冯友兰《中国哲学史》关注的是程颐、朱子的"理"及其与心性的关系，并且根据其言"性即理"将程朱之学界定为"理学"，而与程颢以及陆九渊言"心即理"的"心学"相对立。与此不同，牟宗三关注的是程颐、朱子的"理"的"只存有而不活动"，并以此与周敦颐、张载、程颢言道体性体的"即活动即存有"相对立。为此，牟宗三还针对冯友兰的学派分判，指出："伊川之言'性即理'，此固亦是扣紧道体性体而言'理'字，然伊川之言此语实不只此义，且有一特别之标识，即预设心性不一，心理为二，道体性体为'只存有而不活动'是也。是则'性理之学'，普通固定之于伊川朱子之'性即理'，非是；……明道固亦可言'性即理'，甚至濂溪、横渠亦可如此言。但濂溪、横渠、明道所体会之道体性体是'即活动即存有'者，故代表此道体性体之'理'或'天理'字亦不只是'存有'义，到最后亦是'即存有即活动'者。"③ 在牟宗三看来，程颐、朱子为一脉，不只是因为讲"性即理"，而在于他们的理是"只存有而不活动"，并因而与周敦颐、张载、程颢相区别。

对于之所以把朱子的"理"诠释为"只存有而不活动"，牟宗三在《心体与性体》中指出："惟自伊川开始，承其老兄之言理或天理，遂将道体性体只简化而为一'理'字，并诚体、神体、太虚、太极，一概不讲，是则不但简化而为一'理'字，且收缩提练、清楚割截，只剩下一'理'字，是则对于言道体性体之原初的背景已渐忘却，而对于道体性体之内容的意义亦汰滤不少而渐丧失，总之，是成'只存有而不活动'之静态的理。"④ 后来，他又在《宋明儒学概述》中作了更为明了的陈述："因为心是属于形而下的，而性是属于形而上的，性即

---

① 唐君毅：《中国哲学原论·导论篇》，中国社会科学出版社2005年版，第292页。
② 唐君毅：《中国哲学原论·导论篇》，中国社会科学出版社2005年版，第294页。
③ 牟宗三：《心体与性体》（上），吉林出版集团2013年版，第57页。
④ 牟宗三：《心体与性体》（上），吉林出版集团2013年版，第72页。

是理，所以理里面就没有心的活动成分。道体也是如此。所以朱夫子所了解的性体、道体，以现代的词语说，是'只存有而不活动'，也就是所谓'只是理'（mere reason）。"又说："朱子所了解的本体是'只存有而不活动'，因为活动的成分都属于气，都塌落下来了；心也属于气而下落、旁落了。"① 由此可见，牟宗三把朱子的"理"诠释为"只存有而不活动"，其依据在于朱子把"理"与气分而为二，又因心属于气而与心分而为二，于是，朱子的"理"既没有气的活动成分，也没有心的活动成分，所以"只存有而不活动""只是理"。牟宗三还认为，朱子的理，是存在之理，亦可曰"使然者然"之实现之理。他说："惟此实现之理是静态地'使然者然'，非是动态地创生之之'使然者然'，是只存有而不活动者。"② 显然，在牟宗三看来，朱子的理，作为宇宙本体，并非是动态地创生，而只是静态地存在，"只存有而不活动"。

与唐君毅认为朱子言"生生之理"并且源自程颢不同，牟宗三认为，自周敦颐开始而至张载、程颢，"对于道体性体无不视为'即活动即存有'者"；然而，自程颐开始而至朱子，"遂将道体性体只简化而为一'理'字"，而成"只存有而不活动"之静态的理；"此为言道体性体之根本转向"。③ 显然，在牟宗三看来，程颢把道体视为"即活动即存有"，根本没有为后来的朱子所继承。④

所以，牟宗三特别强调朱子的"理"与程颢的道体的差异。他引述程颢所言"所以谓万物一体者，皆有此理。只为从那里来。'生生之谓易'"，指出："此即动态地看此天理实体也。天理即创生实体，即宇宙之根源。"还说："如何见出皆从同一根源来？明道即由'生生之谓易'来说。由万物生而又生之生生不息来指点'易体'。依明道，'生而又生'之生生不息是现象的实然，此固可说是变化、

---

① 牟宗三：《中国哲学十九讲》，学生书局1983年版，第399~400页。
② 牟宗三：《心体与性体》（下），吉林出版集团2013年版，第458页。
③ 牟宗三：《心体与性体》（上），吉林出版集团2013年版，第73页。
④ 牟宗三在《心体与性体》之前所撰《才性与玄理》对朱子解"一阴一阳之谓道"作过分析，指出："一阴一阳之谓道，朱子解之甚谛。阴阳是气，是形而下者，不是道。一阴一阳乃见道。……道不是此现象的变之过程本身，乃是所以成此过程而亦带着此过程而见者。从所以成此过程言，则道是'所以然'之理（所以然是实现的'所以然'，不是构成的所以然）。……故道终是道，必不能泯灭其'理'的意义。故此现象的变之过程本身并非是道。但此道虽有理之意义，却并不是抽象地单说理之本身，而却是带着变化过程以显，即动态以显，喻如大路，人所共由。故可云'浩浩大道'，而不可云'浩浩大理'。此即道之不同于理处。抽象地、静态地说，为理，具体地（综合地）动态地说，为道。此即所以由'一阴一阳'以明道之意。"在牟宗三看来，朱子所言"一阴一阳之谓道"的"道"既具有抽象的、静态的所以然之理的意义，又具有综合的、动态的"带着变化过程"的道的意义。《才性与玄理》还说："此综合地动态地所表示之道，即'天命流行'一语之意。亦即'维天之命，于穆不已'之意。而此后两者尤其浑沦而具体。此义既明，则其脉络，顿时即通于《中庸》'天命之谓性，率性之谓道'，……此诸语句，贯通以观，则孔门天道性命相贯通之义，即豁然朗现而不可疑。"（牟宗三：《才性与玄理》，吉林出版集团2010年版，第101~102页）这里对于朱子"道"与"理"的关系的论述，与后来《心体与性体》把朱子所言"一阴一阳之谓道"的"道"只是看作"只存有而不活动"的"理"以至于称朱子"别子为宗"并不完全相同。

变易，然若只从此现象的实然说'易'，则不能尽《易传》（甚至《易经》）所说之'易'之实。朱子即如此说，故以为易是属于气之变化，是形而下者。然明道不如此体会，明道说'易'是直从'体'上说。……此易体如以理或天理言之，此理即是'动理'（active reason），非'只存有而不活动'之静理也"。① 也就是说，程颢以"生生之谓易"讲宇宙本体的生生不息，因此，作为宇宙本体的理即是"动理"；而依照朱子所言，"易是属于气之变化，是形而下者"，作为宇宙本体的理即是"'只存有而不活动'之静理"。

对于程颢所言"'上天之载，无声无臭'，其体则谓之易，其理则谓之道，其用则谓之神，其命于人则谓之性"，牟宗三指出："此中其体、其理、其用，皆指'上天之载'本身说，即皆指无声无臭、生物不测之天道本身说，是故易、道、神，亦是此天道本身之种种名，所指皆一实体也。"② 他还认为，在程颢那里，"全道体即是一神，即是一理，但其为理是超越的、动态的、既存有亦活动的生化之理，不只是超越的、静态的、只存有而不活动的形式的所以然"，与此不同，"朱子唯将此理视为静态的形式的所以然（当然亦是超越的、形而上的所以然），故将易体与神用俱视为气，俱属于形而下者，而惟理才是形而上者"。牟宗三说："如此说理尤显非明道说此语之意。"③

牟宗三不仅把朱子的"理"诠释为"只存有而不活动"，而且还由此解读朱子有关太极或理的动静问题。与唐君毅以周敦颐所谓"动而无动，静而无静"解读朱子所言"动静者，所乘之机也"并由"太极乘动静"推出太极乘"动静相生之机"进而引申出理有动静不同，牟宗三强调朱子的太极或理无所谓动静。他说："依朱子之体会只能说有动静之理，而理自身无所谓动静。就太极说，太极有动之理、有静之理，而太极自身无所谓动静。动静是气、是事，所以动静者方是理。依此，严格说，所谓理之动或静并不是理自身能动或静，乃是动者静者依动之理而动，依静之理而静。……故所云'理之动'实不是理自身能动，其实义只是属于动之理下的动也。'理之静'亦然，其实义亦只是系属于静之理下的静，而不是理自身能静。不管是动之理或静之理，皆归综而为一太极，亦可以说太极含具有动之理与静之理。而所谓太极有动之理静之理等等，亦不是说太极自身本含具有既成之定多之理在内，其实义乃只是说太极对动者言即为动之理，对静者言即为静之理。"④ 而且，牟宗三还认为，周敦颐所谓"动而无动，静而无静"，"既不是自阴阳动静之相引生相错综上说""亦不是自朱子所意谓的所以然之理

---

① 牟宗三：《心体与性体》（上），吉林出版集团2013年版，第63~64页。
② 牟宗三：《心体与性体》（中），吉林出版集团2013年版，第23页。
③ 牟宗三：《心体与性体》（中），吉林出版集团2013年版，第24页。
④ 牟宗三：《心体与性体》（下），吉林出版集团2013年版，第416页。

本身说",而是就"即活动即存有"之理而言。①

对于朱子所谓"太极之有动静是天命之流行也",牟宗三指出:"'太极之有动静',此'有'是'因气之动静统驭于太极,故太极领有之'之'有',并不是太极会动会静因而说有动静也。故严格言之,只是气会动会静因而可说气有动静,而太极只是气之所以动静之理,故其自身亦无所谓动静也。……关于'天命之流行'亦须予以简别。依朱子,天命即是理,其自身无所谓'流行',流行是假托气之动静而说。流行之实在气之动静,理之流行是仗托气之实流行而虚说耳。"② 显然,这里更多的是在把朱子的"理"诠释为"只存有而不活动"的基础上而作出的进一步分析。

至于朱子的"只存有而不活动"之理与"气之存在之然"的关系,牟宗三说:"朱子说为不离不杂。如果要正面说出,则因此理是静态的存在之理,故此理只是在'气之存在之然'背后而超越地、静态地定然之。……同时亦即存有论地主宰而定然之,此亦是反面说的不离不杂也。"③ 他还说:"理气不离不杂,而理则在气背后静态而超越地主宰而定然之……要之非是'即活动即存有'之实体创生之,妙运之,因而有气化动静之相生不息之大用,这一动态地实现之、定然之之关系"。④ 他还针对曹端《辩戾》所谓"死人乘活马""活人乘活马"之说,指出:"理只存有而不活动,则虽无所谓死,然亦不是如活人骑活马能操纵、控制,而驾御之。"⑤

牟宗三认为,朱子讲"只存有而不活动"之静态的理,不仅是对程颢视道体性体为"即活动即存有"的根本转向,而且造成对于"道体性体"义的减杀。他说:"总天地万物而本体宇宙论地言之之道体(实体)原本是'于穆不已'之天命实体,'为物不贰、生物不测'之创生之道,而今则只成静态的存有,至多是本体论的存有,而不能起妙运万物之创生之用者。此是'道体'义之减杀。道体具于个体而为个体之'性',性原本是一个个体(显明地例证是人)之道德的才能、道德的自发自律之性能,而能起道德创造(道德行为之纯亦不已)之用者,而今则只成一些静态的存有之理,平置在那里,而不能起道德创造之用者。此是'性体'义之减杀。"⑥ 还说:"在朱子之'存有论的解析'中,理只为存有而不活动,其道德意义即减杀,而心气依理而行所成之道德即为他律道德。其依'存有论的解析'之方式说性,非先秦儒家言性之本义,此亦是其道德意义减

---

① 牟宗三:《心体与性体》(下),吉林出版集团2013年版,第418页。
② 牟宗三:《心体与性体》(上),吉林出版集团2013年版,第324页。
③ 牟宗三:《心体与性体》(下),吉林出版集团2013年版,第458页。
④ 牟宗三:《心体与性体》(下),吉林出版集团2013年版,第458~459页。
⑤ 牟宗三:《心体与性体》(下),吉林出版集团2013年版,第459页。
⑥ 牟宗三:《心体与性体》(上),吉林出版集团2013年版,第73页。

杀之故。"①

五、余论

无论是唐君毅把朱子的"理"诠释为动态的"生生之理",还是牟宗三认为朱子的"理"是静态的"只存有而不活动"之理,由于他们分别从"实现原则"或"存在之理"的层面进行讨论,因而不同于冯友兰从"形式"或"共相"的层面所作的阐释。所以,不仅唐君毅讲"生生之理"而不同于冯友兰所谓"太极"或"理"无动静,即使牟宗三认为朱子的"理"是静态的"只存有而不活动"之理而与冯友兰有相似之处,但在根本上也是各不相同的。至于唐君毅讲动态的"生生之理",牟宗三讲静态的"只存有而不活动",二者也存在着明显的观点分歧。

唐君毅与牟宗三对于朱子的理气动静的不同诠释,在很大程度上是依据朱子对周敦颐、程颢有关思想的解读,尤其是对周敦颐讲"动而无动,静而无静,神也"和程颢言"上天之载,无声无臭,其体则谓之易,其理则谓之道,其用则谓之神,其命于人则谓之性"的解读。唐君毅以为周敦颐、程颢言"生生之理",而牟宗三以为周敦颐、程颢讲道体"即活动即存有",二者大体一致。他们的分歧在于:唐君毅认为,朱子继承程颢讲动态的"生生之理",通过讲理气不离不杂以及言"太极者,本然之妙也;动静者,所乘之机也",讲太极"既超越于气之动静之上,又内在于气之动静相生之机之中,以乘于此机之上,而行于气之动静之中",因而"理"有动静,"物之生生,气之生生,正赖有此理之静,理之动"。牟宗三则认为,朱子根本不同于周敦颐、程颢讲道体"即活动即存有",朱子讲理气不离不杂,首先是把理气分别开来,气为形而下,理为形而上,理是静态的"只存有而不活动""在气之存在之然背后静态而超越地、同时亦即存有论地主宰而定然之"。由此可见,在唐君毅那里,朱子的理对于气具有更大的作用空间,所谓"气之生生,正赖有此理之静,理之动";而在牟宗三看来,朱子讲"只存有而不活动"之静态的理,不仅不同于气之生生,而且造成了对于"道体性体"义的减杀。

需要指出的是,与唐君毅一样,钱穆也把朱子的"理"诠释为"生生之理"。他说:"朱子论理气,……理乃是一生生之理,此气乃是一生生之气,此宇宙理气之统体,乃是一生生之体。……理非是一死物,乃是一活物也。"② 只是

---

① 牟宗三:《心体与性体》(下),吉林出版集团2013年版,第462页。
② 钱穆:《朱子新学案》(第一册),九州出版社2011年版,第397页。

唐君毅把朱子的"理"诠释为"生生之理",所依据的是理气不离不杂,而钱穆则是依据"理气一体"。

后来的刘述先既赞同牟宗三把朱子的"理"诠释为"只存有而不活动"之理,又赞同唐君毅、钱穆把朱子的"理"诠释为"生生之理",把二者并列起来,指出:"朱子之理一方面虽然是但理,只存有而不活动,另一方面却又必须讲'理生气',此理之内涵为一生生不已之天道,故一气流行实有其必然性。世间绝没有完全睽隔于理的气,也无完全睽隔于气的理,理气之间为一不杂不离的关系。"① 在这里,刘述先将朱子的"只存有而不活动"之理与"理生气"之理区别开来,以为"理生气"之理内涵"生生不已之天道"。问题是,在牟宗三看来,朱子的"只存有而不活动"之理与"理生气"之理是可以相通的,并不相悖。牟宗三之所以把朱子的"理"诠释为"只存有而不活动",其依据在于,朱子把"理"与"气"分而为二,又与"心"分而为二,因而"理"既没有"气"的活动成分,也没有"心"的活动成分,所以"只存有而不活动""只是理"。为此,最重要的是要弄清楚朱子的"理"是否如牟宗三所说,与"气"分而为二,又与"心"分而为二。

如前所述,在朱子那里,"理"有就所以然之理而言,有就当然之理而言,而主要是当然之理,所以然之理是当然之理之所以"当然"的依据。与此不同,冯友兰认为在朱子那里太极或理本身无动无静,牟宗三认为朱子之理"只存有而不活动",他们都只是就所以然之理而言,以为所以然之理本身无动无静,"只存有而不活动",并非就朱子的当然之理而言。

就当然之理而言,朱子认为,"当然之理即所谓道"②,又说:"凡言道者,皆谓事物当然之理,人之所共由者也。"③"君臣父子兄弟之间,各有个当然之理,此便是道。"④ 因此,朱子的"理"所具有的由当然之理及其更上一层的所以然之理所构成的双层结构,实际上是"理"与"道"的关系结构,即"理—道"结构,其中"道"即是朱子所强调的当然之理,而"理"则是当然之理之所以"当然"的依据。

朱子《中庸章句》注"天命之谓性,率性之谓道",曰:"性,即理也。天以阴阳五行化生万物,气以成形,而理亦赋焉,犹命令也。……道,犹路也。人、物各循其性之自然,则其日用事物之间,莫不各有当行之路,是则所谓道

---

① 刘述先:《朱子哲学思想的发展与完成》,学生书局1984年版,第271页。
② (宋)朱熹:《晦庵先生朱文公文集》卷四十八《答吕子约》(四十),载于《朱子全书》(22),上海古籍出版社、安徽教育出版社2010年版,第2226页。
③ (宋)朱熹:《四书章句集注》,中华书局2012年版,第52页。
④ (宋)黎靖德:《朱子语类》(八)卷一百二十一,中华书局1986年版,第2937~2938页。

也。"① 在朱子看来，"性，即理也""率性"，即是"人物各循其性之自然"，即是"循其理之自然"②，因此，这里所讨论的虽然是"性"与"道"的关系，而实际上是"理"与"道"的关系，认为人与物"循其理之自然"，而有"当行之路"，这就是"道"。《中庸章句》还讨论了道之体用，注"中也者，天下之大本也；和也者，天下之达道也"曰："大本者，天命之性，天下之理皆由此出，道之体也。达道者，循性之谓，天下古今之所共由，道之用也。"③ 认为天命之性，即理，是道之本体。又注《中庸》"君子之道费而隐"曰："费，用之广也；隐，体之微也。"④ 并且说："君子之道，近自夫妇居室之间，远而至于圣人天地之所不能尽，其大无外，其小无内，可谓费矣。然其理之所以然，则隐而莫之见也。""化育流行，上下昭著，莫非此理之用，所谓费也。然其所以然者，则非见闻所及，所谓隐也。"⑤ 认为道之用在于道体的"化育流行"。又注《中庸》"天地之道，可一言而尽也；其为物不贰，则其生物不测"曰："天地之道，可一言而尽，不过曰诚而已。不贰，所以诚也。诚故不息，而生物之多，有莫知其所以然者。"⑥ 以为天地之道在于"至诚无息"。朱子还说："天地之至诚无息，而万物各得其所也。自此之外，固无余法，而亦无待于推矣。……盖至诚无息者，道之体也，万殊之所以一本也；万物各得其所者，道之用也，一本之所以万殊也。"⑦

应当说，在朱子那里，"道"与"理"是不同的。据《朱子语类》载，"道训路，大概说人所共由之路。理各有条理界瓣。因举康节云：'夫道也者，道也。道无形，行之则见于事矣。如"道路"之"道"，坦然使千亿万年行之，人知其归者也。'"问："道与理如何分？"曰："道便是路，理是那文理。"问："如木理相似？"曰："是。"问："如此却似一般？"曰："'道'字包得大，理是'道'字里面许多理脉。"又曰："'道'字宏大，'理'字精密。"⑧ 在朱子看来，"道"是路，如道路之道；道，即当然之理，人、物各循其性理而有"当行之路"；而"理"是"道"所包含的之所以为"道"之理。

然而，理是道之本体，所以相对于气，道即理。朱子说："道即理也，以人

---

① （宋）朱熹：《四书章句集注》，中华书局2012年版，第17页。
② （宋）黎靖德：《朱子语类》（四）卷六十二，中华书局1986年版，第1491页。
③ （宋）朱熹：《四书章句集注》，中华书局2012年版，第18页。
④ （宋）朱熹：《四书章句集注》，中华书局2012年版，第22页。
⑤ （宋）朱熹：《四书章句集注》，中华书局2012年版，第22~23页。
⑥ （宋）朱熹：《四书章句集注》，中华书局2012年版，第35页。
⑦ （宋）朱熹：《四书章句集注》，中华书局2012年版，第72页。
⑧ （宋）黎靖德：《朱子语类》（一）卷六，中华书局1986年版，第99页。

所共由而言则谓之道，以其各有条理而言则谓之理。"① 也就是说，"道"与"理"虽是不同的，但又同属一体。对于《易传》所谓"一阴一阳之谓道"，朱子说："阴阳，气也，形而下者也；所以一阴一阳者，理也，形而上者也。道，即理之谓也。"② 还说："一阴一阳虽属形器，然其所以一阴而一阳者，是乃道体之所为也。故语道体之至极，则谓之太极；语太极之流行，则谓之道。虽有二名，初无两体。"③ 可见，在朱子那里，"道"与"理"的关系，正如朱子言"心"与"性"的关系，是"似一而二，似二而一"④，二者既有不同，又相互联系而为一体。

就朱子的"道"而言，据《朱子语类》载，"'一阴一阳之谓道'，阴阳何以谓之道？"曰："当离合看。"问："一阴一阳之谓道"。曰："此与'一阖一辟谓之变'相似。阴阳非道也，一阴又一阳，循环不已，乃道也。只说'一阴一阳'，便见得阴阳往来循环不已之意，此理即道也。"又问："若尔，则屈伸往来非道也，所以屈伸往来循环不已，乃道也。"先生颔之。又说："道，须是合理与气看。理是虚底物事，无那气质，则此理无安顿处。《易》说'一阴一阳之谓道'，这便兼理与气而言。阴阳，气也；'一阴一阳'，则是理矣。……盖阴阳非道，所以阴阳者道也。"⑤ 也就是说，在"一阴一阳之谓道"中，阴和阳分开看，阴阳是"气"；阴和阳合着看，"一阴又一阳，循环不已"，则是"道"；而之所以"一阴又一阳，循环不已"，则是理。因此，"道"不仅不等于"气"，而且也不等于是"理"；"道"，"须是合理与气看"，"兼理与气而言"，而"理"本身是"虚底物事"，只是"一阴又一阳，循环不已"之原因。

对此，冯友兰晚年的《中国哲学史新编》在阐述朱熹易学思想时，指出："朱熹的这几段话说明两个意思。第一个意思是'当离合看'。从'离'这方面看，阴是阴，阳是阳，都不是道。从'合'这方面看，一阴一阳才是道。……第二个意思是'合理与气'。一阴一阳是说阴阳屈伸往来，循环不已。这里又有两层意思，一层是'所以屈伸往来，循环不已'，这是理，但'理是虚底物事'，必须和气联合起来，才能成为实际的东西。'一阴一阳之谓道'那个'道'是'理'与'气'合的产物。这个产物就是流行，这个道就是大化流行，这就是宇

---

① （宋）朱熹：《晦庵先生朱文公文集》卷四十九《答王子合》（十二），载于《朱子全书》（22），上海古籍出版社、安徽教育出版社 2010 年版，第 2257 页。
② （宋）朱熹：《通书注》卷一，载于《朱子全书》（13），上海古籍出版社；安徽教育出版社 2010 年版，第 98 页。
③ （宋）朱熹：《晦庵先生朱文公文集》卷三十六《答陆子静》（五），载于《朱子全书》（21），上海古籍出版社、安徽教育出版社 2010 年版，第 1568 页。
④ （宋）黎靖德：《朱子语类》（一）卷五，中华书局 1986 年版，第 89 页。
⑤ （宋）黎靖德：《朱子语类》（五）卷七十四，中华书局 1986 年版，第 1895～1896 页。

宙的动态，其基本内容就是'一阴一阳'。"① 冯友兰虽然认为在朱熹那里，太极或理本身无动无静，但是在论及朱熹解"一阴一阳之谓道"的"道"时，却讲"'道'是'理'与'气'合的产物"，讲"这个道就是大化流行"，因而不能等同于"理"。

朱子认为，"一阴一阳之谓道"是就"太极之流行"而言，所以他讲"道"，又讲"天道流行"，所谓"天道流行，造化发育"。朱子《论语集注》注"子在川上，曰：'逝者如斯夫！不舍昼夜。'"指出："天地之化，往者过，来者续，无一息之停，乃道体之本然也。然其可指而易见者，莫如川流。故于此发以示人，欲学者时时省察，而无毫发之间断也。程子曰：'此道体也。天运而不已，日往则月来，寒往则暑来，水流而不息，物生而不穷，皆与道为体，运乎昼夜，未尝已也。'"② 据《朱子语类》载，问："伊川曰'此道体也。天运而不已'，至'皆与道为体'，如何？"曰："'形而上者谓之道，形而下者谓之器'，道本无体。此四者，非道之体也，但因此则可以见道之体耳。那'无声无臭'便是道。但寻从那'无声无臭'处去，如何见得道？因有此四者，方见得那'无声无臭'底，所以说'与道为体'。"③ 又据《朱子语类》载，问："'上天之载，无声无臭，其体则谓之易'，如何看'体'字？"曰："体，是体质之'体'，犹言骨子也。易者，阴阳错综，交换代易之谓，如寒暑昼夜，阖辟往来。天地之间，阴阳交错，而实理流行，盖与道为体也。寒暑昼夜，阖辟往来，而实理于是流行其间，非此则实理无所顿放。……故曰'其体则谓之易'，言易为此理之体质也。（程子解'逝者如斯，不舍昼夜'，曰：'此道体也。天运而不已，日往则月来，寒往则暑来，水流而不息，物生而不穷，皆与道为体。'《集注》曰：'天地之化，往者过，来者续，无一息之停，乃道体之本然也。'即是此意。）"④ 显然，在朱子看来，天地之间，阴阳之气相互作用，实理流行其间，于是"日往则月来，寒往则暑来，水流而不息，物生而不穷"，此即"与道为体"，并非"道体之本然"，但可以由此看到"道体之本然"，这就是"天地之化，往者过，来者续，无一息之停"，这就是"大化流行"，即所谓"天道流行"。

据《朱子语类》载，问："屈伸往来，气也。程子云'只是理'，何也？"曰："其所以屈伸往来者，是理必如此。'一阴一阳之谓道。'阴阳气也，其所以一阴一阳循环而不已者，乃道也。"⑤ 又问："屈伸往来，只是理自如此。亦犹一

---

① 冯友兰：《中国哲学史新编》（第五册），人民出版社1988年版，第193页。
② （宋）朱熹：《四书章句集注》，中华书局2012年版，第113~114页。
③ （宋）黎靖德：《朱子语类》（三）卷三十六，中华书局1986年版，第975~976页。
④ （宋）黎靖德：《朱子语类》（六）卷九十五，中华书局1986年版，第2422页。
⑤ （宋）黎靖德：《朱子语类》（六）卷九十五，中华书局1986年版，第2437~2438页。

阖一辟，阖固为辟之基，而辟亦为阖之基否?"曰:"气虽有屈伸，要之方伸之气，自非既屈之气。气虽屈，而物亦自一面生出。此所谓'生生之理'，自然不息也。"① 朱子追随程颐讲所谓"'生生之理'，自然不息"，是就"一阴一阳之谓道"而言，就"天道流行，造化发育"而言。

如前所述，唐君毅以程颢所言"盖上天之载，无声无臭，其体则谓之易，其理则谓之道，其用则谓之神，其命于人则谓之性"，而认为程颢讲"生生之理"，并进一步认为程颐、朱子继承程颢而言"生生之理"；与此不同，牟宗三则认为，朱子对于程颢所言作了不同解释，把程颢的"超越的、动态的、既存有亦活动的生化之理"解释为"静态的形式的所以然（当然亦是超越的、形而上的所以然）"。问题是，朱子的"理"主要是当然之理以及作为其依据的所以然之理，是"兼理与气"的"道"，而且，这个"道"是就"一阴一阳之谓道"而言，就"天道流行，造化发育"而言，因而不是"静态的形式的所以然"，而是动态的"生生之理"。

---

① （宋）黎靖德：《朱子语类》（六）卷九十五，中华书局1986年版，第2437页。

第五章

"心与理一"及"性即理"的不同诠释

朱子讲"心具众理",又讲"心与理一",并进而讲"性即理";同时强调"性"与"心"的不同与贯通。王阳明认为朱子"析'心'与'理'而为二"。据此,冯友兰强调朱子只能言"性即理",不能言"心即理"。与此不同,唐君毅认为,朱子不仅言"性即理",而且言"心与理一"。牟宗三则强调朱子言"性即理"与其言"心具众理""心与理一"一样,都是以"心性平行为二,心不即是理"为基础。钱穆则认为,朱子讲"性即理"与"心即理""心与理一",不仅并行不悖,而且不可或缺。由此可以看出,他们在朱子的"心"与"理","心"与"性"的关系上,提出了各自不同的观点,反映出学术的不断进步。

一、朱子论"心与理一"与"性即理"

朱子讨论心性,与《中庸》"未发""已发"联系在一起。宋乾道五年己丑(1169年),他撰《已发未发说》,又修订成《与湖南诸公论中和第一书》,就他曾以为"心为已发,性为未发"提出了新的观点,指出:"思虑未萌、事物未至之时,为喜怒哀乐之未发。当此之时,即是此心寂然不动之体,而天命之性,当体具焉。以其无过不及,不偏不倚,故谓之中。及其感而遂通天下之故,则喜怒哀乐之性发焉,而心之用可见。"[①] 后来,他又说:"心有体用。未发

---

① (宋)朱熹:《晦庵先生朱文公文集》卷六十四《与湖南诸公论中和第一书》,载于《朱子全书》(23),上海古籍出版社、安徽教育出版社2010年版,第3130~3131页。

之前是心之体，已发之际乃心之用。"① "性是心之体，情是心之用；性是根，情是那芽子。"②

朱子讨论心性，又与理结合起来。早在宋淳熙元年甲午（1174年），朱子在《问张敬夫》中说："心具众理，变化感通，生生不穷，故谓之易。……寂然之中，众理必具而无朕可名。"③《大学章句》注"明明德"曰："明，明之也。明德者，人之所得乎天，而虚灵不昧，以具众理而应万事者也。"④《朱子语类》载朱子说："明德是自家心中具许多道理在这里。"⑤ 又说："能存得自家个虚灵不昧之心，足以具众理，可以应万事，便是明得自家明德了。"⑥ 显然，朱子《大学章句》讲"心具众理"。他的《孟子集注》说："心者，人之神明，所以具众理而应万事者也。性则心之所具之理，而天又理之所从以出者也。"⑦ 此外，朱子还说："心虽是一物，却虚，故能包含万理。"⑧ "心包万理，万理具于一心。"⑨ "心之体具乎是理。"⑩

朱子不仅讲"心具众理"，而且还讲"心与理一"。据《朱子语类》载，问："心是知觉，性是理。心与理如何得贯通为一？"曰："不须去着实通，本来贯通。""如何本来贯通？"曰："理无心，则无着处。"⑪ 朱子还说："心与理一，不是理在前面为一物。理便在心之中。"⑫ "仁者心与理一，心纯是这道理。"⑬ 并以此与释家相区分，指出："儒、释之异，正为吾以心与理为一，而彼以心与理为二耳。"⑭ 又说："吾以心与理为一，彼以心与理为二，亦非固欲如此，乃是其所见处不同。彼见得心空而无理，此见得心虽空而万物咸备也。"⑮

重要的是，朱子还明确讲"心即理"。他说："圣人之心，浑然一理。"⑯ "圣

---

① （宋）黎靖德：《朱子语类》（一）卷五，中华书局1986年版，第90页。
② （宋）黎靖德：《朱子语类》（七）卷一百一十九，中华书局1986年版，第2867页。
③ （宋）朱熹：《晦庵先生朱文公文集》卷三十《问张敬夫》（三十六），载于《朱子全书》（21），上海古籍出版社、安徽教育出版社2010年版，第1395页。
④ （宋）朱熹：《四书章句集注》，中华书局2012年版，第3页。
⑤ （宋）黎靖德：《朱子语类》（一）卷十四，中华书局1986年版，第263页。
⑥ （宋）黎靖德：《朱子语类》（一）卷十四，中华书局1986年版，第265页。
⑦ （宋）朱熹：《四书章句集注》，中华书局2012年版，第356页。
⑧ （宋）黎靖德：《朱子语类》（一）卷五，中华书局1986年版，第88页。
⑨ （宋）黎靖德：《朱子语类》（一）卷九，中华书局1986年版，第155页。
⑩ （宋）黎靖德：《朱子语类》（二）卷十八，中华书局1986年版，第416页。
⑪⑫ （宋）黎靖德：《朱子语类》（一）卷五，中华书局1986年版，第85页。
⑬ （宋）黎靖德：《朱子语类》（三）卷三十七，中华书局1986年版，第985页。
⑭ （宋）朱熹：《晦庵先生朱文公文集》卷五十六《答郑子上》（十四），载于《朱子全书》（23），上海古籍出版社、安徽教育出版社2010年版，第2689页。
⑮ （宋）朱熹：《晦庵先生朱文公文集》卷五十六《答郑子上》（十五），载于《朱子全书》（23），上海古籍出版社、安徽教育出版社2010年版，第2691页。
⑯ （宋）朱熹：《四书章句集注》，中华书局2012年版，第72页。

人之心，即天下之理。"① 又说："仁者心便是理。""仁者理即是心，心即是理。"② 另据《朱子语类》载，朱子门人在解《大学或问》时说："千言万语，只是欲学者此心常在道理上穷究。若此心不在道理上穷究，则心自心，理自理，邈然更不相干。……今日明日积累既多，则胸中自然贯通。如此，则心即理，理即心，动容周旋，无不中理矣。……此谓格物，此谓知之至也。"朱子说："是如此。"③ 当然，朱子讲"心即理"是特指，讲的是圣人之心、仁者之心、知之至之心，即是理，并非就所有人而言。

除了讲"心具众理""心与理一"乃至"心即理"，把心与理结合起来，朱子还分析心与气的关系，讲"所觉者，心之理也；能觉者，气之灵也""心者，气之精爽"④，把心与气联系在一起。

朱子特别强调"心"与"性"的不同。据《朱子语类》载，问："灵处是心，抑是性？"曰："灵处只是心，不是性。性只是理。"⑤ 朱子还说："性便是心之所有之理，心便是理之所会之地""性是理，心是包含该载，敷施发用底"。⑥ 尤其是，朱子还说："心以性为体，心将性做馅子模样。盖心之所以具是理者，以有性故也。"⑦ 这里既讲心"具是理"，又讲其所以然在于"性即理"。"性即理"最早由程颐提出。他说："性即理也，所谓理，性是也。天下之理，原其所自，未有不善。"⑧ 朱子继承程颐，从"心有体用"出发，讲"心以性为体"，因而讲"心"与"性"的不同，并且又讲"性即理"。需要指出的是，朱子既讲"心"与"性"的不同，又讲二者的统一。他说："心、性、理，拈着一个，则都贯穿，惟观其所指处轻重如何。""然不可无分别，亦不可太说开成两个。""大抵心与性，似一而二，似二而一。"⑨

王阳明明确认为，朱子在"心"与"理"的关系上是"'心'与'理'而为二"。他说："朱子所谓'格物'云者，在即物而穷其理也。即物穷理，是就事事物物上求其所谓定理者也。是以吾心而求理于事事物物之中，析'心'与'理'而为二矣。"⑩ 朱子《大学或问》曾说："人之所以为学，心与理而已矣。心虽主乎一身，而其体之虚灵，足以管乎天下之理；理虽散在万物，而其用之微妙，实

---

① （宋）黎靖德：《朱子语类》（七）卷一百二十，中华书局1986年版，第2913页。
② （宋）黎靖德：《朱子语类》（三）卷三十七，中华书局1986年版，第985页。
③ （宋）黎靖德：《朱子语类》（二）卷十八，中华书局1986年版，第408页。
④⑤ （宋）黎靖德：《朱子语类》（一）卷五，中华书局1986年版，第85页。
⑥ （宋）黎靖德：《朱子语类》（一）卷五，中华书局1986年版，第88页。
⑦⑨ （宋）黎靖德：《朱子语类》（一）卷五，中华书局1986年版，第89页。
⑧ （宋）程颢、程颐：《河南程氏遗书》卷二十二上，载于《二程集》（上），中华书局2004年版，第292页。
⑩ （明）王守仁：《传习录中》，载于《王阳明全集》卷二，上海古籍出版社1992年版，第44~45页。

不外乎一人之心，初不可以内外精粗而论也。"① 这里明确说理"实不外乎一人之心"。然而，王阳明却针对朱子所谓"人之所以为学，心与理而已矣"，说："心即性，性即理，下一'与'字，恐未免为二。此在学者善观。"② 又说："晦庵谓：'人之所以为学者，心与理而已。'心虽主乎一身，而实管乎天下之理，理虽散在万事，而实不外乎一人之心。是其一分一合之间，而未免已启学者心理为二之弊。"③

二、冯友兰的"只能言'性即理'，不能言'心即理'"

民国时期，谢无量的《朱子学派》认为，在朱子那里，"太极即是心"④；又认为，陆九渊以及后来王阳明的"心即理"说，与朱子讲"心、性、理之一贯"以及"理在心中""无以异矣"。⑤ 黎群铎的《晦庵学说平议》不仅认为朱子的宇宙观近于唯理主义，而且又认为，在朱子那里，"理与心并不是两件事"，所以结论是："朱子的宇宙论，第一主张宇宙有一个绝对本体，即是理；第二主张理是超乎现象界而存在的；第三主张宇宙是有意识的活动。这三种主张，无论站在唯理主义的旗帜下，或是客观唯心派的旗帜下，都可以成立。"⑥ 黄子通的《朱熹的哲学》认为，在朱熹那里，"心是天地之心，心是万物之理"，还说："朱熹所讲的'心'，程明道所讲的'仁''性'，周敦颐所说的'诚'，皆是异名而同实。朱子自己也说《定性书》中的'性'字，'是个心字意思'。……朱子的意思，就是宇宙的本体即在我心之中。我心以外，并没有超心的本体。"⑦ 显然是把朱熹作为宇宙本体的"理"与"心"视为同一。1930 年，贺麟发表的《朱熹与黑格尔太极说之比较观》，在把朱子的太极诠释为黑格尔的"绝对理念"的同时，又比较二者的差异，并且指出："朱子有时认心与理一，有时又析心与理为二。有时理似在心之外，如'人心之灵莫不有知，而天下之物莫不有理'等语的说法。有时理又似在心之内，如'心统性情'（性即理，情属气）及'所觉者心

---

① （宋）朱熹：《四书或问》，载于《朱子全书》（6），上海古籍出版社，安徽教育出版社 2010 年版，第 528 页。
② （明）王守仁：《传习录上》，载于《王阳明全集》卷一，上海古籍出版社 1992 年版，第 15 页。
③ （明）王守仁：《传习录中》，载于《王阳明全集》卷二，上海古籍出版社 1992 年版，第 42 页。
④ 谢无量：《朱子学派》，中华书局 1916 年版，第 64 页。
⑤ 谢无量：《朱子学派》，中华书局 1916 年版，第 118～119 页。
⑥ 黎群铎：《晦庵学说平议》，载于《国学丛刊》1925 年第 2 卷第 4 期。
⑦ 黄子通：《朱熹的哲学》，载于《燕京学报》1927 年第 2 期。

之理也'等处。"①

针对当时学术界将朱子的"心"与"理"视为同一，冯友兰《中国哲学史》对于朱子哲学的阐释，讲"心"与"性"，"心"与"理"的不同，强调"性即理"，其中引述朱子所言"灵处只是心，不是性。性只是理"，指出："吾人之知觉思虑，既皆在此具体的世界之中，故皆是气与理合以后之事也。吾人之知觉思虑，即所谓灵处，'灵处只是心，不是性。性只是理'。盖心能有具体的活动，理则不能如此也。"② 这就从朱子讲"心"与"性"的不同以及"性只是理"，推出"心"与"理"的不同。冯友兰还根据朱子反对释氏"以心为性"而强调"心"与"性"的不同，"心"与"理"的不同，指出："知觉运动，皆是心之活动，佛家就知觉运动处认性，故其所认实是心也。心亦是实际的有，亦系'形而下'者。若理则只潜存，故为'形而上'者。"③ 明确认为，"心"与"理"的不同，是"形而下"与"形而上"的不同。

冯友兰不仅通过强调朱子的"心"与"性"的不同以及朱子所言"性即理"，推出"心"与"理"的不同，而且还由此进一步指出："盖朱子以心乃理与气合而生之具体物，与抽象之理，完全不在同一世界之内。心中之理，即所谓性；心中虽有理而心非理。故依朱子之系统，实只能言'性即理'，不能言'心即理'也。"④ 在冯友兰看来，朱子所谓"心"是由理与气结合而生成的"具体物""心中虽有理而心非理"，心属于"形而下"；"心中之理，即所谓性"，性即理，而属于"形而上"，因此，"心"不仅与"性"不同，而且与"理"不同，只能讲"性即理"，而不能讲"心即理"，"性即理"与"心即理"是对立的。为此，冯友兰《中国哲学史》还将程颐、朱子言"性即理"，界定为"理学"，将陆九渊、王阳明言"心即理"，界定为"心学"。

对于王阳明说朱子是"析心与理而为二"，冯友兰《中国哲学史》指出："朱子以为人人具一太极，物物具一太极。太极即众理之全体；故吾人之心，亦'具众理而应万事'。故即物穷理，亦即穷吾心中之理，穷吾性中之理耳。故谓朱子析心与理为二，实未尽确当。"⑤ 但是又说："惟依朱子之系统，则理若不与气合，则即无心；心虽无而理自常存。虽事实上无无气之理，然逻辑上实可有无心之理也。若就此点谓朱子析心与理为二，固亦未尝不可。"⑥ 可见，对于王阳明所谓朱子"析心与理而为二"的说法，冯友兰虽然认为"实未尽确当"，但还是

---

① 贺麟：《朱熹与黑格尔太极说之比较观》，载于《大公报·文学副刊》第147期，1930年11月3日。
② 冯友兰：《中国哲学史》，商务印书馆1934年版，第915页。
③ 冯友兰：《中国哲学史》，商务印书馆1934年版，第927页。
④ 冯友兰：《中国哲学史》，商务印书馆1934年版，第939页。
⑤⑥ 冯友兰：《中国哲学史》，商务印书馆1934年版，第955页。

认为"固亦未尝不可",实际上认同了王阳明的说法。

与冯友兰《中国哲学史》不同,李石岑《中国哲学十讲》认为朱熹"特别尊重'心'和'理'的合一",因而专题阐述了朱熹的"心即理说",① 并且还说:"晦庵是站在心的立场上去说明理。"② "晦庵认心和理是同一的东西,不过是就两方面来观察而已。"③

1935 年,高名凯发表的《朱子论心》,指出:"朱子的性即是他所说的理,朱子的情就是他所说的气。在个体方面说,人有性、有情。在整个宇宙说,宇宙有理、有气。宇宙有'心',这'心'就是主宰宇宙的东西,宇宙之所以能运行,宇宙间理气之所以能结合都是因为有'心'。这'心'也可以说就是整个的宇宙本身。'心'就是能够使性(理)与情(气)结合的主动力。"④ 该文还说:"他不但认人有心,即其他一切万物也有心。一切自然界中的任何东西都有心。这样说起来,朱子的心并不是在万物以外的具体的实有,朱子的心并不仅指有意识的心,却是非常明白的道理。人的心不外是宇宙之心的一个部分,万物之心也是宇宙之心的部分。既都是同一的绝对心的部分,可知人的心与一切万物的心是连接的。"⑤ 认为在朱子那里,"心"是使理气、性情得以结合的"主动力"。

贺麟则仍然坚持此前发表的《朱熹与黑格尔太极说之比较观》所提出的观点,说:"七八年前,当我作《朱子黑格尔太极说比较》一文时,我即指出朱子之太极有两义:(一)太极指总天地万物之理言;(二)太极指心与理一之全体或灵明境界言。所谓心与理一之全,亦即理气合一之全(但心既与理为一,则心即理,理即心,心已非普通形下之气,理已非抽象静止之理矣)。"⑥ 在这里,贺麟强调朱熹的"心与理一",而且明确认为,朱熹讲"心与理一",即:"心即理,理即心"。

张东荪的《朱子的形而上学》明确认为,朱子既讲"性即理"又讲"心即理",同时又认为,在朱子的学术思想中,"性即理"与"心即理"是相互联系的。该文还引朱子所言"心与理一,不是理在前面为一物,理便在心之中",指出:"心之所以能具理,只是由于性使然。须知性即理也。由理造成的性则当然可使心能与理打通。……故明心即是尽性;尽性即是穷理;穷理即是理之自己完成。说心、说性、说理乃完全是一回事。因而有'心即理'与'性即理'

---

① 李石岑:《中国哲学十讲》,世界书局 1935 年版,第 287 页。
② 李石岑:《中国哲学十讲》,世界书局 1935 年版,第 288 页。
③ 李石岑:《中国哲学十讲》,世界书局 1935 年版,第 297 页。
④ 高名凯:《朱子论心》,载于《正风半月刊》1935 年第 1 卷第 16 期。
⑤ 高名凯:《朱子论心》(续),载于《正风半月刊》1935 年第 1 卷第 18 期。
⑥ 贺麟:《与张荫麟先生辩太极说之转变》,载于《新动向》1938 年第 1 卷第 4 期。

之言。"①

显然,与冯友兰强调朱子"只能言'性即理',不能言'心即理'"不同,一直有学者认为,朱子讲"性即理"与讲"心与理一""心即理"并不矛盾。

三、唐君毅论"性即理"与"心与理一"并行不悖

唐君毅明确讲朱子继承程颐讲"性即理"。他说:"宋明理学家中直将性与理连说,谓'性即理也',乃始于程子,畅发于朱子。""程伊川谓'己与理为一'并言'性即理也'。……此乃一划时代之语,而为朱子所加意发挥者。"② 然而,与冯友兰认为朱子只讲"性即理"而把"心"与"理"区分开来不同,唐君毅较多地讨论朱子关于心与理气的相互联系,因而对朱子所言"心"多有讨论。

对于朱子言"心",唐君毅深入分析了朱子所谓心"具众理"以及心为"气之灵",指出:"人之特有心,即原于其气之灵,而心亦即指此气之灵而言。……然所谓气之灵者,当即不外就气之依理而生,复能回头反照其所依之理而立名。"③ 并由此得出结论:"朱子之言心,实以心为贯通理气之概念。心乃一方属于气,而为气之灵,而具理于其内,以为性者。心之具理以为性,即心之体之寂然不动者。心之为气之灵,即心之所赖以成用,心之所以能感而遂通,性之所以得见乎情者。故依朱子,心之所以为心,要在其为兼绾合理气。"④ 还说:"能绾摄此上下内外之理气,以通此宇宙人生为一,则为吾人之'心'。朱子实亦较其先之宋儒更重此心之统摄理气之义者。"⑤ 显然,唐君毅既强调朱子讲"性即理",心为"气之灵",又认为在朱子那里,心贯通理气,心对于理气的具有统摄作用。

因此,唐君毅认为,朱子言心与理气的关系,在宇宙论、工夫论上以及在心性论上,"实未能全相一致,而有不同之论"⑥。他说:"朱子在宇宙论上,固以心属于气,气依理而动静,并以心为有动有静,有存有亡者;在工夫论上亦谓此合道之心,可由存而亡,亦可由亡而存,其存亡全系在工夫上。然在纯粹之心性论,与直接相应于其心性论之工夫论中,则又初不重依气以言心,亦未尝不言'超乎一般之动静存亡之概念之上'之本心或心体。此本心或心体,乃内具万理以为德,而能外应万事以为用,亦原自光明莹净,广大高明,而无限量者。……而与其

---

① 张东荪:《朱子的形而上学》,载于《中大学报》1945 年第 3 卷第 1~2 合期。
② 唐君毅:《中国哲学原论·导论篇》,中国社会科学出版社 2005 年版,第 32 页。
③ 唐君毅:《中国哲学原论·导论篇》,中国社会科学出版社 2005 年版,第 309 页。
④ 唐君毅:《中国哲学原论·导论篇》,中国社会科学出版社 2005 年版,第 310 页。
⑤ 唐君毅:《中国哲学原论·原性篇》,中国社会科学出版社 2005 年版,第 246 页。
⑥ 唐君毅:《中国哲学原论·原性篇》,中国社会科学出版社 2005 年版,第 403 页。

在宇宙论上或泛论工夫时看心之观点,明有不一致处。"① 还说:"在其纯粹心性论与直接相应之工夫论中,则朱子乃面对此心而言性。"② 唐君毅认为,朱子在宇宙论上讲"心属于气",有动静存亡;在心性论上则讲超乎动静存亡之"本心""具众理而应万事""面对此心而言性",讲"本心"与"性"的一致性;所以,朱子在宇宙论上讲"心",与在心性论上讲"心"是不同的。后来,唐君毅在《中国哲学原论·原教篇》中说:"朱子言心之为一虚灵明觉,乃兼有寂然不动之体,与感而遂通之用者。自心之寂然不动之体上看,心既有超拔于气质之昏蔽之外之义,亦有超越于天地万物之境相之上,以虚涵性理之义。……自此言心,即更不得滥于气。然朱子又有心为气之灵之说,则又似使心属于气。……然此气之灵之一语,可重在'气'上,亦可更在'灵'上。重在灵上,则心即气之灵化,亦即气之超化,而心亦有超于气之义。心之所以有超于气之义者,固非以其是气,而实因其具理以为性。"③ 在唐君毅看来,朱子讲心有体用,讲心"具理以为性",并超越于气而"非以其是气"。

重要的是,与冯友兰认为朱子不能讲"心即理"不同,唐君毅通过引述朱子所言"读书须是以自家之心,体验圣人之心。少间体验得自家之心,便是圣人之心""圣人之言即圣人之心,圣人之心即天地之理""而今看圣人说话,只圣人心成片价,从面前过",而明确指出:"此未尝不归宿在见心之即理、见己之心同于圣人之心。"④ 唐君毅还说:"朱子之言圣人之心,纯亦不已,而相续无间,亦明有此境界。此境界,亦即理皆呈现于心,心理共一流行之道心呈现之境界。……至于吾人虽未能达此境界,然其所以未能达,亦非只以此理对吾人现有之心为超越;而实因吾人未发展出为此理所充实而心理合一之心,此心之亦未尝不对吾人现有之心为超越也。此所谓未能发展出此心理合一之心,亦即未能使此心呈现而出之谓。"⑤ 唐君毅认为,朱子所谓"圣人之心",即"心理合一之心",吾人没有达到此境界,只是"心理合一之心"未能呈现,而不是"此理对吾人现有之心为超越"。为此,唐君毅进一步指出:"只须此本心呈现,吾人亦即同时自觉其心为一心理合一之心。非谓心理本不合一,而自外牵合,使之合一。"⑥ 还说:"其呈现时,既为一心理合一之心,则其未呈现,而只为一具超越义之形而上之本心时,亦为一心理合一之本心或道心也。"⑦ 显然,在唐君毅看来,朱子不仅讲"性即理",而且还讲"本心",讲"心理合一之心"。

---

① 唐君毅:《中国哲学原论·原性篇》,中国社会科学出版社2005年版,第404页。
② 唐君毅:《中国哲学原论·原性篇》,中国社会科学出版社2005年版,第405页。
③ 唐君毅:《中国哲学原论·原教篇》,中国社会科学出版社2005年版,第323~324页。
④ 唐君毅:《中国哲学原论·原性篇》,中国社会科学出版社2005年版,第418页。
⑤ 唐君毅:《中国哲学原论·导论篇》,中国社会科学出版社2005年版,第316~317页。
⑥⑦ 唐君毅:《中国哲学原论·导论篇》,中国社会科学出版社2005年版,第317页。

与此同时，唐君毅又强调朱子所言"说心与理一，不察乎气禀物欲之私，是见得不真"，并且指出："此即谓必须先见及此气禀物欲之杂，足使心与理宛然成二，然后吾人方能实有去此难之工夫，以实见心与理之一。……所见者既是有此'杂'，以使心与理不一者，则此所见者，非心与理一，乃心与理二。则由工夫之所成，而见及之心与理一，即只属修成，非真本有。然若非本有，则修无可成，而亦可不修。于此心与理一之为本有一义上，则朱子在其心性论，虽亦向之而趋，而未能圆成。"① 在唐君毅看来，朱子既讲"心与理一"，又认为必须"先见有此气禀物欲之杂"，因而是"心与理二"，他的"心与理一""只属修成，非真本有"；但是，如果"心与理一"并非本有，那么也就"修无可成"，因此，不能说"心与理一"并非本有，而应当说，朱子具有"心与理一"为本有的思想，但终究"未能圆成"。为此，唐君毅还指出："原朱子之所以未能真肯定心与理之合一，盖由其言心或不免承横渠之说，而即'气之灵'或'气之精爽'或'气中之灵的事物'而言心，乃或未能即心之知理而践理处以言心。心本可下通于气，而上通于理。此亦朱子之所知。然如以其通于气为起点，则必归于即气之灵而言心之说。故朱子虽屡言佛氏以心与理为二，吾儒以心与理为一，而终不能真建立心与理之合一。必自理之呈现于心，而理内在于心处为起点，或朱子所谓道心为起点，乃能真肯定心与理合一。"②

由此可见，在唐君毅看来，朱子虽然在宇宙论上讲心与理、心与性之别，讲"心属于气""性即理"，但在心性论上则讲"本心"，讲"本心"与"性"的一致性，讲"心与理一"。这就把"性即理"与"心与理一"调和起来。同时唐君毅又认为，朱子讲"心与理一"，终究"未能圆成"，因此，"终不能真建立心与理之合一"。

四、牟宗三的"心性平行为二，心不即是理"

牟宗三对于朱子"性即理"的解读，着重强调朱子的"心"与"性"，"心"与"理"的区分。他认为，在朱子那里，"性之得乎天是就天之所命之理说"，而"心之得乎天""似乎是当就天所命之气说"。③ 他还引朱子所言"发明心字曰：一言以蔽之，曰生而已"，并指出："此就心字言生，是落于实然之气上，就其阴阳动静而言。"④ 因此，他说："在伊川朱子，性只成存在之理，只存有而不活动，心只是实然的心气之心，心并不即是性，并不即是理，故心只能发

---

① 唐君毅：《中国哲学原论·原性篇》，中国社会科学出版社 2005 年版，第 418 页。
② 唐君毅：《中国哲学原论·导论篇》，中国社会科学出版社 2005 年版，第 307~308 页。
③ 牟宗三：《心体与性体》（下），吉林出版集团 2013 年版，第 336 页。
④ 牟宗三：《心体与性体》（下），吉林出版集团 2013 年版，第 425 页。

其认知之用，并不能表示其自身之自主自决之即是理，而作为客观存有之'存在之理'（性理），即在其外而为其认知之所对，此即分心理为能所，而亦即阳明所谓析心与理为二者也。"① 在牟宗三看来，朱子所谓"性"即是"理"，"心"即"心气之心"，"心并不即是性，并不即是理"，这就把"心"与"理"区分为二。后来，牟宗三还在《宋明儒学概述》中明确说："照朱夫子的工夫所了解的心，是属于'气之灵'之心；心属于气，是形而下的。……他一说心，便属于气，是形而下的。但什么是形而上的呢？就是理。性是形而上的，性即是理。所以在这里，心与理为二，是分开的，合不到一起去。"因此又说："朱夫子不能说'心即理'，只能说'性即理'——心和理是两回事，属于两个范畴；性是理，属于形而上的范畴；心是气，属于形而下的范畴；两者不同，必须分开。"② 这实际上是把朱子的心与理截然分割开来，与唐君毅以为朱子的心贯通理气，存在着明显的差异，而与冯友兰《中国哲学史》认为朱子所谓"心"是由理与气结合而生成的"实际的有"，"心中虽有理而心非理"，心属于形而下，理属于形而上，"只能言'性即理'，不能言'心即理'"，多有相似之处。

如前所述，冯友兰《中国哲学史》认为，朱子不仅讲"性即理"，而且也讲吾人之心"具众理而应万事"。但是，冯友兰并没有将二者统一起来作进一步分析，而只是强调朱子讲"性即理"。唐君毅将朱子讲"性即理"与讲心"具众理而应万事"统一起来作出分析，并且强调朱子不仅讲"性即理"，而且还讲"本心"，讲"心理合一之心"。与此不同，牟宗三则认为，在朱子那里，不仅"性即理"把"心"与"理"区分为二，而且所谓"心具众理"也是以"心"与"理"区分为二作为基础，因而不能等同于"心即理"。

牟宗三认为，在朱子学说的系统中，"心具"与"性具"并不相同。他说："'性具'是分析地具，必然地具，性即理。而'心具'则不是分析地具、必然地具，心不即是理。'心具'是综和地关联地具，其本身亦可以具，亦可以不具。其具是因着收敛凝聚而合道而始具，此是合的具，不是本具的具。……其底子是心性平行为二，心不即是理，故心体亦不即是性体。"③ 基于"心具"与"性具"的不同，牟宗三认为，朱子所言"此心浑然天理全具""心体流行，寂然不动之体，而天命之性体段具焉"，这些都只是表示"心具"，而不是指"心即理"。他说："'全具''具焉'等所表示之'心具'实只是关联地具，而其实义是浑然之性或性之体段具显于或具存于此时或此处，而非即是'心即理'之义也。故终于是心性平行而为二，而非即是一。后来更积极地说为'心具众理'，实亦只是关

---

① 牟宗三：《心体与性体》（上），吉林出版集团2013年版，第93页。
② 牟宗三：《中国哲学十九讲》，学生书局1983年版，第399～400页。
③ 牟宗三：《心体与性体》（下），吉林出版集团2013年版，第135页。

联地'当具',而非分析地、必然地'本具'。"① 在牟宗三看来,朱子言"心具众理",实际上是"心具""其底子是心性平行为二,心不即是理"。他还说:"朱子所想之心只是心知之明之认知的作用,其本身并非即是'心即理'之实体性的心。彼虽亦常言'心具万理',但其所意谓之'具'是认知地、管摄地、关联地具,并非是'心即理'之实体性的心之自发自律地具。"② 明确认为朱子言"心具万理"并非等同于"心即理"。

如前所述,贺麟强调朱熹的"心与理一",并且认为,朱熹讲"心与理一",即:"心即理,理即心"。与此不同,牟宗三针对朱子所言"心与理一,不是理在前面为一物,理便在心之中",指出:"此'心与理一'是认知地摄具之一,不是本体论地自发自具之一。"③ 显然,在牟宗三看来,朱子讲"心与理一",其中的"一",如"心具万理"中的"具",只是"认知地、管摄地、关联地具",并非指"心即理"。

由此可见,牟宗三通过对朱子"性即理""心具众理""心与理一"的深入分析而将其统一起来,强调其中所蕴含的"心"与"性","心"与"理"的不同,并与"心即理"对立起来。

五、钱穆论"性即理"与"心即理"不可或缺

1947年,钱穆发表的《朱子学术述评》说:"朱子'格物补传'里最重要的意见,还是一种心、理两分说。……朱子将性、心分开说,实与孟子论性原旨大背。"④(钱穆晚年将此句改为:"后人批评朱子'格物补传'最重要的意见,称为朱子乃主一种心、理两分说。……朱子将性、心分开说,似与孟子论性原旨有背。"⑤ 表明钱穆晚年的思想变化。)同时又指出:"朱子有时也颇有主张心即理说之倾向。"⑥ 在一年之后发表的《朱子心学略》中,钱穆通过引述朱子所说"心与理一,不是理在前面为一物。理便在心之中",认为朱子"明言心即理处尚多"⑦,并就王阳明认为朱子格物论"析心与理而为二"提出不同意见,明确指出:"朱子言格物致知,实亦未尝析心与理而二之也。"⑧ 这些思想直到《朱子新学案》而逐渐达到成熟。

---

① 牟宗三:《心体与性体》(下),吉林出版集团2013年版,第168页。
② 牟宗三:《心体与性体》(下),吉林出版集团2013年版,第338页。
③ 牟宗三:《心体与性体》(下),吉林出版集团2013年版,第426页。
④ 钱穆:《朱子学术述评》,载于《思想与时代》1947年第47期。
⑤ 钱穆:《中国学术思想史论丛》(五),台北东大图书公司1978年版,第163~164页。
⑥ 钱穆:《朱子学术述评》,载于《思想与时代》1947年第47期,第18页。
⑦ 钱穆:《朱子心学略》,载于《学原》1948年第2卷第6期,第1页。
⑧ 钱穆:《朱子心学略》,载于《学原》1948年第2卷第6期,第4页。

在《朱子新学案》中，钱穆认为，朱子讲"性即理"，虽然是继承程颐而来，但又有所不同。他说："伊川'性即理也'之语，主要在发挥孟子性善义，只就人生界立论，而朱子则用来上通之于宇宙界。亦可谓朱子乃就其自所创立有关宇宙界之理气论而来阐申伊川此语之义。要之伊川言性理，偏重在人生界，朱子言性理，则直从宇宙界来，此乃两人之所异。"① 也就是说，朱子讲心性与讲理气是统一的，所谓"性属理，心属气"。如前所述，在钱穆看来，朱子言理气，为"一体浑成而可两分言之"，所以，钱穆指出："说心性，犹如其说理气，可以分说，可以合说。心性亦非两体对立，仍属一体两分。"②"理气既属一体两分，则心与性、心与理，实亦可谓是一体两分。"③ 又说："自宇宙自然界言，则理气本是一体贯通，无气则理无存着处。自人言，则心与理亦一体贯通，非心则理亦无存着处。心与理亦如气与理，乃是可合可分也。"④

钱穆不仅认为朱子言心性，是"一体两分"，而且认为朱子既言"性即理"，又言"心即理"。他引述朱子所言"心者气之精爽"，以及《朱子语类》载，问："先生《尽心说》曰：'心者，天理在人之全体。'又曰：'性者，天理之全体。'此何以别？"曰："分说时，且恁地。若将心与性合作一处说，须有别。"指出："朱子分说理气，性属理，心属气，故心之于性有辨，可分言，亦可合言。若心性分言，则亦可谓心即理。若心性合言，则只可说性即理，不复说心即理。"⑤ 钱穆认为，朱子在分别讨论性与理或心与理的关系时，可说性即理，亦可说心即理；而在综合讨论心、性与理的关系时，则只说性即理，不说心即理。

为此，钱穆引述朱子所言"有这个心，便有这个事。那有一事不是心里做出来底""今看世上万物万事，都只是这一个心"，指出："若言宇宙自然界，则可谓都是一个理。言人世间，则可谓都只是一个心。就人生处宇宙中之最主要者而言，则曰心即理。"⑥ 钱穆还引述朱子讨论"天地之心"与"天地之理"的关系时所言"心固是主宰底意，然所谓主宰者，即是理也。不是心外别有个理，理外别有个心"，指出："理不能自为主，须得心为之主，而此心之能作主宰处即是理。故谓之心即理固可。"⑦

可见，不同于冯友兰所谓朱子只能言"性即理"，不能言"心即理"，并因而将程颐、朱子言"性即理"界定为"理学"，将陆九渊、王阳明言"心即理"

---

① 钱穆：《朱子新学案》（第一册），九州出版社2011年版，第44页。
② 钱穆：《朱子新学案》（第一册），九州出版社2011年版，第47页。
③ 钱穆：《朱子新学案》（第二册），九州出版社2011年版，第89页。
④ 钱穆：《朱子新学案》（第二册），九州出版社2011年版，第92页。
⑤ 钱穆：《朱子新学案》（第二册），九州出版社2011年版，第90页。
⑥ 钱穆：《朱子新学案》（第二册），九州出版社2011年版，第105页。
⑦ 钱穆：《朱子新学案》（第二册），九州出版社2011年版，第595页。

界定为"心学",钱穆强调朱子既可说"性即理",也可谓"心即理",并且还说:"后人言程朱主'性即理',陆王主'心即理',因分别程朱为理学,陆王为心学,此一分别亦非不是,然最能发挥心与理之异同分合及其相互间之密切关系者盖莫如朱子。故纵谓朱子之学彻头彻尾乃是一项圆密宏大之心学,亦无不可。"① 显然,钱穆把朱子之学也界定为"心学"。

钱穆认为,朱子除了在工夫论的层面讲"心即理",还讲"心与理一"。他引述朱子所言"心与理一,不是理在前面为一物,理便在心之中",指出:"此皆见心与理之相通合一也。"② 并且还认为,在朱子那里,心与理一体贯通,"非心则理亦无存着处"③。

当然,朱子讲"心即理"是有其特定含义的。钱穆认为,朱子讲"吾之心未若圣人之心",其中圣人之心,如孔子"七十而从心所欲不逾矩""乃可谓之'心即理'",而其他人的心,"皆未能十分达到'心即理'之境界,必有门路节次讲明体察工夫,而后可以企及"。④ 显然,在钱穆看来,朱子不是不讲"心即理",而是要求在工夫论的层面讲"心即理""必待格物致知,使在物之理同时即是在心之理,而后内外合一,一理贯通,始可谓之心即理"⑤。钱穆甚至说:"心非即是理。心只是觉。须待此心所觉全是理,满心皆理,始是到了'心即理'境界。"⑥ 为此,钱穆还说:"就其本始言,则是心与理一。就其终极言,亦是心与理一。就其中间一段言,则人生不免有气禀物欲之蔽,非可不烦修为,便是具众理而可以应万事。"⑦

由此可见,在钱穆看来,朱子不仅讲"性即理",而且在工夫论的层面讲"心即理",二者并行不悖,因此并非像冯友兰所说,"只能言'性即理',不能言'心即理'";同时,朱子讲"心即理",又讲"人生不免有气禀物欲之蔽",因而讲"格物致知",而并非只是讲"心即理"。钱穆甚至还说:"合心与理而一言之固无害,分心与理而两言之亦无害。"⑧ 认为朱子既"合心与理而一",又"分心与理而两",二者在心性修养上均为有益而无害。而且,钱穆还认为,朱子在心与理的关系上,既讲"一体两分",又讲"两体合一","此正朱子思想大体系所在,亦是其最著精神处"⑨。

---

①⑧ 钱穆:《朱子新学案》(第二册),九州出版社 2011 年版,第 89 页。
② 钱穆:《朱子新学案》(第二册),九州出版社 2011 年版,第 91 页。
③ 钱穆:《朱子新学案》(第二册),九州出版社 2011 年版,第 92 页。
④ 钱穆:《朱子新学案》(第二册),九州出版社 2011 年版,第 95 页。
⑤ 钱穆:《朱子新学案》(第二册),九州出版社 2011 年版,第 98 页。
⑥ 钱穆:《朱子新学案》(第一册),九州出版社 2011 年版,第 49 页。
⑦ 钱穆:《朱子新学案》(第二册),九州出版社 2011 年版,第 97 页。
⑨ 钱穆:《朱子新学案》(第一册),九州出版社 2011 年版,第 145 页。

六、余论

冯友兰认为，在朱子那里，"心"与"理"是完全不同的，"心乃理与气合而生之具体物"，属于形而下，理属于形而上，因而强调"性即理"与"心即理"相对立，较多地从逻辑的层面，讲究概念的"非此即彼"的排他性。与此不同，唐君毅、牟宗三和钱穆把朱子言"性即理"与其言"心与理一""心即理"统一起来加以考察。

唐君毅认为，朱子在宇宙论上讲"心属于气"，有动静存亡；在心性论上则讲超乎动静存亡之"本心"；朱子所谓心为气之灵之说，重在"灵"上，强调心超越于气而贯通理气，因此，既言"性即理"又言"心与理一"；同时，朱子言"心与理一"，又认为必须"先见有此气禀物欲之杂"。因此，唐君毅认为，朱子虽言"心与理一"，但"终不能真建立心与理之合一"。

牟宗三则认为，朱子讲心为气之灵，因而"心属于气"，是形而下，性即是理，理属于形而上，所以"不能说'心即理'，只能说'性即理'"；同时，尽管朱子言"心具众理""心与理一"，但这里的"具"和"一"是"认知地、管摄地、关联地具"，并非等同于"心即理"。

钱穆认为，朱子讲"性属理，心属气"，但心与性、心与理是"一体两分"，并非对立，所以，既讲"性即理"又在工夫论的层面讲"心即理""心与理一"；同时，朱子讲"心即理"，又讲"人生不免有气禀物欲之蔽"，因而并非只是讲"心即理"。

显然，与冯友兰只是局限于朱子"性即理"与"心即理"的对立不同，唐君毅、牟宗三和钱穆不仅讨论"性即理"与"心即理"的相互关系，而且进一步讨论朱子"性即理"与其所言"心具众理""心与理一"以及"心即理"的相互关系。当然，唐君毅、牟宗三和钱穆的诠释也各有不同，牟宗三强调朱子言"性即理""心与理一"不同于"心即理"，唐君毅、钱穆则认为朱子言"性即理""心与理一"与"心即理"并行不悖；而且，唐君毅又认为，朱子言"心与理一"，但"终不能真建立心与理之合一"，钱穆则认为，朱子既讲"性即理"又讲"心即理""心与理一"，而不是只讲"心即理"。这些讨论，无疑深化了对于朱子哲学在"心""性"与"理"的关系方面的了解。

后来的刘述先既赞同牟宗三认为朱子"性即理"不同于"心即理"，又赞同钱穆认为朱子言"性即理""心与理一"与"心即理"并行不悖。他认为，在朱子那里，"性是理，是形而上者""心是气之精爽者，故为一实然之心。心之本体当具众理，但心也可以流放出去，失却主宰，乃为情欲所制"，所以，"心与理的关系只是当具，不是本具，必做后天的功夫才能使得心与理一"。① 同时，他又说："事实上朱子虽服膺伊川性即理之说，但决非不重视心，而陆王既讲心即理，显非不重视理。两条思路对心、对理的了解有本质的区别，则不可掩。陆王讲心即理，心与理之间是同一关系。朱子讲心具众理，一定要经过后天工夫的修养，才可以讲心与理一。故朱子也可以讲心即理，但其含义乃和陆王的讲法不同。"②

需要指出的是，把朱子的"心"诠释为"心属于气"，影响很大。尽管朱子明确讲"心比性，则微有迹；比气，则自然又灵"③，从字面上看，表明"心与性不同，心与气也不同"，但仍有学者坚持认为"心属于气"。④

无论是冯友兰，还是唐君毅、牟宗三、钱穆，虽然他们都认为，在朱子那里，心与性不同，心与理不同，但是同样的前提，却得出不同的结论。冯友兰、牟宗三认为，朱子"只能言'性即理'，不能言'心即理'"，或"不能说'心即理'，只能说'性即理'"；而唐君毅、钱穆却认为，朱子并非"不能说'心即理'，只能说'性即理'"。唐君毅认为，朱子虽在宇宙论上讲"心属于气"，但在心性论上讲心超越于气而贯通理气，因而既言"性即理"又言"心与理一"；钱穆认为，朱子虽讲"性属理，心属气"，但又讲"若心性分言，则亦可谓心即理。若心性合言，则只可说性即理，不复说心即理"。

问题是，朱子既讲心与性的不同，又讲心与性，"似一而二，似二而一"，讲心与性、心与理的相互贯穿而为一体。尤其是，朱子讲的"理"，主要是当然之理；他讲"心具众理"，其中的"理"，主要是就当然之理而言；而他讲"性即理"，其中的"性"是就心之体而言，"理"是就所以然之理而言。按照牟宗三的话说，这是"现象学的、描述的""物理的、形而下的""同质同层的"与"形而上的、超越的、本体论的、推证的、异质异层的"之不同。朱子《中庸章句》注"天命之谓性，率性之谓道"而言"性即理"中的"理"与"率性之谓道"中的"道"是互不相同的；而且，讲"性即理"，是为了讲"率性之谓道"，引申出"道"，讲当然之理，是为了更加全面而深入地讲"心具众理"，而不是

---

① 刘述先：《朱子哲学思想的发展与完成》，学生书局1984年版，第151页。
② 刘述先：《朱子哲学思想的发展与完成》，学生书局1984年版，第233页。
③ （宋）黎靖德：《朱子语类》（一）卷五，中华书局1986年版，第87页。
④ 对于朱子所谓"心比性，则微有迹；比气，则自然又灵"，陈来说："这个说法表示，心与性不同，心与气也不同，既不能说心是形而上者，又不能说心是形而下者。所以心既不是性，也不是气。"对此，李明辉说："其实这段话也可以另作解读。对朱子而言，'有迹'是气之特征。因此，说心'有迹'即无异承认心属于气，但较诸一般的气，心更为虚灵，故仅'微有迹'。就文义而言，这种解读并无不通之处。它的最大优点是符合朱子的理气论。陈来的解读方式会使'心'在朱子的理气论中无所归属，因为在朱子的理气论中并不存在理、气之外的第三个界域。"（李明辉：《朱子对"人心""道心"的诠释》，载于蔡振丰编《东亚朱子学的诠释与发展》，华东师范大学出版社2011年版，第73页）

要把"心"与"理"分而为二。由此可见，朱子讲"心"与"性"的不同，讲"性即理"，只是为了在理论上作出分析和界定，并不是要把"心"与"性"，"心"与"理"分而为二，相反，而是要表达"心"与"性"，"心"与"理"的"似一而二，似二而一"的关系。这就是朱子所谓"心、性、理，拈着一个，则都贯穿"。

据《朱子语类》载，朱子赞赏二程所言"吾之心，即天地之心；吾之理，即万物之理；一日之运，即一岁之运"，指出："这几句说得甚好。……向编《近思录》，欲收此段，伯恭以为怕人晓不得，错认了。程先生又说：'性即理也'，更说得亲切。"[①] 据《朱子语类》载，问："天地之心，天地之理。理是道理，心是主宰底意否？"曰："心固是主宰底意，然所谓主宰者，即是理也，不是心外别有个理，理外别有个心。"[②] 在这里，朱子把"天地之心"等同于"天地之理"，并赞赏二程所谓"吾之心，即天地之心"，但又担心被误解，因而更为赞同"性即理"，并非要将"心"与"理"分而为二。

又据《朱子语类》载，致道谓"心为太极"，林正卿谓"心具太极"，致道举以为问。先生曰："这般处极细，难说。看来心有动静：其体，则谓之易；其理，则谓之道；其用，则谓之神。""理即是性，这般所在，当活看。如'心'字，各有地头说。如孟子云：'仁，人心也。'仁便是人心，这说心是合理说。如说'颜子其心三月不违仁'，是心为主而不违乎理。就地头看，始得。"[③] 另据《朱子语类》载，问"三月不违仁"。先生曰："如何是心？如何是仁？"曰："心是知觉底，仁是理。"曰："耳无有不聪，目无有不明，心无有不仁。然耳有时不聪，目有时不明，心有时不仁。"问："莫是心与理合而为一？"曰："不是合，心自是仁。然私欲一动，便不仁了。所以'仁，人心也'。学，理会甚么事？只是理会这些子。"[④] 在朱子看来，"心为太极"与"心具太极"，"心即理"与"心具众理"或"性即理"，是很难区分的，应当就具体所指而言：一方面，心即仁即理，"心与理合而为一"；另一方面，"心有时不仁"，而只能讲"性即理"。由此可见，朱子虽然较多地讲"心具众理"，讲"性即理"，但并没有明确否定"心即理"。

[①] （宋）黎靖德：《朱子语类》（七）卷九十七，中华书局1986年版，第2483~2484页。据《河南程氏遗书》载，二程说："一人之心即天地之心，一物之理即万物之理，一日之运即一岁之运。"［（宋）程颢、程颐：《河南程氏遗书》卷二上，载于《二程集》（上），中华书局2004年版，第13页］

[②] （宋）黎靖德：《朱子语类》（一）卷一，中华书局1986年版，第4页。

[③] （宋）黎靖德：《朱子语类》（一）卷五，中华书局1986年版，第84页。

[④] （宋）黎靖德：《朱子语类》（三）卷三十一，中华书局1986年版，第784~785页。

第六章

"心统性情"的不同诠释

在朱子的心性论中,程颐的"性即理"与张载的"心统性情"是两大基石。朱子曾说:"伊川'性即理也',横渠'心统性情'二句,颠扑不破。"① 这表明,在朱子那里,"心统性情"不仅与"性即理"同样重要,而且二者具有密切的关系。冯友兰较为重视朱子的"性即理",而把"心统性情"阐释为情"从心上发出",性"在于心中";唐君毅则讲朱子"心统性情"中所蕴含的心对性、情的"主宰"作用;牟宗三认为朱子的"心统性情"包含心对性情具有统摄作用之内涵,但又把这种作用局限于工夫论,而强调其中"心、性、情三分"的涵义;钱穆认为朱子的"心统性情"讲心、性、情,既可以分言,亦可合言,并且较多地强调朱子"心统性情"中心对于性、情的主宰作用,而进一步将朱子"心统性情"与"心即理"统一起来。

一、朱子论"心统性情"之内涵

张载讲"心统性情",出自朱子所说。朱子与吕祖谦于宋淳熙二年乙未(1175年)所编《近思录》引张载所说:"心,统性情者也。"② 至于张载讲"心统性情"的原始出处,已无从可考。明胡广所编《性理大全书》载,张子曰:

---

① (宋)黎靖德:《朱子语类》(一)卷五,中华书局1986年版,第93页。
② (宋)朱熹、吕祖谦:《近思录》卷一,载于《朱子全书》(13),上海古籍出版社;安徽教育出版社2010年版,第175页。

"心统性情者也，有形则有体，有性则有情。发于性则见于情，发于情则见于色，以类而应也。"① 今人以明万历四十八年《张子全书》官刻本清初翻刻本为底本所编《张载集》，在其中《性理拾遗》中，也有相同记载。②

朱子重视张载的"心统性情"，并且认为，"心统性情"之义，首先在于性情从心上发出来。他说："性、情、心，惟孟子、横渠说得好。仁是性，恻隐是情，须从心上发出来。'心，统性情者也。'性只是合如此底，只是理，非有个物事。"③ 还说："心之全体湛然虚明，万理具足，无一毫私欲之间；其流行该遍，贯乎动静，而妙用又无不在焉。故以其未发而全体者言之，则性也；以其已发而妙用者言之，则情也。然'心统性情'，只就浑沦一物之中，指其已发、未发而为言尔；非是性是一个地头，心是一个地头，情又是一个地头，如此悬隔也。"④

同时，朱子又认为，"心统性情"之义，在于就"心兼体用"而讲心兼性情。他说："'性、情'字皆从'心'，所以说'心统性情'。心兼体用而言。性是心之理，情是心之用。"⑤ 显然，朱子是就"心兼体用"而讲"心统性情"。他还说："仁、义、礼、智，性也，体也；恻隐、羞恶、辞逊、是非，情也，用也。统性情、该体用者，心也。"⑥ 并且明确指出："'心统性情。'统，犹兼也。"⑦ 显然是从"心兼体用"而讲"心统性情"，讲心兼性情。

朱子特别强调"心统性情"之义，在于心为性情之主。他说："性者，心之理；情者，性之动；心者，性情之主。"⑧ "性者，理也。性是体，情是用。性情皆出于心，故心能统之。统，如统兵之'统'，言有以主之也。"⑨ 还说："心者，主乎性而行乎情。故'喜怒哀乐未发则谓之中，发而皆中节则谓之和'，心是做工夫处。"⑩ 与心为性情之主相关联，朱子还讲心对性情的管摄和主宰。他说："性以理言，情乃发用处，心即管摄性情者也。故程子曰'有指体而言者，"寂然不动"是也'，此言性也；'有指用而言者，"感而遂通"是也'，此言情也。"⑪ 这里把"心统性情"诠释为心对性情的管摄。他还说："心，主宰之谓也。……言主宰，则混然体统自在其中。心统摄性情，非儱侗与性情为一物而不分别也。"⑫

---

① （明）胡广：《性理大全书》卷三十三，载于《景印文渊阁四库全书》（710），台北商务印书馆1986年版，第699页。
② （宋）张载：《张载集·性理拾遗》，中华书局1978年版，第374页。
③ （宋）黎靖德：《朱子语类》（一）卷五，中华书局1986年版，第93页。
④ （宋）黎靖德：《朱子语类》（一）卷五，中华书局1986年版，第94页。
⑤ （宋）黎靖德：《朱子语类》（一）卷五，中华书局1986年版，第96页。
⑥ （宋）朱熹：《晦庵先生朱文公文集》卷五十六《答方宾王》（四），载于《朱子全书》（23），上海古籍出版社、安徽教育出版社2010年版，第2660页。
⑦⑨ （宋）黎靖德：《朱子语类》（七）卷九十八，中华书局1986年版，第2513页。
⑧ （宋）黎靖德：《朱子语类》（一）卷五，中华书局1986年版，第89页。
⑩⑪⑫ （宋）黎靖德：《朱子语类》（一）卷五，中华书局1986年版，第94页。

据《朱子语类》载，问：" '心统性情'，统如何？"曰："统是主宰，如统百万军。"①

朱子在本体论上，讲道兼理与气，而在心性论上讲"心有体用""心兼体用"，讲"性是心之体，情是心之用"，并由此讲心与性的不同，继承程颐讲"性即理"。但是，在朱子看来，《孟子》既讲"仁、义、礼、智，性也"，又讲"恻隐、羞恶、辞让、是非，情也"，因此，只是讲"性"而没有讲"情"，是不够的。他说："旧看五峰说，只将心对性说，一个情字都无下落。后来看横渠'心统性情'之说，乃知此话有大功，始寻得个'情'字着落，与孟子说一般。孟子言：'恻隐之心，仁之端也。'仁，性也；恻隐，情也，此是情上见得心。又曰：'仁义礼智根于心'，此是性上见得心。盖心便是包得那性情，性是体，情是用。'心'字只一个字母，故'性''情'字皆从'心'。"②又说："恻隐是情，恻隐之心是心，仁是性，三者相因。横渠云'心统性情'，此说极好。"③显然，在朱子看来，张载的"心统性情"，是对程颐的"性即理"的补充，二者缺一不可。

如前所述，朱子讲心，继承程颐所言"心一也，有指体而言者，寂然不动是也。有指用而言者，感而遂通天下之故是也"而讲"心有体用""心兼体用"，并进而讲程颐的"性即理"。同时，他又说："《近思录》中一段云：'心一也，有指体而言者。'注云：'"寂然不动"是也。''有指用而言者。'注云：'"感而遂通天下之故"是也。'夫'寂然不动'是性，'感而遂通'是情。故横渠云：'心统性情者也。'此说最为稳当。"④ 以为张载"心统性情"接程颐所言而来。他还说："性，本体也；其用，情也。心则统性情、该动静而为之主宰也。故程子曰：'心一也，有指体而言者，有指用而言者。'盖谓此也。"⑤ "'心一也，有指体而言者，有指用而言者。'伊川此语，与横渠'心统性情'相似。"⑥ 以为程颐所言接张载"心统性情"而来，并与之相似。显然，在朱子看来，张载讲"心统性情"，不仅与程颐讲"性即理"互为补充，缺一不可，而且与程颐讲"心一也，有指体而言者，有指用而言者"并进而讲"性即理"，是完全一致的。

---

① （宋）黎靖德：《朱子语类》（七）卷九十八，中华书局1986年版，第2513页。
② （宋）黎靖德：《朱子语类》（一）卷五，中华书局1986年版，第91页。
③ （宋）黎靖德：《朱子语类》（四）卷五十三，中华书局1986年版，第1286页。
④ （宋）黎靖德：《朱子语类》（四）卷五十九，中华书局1986年版，第1385页。
⑤ （宋）朱熹：《晦庵先生朱文公文集》卷七十四《孟子纲领》，载于《朱子全书》（24），上海古籍出版社、安徽教育出版社2010年版，第3584页。
⑥ （宋）黎靖德：《朱子语类》（六）卷九十五，中华书局1986年版，第2416页。

二、冯友兰对"心统性情"的诠释

民国时期,谢无量的《朱子学派》对朱子"心统性情"作了阐释,认为朱子既讲心与性情之别,又讲心总包性情,并指出:"朱子近宗张、程,远称孟子,以证心为主宰,兼摄性情。"① 黄子通也认为,"朱子说'心',只包含'情''性'两端","说'心统性情',却不说性统心",并且还引述朱子所言"心妙性情之德,妙是主宰运用之意",强调心对于性情的主宰。② 陈钟凡认为,朱子"心统性情"讲的是"心实包举性情",又说:"性与情并统于心,心似一身之主宰;然熹谓性是实理,心特神明之宅舍耳。"③

冯友兰《中国哲学史》强调朱子的"心"与"性"是完全不同的,并在此基础上进一步讨论朱子的"心统性情",指出:"性非具体的事物,故无不善。情亦是此具体的世界中之事物,故须从心上发出。性为气中之理,故亦可谓为在于心中。所以谓'心统性情'也。"④ 后来,冯友兰《新理学》引朱子所说"性是未动,情是已动,心包已动未动""心统性情。故言心之体用,尝跨过两头未发已发处说",指出:"心包括已发未发说,此之谓心统性情。"⑤ 可见,冯友兰对于朱子"心统性情"的诠释,较多地讨论心、性、情三者的相互关系,讲情"从心上发出",性"在于心中",讲心包性情,并没有对"心统性情"中所具有的心为性情之主的涵义作出进一步的诠释。冯友兰在《中国哲学史》中讨论心性情与才的关系时引述了朱子所言"性者心之理;情者心之动""才是心之力,是有气力去做底;心是管摄主宰者,此心所以为大也",⑥ 但是却没有就心对性、情、才的"管摄主宰"作用作出更多的具体阐述。

如前所述,在冯友兰对于朱子哲学的阐述中,理气虽不可分,但"理为超时空而不变者",理为"逻辑在先";同时在心性关系上,心为形而下者,"性即理",为形而上者。因此,冯友兰较为重视朱子的"性即理",并以此把朱子哲学界定为理学,而与陆九渊讲"心即理"被界定为心学区别开来。或许正是由于较多强调朱子哲学中,理对于气、性对于心的主导作用,冯友兰对于朱子"心统性情"的诠释,较多停留于心、性、情三者关系的讨论上,而没有对"心统性

---

① 谢无量:《朱子学派》,中华书局 1916 年版,第 121 页。
② 黄子通:《朱熹的哲学》,载于《燕京学报》1927 年版第 2 期。
③ 陈钟凡:《两宋思想述评(七)十二章"朱熹之综合学说"》,载于《学艺》1931 年第 11 卷第 7 期。
④ 冯友兰:《中国哲学史》,商务印书馆 1934 年版,第 915 页。
⑤ 冯友兰:《新理学》,商务印书馆 1939 年版,第 158 页。
⑥ 冯友兰:《中国哲学史》,商务印书馆 1934 年版,第 915~916 页。

情"中所具有的心为性情之主的内涵作出进一步的阐述。

张岱年《中国哲学大纲》既强调朱子言"性即理",又肯定其在心说上的贡献,并把"心统性情"看作朱子心说的重要内容。张岱年指出:"朱子综合张、程之思想,成立一精密周详之心说。"① 并且还说"朱子论心的话甚多,可总为四点:一,心之特质是知觉,乃理与气合而后有;二,心是身之主宰;三,心统性情;四,人心与道心。"② "朱子之说,条理实甚缜密,乃张、程心说之大成。"③

但是,对于"心统性情"的诠释,张岱年与冯友兰一样,都只是停留于心、性、情三者的关系上。对于朱子所言"性者心之理也,情者心之用也,心者性情之主也",张岱年说:"心有体有用,其体即性,其用即情。性静而情动,心则兼乎动静。性是心所得于天之理,情是性感于物而发者。性情皆在心中,心是总包性情而有知觉者。"④ 这里把朱子的"心者性情之主"诠释为心"总包性情"。对于朱子所言"心统摄性情,非龥侗与性情为一物而不分别也",张岱年说:"心性情三者虽有密切之关联,然实有分别;性静情动,心则含括性情,是三而非一。"⑤ 这里把朱子的"心统摄性情"诠释为心"含括性情"。显然,对于朱子"心统性情"中所具有的心为性情之主的涵义,张岱年并没有作出明确的阐述。虽然张岱年也说过:"心即是统摄性情,能知觉,而为一身之主宰者。"⑥ 但这里"心"的主宰,只是对"身"而言,"心是身之主宰",并不是对于性情的主宰。

三、唐君毅论"心之主宰运用"

与冯友兰对于朱子"心统性情"的诠释较多停留于心、性、情三者关系而没有对心为性情之主的内涵做出阐述不同,唐君毅特别强调心对性、情的主宰作用。如前所述,唐君毅既强调朱子在宇宙论上讲"性即理""心属于气",又认为朱子在心性论上讲超乎动静存亡之"本心",讲心贯通理气,心对于理气的统摄作用。正是在这一基础上,他强调心对于性、情的主宰作用,并用以诠释朱子的"心统性情"。

唐君毅认为,朱子的"心"有体用二面,心之体"寂然不动",心之用"感而遂通"。他说:"唯本'心体之寂'一面,言其内具性理于其自身,而以心之

---

①② 宇同(张岱年):《中国哲学大纲》,商务印书馆1958年版,第253页。
③ 宇同(张岱年):《中国哲学大纲》,商务印书馆1958年版,第256页。
④⑤⑥ 宇同(张岱年):《中国哲学大纲》,商务印书馆1958年版,第255页。

用之感一面，言此性理之表现于气，而见于情；于是性情二者之有隐显内外之相对者，乃全赖此心兼有寂感两面，以为之统。"① 在这里，唐君毅通过"心兼有寂感"，强调心内具理而外表现于气，并由此统摄性情。他还说："心乃以其未发之寂，上通内通于性理，而主乎性；以其已发之感，外通、下通于气，而主乎情。性之见乎情，即理之形于气，即吾人之依理以有其身体之行为。故心主乎性情，即主乎此身，而心主此身，以在此腔子里，即心主性情而统性情、统理气。"② 显然，在唐君毅对于朱子"心统性情"的诠释中，性属理，情属气，心贯通理气，因而统摄性情。

唐君毅特别从心性论的层面，通过分析心及其对于理气之"主宰运用"，以阐释朱子的"心统性情"。他认为，从心性论的层面看，"固可不说心为气之灵、气之精爽，而只须说'心为内具理而通于理，更表现之于外，以通于气'而已足。此亦正为相应于心统性情、寂感、内外，而言之语"。至于心对于理气之"主宰运用"，他说："盖所谓心之主宰运用，应指心之能使理呈现或不呈现，并使人之身之气生起或不生起而言。理之自然流行于气，气之自然表现理，是一自然之变化，或自然之易，不是心。心之主宰运用，唯在：'气既有而能使之无，或未有而使之生；或于理之表现者之偏而失正，而能矫其偏失，以复其全正'等上见之。此即同于谓：心之主宰运用，乃在对气之有无之主宰，理之偏全之运用上见之。……亦唯如此，然后可言心之为主性情、统性情、或率性以生情者。"③ 在唐君毅看来，朱子言心对于理气之主宰运用，其中的"主宰运用"有特定的含义，是就"心之能使理呈现或不呈现，并使人之身之气生起或不生起"而言，这就是心"对气之有无之主宰，理之偏全之运用"，而这也是朱子"心统性情"讲心对性情的"主宰运用"之义。换言之，朱子"心统性情"就是讲心能使性呈现或不呈现，这是对性之偏全的运用；又讲心能使情生起或不生起，这是对情之有无的主宰。由此可见，唐君毅既强调朱子"心统性情"中心对性情的主宰运用之义，又对"主宰运用"之义做了特别的界定。

唐君毅认为，心具有"虚灵不昧"义和"主宰运用"义。他说："心之虚灵不昧，要在其具性理，以有此知；此心之主宰运用，要在其能表现性理，而行此情。心始于知，终于行，以感于内而发于外。即足以见此心之内外间之无阻隔。此又正原于心之虚灵不昧。此即朱子之分心性情为三，各有其独立意义，而又未尝不相依为用，以成一心统性情之整体者也。"④ 由此可见，唐君毅通过分析心具有"虚灵不昧"义和"主宰运用"义，阐述朱子"心统性情"，既讲心、性、

---

① 唐君毅：《中国哲学原论·原性篇》，中国社会科学出版社2005年版，第248页。
② 唐君毅：《中国哲学原论·原性篇》，中国社会科学出版社2005年版，第249页。
③④ 唐君毅：《中国哲学原论·原性篇》，中国社会科学出版社2005年版，第250页。

情"各有其独立意义",又讲三者相依为用,统而为一。

四、牟宗三论"心、性、情三分"

唐君毅讲朱子"心统性情"中所蕴含的心对性情的"主宰"作用,对此,牟宗三作了进一步分析。如前所述,牟宗三认为,在朱子那里,"心只是实然的心气之心,心并不即是性"。因此,他进一步说:"是则心性情之三分即归约而为理气之二分。心与情皆气也。情是心之具体地说,或散殊地说,而心则是情之抽象地说,或总持地说。"① 对于"心统性情",牟宗三认为有纵说和横说之不同。纵说,即存有论地说;横说,即工夫地说。牟宗三说:"横说的'心统性情'是:心认知地统摄性,性在心之静时见,而行动地统摄情,情即是心自身之发动。纵说的'心统性情',朱子是就孟子说,即恻隐是情,仁是性。在此,心与情为一边,性为一边。实只是性情对言,'心统性情'并无实义,只是就心之发动为情须关联着性以说明此情之所以然之理,其实义是在横说处。"② 在牟宗三看来,朱子讲"心统性情",虽然其中"心"对于性情具有统摄作用,但只是"认知地统摄性""行动地统摄情",而且只就工夫论而言;而在存有论上,朱子讲"恻隐是情,仁是性",而心属于气,与情相同,不能主宰性情。

对于朱子所言"性者心之理,情者性之动,心者性情之主",牟宗三说:"'心之理'是心认知地所摄具之理,此是横说。'性之动'是动者依性而动,系属于性,而为性所领有之谓。性自身无所谓动静。'性情之主','主'是绾摄义,是管家之主,而不是真正的主人之主。真正的主人之主当在性,不在心。"③ 这里把朱子的"性者心之理"诠释为"心"对于理的"认知地"摄具,并且认为朱子的"心者性情之主",其中的"心"对于性情只有摄具作用,"主"只是管家之主,只有"性"才是"心"的真正之主。

对于朱子所言"仁是性,恻隐是情,须从心上发出来,心统性情者也",牟宗三说:"性情'须从心上发出来',此'发'字有歧义。情是从心上发动出来,而性则只能因心知之摄具而彰显出来……。'心统性情',心是认知地统摄性而具有,行动地统摄情而敷施发用之。"④ 认为朱子"心统性情"不能理解为性从心上发出来,而只能理解为性因"心知摄具"而彰显出来,所以只是就工夫论而言。这实际上弱化了朱子"心统性情"中所具有的心为性情之主的涵义。

---

① 牟宗三:《心体与性体》(下),吉林出版集团2013年版,第166页。
② 牟宗三:《心体与性体》(下),吉林出版集团2013年版,第431页。
③ 牟宗三:《心体与性体》(下),吉林出版集团2013年版,第428~429页。
④ 牟宗三:《心体与性体》(下),吉林出版集团2013年版,第430页。

牟宗三把朱子"心统性情"所内涵的心对于性情的摄具作用仅限于工夫论的同时，更为强调其中"心、性、情三分"的涵义。这与牟宗三在分析朱子"性即理"时，特别强调"其底子是心性平行为二，心不即是理"，因而不是"心即理"，是相一致的。重要的是，牟宗三认为，在朱子"心统性情"的"心、性、情三分"之格局中，"真正之超越实体在性而不在心，心傍落而为平说之中性的、实然的"，此即所谓"道德意义之良心、本心之沉没"。[①] 而且，牟宗三还特别强调朱子"心统性情"的"心、性、情三分"与孟子的相背离。他说："盖'心统性情'，心之统摄'性'是主观地认知地统，心之统摄'情'是客观地行为地（激发地）统。但孟子所说之'本心'则无此心、性、情之三分，本心是实体性的、立体创造的本心，是即理即情之本心。"[②] 因此，对于朱子认为"心统性情"之说"与孟子说一般"，牟宗三则指出："横渠'心统性情'一语是孤语，其意究如何不得知，然如朱子所解，则决不可以此语支解孟子，孟子非心性情三分者也。"[③] 他还明确指出："彼以'心、性、情三分'之格局去理解孟子，尤与孟子'本心即性'之本心义不相应。"[④] "此种心性情三分、理气二分之拆观既不合孟子就内在道德性言心性之义，亦不合《中庸》《易传》就于穆不已之天命流行之体言诚体、神体、道体、性体之义。此即为道德的、形而上的实体义之减杀，亦即道德的性体义之减杀。"[⑤]

五、钱穆论"以心为管摄"

针对所谓朱子"心统性情"是"心、性、情三分"，钱穆认为，朱子主张载的"心统性情"之说，心、性、情既可分言，亦可合言，所谓"区域分辨而不害其同，脉络贯通而不害其别"[⑥]。然而，钱穆更为强调朱子"心统性情"中所蕴含的心的主宰作用。

朱子推崇张载所言"心统性情"，并赞同张载讲"心能检其性"。对此，钱穆指出："就宇宙界言，理气两行，一体浑成，谁也主宰不得谁。……在自然中有人类，人则有心，'心能检性'，即是说心能检点理。从宇宙界言，似乎理乃是一主宰。但此一主宰，乃是消极性的，只能使气之一切活动不能越出理之范畴，

[①] 牟宗三：《心体与性体》（下），吉林出版集团2013年版，第165页。
[②] 牟宗三：《心体与性体》（下），吉林出版集团2013年版，第342页。
[③] 牟宗三：《心体与性体》（下），吉林出版集团2013年版，第430页。
[④] 牟宗三：《心体与性体》（上），吉林出版集团2013年版，第50页。
[⑤] 牟宗三：《心体与性体》（下），吉林出版集团2013年版，第409页。
[⑥] 钱穆：《朱子新学案》（第二册），九州出版社2011年版，第117页。

却不能主宰气使作某等活动。……今就人生界言,则心能主宰理,即是能检点此理。"① 又说:"具此性者为心,心便能收拾得这性,检点这性,使之发生作用。"② 为此,钱穆还说:"就宇宙自然言,理若更重于气。就人道术业言,心又若更要于性。因性上无工夫可用,工夫则尽在心上。"③ 并且说:"若言宇宙自然界,则可谓都是一个理。言人间世,则可谓都只是一个心。就人生处宇宙中之最主要者而言,则曰心即理。"④ 这里把朱子"心统性情"与"心即理"统一起来。

钱穆非常强调朱子"心统性情"中"心"的主宰作用。对于朱子所言"性者心之理,情者性之动,心者性情之主",钱穆指出:"此条更要在后一语。心能为性情主,始能妙性情之德。性情之德属于自然,惟心能主宰运用之。"⑤ 在钱穆看来,朱子讲"心统性情",主要是讲"心"为性情之主宰。对于朱子所言"性对情言,心对性情言。合如此是性,动处是情,主宰是心。大抵心与性似一而二,二而一",钱穆指出:"谓之一者,如谓'心即理',谓之二者,如谓当使此心主宰始得理,是也。"⑥ 在钱穆看来,朱子"心统性情"讲"心"与"性"为二,是为了讲"心"为主宰,也就是讲"心即理",讲"心"与"性"为一。对于朱子所言"性以理言,情乃发用处,心即管摄性情""性,本体也。其用,情也。心则统性情、该动静而为之主宰",钱穆指出:"朱子意,不仅重在分性情为体用动静,更重在主以心为管摄。"⑦ 在钱穆看来,朱子"心统性情",虽然讲心、性、情三者的区分,但重在讲心对于性情的管摄和主宰。

应当说,朱子讲"心统性情"将心、性、情三者的区分开来,并着重强调心对于性、情的主宰作用,是对二程乃至孟子心性论的一大发展。朱子曾说:"'心统性情'。二程却无一句似此切。"⑧ 又说:"横渠'心统性情'一句,乃不易之论。孟子说心许多,皆未有似此语端的。子细看,便见其他诸子等书,皆无依稀似此。"⑨ 对此,钱穆予以肯定,指出:"此处朱子推尊横渠'心统性情'一语,谓不仅二程无此切,即孟子亦无此端的。"⑩ 显然,在钱穆看来,朱子讲"心统性情",强调心对于性、情的主宰作用,是对孟子心性论的超越。这与牟宗三认为朱子"心统性情"讲"心、性、情三分","尤与孟子'本心即性'之本心

---

① 钱穆:《朱子新学案》(第一册),九州出版社 2011 年版,第 50~51 页。
② 钱穆:《朱子新学案》(第一册),九州出版社 2011 年版,第 51 页。
③ 钱穆:《朱子新学案》(第二册),九州出版社 2011 年版,第 124 页。
④ 钱穆:《朱子新学案》(第二册),九州出版社 2011 年版,第 105 页。
⑤⑩ 钱穆:《朱子新学案》(第二册),九州出版社 2011 年版,第 128 页。
⑥ 钱穆:《朱子新学案》(第二册),九州出版社 2011 年版,第 128~129 页。
⑦ 钱穆:《朱子新学案》(第二册),九州出版社 2011 年版,第 129 页。
⑧ (宋)黎靖德:《朱子语类》(七)卷九十八,中华书局 1986 年版,第 2513 页。
⑨ (宋)黎靖德:《朱子语类》(七)卷一百,中华书局 1986 年版,第 2550 页。

义不相应",可谓针锋相对。

六、余论

冯友兰对于朱子哲学的研判,主要依据朱子言"性即理",因此,对于"心统性情"的阐释,只是停留于心、性、情三者关系上,讲情"从心上发出",性"在于心中",并没有对其中所具有的心为性情之主的涵义作出诠释。直到晚年,冯友兰《中国哲学史新编》在分析朱熹"心统性情"时仍然没有讨论其中的心为性情之主的涵义,而只是说:"朱熹的这些分析似乎很烦琐,但都是从'性即理也'那个前提逻辑地推论下来的。"[①]

与此不同,唐君毅重视"心统性情"所具有的"心主性情而统性情"之义,强调心对于性情的主宰运用,但他所谓"主宰运用"具有特定的含义,只是讲心能使性呈现或不呈现,心能使情生起或不生起。同时,唐君毅既讲朱子"分心性情为三",又讲三者相依为用,统而为一。如前所述,朱子曾指出:"'心统性情',只就浑沦一物之中,指其已发、未发而为言尔;非是性是一个地头,心是一个地头,情又是一个地头,如此悬隔也",显然,唐君毅认为朱子的"心统性情"既讲"心主性情而统性情"又讲心与性情的统而为一,是有充分依据的。

牟宗三把朱子"心统性情"阐释为心对于性情的统摄,但又认为心只是"认知地统摄性""行动地统摄情",并把心对于性情的统摄作用仅局限于工夫论,强调"心统性情"的"心、性、情三分"。应当说,牟宗三对朱子"心统性情"的阐释,要比冯友兰更为全面,既讲心、性、情三者的关系,又讲心主性、情。但是,在牟宗三看来,"心统性情"中心主性、情的涵义,仅局限于工夫论。这实际上又弱化了心对于性情的统摄作用。

钱穆则明确把"心统性情"诠释为心对于性情的主宰作用,并且认为,朱子讲心、性、情三者的区分,是为了讲心对于性情的管摄。这与唐君毅有相似之处。然而,钱穆讲心对性情的主宰,是为了使朱子的"心统性情"与"心即理"相一致。如前所述,钱穆认为,朱子言"性即理",又在工夫论的层面讲"心即理"。于是就把朱子讲"性即理""心统性情"与"心即理"三者统一起来。

后来的刘述先既赞同牟宗三把朱子"心统性情"诠释为"心、性、情三分",又赞同钱穆把"心统性情"诠释为心对于性情的主宰作用。他说:"朱子是以他的心、性、情三分的架局来解析心的概念。性是理,对朱子言是一必要的形上基础。然而但理不能起任何作用。情虽说是用,但情是已发,可以漫荡无

[①] 冯友兰:《中国哲学史新编》(第五册),人民出版社1988年版,第177页。

归，不必一定中理纯善，故必须加以节制驾御才行。情既是被节制驾御者，它不可能是自己的主宰，此实际主宰者也不能是理，因为理只是一些道理，本身不能有任何作为，必另有一作主宰者用这些道理来节制驾御才行。这一主宰就朱子看来就是心。此所以心的观念在朱子的思想之中乃占有一枢纽性的地位，而朱子终生服膺横渠心统性情之说。"①

朱子对于人之心、性、情之间的关系，往往通过诠释程颢所谓"盖上天之载，无声无臭，其体则谓之易，其理则谓之道，其用则谓之神"而加以讨论。关于"上天之载，无声无臭"，朱子说："上天之载，无声无臭，而实造化之枢纽，品汇之根柢也。"②"道本无体。……那'无声无臭'便是道。"③ 他还说："'其体则谓之易'，在人则心也；'其理则谓之道'，在人则性也；'其用则谓之神'，在人则情也。所谓易者，变化错综，如阴阳昼夜，雷风水火，反复流转，纵横经纬而不已也。人心则语默动静，变化不测者是也。""'以其体谓之易，以其理谓之道'，这正如心、性、情相似。易便是心，道便是性。易，变易也，如奕棋相似。寒了暑，暑了寒，日往而月来，春夏为阳，秋冬为阴，一阴一阳，只管恁地相易。"④ 在这里，朱子把"心"与"易"相对应，易者"变化错综"对应于人心"变化不测"，以为"易便是心"，"易，变易也"，同时，把"性"和"情"分别对应于"道"和"神"。朱子还曾经说过："就人一身言之：易，犹心也；道，犹性也；神，犹情也。"⑤

朱子还在解读"上天之载，无声无臭，其体则谓之易，其理则谓之道"时，指出："体，是体质之'体'，犹言骨子也。""体，是形体也，……言体，则亦是形而下者；其理则形而上者也。"⑥ 据此，牟宗三认为朱子"显是将易只下落于气上说"⑦，还认为"朱子说'易是自然造化'，是以气化说易"⑧，并由此而进一步根据朱子所言"易，犹心也；道，犹性也；神，犹情也"，指出："依朱子，道体、性体只成为只存有而不活动之只是理，心情神俱属于气。"⑨ 这里把朱子"心统性情"中的"心"与"情"都归属于"气"。

据《朱子语类》载，问："昨日先生说：'程子谓："其体则谓之易。"体，

---

① 刘述先：《朱子哲学思想的发展与完成》，学生书局 1984 年版，第 231 页。
② （宋）朱熹：《太极图说解》，载于《周濂溪集》（一），中华书局 1985 年版，第 4 页。
③ （宋）黎靖德：《朱子语类》（三）卷三十六，中华书局 1986 年版，第 976 页。
④ （宋）黎靖德：《朱子语类》（六）卷九十五，中华书局 1986 年版，第 2422~2423 页。
⑤ （宋）黎靖德：《朱子语类》（六）卷九十五，中华书局 1986 年版，第 2423 页。
⑥ （宋）黎靖德：《朱子语类》（六）卷九十五，中华书局 1986 年版，第 2422 页。
⑦ 牟宗三：《心体与性体》（中），吉林出版集团 2013 年版，第 29 页。
⑧ 牟宗三：《心体与性体》（中），吉林出版集团 2013 年版，第 35 页。
⑨ 牟宗三：《心体与性体》（下），吉林出版集团 2013 年版，第 409 页。

犹形体也，乃形而下者。《易》中只说个阴阳交易而已。'然先生又尝曰：'在人言之，则其体谓之心。'又是如何？"曰："心只是个动静感应而已。所谓'寂然不动，感而遂通'者是也。"① 显然，朱子把"心"与"易"相对应，讲"易便是心"，并非要将"心"归属于阴阳之气，而是为了讲"心只是个动静感应而已"。

又据《朱子语类》载万人杰所闻，朱子曾经说过："天命流行，所以主宰管摄是理者，即其心也；而有是理者，即其性也，如所以为春夏，所以为秋冬之理是也；至发育万物者，即其情也。"② 这里讲"所以主宰管摄是理者，即其心也"，也就是说，在天地间，天地之心的动静感应主宰管摄着理和气。同样据万人杰所闻，朱子又曾说过："'一阴一阳之谓道。'就人身言之，道是吾心。'继之者善'，是吾心发见恻隐、羞恶之类；'成之者性'，是吾心之理，所以为仁义礼智是也。"③ 这里明确讲"道是吾心"，认为吾心主宰管摄着性和情，不仅吾心发见恻隐、羞恶之情，而且吾心之理成为仁义礼智之性。

如前所述，在朱子那里，"一阴一阳之谓道"，既是就"道兼理与气"而言，又是就"天道流行，造化发育"而言；与此同时，朱子又明确讲"天命流行，所以主宰管摄是理者，即其心也"，讲的是天地之心的动静感应主宰管摄着理和气。对于人而言，朱子既讲心兼体用、心兼性情，又讲人之本心的动静感应主宰管摄着性和情。也就是说，就人之本心的构成之体而言，心兼体用、心兼性情；与此同时，"心只是个动静感应而已"，心的动静感应主宰管摄着性和情，而且，心只是在动静感应中而兼体用、兼性情。这就是"心统性情"。重要的是，"心统性情"所内涵的心的动静感应对于性的主宰管摄，与"性即理"并行而不悖。这就是朱子所谓"伊川'性即理也'，横渠'心统性情'二句，颠扑不破"。

---

① （宋）黎靖德：《朱子语类》（四）卷六十五，中华书局1986年版，第1614页。
② （宋）黎靖德：《朱子语类》（六）卷九十五，中华书局1986年版，第2423页。
③ （宋）黎靖德：《朱子语类》（五）卷七十四，中华书局1986年版，第1897页。

第七章

朱子仁学的不同诠释

朱子的仁学是其学术思想的重要组成部分。冯友兰《中国哲学史》对于朱子哲学的阐释，强调"性即理"，并进一步指出："吾人之性，即客观的理之总合。故其中亦自有道德的原理，即仁、义、礼、智是也。"① 此外，并没有对于朱子仁学做出专门的讨论。受此影响，不少学者阐述朱子哲学，都没有涉及朱子仁学。其实，民国时期已有学者对朱子仁学做过阐释，但一直没有引起重视。直到20世纪六、七十年代，唐君毅、牟宗三、钱穆对朱子仁学进行了深入的研究，并且阐述了各自不同观点，从而丰富了朱子哲学的内涵。

一、朱子仁学及其研究概述

"仁"是儒学最重要的概念。现代学者大都依据《论语·颜渊》所载"樊迟问'仁'，子曰：'爱人。'"而将"仁"释为"爱人"，即孟子所谓"仁者爱人"。宋代程颢撰《识仁篇》，指出："学者须先识仁。仁者，浑然与物同体。义、礼、智、信皆仁也。"② 程颢还说："医书言手足痿痹为不仁，此言最善名状。仁者，以天地万物为一体，莫非己也。认得为己，何所不至？若不有诸己，自不与己不相干。如手足不仁，气已不贯，皆不属己。故'博施济众'，乃圣之

---

① 冯友兰：《中国哲学史》，商务印书馆1934年版，第916页。
② （宋）程颢、程颐：《河南程氏遗书》卷二上，《二程集》（上），中华书局2004年版，第16页。

功用。"① 程颐说:"孟子曰:'恻隐之心,仁也。'后人遂以爱为仁。恻隐固是爱也。爱自是情,仁自是性,岂可专以爱为仁?孟子言恻隐为仁,盖为前已言'恻隐之心,仁之端也',既曰仁之端,则不可便谓之仁。"② 他还说:"仁之道,要之只消道一公字。公只是仁之理,不可将公便唤做仁。公而以人体之,故为仁。"③ 二程门人杨时以"万物与我为一"为"仁之体"④;谢良佐则以"心有知觉"释仁,说:"仁者何也?活者为仁,死者为不仁。今人身体麻痹,不知痛痒,谓之不仁。""古人曰:'心不在焉,视而不见,听而不闻,食而不知其味。'不见、不闻、不知味,便是不仁。"⑤

朱子对仁多有研究。宋乾道八年壬辰(1172年),他所撰《克斋记》以仁立论,既言性情之德"曰'仁'而已",求仁之要"曰'克己复礼'而已",又说:"盖仁也者,天地所以生物之心,而人物之所得以为心者也。"⑥ 与谢良佐以"心有知觉"释仁不同,《克斋记》以爱言仁,讲"恻隐、羞恶、辞让、是非,而恻隐之心无所不通""感而通焉,则无事之不得于理,而无物之不被其爱"。不久之后,朱子又进一步针对杨时以"万物与我为一"为"仁之体"、谢良佐以"心有知觉"释仁而作《仁说》。

朱子《仁说》大致分为三部分:其一,以天地生物之心,而言人心之德在于仁,指出:"天地以生物为心者也,而人物之生,又各得夫天地之心以为心者也。故语心之德,虽其总摄贯通无所不备,然一言以蔽之,则曰仁而已矣。……盖天地之心,其德有四,曰元亨利贞,而元无不统。其运行焉,则为春夏秋冬之序,而春生之气无所不通。故人之为心,其德亦有四,曰仁义礼智,而仁无不包。其发用焉,则为爱恭宜别之情,而恻隐之心无所不贯。……此心何心也?在天地则坱然生物之心,在人则温然爱人利物之心,包四德而贯四端者也。"其二,阐明程颐"爱自是情,仁自是性"的思想,以爱之理言仁,指出:"程子之所诃,以爱

---

① (宋)程颢、程颐:《河南程氏遗书》卷二上,《二程集》(上),中华书局2004年版,第15页。据《朱子语类》载,朱熹曾说:"伊川语录中说'仁者以天地万物为一体',说得太深,无捉摸处。"[(宋)黎靖德:《朱子语类》(六)卷九十五,中华书局1986年版,第2425页]

② (宋)程颢、程颐:《河南程氏遗书》卷十八,载于《二程集》(上),中华书局2004年版,第182页。

③ (宋)程颢、程颐:《河南程氏遗书》卷十五,载于《二程集》(上),中华书局2004年版,第153页。

④ (宋)杨时:《龟山集》卷十一《语录二》,载于《景印文渊阁四库全书》(1125),台北商务印书馆1986年版,第209页。

⑤ (宋)谢良佐:《上蔡语录》卷上,载于《朱子全书外编》(3),华东师范大学出版社2010年版,第2、14页。

⑥ (宋)朱熹:《晦庵先生朱文公文集》卷七十七《克斋记》,载于《朱子全书》(24),上海古籍出版社、安徽教育出版社2010年版,第3709页。

之发而名仁者也。吾之所论,以爱之理而名仁者也。"其三,辩驳杨时以"万物与我为一"为"仁之体"、谢良佐以"心有知觉"释仁,指出:"彼谓'物我为一'者,可以见仁之无不爱矣,而非仁之所以为体之真也;彼谓'心有知觉'者,可以见仁之包乎智矣,而非仁之所以得名之实也。观孔子答子贡'博施济众'之问,与程子所谓'觉不可以训仁'者,则可见矣。"①

此后,朱子还与张栻、吕祖谦等通过书信讨论《仁说》。《朱子语类》还记载了朱子与其门人就仁学所展开的问答。

民国时期,谢无量对朱子《仁说》做过阐释。他认为,朱子论仁,"盖实本于明道程子之《识仁篇》",还说:"朱子既承明道之说,以仁为五常百行之首,至善之源,而又远推本《乾·文言》之曰'德',《孟子》之'四端',故以信属于诚,以仁义智(义礼智)三者为统于仁,乃作《仁说》。"② 对于朱子《仁说》以天地生物之心言仁,讲四德统于仁,谢无量说:"朱子以仁为天地生物之心,盖心统性情,性情之发而得其正者,莫大于仁。故仁可以包贯诸德也。朱子以天地生物之心喻仁,故以五常、百善,皆自生意推之,同为一本所分。"③ 与此同时,谢无量还具体分析了朱子有关求仁以及仁与恕、仁与公、仁与爱、仁与去私欲关系的论述,并且说:"综而论之,为仁不外一心。一心敦笃虚静,是为为仁之本。以敦笃虚静,乃能去私欲也。去私欲则公,公则仁矣。恕与爱二者,是仁之效。恕则仁之施,爱则仁之用也。此就'仁'字本义而言。若推而达之,凡礼义信智,及一切万善,何莫非仁之所统乎?"④

除此之外,黄子通《朱熹的哲学》、周予同《朱熹》、贾丰臻《宋学》、唐文治《紫阳学术发微》、陈钟凡发表的《两宋思想述评(七)十二章"朱熹之综合学说"》等都对朱子仁学有所讨论。⑤

1932年,嵇文甫发表《程朱论仁之阐略》,具体分析朱熹对"仁"的阐释及其与程颢的差异,并且指出:"要之,二贤论仁,乃同归而殊途,皆有功于仁学者,本无所轩轾于其间。若以论仁之精粹切事而言,则考亭(朱子)有非明道所可及,乃后来宗明道者,纯尊德行,有束书不观,而高谈性理之弊;宗考亭者,惟道问学,又陷支离破碎,博而寡要之嫌。虽学者之不善学,然而未始不由二贤启之也。……由此观之,明道得孔门一贯之真传,考亭集仁学之大成,俱有功于学府名教也。然二贤所以同源异流,殊途一趣者,盖明道举一本以罗万端,酷似

---

① (宋)朱熹:《晦庵先生朱文公文集》卷六十七《仁说》,载于《朱子全书》(23),上海古籍出版社、安徽教育出版社2010年版,第3279~3281页。
② 谢无量:《朱子学派》,中华书局1916年版,第126~127页。
③ 谢无量:《朱子学派》,中华书局1916年版,第128页。
④ 谢无量:《朱子学派》,中华书局1916年版,第140页。
⑤ 乐爱国:《民国时期对朱子仁学的阐释》,载于《现代哲学》2014年第2期。

今之主观唯心论也。考亭由万殊以返一本，又何逊时髦哲学之所谓唯物论者哉？"① 显然，嵇文甫认为，程颢与朱熹在仁学上虽有差异，但终属殊途而同归，同源而异流。

冯友兰《中国哲学史》对程颢的仁学颇为关注，在"明道所说之修养方法"一节中引述了程颢的《识仁篇》，并且认为，在程颢那里，"宇宙乃一生之大流，乃一大仁。人之有仁之德者，即能以天地万物为一体者也"②。然而，对于程颐以及朱子的仁学则有所忽略。只是在讨论朱子所言"心之所以会做许多，盖具得许多道理……因其恻隐，知其有仁；因其羞恶，知其有义"时指出："理是形而上者，是抽象的，无迹象可寻。不过因吾人有恻隐之情，故可推知吾人性中有恻隐之理，即所谓仁。因吾人有羞恶之情，故可推知吾人性中有羞恶之理，即所谓义。"③ 又在讨论朱陆异同阐释朱子所言"仁是性，恻隐是情"时提出，朱子"以恻隐之情乃'爱之理'（朱子以仁为爱之理）之具体的表现"④。后来，冯友兰《新理学》在专门讨论仁的内涵时，言及朱子所谓仁是"爱之理"。⑤

张岱年《中国哲学大纲》注意到朱子的仁学，其中说道："朱子甚注重仁，以为仁是最高的道，最高的德；但他讲仁，注重心中天理流行之意。"⑥ 张岱年还在引述了朱子的《仁说》之后，指出："此认为仁即天地之'生'的原则（所谓天地之心即天地之主宰的准则之意），而乃人心之本来的性德；人只要克去私意，返于天理，便是仁。"并且还说："依朱子之学说，天理之内容即是仁义礼智，而仁可以统义礼智，故天理实即是仁。在朱子之系统中，天理与仁，实乃异名同实。"⑦ 同时又认为，在朱子那里，太极含具万理，"仅一仁而已"，而且，仁义礼智统于仁，也就是元亨利贞统于元，即统于生，所以，"太极之理，一言以蔽之，只是'生'而已"⑧。

1946年，孙玄常发表《朱子〈仁说〉疏证》该文对朱子《仁说》文本作了详细的注释和解说，并附《晦庵先生朱文公文集》卷三十二《答张钦夫论仁说》四篇。对于朱子《仁说》所言"天地以生物为心者也，而人物之生又各得夫天地之心以为心者也"，该文指出："朱子之学，虽有理、气、心、性之别，然其合天地万物为一，固与陆、王无二致。盖皆出于孟子'万物皆备于我'之基本观

---

① 甫文（嵇文甫）：《程朱论仁之阐略》，载于《尚志周刊》1932年第2卷第6~7合刊。
② 冯友兰：《中国哲学史》，商务印书馆1934年版，第886页。
③ 冯友兰：《中国哲学史》，商务印书馆1934年版，第917页。
④ 冯友兰：《中国哲学史》，商务印书馆1934年版，第941页。
⑤ 冯友兰：《新理学》，商务印书馆1939年版，第182页。
⑥ 宇同（张岱年）：《中国哲学大纲》，商务印书馆1958年版，第359页。
⑦ 宇同（张岱年）：《中国哲学大纲》，商务印书馆1958年版，第359~360页。
⑧ 宇同（张岱年）：《中国哲学大纲》，商务印书馆1958年版，第85页。

点，惟解释不同耳。朱子说'心'有二种：一为天地之心，一为人物之心。……天地之心乃心之'全体'，人物之心乃心之'个体'，二者之关系，殆如'月印万川'。"并且认为，程子所谓"爱之发而名仁"与朱子讲"以爱之理而名仁""本旨相同"，还说："盖程、朱既以情之未发为'性'，而'性即理也'，故仁既是性，即可言仁即是理。"①

李相显的《朱子哲学》第三编第三章"四德"包含"五常与阴阳五行""性之条目""仁为天地生物之心""仁包四德"四节，对朱子仁学的主要概念和思想的发生、发展过程作了详细的阐述。其中说道："仁为天地生物之心，而人物又得天地生物之心以为心，故天地人物所同者非心也，乃天地生物之心也；天地人物所贯通者非心也，乃心所具之仁之理也。……天地人物所同者为心之理，即其所同者为仁之理也；天地人物所贯通者为心之理，即其所贯通者为仁之理也。"② 遗憾的是，这些对于朱子仁学的研究，并没有得到应有的重视。

需要指出的是，民国时期对于朱子仁学的研究主要停留于伦理学以及道德修养层面，很少从朱子的理气心性的层面展开深入讨论，因而对朱子仁学的讨论与对朱子哲学的阐述，在一定程度上是分离的。在一些影响较大的中国哲学史通史类著作中，对于朱子哲学的阐述几乎都没有涉及朱子仁学。

20世纪六七十年代，朱子的仁学受到了重视。唐君毅《中国哲学原论·原性篇》在阐述"朱子之理气心性论"中有"仁之界说，其前后、内外、上下、与本末"一节，专题讨论朱子《仁说》中关于"仁之界说"。牟宗三《心体与性体》对朱子的仁学做了全面详细而深入的阐述，讨论了朱子的仁学与二程的关系，对朱子《仁说》作了深入的分析，并就《朱子语类》所载朱子与其门人就仁学所展开的问答，朱子《克斋记》、朱子《答吕伯恭》、朱子与张栻论《仁说》、朱子与胡广仲等论"观过知仁"与"先知后行"中所涉及的仁学问题作了分析。钱穆《朱子新学案》有《朱子论仁》上下两节，在《朱子学提纲》中又分别列为《朱子论宇宙之仁》和《朱子论人心之仁》，对朱子的仁学思想作了全面的阐述。

二、唐君毅论"仁者，心之德、爱之理"

朱子仁学的核心在于以"心之德""爱之理"言仁。《孟子集注》明确指出："仁者，心之德、爱之理。"③ 对此，唐君毅很早就将朱子仁学与理学结合起来。

---

① 孙玄常：《朱子仁说疏证》，载于《国文月刊》1946年第47期。
② 李相显：《朱子哲学》，世界科学出版社1947年版，第517页。
③ （宋）朱熹：《四书章句集注》，中华书局2012年版，第201页。

如前所述，他于 1947 年发表的《朱子理气关系论疏释》中认为，朱子的"理"首先是"当然之理"，并且指出："仁爱之理之为绝对的当然之理。"① 又进一步说："一切存在所以存在皆须根据当然之理以为存在之理，当循朱子之意直就仁之理以为言。"② 也就是说，一切存在皆须根据仁之理以为其存在之理。

唐君毅《中国哲学原论·原性篇》第十三章"朱子之理气心性论"之第七节"仁之界说，其前后、内外、上下、与本末"，对朱子仁学做了深入阐述。唐君毅认为，朱子言"仁者，心之德、爱之理"，是"扣紧仁之表现之内部的本源处说仁"，而且"与天地之生物之心之德之理相应，而同为一生物之理"。他还说："此天之生物之理在人，即人之生之性。"又说："此仁之在人心，又包仁义礼智之四端，其表现为爱恭宜别之四情中，则恻隐之心，又无不贯，此亦正如天之生物之心中元之为德，能统元亨利贞之四德；而其表现于四时之气者，其春生之气无不通。"③ 唐君毅推崇朱子对于仁的界说，指出："此即成一通贯天人、情性、本末，而使亦枝枝相对，叶叶相当，以言仁之思想系统；而又可综合昔之儒者以爱言仁，与近贤言仁之旨于其中，其用意之精切，固亦有进于先儒者。"④ 他还认为，朱子对于仁的界说，"别仁于爱之情，而以仁为爱之情之本，仁只是心之德，亦心之理""此则将仁之内外上下本末之意义，皆加以展开，而又足以摄昔人之以爱言仁，近贤之以知觉、无私而公，及与万物一体之感，言仁之义者"。⑤

唐君毅特别强调朱子对于仁的界说与其理气心性论的相关联。就仁与理的关系而言，他认为，在朱子那里，所谓"仁者，心之德、爱之理"，就是"别仁于爱之情""即谓仁之自身在爱之情之表现之上一层次"。唐君毅还明确指出："仁之自身，只是一超越于感物之实然之事或情之上一层次之当然之理。此理即心之性理，亦心之性德。此性理性德，又原于天命之理，即天理之在吾人者。此天之理，只是一生物之理，此仁之理亦只是一生物之理。"⑥ 就朱子《仁说》所谓天地之心、人之心与理气的关系而言，唐君毅说："自朱子之宇宙论言，所谓天地之心，乃表现于天地之气之依此生物之理而流行以生物上；人之心则当自人之生命之气，依此仁之理而流行，以爱人利物上说。此中之心，乃一理气之中介之概念，亦一统摄之概念。此文尤重在以天地之心之一名，统天地之生物之理，与此理之流行于天地之气二者，以言其以生物为心。又以人之心之名，统摄人之心之具此仁理为性德，及此理之流行于吾人生命之气而为情，乃言其以爱人利物为

---

①② 唐君毅：《朱子理气关系论疏释（一名朱子道德形上学之进路）》（下），载于《历史与文化》1947 年第 2 期。
③④ 唐君毅：《中国哲学原论·原性篇》，中国社会科学出版社 2005 年版，第 257 页。
⑤⑥ 唐君毅：《中国哲学原论·原性篇》，中国社会科学出版社 2005 年版，第 258 页。

心。故此仁说之根底，仍连于其理气之论。"① 在这里，唐君毅把朱子理气论看作《仁说》的基础，把《仁说》所谓天地之心与理气论联系起来，并且认为，朱子所谓天地之心，是就"天地之气之依此生物之理而流行以生物"而言，统摄天地之生物之理与天地之气；与此相一致，所谓人之心，是就"人之生命之气，依此仁之理而流行，以爱人利物"而言，统摄性情。

除此之外，唐君毅还对朱子仁学与二程及其门人的仁学做了比较。对于程颐说"公只是仁之理，不可将公便唤做仁。公而以人体之，故为仁"，唐君毅说："合伊川之言以观，则其意盖谓人能体此'公'而无私，则能本其生之性，以物我兼照，是即为仁。"② 又说："依朱子之意，以公言仁之语所说者，唯是仁之前事。人无私则公，公则仁之性依之以现，然非无私或公之自身即是仁。此中由无私而公则仁，尚须另有一物始得。此即仁之心性之自身。"③

对于程颢说"仁者以天地万物为一体，莫非己也"，杨时以"万物与我为一"为"仁之体"，唐君毅说："对天地万物为一体或物我一体之言，则朱子尝谓此为仁之后事，为仁之果，又谓此是言仁之量。即谓此只是言人之行仁充量之结果，而仍非仁之本身或仁之本质，尤不可谓必先知物我一体或一理，乃有仁，以倒因为果，成义外之论也。"④

至于上述谢良佐以"心有知觉"释仁，唐君毅说："朱子以为此乃就仁之包乎智言。……今顺朱子意看，则其意盖是谓：当人有仁之表现而及于事物时，对事物固有知觉，对其自身之仁之表现，亦有一自觉，而知其为是，并知反此之不仁为非。……然仁之表现之本身，则初不从智始，亦不可径以知觉言仁。"⑤

唐君毅还认为，在朱子那里，"说仁应克就仁之本身与其原始的表现处看，不应自其前事后事看"，朱子之所以反对以"公而无私""与天地万物为一体"说仁，反对以"心有知觉"释仁，就是因为这些说法"未扣紧仁之表现之内部的本源处说仁"，与此不同，朱子扣紧此义而把仁界说为"心之德""爱之理"。⑥ 唐君毅还说："朱子于仁，乃就其前事为公，后事为与物同体；内为心之知觉之性，外形于知觉物而生之情；上通于天，下贯于人；本在己之一理，末散而为由爱恭宜别爱人利物之万事，而加以界说。此连仁之前后、内外、上下、本末以论仁，固有其精切细密之旨，存在于其中也。"⑦ 显然给予朱子仁学以很高的评价。

---

① 唐君毅：《中国哲学原论·原性篇》，中国社会科学出版社 2005 年版，第 258～259 页。
② 唐君毅：《中国哲学原论·原性篇》，中国社会科学出版社 2005 年版，第 255 页。
③④ 唐君毅：《中国哲学原论·原性篇》，中国社会科学出版社 2005 年版，第 256 页。
⑤ 唐君毅：《中国哲学原论·原性篇》，中国社会科学出版社 2005 年版，第 256～257 页。
⑥ 唐君毅：《中国哲学原论·原性篇》，中国社会科学出版社 2005 年版，第 257 页。
⑦ 唐君毅：《中国哲学原论·原性篇》，中国社会科学出版社 2005 年版，第 259～260 页。

三、牟宗三论《仁说》

与唐君毅不同，牟宗三对朱子仁学提出了较多的批评。他于1969年出版的《心体与性体》（第三册）中说："其所了解之仁亦是抽象的、理智的、干枯的、死板的（以定义、名义的方式入），与《论语》之仁不相应。其表面虽着重体会、玩味、优柔厌饫，而其义理背景实不优柔厌饫，亦不具体活泼，亦不亲切浃洽。他依据伊川仁性爱情之说，把'仁体'支解为心性情三分、理气二分，而以'心之德爱之理'之方式去说，这便把仁定死了。"① 他还说："彼以'心之德、爱之理'之方式去说仁，实不能尽孔子所说之仁之实义。"② 如前所述，牟宗三以为朱子的理气心性论以心性情三分、理气二分为基本要义。因此，他亦以此分析朱子的仁学，解读所谓"仁者，心之德、爱之理"。

牟宗三对朱子《仁说》作了深入分析。针对《仁说》所谓"天地之心""天地以生物为心"，乃至"在天地则坱然生物之心"，牟宗三明确指出："其所谓'天地之心'实是虚说的心，而非实说的心。"③ 认为朱子所谓"天地之心"的"心"是"假托义、象征义，而并非是实体性的心"。

朱子对于所谓"天地之心"曾提出"须要知得他有心处，又要见得他无心处"，指出："万物生长，是天地无心时；枯槁欲生，是天地有心时。""苍苍之谓天。运转周流不已，便是那个。而今说天有个人在那里批判罪恶，固不可；说道全无主之者，又不可。"他还说："若果无心，则须牛生出马，桃树上发李花，他又却自定。……他这名义自定，心便是他个主宰处，所以谓天地以生物为心。"同时，他赞赏程颐所说"天地无心而成化，圣人有心而无为"，指出："这是说天地无心处。且如'四时行，百物生'，天地何所容心？至于圣人，则顺理而已，复何为哉！所以明道云：'天地之常，以其心普万物而无心；圣人之常，以其情顺万事而无情。'说得最好。"④ 对此，牟宗三认为，朱子之意在于"气化之自然是无心，理之定然是有心"⑤。牟宗三还进一步分析说："无心有心两面以观，'天地生物之心'被融解而为理气，其自身遂成虚脱，是即成虚说之心。'天地生物之心'，若从此正面'有心'之义而观之，心只是理之定然义，心被吞没于理（此非"心即理"义）。'天地无心而成化'，若从此反面'无心'之义而观

---

① 牟宗三：《心体与性体》（下），吉林出版集团2013年版，第214页。
② 牟宗三：《心体与性体》（上），吉林出版集团2013年版，第50页。
③ 牟宗三：《心体与性体》（下），吉林出版集团2013年版，第217页。
④ （宋）黎靖德：《朱子语类》（一）卷一，中华书局1986年版，第4～5页。
⑤ 牟宗三：《心体与性体》（下），吉林出版集团2013年版，第467页。

之，心只成气化之自然义，心被吞没于气（此不是本心呈用之自然）。在朱子之义理间架中，心实未能自持其自己而成为一实体性之本心天心也。"① 他还说："无心是化之自然义，有心是理之定然义。心融解于化之自然义，固已无心之义，即融解于理之定然义之'有心'，心被吞没于理，心成虚脱，亦无心义。是以在朱子，超越的实体只成理，而心义与神义俱虚脱。……是即无实体性的心。"② 也就是说，在天地间，万物之生完全是气化而自然的过程，因而是"无心"，而所谓"有心"实际上只是就理而言，而在朱子看来，在天地间只有理气，气依理而化生万物，并不存在"实体性的心"，这就是所谓"以理气为主，心是虚说"③；同时就理而言，理是静态的"只存有而不活动"，并不具有心的含义，当然不可能成为气化生万物的主宰。显然，这与唐君毅以为朱子的天地之心统摄生物之理与天地之气，截然不同。

牟宗三不仅认为朱子《仁说》所谓"天地之心"实是虚说的心，而且还进一步认为所谓"人物之生又各得夫天地之心以为心""亦只是行文时如此说而已，恐并无实义可言"，只是"类比地虚笼着说"，并不表示"天地以生物为心"与人以仁为心二者之间一定有"原委关系"。④ 为此，牟宗三还说："在天地处，天地之心成虚脱，是虚说；在人处，心是实，未虚脱。……然虽是实而未虚脱，却亦不是实体性的心，而只是'随形气而有始终'之实然的心，经验的心，气之灵之心，此只可说是心理学的心，而非道德的超越的本心也。"⑤ 在牟宗三看来，朱子《仁说》所谓"天地以生物为心"与人以仁为心二者之间的关系，是一种虚说的天地之心与气之灵之心的关系，而人的气之灵之心并非"道德的超越的本心"。

朱子《仁说》讲"天地以生物为心"，并因而讲人以仁为心之德，而且还讲天地之心有四德：元亨利贞，而元无不统，并因而讲人心有四德：仁义礼智，而仁无不包，其发而为爱恭宜别之情，而恻隐之心无所不贯。牟宗三认为，朱子此说"实皆不同于孟子"，因为孟子说"恻隐之心仁也""恻隐之心仁之端也"，讲的是"道德的超越的本心内在地本质地固具如此之德"，也就是说，"此德全渗透于此心而为一"，并且"不言端是情、仁是性也"。⑥

牟宗三还认为，程颐讲"爱自是情，仁自是性"，实际上是把仁与恻隐、性与情分成"异质的两物"，而朱子牢守此说而提出"仁者，心之德、爱之理""以爱之理言仁"。对此，牟宗三说："此完全是从伊川'阴阳气也，所以阴阳理

---

① 牟宗三：《心体与性体》（下），吉林出版集团2013年版，第217页。
② 牟宗三：《心体与性体》（下），吉林出版集团2013年版，第238页。
③ 牟宗三：《心体与性体》（下），吉林出版集团2013年版，第467页。
④ 牟宗三：《心体与性体》（下），吉林出版集团2013年版，第219页。
⑤ 牟宗三：《心体与性体》（下），吉林出版集团2013年版，第220页。
⑥ 牟宗三：《心体与性体》（下），吉林出版集团2013年版，第220~221页。

也'一格式套下来。气是形而下者，理是形而上者。如是，遂将心一概视为形而下者，一往是气之事。恻隐、羞恶、辞让、是非之心亦皆是形而下者，皆是气之事。此一义理间架完全非孟子言本心之本义。"① 还说："如此所言之理是属于'存有论的存有'之理，而不必是道德之理。但仁义礼智决然是道德之理。心之自发此理（此为心之自律）足以决定并创生一道德行为之存在，但却不是由存在之然以推证出者。"② 牟宗三认为，朱子讲的理，只是本体论的存有之理，是由存在之然而推证出来的，并不等于人的内心自发的道德之理，因而"完全非孟子言本心之本义"。

此外，牟宗三认为，朱子《仁说》所谓天地之心有元亨利贞四德并因而人心有仁义礼智四德之说，"亦与《易传》不相应"，因为在朱子那里，天地之心只是虚说，元亨利贞只能是气化流行之四德，而且"此四德亦与仁义礼智之为四德并不相同"，也就是说，"仁义礼智本是性体中所含具之理，简言之，本即是性，心具之（当具），即为其德。而元亨利贞则只是阴阳气化之四阶段……只是理气，而并无心之义。"③

于是，牟宗三把朱子所谓"仁者，心之德、爱之理"解读为："仁是爱之所以然之理，而为心知之明之所静摄（心静理明）。常默识其超越之尊严，彼即足以引发心气之凝聚向上，而使心气能发为'温然爱人利物之行'（理生气）。久久如此，即可谓心气渐渐摄具此理（当具），以为其自身之德（心之德，理转成德）"，简言之，即是："仁者爱之所以然之理而为心所当具之德也"。④ 牟宗三还认为，这里的"所以然"是超越的所以然；"理"是静态的理，是属于本体论的存有之理，"只存有而不活动"；"心"是气之灵之心，而非超越的道德的自发自律之本心，其本性是知觉；心气具仁义礼智之理首先是"认知地具"，而非道德的本心之自发自律的"本具"。他还指出："朱子于天地之心成虚脱，于人之心，以爱之所以然之理，心所当具之德说仁，如此说仁为生道决不足以尽孔子言仁之蕴，甚至根本不相应。"⑤

朱子《仁说》在以天地生物之心而言人心之德在于仁、依据程颐"仁性爱情"之说而以爱之理言仁之后，对杨时以"万物与我为一"为"仁之体"、谢良佐以"心有知觉"释仁提出了批评。对此，牟宗三认为，杨时、谢良佐之说，皆来自程颢所谓"医书言手足痿痹为不仁，此言最善名状。仁者，以天地万物为一体，莫非己也"，所以，朱子的批评，"间接是辨驳明道"。⑥

---

① 牟宗三：《心体与性体》（下），吉林出版集团2013年版，第221~222页。
② 牟宗三：《心体与性体》（下），吉林出版集团2013年版，第222页。
③ 牟宗三：《心体与性体》（下），吉林出版集团2013年版，第225~226页。
④ 牟宗三：《心体与性体》（下），吉林出版集团2013年版，第224页。
⑤⑥ 牟宗三：《心体与性体》（下），吉林出版集团2013年版，第227页。

对于杨时讲"万物与我为一",朱子《仁说》讲"彼谓'物我为一'者,可以见仁之无不爱矣,而非仁之所以为体之真也"。对此,牟宗三说:"'与物同体''以天地万物为一体',是相应真心仁体之实性而说者。如此说仁(见仁之体)是内容的说法,不是外延的说法,正是说仁之质(所以为体之真),不是说'仁之量'(仁之无不爱)。而朱子却认为此是'仁之量''非仁之所以为体之真',其未能顺孔子之指点与启发而悟入亦明矣。"① 牟宗三认为,杨时以"万物与我为一"为"仁之体",讲的是仁的内涵,"仁之质",朱子却误认为"仁之量"。

对于谢良佐讲"心有知觉",朱子《仁说》讲"彼谓'心有知觉'者,可以见仁之包乎智矣,而非仁之所以得名之实也"。对此,牟宗三认为,谢良佐的"心有知觉""是'恻然有所觉'之觉,是不安不忍之觉,是道德真情之觉,是寂感一如之觉,是仁心之恻然之事,而非智之事",而朱子将此解读为"仁之包乎智","此则差谬太甚"。牟宗三还说:"不麻木而恻然有所觉正是仁体所以得名之实。"②

四、钱穆论"宇宙之仁"和"人心之仁"

与牟宗三以为朱子言"天地生物之心"为虚说之心不同,钱穆于1971年出版的《朱子新学案》中说:"朱子看天地,似乎认其在有心无心之间。"③ 他引述朱子所言"万物生长,是天地无心时。枯槁欲生,是天地有心时",指出:"盖天地既生万物,万物各自生长,物各付物,一任自然,若天地之无心。逮其生理已穷,至于枯槁而仍欲生,乃见天地生物之心也。"④ 他又引述朱子解《周易》"复卦"而言"复未见造化,而造化之心于此可见",指出:"到此处,朱子直说自然造化即见天地有心。……天地即是造化,造化中即涵有生命。当复之时,虽生命之迹尚未见,而造化之心则已见,不得谓之无。"⑤

正是基于对朱子所谓天地有"造化之心"的认识,钱穆对朱子《仁说》所言"天地以生物为心"作了阐释,指出:"是直说天地有心,又直说'天地以生物为心'。此心即是仁,生即是仁,生之浑全相通,与其生生之不穷不息,皆仁也。"⑥ 关于"心"与"仁""生"的关系,钱穆还说:"天地万物,其共通可见

---

① 牟宗三:《心体与性体》(下),吉林出版集团2013年版,第229页。
② 牟宗三:《心体与性体》(下),吉林出版集团2013年版,第230页。
③ 钱穆:《朱子新学案》(第一册),九州出版社2011年版,第56页。
④ 钱穆:《朱子新学案》(第一册),九州出版社2011年版,第385页。
⑤ 钱穆:《朱子新学案》(第一册),九州出版社2011年版,第58页。
⑥ 钱穆:《朱子新学案》(第一册),九州出版社2011年版,第383页。

者惟一气。心则是其气之最精爽者。天地有心，万物亦有心。仁则是此气中之生理与生意也。"① 显然，在钱穆看来，朱子所谓天地之心，为包含生理与生意在其中的最精爽之气。所以，宇宙理气之整体，以生物为心，"固非茫然漠然其无主，顽然块然而无所向往也"②。

钱穆认为，在朱子那里，天地不仅有心而生生不息，而且"此心即是仁，生即是仁"，因此，宇宙即是"至仁之体"，而不同于老子所谓"天地不仁，以万物为刍狗"。他说："从老子道家义，则此宇宙大整体，乃是一不仁之体。由朱子言之，则此宇宙大整体，乃是一至仁之体。然其间仍有分别处。由上向下言之，则万物各得天地之心，与天地之仁。若由下向上言之，则惟圣人乃能全得此心之仁，上与天地合德。"③ 又说："盖此宇宙理气之整体，乃一至神而又至仁之体。人得此气以生，此理即寓于人身，故人必以天地之心为心，乃能得此至神至仁者以为我有，而后天人合一，万物一体之理，乃可呈现于吾心。"④ 这就从"宇宙之仁"过渡到"人心之仁"。

钱穆认为，在朱子那里，"性是心之体，情是心之用"，因此"谓恻隐是仁却不得"，恻隐只是"仁之端"；⑤ 同样，朱子言"仁者，心之德、爱之理"，讲的是"仁是体，爱是用"，因此，"不即言仁即爱，而必说是爱之理"。⑥

钱穆还特别通过讨论仁与孝的关系阐明朱子所言"仁者，心之德、爱之理"。他说："心有仁，乃有孝弟。心之仁，乃孝弟之事之本，不得谓孝弟之事，乃人性之仁之本也。"⑦ 他还引述朱子所言"仁是理，孝弟是事，有是仁，后有是孝弟"，指出："此以仁孝分属理事，有是理则有是事，故有仁始有孝弟也。孝弟固是不专在事上，亦在心上，然言孝弟，终是必兼事，若言仁，则可专就心与理言。故曰'仁者心之德，爱之理'。"⑧

朱子《仁说》批评杨时以"万物与我为一"为"仁之体"，钱穆甚至明确指出："朱子不喜二程言'仁者与物同体'，以及'仁者以天地万物为一体'之说。"⑨ 他说："仁者之心可以与天地万物同体，却不是将天地万物同体为仁。……'仁者心之德，爱之理'，乃从内面近里说之。若曰与物同体，乃从外面说，纵是同体，

---

① 钱穆：《朱子新学案》（第一册），九州出版社2011年版，第393页。
② 钱穆：《朱子新学案》（第一册），九州出版社2011年版，第397页。
③ 钱穆：《朱子新学案》（第一册），九州出版社2011年版，第61页。
④ 钱穆：《朱子新学案》（第一册），九州出版社2011年版，第397~398页。
⑤ 钱穆：《朱子新学案》（第二册），九州出版社2011年版，第140页。
⑥ 钱穆：《朱子新学案》（第二册），九州出版社2011年版，第147页。
⑦ 钱穆：《朱子新学案》（第二册），九州出版社2011年版，第148页。
⑧ 钱穆：《朱子新学案》（第二册），九州出版社2011年版，第149页。
⑨ 钱穆：《朱子新学案》（第二册），九州出版社2011年版，第155~156页。

亦有不见其心之仁者。"[1] 所以，"朱子主张以爱说仁，不主以天地万物一体说仁"[2]。钱穆还说："若仅说'仁者浑然与物同体'，或说'仁者以天地万物为一体'，最多只是从体上说，从理上说，从根上说，如此说来，则太深太广。而且理不可见，使人难入，无可捉摸。朱子只从爱上说，则易入易捉摸。但不可便唤爱做仁，此犹如谓不可便唤觉做仁，皆是剖析精微，朱子思想最擅长处在此。"[3]

五、余论

通过以上分析可以看出，唐君毅、牟宗三、钱穆对于朱子仁学的讨论，大致可以归结为三个方面。

第一，对所谓"天地之心""天地以生物为心"与理气的关系的讨论。牟宗三认为，在朱子那里，天地间只有理气，所谓"天地以生物为心"的"心"，实际上只是虚说之心。换言之，天地生物只是气化之自然，生物而"无心"，同时，万物依理而生，理本身"只存有而不活动"，并不能生物，不具有心的含义。与牟宗三不同，唐君毅、钱穆对朱子所言"天地以生物为心"的内涵作了深入分析。唐君毅认为，朱子所谓天地之心，是"理气之中介之概念"，是指统摄"天地之生物之理"与"天地之气"以生物之心；钱穆则认为，朱子既讲天地"无心"，又讲天地"有心"，所谓天地之心，是指包含生理与生意于其中的最精爽之气。显然，牟宗三对于朱子所谓"天地以生物为心"的讨论，与他把朱子的"理"诠释为"只存有而不活动"之理相关联；而唐君毅、钱穆的讨论，虽然存在各自不同的观点，但都与他们把朱子的"理"诠释为"生生之理"相一致。

第二，对所谓"仁者，心之德、爱之理"与朱子理气心性论的关系的讨论。唐君毅认为，朱子对仁的界定，讲仁之在人心，既包仁义礼智之四端，又表现为爱恭宜别之四情，同时又"别仁于爱之情，而以仁为爱之情之本"，能够"将仁之内外上下本末之意义，皆加以展开"，足以统摄各家言仁之义者。牟宗三则认为，朱子"以爱之理言仁"，实际上是把仁与恻隐、性与情分成"异质的两物"，是"心、性、情三分"，"不足以尽孔子言仁之蕴，甚至根本不相应"。钱穆认为，朱子讲"仁是体，爱是用"，既是从爱上说仁，又不可唤爱做仁。可见，牟宗三强调朱子所谓"仁者，心之德、爱之理"中的"心、性、情三分"；而唐君毅、钱穆则认为，朱子既分别仁与爱，又将二者联系起来，并以仁为爱之本体。

---

[1] 钱穆：《朱子新学案》（第二册），九州出版社2011年版，第156页。
[2] 钱穆：《朱子新学案》（第二册），九州出版社2011年版，第159页。
[3] 钱穆：《朱子新学案》（第一册），九州出版社2011年版，第82页。

后来的刘述先则认为，朱子以仁为爱之理，"凸显出仁是属于一个超越异质的层面"，另一方面朱子又反对把仁与爱完全切断，但"却与孟子到明道的一贯思想不类"。他还说："孟子讲恻隐之心，讲良知，四端之萌，括而充之，沛然莫之能御，这是一本之论，并不是伊川、朱子二本的说法。"① 显然，这是站在牟宗三立场上对钱穆的回应。

第三，对于朱子仁学与二程、杨时、谢良佐仁学之间关系的讨论。唐君毅、牟宗三、钱穆都认为，朱子《仁说》对杨时、谢良佐仁学的批评，实际上是针对程颢而言。对于朱子批评杨时以"万物与我为一"为"仁之体"、谢良佐以"心有知觉"释仁，唐君毅认为，朱子之所以提出批评，是因为杨时、谢良佐"未扣紧仁之表现之内部的本源处说仁"。牟宗三认为，朱子的批评，属于误解。钱穆则认为，杨时、谢良佐说仁"使人难入，无可捉摸"，而朱子说仁，只从爱上说，但不可便唤爱做仁，易入易捉摸。

总体而言，唐君毅、牟宗三、钱穆对于朱子仁学的研究，与对朱子理气心性论的研究是相互联系、相互统一的，实际上是把朱子仁学当作朱子哲学的重要组成部分，因而丰富了朱子哲学的内涵。他们在朱子仁学的研究上提出的重要学术问题和不同学术观点，可以作为进一步研究的起点和基础。

需要指出的是，在《仁说》中，朱子对于"心"作了讨论，既讲仁为"心之德""爱之理"，又发挥孟子"仁，人心也"，指出："仁之为道，乃天地生物之心，即物而在。"并且还所说："此心何心也？在天地则坱然生物之心，在人则温然爱人利物之心，包四德而贯四端者也。"这里讲仁之道是天地的生物之心，又是人的爱人利物之心。可见，在《仁说》中，天地之心、人之本心与仁、理是一致的。与此同时，朱子还说："人之本心无有不仁，但既汩于物欲而失之，便须用功亲切，方可复得其本心之仁。"② 甚至说："盖仁即心也，不是心外别有仁也。"③

关于人的本心是否无有不仁，后来，朱子的思想有些变化。据《朱子语类》载钟震甲寅（1194 年）所闻，"五峰谓'人有不仁，心无不仁'，此语有病。且如颜子'其心三月不违仁'。若才违仁，其心便不仁矣，岂可谓'心无不仁'！"定夫云："恐是五峰说本心无不仁。"曰："亦未是。譬如人今日贫，则说昔日富不得。"④ 又据袭盖卿甲寅所闻，郑仲履问："先生昨说性无不善，心固有不善。然本心则元无不善。"曰："固是本心元无不善，谁教你而今却不善了！今人外面

---

① 刘述先：《朱子哲学思想的发展与完成》，学生书局 1984 年版，第 153 页。
② （宋）朱熹：《晦庵先生朱文公文集》卷四十《答何叔京》（三十），载于《朱子全书》（22），上海古籍出版社、安徽教育出版社 2010 年版，第 1841 页。
③ （宋）黎靖德：《朱子语类》（四）卷六十一，中华书局 1986 年版，第 1459 页。
④ （宋）黎靖德：《朱子语类》（七）卷一百一，中华书局 1986 年版，第 2584~2585 页。

做许多不善,却只说我本心之善自在,如何得!"① 另据《朱子语类》载,问:"'心本善,发于思虑,则有善不善。'程子之意,是指心之本体有善而无恶,及其发处,则不能无善恶也。胡五峰云:'人有不仁,心无不仁。'先生以为下句有病。如颜子'其心三月不违仁',是心之仁也;至三月之外,未免少有私欲,心便不仁;岂可直以为心无不仁乎?端蒙近以先生之意推之,莫是五峰不曾分别得体与发处言之否?"曰:"只为他说得不备。若云人有不仁,心无不仁;心有不仁,心之本体无不仁,则意方足耳。"② 显然,朱子只是讲"性无不善,心固有不善",因而不赞同讲"人有不仁,心无不仁",甚至不完全赞同讲"本心无不仁";同时,他又认为,如果一定要说"人有不仁,心无不仁",那么只能说"心有不仁,心之本体无不仁"。

需要指出的是,朱子不完全赞同所谓"本心无不仁",而只是赞同"心之本体无不仁",可见,在朱子那里,"心之本体",即性,不完全等同于"本心"概念。朱子还说:"人之常性,莫不有善而无恶,其本心莫不好善而恶恶。……夫好善而不诚,则非惟不足以为善,而反有以贼乎其善;恶恶而不诚,则非惟不足以去恶,而适所以长乎其恶。是则其为害也,徒有甚焉,而何益之有哉?圣人于此,盖有忧之,故为大学之教,而必首之以格物致知之目,以开明其心术,使既有以识夫善恶之所在,与其可好可恶之必然矣。"③ 在朱子看来,人之性"有善而无恶",本心只是"好善而恶恶",其本身并非为善,只有好善而诚,才可为善。但是,"本心"既为"好善而恶恶",那么与"心之本体"就非截然不同,而是黏在一起;只是概念上的区分,不存在实质上的分离。

---

① (宋) 黎靖德:《朱子语类》(一) 卷五,中华书局1986年版,第89页。
② (宋) 黎靖德:《朱子语类》(六) 卷九十五,中华书局1986年版,第2439页。
③ (宋) 朱熹:《四书或问》,载于《朱子全书》(6),上海古籍出版社;安徽教育出版社2010年版,第532~533页。

第八章

"道心""人心"及"天理""人欲"的不同诠释

朱子建立了自尧、舜、禹经孔子、曾子、子思、孟子到周敦颐、邵雍、张载和二程的道统，并以古文《尚书·大禹谟》"人心惟危，道心惟微，惟精惟一，允执厥中"，即所谓"十六字心传"，为道统之传。重要的是，朱子论"道心""人心"又与论"天理""人欲"联系在一起。对此，冯友兰《中国哲学史》作了初步的论述，以为"性为天理，即所谓'道心'""人欲，即所谓'人心'""人欲亦称私欲"，强调道心与人心、天理与人欲的相互对立。与此不同，唐君毅讲"一心开三心"，以为"一心开为道心、人心与具不善之人欲之心三者"，又将"三心"归于"二心"，并终归于"一心"，既讲道心、人心、具不善之人欲之心的相互区别，又讲三者的相互关联。钱穆则专门讨论道心与人心、天理与人欲的相互统一，提出"人心、道心非有二心""天理人欲同出一心"。

一、朱子论"道心""人心"及"天理""人欲"

在朱子之前，二程对"人心惟危，道心惟微，惟精惟一，允执厥中"做过解释。程颢说："'人心惟危'，人欲也。'道心惟微'，天理也。'惟精惟一'，所以至之。'允执厥中'，所以行之。"[①] 程颐说："人心私欲，故危殆。道心天理，故精微。灭私欲则天理明矣。"[②]

对于程颐所言"人心私欲""道心天理"，朱子于宋乾道四年戊子（1168年）编订《程氏遗书》时就已经注意到。他曾在《答何叔京》中说："'人心私

---

① （宋）程颢、程颐：《河南程氏遗书》卷十一，载于《二程集》（上），中华书局2004年版，第126页。
② （宋）程颢、程颐：《河南程氏遗书》卷二十四，载于《二程集》（上），中华书局2004年版，第312页。

欲，道心天理'，此亦程氏遗言，中间疑之。后乃得其所谓。"[1] 宋淳熙元年甲午（1174年），朱子对于程颐所言"人心私欲""道心天理"作了讨论。在《答张敬夫》中，朱子说："《遗书》有言：人心私欲，道心天理。熹疑'私欲'二字太重，近思得之，乃识其意。盖心一也，自其天理备具、随处发见而言，则谓之道心；自其有所营为谋虑而言，则谓之人心。夫营为谋虑，非皆不善也，便谓之私欲者，盖只一豪发不从天理上自然发出，便是私欲。"[2] 并且认为，人心私欲之说，是不妥当的，"是所谓本原未明了之病"，而程颐所谓"人心私欲"，"非若众人所谓私欲者也"[3]。同年，朱子还写成《观心说》[4]，其中指出："夫谓人心之危者，人欲之萌也；道心之微者，天理之奥也。心则一也，以正不正而异其名耳。"[5] 在这里，朱子不讲"人心私欲"，而是讲人心为"人欲之萌"。

宋淳熙十二年乙巳（1185年），朱子在《答陈同甫》中说："所谓'人心惟危，道心惟微，惟精惟一，允执厥中'者，尧、舜、禹相传之密旨也。夫人自有生而梏于形体之私，则固不能无人心矣。然而必有得于天地之正，则又不能无道心矣。日用之间，二者并行，迭为胜负，而一身之是非得失，天下之治乱安危，莫不系焉。是以欲其择之精而不使人心得以杂乎道心，欲其守之一而不使天理得以流于人欲，则凡其所行，无一事之不得其中，而于天下国家无所处而不当。夫岂任人心之自危而以有时而泯者为当然，任道心之自微而幸其须臾之不常泯也哉？"[6] 在这里，朱子既讲道心、人心，又讲天理、人欲。

宋淳熙十五年戊申（1188年），朱子上《戊申封事》，其中有关"人心惟危，道心惟微，惟精惟一，允执厥中"的阐述[7]，为淳熙十六年己酉（1189年）写成

---

[1] （宋）朱熹：《晦庵先生朱文公文集》卷四十《答何叔京》（十六），载于《朱子全书》（22），上海古籍出版社、安徽教育出版社2010年版，第1828页。
[2] （宋）朱熹：《晦庵先生朱文公文集》卷三十二《问张敬夫》（三十八），载于《朱子全书》（21），上海古籍出版社、安徽教育出版社2010年版，第1396页。
[3] （宋）朱熹：《晦庵先生朱文公文集》卷三十二《答张敬夫》（四十），载于《朱子全书》（21），上海古籍出版社、安徽教育出版社2010年版，第1397页。
[4] 束景南：《朱熹年谱长编》卷上，华东师范大学出版社2001年版，第519页。
[5] （宋）朱熹：《晦庵先生朱文公文集》卷六十七《观心说》，载于《朱子全书》（23），上海古籍出版社、安徽教育出版社2010年版，第3278页。
[6] （宋）朱熹：《晦庵先生朱文公文集》卷三十六《答陈同甫》（八），载于《朱子全书》（21），上海古籍出版社、安徽教育出版社2010年版，第1586页。
[7] 朱熹《戊申封事》按："《尚书》舜告禹曰：'人心惟危，道心惟微，惟精惟一，允执厥中。'夫心之虚灵知觉，一而已矣，而以为有人心、道心之别者，何哉？盖以其或生于形气之私，或原于性命之正，而所以为知觉者不同，是以或危殆而不安，或精微而难见耳。然人莫不有是形，故虽上智不能无人心，亦莫不有是性，故虽下愚不能无道心。二者杂于方寸之间，而不知所以治之，则危者愈危，微者愈微，而天理之公卒无以胜乎人欲之私矣。精则察夫二者之间而不杂也，一则守其本心之正而不离也。从事于斯，无少间断，必使道心常为一身之主，而人心每听命焉，则危者安，微者著，而动静云为自无过不及之差矣。"[（宋）朱熹：《晦庵先生朱文公文集》卷十一《戊申封事》，载于《朱子全书》（20），上海古籍出版社、安徽教育出版社2010年版，第591页]

的《中庸章句·序》所引述："盖尝论之：心之虚灵知觉，一而已矣，而以为有人心、道心之异者，则以其或生于形气之私，或原于性命之正，而所以为知觉者不同，是以或危殆而不安，或微妙而难见耳。……二者杂于方寸之间，而不知所以治之，则危者愈危，微者愈微，而天理之公卒无以胜夫人欲之私矣。精则察夫二者之间而不杂也，一则守其本心之正而不离也。从事于斯，无少间断，必使道心常为一身之主，而人心每听命焉，则危者安、微者著，而动静云为自无过不及之差矣。"① 而且，在该序中，"十六字心传"被看作从尧、舜至孔、孟的道统所传之"道"。

在朱子看来，人之一心包括道心和人心两个不同方面：道心"原于性命之正"，人心"生于形气之私"；道心"微妙而难见"，人心"危殆而不安"。对于人之心而言，道心、人心缺一不可；但是，必须处理好二者的关系，不可让"危者愈危，微者愈微"，否则，天理不能胜人欲之私；只有"察夫二者之间而不杂""守其本心之正而不离"，以道心主宰人心，天理才能胜人欲之私。

据《朱子语类》载余大雅戊戌（1178年）以后所闻，朱子说："人心是此身有知觉，有嗜欲者，如所谓'我欲仁''从心所欲''性之欲也，感于物而动'，此岂能无！但为物诱而至于陷溺，则为害尔。……故曰危。道心则是义理之心，可以为人心之主宰，而人心据以为准者也。且以饮食言之，凡饥渴而欲得饮食以充其饱且足者，皆人心也。然必有义理存焉，有可以食，有不可以食。如子路食于孔悝之类，此不可食者。又如父之慈其子，子之孝其父，常人亦能之，此道心之正也。苟父一虐其子，则子必狠然以悖其父，此人心之所以危也。惟舜则不然，虽其父欲杀之，而舜之孝则未尝替，此道心也。故当使人心每听道心之区处，方可。然此道心却杂出于人心之间，微而难见，故必须精一之，而后中可执。然此又非有两心也，只是义理、人欲之辨尔。"② 这段言谈可以看作对《中庸章句·序》所谓道心、人心的解读。

朱子晚年对于人心与人欲的关系有更为深入的思考。一方面，他不赞同把人心看作私欲。他说："人只有一个心，但知觉得道理底是道心，知觉得声色臭味底是人心，不争得多。'人心，人欲也'，此语有病。虽上智不能无此，岂可谓全不是？"③ 这里的"人欲"，指私欲而言，"人心，人欲也"，即"人心，私欲"。朱子强调"人心不全是人欲"④。换言之，"人心"不可无；"人欲"，即私欲，不可有。他甚至还说："孔子所谓'克己复礼'，《中庸》所谓'致中和''尊德

---

① （宋）朱熹：《四书章句集注·中庸章句序》，中华书局2012年版，第14页。
② （宋）黎靖德：《朱子语类》（四）卷六十二，中华书局1986年版，第1488页。
③ （宋）黎靖德：《朱子语类》（五）卷七十八，中华书局1986年版，第2010页。
④ （宋）黎靖德：《朱子语类》（七）卷一百一十八，中华书局1986年版，第2864页。

性'道问学'，《大学》所谓'明明德'，《书》曰'人心惟危，道心惟微，惟精惟一，允执厥中'，圣贤千言万语，只是教人明天理，灭人欲。"① 另一方面，他认为，人的欲望未必不好。他说："人心亦未是十分不好底。人欲只是饥欲食、寒欲衣之心尔。"② 这里所谓"人欲"，是指人的欲望。据《朱子语类》载，问："动于人心之微，则天理固已发见，而人欲亦已萌。天理便是道心，人欲便是人心。"曰："然。"③ 在朱子看来，人的欲望刚刚萌动的时候，如饥欲食、寒欲衣，便是人心，而不可无。又据《朱子语类》载，问："'人心惟危'，程子曰：'人心，人欲也。'恐未便是人欲。"曰："人欲也未便是不好。谓之危者，危险，欲堕未堕之间，若无道心以御之，则一向入于邪恶，又不止于危也。"④ 所谓"人欲也未便是不好"中的"人欲"，是指人的欲望刚刚萌动的时候，亦是指人心，不仅不可无，而且"未便是不好"，但是，这种欲望，"若无道心以御之，则一向入于邪恶"，这就成为私欲。

二、冯友兰论"天理"与"人欲"

民国时期，学术界对于朱子所谓"存天理、灭人欲"，多有批评。蔡元培《中国伦理学史》引述清代戴震所言"自宋儒立理欲之辨，谓不出于理，则出于欲，不出于欲，则出于理。……此理欲之辨，适以穷天下之人，尽转移为欺伪之人，为祸何可胜言也哉"，指出："其言可谓深切而著明矣。"⑤ 胡适说："理学家把他们冥想出来的臆说认为天理而强人服从。他们一面说存天理，一面又说去人欲。他们认人的情欲为仇敌，所以定下许多不近人情的礼教，用理来杀人，吃人。"⑥

与此不同，汤用彤《理学谵言》则赞同朱子的"存天理、灭人欲"，指出："盖天理人欲有密私关系，不复天理以灭人欲，则天理蔽；不抑人欲以助天理，则人欲滋，此进则彼退，此退则彼进，毫不可忽略，毫不可苟且。"⑦ 把朱子"存天理、灭人欲"中的"人欲"解读为"私欲"。谢无量则说："天理、人欲，不外一心；一心所包，不外善恶。善即是天理，恶即是人欲；善即是义，恶即是

---

① （宋）黎靖德：《朱子语类》（一）卷十二，中华书局1986年版，第207页。
② （宋）黎靖德：《朱子语类》（五）卷七十八，中华书局1986年版，第2009页。
③ （宋）黎靖德：《朱子语类》（五）卷七十八，中华书局1986年版，第2012页。
④ （宋）黎靖德：《朱子语类》（五）卷七十八，中华书局1986年版，第2010页。
⑤ 蔡元培：《中国伦理学史》，商务印书馆1910年版，第194~195页。
⑥ 胡适：《戴东原的哲学》，载于《胡适全集》（第6卷），安徽教育出版社2003年版，第376~377页。
⑦ 汤用彤：《理学谵言》，载于汤一介编《汤用彤选集》，天津人民出版社1995年版，第15页。

利。能先知去恶,则可以为善矣。"① 这实际上是把朱子"存天理、灭人欲"解读为人的内心上的"去恶""为善"。

冯友兰《中国哲学史》对朱子所谓"道心""人心"作了阐释,指出:"人得于理而后有其性,得于气而后有其形。性为天理,即所谓'道心'也。因人之有气禀之形而起之情,其'流而至于滥'者,则皆人欲,即所谓'人心'也。人欲亦称私欲。就其为因人之为具体的人而起之情之流而至于滥者而言,则谓之人欲;就其为因人之为个体而起之情之流而至于滥者而言,则谓之私欲。"② 显然,冯友兰认为,朱子的"道心"就天理而言,"人心"就人欲而言。这就把朱子的"道心""人心"看作天理、人欲。当然,冯友兰特别强调,朱子所谓"人欲",亦称"私欲"。后来,冯友兰《新理学》说:"宋明儒又立所谓人心、道心之分别。……他们所谓人心,大概是指与从人之性所发之行为冲突之行为,尚未行而为心之所知者。其所谓道心,大概是指从人之性所发之行为,尚未行而为心之所知者。"③ 这里把"道心"与人之性联系起来,但并非完全相等同,与冯友兰《中国哲学史》直接讲"性为天理,即所谓'道心'"的表述略有差异。

对于戴震批评朱子将"天理"与"人欲"分别开来,冯友兰《中国哲学史》予以了辨析。就戴震所言"谓不出于正则出于邪,不出于邪则出于正,可也。谓不出于理则出于欲,不出于欲则出于理,不可也",冯友兰指出:"此等辩论,如有结果,须先明宋儒所谓人欲,是何所指。饮食男女之欲,宋儒并不以为恶,特饮食男女之欲之不'正'者,换言之,即欲之失者,宋儒始以为恶耳。朱子谓欲为水流之至于滥者;其不滥者,不名曰欲也。故宋儒所以为恶之欲,名为人欲,名为私欲;正明其为欲之邪者耳。"④ 后来,冯友兰《新理学》还指出:"照宋儒的说法,人之性即人之所以为人者,是天理,其反乎此底生理底心理底要求是人欲。……人欲一名,最易引起误会,以为凡人所有之生理底、心理底要求,皆是人欲,皆为以前道学家所认为是不道德底者。戴东原说:'宋以来儒者,举凡饥饿愁怨,饮食男女,常情隐曲之感,则名之曰人欲。故终其身见欲之难制。其所谓存理,空有理之名,实则绝情欲之感耳。'(《孟子字义疏证》)东原以及其他反对宋儒所谓理欲之辨者,大都如此说。这完全是误解,此误解之起,由于对于宋儒所谓人欲,望文生义。宋儒并未说过,'凡饥饿愁怨,饮食男女,常情隐曲之感',都是欲或人欲。只有其中之反乎人之所以为人者,方是欲或人欲。"⑤ 显

---

① 谢无量:《朱子学派》,中华书局1916年版,第156页。
② 冯友兰:《中国哲学史》,商务印书馆1934年版,第918页。
③ 冯友兰:《新理学》,商务印书馆1939年版,第156页。
④ 冯友兰:《中国哲学史》,商务印书馆1934年版,第1005页。
⑤ 冯友兰:《新理学》,商务印书馆1939年版,第154~155页。

然，在冯友兰看来，戴震以及其他反对宋儒所谓理欲之辨者，都只是误解了宋儒关于"人欲"的涵义。因此，冯友兰还说："若知'宋以来儒者'所谓欲或人欲之意义，则所谓理欲之辨，实是没有什么可以批评底。批评之者都是由于误解。"①

冯友兰《中国哲学史》将朱子"存天理、灭人欲"的"人欲"解读为"私欲"，为当时的范寿康、张岱年等学者所接受。范寿康《中国哲学史通论》在阐述戴震的哲学时指出："他攻击宋儒，以为宋儒分理与欲为二，把二者看做互不相容，乃是大谬。但是由我们看来，他的攻击虽具一面之理，其实，宋儒所谓人欲，实即欲之失于私的那种私欲，并非指一切的欲望而言。"②

张岱年《中国哲学大纲》对于朱子"道心""人心"的阐释大致与冯友兰相同，认为朱子"以天理人欲为道心人心之分别"，并且还引述以上朱子《中庸章句·序》所言，指出："人只有一心，而或公或私，或原于理，或出于欲，乃有道心人心之不同；其实只是一个心。"③ 显然，张岱年既讲道心、人心的分别，天理、人欲的分别，又强调原于天理的道心和出于人欲的人心"只是一个心"。当然，张岱年也认为，"宋代道学中所谓人欲，亦即是私欲之意"④ "道学家之排斥人欲，其实并不是否认一切欲"⑤，因而戴震对于宋儒理欲之辨的驳论，"稍有误会""并非完全中其肯綮"。⑥

蒋伯潜《理学纂要》在阐述戴震对于宋儒理欲之辨的批评时指出："宋儒所云与天理不并存之'人欲'，乃指'私欲'而言，即东原亦有'欲之失为私'之言。东原所云资以遂其生之欲，吾人血气心知自然而有之欲，则指人人所同具之饮食男女之欲，亦即孟子所云'食色性也'之食色；则宋儒岂能无之？且情欲之不爽失者，即是情而不失于偏，欲而不失于私者，宋儒亦未尝以为恶而欲无之。所以这争论，乃由所谓'欲'者，外包内含之不同而已。"⑦ 显然，这与冯友兰《中国哲学史》所持的相关观点是一致的。

侯外庐主编《中国思想通史》认为，朱熹的道心人心即天理人欲，其中说道："所谓以'道心'主宰'人心'，便是以天理克服人欲、以精神控制肉体的僧侣主义命题。"⑧ 与此不同，任继愈主编《中国哲学史》则说："朱熹认为道

---

① 冯友兰：《新理学》，商务印书馆1939年版，第155页。
② 范寿康：《中国哲学史通论》，开明书店1937年版，第431页。
③ 宇同（张岱年）：《中国哲学大纲》，商务印书馆1958年版，第256页。
④ 宇同（张岱年）：《中国哲学大纲》，商务印书馆1958年版，第459页。
⑤ 宇同（张岱年）：《中国哲学大纲》，商务印书馆1958年版，第463页。
⑥ 宇同（张岱年）：《中国哲学大纲》，商务印书馆1958年版，第467页。
⑦ 蒋伯潜：《理学纂要》，正中书局1948年版，第192页。
⑧ 侯外庐：《中国思想通史》（第四卷下册），人民出版社1960年版，第633页。

心人心与天理人欲有所不同,道心就是天理,人心则不尽同于人欲。人心包括为善为恶两种可能,人欲则一定是恶的。所以天理和人欲是完全对立而不可并存的。"①

需要指出的是,冯友兰《中国哲学史》把朱子的天理人欲与道心人心联系起来,是要从道心人心这一"心"的层面而不是从社会道德规范的层面讨论天理人欲问题,至于是否如冯友兰所说,在朱子那里,天理,即所谓"道心",人欲或私欲,即所谓"人心",这还需要作进一步的分析。

三、唐君毅论"一心开三心"

不同于冯友兰《新理学》以为道心为人之性所发、人心与人之性所发相冲突,唐君毅认为,道心、人心为人之一心的不同呈现,而且,人之一心除了呈现道心、人心外,还呈现"具不善之人欲或私欲之心"。他说:"人之一心之呈现,即可自其已实现表现其性理者,而名之为道心;就其可实现表现道,或其己私不妨碍道心之呈现者,而名为人心;就其人心之己私之足以妨碍道心之呈现者言,称其私为私欲,或不善之人欲,而此心即为一具不善之人欲或私欲之心。"② 在这里,唐君毅把人之一心分为道心、人心和具不善之人欲或私欲之心,这就是他所谓"一心开三心"之说。唐君毅还通过分析朱子《中庸章句·序》等有关道心、人心的论述,指出:"朱子之学之所归,其所谓道心、人心、及与道心为对反之不善之人欲,明为三义;而其中之人心,则克就其本身言,乃虽有危亦可合道,而为可善可恶之中性者也。"③ 至于人欲,唐君毅说:"人欲乃起于人心之知觉运动之只顺形气之欲,以单独进行而来。"④ 也就是说,人欲是起于人心,但不能等同于人心,而且,由于人心为"可善可恶之中性者",所以,起于人心之人欲亦非完全是不善之人欲。显然,这与冯友兰《中国哲学史》以为在朱子那里"人欲,即所谓'人心'","人欲亦称私欲",存在着很大的分歧。

唐君毅特别对饮食男女之欲以求生与延生中的人之心作了细致分析。他说:"此种人之自求生与延生而能知觉运动之心,虽亦为依于一天之生之理之道之善而有,而可依天之立场,以说为一善之流行之所在者。然此又毕竟不同于人之自

---

① 任继愈:《中国哲学史》(第三册),人民出版社1964年版,第257~258页。
② 唐君毅:《中国哲学原论·原性篇》,中国社会科学出版社2005年版,第260页。
③ 唐君毅:《中国哲学原论·原性篇》,中国社会科学出版社2005年版,第262页。
④ 唐君毅:《中国哲学原论·原性篇》,中国社会科学出版社2005年版,第265页。

觉的依仁义礼智之性，而生之恻隐羞恶辞让是非之情之善。"① 唐君毅认为，对于饮食男女之欲以求生与延生，一为"依于一天之生之理"而有，一为"人之自觉的依仁义礼智之性"而有，二者虽然都本源于天理，同为善，但是，"其所以为善之意义，则有二种，而毕竟不同者也"。② 他还对所感事物之好奇求知之活动中的人之心作了分析，指出："凡此诸活动之所以生，自天而观，亦依于生生之理；而自人而观，则人亦初不自觉其当然之理，而初非依一自觉其合理之心而发者。然此诸活动，亦同可不隔乎理，而能接受当然之理之为之主，并可助'理'之发挥者。"③ 唐君毅认为，好奇心求知欲，虽最初不是"依一自觉其合理之心而发者"，但是"亦依于生生之理"而"不隔乎理"。

根据这样的分析，唐君毅认为，人心与道心的不同在于："道心于此理有自觉，此固为自人与自天而观时，皆为善者。人心则无对此理之自觉，而有其所向之欲，然亦依于天之生生之理而有，亦不必违理而可不隔乎理，并助理之发挥者。故自天而观，固当谓其善；自人而观，亦不必为恶而可为善者。"④ 也就是说，道心自觉地依天理而发，人心"无对此理之自觉"，但同样是"依于天之生生之理而有"，所以，道心与人心的差异只是在于对天之生生之理，是自觉或是无自觉，是"皆为善者"或是"可为善者"。

唐君毅还分析了不善之人欲与人心的相互关系，不仅认为不善之人欲"直接依于人心而起"："人之具形气以生，而对有形气者，其人心恒自然有一知；继之而对若干有形气之物，有所偏向与所欲，再继之而有此欲之相续生，而相续求遂。"而且还认为，随着不善之人欲的形成，"于是此人心，即可为此人欲所推动、指挥、主宰，以单独进行发展，而昧其道心，以至全违道心，而有化出无穷之不善人欲之事矣"。⑤

正是通过对道心、人心和不善之人欲的相互关系的分析，唐君毅又把"三心"归于"一心"。他说："至克就实际之人心言，如其不觉于理，以听命于道心，化同于道心，又必以其觉于欲，而归于单独发展其欲，以离道违道。故此人心又非真能自持其独立存在，以自持其为一无善无恶之心者。由此而在实际上之人心，即或向上而听命或化同于道心，或向下沦为具不善之人欲之心，又终无中立之可能。……由此而所谓三心，即仍归于二心。然此二者，既一善一恶，互相对反。……二相对反之心不容并存，则实际上人所有之心，又仍只是一心而已矣。"⑥ 又指出："朱子之说，乃将一心开为道心、人心与具不善之人欲之心三者。而在实际上人所现有之心上看，人心中不善之人欲肆，则道心必日亡，人心

---

① ② ③ ④ 唐君毅：《中国哲学原论·原性篇》，中国社会科学出版社 2005 年版，第 263 页。
⑤ 唐君毅：《中国哲学原论·原性篇》，中国社会科学出版社 2005 年版，第 264 页。
⑥ 唐君毅：《中国哲学原论·原性篇》，中国社会科学出版社 2005 年版，第 265 页。

听命于道心，而化同于道心，必求净去此不善之人欲，而归于一道心。"① 也就是说，人之心所呈现的道心、人心以及具不善之人欲或私欲之心，在现实中由于无善无恶的人心"或向上而听命或化同于道心，或向下沦为具不善之人欲之心"，而归于二心对立，最终"二相对反之心不容并存"，而只是一心。

需要指出的是，唐君毅以所谓"一心开三心"解读朱子的道心人心及其与天理人欲的关系，不仅不同于冯友兰《中国哲学史》以为"性为天理，即所谓'道心'""人欲，即所谓'人心'"，而且由于实际上人心"终无中立之可能"，"三心"而归于"二心"，形成道心与不善之人欲之心的对立，并终归于"一心"，这一理论可以解决朱子在道心人心及其与天理人欲关系上的诸多问题。然而，唐君毅所谓"一心开三心"毕竟是对朱子的道心人心及其与天理人欲关系的一种解读，还需要作出更多的论证。

四、钱穆论"人心道心只是一心"

与冯友兰《中国哲学史》把朱子的道心与人心、天理与人欲对立起来不同，钱穆较多强调道心与人心、天理与人欲的相互联系。

1. "人心、道心非有二心"

对于朱子《中庸章句·序》所言"心之虚灵知觉，一而已矣；而以为有人心道心之异者，则以其或生于形气之私，或原于性命之正。……然人莫不有是形，故虽上智，不能无人心；亦莫不有是性，故虽下愚，不能无道心"，钱穆认为，在朱子那里，"人心惟危，道心惟微，惟精惟一，允执厥中"之"十六字心传"所传之心，"人人共有，隐乎百姓日用之间"②。他还说："此心虽有人心道心之别，却同是一心，非有两心。故曰'虽上智不能无人心，虽下愚不能无道心'。惟一则原于性命之正，一则生于形气之私，此则犹是理气分言之意。"③

如前所述，钱穆认为朱子讲理气为一体而两分。据此，他又认为，在朱子那里，"人心道心只是一体两分，又是两体合一"。他还说："若只说气，则宇宙只是此一气，此气那有不好。但若分说理气，则气字地位自见差了些。若只说心，则此心乃天地自然所赋，那有不好。但若分说人心与道心，则人心地位也自见差些。"④ 因此，钱穆认为，朱子在人心道心问题上的观点是："人心不可无，人欲不可绝，惟不能据此以为安，故必以道心义理为之作主宰。而道心与人心，又实

---

① 唐君毅：《中国哲学原论·原性篇》，中国社会科学出版社 2005 年版，第 265 页。
② 钱穆：《朱子新学案》（第二册），九州出版社 2011 年版，第 201 页。
③ 钱穆：《朱子新学案》（第一册），九州出版社 2011 年版，第 101 页。
④ 钱穆：《朱子新学案》（第一册），九州出版社 2011 年版，第 103 页。

非有二心。"① "人心、道心非有二心。人心非皆不善。道心、人心之别，在形气性命理欲公私间。然性命亦只寄寓于形气中，舍却形气，性命即无所附丽，亦复于何处发见。故知性命之正与形气之私，亦难判然划分，然亦不能谓其一无分别。"②

关于道心人心，钱穆不赞同罗钦顺所言"道心即《乐记》所谓'人生而静，天之性也'，即《中庸》所谓'未发之中''天下之大本也'"，指出："朱子辨人心道心只是一心。心者人之知觉。指其生于形气之私者谓之人心，指其发于义理之公者谓之道心。今谓道心为未发，则道心人心之别，岂即已发未发之别乎？又岂道心未发为大本，而人心已发为违道乎？整庵此等处，大失思理。"③ 显然，在钱穆看来，朱子言道心人心之别，不同于言未发、已发之区分。

同时，钱穆引述朱子所谓"人心不全是人欲……只饥食渴饮、目视耳听之类"，指出："谓人心不全是人欲，如饥食渴饮、目视耳听是人心，不可即谓是人欲。朱子又称之曰'生人之所欲'，明与'天理'相对言之'人欲'有不同。"④ 当然，"若不见道理，因于形骸之隔而物我判为二，则易于自私，易于陷溺人人欲中"⑤。显然，在钱穆看来，朱子言道心人心之别，不同于言天理人欲之相对。

钱穆非常强调在朱子那里"人心、道心非有二心"，认为朱子辨人心道心"有时当分别而观，有时当合一而观"。他说："发于私欲之人心，实亦即是发于天理之道心，非有二心也。"⑥ "心为形骸所隔而物我判而为二者，此心则是人心也。破此人心之私，而道心之大之公自见，亦非外于此心而别有一心谓之道心也。"⑦ 当然，钱穆又强调人心道心之不同，不能只知有人心，而不知有道心。他说："趋利避害饥寒饱暖等处，人心即是道心，惟不可只知得有人心而不知有道心。"⑧ 所以，钱穆还说："人心道心，非有两心，只是在一心中有此区别。此一区别，贵能浑化，不贵使之形成敌对。故曰：'有道理底人心，便是道心。'……今把此心分为道心人心二者说之，不过要人较易明白此心体，却不是说真有了两个心。"⑨

2. "天理亦不与人欲对"

在钱穆看来，朱子讨论人心道心与讨论天理人欲一样，"有时当合一言，有

---

① 钱穆：《朱子新学案》（第二册），九州出版社 2011 年版，第 208 页。
② 钱穆：《朱子新学案》（第二册），九州出版社 2011 年版，第 211 页。
③ 钱穆：《朱子新学案》（第二册），九州出版社 2011 年版，第 218 页。
④ 钱穆：《朱子新学案》（第二册），九州出版社 2011 年版，第 209 页。
⑤ 钱穆：《朱子新学案》（第一册），九州出版社 2011 年版，第 105 页。
⑥ 钱穆：《朱子新学案》（第二册），九州出版社 2011 年版，第 219 页。
⑦ 钱穆：《朱子新学案》（第二册），九州出版社 2011 年版，第 220 页。
⑧ 钱穆：《朱子新学案》（第二册），九州出版社 2011 年版，第 221 页。
⑨ 钱穆：《朱子新学案》（第一册），九州出版社 2011 年版，第 105~106 页。

时当分别言"①。鉴于学者多言朱子将天理与人欲对立起来,钱穆则明确指出:"理学家无不辨天理人欲,然天理人欲同出一心。……朱子论阳不与阴对,善不与恶对,天理亦不与人欲对。"②

  钱穆引述朱子所说"人欲便也是天理里面做出来。虽是人欲,人欲中自有天理""饮食者,天理也。要求美味,人欲也",并结合胡宏所谓"天理、人欲同行而异情",指出:"要求美味,也还是饮食,故说同行。但要求饮食是自然。人同此心,心同此理。要求美味,则不是人人如此。所谓美味,亦人各不同。此中便夹带有私欲。故说是异情。同是饮食,一为饥渴,一为美味,求美味,其先还是从求解饥渴来,故曰'人欲即隐在天理中',又说'人欲中自有天理'。惟为求美味,往往易于把饮食一事安顿得不恰好。若饮食兼求美味,而又能把来安顿得恰好,则自亦无所谓人欲。"③ 钱穆认为,在朱子那里,虽然要求饮食是天理,要求美味是人欲,二者不同,但是,"要求美味,也还是饮食",只要把要求饮食与要求美味"安顿得恰好",就无所谓人欲,而不是只求饮食,不求美味,把二者对立起来。所以,钱穆又引述朱子所说"天理、人欲是交界处,不是两个""须是在天理则存天理,在人欲则去人欲",指出:"好底是本来自合如此,故谓之天理。但被人心私欲蔽惑了,故须去得私欲始可存得天理。……非谓天理与人欲相对立。"④

  所以,在钱穆看来,朱子讲"存天理","并不是凭空有一天理在那里,教人去凑合"⑤"只就心上理会,只在日用之间此心天理人欲之交界处来理会。只在事事物物中,此心之一动一静处来理会"⑥;朱子讲"去人欲",也不是"只在内面来专务克治私欲",当知"人欲即从天理中起,天理亦会从人欲中生"。⑦ 也就是说,朱子讲"去人欲",不是"专务克治私欲",而是要处理好天理与人欲的相互关系。为此,钱穆还说:"就内面言,则此心纵在私欲中,天理亦自会时时发露。就外面言,则有礼法可循,有文字可玩,天理亦随处随事而见。朱子只教人各就自家日常生活中讨取,平平恁地做工夫。莫要凭空求讨天理,亦莫要一意搜剔私欲。"⑧

---

① 钱穆:《朱子新学案》(第二册),九州出版社2011年版,第219页。
② 钱穆:《朱子新学案》(第一册),九州出版社2011年版,第95页。
③ 钱穆:《朱子新学案》(第一册),九州出版社2011年版,第96页。
④ 钱穆:《朱子新学案》(第一册),九州出版社2011年版,第449页。
⑤ 钱穆:《朱子新学案》(第一册),九州出版社2011年版,第450页。
⑥ 钱穆:《朱子新学案》(第一册),九州出版社2011年版,第98页。
⑦ 钱穆:《朱子新学案》(第一册),九州出版社2011年版,第451页。
⑧ 钱穆:《朱子新学案》(第一册),九州出版社2011年版,第100页。

五、余论

应当说，朱子赞同程颐把道心人心与天理人欲联系起来，只是不赞同把人心等同于人欲、私欲。冯友兰《中国哲学史》以为"性为天理，即所谓'道心'""人欲，即所谓'人心'""人欲亦称私欲"，不仅强调道心与人心、天理与人欲的相互对立，而且把人心、人欲、私欲等同起来，与朱子不赞同"人心人欲"或"人心私欲"之说并非完全一致。

唐君毅对朱子的道心人心与天理人欲作了深入的概念分析。他认为，在朱子那里，所谓道心"不同于统言人有具性理之心"，而是实际实现或表现性理之心，而且，人心不等同于人欲，更不等同于不善之人欲或私欲之心。这种解读不同于冯友兰，而较为合符朱子之意。重要的是，唐君毅认为道心与人心的差异只是在于对天之生生之理，是自觉或是无自觉，是"皆为善者"或是"可为善者"，实际上否认了道心与人心的相互对立，而强调道心与不善之人欲或私欲之心的对立。

钱穆认为，在朱子那里"人心、道心非有二心"，这与唐君毅并无明显的差异。同时，钱穆又强调，朱子赞同胡宏所谓"天理人欲同行而异情"，并由此认为，在朱子那里，"天理人欲同出一心""天理亦不与人欲对"，因而还认为朱子讲"存天理""去人欲"，不是要"凭空求讨天理"，也不是要"一意搜剔私欲"，而是要"在日用之间此心天理人欲之交界处来理会"。此较唐君毅又有所差异。

应当说，在朱子那里，从人心而发生的人的欲望中，既有合乎天理的部分，也可能有不合乎天理而属于私欲的部分。朱子讲"存天理""去人欲"就是要去除人的欲望中属于私欲的部分。但是，天理、私欲"是交界处，不是两个"，关键的问题在于如何才能分辨出人的欲望中合乎天理的部分与属于私欲的部分，从而能够去除私欲。朱子说："天理、人欲，其间甚微。于其发处，子细认取那个是天理，那个是人欲。知其为天理，便知其为人欲。既知其为人欲，则人欲便不行。"[1] 又说："圣人只说'格物'二字，便是要人就事物上理会。且自一念之微，以至事事物物，若静若动，凡居处饮食言语，无不是事，无不各有个天理人欲，须是逐一验过。虽在静处坐，亦须验个敬、肆。敬便是天理，肆便是人欲。"[2] 在朱子看来，要存天理而去除私欲，首先要"认取那个是天理，那个是人欲""须是逐一验过"，这就要通过格物致知，以辨别天理与私欲。

---

[1] （宋）黎靖德：《朱子语类》（三）卷四十二，中华书局1986年版，第1079页。
[2] （宋）黎靖德：《朱子语类》（一）卷十五，中华书局1986年版，第287页。

至于如何才能存天理而去除私欲？朱子说："今日格一物，明日格一物，正如游兵攻围拔守，人欲自消铄去。"① 显然，在朱子看来，格物致知的过程，就是存天理而去除私欲的过程。他还说："未知学问，此心浑为人欲。既知学问，则天理自然发见，而人欲渐渐消去者，固是好矣。然克得一层，又有一层。大者固不可有，而纤微尤要密察！"② 又说："且从易见底克去，又却理会难见底。如剥百合，须去了一重，方始去那第二重。今且将'义利'两字分个界限，紧紧走从这边来。其间细碎工夫，又一面理会。如做屋柱一般，且去了一重粗皮，又慢慢出细。"③ 因此，朱子反对离开格物致知而空谈存理灭欲。他说："夫外物之诱人，莫甚于饮食男女之欲，然推其本，则固亦莫非人之所当有而不能无者也。但于其间自有天理人欲之辨，而不可以毫厘差耳。……今不即物以穷其原，而徒恶物之诱乎己，乃欲一切扞而去之，则是必闭口枵腹，然后可以得饮食之正，绝灭种类，然后可以全夫妇之别也。"④ 显然，朱子反对去除人的一切欲望，而是强调要通过格物致知，明辨人的欲望中的天理、人欲，以得其正。朱子还诠释所谓"饮食之正"曰："口腹为饥渴所害，故于饮食不暇择，而失其正味；人心为贫贱所害，故于富贵不暇择，而失其正理。"⑤ 由此可见，在朱子那里，问题不在于能不能有欲望，而在于欲望本身以及满足欲望的手段是否合理。

---

① （宋）黎靖德：《朱子语类》（一）卷十二，中华书局1986年版，第207页。
② （宋）黎靖德：《朱子语类》（一）卷十三，中华书局1986年版，第225页。
③ （宋）黎靖德：《朱子语类》（三）卷四十一，中华书局1986年版，第1043页。
④ （宋）朱熹：《四书或问》，载于《朱子全书》（6），上海古籍出版社、安徽教育出版社2010年版，第529页。
⑤ （宋）朱熹：《四书章句集注》，中华书局2012年版，第365页。

第九章

"格物致知"的不同诠释

朱子的格致说是现代朱子哲学研究最热门的话题之一。学者们或是从认识论的路径,或是从工夫论的路径,对朱子的格致说进行诠释,其中还涉及知识与道德的关系、朱子格致说与科学的关系等问题。胡适从自然科学的角度诠释朱子的格致说;冯友兰《中国哲学史》侧重从工夫论的角度阐释朱子的格致说,并认为朱子的格致说包涵了知识与道德的关系问题,但并没有予以解决;唐君毅从工夫论的角度对朱子的格致说作了深入的分析,认为朱子的"格物","重在格其内心之物",是"求诸外而明诸内"之事,同时还讨论了朱子格致说对于后来科学发展的积极作用。牟宗三从认识论的角度把朱子格致说诠释为"泛认知主义",并且认为,朱子格致说既不能显知识之本性,也不能显道德之本性。钱穆称朱子格致说为"心学主要工夫",而且认为,朱子的格致说追求知识,包含对于自然科学的研究,而为朱子工夫论所特有。

一、朱子论"格物致知"

朱子《大学章句》注《大学》"明明德"时提出"心具众理",又说:"但为气禀所拘,人欲所蔽,则有时而昏。"[①] 在此前提下,朱子作"格物致知补传"。他说:"所谓致知在格物者,言欲致吾之知,在即物而穷其理也。盖人心之灵莫不有知,而天下之物莫不有理,惟于理有未穷,故其知有不尽也。是以《大

---

① (宋)朱熹:《四书章句集注》,中华书局2012年版,第3页。

学》始教，必使学者即凡天下之物，莫不因其已知之理而益穷之，以求至乎其极。至于用力之久，而一旦豁然贯通焉，则众物之表里精粗无不到，而吾心之全体大用无不明矣。此谓物格，此谓知之至也。"① 这一作为朱子格致说的完整表述，大致包含以下几个方面的内容。

第一，在格物穷理之前，已具有"已知之理"。朱子《大学章句序》认为，古之学校有小学、大学之分，小学教的是"洒扫、应对、进退之节，礼乐、射御、书数之文"，大学教的是"穷理、正心、修己、治人之道"，《大学》之书为"古之大学所以教人之法"。② 所以，在学习《大学》前，先要有小学工夫。朱子说："盖古人由小学而进于大学，其于洒扫、应对、进退之间，持守坚定，涵养纯熟，固已久矣。是以大学之序，特因小学已成之功，而以格物致知为始。今人未尝一日从事于小学，而曰必先致其知然后敬有所施，则未知其以何为主而格物以致其知也。"③ 又说："古人直自小学中涵养成就，所以大学之道只从格物做起。今人从前无此工夫，但见《大学》以格物为先，便欲只以思虑知识求之，更不于操存处用力。纵使窥测得十分，亦无实地可据。"④ 由此可见，朱子的格物穷理是要在小学已获得的"已知之理"的基础上，"因其已知之理而益穷之"。

第二，格物穷理，是要"即凡天下之物"。朱子说："天地中间，上是天，下是地，中间有许多日月星辰，山川草木，人物禽兽，此皆形而下之器也。然这形而下之器之中，便各自有个道理，此便是形而上之道。所谓格物，便是要就这形而下之器，穷得那形而上之道理而已。"⑤ 所以，朱子格物的对象是天下之物，"大而天地阴阳，细而昆虫草木，皆当理会。一物不理会，这里便缺此一物之理"⑥。他还说："世间之物，无不有理，皆须格过。古人自幼便识其具，且如事亲事君之礼，钟鼓铿锵之节，进退揖逊之仪，皆目熟其事，躬亲其礼。及其长也，不过只是穷此理，因而渐及于天地、鬼神、日月、阴阳、草木、鸟兽之理。"⑦ 从朱子所谓"身心性情之德，人伦日用之常，以至天地鬼神之变，鸟兽草木之宜，自其一物之中，莫不有以见其所当然而不容已，与其所以然而不可易

---

① （宋）朱熹：《四书章句集注》，中华书局2012年版，第7页。
② （宋）朱熹：《四书章句集注·大学章句序》，中华书局2012年版，第1页。
③ （宋）朱熹：《晦庵先生朱文公文集》卷四十二《答胡广仲》（一），载于《朱子全书》（22），上海古籍出版社、安徽教育出版社2010年版，第1894~1895页。
④ （宋）朱熹：《晦庵先生朱文公文集》卷四十三《答林择之》（十九），载于《朱子全书》（22），上海古籍出版社、安徽教育出版社2010年版，第1978~1979页。
⑤ （宋）黎靖德：《朱子语类》（四）卷六十二，中华书局1986年版，第1496页。
⑥ （宋）黎靖德：《朱子语类》（七）卷一百一十七，中华书局1986年版，第2817页。
⑦ （宋）黎靖德：《朱子语类》（一）卷十五，中华书局1986年版，第286~287页。

者"① 可知，朱子格物的对象可以分为三个主要方面：其一，人的身心性情；其二，社会伦理道德；其三，自然界事物。既包括内在的，也包括外部的；既有伦理道德方面的事物，也有属于自然界领域的事物，这即所谓"天下之物"。当然，格物，"须是从切己处会去"②，然后渐渐推去，也就是要从"身心性情之德、人伦日用之常"出发，以至"天地鬼神之变、鸟兽草木之宜"。

第三，格物穷理，是要穷得事物的"当然之理"以及"所以然之理"。如前所述，朱子所谓"理"，包括所以然之理和当然之理，而且主要是当然之理。为此，他说："《大学》所谓格物致知，乃是即事物上穷得本来自然当然之理。"③ 同时，他又认为，明白当然之理，还必须进一步明白当然之理之所以"当然"的所以然之理；只有明白了所以然之理，才能为当然之理建立之所以"当然"的依据。所以，朱子格物穷理，既要穷得"当然之理"，又要穷得"所以然之理"，步步深入，"以求至乎其极"。朱子还说："大凡为学，须是四方八面都理会教通晓，仍更理会向里来。譬如吃果子一般：先去其皮壳，然后食其肉，又更和那中间核子都咬破，始得。若不咬破，又恐里头别有多滋味在。若是不去其皮壳，固不可；若只去其皮壳了，不管里面核子，亦不可，恁地则无缘到得极至处。《大学》之道，所以在致知、格物。格物，谓于事物之理各极其至，穷到尽头。若是里面核子未破，便是未极其至也。如今人于外面天地造化之理都理会得，而中间核子未破，则所理会得者亦未必皆是，终有未极其至处。"④ 在朱子看来，格物穷理，一方面要穷得事物的当然之理，"天地造化之理都理会得"；另一方面还要进一步穷得所以然之理，深入理会太极之理。

第四，格物穷理，不仅要"即凡天下之物"，而且要求诸内心。朱子《大学或问》认为，格物并非"不求诸心，而求诸迹，不求之内，而求之外"。他说："人之所以为学，心与理而已矣。心虽主乎一身，而其体之虚灵，足以管乎天下之理；理虽散在万物，而其用之微妙，实不外乎一人之心。初不可以内外精粗而论也。然或不知此心之灵，而无以存之，则昏昧杂扰，而无以穷众理之妙。不知众理之妙，而无以穷之，则偏狭固滞，而无以尽此心之全。此其理势之相须，盖亦有必然者。是以圣人设教，使人默识此心之灵，而存之于端庄静一之中，以为穷理之本；使人知有众理之妙，而穷之于学问思辨之际，以致尽心之功。巨细相涵，动静交养，初未尝有内外精粗之择，及其真积力久，而豁然贯通焉，则亦有

---

① （宋）朱熹：《四书或问》，载于《朱子全书》（6），上海古籍出版社、安徽教育出版社 2010 年版，第 527～528 页。
② （宋）黎靖德：《朱子语类》（一）卷十五，中华书局 1986 年版，第 284 页。
③ （宋）朱熹：《晦庵先生朱文公文集》卷五十《答潘文叔》（一），载于《朱子全书》（22），上海古籍出版社、安徽教育出版社 2010 年版，第 2290 页。
④ （宋）黎靖德：《朱子语类》（二）卷十八，中华书局 1986 年版，第 415 页。

以知其浑然一致，而果无内外精粗之可言矣。"① 他还说："天下之理，偪塞满前，耳之所闻，目之所见，无非物也，若之何而穷之哉！须当察之于心，使此心之理既明，然后于物之所在从而察之，则不至于泛滥矣。"② 为此，他认为格物"须是六七分去里面理会，三四分去外面理会方可"③。

第五，格物穷理所穷得事物的"理"，即是心中所具之理。据《朱子语类》载，问："格物须合内外始得？"曰："他内外未尝不合。自家知得物之理如此，则因其理之自然而应之，便见合内外之理。目前事事物物，皆有至理。如一草一木，一禽一兽，皆有理。草木春生秋杀，好生恶死。'仲夏斩阳木，仲冬斩阴木'皆是顺阴阳道理。……自家知得万物均气同体，'见生不忍见死，闻声不忍食肉'，非其时不伐一木，不杀一兽，'不杀胎，不殀夭，不覆巢'，此便是合内外之理。"④ 在朱子看来，"事事物物，皆有至理"，而且与心中所具之理是一致的，即所谓"合内外之理"，因此，格物穷理，"一旦豁然贯通"，不仅"众物之表里精粗无不到"，而且"吾心之全体大用无不明"。

王阳明反对朱子把《大学》"格物"诠释为"即物而穷其理"。他自称早年亭前格竹不得其理反而劳思致疾，后来，龙场悟道，"大悟格物致知之旨""始知圣人之道，吾性自足，向之求理于事物者误也"。⑤ 他甚至还说："先儒解格物为格天下之物，天下之物如何格得？且谓一草一木亦皆有理，今如何去格？纵格得草木来，如何反来诚得自家意？"⑥ 显然，王阳明是要反对朱子的格天下之物。他还说："夫物理不外于吾心，外吾心而求物理，无物理矣；遗物理而求吾心，吾心又何物邪？心之体，性也；性即理也。故有孝亲之心，即有孝之理，无孝亲之心，即无孝之理矣。有忠君之心，即有忠之理，无忠君之心，即无忠之理矣。理岂外于吾心邪？"⑦ 在王阳明看来，只有心的存在，才有物理的存在，"吾心之良知，即所谓天理也。致吾心良知之天理于事事物物，则事事物物皆得其理矣"⑧，而朱子以为心之外有理的存在，就是"析'心'与'理'而为二"。王阳明对于朱子格致说的诠释，对于后世乃至现代朱子学研究，影响很大。

---

① （宋）朱熹：《四书或问》，载于《朱子全书》（6），上海古籍出版社、安徽教育出版社2010年版，第528页。
② （宋）黎靖德：《朱子语类》（二）卷十八，中华书局1986年版，第400页。
③ （宋）黎靖德：《朱子语类》（二）卷十八，中华书局1986年版，第406页。
④ （宋）黎靖德：《朱子语类》（一）卷十五，中华书局1986年版，第296页。
⑤ （明）王守仁：《王阳明全集》卷三十三《年谱一》，上海古籍出版社1992年版，第1228页。
⑥ （明）王守仁：《传习录下》，载于《王阳明全集》卷三，上海古籍出版社1992年版，第119页。
⑦ （明）王守仁：《传习录中》，载于《王阳明全集》卷二，上海古籍出版社1992年版，第42页。
⑧ （明）王守仁：《传习录中》，载于《王阳明全集》卷二，上海古籍出版社1992年版，第45页。

二、冯友兰对朱子格致说的质疑

对于朱子格致说,蔡元培《中国伦理学史》说:"晦庵言修为之法,第一在穷理,穷理即《大学》所谓格物致知也。"①把朱子的格致说归于工夫论。蔡元培的这一观点影响很大,为当时不少学者所接受。与此不同,胡适最早从科学的角度对朱子格致说作了诠释,把朱子的"格物致知"看作科学方法。胡适于1917年完成的博士论文《先秦名学史》指出:"程氏兄弟及朱熹给'格物'一语的解释十分接近归纳方法:即从寻求事物的理开始,旨在借着综合而得最后的启迪。"②1919年,胡适在《北京大学月刊》上发表《清代汉学家的科学方法》(后更名为《清代学者的治学方法》),把清代学者的治学方法与科学方法联系起来,并进一步追溯到朱子的格物说。他认为,朱子《大学章句》"格物致知补传"所言"即物而穷其理",要求通过研究具体事物而寻出物的道理来,"这便是归纳的精神";还说:"'即凡天下之物,莫不因其已知之理而益穷之,以求至乎其极',这是很伟大的希望,科学的目的,也不过如此。"③还说:"宋儒的格物说,究竟可算得是含有一点归纳的精神。'即凡天下之物,莫不因其已知之理而益穷之'一句话里,的确含有科学的基础。"④同时,他还进一步引述《朱子语类》中的两段语录:"今登高山而望,群山皆为波浪之状,便是水泛如此,只不知因什么事凝了""尝见高山有螺蚌壳,或生石中。此石即旧日之土,螺蚌即水中之物。下者却变而为高,柔者却变而为刚。此事思之至深,有可验者",并且明确指出:"这两条都可见朱子颇能实行格物。他这种观察,断案虽不正确,已很可使人佩服。西洋的地质学者,观察同类的现状,加上胆大的假设,作为有系统的研究,便成了历史的地质学。"⑤胡适从科学的角度诠释朱子的格致说,对学术界影响也很大,而且还进一步衍生出从认识论角度对朱子格致说的诠释。

对于朱子的格致说,冯友兰《中国哲学史》将它作为"道德及修养之方"来阐述,认为在朱子那里,"工夫分两方面,即程伊川所谓用敬与致知"⑥。这显然是从工夫论的角度阐释朱子的格致说。冯友兰还说:"就朱子之哲学系统整个观之,则此格物之修养方法,自与其全系统相协和。盖朱子以天下事物,皆有其

---

① 蔡元培:《中国伦理学史》,商务印书馆1910年版,第175页。
② 胡适:《先秦名学史》,载于《胡适全集》(第5卷),安徽教育出版社2003年版,第8页。
③ 胡适:《清代学者的治学方法》,载于《胡适全集》(第1卷),安徽教育出版社2003年版,第366页。
④⑤ 胡适:《清代学者的治学方法》,载于《胡适全集》(第1卷),安徽教育出版社2003年版,第367页。
⑥ 冯友兰:《中国哲学史》,商务印书馆1934年版,第919页。

理；而吾心中之性，即天下事物之理之全体。穷天下事物之理，即穷吾性中之理也。今日穷一性中之理，明日穷一性中之理。多穷一理，即使吾气中之性多明一点。穷之既多，则有豁然顿悟之一时。至此时则见万物之理，皆在吾性中。所谓'天下无性外之物'。至此境界，'则众物之表里精粗无不到，而吾心之全体大用无不明矣'。用此修养方法，果否能达到此目的，乃另一问题。不过就朱子之哲学系统言，朱子固可持此说也。"① 可见，冯友兰是把朱子的"格物致知"仅限于道德修养方法加以阐释。为此，他还明确指出："朱子所说格物，实为修养方法，其目的在于明吾心之全体大用。即陆王一派之道学家批评朱子此说，亦视之为一修养方法而批评之。若以此为朱子之科学精神，以为此乃专为求知识者，则诬朱子矣。"② 显然，冯友兰《中国哲学史》反对胡适从科学角度对于朱子格致说的解读，而是强调从道德修养之方的角度予以解读；不过，其中包含了对于朱子格致说的质疑，认为朱子格致说要求通过"穷天下事物之理"，达到"众物之表里精粗无不到，而吾心之全体大用无不明"的目的，存在着问题。实际上是把朱子《大学》补传中的"即物而穷其理"和"众物之表里精粗无不到，而吾心之全体大用无不明"分为两个不同阶段。

对于朱子的格物致知，冯友兰不仅在《中国哲学史》中把它限定于道德修养方法，而且还在《新理学》中指出了它所存在的欠缺："朱子以为'人人有一太极'，我们的心，'具众理而应万物'，一切理皆在我们心中，故一切理之内容，皆可知之，而所谓穷理者，即求知一切理之内容。……但此是不可能底。王阳明欲穷竹子之理，深思七日，不能成功，因以致病，遂以为圣人不可学，后始知朱子以理为在物而不在心之错误。朱子于此，诚有错误，但其错误，不在于以理为不在心，而正在其以理为亦在心。照我们的看法，事物之理，完全不在我们心中。我们依逻辑可知每一类之事物必有其理，但其内容若何，须另有学问以研究之，并不是专靠'思'所能知者。我们可知竹必有竹之所以为竹者，即必有竹之理，但其内容如何，则非专靠'思'所能知。"③ 冯友兰还进一步指出："照朱子的系统，一切事物之理，既皆在我们的心中，所以虽只知一部分事物之理，而于其余之理，亦可'豁然贯通'。……于豁然贯通之后，我们可知一切事物之'表里精粗'。所以我们于此时亦无所不知，无所不能，此即心之'全体大用'。但照我们的系统，我们的心只能知众理而并非有众理；所以所谓心之全体大用，亦是没有底。"④ 可见，冯友兰并不赞同朱子既讲格物致知又以"一切理皆在我们

---

① 冯友兰：《中国哲学史》，商务印书馆1934年版，第919~920页。
② 冯友兰：《中国哲学史》，商务印书馆1934年版，第920页注。
③ 冯友兰：《新理学》，商务印书馆1939年版，第297~298页。
④ 冯友兰：《新理学》，商务印书馆1939年版，第298页。

心中"为前提。在冯友兰看来,"事物之理,完全不在我们心中""心只能知众理而并非有众理"。他还说:"我们的心虽不具众理,虽不能尽知理之内容,但于其完全了解一切事物皆有其理,而一切事物之理又皆系其最完全底典型时,亦可谓为豁然贯通。于此时我们的注意,完全集中于形上。……我们由此所见所得之超脱,亦是极大底。至此我们可以说是已'知天'。"① 冯友兰认为,这是"致知所达之最高境界"。

冯友兰晚年的《中国哲学史新编》也认为,朱熹讲修养方法,"最重要的是他在《大学章句》中所作的《格物补传》"②,并且指出:"朱熹的这篇《补传》实际上分为两段。在'豁然贯通焉'以前为前段,以后为后段。前段的要点是'即物而穷理',说的是增进知识,后段的要点是'吾心之全体大用无不明矣',说的是提高精神境界。这本来是两回事,分开来说本来是可以的。朱熹全篇文章是把'即物而穷理'作为'吾心之全体大用无不明矣'的方法,这就成为问题了。这就是把两回事混为一回事,把'为学'和'为道'混为一谈,这就讲不通了。"③ 这里明确把朱熹《大学》补传中的"即物而穷其理"和"吾心之全体大用无不明"分为"为学"和"为道"两段,看作两回事,并且以为朱熹并没有讲清楚增进知识与提高精神境界的关系。

贺麟于1936年发表的《宋儒的思想方法》④,既反对胡适将朱熹的"格物"诠释为科学方法,也不赞同冯友兰《中国哲学史》所谓"朱子所说格物,实为修养方法……若以此为朱子之科学精神,以为此乃专为求知识者,则诬朱子矣"。他说:"若芝生先生此处之意,系指朱子所谓格物不是科学方法,则实为了解朱学上一种进步,亦我之所赞同。因为谓朱子的格物非科学方法,自是确论。但谓朱子的格物全非科学精神,亦未免有诬朱子,盖以朱子之虚心穷理,无书不读,无物不格的爱智精神,实为科学的精神也。但他又肯定朱子的格物只是修养的方法而非求知识的方法,则我却又不敢苟同。"为此,贺麟还说:"依我的说法,朱子的格物既非探求自然知识的科学方法(如实验方法、数学方法等),亦非与主静主敬同其作用的修养方法,而乃是寻求哲学或性理学知识的直觉方法,亦称体验或体认的方法。直觉方法乃是寻求哲学知识的主要方法,虽非科学方法,但并不违反科学违反理智,且有时科学家亦偶尔一用直觉方法,而用直觉方法的哲学家,偶尔亦可发现自然的科学知识。"认为朱熹的"格物"是一种哲学家和科学家都能够运用的"寻求哲学或性理学知识"的直觉方法,而不只是单纯的道德修

---

① 冯友兰:《新理学》,商务印书馆1939年版,第299页。
② 冯友兰:《中国哲学史新编》(第五册),人民出版社1988年版,第177页。
③ 冯友兰:《中国哲学史新编》(第五册),人民出版社1988年版,第178页。
④ 贺麟:《宋儒的思想方法》,载于《东方杂志》1936年第33卷第2号。

养方法。

不同于冯友兰《中国哲学史》把朱子《大学》"格物致知补传"中的"即物而穷其理"和"吾心之全体大用无不明"分为前后不同的两段,马一浮于1939年作为四川乐山复性书院院长为书院开讲而阐述《复性书院学规》时指出:"朱子释'格物'为穷至事物之理,'致知'为推极吾心之知。知者,知此理也。知具于心,则理不在心外明矣,并非打成两橛。不善会者,往往以理为外。"① 还说:"《大学》说'致知在格物',不是说欲致其知者,先格其物。故今明穷理为致知之要者,须知合下用力,理穷得一分,即知致得一分。"② 显然,马一浮强调在朱子《大学》补传中,"格物"穷至事物之理和"致知"推极吾心之知是同一过程。另据记载,问:《朱子语类》说"致知在格物",只知致便是物格,故不言欲致其知者先格其物,但下文仍言'物格而后知至',何也?马一浮说:"致知、格物实是一事。天下、国、家、身、心皆是物。在物为理,在心为知,心外无物,不可打成两橛。至于'而后'两字,则以语言自有先后。"③ 可见,马一浮对于朱子《大学》补传的解读强调"致知、格物实是一事",与朱子所言是一致的,而与冯友兰以为朱子的《补传》分为"即物而穷理"和"吾心之全体大用无不明",或所谓"为学"和"为道"的前后两个阶段,有着明显的差异。

三、唐君毅论"求诸外而明诸内"

唐君毅从工夫论的角度阐释朱子的格致说,并作了深入的分析。其主要观点有三:

第一,朱子的格物,重在格其内心之物。唐君毅认为,朱子讲格物,是要"学圣人之无所不通、无所不晓,实非是泛说之无书不读、无物不格之意";又说:"朱子之《大学补传》所谓'即凡天下之物'而格之,盖亦指人所当格之天下之物而言。"④ 同时,他又引朱子所说"格物但须是六七分去里面理会,三四分去外面理会方可",指出:"朱子所谓格物,明非泛观万物之理,而实重在格其内心之物,故在内工夫必须过半;又非一一之物皆须尽格,只须得其贯通之理则可;而此所谓贯通,亦固只是贯其所当贯,通其所当通而已。则朱子《大学补传》所谓'即凡天下之物'而格之,以至'众物之表里精细无不到',文虽若有

---

① 马一浮:《马一浮集》(第一册),浙江古籍出版社、浙江教育出版社1996年版,第110~111页。
② 马一浮:《马一浮集》(第一册),浙江古籍出版社、浙江教育出版社1996年版,第113页。
③ 马一浮:《马一浮集》(第三册),浙江古籍出版社、浙江教育出版社1996年版,第1117页。
④ 唐君毅:《中国哲学原论·原教篇》,中国社会科学出版社2005年版,第172页。

于天下之物无不格之意，然在实际上，其格物之事固只以当格之物为限也。"①在唐君毅看来，朱子的格物并非天下之物无所不格，而是重在格其内心之物，并且是格当格之物，因此，"朱子所说格物穷理之事，虽似为致知以求理于外，亦同时是尽心以知性于内"②。

第二，朱子的格物，以心为主导。唐君毅认为，朱子的格物，为即物穷理，所谓理，有"当然之则"与"所以然之故"，而"所以然之故""恒指此当然之则，所以为当然之理由"，所以，"朱子言格物穷理，恒以知物之'当然之则'与其'所以然之故'为言"，而且"由吾人之心之知之"。由此，唐君毅认为，朱子格致说应当从三个方面来理解。"其一是：吾人之心之向彼在外之物；二是：知此物之理，而见此理之在物，亦在我之知中；三是：我之'知此理'，即我之心体之有一'知此理'之用。"③ 显然，在唐君毅看来，朱子的格物虽然是"即物而穷其理"，但是以心为主导。他还说："此知理之用，即此心体所具此理之自显于此知中；故谓心体具理，即谓心具理以为其体、为其性也。然此性理之显，必待于心之有其所向所知之物而得显。故即其物以致其知、穷其理，即所以更显吾人之心体中所原具之此理，亦所以显吾人之性，而使吾人更知此性者。"④ 唐君毅认为，朱子的格物，实际上是通过"即物而穷其理""更显吾人之心体中所原具之此理"。因此，他还明确认为，朱子的格物，"实似人之心知之向于外之物理，以拉出其心之性理之事"，即"求诸外而明诸内"之事。⑤ 正是基于这一分析，唐君毅认为，朱子的格物，"使此心所得于天之'超越地内在于心之性理'，由上而下，由内而出，以昭显于心之前，而为吾人之心所自明之事"，因而"其与陆王之言性理即心之体，由心之发用中见者，正无殊异"。⑥ 在唐君毅看来，朱子的格物，不是求理于外，而是以心为主导，通过"即物而穷其理""显吾人之心体中所原具之此理"，实际上是"显吾人之性"。

第三，朱子的格物，为一切心性工夫之始。朱子讲"即物而穷其理"，其中的"理"，既是事物的"所以然之故"，又是人对于事物的"所当然之则"。为此，唐君毅认为，在朱子那里，"对物之实然之理之知，即可与吾人之所以应物之当然之理之知，相连而起而显"，所以"当然之理之知，固可与对实然之事、实然之理之知，相依并展"，而且，"凡人能循当然之理以待物之处，即皆无不与

---

① 唐君毅：《中国哲学原论·原教篇》，中国社会科学出版社2005年版，第172~173页。
② 唐君毅：《中国哲学原论·导论篇》，中国社会科学出版社2005年版，第206页。
③ 唐君毅：《中国哲学原论·原教篇》，中国社会科学出版社2005年版，第174页。
④ 唐君毅：《中国哲学原论·原教篇》，中国社会科学出版社2005年版，第174~175页。
⑤ 唐君毅：《中国哲学原论·原教篇》，中国社会科学出版社2005年版，第175页。
⑥ 唐君毅：《中国哲学原论·原教篇》，中国社会科学出版社2005年版，第177页。

吾人之德性修养有关"。① 他说:"试思人若依朱子之言:于此外物之实然之理之知,恒连于对吾人所以待物之当然之理之知;而由对此当然之理之知,又必当继以力行之事,如朱子所谓继致知格物之事,而有之诚意正心修身之事;则一切闻见之知,或对物之实然之理之知,岂不皆连于人之所以应物之当然之理之知与行,而皆隶属于德性修养之事乎?"② 在唐君毅看来,朱子的格物,既联系着"对物之实然之理之知",又联系着"人之所以应物之当然之理之知",进而继以力行之事,而这些都隶属于德性修养之事。

唐君毅较多地强调王阳明致良知说与朱子格致说的一致性。除了以上所述,认为朱子的格物"使此心所得于天之'超越地内在于心之性理',由上而下,由内而出,以昭显于心之前",因而"其与陆王之言性理即心之体,由心之发用中见者,正无殊异",唐君毅还多方阐述王阳明致良知说对于朱子格致说的吸取。主要有以下三点。

第一,唐君毅认为,王阳明的致良知,"包涵朱子所谓即物穷理以致知之事"。他还说:"阳明言致良知于事事物物,此所谓事物,固恒是指吾人之意念;此意念,自亦兼原于吾人一般所谓对外物之见闻之知。阳明谓:'良知不因见闻而后有,然见闻亦莫非良知之用。故良知不滞于见闻、亦不离于见闻。'《答欧阳德书》则人之'缘闻见,以扩充对所闻见者之知,而更由良知以知吾人应物之意念之是非之事'之全,亦即正包涵朱子所谓即物穷理以致知之事者也。"③ 在唐君毅看来,王阳明讲致良知并不排斥而且实际上包涵了通过朱子格物致知所获得的见闻之知。

第二,唐君毅认为,王阳明的致良知,兼摄朱子的诚意工夫。在朱子那里,格物致知与诚意属于不同层面的工夫。对此,唐君毅说:"阳明所异于朱子者,唯是将朱子分为致知与诚意二事以说之者,合之为一事以说之。……由阳明之将朱子之致知之事摄诚意之事,而有其知行合一之致良知之说。"④ 又说:"阳明之言学者工夫,初不外变朱子所言之格物之物为事,并将朱子于《大学》所言之诚意工夫中之'好善恶恶',摄入于致知而知理之'知'中去讲,即成其知行合一、致良知之说。"⑤ 在唐君毅看来,王阳明讲致良知,实际上是把朱子的致知与诚意二事,合之为一事。

第三,唐君毅认为,王阳明的致良知,是把朱子的"知"上提而通心之本

---

① 唐君毅:《中国哲学原论·原教篇》,中国社会科学出版社2005年版,第178~179页。
② 唐君毅:《中国哲学原论·原教篇》,中国社会科学出版社2005年版,第179页。
③ 唐君毅:《中国哲学原论·原教篇》,中国社会科学出版社2005年版,第181页。
④ 唐君毅:《中国哲学原论·原教篇》,中国社会科学出版社2005年版,第195~196页。
⑤ 唐君毅:《中国哲学原论·原教篇》,中国社会科学出版社2005年版,第224页。

体。对于王阳明的致良知，唐君毅说："此'知'在朱子原视为心之用，为动，为已发，而心之本体则为静、为未发，二者各有其工夫。阳明既将此'知'上提，以连于'心'，遂更通知之用与心之本体，以言即体即用，即动即静，以通一切未发已发工夫之隔，乃有戒惧即洒落之工夫。由此而更言此本心之良知，即天理之虚灵明觉，以通心知与天理为一。"① 在唐君毅看来，王阳明讲致良知，实际上是把朱子作为心之用的致知上提而通心之本体。

显然，唐君毅对于王阳明致良知说与朱子格致说的一致性的研究，不只是简单地将二者进行平行的比较，而是更在于从二者的相互关系上，凸显王阳明致良知说对于朱子格致说的继承和发展。

王阳明的致良知说是在修正朱子格致说的过程中形成的，因此学者多把王阳明致良知说与朱子格致说对立起来。与此不同，唐君毅更为注重二者的相互联系，甚至还说："阳明之学之所归宗之义，虽多同于象山，然其学问之问题，则原自朱子之学。故阳明既成学而与朱子不同，亦未尝不欲宛转求相契合。"② 当然，王阳明也曾自谓："自幸其说之不谬于朱子，又喜朱子之先得我心之同。"③ 应当说，唐君毅强调王阳明致良知说与朱子格致说的相互联系，并作出深入的研究，较以往多把二者对立起来，无疑是朱子格致说研究的一种进步。

唐君毅由于着重从工夫论的角度将朱子的格物致知看作"求诸外而明诸内"之事，因而对朱子格致说与科学的关系，持谨慎态度。他说："近人亦多以朱子格物穷理之精神，近乎西方科学之求纯粹真理之精神，而以朱子为学之方向，乃向此科学家之精神而趋者。如从学术史上看，此固在一义上，皆未尝不可说。……然自朱子之为学，明是志在学圣贤，以使其生命为一'赤骨立底天理'，则又决不能如此说。"④ 显然，唐君毅更为强调朱子格致说不同于科学。

但是，唐君毅并不否认朱子格致说对于后来科学发展的积极作用。他认为，"朱子之言天下之物之理皆当知，即涵人在学术上当分工之义"，而且"循朱子之此义，亦未尝不可发展出种种吾人今日所谓分门别类之自然科学与社会科学"。⑤ 同时，他又认为，朱子格致说之所以能发展出学术分工之义，是由于此义与阳明所谓"四民异业而同道"相应合。⑥ 由此可见，唐君毅讨论朱子格致说对于后来科学发展的积极作用，往往与王阳明的学术思想结合起来。他还认为，清儒从格物致知中开发出自然科学，"虽与《大学》及朱、王之义大不同，然亦

---

①② 唐君毅：《中国哲学原论·原教篇》，中国社会科学出版社 2005 年版，第 224 页。

③ （明）王守仁：《朱子晚年定论》，载于《王阳明全集》卷三，上海古籍出版社 1992 年版，第 128 页。

④ 唐君毅：《中国哲学原论·原教篇》，中国社会科学出版社 2005 年版，第 170 页。

⑤ 唐君毅：《中国哲学原论·原教篇》，中国社会科学出版社 2005 年版，第 182~183 页。

⑥ 唐君毅：《中国哲学原论·原教篇》，中国社会科学出版社 2005 年版，第 184 页。

遥承朱子之兼重对客观事物之知之精神而来"①。显然，唐君毅肯定朱子格致说对于清儒开发出自然科学的作用。同时，他又进一步认为，当今应当发展程、朱、陆、王之言尊德性而道问学之教，以摄入科学知识，也要将此科学知识综合于传统之精神之中，"以合为一更新之中国文化及中国思想之发展"。② 这实际上是要将朱子格致说、王阳明的致良知说与科学统一起来。

四、牟宗三论"泛认知主义"

与冯友兰把朱子的格物致知理解为道德修养之方以及唐君毅着重从工夫论的角度作出诠释不同，牟宗三侧重于从认识论面向加以研判，把朱子格致说诠释为"泛认知主义"。他说："盖朱子所谓'物'本极广泛，一切事事物物皆包在内。不徒外物是物，即吾人身心上所发之事亦是物。恻隐、羞恶、辞逊、是非等即是心上所发之事，故亦是物。'穷，是穷在物之理'。就心上所发之事以穷其理，亦是'穷在物之理'。此是泛认知主义，把一切平置而为认知之所对。"③ 牟宗三认为，朱子格致说把作为主体的心的所发之事与作为客体的外部事物视作同一层面的认知对象，虽然有缓急先后，但是，"一件又一件，一重又一重，渐渐推广开去，以至于'天地鬼神、日月阴阳、草木鸟兽之理'，皆是这样平视而穷格之，不因其为急为先或为缓为后而有异样工夫也"；牟宗三说："此即平视一切之泛认知主义之格物论也。"④ 他还就朱子将"心""性"俱视为格物之"物"作出分析，指出："依朱子之说统，心知之明是属于'气之灵'，亦可以视为一'存在之然'，故亦可以究知其所以然之理。但'性'不是一'存在之然'，吾人并不能就'性'再推究其所以然之理。性是存有，而无所谓存在不存在。然则视'性'亦为一物，此物与'存在之然'之为物并不同，此物并无实义。……性之为物既如此，则'推其如何谓之性'亦是格物，此'格物'亦无实义。"⑤ 在牟宗三看来，朱子所谓"性"是心中所具之理，是所以然之理，并不是实物，因此，以"性"作为一物的"格物"并无实际意义。他还说："朱子于此虚实之异不加分别，一律视为格物，未见其当。把仁体、性体俱视为存在之然之所以然而由格物之就'存在之然'以推证而平置之，此已是泛认知主义矣。"⑥

在牟宗三看来，朱子格致说的泛认知主义，在于把心外之物与心的所发之事

---

①② 唐君毅：《中国哲学原论·导论篇》，中国社会科学出版社 2005 年版，第 216 页。
③ 牟宗三：《心体与性体》（下），吉林出版集团 2013 年版，第 324 页。
④ 牟宗三：《心体与性体》（下），吉林出版集团 2013 年版，第 352~353 页。
⑤⑥ 牟宗三：《心体与性体》（下），吉林出版集团 2013 年版，第 348 页。

"平置而为认知之所对""一律平置而为存在之然（物）以究其所以然"，其结果是"只剩下心知之明与在物之理间之摄取关系，而真正的道德主体即泯失"。① 对此，牟宗三进一步认为，朱子格致说"将知识问题与成德问题混杂在一起讲，既于道德为不澈，不能显道德之本性，复于知识不得解放，不能显知识之本性"②。他还说："'格物穷理'所涵的博文约礼、道问学之意义，就把握存在之理以成'德性之知'说，只是消极的意义。其目的既不在成经验知识，即无积极的意义。"③ 与此同时，牟宗三还认为，朱子格致说"将超越之理与后天之心对列对验，心认知地摄具理，理超越地律导心，则其成德之教固应是他律道德"⑥。他还说："先秦儒家以及宋明儒之大宗皆是以心性为一，皆主心之自主、自律、自决、自定方向即是理；本心即性，性体是即活动即存有者；……此性体不能由'即物穷理'而把握，只能由反身逆觉而体证。……但在伊川朱子，形构之理之重要却终于只极成他律道德，此即是其重视'道问学'之实义。根本处只在其言性体方式之倒转，而对于性体又只理解为'只存有而不活动'者。"⑦ 因此，牟宗三明确认为，朱子学不是儒家之正宗，不是宋明儒之大宗。⑧

应当说，牟宗三对于朱子格致说的研判，与唐君毅有着很大的不同：其一，在唐君毅看来，朱子的格物并非天下之物无所不格，而是重在格其内心之物，并且是格当格之物；而牟宗三则认为，朱子的格物把心外之物与心的所发之事"平置而为认知之所对"，又把心与性"一律平置而为存在之然（物）以究其所以然"。其二，在唐君毅看来，朱子的格物以心为主导，"显吾人之心体中所原具之此理"，实际上是"显吾人之性"；而牟宗三则认为，朱子的格物导致"真正的道德主体即泯失"。其三，在唐君毅看来，朱子的格物为一切心性工夫之始，隶属于德性修养之事；而牟宗三则从认识论的面向加以研判，把朱子格致说诠释为泛认知主义，进而认为朱子的格物既不能显知识之本性，也不能显道德之本性。归根到底，牟宗三是从认识论角度研判朱子格致说，因而不同于唐君毅从工夫论角度的阐释。

与唐君毅较多地强调王阳明致良知说与朱子格致说的一致性不同，牟宗三赞同王阳明对于朱子的批评，并且指出："正心诚意所表示之心意，是道德之心意，是道德行动之机能，而知是认知之机能。……是即不得不承认'意之诚'与'知之真'为两回事。"⑨ 还说："知之机能与行之机能，在泛认知主义之格物论

---

① 牟宗三：《心体与性体》（下），吉林出版集团2013年版，第354页。
②⑥ 牟宗三：《心体与性体》（上），吉林出版集团2013年版，第46页。
③ 牟宗三：《心体与性体》（上），吉林出版集团2013年版，第93页。
⑦ 牟宗三：《心体与性体》（上），吉林出版集团2013年版，第98~99页。
⑧ 牟宗三：《心体与性体》（上），吉林出版集团2013年版，第45~46页。
⑨ 牟宗三：《心体与性体》（下），吉林出版集团2013年版，第362~363页。

中，只是外在地相关联，他律地相关联，而行动之源并未开发出，却是以知之源来决定行动者，故行动既是他律，亦是勉强，而道德行动力即减弱，此非孟子说'沛然莫之能御'之义也。"① 牟宗三认为，在朱子的格致说中，格物致知与诚意分别属于认知与道德行动，完全是两回事，二者只能是"外在地相关联，他律地相关联"；他还认为，与朱子的格致说不同，王阳明的"致良知"并非"在即物而穷其理之格物上推致心知之明之认知作用"，因而体现出"道德创造之源之本心之开发以引生道德行为之不已，所谓'沛然莫之能御'"②。他还说："王阳明言由致良知以诚意，摄意于知，总在开发行动之源，而真正行动之源实只在良知也。……此种诚意是自体上诚，是实体地诚、挺立地诚，而非是待决于'即物穷理之真知'之关联地诚、他律地诚，亦非是作用地诚与教训地诚。"③ 显然，在牟宗三看来，朱子把《大学》"格物"诠释为"即物而穷其理"，实际上是把"格物致知"与"诚意"割裂开来，而王阳明把"致知"释为"致吾心之良知"，则把"诚意"统一于"致知"，因此，王阳明致良知说与朱子格致说是完全对立的。

牟宗三虽然从认识论的角度入手阐释朱子格致说，但不同于胡适简单地把朱子的格物致知看作科学方法，而是强调哲学知识与科学知识的不同，指出："单穷超越的所以然这存在之理者为哲学的、德性的，无积极知识的意义；单穷存在之然之曲折本身者为科学式的、见闻的，有积极知识的意义。前者是朱子之本行，后者则是其通过道问学之过程而拖带出来的。"④ 还说："朱子之'穷在物之理'其目标是在穷其存在之理，并不是穷其存在之然之曲折本身。穷存在之理是哲学的，穷存在之然之曲折本身是科学的。科学式的积极知识或特殊的专门知识是在其穷存在之理时接触物，因而成其为泛观博览，所谓道问学，通过此泛观博览、道问学之过程，而即在此过程中拖带出来的。其重点与目标固不在此。"⑤ 在牟宗三看来，一方面，朱子格物穷理的目标在于"穷其存在之理"，在于哲学的、德性的知识，"故成性理家而非科学家"⑥；另一方面，在朱子的格物穷理中，通过泛观博览、道问学的过程，又可以拖带出科学式的专门知识。牟宗三还说："朱子对此后者兴趣固甚浓，依其理气之分之清楚割截，亦实有可以引发此种知识之依据。此如《朱子语类》卷第二理气下、论天地下，卷第三论鬼神，此两卷所论者皆是就存在之然（气本身之曲折）而说，故其所穷知者虽未进至科学

---

① ③ 牟宗三：《心体与性体》（下），吉林出版集团 2013 年版，第 363 页。
② 牟宗三：《心体与性体》（下），吉林出版集团 2013 年版，第 359 页。
④ ⑤ 牟宗三：《心体与性体》（下），吉林出版集团 2013 年版，第 330 页。
⑥ 牟宗三：《心体与性体》（下），吉林出版集团 2013 年版，第 331 页。

阶段，然亦实是科学式的积极知识。"① 可见，牟宗三对朱子格致说与科学关系的研判，不仅不同于胡适，而且也不同于冯友兰简单地把朱子的格物致知只是看作道德修养方法而否定其与科学的关联。

五、钱穆论"心学主要工夫"

如前所述，钱穆称朱子学为"心学"，同时认为，在朱子心性论体系中，"心"最为重要，因而对于朱子的格致说的阐释，特别强调其作为心学的主要工夫。钱穆说："朱子论心学工夫最要着意所在，则为致知。悬举知识之追寻一项，奉为心学主要工夫，此在宋元明三代理学诸家中，实惟朱子一人为然。欲求致知，则在格物。"② 显然，钱穆不仅称朱子格致说为"心学主要工夫"，而且认为，朱子的格致说追求知识，为朱子工夫论所特有。

钱穆对朱子的"格物"作了深入的研究，并将其要旨归结五点："一、朱子所论格物工夫，仍属一种心工夫，乃从人心已知之理推扩到未知境域中去。二、人心已知之理，如慈孝，如见牛而发不忍之心等，推扩所至，则礼乐制度治平之道，以及宇宙造化，种种物理现象，皆包在内。三、朱子所论理，认为万理皆属一理，理不离事物，亦不离心。理必寓于事物中，而皆为吾心所能明，所能知。四、人心自然之知，如知慈孝，如知不忍，非即是穷理后之知，必待穷理以后之知，乃始为透底彻骨之真知。五、专务于内，从心求理，则物不尽。专务于外，从物穷理，则心不尽。物不尽，心不尽，皆是理不尽。必心物内外交融，达至于心即理之境界，始是豁然贯通之境界。"③ 显然，在钱穆看来，朱子所论格物穷理，是一种心的工夫。

在钱穆看来，朱子的"格物"之所以为心学工夫，是因为"格物"并非只是要获得未知领域中的知识，而是要"从人心已知之理推扩到未知境域中去"，并在穷理的过程中，使人心自然之知成为"透底彻骨之真知"，所以，"格物"是要使得"心物内外交融"，达到"心即理之境界"。钱穆还说："至是而'众物之表里精粗无不到，吾心之全体大用无不明'。至是而始是理尽。盖从外面言，万理皆属一理。从内面吾心所知之理言，亦将知其皆属一理，乃谓之贯通。"④ 因此，钱穆认为，朱子的"格物"既不是"专务于内，从心求理"，也不是"专务于外，从物穷理"。

---

① 牟宗三：《心体与性体》（下），吉林出版集团2013年版，第330页。
② 钱穆：《朱子新学案》（第一册），九州出版社2011年版，第139页。
③ 钱穆：《朱子新学案》（第一册），九州出版社2011年版，第149~150页。
④ 钱穆：《朱子新学案》（第一册），九州出版社2011年版，第150页。

钱穆特别强调朱子的格致说对于当时理学家推崇"专务于内,从心求理"的创新。他说:"就理学家一般意见言,心属内,为本。物属外,为末。理学家所重之理,尤在心性方面。心性之理,则贵反求而自得。朱子不然,认为内外本末,须一以贯之,精粗具到,统体兼尽。此为朱子在一般理学思想中之最独特亦最伟大处。"①

钱穆对朱子的格致说与自然科学的关系作了探讨,指出:"朱子言格物,其精神所在,可谓既是属于伦理的,亦可谓是属于科学的。朱子之所谓理,同时即兼包有伦理与科学之两方面。自然之理,乃由宇宙界向下落实到人生界。人文之理,则须由人生界向上通透到宇宙界。朱子理想中之所谓'豁然贯通',不仅是此心之豁然贯通,乃是此心所穷之理,能到达于宇宙界与人生界之豁然贯通。"②又说:"朱子言格物,涵义深广,决非专指自然科学。但自然科学方面之探究,亦在朱子所言格物范围之内,则无疑义。"③ 显然,在钱穆看来,朱子言格物,包含了对自然科学的研究。

钱穆对于朱子的自然科学研究作过专门的探讨,并给予很高的评价。他说:"在近代人观念中之所谓自然科学,朱子亦能随时注意。论其大者,如在天文学、地质学方面,朱子皆曾有几项极深邃之观察与发现。就自然科学之发明史言,朱子所创获,尚有远在西方科学家之前,而与之不谋而合者。"④还说:"朱子言格物,不得谓其是一自然科学家,然朱子于自然科学方面亦有贡献。以朱子观察力之敏锐,与其想像力之活泼,其于自然科学界之发现,在人类科学史上,亦有其遥遥领先,超出诸人者。"⑤

六、余论

朱子的格致说是其学术思想的重要组成部分,诚如钱穆所说:"朱子思想,以论格物穷理为最受后人之重视,亦最为后人所争论。"⑥ 从现代朱子学研究看,关于朱子格致说的争论焦点,归根到底在于:朱子的格致说属于认识论或是工夫论。

民国时期,胡适从科学角度阐释朱子的格致说,后来又发展出从认识论角度的阐释,而不同于仅仅从工夫论角度的阐释;冯友兰则依旧把朱子的格物致

---

① 钱穆:《朱子新学案》(第一册),九州出版社2011年版,第139页。
②④ 钱穆:《朱子新学案》(第一册),九州出版社2011年版,第150页。
③ 钱穆:《朱子新学案》(第五册),九州出版社2011年版,第404~405页。
⑤ 钱穆:《朱子新学案》(第一册),九州出版社2011年版,第233~234页。
⑥ 钱穆:《朱子新学案》(第二册),九州出版社2011年版,第621页。

知理解为道德修养之方,回归于从工夫论角度的阐释,但是又认为朱子的"格物"要求通过"穷天下事物之理"而达到"众物之表里精粗无不到,而吾心之全体大用无不明"的目的存在着问题,后来又把朱子的"格物"分为"为学"和"为道"先后两个阶段,而且认为朱子的格致说把知识与道德混为一回事。

唐君毅、牟宗三对于朱子格致说的阐释,面临着工夫论与认识论、朱子格致说与王阳明致良知说以及朱子格致说与科学的复杂关系。唐君毅把朱子的格致说归于工夫论,牟宗三则侧重于从认识论面向阐释朱子格致说;唐君毅较多地讲王阳明致良知说与朱子格致说的一致性,并将前者看作对后者的继承和发展,牟宗三则站在王阳明的立场上强调王阳明与朱子的对立;唐君毅认为朱子格物致知不同于科学,但对后来的科学发展具有积极作用,牟宗三则认为朱子格物致知的目标不在于科学,但可以拖带出科学式的专门知识。总体而言,唐君毅较多地肯定朱子格致说对于德性修养的价值,在工夫论上把朱子格致说与王阳明致良知说统一起来,并在此基础上讨论朱子格致说对于后来科学发展的积极作用;与唐君毅不同,牟宗三则对朱子格致说的批评较多,尽管他承认朱子格物致知可以拖带出科学式的专门知识,但是他又较多强调朱子格致说对于知识论乃至道德论的负面作用,并因而否认朱子为儒家之正宗,宋明儒之大宗。

钱穆主要从工夫论的面向阐释朱子格致说,并称之为"心学主要工夫",同时又认为,朱子格致说"既是属于伦理的,亦可谓是属于科学的",朱子的格物包含了对自然科学的研究。当然,对于朱子格致说"既是属于伦理的,亦可谓是属于科学的",其中伦理的与科学的相互关系,钱穆并没有作出更多的阐释。

需要指出的是,在朱子对于格物致知的诠释中,格物与致知虽有不同含义,但却是同一过程,属于同一事。朱子说:"《大学》'明明德于天下'以上,皆有等级。到致知格物处,便较亲切了,故文势不同,不曰'致知者先格其物',只曰'致知在格物'也。"[①] "'欲明明德于天下者,先治其国'至'致知在格物','欲'与'先'字,谓如欲如此,必先如此,是言工夫节次。若'致知在格物',则致知便在格物上。"[②] 也就是说,"致知在格物"并非指"致知者先格其物"。朱子还说:"格物、致知,彼我相对而言耳。格物所以致知。于这一物上穷得一分之理,即我之知亦知得一分;于物之理穷二分,即我之知亦知得二分;于物之理穷得愈多,则我之知愈广。其实只是一理,'才明彼,即晓此'。所以《大学》

---

① (宋)黎靖德:《朱子语类》(一)卷十五,中华书局1986年版,第309~310页。
② (宋)黎靖德:《朱子语类》(一)卷十五,中华书局1986年版,第310页。

说'致知在格物',又不说'欲致其知者在格其物'①。盖致知便在格物中,非格之外别有致处也。"②为此,朱子还明确说:"致知、格物,只是一事,非是今日格物,明日又致知。格物,以理言也;致知,以心言也。"③"能格物,则知自至,不是别一事也。"④"致知、格物,只是一个。"⑤在朱子看来,"格物"即"致知",二者为一事,同时一事可二言,或"以理言",称为"格物",或"以心言",称为"致知"。朱子还说:"格物,是物物上穷其至理;致知,是吾心无所不知。格物,是零细说;致知,是全体说。"⑥并且明确指出:"致知、格物只是一个";"致知、格物,一胯底事"。⑦也就是说,在朱子那里,格物并非是一个单纯的认知问题,因为在格物穷理之前先要有小学工夫,因而已具有一定的道德知识;格物在很大程度上是要探究已有的道德知识的所以然之理与当然之理,为已有的道德知识提供依据,建立形上学基础,并在这个过程中达到"众物之表里精粗无不到""吾心之全体大用无不明"。与此同时,朱子的格物讲"即物而穷其理",穷的是当然之理,格物致知是"即事物上穷得本来自然当然之理",而"当然之理即所谓道",所以,在朱子那里,知只是知"道",并由知"道"而明理,格物而致知的过程是一个不断提升道德水平的修养过程,并不是一个由单纯的认知到道德的过程,因而不存在知识与道德的关系问题,更不可能是泛认知主义。

当然,朱子把"格物"诠释为"即物而穷其理",甚至强调要格一草一木。据《朱子语类》载,问:"所谓'一草一木亦皆有理',不知当如何格?"曰:"此推而言之,虽草木亦有理存焉。一草一木,岂不可以格。如麻麦稻粱,甚时种,甚时收,地之肥,地之硗,厚薄不同,此宜植某物,亦皆有理。"⑧仅就朱子要格一草一木而言,这的确属于知识问题。但是,格一草一木只是朱子格物的一部分,而且,朱子的格物有先后缓急之别,"莫若察之吾身者为急"⑨。他还说:"格物,须是从切己处理会去。待自家者已定叠,然后渐渐推去,这便是能

---

① 据宋真德秀《读书记》所抄录,该句为"所以说'致知在格物',又不说'欲致其知者先格其物'"。[(宋)真德秀:《西山读书记》卷二十二《大学》,载于《景印文渊阁四库全书》(705),台北商务印书馆1986年版,第678页。]
② (宋)黎靖德:《朱子语类》(二)卷十八,中华书局1986年版,第399页。
③ (宋)黎靖德:《朱子语类》(一)卷十五,中华书局1986年版,第292页。
④ (宋)朱熹:《晦庵先生朱文公文集》卷五十一《答黄子耕》(五),载于《朱子全书》(22),上海古籍出版社、安徽教育出版社2010年版,第2377~2378页。
⑤⑦ (宋)黎靖德:《朱子语类》(一)卷十五,中华书局1986年版,第290页。
⑥ (宋)黎靖德:《朱子语类》(一)卷十五,中华书局1986年版,第291页。
⑧ (宋)黎靖德:《朱子语类》(二)卷十八,中华书局1986年版,第420页。
⑨ (宋)黎靖德:《朱子语类》(二)卷十八,中华书局1986年版,第401页。

格物。"① 也就是说,格一草一木不只是要认识草木之理,而是首先要"察之吾身""从切己处理会去",把穷一草一木之理看作格物致知提升道德水平的一部分,从而达到"众物之表里精粗无不到""吾心之全体大用无不明"。

---

① (宋)黎靖德:《朱子语类》(一)卷十五,中华书局1986年版,第284页。朱子还说:"且穷实理,令有切己工夫。若只泛穷天下万物之理,不务切己,即是《遗书》所谓'游骑无所归'矣。"[(宋)黎靖德:《朱子语类》(二)卷十八,中华书局1986年版,第400页]

第十章

朱陆异同的不同诠释

研究朱子学,不可能不研究朱陆异同。蔡元培《中国伦理学史》早就指出:"自宋及明,名儒辈出,以学说觚理之,朱陆两派之舞台而已。"[①] 唐君毅则说:"朱陆异同为中国儒学八百年来之一大公案。"[②] 近百年来,朱陆异同一直是朱子学研究经久不衰的话题。朱陆学术有较多的差异,学术研究不是将他们之间的差异做出简单的罗列,而是要通过深入的理论分析,从根本上对他们的异同做出阐释。冯友兰、唐君毅、牟宗三、钱穆在阐释朱子学的同时,对朱陆异同也作了较多的分析和不同的诠释。

一、早期朱陆异同研究

据陆九渊《年谱》载,宋淳熙二年(1175年),鹅湖朱陆之辨,论及教人,朱子之意,"欲令人泛观博览,而后归之约";陆九渊之意,"欲先发明人之本心,而后使之博览。""朱以陆之教人为太简,陆以朱之教人为支离,此颇不合。"[③] 淳熙十年(1183年),朱子在《答项平父》中说:"大抵子思以来,教人之法,惟以尊德性、道问学两事为用力之要。今子静所说,专是尊德性事,而熹平日所论,却是问学上多了。所以为彼学者,多持守可观,而看得义理全不子细,又别说一种杜撰道理,遮盖不肯放下。而熹自觉虽于义理上不敢乱说,却于

[①] 蔡元培:《中国伦理学史》,商务印书馆1910年版,第192页。
[②] 唐君毅:《中国哲学原论·原性篇》,中国社会科学出版社2005年版,第347页。
[③] (宋)陆九渊:《陆九渊集》卷三十六《年谱》,中华书局1980年版,第491页。

紧要为己为人上多不得力，今当反身用力，去短集长，庶几不堕一边耳。"[1] 对此，陆九渊则指出："朱元晦欲去两短，合两长，然吾以为不可。既不知尊德性，焉有所谓道问学。"[2] 另据陆九渊《语录》载："朱元晦曾作书与学者云：'陆子静专以尊德性诲人，故游其门者多践履之士，然于道问学处欠了。某教人岂不是道问学处多了些子？故游某之门者践履多不及之。'观此，则是元晦欲去两短，合两长。然吾以为不可，既不知尊德性，焉有所谓道问学？"[3]

淳熙十一年（1184年），朱子在《答吕子约》中明确讲"大抵此学以尊德性、求放心为本，而讲于圣贤亲切之训以开明之，此为要切之务"[4]。显然，朱子强调"以尊德性为本"，并要求将"尊德性"与"道问学"结合起来。淳熙十六年（1189年），朱子正式序定《中庸章句》，其中在对"君子尊德性而道问学"的注释中指出："尊德性，所以存心而极乎道体之大也。道问学，所以致知而尽乎道体之细也。二者修德凝道之大端也。……盖非存心无以致知，而存心者又不可以不致知。"[5] 绍熙五年（1194年），朱子讲学于玉山，而有《玉山讲义》，其中指出："圣贤教人，始终本末，循循有序，精粗巨细，无有或遗。故才尊德性，便有个道问学一段事。虽当各自加功，然亦不是判然两事也。……学者于此，固当以尊德性为主，然于道问学，亦不可不尽其力，要当使之有以交相滋益，互相发明。"[6] 应当说，在"以尊德性为本""以尊德性为主"这一问题上，朱陆是一致的。他们的差异在于：朱子强调"尊德性"与"道问学"二者不可分离，不可偏废，相辅相成；陆九渊强调尊德性为先。

朱子后学强调朱陆在"尊德性""道问学"问题上的差异。陈淳认为，朱子平日教人"最吃紧处，尊德性、道问学，二件工夫固不偏废，而所大段着力处却多在道问学上"，而陆九渊却"只是厌烦就简，偏在尊德性上去"。[7] 元代吴澄主张"扬尊德性于道问学之先"[8]，有陆学之嫌。他还说："朱子于道问学之功居

---

[1] （宋）朱熹：《晦庵先生朱文公文集》卷五十四《答项平父》（二），载于《朱子全书》（23），上海古籍出版社、安徽教育出版社2010年版，第2541页。
[2] （宋）陆九渊：《陆九渊集》卷三十六《年谱》，中华书局1980年版，第494页。
[3] （宋）陆九渊：《陆九渊集》卷三十四《语录上》，中华书局1980年版，第400页。
[4] （宋）朱熹：《晦庵先生朱文公文集》卷四十七《答吕子约》（二十四），载于《朱子全书》（22），上海古籍出版社、安徽教育出版社2010年版，第2196页。
[5] （宋）朱熹：《四书章句集注》，中华书局2012年版，第36页。
[6] （宋）朱熹：《晦庵先生朱文公文集》卷七十四《玉山讲义》，载于《朱子全书》（24），上海古籍出版社、安徽教育出版社2010年版，第3591~3592页。
[7] （宋）陈淳：《北溪大全集》卷二十三《答李郎中贯之》，载于《景印文渊阁四库全书》（1168），台北商务印书馆1986年版，第686页。
[8] （元）吴澄：《吴文正集》卷十《余浚字说》，载于《景印文渊阁四库全书》（1197），台北商务印书馆1986年版，第120~121页。

多，而陆子静以尊德性为主。问学不本于德性，其敝必偏于言语训释之末，故学必以尊德性为本，庶几得之。"① 需要指出的是，无论陈淳还是吴澄，他们所言并非是专门讨论朱陆异同。

元代赵汸的《对问江右六君子策》包括了对朱陆异同的专门讨论，尤其是针对朱子《答项平父》所言尊德性、道问学问题，指出："观乎此言，则朱子进德之序可见矣。陆先生之《祭吕伯恭》也，其言曰：'追惟曩昔，粗心浮气，徒致参辰，岂足酬议。'② 观乎斯言，则先生克己之勇可知矣。夫以二先生之言，至于如是，岂鹅湖之论至是而各有合邪？使其合并于暮岁，则其微言精义必有契焉。"③ 以为朱陆之学"合并于暮岁"。

明弘治二年（1489年），程敏政撰《道一编》专门讨论朱陆异同，明确认为，"朱陆二氏之学，始异而终同"，并针对所谓"朱子偏于道问学，陆子偏于尊德性"指出："夫朱子之道问学，固以尊德性为本。……陆子之尊德性，固以道问学为辅。"④《道一编》以朱子书信为主，辅之以陆九渊的书信，将朱陆异同分为三个时期加以考察。早年分三卷，其中卷一"凡七书，皆二先生论无极者书之以识其异同之始"，卷二"凡三诗，盖二先生论所学者其不合，与论无极同"，为朱陆异同之始，"所谓早年未定之论"；卷三"朱子之说凡十六条，所谓始焉，若冰炭之相反者"。中期，卷四"朱子之说凡十六条，所谓中焉，觉疑信之相半者"。晚年，卷五"朱子之说凡十五条，所谓终焉，若辅车之相倚者"。⑤ 并且认为，淳熙十年，朱子《答项平父》所言，强调"以尊德性为本"，与陆九渊是一致的。

王阳明对于朱陆异同多有研究。明正德六年（1511年），王阳明对当时学者有所谓陆九渊"专以尊德性为主"、朱子"专以道问学为事"之争，进行调停。针对所谓陆九渊"专以尊德性为主"，他说："今观《象山文集》所载，未尝不教其徒读书。而自谓理会文字颇与人异者，则其意实欲体之于身。"针对所谓朱子"专以道问学为事"，他说："晦庵之言，曰：'居敬穷理。'曰：'非存心无以致知。'曰：'君子之心常存敬畏，虽不见闻，亦不敢忽，所以存天理之本然，而不使离于须臾之顷也。'是其为言虽未尽莹，亦何尝不以尊德性为事，而又乌在其为支离乎？"为此，王阳明认为，"晦庵之与象山，虽其所以为学者若有不同，而要皆不失为圣人之徒"。⑥ 后来，

---

① （明）程敏政：《道一编》卷五，载于《续修四库全书》（936），上海古籍出版社1996年版，第553页。
② （宋）陆九渊：《祭吕伯恭文》，载于《陆九渊集》，中华书局1980年版，第306页。
③ （元）赵汸：《对问江右六君子策》，载于《东山存稿》卷二，载于《景印文渊阁四库全书》（1221），台北商务印书馆1986年版，第192页。
④ （明）程敏政：《道一编·目录后记》，载于《续修四库全书》（936），上海古籍出版社1996年版，第514页。
⑤ （明）程敏政：《道一编》，载于《续修四库全书》（936），上海古籍出版社1996年版，第509~553页。
⑥ （明）王守仁：《王阳明全集》卷三十三《年谱一》，上海古籍出版社1992年版，第1232~1233页。

黄宗羲《宋元学案》虽讲陆九渊"以尊德性为宗",朱子"以道问学为主",但又说:"考二先生之生平自治,先生(陆九渊)之尊德性,何尝不加功于学古笃行,紫阳之道问学,何尝不致力于反身修德,特以示学者之入门各有先后,曰'此其所以异耳'。"①

正德十年(1515年),王阳明撰《朱子晚年定论》,其中认为,朱子晚年"大悟旧说之非",而"世之所传《集注》《或问》之类,乃其中年未定之说""其诸《语类》之属,又其门人挟胜心以附己见,固于朱子平日之说犹有大相谬戾者"。②

正德十六年(1521年),王阳明"刻《象山文集》,为序以表彰之"③。王阳明《象山文集·序》说:"圣人之学,心学也。"又认为,尧、舜、禹以"人心惟危,道心惟微,惟精惟一,允执厥中",即"十六字心传"相授受,"此心学之源也"。该序还认为,"孔孟之学,惟务求仁,盖精一之传也";孔子要求"求诸其心",孟子讲"仁,人心也。学问之道无他,求其放心而已矣";"自是而后,析心与理而为二,而精一之学亡。世儒之支离,外索于刑名器数之末,以求明其所谓物理者,而不知吾心即物理,初无假于外也"。王阳明还说:"象山陆子,……其学之必求诸心,则一而已。故吾尝断以陆氏之学,孟氏之学也。"④ 在该序中,王阳明以朱子《中庸章句·序》所谓道统"十六字心传"为依据,不仅讲"圣人之学,心学也""陆氏之学,孟氏之学也",而且将"心学"与"析心与理而为二"对立起来。

嘉靖四年(1525年),王阳明《答顾东桥书》又认为,朱子的格致说是"析心与理而为二",指出:"朱子所谓格物云者,是以吾心而求理于事事物物之中,如求孝子之理于其亲之谓也。……以是例之,万事万物之理,莫不皆然。是可以见析心与理为二之非矣。"⑤ 在王阳明看来,朱子的格致说是"析心与理而为二",因而与陆九渊的心学相对立。

嘉靖七年(1528年),罗钦顺撰《困知记》,对朱陆异同作了探讨。其中认为,陆九渊讲"心即理也",但不讲"性即理"。他说:"程子言'性即理也',象山言'心即理也'。至当归一,精义无二,此是则彼非,彼是则此非,安可不明辨之!吾夫子赞《易》,言性屡矣,曰'乾道变化,各正性命',曰'成之者性',曰'圣人作《易》,以顺性命之理',曰'穷理尽性以至于命',但详味此数言,'性即理也'明矣。于心亦屡言之,曰'圣人以此洗心',曰'易其心而

---

① (清)黄宗羲、全祖望:《宋元学案》(第三册)卷五十八《象山学案》,中华书局1986年版,第1886页。
② (明)王守仁:《朱子晚年定论》,载于《王阳明全集》卷三,上海古籍出版社1992年版,第128页。
③ (明)王守仁:《王阳明全集》卷三十四《年谱二》,上海古籍出版社1992年版,第1279页。
④ (明)王守仁:《象山文集·序》,载于《王阳明全集》卷七,上海古籍出版社1992年版,第245页。
⑤ (明)王守仁:《王阳明全集》卷三十五《年谱三》,上海古籍出版社1992年版,第1294页。

后语',曰'能说诸心',夫心而曰'洗',曰'易',曰'说',洗心而曰以此,试详味此数语,谓'心即理也',其可通乎!"① 显然,在罗钦顺看来,"程子言'性即理也',象山言'心即理也'"是相互对立的。

嘉靖二十七年(1548年),陈建撰《学蔀通辨》,对程敏政《道一编》与王阳明《朱子晚年定论》有关朱陆异同的观点提出批评,指出:"近世东山赵汸氏《对江右六君子策》,乃云'朱子《答项平父》书有去短集长之言,岂鹅湖之论至是而有合耶?使其合并于晚岁,则其微言精义必有契焉,而子静则既往矣'。此朱陆早异晚同之说,所由萌也。程篁墩因之,乃著《道一编》,分朱陆异同为三节:始焉如冰炭之相反,中焉则疑信之相半,终焉若辅车之相倚。朱陆早异晚同之说,于是乎成矣。王阳明因之,遂有《朱子晚年定论》之录,专取朱子议论与象山合者,与《道一编》辅车之卷,正相唱和矣。凡此皆颠倒早晚,以弥缝陆学,而不顾矫诬朱子、诳误后学之深。"②

与《道一编》阐述朱子思想以书信为主不同,《学蔀通辨》不仅以朱子《文集》为主,而且还采用《朱子语类》的资料,尤其是《朱子语类》中对于陆九渊的批评。《学蔀通辨》特别引述《朱子语类》所载朱子曰:"陆子静之学,看他千般万般病,只在不知有气禀之杂,把许多粗恶底气都把做心之妙理,合当恁地自然做将去。……只道这是胸中流出,自然天理;不知气有不好底夹杂在里,一齐衮将去,道害事不害事?"③ 又引述朱子《答吴伯丰》云:"异端之学,以性自私,固为大病。然又不察气质情欲之偏,而率意妄行,便谓无非至理,此尤害事。近世儒者之论,亦有近似之者,不可不察也。故所见愈高,则所发愈暴。"④ 对此,《学蔀通辨》说:"不察气禀偏杂而率意妄行,所以至于颠倒错乱。"⑤

二、冯友兰论朱陆异同

蔡元培《中国伦理学史》对于朱陆异同作了分析,指出:"朱子偏于道问学,尚墨守古义,近于荀子。陆子偏于尊德性,尚自由思想,近于孟子。"⑥ 还说:"朱陆两派,虽有尊德性、道问学之差别,而其所研究之对象,则皆为动机

---

① (明)罗钦顺:《困知记》,中华书局1990年版,第37页。
② (明)陈建:《学蔀通辨提纲》,载于《困知记·学蔀通辨(一)》,商务印书馆1936年版。
③ (宋)黎靖德:《朱子语类》(八)卷一百二十四,中华书局1986年版,第2977页。
④ (宋)朱熹:《晦庵先生朱文公文集》卷五十二《答吴伯丰》(十一),载于《朱子全书》(22),上海古籍出版社、安徽教育出版社2010年版,第2438页。
⑤ (明)陈建:《学蔀通辨(二)》,商务印书馆1936年版,第78页。
⑥ 蔡元培:《中国伦理学史》,商务印书馆1910年版,第137~138页。

论。"① 应当说，蔡元培以为朱陆两派"有尊德性、道问学之差别"，在民国时期影响很大，持这一观点者，不在少数。

与此不同，谢无量说："盖陆学尚简易直截，朱学重学问思辨；朱学在'即物穷理'，陆学言'心即理'。一主于经验，一主于直觉；一主于归纳，一主于演绎。此其所以卒异也。"② 周予同从本体论、心性论、方法论等方面讨论朱陆异同："就本体论言：朱为理气二元论之主张者；以近代哲学术语言之，可称为一实在论者，即以为一切现象界之背后有所谓理气二元之实在者在。陆为心即理说之主张者；以近代哲学术语言之，可称为一唯心论者，即以一切现象皆自心生，离心则一切现象无存在之可能。就性论言：朱为二元论者，即分性为本然之性及气质之性；陆为一元论者，即以性、情、才为不过一物之异名。……朱之方法论主归纳，主潜修，主自外而内，主自物而心，主自诚而明；而陆之方法论主演绎，主顿悟，主自内而外，主自心而物，主自明而诚。普通以朱为道问学而陆为尊德性，即指此也。"③ 吕思勉认为，朱陆异同源自二程之异同，指出："二程之异，朱子'明道弘大，伊川亲切'一语，足以尽之。大抵明道说话较浑融，伊川则于躬行之法较切实。朱子喜切实，故宗伊川。象山天资高，故近明道也。"④ "二程性质，实有不同，其后朱子表章伊川，象山远承明道，遂为理学中之两大派焉。"⑤ 而且，吕思勉把朱陆异同进一步归结为朱子讲"性即理"、陆九渊讲"心即理"，明确指出："朱陆之异，象山谓'心即理'，朱子谓'性即理'而已。惟其谓'性即理'，而'心统性情'也，故所谓性者，虽纯粹至善，而所谓心者，则已不能离乎气质之累，而不免杂有人欲之私。惟其谓'心即理'也，故万事皆具于吾心；吾心之外，更无所谓理；理之外，更无所谓事。一切工夫，只在一心之上。二家同异，后来虽枝叶繁多，而溯厥根源，则惟此一语而已。"⑥ 由此，吕思勉还认为，朱陆之异在于："陆子以心为至善，而朱子则谓心杂形气之私，必理乃可谓之至善""陆子谓理具于心，朱子谓理在心外"，但是又说："然二家谓理在心之内外虽异，而其谓理之当顺则同。" 所以，在吕思勉看来，朱子的学说与陆九渊，"途辙虽殊，究为一种学问中之两派也"。⑦

1932年，冯友兰发表《宋明道学中理学心学二派之不同》，其中第一节"朱

---

① 蔡元培：《中国伦理学史》，商务印书馆1910年版，第138页。
② 谢无量：《中国哲学史》第三编上《近世哲学史（宋元）》，中华书局1916年版，第72页。
③ 周予同：《朱熹》，商务印书馆1929年版，第86~87页。
④ 吕思勉：《理学纲要》，商务印书馆1931年版，第78页。
⑤ 吕思勉：《理学纲要》，商务印书馆1931年版，第94页。
⑥ 吕思勉：《理学纲要》，商务印书馆1931年版，第117页。
⑦ 吕思勉：《理学纲要》，商务印书馆1931年版，第125~126页。

子与象山、慈湖之不同"①，后来编入冯友兰《中国哲学史》，而有"朱陆异同"一节，反对所谓朱子以道问学为主，陆九渊以尊德性为主，指出："一般人之论朱陆异同者，多谓朱子偏重道问学，象山偏重尊德性。此等说法，在当时即已有之。然朱子之学之最终目的，亦在于明吾心之全体大用。此为一般道学家共同之目的。故谓象山不十分注重道问学可；谓朱子不注重尊德性不可。"② 而且，冯友兰进一步明确指出："朱子言'性即理'，象山言'心即理'。此一言虽只一字之不同，而实代表二人哲学之重要的差异。……依朱子之系统，实只能言'性即理'，不能言'心即理'也。象山言'心即理'，并反对朱子所说心性之区别。"③ 显然，冯友兰不赞同所谓朱子偏重道问学、象山偏重尊德性的说法，而认为朱陆之重要的差异在于朱子言"性即理"、陆九渊言"心即理"；朱子讲性与心之区别，陆九渊反对朱子所说心性之区别。

冯友兰还进一步认为，朱陆差异"于二程之哲学中即已有之"。他说："伊川一派之学说，至朱子而得到完全的发展。明道一派之学说，则至象山、慈湖而得到相当的发展。若以一、二语以表示此二派差异之所在，则可谓朱子一派之学为理学，而象山一派之学则心学也。王阳明序《象山全集》曰：'圣人之学，心学也。'此心学之一名，实可表示出象山一派之所以与朱子不同也。"④ 由此可见，冯友兰讲朱陆差异在于朱子言"性即理"为理学，陆九渊言"心即理"为心学，明显是接受了王阳明的看法。

如上所述，王阳明《象山文集·序》不仅讲"圣人之学，心学也""陆氏之学，孟氏之学也"，而且将"心学"与"析心与理而为二"对立起来，而且后来王阳明又认为，朱子的格致说是"析心与理而为二"，与陆九渊的心学相对立。冯友兰《中国哲学史》则不仅依据王阳明《象山文集·序》把陆九渊之学界定为"心学"，而且在讨论朱子与王阳明的异同时，认同王阳明把朱子的格致说阐释为"析心与理而为二"。同时，冯友兰又引述罗钦顺所言"程子言'性即理也'，象山言'心即理也'。至当归一，精义无二。此是则彼非，彼是则此非，安可不明辨之"，而强调"理学家之谓性即理之异于心学家之谓心即理"。⑤

冯友兰以朱子言"性即理"为理学，陆九渊言"心即理"为心学作为朱陆异同之根本，并不只是看到"性即理"与"心即理"之说法上的差异，而且还在于这两种说法所反映的对于实在世界的看法各不相同。冯友兰说："朱陆所见

---

① 冯友兰：《宋明道学中理学心学二派之不同》，载于《清华学报》1932年第8卷第1期。
② 冯友兰：《中国哲学史》，商务印书馆1934年版，第938页。
③ 冯友兰：《中国哲学史》，商务印书馆1934年版，第939页。
④ 冯友兰：《中国哲学史》，商务印书馆1934年版，第938~939页。
⑤ 冯友兰：《中国哲学史》，商务印书馆1934年版，第967~968页。

之实在不同。盖朱子所见之实在，有二世界，一不在时空，一在时空。而象山所见之实在，则只有一世界，即在时空者。只有一世界，而此世界即与心为一体。"① 为此，冯友兰还通过分析朱陆在其他方面的差异予以说明。比如，朱子讲天理人欲之分，陆九渊则说："天理人欲之言，亦自不是至论。若天是理，人是欲，则是天人不同矣。……《书》云：'人心惟危，道心惟微。'解者多指人心为人欲，道心为天理。此说非是。心一也，人安有二心？"② 对此，冯友兰说："盖象山所说在天之性与在人之心乃在一世界中。故所谓天理人欲之分，象山即不欲立之。……然依朱子之系统，实可以天人为不同也。"③ 又比如，朱子赞同周敦颐《太极图说》所谓"无极而太极"，并认为"此言乃形容太极之为无形而有理"，陆九渊不赞同"无极而太极"之说，以为"不应于太极之上，复加无极""对于所谓'无形而有理'者，自根本不能承认"。在冯友兰看来，这一争论实为形而上之道与形而下之器的关系之争，陆九渊认为形而上之道与形而下之器"固同在一世界中"，而朱子认为"器实与道不在一世界中"。④

此外，冯友兰《中国哲学史》还引《朱子语类》所载：象山死，朱子"率门人往寺中哭之。既罢良久，曰：'可惜死了告子。'"并且认为，朱子以陆九渊为告子，是因为陆九渊与告子生之谓性之说"皆以心为性"。⑤

张岱年的《中国哲学大纲》赞同冯友兰关于程朱理学与陆王心学的分派，指出："朱子本伊川，言性即理；象山本明道，言心即理。"⑥ 同时又对朱子的心说予以充分肯定。如前所述，张岱年称朱子是"秦以后的哲学家中，论心最详者"，还说："朱子综合张、程之思想，成立一精密周详之心说。""朱子之说，条理实甚缜密，乃张、程心说之大成。"显然，张岱年虽然认为朱子讲"性即理"为理学、陆王讲"心即理"为心学，但仍然肯定朱子在心说上的贡献，而且甚至认为，"象山虽是心学开山，与朱子之为理学宗师相对立；但象山论心，实不若朱子之详备"⑦。然而，遗憾的是，张岱年《中国哲学大纲》所谓"象山论心，实不若朱子之详备"这一观点，一直未被学术界所重视。

张荫麟对冯友兰《中国哲学史》以朱子言"性即理"、陆九渊言"心即理"

---

① 冯友兰：《中国哲学史》，商务印书馆1934年版，第940页。
② （宋）陆九渊：《陆九渊集》卷三十四《语录上》，中华书局1980年版，第400页。
③ 冯友兰：《中国哲学史》，商务印书馆1934年版，第941页。
④ 冯友兰：《中国哲学史》，商务印书馆1934年版，第942~943页。
⑤ 冯友兰：《中国哲学史》，商务印书馆1934年版，第944页。陈荣捷则说："朱子之叹'可惜死了告子'，必指告子与陆子之不动心之法而言。"（陈荣捷：《朱子新探索》，华东师范大学出版社2007年版，第400页）
⑥ 宇同（张岱年）：《中国哲学大纲》，商务印书馆1958年版，第196页。
⑦ 宇同（张岱年）：《中国哲学大纲》，商务印书馆1958年版，第257页。

分辨朱陆，提出质疑，认为这并不能推演出在修养方法上朱子注重"道问学"与象山侧重内心自知的差别："朱陆同以为'人之所应然的道理'是具于各人心中，那么，他们应当同以为：欲知道怎样做一个理想的人，欲明'心之全体大用'反求诸其心就够了。何以朱子于此更注重'道问学'呢？更注重对外物'用力之久'呢？"① 在张荫麟看来，朱子的"性即理"与陆九渊的"心即理"都认为"'人之所应然的道理'是具于各人心中"，应属大同小异，并不会导致他们在修养方法上的不同。

贺麟不同意冯友兰《中国哲学史》从本体论上将朱陆对立起来，并且较多地从认识论的层面上，把朱陆的思想方法都看作直觉的方法，进而分析朱子直觉法与陆王直觉法的异同，指出："同一直觉方法可以向外观认，亦可以向内省察。……一方面是向内反省，一方面是向外透视。认识自己的本心或本性，则有资于反省式的直觉，认识外界的物理或物性，则有资于透视式的直觉。朱子与陆象山的直觉方法，恰好每人代表一面。"认为朱陆的思想方法是同一直觉方法的"向外透视"与"向内反省"的两个方面。贺麟还说："陆象山的直觉法注重向内反省以回复自己的本心，发现自己的真我。朱子的直觉法则注重向外体认物性，读书穷理。但根据宋儒所公认的'物我一理，才明彼，即晓此，合内外之道也'一原则，则用理智的同情向外穷究钻研，正所以了解自己的本性；同样，向内反省，回复本心，亦正所以了解物理。其结果亦归于达到心与理一，个人与宇宙合一的神契境界，则两者可谓殊途同归。"② 在贺麟看来，朱子直觉法与陆王直觉法虽然有"向外透视"与"向内反省"之别，但最终都是要达到"心与理一"，因而殊途而同归。

马一浮对于朱子讲"性即理"与陆王讲"心即理"作了具体分析。他说："心兼理气，统性情。性是纯理，无有不善，气则有善有不善。阳明谓'心即理'，不如宋儒'性即理'之说为的当。"③ 显然是把朱子的"性即理"与陆王的"心即理"区别开来。同时，马一浮又认为，朱子的"格物致知"是"即此自心之物而穷其本具之理也"，因而是"一心具众理。即事即理，即理即心"。④ 可见，马一浮又把朱子的"格物致知"与王阳明的"心即理"统一起来，以朱子的"性即理"涵摄陆王的"心即理"。

需要指出的是，贺麟于1945年出版的《当代中国哲学》在对当时的中国哲学研究做出总结时认为，理学中朱熹与陆王两派的对立"得了新的调解"是当时

---

① 张荫麟：《评冯友兰著〈中国哲学史〉下卷》，载于《清华学报》1935年第10卷第3期。
② 贺麟：《宋儒的思想方法》，载于《东方杂志》1936年第33卷第2号。
③ 马一浮：《马一浮集》（第三册），浙江古籍出版社、浙江教育出版社1996年版，第1142页。
④ 马一浮：《马一浮集》（第一册），浙江古籍出版社、浙江教育出版社1996年版，第110～111页。

中国哲学"可以值得我们大书特书"的重要方面之一;①并且认为，冯友兰强调朱熹言"性即理"为理学、陆王言"心即理"为"心学"二者相互对立，这是"对陆、王学说太乏同情，斥之为形而下学，恐亦不甚公允。且与近来调和朱、陆的趋势不相协合"②。同时，贺麟还批评冯友兰过于"讲程、朱而排斥陆、王"，认为"讲程、朱而不能发展至陆、王，必失之支离；讲陆、王而不能回复到程、朱，必失之狂禅。冯先生只注重程、朱理气之说，而忽视程、朱心性之说，且讲程、朱而排斥陆、王，认陆、王之学为形而下之学，为有点'拖泥带水'"，因而会被人批评是"取其糟粕，去其精华"。③

三、牟宗三的《象山与朱子之争辩》

牟宗三承认他曾经认为从尊德性与道问学的角度讨论朱陆异同，似亦无多大意义，"朱子亦未尝不尊德性，亦未尝无'心之德''心具众理''心理合一''无心外之法'等语句与议论。象山、阳明亦未尝不重学、不处事、不读书。虽未章句注解、考订文献，然何必人人都作同样工作？道问学亦不必定在某一形态也。是则其争论实可不必，而亦不必是两系统之异"，然而仔细一想，"认真去处理内部之义理问题，则并不如此简单，亦决不如此笼统。其争论实非无意义，亦非只门户意气之争"。④

1965年，牟宗三发表《象山与朱子之争辩》⑤，后编入《从陆象山到刘蕺山》。在该文中，与冯友兰简单否定所谓朱子以道问学为主，陆九渊以尊德性为主之说不同，牟宗三特别讨论了朱陆在尊德性、道问学的概念内涵上的异同，同时就朱子讲"性即理"以及"心具众理"、心与理"贯通为一"与陆九渊讲"心即理"的差别作了分析，而且还深入讨论了陆九渊与朱子之间的相互评说。

如前所述，朱子曾因陆九渊所说专是尊德性，而自己却是偏向道问学，而提出要"去短集长"。对此，牟宗三特别强调，所谓"尊德性""不是泛说的尊德性，而是必须能直下肯认本心之道德践履上之直贯义"，尊德性是尊的这个德性。关于"道问学"，牟宗三认为，既有"直接与道德践履相关之道问学"，又有"与道德践履不直接相干者，或根本是不相干者"。

在牟宗三看来，朱子也讲尊德性，但是"却终生不能正视此本心之道德践履

---

① 贺麟：《当代中国哲学》，胜利出版公司1945年版，第3页。
② 贺麟：《当代中国哲学》，胜利出版公司1945年版，第23页。
③ 贺麟：《当代中国哲学》，胜利出版公司1945年版，第36页。
④ 牟宗三：《心体与性体》（上），吉林出版集团2013年版，第49~50页。
⑤ 牟宗三：《象山与朱子之争辩》，载于《民主评论》1965年第16卷第8、9、10、11期。

上之直贯义,故其道问学常于道德践履并无多大助益",所以"于紧要事上多不得力"。牟宗三还说:"盖此种外在知解、文字理会之明理本与道德践履并无本质的相干者。只靠敬贯动静、涵养于未发、察识于已发,此于促成真实的道德践履本不十分充沛者,即本不十分够力量者。"① 牟宗三认为,朱子讲尊德性,并不是从"本心"出发,其所强调的是,通过"外在知解、文字理会"而明了的"理",与"道德践履并无本质的相干"。也就是说,在牟宗三看来,朱子虽然也讲尊德性,但其实与德性并不相干。对于陆九渊,牟宗三则认为,"象山本'本心之直贯',反议论,崇朴实""此正是本'本心之沛然'而来之实事、实理、实见"。② 因此,牟宗三认为,朱子是"认知横列之平铺,本体论的存有之平铺,敬贯动静、涵养于未发、察识于已发,步步收敛凝聚贞定其心气所至之平铺,而非是本心直贯之平铺也";陆九渊则是"以本心之虚明穿透一切,以本心之沛然成就一切,故通体透明,亦全体是实事实理也。此是道德践履之创造,本体论的直贯之实现之平铺也"。③ 牟宗三还认为,陆九渊"本'本心之直贯'"与朱子"认知之横列",存在着"一纵一横之异",而且,朱子的横列形态并非孔孟立教之直贯形态,而陆九渊直承此直贯形态,故尤近于孔孟。换言之,在牟宗三看来,陆九渊所言尊德性,是要从本心出发,而朱子所言尊德性,并不是从本心出发,而是强调通过认知所呈现的"本体论的存有"。

对于朱子讲"性即理"与陆九渊讲"心即理",牟宗三不仅指出朱子"牢守伊川'性即理也'之义"不说"心即理也"而异于陆九渊,而且认为朱子讲"心具众理"以及心与理"贯通而为一",也不同于陆九渊讲"心即理"。

为此,牟宗三特别讨论"性具"与"心具"之不同,指出:"'一性浑然,道义全具',此性具是分析的具,是必然的内含内具,是整全(浑全)与部分的包含关系,或浑一隐含与分别彰显之隐显关系。……但'心具'之具却并不是分析关系,而是综和关系。心之具众理并不是必然地内含与内具。朱子对于心,总是这样平说,并不先肯认一超越的本心,而即就此本心说。仁固是心之德,但心之具此德并不是本心之必然地具与分析地具,……而是综和地具与关联地具。'心是知觉''心是气之灵处'。其具德或具理是如理或合理之意。理(性)先是超越而外在于心,但通过一种工夫,它可以内在于心,此时即可以说心具。"④ 于是,牟宗三说:"在孟子、陆、王一系中,心具是分析地具、创发地具,故心具即心发。但在朱学中,心具是综和地具,并不是分析地创发地具,故其心具并

---

① 牟宗三:《从陆象山到刘蕺山》,吉林出版集团2010年版,第59页。
② 牟宗三:《从陆象山到刘蕺山》,吉林出版集团2010年版,第61页。
③ 牟宗三:《从陆象山到刘蕺山》,吉林出版集团2010年版,第62页。
④ 牟宗三:《从陆象山到刘蕺山》,吉林出版集团2010年版,第75页。

不是心发。"①

接着，牟宗三又讨论了心与理"贯通为一"，指出："在此心具中，心与理（性）即关联地贯通而为一。《语类》中有一条云：'问：心是知觉，性是理，心与理如何得贯通为一？曰：不须去著贯通，本来贯通。如何本来贯通？曰：理无心，则无著处。'此'本来贯通'是存有论地言之。……然自人之道德生活言之，如不肯认一超越之本心，则并不能说'本来贯通'。须通过一种修养工夫，才能使之'贯通为一'。但无论是存有地言之，或修养地言之，其'贯通为一'之'一'只是关联地为一，贯通地为一，其背景是心与理为二，而不是分析地为一，创发地心即理之为一，此后者是表示超越的创造的道德本心即是理之所从出，此即是吾人之性。故心、性、理一也，而以本心为创造的根源。此即孟子以及陆王一系之所说。而此义显然不为朱学所具备。"②

显然，牟宗三不仅通过对朱陆所谓尊德性、道问学不同内涵的分析，指出朱陆在这一问题上存在的差异，而且进一步讨论了朱子讲"心具众理"以及心与理"贯通为一"，与陆九渊讲"心即理"的根本差别。

1968年出版的牟宗三《心体与性体》第一册，把伊川朱子与象山阳明分为不同的两系。关于伊川朱子一系，牟宗三认为，伊川"把'于穆不已'之体（道体）以及由之而说的性体只收缩提炼，清楚割截地视为'只是理'，即'只存有而不活动'的理"，为朱子所欣赏，所继承，而且予以充分的完成。③ 关于象山阳明一系，牟宗三认为，此系只是"一心之朗现，一心之申展，一心之遍润"，"对于客观地自'于穆不已'之体言道体性体者无甚兴趣，对于自客观面根据'于穆不已'之体而有本体宇宙论的展示者尤无多大兴趣"。④ 由此就形成了只是"一心之朗现，一心之申展，一心之遍润"的象山阳明系和"于《中庸》《易传》所讲之道体性体只收缩提炼而为一本体论的存有，即'只存有而不活动'之理"的伊川朱子系。⑤ 牟宗三特别强调伊川朱子讲的"理"是"只存有而不活动"。这与冯友兰《中国哲学史》只是依据伊川朱子讲"性即理"而将其划为一派是不同的，因为在牟宗三看来，"明道固亦可言'性即理'，甚至濂溪、横渠亦可如此言"⑥。同时，如前所述，牟宗三还认为，朱子"不能说'心即理'，只能说'性即理'"，朱子言"心具众理""心与理一"，并非等同于"心即理"。这与冯友兰认为"朱子言'性即理'，象山言'心即理'"而把"性即

---

① 牟宗三：《从陆象山到刘蕺山》，吉林出版集团2010年版，第76页。
② 牟宗三：《从陆象山到刘蕺山》，吉林出版集团2010年版，第75~76页。
③ 牟宗三：《心体与性体》（上），吉林出版集团2013年版，第40~41页。
④ 牟宗三：《心体与性体》（上），吉林出版集团2013年版，第43页。
⑤ 牟宗三：《心体与性体》（上），吉林出版集团2013年版，第44页。
⑥ 牟宗三：《心体与性体》（上），吉林出版集团2013年版，第57页。

理"与"心即理"对立起来似有相同之处。但需要指出的是,牟宗三对于朱子的"理"的阐释完全不同于冯友兰,这就决定了牟宗三所谓朱子"不能说'心即理',只能说'性即理'"与冯友兰所谓"朱子言'性即理',象山言'心即理'",在根本上是不同的。

四、唐君毅的《朱陆异同探源》

1967年,唐君毅发表《朱陆异同探源》①,后编入《中国哲学原论·原性篇》,对朱陆异同作了深入分析。唐君毅说:"朱陆自有同异。此同异固不在一主尊德性、一主道问学,二家固同主尊德性也。此同异亦初不在二贤之尝形而上学地讨论心与理之是否一,而初唯在二贤之所以尊德性而学圣贤之工夫上。"② 显然,唐君毅对于朱陆异同的诠释,虽然与冯友兰一样,不赞同所谓朱子主道问学、陆九渊主尊德性之说,但是又反对冯友兰所谓"朱子言性即理,象山言心即理",而把朱陆的异同落在了工夫论上。为此,唐君毅进一步指出:"朱陆之异,乃在象山之言工夫,要在教人直下就此心之所发之即理者,而直下自信自肯,以自发明其本心。而朱子则意谓人既有气禀物欲之杂,则当有一套内外夹持以去杂成纯之工夫,若直下言自觉自察识其心之本体,则所用之工夫,将不免与气质之昏蔽,夹杂俱流。"③ 后来,唐君毅还说:"朱陆之异,不宜只如世之由其一主尊德性、一主道问学,一主心与理为一、一主心与理为二去说,而当自其所以言尊德性之工夫上说。朱子之工夫,要在如何化除人之气禀物欲之偏蔽,足使心与理不一者,以使心与理一。象山则重正面的直接教人自悟其心与理之未尝不一者,而即以此心此理之日充日明为工夫。"④

唐君毅非常强调朱子不仅讲"性即理",而且也与陆九渊一样讲"本心",讲"心与理一"。他认为,在心性论、工夫论中,朱子亦未尝不言"'超乎一般之动静存亡之概念之上'之本心或心体",而且,"其言本心,明有同于象山言本心'不以其一时之自沉陷自限隔而不在'之旨者"。⑤ 他还认为朱子所谓"圣人之心",即"心理合一之心",并且指出:"此心理合一之心,亦即象山、阳明所谓吾人之本心、良知之心。只须此本心呈现,吾人亦即同时自觉其心为一心理合一之心。非谓心理本不合一,而自外牵合,使之合一。"⑥ 对于朱子所言"圣

---

① 唐君毅:《朱陆异同探源》,载于《新亚学报》1967年第8卷第1期。
②③ 唐君毅:《中国哲学原论·原性篇》,中国社会科学出版社2005年版,第349页。
④ 唐君毅:《中国哲学原论·原教篇》,中国社会科学出版社2005年版,第131页。
⑤ 唐君毅:《中国哲学原论·原性篇》,中国社会科学出版社2005年版,第404~405页。
⑥ 唐君毅:《中国哲学原论·导论篇》,中国社会科学出版社2005年版,第317页。

人之言即圣人之心，圣人之心即天地之理"，唐君毅说："此未尝不归宿在见心之即理、见己之心同于圣人之心，而通于象山之发明本心之旨。"① 此外，唐君毅还以朱子言"道心"加以论证。他说："朱子之所谓道心，克就其自身而观，亦非只为一以心往合于道之心，而应为一'道与心合一'之心，而其实义，亦与象山所谓心即理之心无别。"② 也就是说，朱子所谓"道心"指的是"'道与心合一'之心"，而与陆九渊讲"心即理"相一致。

与此同时，唐君毅又认为，朱子讲"心与理一"与陆九渊是不同的。朱子曾说："儒、释之异，正为吾以心与理为一，而彼以心与理为二耳。然近世一种学问，虽说心与理一，而不察乎气禀物欲之私，故其发亦不合理，却与释氏同病，又不可不察。"③ 这里所谓"近世一种学问"，即指陆学。在朱子看来，他与陆九渊都讲"心与理一"，他们的差别在于陆九渊"不察乎气禀物欲之私"。事实上，朱子还指责陆九渊"不知有气禀之性"。他说："看子静书，只见他许多粗暴底意思可畏。其徒都是这样，才说得几句，便无大无小，无父无兄，只我胸中流出底是天理，全不着得些工夫。看来这错处，只在不知有气禀之性。"④

对此，唐君毅说："朱子之反对象山，则亦归根在谓：'其千般万般病，只在不知气禀物欲之杂。'又或谓其'虽说心与理一，而不察乎气禀物欲之私，其发多不合理。'再或谓其'于义理之精微、气质之偏蔽，皆所不察'，势必'若得一个心，万法流出，都无许多事'。……是皆见朱子之所以不契于象山之只重识得一心之教者，唯是意其忽略去除气禀物欲之杂之细密工夫，乃自恃而自足，即自沦于人欲之私而已。"⑤ 显然，在唐君毅看来，朱子与陆九渊的差异不在于是否讲"心与理一"，而在于讲"心与理一"的同时是否"察乎气禀物欲之私"。

朱子还说："虽说心与理一，而不察乎气禀物欲之私，亦是见得不真，故有此病。此《大学》所以贵格物也。"⑥ 对此，唐君毅认为，从朱子的角度看，讲"心与理一"，又必须讲"气禀物欲之杂"，而讲"气禀物欲之杂"，则是"心与理二"，因此要通过工夫，"以实见心与理之一"；但是，从陆九渊的角度看，讲"气禀物欲之杂"，就是心与理不一，"则此所见者，非心与理一，乃心与理二"。为此，唐君毅说："由工夫之所成，而见及之心与理一，即只属修成，非真本有。

---

① 唐君毅：《中国哲学原论·原性篇》，中国社会科学出版社2005年版，第418页。
② 唐君毅：《中国哲学原论·导论篇》，中国社会科学出版社2005年版，第314页。
③ （宋）朱熹：《晦庵先生朱文公文集》卷五十六《答郑子上》（十四），载于《朱子全书》（23），上海古籍出版社、安徽教育出版社2010年版，第2689页。
④ （宋）黎靖德：《朱子语类》（八）卷一百二十四，中华书局1986年版，第2977页。
⑤ 唐君毅：《中国哲学原论·原性篇》，中国社会科学出版社2005年版，第386页。
⑥ （宋）朱熹：《晦庵先生朱文公文集》卷五十六《答郑子上》（十五），载于《朱子全书》（23），上海古籍出版社、安徽教育出版社2010年版，第2691页。

然若非本有，则修无可成，而亦可不修。"① 一方面，要承认在朱子那里本有"心与理一"，否则，"则修无可成，而亦可不修"；另一方面，朱子的"心与理一"，"只属修成，非真本有"。因此，唐君毅认为，朱子"实未能如象山、阳明之真肯定此心、理之合一"②，并且指出："此工夫所达之心与理一，是否即此心与理合一之本心之呈现，而外无其他，又在此现有之心尚未能达心与理一之情形下，是否此心与理一之本心未尝不在，固可为朱陆之异同之所在。"③

唐君毅不仅分析朱陆"心与理一"的异同，又进一步讨论朱陆工夫论的异同。他说："求心之合乎理，以使心与理一，亦程朱陆王共许之义。心不与理一，则心为非理之心，而不免于人欲之私。必心与理一，然后可以入于圣贤之途，儒者于此固无异辞也。"④ 在唐君毅看来，朱陆工夫都是要达到"心与理一"，但达到的途径有着差异。他说："象山以心与理为一，乃要在自象山之视'满心而发，无非是理'，而教人自发明此即理即心之本心上说。朱子果有以心与理为二之言，则初是自人之现有之心，因有气禀物欲之杂，而恒不合理；故当先尊此理，先有自去其气禀物欲之杂之工夫，方能达于心与理一上说。"⑤ 所以，在唐君毅看来，朱陆之异最根本的并不在于"心与理一"，而在于陆九渊讲"发明其本心"，而朱子讲"去其气禀物欲之杂"，因而有一套涵养主敬之工夫。为此，唐君毅还说："在朱子，此涵养主敬之工夫，只在使内心之湛然之清明之体见，而知觉不昧，以使万理得粲然于中为止，故纯为一未发时静中之工夫。至于心之向外格物穷理而知物理，则所以明内具之性理，以为省察诚意正心之准则，而为心之已发而动，有思虑后，以使动合于理之工夫。"⑥ 在这里，唐君毅把朱子的"格物致知"与"涵养主敬"看作"去其气禀物欲之杂"的两种既相互区别又相互统一的工夫。

需要指出的是，在唐君毅看来，陆九渊讲"发明其本心"，朱子讲"去其气禀物欲之杂"，二者虽有不同，但又是可以相通的："此二工夫，一属静，一属动；一属未发，一属已发；一属向内，一属向外；一为明体而立体，一为达用而用行；一为心之主乎性，一为心之主乎情……二者各不相同，而相辅为用。"⑦ 唐君毅还说："象山之所言之工夫，若为一大纲；朱子所言之工夫，则为其细节；乃未尝不可相会通以为一，亦未尝不可兼存，以分别为用，而无矛盾之可言者矣。"⑧

显然，对于朱陆异同，唐君毅的观点，既不同于冯友兰，也不同于牟宗三。

---

① 唐君毅：《中国哲学原论·原性篇》，中国社会科学出版社 2005 年版，第 418 页。
② 唐君毅：《中国哲学原论·导论篇》，中国社会科学出版社 2005 年版，第 307 页。
③④⑤ 唐君毅：《中国哲学原论·原性篇》，中国社会科学出版社 2005 年版，第 349 页。
⑥⑦ 唐君毅：《中国哲学原论·原性篇》，中国社会科学出版社 2005 年版，第 405 页。
⑧ 唐君毅：《中国哲学原论·原性篇》，中国社会科学出版社 2005 年版，第 406 页。

冯友兰强调"朱子言性即理,象山言心即理",并把朱陆分属理学与心学两派而对立起来,牟宗三讲朱子"不能说'心即理',只能说'性即理'",与此不同,唐君毅则认为,朱子既在宇宙论上讲"性即理",又在心性论上讲"心与理一",所以朱陆的根本差异不在于是否讲"心即理",而在于工夫论上陆九渊讲"发明其本心",朱子讲"去其气禀物欲之杂"以及相应的一套涵养主敬之工夫。与此同时,唐君毅不仅认为朱子讲"性即理"可以与"心与理一"并行不悖,而且还特别强调陆九渊讲"发明其本心"与朱子讲"去其气禀物欲之杂"的相互贯通。

后来,唐君毅又在《中国哲学原论·原教篇》中说:"在朱子之言心之性理处,更处处言此中直下万理具足,此乃人之所得于天而具于心者。……此性理之原超越地内在于心,以为心之本体之义,朱子与陆王未有异。其与陆王之分别,唯在朱子于心之虚灵知觉,与其中之性理之内容,必分别说。故心之虚灵知觉本身,不即是性理。"① 在唐君毅看来,朱子讲"性即理"与陆王讲"心即理"并没有根本的差异,差异只是在于朱子将心与其中的性理分别加以说明。唐君毅还认为,朱子讲"格物致知","即所以去其'形气之梏、闻见之滞',以使此心所得于天之'超越地内在于心之性理',由上而下,由内而出,以昭显于心之前,而为吾人之心所自明之事",所以,"此中专自此性理之由上而下,由内而出,以昭显于心之前处看,其与陆王之言性理即心之体,由心之发用中见者,正无殊异"②。在唐君毅看来,朱子讲"格物致知"与陆九渊讲"发明其本心"、王阳明讲"致良知",并没有根本的差异。因此,唐君毅明确认为,"程朱陆王,皆大同而小异,其异亦未必皆相矛盾冲突"③。

五、钱穆辨朱陆"心学"之异同

如前述所,在钱穆看来,朱子不仅讲"性即理",而且在工夫论的层面讲"心即理"。因此,钱穆很早就针对冯友兰所谓"朱子言'性即理',象山言'心即理'"提出不同意见。钱穆于1948年发表的《朱子心学略》开宗明义便说:"程朱主性即理,陆王主心即理,学者遂称程朱为理学,陆王为心学,此特大较言之尔。朱子未尝外心而言理,亦未尝外心而言性,其《文集》《语类》,言心者极多,并极精邃,有极近陆王者,有可以矫陆王之偏失者。不通朱子之心学,则无以明朱学之大全,亦无以见朱陆异同之真际。"④ 后来,钱穆《朱子新学案》

---

① 唐君毅:《中国哲学原论·原教篇》,中国社会科学出版社2005年版,第176页。
② 唐君毅:《中国哲学原论·原教篇》,中国社会科学出版社2005年版,第177页。
③ 唐君毅:《中国哲学原论·原教篇》,中国社会科学出版社2005年版,第133页。
④ 钱穆:《朱子心学略》,载于《学原》1948年第2卷第6期。

又指出："程朱主'性即理',陆王主'心即理',因此分别程朱为理学,陆王为心学。此一区别,实亦不甚恰当。理学家中善言心者莫过于朱子。"[①] 并且明确认为,"朱子之学彻头彻尾乃是一项圆密宏大之心学"[②]。显然,不同于冯友兰依据朱子讲"性即理"、陆九渊讲"心即理",而把朱学界定为"理学",把陆学界定为"心学",钱穆更为强调朱学是"心学",而且认为是超越了陆九渊的"心学"。

将陆九渊之学界定为"心学",可以追溯到王阳明《象山文集·序》所言"圣人之学,心学也"[③]。这也是冯友兰将陆九渊之学界定为"心学"的依据。然而,王阳明《象山文集·序》在言"圣人之学,心学也"之后,进一步认为,尧、舜、禹以"人心惟危,道心惟微,惟精惟一,允执厥中",即"十六字心传"相授受,"此心学之源也"。可见,王阳明所谓"心学"实际上是"十六字心传"之学。需要指出的是,早在王阳明之前,朱子《中庸章句·序》已论及尧、舜、禹至孔、孟的道统以及作为道统之传的"十六字心传",而且,《中庸章句》还明确认为,《中庸》"乃孔门传授心法"[④]。朱子虽然没有明确把圣人的道统之学称为"心学",但是,他的再传弟子真德秀撰《心经》并附赞曰:"舜禹授受,十有六言,万世心学。"[⑤] 何基在解说朱子诗句"大哉精一传,万世立人纪"时认为,此诗句"明列圣相传心学之妙,惟在一敬"[⑥]。显然是把朱子《中庸章句·序》所谓尧、舜、禹至孔、孟的道统之学称为"心学"。朱子也没有明确说自己的学术是"心学",没有说他的《中庸章句》是"心学",但是,他作《中庸章句》就是为了接续尧、舜、禹至孔、孟以"心"为核心的传道系统,对《中庸》这一"孔门传授心法"做出诠释,这是毋庸置疑的。朱子门人黄榦将朱子学术列入道统,并且认为,朱子"居敬以立其本,穷理以致其知,克己以灭其私,存诚以致其实,以是四者而存诸心"[⑦];陈埴甚至明确指出:"格物致知,研究义理,心学也。"[⑧] 直接称朱子的学术为"心学"。

---

① 钱穆:《朱子新学案》(第一册),九州出版社2011年版,第47页。
② 钱穆:《朱子新学案》(第二册),九州出版社2011年版,第89页。
③ (明)王守仁:《象山文集·序》,载于《王阳明全集》卷七,上海古籍出版社1992年版,第245页。
④ (宋)朱熹:《四书章句集注》,中华书局2012年版,第17页。
⑤ (宋)真德秀:《心经》,载于《景印文渊阁四库全书》(706),台北商务印书馆1986年版,第437页。
⑥ (宋)何基:《何北山先生遗集》卷三《解释朱子斋居感兴诗二十首》,中华书局1985年版,第20页。
⑦ (清)黄宗羲、全祖望:《宋元学案》(第三册)卷六十三《勉斋学案》,中华书局1986年版,第2023页。
⑧ (宋)陈埴:《木钟集》卷八《礼记》,载于《景印文渊阁四库全书》(703),台北商务印书馆1986年版,第695页。

钱穆称朱子学为"心学",不仅是因为朱子对"心"作了全面而深入的阐述,而且还由于在朱子心性论体系中,"心"是最为重要的。钱穆说:"朱子论宇宙界,似说理之重要性更过于气。但论人生界,则似心之重要性尤过于性。因论宇宙界,只在说明此实体。而落到人生界,要由人返天,仍使人生界与宇宙界合一,则更重在工夫,工夫则全在心上用,故说心字尤更重要。"① 还说:"就宇宙界言,理则包含该载在气。就人生界言,性则包含该载在心。理无情意,无计度,无造作,无作用;性亦然。心则有情意,有计度,有造作,有作用。故理之敷施发用在气,而性之敷施发用则在心。"② 他还引述朱子所谓"心性理,拈着一个,则都贯穿",并指出:"后人又称理学曰性理之学,依照上引语,可见性理之学正即是心学。一切对性与理之认识与工夫,将全靠心。若抹去了心,将无性理学可言。"③ 可见,在钱穆看来,朱子讲"性即理",不仅强调"性"的重要,而且由于"性"必须通过"心"才能发挥作用,实际上也强调"心"为主导,所以,朱子学既是理学,又是心学。

当然,钱穆又认为,朱子的"心学"不同于陆九渊的"心学",大致包括两个方面:

其一,钱穆认为,朱陆"心学"之不同在于:陆九渊"主张心即理,此理自是偏在人文界",朱子则"从宇宙万物衍化之原始言之"。④ 钱穆还说:"盖象山只主心即理,不言通宇宙是一理。……在朱子,认为整宇宙莫非一气,理寓于气,故整宇宙亦莫非一理。人心则是一虚明灵觉之体,可以格物穷理,使内外合一。却不认理只在心不在物。"⑤ 也就是说,陆九渊只讲"心即理",而朱子则讲宇宙"莫非一理",理不只在心,也在于物。所以,钱穆说:"朱子之言理气,与象山之言心即理,在理字看法上实有大分歧,此始为两家学术异同一主要关键所在也。"⑥

其二,钱穆认为,朱子讲"人心所见不同,圣人方见得尽","象山只认自己心中流出者是内",而且"认自内流出者便是好,不知人之气禀亦夹杂有不好底在内","此乃朱子与象山体认心性各有不同"。⑦ 钱穆还引述朱子所言"吾以心与理为一,彼以心与理为二。亦非固欲如此,乃是其所见处不同。彼见得心空而无理,此见得心虽空而万物咸备也。近世一种学问,虽说心与理一,而不察乎

---

① 钱穆:《朱子新学案》(第一册),九州出版社2011年版,第46页。
② 钱穆:《朱子新学案》(第一册),九州出版社2011年版,第47页。
③ 钱穆:《朱子新学案》(第一册),九州出版社2011年版,第48页。
④ 钱穆:《朱子新学案》(第三册),九州出版社2011年版,第423页。
⑤ 钱穆:《朱子新学案》(第三册),九州出版社2011年版,第424页。
⑥ 钱穆:《朱子新学案》(第三册),九州出版社2011年版,第430页。
⑦ 钱穆:《朱子新学案》(第三册),九州出版社2011年版,第453页。

气禀物欲之私,故其发亦不合理,却与释氏同病,又不可不察",指出:"所谓'近世一种学问',指象山陆学也。曰心即理,实则与言心空无理同病。"① 又引述朱子所言"圣人之心,浑然一理""众人是这个心,圣人也只是这个心。存得心在这里,道理便在这里"等,指出:"此等语,皆极似陆学,而与陆学不同。一切全仗此心,似陆学。因于全仗此心而须于此心有种种工夫,此则与陆学所不同也。"② 也就说,朱陆的差异在于:陆九渊"不察乎气禀物欲之私""一切全仗此心",而朱子不仅讲"气禀物欲之私",而且进一步认为,全仗此心必须落实到心的种种工夫。

显然,在钱穆看来,朱陆的差异,并不在于朱子讲"性即理"、陆九渊讲"心即理"而形成的理学与心学的对立,而是由于他们在心与理的关系问题上存在着分歧。因此,钱穆明确指出:"其实两人异见,亦正在心学上。"③

六、余论

朱陆异同是朱子学研究不可回避的重要问题。冯友兰认为,朱陆最根本的差异不在于朱子偏重道问学,陆九渊偏重尊德性,而在于朱子言性即理,陆九渊言心即理;朱子讲性与心之区别,陆九渊反对朱子所说心性之区别,并因而形成了理学与心学之别。牟宗三则对朱陆在尊德性、道问学问题上的差异作了深入分析,强调朱陆所言尊德性的不同内涵,而且还进一步认为,朱陆异同在于:朱子把道体性体看作"只存有而不活动"的理,而陆九渊只是"一心之朗现,一心之申展,一心之遍润";朱子"不能说'心即理',只能说'性即理'",朱子言"心具众理""心与理一",并非等同于陆九渊"心即理"。与冯友兰一样,唐君毅也反对所谓朱子主道问学、陆九渊主尊德性之说,但是不赞同冯友兰所谓"朱子言性即理,象山言心即理",以及牟宗三所谓朱子"不能说'心即理',只能说'性即理'",而是认为朱子既在宇宙论上讲"性即理",又在心性论、工夫论上讲"心与理一",而且还认为,朱陆的差异不在于是否讲"心即理",而在于工夫论上陆九渊讲"发明其本心",朱子讲"去其气禀物欲之杂"以及相应的一套涵养主敬之工夫,同时二者又可以相互贯通。钱穆反对冯友兰以朱子言"性即理"、陆九渊言"心即理"而分出理学与心学的对立,而明确认为朱子理学即心学,朱陆的差异在于心与理的关系问题上存在着分歧。

---

① 钱穆:《朱子新学案》(第二册),九州出版社2011年版,第106页。
② 钱穆:《朱子新学案》(第二册),九州出版社2011年版,第107页。
③ 钱穆:《朱子新学案》(第一册),九州出版社2011年版,第46页。

如前所述，朱子讲"心"与"性"的不同，讲"性即理"，并不是要把"心"与"性"，"心"与"理"分而为二，而是要表达"心"与"性"，"心"与"理"的"似一而二，似二而一"的关系。因此，朱子讲"性即理"并不与"心即理"截然对立。朱子讲"心具众理"，甚至还明确讲"心即理"，以为圣人之心、仁者之心、知之至之心，即是理。与此相类似，陆九渊也讲"心具众理"，指出："人心至灵，此理至明。人皆有是心，心皆具是理。"① 又说："天之所以与我者，即此心也。人皆有是心，心皆具是理，心即理也。"② 讲"心皆具是理"，又讲"心即理"。显然，在陆九渊那里，"心皆具是理"与"心即理"是一致的，讲"心即理"，就是讲"心皆具是理"。朱子不仅讲"心具众理"，而且还讲"心与理一"，并且特别强调与陆九渊的"心与理一"不同，在于陆九渊"不察乎气禀物欲之私"。

王阳明以为朱子讲"格物"是"析心与理而为二"，而与陆九渊的心学相对立，但是他的《朱子晚年定论》以为朱子晚年"大悟旧说之非"，实际上是认为朱子晚年转向陆九渊的心学，虽然王阳明的《朱子晚年定论》是"不得已而为此"③，且由于存在着对朱熹书信年代考证方面的缺陷而备受质疑，但至少在王阳明的心目中，朱子是有"心学"倾向的。从冯友兰、牟宗三以及唐君毅、钱穆对朱陆异同的讨论可以看出，尽管他们的观点各异，但似乎都是围绕着阳明论朱陆异同而展开。王阳明认为朱子中年的格致说是"析心与理而为二"而与陆九渊的心学相对立，引导出冯友兰、牟宗三强调朱子只能说"性即理"、不能说"心即理"而与陆九渊讲"心即理"的相对立；王阳明《朱子晚年定论》认为朱子晚年转向心学，引导出唐君毅、钱穆强调朱陆异同不在于"性即理"与"心即理"的对立，而在于不同的工夫论或不同的"心学"。当然，这样的观点是否可以成立，尚需做进一步的讨论，但更为重要的在于是否可以从这样的观点中领悟到朱陆异同研究进一步发展的方向。

---

① （宋）陆九渊：《陆九渊集》卷二十二《杂著》，中华书局1980年版，第491页。
② （宋）陆九渊：《陆九渊集》卷十一《与李宰》（二），中华书局1980年版，第149页。
③ （明）王守仁：《传习录中》，载于《王阳明全集》卷二，上海古籍出版社1992年版，第78页。

结语：现代朱子学研究的文本诠释、重大进展与存在问题

朱子学研究是对朱子文本的诠释，应当依据朱子的文本，那么，自20世纪初开始至今已有一百多年发展历史的现代朱子学研究，其文本依据是什么？朱子一生于"四书"最为着力，成就《四书章句集注》，因此，研究朱子的学术应当以《四书章句集注》为文本依据。然而，由于种种原因，现代朱子学研究多以朱子《大学章句》为文本依据，尤为强调《大学章句》"格物致知补传"，因而形成了当今朱子学研究的学术特点和发展趋势。尤其是，牟宗三还认为朱子以《大学》为中心。然而，在朱子看来，"四书"中的《大学》是纲领，而《中庸》是根本。朱子《大学章句》讲"即物而穷其理"，讲的是工夫论，《中庸章句》则讲"天地万物，本吾一体"，讲的是本体论。要真正了解朱子学，就不能仅仅停留于《大学章句》，而应当从《大学章句》出发，并进一步研究《中庸章句》，达到对于朱子学术思想之根本的把握。

一、以朱子《大学章句》"格物致知补传"为文本依据

王阳明对于朱子学的阐释，以朱子《大学章句》"格物致知补传"为文本依据，以为"格物致知补传"讲"即物而穷其理"是"析心与理而为二"。他说："朱子所谓'格物'云者，在即物而穷其理也。即物穷理，是就事事物物上求其所谓定理者也。是以吾心而求理于事事物物之中，析'心'与'理'而为二矣。"[①] 在这里，王阳明从朱子讲"即物而穷其理"的工夫论推断出朱子的本体论在于"析心与理而为二"。按照王阳明的逻辑，朱子讲"即物而穷其理"，说明在朱子那里，"理"在于"物"，而不在于"心"；如果"理"在于"心"，则

---

① （明）王守仁：《传习录中》，载于《王阳明全集》卷二，上海古籍出版社1992年版，第44~45页。

无须"即物而穷其理"。因此,讲"即物而穷其理"就是"析心与理而为二"。问题是,王阳明说朱子"析心与理而为二",这只是王阳明的一种推断,是否确实,需要通过其他文本做进一步的论证。

王阳明说朱子"析心与理而为二",这一对于朱子学的阐释,影响很大,乃至于现代对于朱子学的阐释,也大都将朱子的"理"与"心"分别开来。蔡元培《中国伦理学史》第三期"宋明理学时代"第九章"朱晦庵",先是讨论"晦庵本伊川理气之辨""取横渠理一分殊之义,以为理一而气殊";进而讨论"由理气之辨,而演绎之以言性""取横渠之义以心为性情之统名"以及由"心之有理气两方面"而引出道心人心;最后讨论"晦庵言修为之法",包括穷理之法和养心之法。①

胡适最早从科学方法的角度诠释朱子的"即物而穷其理"。他认为,朱子《大学章句》"格物致知补传"所言"即物而穷其理"要求通过研究具体事物而寻出物的道理来,"这便是归纳的精神";还说:"'即凡天下之物,莫不因其已知之理而益穷之,以求至乎其极',这是很伟大的希望,科学的目的,也不过如此。"②

冯友兰《中国哲学史》不赞同胡适把朱子的格物诠释为科学方法,明确指出:"朱子所说格物,实为修养方法,……若以此为朱子之科学精神,以为此乃专为求知识者,则诬朱子矣。"③ 但是,冯友兰特别强调朱子的"理"与"心"是完全不同的,"心亦是实际的有,亦系'形而下'者。若理则只潜存,故为'形而上'者"④。对于王阳明说朱子是"析心与理而为二",冯友兰指出:"朱子以为人人具一太极,物物具一太极。太极即众理之全体;故吾人之心,亦'具众理而应万事'。故即物穷理,亦即穷吾心中之理,穷吾性中之理耳。故谓朱子析心与理为二,实未尽确当。"⑤ 显然,冯友兰已经识别出王阳明对于朱子在"理"与"心"的关系上的误读。但是,冯友兰明确认为,在朱子那里,"理"与"心"是完全不同的,因而又认可了王阳明所谓朱子"析心与理而为二"的说法。他说:"惟依朱子之系统,则理若不与气合,则即无心;心虽无而理自常存。虽事实上无无气之理,然逻辑上实可有无心之理也。若就此点谓朱子析心与理为二,固亦未尝不可。"⑥ 可见,对于王阳明误读朱子是"析心与理而为二",冯友兰并没有予以完全纠正,反而是表示了赞同,实际上忽略了朱子所谓心"具

---

① 蔡元培:《中国伦理学史》,商务印书馆1910年版,第172~176页。
② 胡适:《清代学者的治学方法》,载于《胡适全集》(第1卷),安徽教育出版社2003年版,第366页。
③ 冯友兰:《中国哲学史》,商务印书馆1934年版,第920页注。
④ 冯友兰:《中国哲学史》,商务印书馆1934年版,第927页。
⑤⑥ 冯友兰:《中国哲学史》,商务印书馆1934年版,第955页。

众理而应万事"之说。而且,冯友兰还据此划分出程颐、朱子一派,即程朱理学,与由程颢开出的陆九渊、王阳明一派,即陆王心学。冯友兰把朱子的"理"与"心"分别开来的阐释,影响很大,并成为学术界阐释朱子哲学的基本模式。

20世纪六七十年代,唐君毅、牟宗三、钱穆分别对朱子学作了深入的分析,并针对冯友兰对于朱子学的阐释提出了许多创新的观点。尽管如此,唐君毅、牟宗三、钱穆在很大程度上类似于冯友兰,依然围绕着朱子《大学章句》"格物致知补传"而展开,只是在文本诠释上存在着分歧,并因而提出不同观点。

与冯友兰《中国哲学史》赞同王阳明把朱子"格物致知补传"所谓"即物而穷其理"解读为"析心与理而为二"不同,唐君毅认为,朱子所谓"即物而穷其理","实似人之心知之向于外之物理,以拉出其心之性理之事",即"求诸外而明诸内"之事,所以,"此乃实为一合内外之事,固不可专视为求诸外,或外在之事也"。[①] 为此,唐君毅说:"由朱子之格物致知,乃即求诸外而明诸内之事,故陆王一派以朱子之格物穷理,若视理为外,即不免于误解。"[②] 又说:"故陆王一派之学者,谓朱子之格物穷理,纯为视理为外,求理于外,而后更摄取之于内,朱子盖决不受也。"[③] 显然,唐君毅强调朱子所谓心"具众理而应万事"之说,并且认为,朱子所谓"即物而穷其理"是为了"拉出其心之性理"。

牟宗三则认为,朱子讲心"具众理而应万事",与其讲"即物而穷其理"一样,仍然是"析心与理而为二"。牟宗三特别强调朱子讲"心具众理",不等同于"心即理"。他还说:"'心具众理'是认知地具,及'既格'而现实地具之,此理固内在于心矣,然此'内在'是认知地摄之之内在,仍非孟子'仁义内在'之本体论地固具之之内在。此种'内在'并不足以抵御'理外'之疑难。此仍是心理为二也。二即是外。"[④]

钱穆反对王阳明把朱子《大学章句》"格物致知补传"解读为"析心与理而为二"。在钱穆看来,朱子言理气,为"一体浑成而可两分言之",所以,朱子言心与理,也是"一体两分"。钱穆还在解读朱子《大学章句》"格物致知补传"时说:"朱子所论理,认为万理皆属一理,理不离事物,亦不离心。……专务于内,从心求理,则物不尽。专务于外,从物穷理,则心不尽。物不尽,心不尽,皆是理不尽。必心物内外交融,达至于心即理之境界,始是豁然贯通之境界。"[⑤] 认为朱子《大学章句》"格物致知补传"所谓"即物而穷其理"既不是"从心求

[①] 唐君毅:《中国哲学原论·原教篇》,中国社会科学出版社2005年版,第175页。
[②] 唐君毅:《中国哲学原论·原教篇》,中国社会科学出版社2005年版,第176页。
[③] 唐君毅:《中国哲学原论·原教篇》,中国社会科学出版社2005年版,第177页。
[④] 牟宗三:《心体与性体》(下),吉林出版集团2013年版,第365~366页。
[⑤] 钱穆:《朱子新学案》(第一册),九州出版社2011年版,第149~150页。

理",也不是"从物穷理",而是"心物内外交融"。

由此可见,从冯友兰到唐君毅、牟宗三、钱穆的朱子学研究,虽然观点各异,但在很大程度上是接着王阳明对于朱子的阐释,以朱子《大学章句》为文本依据,围绕着对于"格物致知补传"的不同诠释而展开。

二、现代朱子学研究的重大进展

正是围绕着对于朱子《大学章句》"格物致知补传"的不同诠释而展开,现代朱子学研究,在从冯友兰到唐君毅、牟宗三、钱穆的过程中,提出了不少重要观点,有了重大进展。根据前面所述,这一进展可以概括为以下十个方面。

第一,对朱子学术与周敦颐、张载、程颢和程颐的关系的讨论。冯友兰认为,朱子学术是对周、邵、张、二程的综合,是"集其以前道学家之大成",同时,朱子学术只是与程颐有学脉继承关系而有别于周敦颐、程颢。与冯友兰不同,唐君毅明确认为,朱子学术"近承周张二程之言生生之理生生之道",与周敦颐、张载、二程一脉相承,而且还特别强调朱子言"生生之理"源自程颢。与此不同,牟宗三强调朱子学术只是继承程颐,而与周敦颐、张载、程颢有着明显的学派差异,因而不是冯友兰所谓"集其以前道学家之大成",而是"别子为宗"。钱穆称"朱子之集理学之大成",强调朱子将周、张、二程等相互有异的学术汇通合一,从而进一步论证了朱子学术与周敦颐、张载、二程的一脉相承。

第二,对于朱子"理"的哲学内涵的诠释。冯友兰从逻辑的所以然之理入手,最先用古希腊哲学中的"形式"和新实在论的"共相"诠释朱子的"理"。与冯友兰不同,唐君毅认为,朱子的"理"是"人心当然之理兼是万物存在之理",主要是指"人心当然之理",而当然之理的决定有赖于"实然及其所以然之理"之知,同时,朱子的"理"兼有"形式之理"与"统体之理"二义,并归宗于"统体之理",属"实现原则"。牟宗三则把朱子的"理"看作"存在之理"层面上的"所以然之理","提不住道德上之'应当'义",并且认为,朱子的"理","只是一理,一太极,一个绝对普遍的、存有论的、纯一的极至之理",只是"存在之理",而非"形构之理",把"形构之理"看作"权说之假象"。这不仅体现出牟宗三的观点不同于冯友兰,而且与唐君毅之间也存在着一定的观点分歧。与冯友兰、唐君毅、牟宗三不同,钱穆强调"本朱子原书称述朱子"[①],还说:"若欲求明朱子学之真相,则莫如返求之朱子之书。多所涉猎于述

[①] 钱穆:《朱子新学案·例言》,九州出版社2011年版,第3页。

朱、诤朱之间，而于朱子本人之书不精不熟，势将泛滥而无归，亦如治丝之益棼。"① 显然，钱穆更强调依据朱子自身所言诠释朱子的学术，因而展现出与冯友兰、唐君毅、牟宗三不同的诠释。

第三，对朱子"理先气后"及"理生气"的诠释。对于朱子既讲理气不可分，又讲理先气后，冯友兰认为，朱子讲理气不可分，是依事实言，讲理先气后，是就逻辑而言，即所谓"逻辑在先"，将理气不可分与理先气后分别开来解释；并且认为，朱子所谓理先气后指的是，气依傍理而有阴阳之气，而不是阴阳之气由理产生出来，不能等同于"理生气"。与冯友兰不同，唐君毅、牟宗三认为，朱子讲理先气后是"形上之先"，并认为朱子讲"理生气"不能解说为如"母之生子"，而只能解说为"气之依理而生，依理而行"，把朱子讲"理生气"与讲理先气后统一起来。钱穆则认为，朱子的理与气是一体浑成而可两分，既可以合而看，又可以离而看，而朱子讲理先气后以及讲理生气，是就理气离而言，是"不得已而推之"。

第四，对朱子的理气动静论的诠释。冯友兰从"形式"或"共相"的层面，认为朱子的"太极"或"理"无动无静，但太极有动之理与静之理，因而气有动静。与冯友兰不同，唐君毅从"实现原则"的层面，把朱子的"理"诠释为动态的"生生之理"，并且认为，"生生之理"，作为天地万物之生生不已的根本原因，"贯而主乎此气之生生化化之中""行乎气之中"，随着气之生生而动静，"气之生生，正赖有此理之静，理之动"。与此不同，牟宗三从"存在之理"的层面把朱子的"理"诠释为静态的"只存有而不活动"之理，并且认为，在朱子那里，太极或理自身无所谓动静，动静是气，但太极有动之理、有静之理，气依动之理而动，依静之理而静。与唐君毅一样，钱穆也把朱子的"理"诠释为"生生之理"。但唐君毅依据的是理气不离不杂，而钱穆则是依据"理气一体"。

第五，对朱子"心与理一""性即理"的诠释。冯友兰认为，在朱子那里，"心"与"理"是完全不同的，朱子只能言"性即理"，不能言"心即理"。与此不同，唐君毅、牟宗三和钱穆把朱子言"性即理"与其言"心与理一""心即理"统一起来加以考察。唐君毅认为，朱子在宇宙论上讲"心属于气"，在心性论上讲心超越于气而贯通理气，因而既言"性即理"又言"心与理一"，但又认为，朱子言"心与理一"，必须"先见有此气禀物欲之杂"，因而"终不能真建立心与理之合一"。牟宗三认为，朱子讲"心属于气""性即是理"，而且与其言"心具众理""心与理一"一样，以"心性平行为二，心不即是理"为基础，因而都与"心即理"相对立。钱穆认为，朱子讲"性属理，心属气"，又在工夫论

---

① 钱穆：《朱子新学案》（第一册），九州出版社2011年版，第243页。

的层面讲"心即理""心与理一",但是朱子讲"心即理",又讲"人生不免有气禀物欲之蔽",因而讲"格物致知",并非只是讲"心即理"。

第六,对朱子"心统性情"的诠释。冯友兰强调朱子的"性即理",而对于"心统性情"的诠释,只是讨论心、性、情三者的相互关系,讲情"从心上发出",性"在于心中",并没有对"心统性情"中所具有的心为性情之主的涵义做出进一步的诠释。与此不同,唐君毅、牟宗三和钱穆较多讨论"心统性情"中所具有的心为性情之主的涵义。唐君毅强调"心统性情"所具有的"心主性情而统性情"之义,并与心之主宰运用联系起来,同时,既讲朱子"分心性情为三",又讲三者相依为用,统而为一。牟宗三把朱子"心统性情"阐释为心对于性情的统摄,认为心"认知地统摄性""行动地统摄情",但是又把心对于性情的统摄作用仅局限于工夫论,强调朱子"心统性情"的"心、性、情三分"。钱穆则明确把"心统性情"诠释为心对于性情的主宰作用,并且认为,朱子讲心、性、情三者的区分,是为了讲心对于性情的主宰,因而与"心即理"是一致的。

第七,对朱子仁学的诠释。与冯友兰对朱子仁学有所忽略不同,唐君毅、牟宗三和钱穆把朱子仁学与朱子理气心性论结合起来,主要讨论三个问题:第一,对朱子《仁说》所谓"天地之心""天地以生物为心"与理气的关系的讨论。唐君毅认为,朱子所谓天地之心,是指"理气之中介之概念",但更多的是指流行于天地之气中的"天地之生物之理"。牟宗三则认为,所谓"天地之心""天地以生物为心",实际上只是虚说之心。钱穆则认为,朱子所谓"天地之心",是指包含生理与生意于其中的最精爽之气。第二,对朱子所谓"仁者,心之德、爱之理"与朱子理气心性论的关系的讨论;唐君毅认为,朱子讲仁之在人心,既包仁义礼智之四端,又表现为爱恭宜别之四情,同时又"别仁于爱之情,而以仁为爱之情之本"。牟宗三则认为,朱子"以爱之理言仁",实际上是把仁与恻隐、性与情分成"异质的两物",是"心、性、情三分"。钱穆认为,朱子讲"仁是体,爱是用",所以,既从爱上说仁,又不唤爱做仁。第三,对朱子《仁说》批评杨时以"万物与我为一"为"仁之体"、谢良佐以"心有知觉"释仁的讨论。唐君毅、钱穆赞同朱子的批评,而牟宗三则认为,朱子的批评属于误解。

第八,对朱子"道心""人心"及"天理""人欲"的诠释。冯友兰认为,朱子的"道心"就天理而言,"人心"就人欲或私欲而言;朱子不仅把人心、人欲、私欲等同起来,而且把道心与人心、天理与人欲对立起来。与此不同,唐君毅强调,在朱子那里,人心不等同于人欲,因而提出所谓"一心开三心"之说,即把人之一心分为道心、人心和不善之人欲或私欲之心。与冯友兰把朱子的道心与人心、天理与人欲分别开来不同,钱穆较多强调道心与人心、天理与人欲的相互联系，不仅讲"人心、道心非有二心"，而且还讲"天理亦不与人欲对"。

第九，对朱子格致说的不同诠释。冯友兰把朱子的格物致知理解为道德修养之方，但认为，朱子的格致说是把知识与道德混为一回事。唐君毅、牟宗三、钱穆从更广的视阈诠释朱子的格致说。唐君毅把朱子的格致说归于工夫论，看作"求诸外而明诸内"之事，肯定其对于德性修养的价值，并在工夫论上把朱子格致说与王阳明致良知说统一起来，同时还肯定了朱子格致说对于后来科学发展的积极作用。牟宗三侧重于从认识论面向阐释朱子格致说，视之为"泛认知主义"；虽然承认其可以拖带出科学式的专门知识，但是较多强调其对于知识论的负面作用；尤其是，他站在王阳明的立场上强调王阳明与朱子的对立，强调朱子格致说对于道德论的负面作用。钱穆主要从工夫论的面向阐释朱子格致说，并称之为"心学主要工夫"，同时又认为，朱子格致说"既是属于伦理的，亦可谓是属于科学的"。

第十，对朱陆异同的不同诠释。冯友兰认为，朱陆最根本的差异在于朱子言性即理，陆九渊言心即理；朱子讲性与心之区别，陆九渊反对朱子所说心性之区别，并因而形成了理学与心学之别。与此不同，唐君毅认为，朱子既在宇宙论上讲性即理，又在心性论上讲心与理一，朱陆的差异不在于朱子言性即理，陆九渊言心即理，而在于工夫论上：陆九渊讲"发明其本心"，朱子讲"去其气禀物欲之杂"以及相应的一套涵养主敬之工夫，同时二者又可以相互贯通。牟宗三认为，朱陆异同在于：朱子把道体性体看作"只存有而不活动"的理，而陆九渊只是"一心之朗现，一心之申展，一心之遍润"；朱子"不能说'心即理'，只能说'性即理'"，朱子言"心具众理""心与理一"，并非等同于陆九渊"心即理"。钱穆反对冯友兰以朱子言性即理、陆九渊言心即理而分出理学与心学的对立，而明确认为朱子理学即心学，朱陆的差异在于心与理的关系问题上存在着分歧。

应当说，现代朱子学研究，尤其是对于朱子哲学的研究，大致是沿着以上各学术问题而展开，并且逐步得到深化，同时，在深入的讨论中和不同观点的交锋中，形成了现代朱子学研究的发展趋势。

三、现代朱子学研究存在的问题

需要指出的是，20世纪初以来的现代朱子哲学研究，是在西方哲学进入中国的背景下逐渐兴起的，而且一开始表现为运用西方哲学概念诠释朱子学术的新特点。这样的研究，既带来朱子学的从未有过的新发展，又存在着一定问题。

王阳明以朱子《大学章句》"格物致知补传"为依据，把朱子学术解读为"析心与理而为二"，后来又撰《朱子晚年定论》，以为朱子晚年转向"心学"。因此，阳明之后，对于朱子学术的阐释一直存在着分歧。

牟宗三《心体与性体》在论及宋明儒的文本依据时指出："宋明儒是把《论》《孟》《中庸》《易传》与《大学》划为孔子传统中内圣之学之代表。……据吾看，《论》《孟》《中庸》《易传》是孔子成德之教（仁教）中其独特的生命智慧方向之一根而发，此中实见出其师弟相承之生命智慧之存在地相呼应。至于《大学》，则是开端别起，只列出一个综括性的、外部的（形式的）主客观实践之纲领，所谓只说出其当然，而未说出其所以然。宋明儒之大宗实以《论》《孟》《中庸》《易传》为中心，只伊川朱子以《大学》为中心。……是故《大学》在伊川朱子之系统中，其比重比以《论》《孟》《中庸》《易传》为主者为重，对于其系统有本质上之作用，而在其他则只是假托以寄意耳。"① 在牟宗三看来，宋明儒以《论》《孟》《中庸》《易传》与《大学》为依据，其中《论》《孟》《中庸》《易传》为根本，而《大学》只是一个纲领，"只说出其当然，而未说出其所以然"，只有程颐、朱子是以《大学》为中心。据此，牟宗三将宋明儒分为三系，即五峰蕺山系、象山阳明系和伊川朱子系。关于伊川朱子系，牟宗三说："此系是以《中庸》《易传》与《大学》合，而以《大学》为主。于《中庸》《易传》所讲之道体性体只收缩提炼而为一本体论的存有，即'只存有而不活动'之理，于孔子之仁亦只视为理，于孟子之本心则转为实然的心气之心，因此，于工夫特重后天之涵养（'涵养须用敬'）以及格物致知之认知的横摄（'进学则在致知'），总之是'心静理明'，工夫的落实处全在格物致知。"②

牟宗三不仅认为朱子以《大学》为中心，以《大学》的"格物致知"解说《论》《孟》《中庸》《易传》，而且还对朱子以《大学》为中心提出了批评，指出："朱子集毕生之力于《大学》，只注意于由小学至大学之发展过程而言圣功之途径与一人之完成，其不能真契悟于孔孟之精神固其宜也。……不就孔孟之生命、智慧与义理而立圣功之途径，而只就《大学》之致知格物以立言，则其远于孔孟也亦宜矣（此并非言孔孟即不致知格物）。"③ 因此又说："胶着于《大学》，顺《大学》之现象学地平说而胶着下去，以伊川义解说《大学》之致知格物为决定性之宗旨，为儒家立教之定本，为圣功之本质的入路，则非是。"④ 在牟宗三看来，正是由于朱子以《大学》为中心，围绕着"格物致知补传"而展开理

---

① 牟宗三：《心体与性体》（上），吉林出版集团2013年版，第19~21页。
② 牟宗三：《心体与性体》（上），吉林出版集团2013年版，第44~45页。
③ 牟宗三：《心体与性体》（下），吉林出版集团2013年版，第47~48页。
④ 牟宗三：《心体与性体》（下），吉林出版集团2013年版，第52页。

论构建，因此，朱子“析心与理而为二”，他所谓“理”是“存有而不活动”，他所谓“心”是“实然的心气之心”。这就是牟宗三所谓：“在朱子之‘存有论的解析’中，理只为存有而不活动，其道德意义即减杀，而心气依理而行所成之道德即为他律道德。其依‘存有论的解析’之方式说性，非先秦儒家言性之本义，此亦是其道德意义减杀之故。”① 所以，牟宗三认为朱子学术是“别子为宗”。换言之，如果承认朱子以《大学》为中心，那么就有可能得出朱子“别子为宗”的结论。问题在于，朱子是否真以《大学》为中心？

朱子曾经说过：“我平生精力尽在此书（《大学》）。”② 又说：“某于《大学》用工甚多。……《论》《孟》《中庸》，却不费力。”③ 而且直至临终前，朱子还在改《大学》“诚意章”。显然，朱子非常重视《大学》，亦可见得朱子学术的形成与《大学》密切相关。但是，这并不意味着朱子是以《大学》为中心。尤其是，朱子讲《大学》，既以“格物致知”为起点，又讲“涵养本原之功，所以为格物致知之本者也”④；既讲“《大学》始教，必使学者即凡天下之物，莫不因其已知之理而益穷之，以求至乎其极”⑤，又讲“圣人设教，使人默识此心之灵，而存之于端庄静一之中，以为穷理之本”⑥。而且，朱子临终前改《大学》“诚意章”，实际上是将《大学章句》经一章“诚意”之原注“诚，实也。意者，心之所发也。实其心之所发，欲其一于善而无自欺也”中的“一于善”改为“必自慊”，更为强调内心的真诚，⑦ 正如朱子所说：“自慊者，外面如此，中心也是如此，表里一般。”⑧ 而不是以《大学》“格物致知”为中心。

关于《大学》与“四书”的关系，朱子《大学章句》引程颐所说“《大

---

① 牟宗三：《心体与性体》（下），吉林出版集团 2013 年版，第 462 页。

②③ （宋）黎靖德：《朱子语类》（一）卷十四，中华书局 1986 年版，第 258 页。

④ （宋）朱熹：《四书或问》，载于《朱子全书》（6），上海古籍出版社，安徽教育出版社 2010 年版，第 526 页。

⑤ （宋）朱熹：《四书章句集注》，中华书局 2012 年版，第 7 页。

⑥ （宋）朱熹：《四书或问》，载于《朱子全书》（6），上海古籍出版社，安徽教育出版社 2010 年版，第 528 页。

⑦ （明）胡广《四书大全》载新安陈氏（陈栎）曰：“诸本皆作‘欲其一于善而无自欺也’。惟祝氏附录本，文公適孙鉴书其卷端云：‘四书元本，则以鉴向得先公晚年绝笔所更定而刊之兴国者为据。此本独作“必自慊而无自欺”，可见绝笔所更定，乃改此三字也。’按：文公《年谱》谓‘庆元庚申四月辛酉，公改“诚意章”句。甲子，公易箦。’今观‘诚意章’，则祝本与诸本无一字殊，惟此处有三字异，是所改正在此耳。‘一于善’之云，固亦有味，但必恶恶如恶恶臭，好善如好好色，方自快足于己。如好仁必恶不仁，方为真切。若曰‘一于善’，包涵不二于恶之意，似是歇后语，语意欠浑成的当，不若‘必自慊’对‘无自欺’，只以传语释经语，痛快该备，跌扑不破也。况《语录》有云：‘诚与不诚，自慊与自欺，只争毫厘之间。’‘自慊则一，自欺则二。’‘自慊正与自欺相对。’‘诚意章’只在两个‘自’字上用功，观朱子此语，则可见矣。”［（明）胡广：《四书大全·大学章句大全》，载于《景印文渊阁四库全书》（205），台北商务印书馆 1986 年版，第 12 页］

⑧ （宋）黎靖德：《朱子语类》（二）卷十六，中华书局 1986 年版，第 331 页。

学》，孔氏之遗书，而初学入德之门也"，并且指出："于今可见古人为学次第者，独赖此篇之存，而《论》《孟》次之。"① 可见，朱子列《大学》于"四书"之首，是因为《大学》是"初学入德之门"，并不意味着《大学》居于"四书"的中心。朱子还曾说过："某要人先读《大学》，以定其规模；次读《论语》，以立其根本；次读《孟子》，以观其发越；次读《中庸》，以求古人之微妙处。"② 又说："盖不先乎《大学》，无以提挈纲领而尽《论》、《孟》之精微；不参之以《论》《孟》，无以融贯会通而极《中庸》之归趣；然不会其极于《中庸》，则又何以建立大本，经纶大经，而读天下之书，论天下之事哉?"③ 朱子强调读"四书"先读《大学》，是因为在朱子看来，《大学》是纲领，而最后读的《中庸》则是"建立大本，经纶大经"的依据。显然，《大学》不可能是"四书"的中心。朱子曾在《答黄商伯》中，针对门人黄灏所言"《大学》初说致知格物，《中庸》首章惟言戒惧谨独，工夫规模觉得似比《大学》为高远"，指出："《大学》是通言学之初终，《中庸》是直指本原极致处，巨细相涵，精粗相贯，皆不可阙，非有彼此之异也。"④ 在朱子看来，《大学》与《中庸》都很重要，但《大学》讲的是为学次第，而"《中庸》是直指本原极致处"，是对本体论的深入阐发。

如上所述，牟宗三认为，《大学》是"开端别起，只列出一个综括性的、外部的（形式的）主客观实践之纲领，所谓只说出其当然，而未说出其所以然"。应当说，这一对《大学》的理解，与朱子是一致的。正因为《大学》是纲领，所以才需要《论语》《孟子》予以展开；正因为《大学》"只说出其当然，而未说出其所以然"，所以才需要《中庸》言其本原，道其所以然。因此，在朱子那里，《大学》列于"四书"之首，并非以《大学》为中心，更非以《大学》解说《论》《孟》《中庸》，而是以《大学》为起点，最终归于《中庸》之"本原极致处"。

朱子《大学章句》"格物致知补传"为朱子所发明，因而诚如钱穆所说："朱子思想，以论格物穷理为最受后人之重视，亦最为后人所争论。"⑤ 如前所述，现代朱子学研究，尤其是对于朱子哲学的研究，在很大程度上是接着王阳明，围绕着朱子《大学章句》"格物致知补传"的不同诠释而展开。这些虽然在

---

① （宋）朱熹：《四书章句集注》，中华书局2012年版，第3页。
② （宋）黎靖德：《朱子语类》（一）卷十四，中华书局1986年版，第249页。
③ （宋）朱熹：《四书或问》，载于《朱子全书》（6），上海古籍出版社，安徽教育出版社2010年版，第515页。
④ （宋）朱熹：《晦庵先生朱文公文集》卷四十六《答黄商伯》（四），载于《朱子全书》（22），上海古籍出版社、安徽教育出版社2010年版，第2131页。
⑤ 钱穆：《朱子新学案》（第二册），九州出版社2011年版，第621页。

一定意义上可以构成对于牟宗三所谓朱子以《大学》为中心的支持，但是并不等于朱子本人是以《大学》为中心，以《大学章句》"格物致知补传"为中心构建他的哲学体系。

尤其需要指出的是，朱子明确认为，《大学》之道"以诚意正心为本""以格物致知为先"；① 又认为，儒家之学，"居敬为本，而穷理以充之"②；还认为，以格物致知为本是"把终始本末作一事了"③。所以，他说："学道以知为先，致知以敬为本。"④ 又说："学须先以求放心为本。致知是他去致，格物是他去格，正心是他去正，无忿懥等事。诚意是他自省悟，勿夹带虚伪，修身是他为之主，不使好恶有偏。"⑤

现代朱子学研究围绕着朱子《大学章句》"格物致知补传"而展开，尽管有了很大的进展，但同时也出现了不少观点的分歧，还需要通过朱子的其他文本做进一步的论证。既然在朱子看来，"《中庸》是直指本原极致处"，那么对于朱子哲学的研究，除了围绕着朱子《大学章句》而展开，更应当以朱子《中庸章句》为文本依据。需要指出的是，在朱子看来，《中庸》不仅是"直指本原极致处"，而且还是孔门传授之道统心法。朱子《中庸章句序》中指出："《中庸》何为而作也？子思子忧道学之失其传而作也。"⑥ 并且认为，儒家道统所传之"道"在于"心"，即"人心惟危，道心惟微，惟精惟一，允执厥中"，所谓"十六字心传"。而且朱子《中庸章句》还明确指出："此篇（《中庸》）乃孔门传授心法。"⑦ 朱子一生以接续儒家道统为己任，而《中庸》讲孔门心法，讲儒家道统，由此可见《中庸章句》在朱子学术体系中的分量和地位。

四、走向以朱子《中庸章句》为依据的研究

需要指出的是，冯友兰、唐君毅、牟宗三、钱穆对于朱子哲学的研究，归根到底在于对朱子"理"的诠释，而且在运用西方哲学观点解读朱子哲学时，大都把朱子"理"限定为所以然之理。唐君毅强调朱子的"理"是"人心当然之

---

① （宋）朱熹：《晦庵先生朱文公文集》卷五十九《答曹元可》，载于《朱子全书》（23），上海古籍出版社、安徽教育出版社 2010 年版，第 2811 页。
② （宋）黎靖德：《朱子语类》（八）卷一百二十六，中华书局 1986 年版，第 3016 页。
③ （宋）黎靖德：《朱子语类》（二）卷十八，中华书局 1986 年版，第 405 页。
④ （宋）朱熹：《晦庵先生朱文公文集》卷十五《经筵讲义》，载于《朱子全书》（20），上海古籍出版社、安徽教育出版社 2010 年版，第 708 页。
⑤ （宋）黎靖德：《朱子语类》（四）卷五十九，中华书局 1986 年版，第 1409 页。
⑥ （宋）朱熹：《四书章句集注·中庸章句序》，中华书局 2012 年版，第 14 页。
⑦ （宋）朱熹：《四书章句集注》，中华书局 2012 年版，第 17 页。

理",并依此诠释朱子的理之动静、"理先气后"以及"仁"与"理"的关系,但他又认为,朱子的"理"归宗于"统体之理",即形上学的"存在之理"层面上的"所以然之理";而且他所谓的"当然之理"仅限于人心。因此,朱子的"理"所内涵的"当然之理",实际上仍没有得到充分的展现,没有引起学术界足够的注意。

如前所述,朱子的"理",既是当然之理,又是当然之理之所以"当然"的所以然之理,尤其是在朱子那里,所以然之理与当然之理是贯通的,是为当然之理而言所以然之理,因此,朱子"理"主要是当然之理。与此同时,在朱子看来,天地万物不仅具有所以然之理,而且都具有当然之理,"当然之理"并不只限于人心。由于在朱子那里,"当然之理即所谓道",所以,朱子所谓"理"大都就当然之理而言,就"道"而言。

朱子哲学以"四书"为文本依据,以《大学》为纲领,以《中庸》为归宿,所谓"《大学》是通言学之初终,《中庸》是直指本原极致处"。与此相对应,朱子《大学章句》多讲"理",既讲"心具众理",又讲"天下之物莫不有理",要求"即物而穷其理",而《中庸章句》则多讲"道",既讲"道统""道学""道心",又讲人、物"莫不各有当行之路,是则所谓道也"。

朱子解《中庸》,最重视第一章。《中庸》第一章曰:"天命之谓性,率性之谓道,修道之谓教。道也者,不可须臾离也,可离非道也,是故君子戒慎乎其所不睹,恐惧乎其所不闻。莫见乎隐,莫显乎微,故君子慎其独也。喜怒哀乐之未发谓之中,发而皆中节谓之和。中也者,天下之大本也;和也者,天下之达道也。致中和,天地位焉,万物育焉。"对于该章所言,朱子说:"首明道之本原出于天而不可易,其实体备于己而不可离;次言存养省察之要;终言圣神功化之极。盖欲学者于此反求诸身而自得之,以去夫外诱之私,而充其本然之善。杨氏所谓'一篇之体要'是也。"[1]

朱子《中庸章句》注"天命之谓性,率性之谓道,修道之谓教"曰:"性,即理也。天以阴阳五行化生万物,气以成形,而理亦赋焉,犹命令也。于是人、物之生,因各得其所赋之理,以为健顺五常之德,所谓性也。率,循也;道,犹路也。人、物各循其性之自然,则其日用事物之间,莫不各有当行之路,是则所谓道也。修,品节之也。性道虽同,而气禀或异,故不能无过不及之差,圣人因人、物之所当行者而品节之,以为法于天下,则谓之教,若礼、乐、刑、政之属是也。盖人之所以为人,道之所以为道,圣人之所以为教,原其所自,无一不本

---

[1] (宋)朱熹:《四书章句集注》,中华书局2012年版,第18页。

于天而备于我。"① 这里既讲"天命之性，天下之理皆由此出，道之体也"②，又讲人、物各得道体所赋之理而有"性"，并认为"性道虽同，而气禀或异"，因而有圣人之"教"，最后还认为，人的"性""道""教"，"无一不本于天而备于我"。为此，朱子又说："道者，日用事物当行之理，皆性之德而具于心，无物不有，无时不然，所以不可须臾离也。若其可离，则为外物而非道矣。"③ 认为道"具于心"，所以，求道不在于向外，而在于向内用功，这就是要"戒慎乎其所不睹，恐惧乎其所不闻"，尤其要"慎其独"，而不可须臾而离道。

朱子《中庸章句》还说："自戒惧而约之，以至于至静之中，无少偏倚，而其守不失，则极其中而天地位矣。自谨独而精之，以至于应物之处，无少差谬，而无适不然，则极其和而万物育矣。"④ 这就是《中庸》所谓"致中和，天地位焉，万物育焉"。

需要指出的是，朱子讲"致中和"，不只是单纯的性情修养，而且还在于把握"天下之大本"，实行"天下之达道"。《中庸或问》曰："盖天命之性，万理具焉，喜怒哀乐，各有攸当。方其未发，浑然在中，无所偏倚，故谓之中；及其发而皆得其当，无所乖戾，故谓之和。谓之中者，所以状性之德，道之体也，以其天地万物之理，无所不该，故曰天下之大本。谓之和者，所以著情之正，道之用也，以其古今人物之所共由，故曰天下之达道。盖天命之性，纯粹至善，而具于人心者，其体用之全，本皆如此。"⑤ 朱子认为，天命之性，具于人心，因而心具万理，心之未发谓之"中"，"天地万物之理，无所不该"，心之已发而中节谓之"和"，为道之用。换言之，"致中和"不仅是要让性情的"未发"之"中"与"已发"之"和"达到极致，而且要在这一过程中，把握具于人心的"天下之大本"和"天下之达道"。这实际上就是朱子《大学章句》"格物致知补传"所谓"即物而穷其理"。换言之，朱子讲"理"，是为了讲"道"；讲"即物而穷其理"，旨在求道，以达到"致中和"。

正是在对《中庸》所谓"致中和，天地位焉，万物育焉"的解读中，朱子引出了他对于宇宙本体论的理解。他说："盖天地万物，本吾一体。吾之心正，则天地之心亦正矣；吾之气顺，则天地之气亦顺矣。"⑥ 关于"天地万物，本吾一体"，朱子《中庸章句》在注"天命之谓性"时认为，人与物都成形于天之阴阳五行之气，并禀受天之理而具有共同的"天命之性"。朱子还注张载《西铭》

---

①③ （宋）朱熹：《四书章句集注》，中华书局 2012 年版，第 17 页。
②④⑥ （宋）朱熹：《四书章句集注》，中华书局 2012 年版，第 18 页。
⑤ （宋）朱熹：《四书或问》，载于《朱子全书》（6），上海古籍出版社、安徽教育出版社 2010 年版，第 558 页。

"天地之塞，吾其体；天地之帅，吾其性"曰："塞，只是气。吾之体即天地之气。帅，是主宰，乃天地之常理也。吾之性即天地之理。"① 对于朱子《中庸章句》所言"天地万物，本吾一体"，朱子后学胡炳文说："朱子此八字是从'天命之性'说来。性，一而已。天地万物与吾有二乎哉？"② 许谦说："天地乃吾之大父母，而吾之身本大父母之遗体。惟其一体也，故吾心可感天地之心，吾气可感天地之气。"③ 蔡清说："盖天地之所以为天地者，不过阴阳五行而已。而其阴阳五行之理，则悉已交付在我之身矣，是天地乃吾种也。至于万物，亦同是出于天地之阴阳五行所生者，真个是乾吾父也、坤吾母也，民吾同胞，物吾与也。如何不是一体？"④ 应当说，朱子讲"天地万物，本吾一体"，强调的是人与天地万物在本体上的一致性。

朱子《中庸章句》以为"天地万物，本吾一体"，以为道"备于我"并"具于心"，求道不在于向外，而在于向内用功，要"戒慎恐惧"，要"慎其独"，应当说，这是诠释《大学章句》"格物致知补传"所谓"即物而穷其理"之根本。离开了这个根本，只是按照字面上的文义进行解释，进而以为朱子以《大学》为中心，朱子哲学以"即物而穷其理"为根本，则可能本末倒置，而造成诸多误解。

此外，朱子《中庸章句》还讲天道、人道，注"诚者，天之道也；诚之者，人之道也。诚者，不勉而中，不思而得，从容中道，圣人也。诚之者，择善而固执之者也"曰："圣人之德，浑然天理，真实无妄，不待思勉而从容中道，则亦天之道也。未至于圣，则不能无人欲之私，而其为德不能皆实。故未能不思而得，则必择善，然后可以明善；未能不勉而中，则必固执，然后可以诚身，此则所谓人之道也。"⑤ 还注《中庸》所言"天地之道，可一言而尽也；其为物不贰，则其生物不测"，说："天地之道，可一言而尽，不过曰诚而已。不贰，所以诚也。诚故不息，而生物之多，有莫知其所以然者。""天地之道，诚一不贰，故能各极所盛，而有……生物之功。"⑥ 认为天地之道诚一不二，因而能够生生不息，化生万物。又说："德无不实而明无不照者，圣人之德。所性而有者也，天道也。先明乎善，而后能实其善者，贤人之学。由教而入者也，人道也。"⑦ 并且注

---

① （宋）黎靖德：《朱子语类》（七）卷九十八，中华书局1986年版，第2520页。
② （元）胡炳文：《四书通·中庸通》卷一《朱子章句》，载于《景印文渊阁四库全书》（203），台北商务印书馆1986年版，第51页。
③ （元）许谦：《读四书丛说》卷二《读中庸丛说上》，中华书局1985年版，第46页。
④ （明）蔡清：《四书蒙引》卷三，载于《景印文渊阁四库全书》（206），台北商务印书馆1986年版，第85页。
⑤ （宋）朱熹：《四书章句集注》，中华书局2012年版，第31~32页。
⑥ （宋）朱熹：《四书章句集注》，中华书局2012年版，第35页。
⑦ （宋）朱熹：《四书章句集注》，中华书局2012年版，第32~33页。

《中庸》"君子笃恭而天下平"曰:"'笃恭',言不显其敬也。'笃恭而天下平',乃圣人至德渊微,自然之应,中庸之极功也"。① 这正是朱子哲学从《大学章句》讲即物而求心中之"理"到《中庸章句》求"道"在于心而"非有待于外"的基本构架。

由此可见,朱子《中庸章句》包含了朱子哲学本体论、心性论、工夫论的最为根本的内容,而且包含了对于朱子《大学章句》"格物致知补传"所谓"即物而穷其理"之所以然的本体论诠释。因此,现代朱子学研究只是围绕着朱子《大学章句》"格物致知补传"而展开,是有问题的,并不能完整再现朱子哲学的本体论、心性论、工夫论,由此而在研究中出现各种观点分歧也在所难免。正如朱子所说"《中庸》是直指本原极致处",要真正了解朱子哲学本体论、心性论、工夫论,不能仅仅以朱子《大学章句》"格物致知补传"作为文本依据,而应当进一步以《中庸章句》为依据,通过《中庸章句》展现《大学章句》"格物致知补传"之根本,从而再现朱子哲学的本体论、心性论、工夫论。只有这样,才有可能消除对于朱子哲学的各种误解,化解在朱子哲学研究上的种种纷争。

不可否认,冯友兰、唐君毅、牟宗三、钱穆围绕着朱子《大学章句》"格物致知补传"而展开的对于朱子哲学的研究,把朱子"理"主要限定为所以然之理,不仅开创了朱子哲学的研究领域,而且创造了朱子哲学研究的辉煌。但是,他们的研究忽略了对于朱子的当然之理的研究,忽略了对于朱子的"道"的研究。冯友兰从朱子的所以然之理出发,以为"理"无动无静,直至牟宗三把朱子的"理"诠释为静态的"只存有而不活动""静态的形式的所以然(当然亦是超越的、形而上的所以然)",并由此认为,朱子的"理"减杀了先秦儒学的道德意义,是"别子为宗"。这实际上暴露出把朱子"理"主要限定为所以然之理所带来的问题。冯友兰晚年所撰《中国哲学史新编》在阐述朱子哲学时,特别增补了专门讨论朱子易学的一节,通过对朱子论《易传》"一阴一阳之谓道"的阐释,在朱子本体论研究中引入"道"的概念,并在构架"道"与"理""气"的关系中,强调"道"是"'理'与'气'合的产物",是"大化流行"。

事实上,早在1939年出版的冯友兰《新理学》就已经对朱子的"道"作了论述。冯友兰说:"就道字之本义说,道即是路,故其第一引申之义,即是人在道德方面所应行之路,如《论语》云:'君子务本,本立而道生,孝悌也者,其为人之本欤?'孝悌是为人之道,即人在道德方面,所应行之路也。朱子说:'日用事物之间,莫不各有当行之路,是则所谓道也。'(《中庸》注)亦说

---

① (宋)朱熹:《四书章句集注》,中华书局2012年版,第41页。

道之此义。"① 又引述朱子所言"道者，兼体用，该隐费，而言也"，指出："隐即所谓微，即所谓形上者，费即所谓显，即所谓形下者。道包括形上及形下。"② 冯友兰还对朱子所谓"道体"作了阐释，指出："《论语》：'子在川上曰："逝者如斯夫，不舍昼夜。"'宋儒以为此是孔子见道体之言。朱子注云：'天地之化，往者过，来者续，无一息之停，乃道体之本然也。'宋儒以为孔子即水之流行，而见大用之流行。道体之本然，即是大用之流行。"③ 又说："一切事物，均经成、盛、衰、毁四阶段。旧事物如此灭，新事物如此生。如此生生灭灭，即是大用流行。大用流行，亦称造化。事物之成、盛是造；其衰、毁是化。一切事物之造及化，总而言之，统而言之，名曰造化。一事物又各是一造化，就其各是一造化说，总而言之，统而言之，名曰万化。或亦以化兼指造化；所以亦说'大化'。大化流行，亦即是大用流行。"④

1947 年出版的李相显《朱子哲学》则以"道"作为朱子哲学的纲领，先讲"道"；通过阐述"道兼体用"和"道通天地人"以揭示"道"无所不包，无所不通，论证朱子的"道即全"思想，同时，通过阐述"道是理气之理""道是性理之理""道是伦理之理"以论证朱子的"道即理"思想，而后再讲"理""气"。⑤ 遗憾的是，这种从"道"出发对于朱子哲学的阐释，至今仍没有得到应有的关注。

为此，笔者认为，在以往围绕着朱子《大学章句》"格物致知补传"而展开的、从朱子的"理"出发所作研究的基础上，进一步以《中庸章句》为依据，通过《中庸章句》展现《大学章句》"格物致知补传"之根本，从而再现朱子哲学的本体论、心性论、工夫论，尤其是从"道"出发，把朱子的"理"看作当然之理，进而分析"理"之内涵，考察当然之理与所以然之理的关系，即道与理的关系，研究理气关系，解读"理先气后""理生气"以及理气动静，由此进一步阐释朱子的"心"与"理"、"心"与"性"以及"心统性情"的关系，分析朱子的"仁"与"理"的关系、"道心"与"人心"的关系，研究朱子格致说的深刻内涵以及朱陆异同，或许可以为朱子哲学研究开发出新的路径。

---

① 冯友兰：《新理学》，商务印书馆 1939 年版，第 102 页。
② 冯友兰：《新理学》，商务印书馆 1939 年版，第 97 页。
③ 冯友兰：《新理学》，商务印书馆 1939 年版，第 99~100 页。
④ 冯友兰：《新理学》，商务印书馆 1939 年版，第 100 页。
⑤ 乐爱国：《民国学人李相显〈朱子哲学〉述论》，载于《南昌大学学报》2013 年第 3 期。

附　录

民国时期（1912~1949年）
朱子学研究学术编年

按：林庆彰曾编《朱子学研究书目（1900~1991）》（文津出版社，1992年），继后，吴展良增补为《朱子研究书目新编（1900~2002）》（台湾大学出版中心，2005年），成为当今学术界研究朱子学的重要参考书；又有高令印《朱子学通论》（厦门大学出版社，2007年）附《朱子学大事年表》。在此基础上，笔者对其中所收录民国时期的资料加以整理，对遗漏和错误作了增补和修订，形成此文。

1912年（民国元年，壬子）

1月1日，孙中山在南京就任中华民国临时大总统，中华民国成立。

民国时期对于朱子学的专题研究，可以追溯到1910年7月由商务印书馆出版的蔡元培《中国伦理学史》所述第三期"宋明理学时代"第九章"朱晦庵"对于朱子学术的阐述。在此之前，1904年，王国维在《教育世界》第70、71、72期上发表的《就伦理学上之二元论》（后收入《静庵文集》更名为《论性》）和第82、83、86期上发表的《释理》对朱子学也略有涉及。前者论述了中国古代人性论的发展，并论及朱子的心性论，其中说道："朱子继伊川之说，而主张理气之二元论。……故朱子之性论，与伊川同，不得不谓之二元论也。"后者论述了"理"的概念，并对朱子的"理"作了阐释，其中说道："朱子之所谓理与希腊斯多噶派之所谓理，皆预想一客观的理，存于生天、生地、生人之前，而吾心之理不过其一部分而已。……理者主观上之物也。故对朱子之实在论，而有所谓观念论者起焉。"

蔡元培《中国伦理学史》所述第三期第九章"朱晦庵"分为"小传""理气""性""心情欲""人心道心""穷理""养心""结论"等节，专门论述朱子的哲学和伦理学思想，其中说道："宋之有晦庵，犹周之有孔子，皆吾族道德之集成者也。"此外，第三期第一章"总说"包含"朱陆之异同"，指出："宋之理学，创始于邵、周、张诸子，而确立于二程。二程以后，学者又各以性之所近，递相传演，而至朱、陆二子，遂截然分派。朱子偏于道问学，尚墨守古义，近于荀子。陆子偏于尊德性，尚自由思想，近于孟子。……陆学则至明之王阳明而益光大焉。"第三期第十章"陆象山"包含"朱陆之论争"，指出："自朱、陆异派，及门互相诋诽。……至于伦理学说之异同，则晦庵之见，以为象山尊心，乃禅家余派，学者当先求圣贤之遗言于书中。……象山则以晦庵之学为逐末，以为学问之道，不在外而在内，不在古人之文字而在其精神。""第三期结论"指出："自宋及明，名儒辈出，以学说觚理之，朱陆两派之舞台而已。濂溪、横渠，开二程之先，由明道历上蔡而递演之，于是有象山学派；由伊川历龟山而递演之，于是有晦庵学派。象山之学，得阳明而益光大；晦庵之学，则薪传虽不绝，而未有能扩张其范围者也。朱学近于经验论，而其所谓经验者，不在事实，而在古书，故其末流，不免依傍圣贤而流于独断。陆学近乎师心，而以其不胶成见，又常持物我同体知行合一之义，乃转有以通情而达理，故常足以救朱学末流之弊也。"

1914年（民国三年，甲寅）

9月，汤用彤的《理学谵言》发表于清华大学的《清华周刊》第13期至（1915年1月）第29期。

该文包含"阐王（王阳明）""进朱（朱子）""申论"三节。该文指出："理学者，中国之良药也，中国之针砭也，中国四千年之真文化真精神也。""阳明之学救世人支离，眩骛华而绝根之病，反求诸心而得其性之所觉，曰良知。因示人以用力工夫之要，曰致良知，惧世人之知良知而不致，而谓即知即行，即心即物，即动即静，即体即用。诸儒之学未如此之精微也。朱子之学欲收人之放心，退人欲以尊天理，惧学者之失于浮光掠影而言穷理以救之；惧学者之荡检愈矩而言主敬以药之；惧学者之偏于自觉而不反求诸己，乃以反躬实践之言鞭策之，使学者一本诸心，刻刻实在，有体有用，诸儒之学说亦未见若是之深切也。二先生之学各有其本根，故曾相抵牾，而其大别则阳明以格致为诚意，紫阳先格致而后诚意,然而最吃紧处,皆在慎独则无所同异也。""理学中之大者曰程朱,曰陆王。程子沈潜,至晦庵而其学益密,陆子高明,至阳明而其学益精,一则酿有宋一朝之学风,一则酝有明一代之文化,是皆讲学之力也。"该文又说:"紫阳之学,继程周之后,致广大尽精微,直可综罗百代,……是以先生之学,受于前贤而集其大成,流于后世,振酿百世之文教。"还说:"今日之救药在乎收放心,不能用阳明之精微,莫若行朱子之深切。""教民以高明之言,不如以沈潜之言为得也,行阳明之学,不如行朱子之学为安也,非必朱子之胜如阳明也,时势则然也。"因此,该文说:"朱子之学,理学中之最细密者,……为最完全最安全之学术。"并且指出:"欲救吾国精神上之弱,吾愿乞灵于朱子之学。""治朱子穷理之学者,后日成功之张本也。"

1915 年(民国四年,乙卯)

3 月,程南园的《与友人论朱陆书》发表于上海国学昌明社的《国学》第 1 卷第 1 期。

该文对朱子学与陆、王之学作了比较,指出:"朱子之学随所用而辄效,文安(陆九渊)、阳明之学亦随所用而辄效。虽朱子全而陆与王稍偏,然皆足为圣人之功臣,国家之砥柱。后之学者诚不以空言欺世,何妨推先儒学之有用者为殊途而同归哉!"还说:"爱亲、敬长,吾良知也,亲亲、长长以达天下,非致吾之良知乎?恻隐、羞恶,吾良知也,扩而充之以保四海,非致吾之良知乎?是邹鲁之真承也。……故陆氏、王氏之学不及朱子之文可也,斥为禅寂而列诸异端,吾窃不敢附和也。近今异学庞兴,伪才杂出。拘牵者,流于固执;脱略者,陷于虚浮。无怪世道人心尤形凌替,究厥病根,惟取良知之说,或足救药。"

9 月,陈独秀主编《新青年》(初名《青年杂志》)创刊,标志着新文化运动的兴起。

曾毅著《中国文学史》由泰东图书局出版。该书的第四编"近古文学"第二十九章"鹅湖之会与朱陆异同"。

该章通过论述朱陆鹅湖之会以及朱陆异同,以讨论朱陆诗文之别,指出:"朱陆之学,一长一短,未易轩轾。大抵自周、程以来,翂为道学,皆融取二氏之精义以成。而朱之学取于儒多,于释少;陆之学于释多,于儒少。故奉朱者诋陆为狂禅;宗陆者斥朱为散儒,其得失当让于哲学史。但以文学论,陆之诗不若朱之圆热温润;陆之文不若朱之敷腴纵放也。"

10 月,胡适撰《为朱熹辨诬》。

该文指出:"顷见陈蜕盦遗诗,有《读十五国诗偶及集注》七绝句,录其三首：(一)取喻雎鸠因聚处，更无他义待推寻。'挚而有别'原非误，负了鸳鸯鸿雁心。(二)'此亦淫奔'只四字，莫须有狱较虚心。先生史续春秋后，一往闲情如许深！(三)'见鳏夫而欲嫁之'，无题竟被后人知。《锦瑟》一篇空想象，何妨武断学经师？此亦冤枉朱元晦也。朱子注《诗》三百篇，较之《毛传》《郑笺》已为远胜。近人不读书，拾人牙慧，便欲强入朱子以罪，真可笑也。'挚而有别'，本之《毛传》《郑笺》因之，并非朱子之言。'见鳏夫而欲嫁之'，亦本诸郑笺。郑笺原文为'时妇人丧其妃耦，寡而忧是子无裳无为作裳者，欲与为室家'。朱子删其繁文，改为'有寡妇见鳏夫……'耳。《毛传》《郑笺》乃并'此亦淫奔'四字亦不敢道，其为奴性，甚于宋儒，何啻伯什倍乎？"

11月，谢无量著《阳明学派》由中华书局出版。该书的第三编"阳明之伦理学"第三章"知行合一论"(四)"阳明之论知行与朱晦庵之关系"；第四编"阳明关于古今学术之评论"第二章"《朱子晚年定论》"，第五章"程朱与陆王"。

"阳明之论知行与朱晦庵之关系"节指出："凡人生之知且行，其根柢无不在于本心之良知。从其良知而行，则可几于善。阳明讲学，可谓极其简易。然良知之始着，恒于念虑之微。终日言知行，而卒不能不汲汲以正其念虑为事。其弊或有流于禅而不自知者，是世人之所以为阳明病者也。晦庵非不重行，而本于事物之经验以求之，自然成为'先知后行'之说。其弊或终身致力于训诂注释，以为居敬穷理之功，至不免流于支离灭裂。"

"《朱子晚年定论》"章对王阳明《朱子晚年定论》的成书原因以及与朱子的关系作了论述，指出："阳明以朱子晚年之论实与己说相符，亦藉以自援，而欲广其教于天下也。"又说："阳明与朱子之学，相异之处固多，其中固未尝无符合者。若取《朱子晚年定论》三十四条细加考证，中、晚年月，往往有颠倒者，此自不可掩之事。然阳明亦自承为考证未精，故《答罗整庵书》曰：'其为《朱子晚年定论》，盖亦不得已而然。中间年岁早晚，诚有所未考。虽不必尽出于晚年，固多出于晚年者矣。然大意在委曲调停，以明此学为重。'"

"程朱与陆王"章分为第一节"格物致知说之异"，第二节"讲学法之异"。其中说道："程朱论格物致知，重在事实之经验；阳明论格物致知，重在良心之悟彻。宋明以来论格物，多此二大派之绪也。"又说："程朱、陆王二派，各有所长。学者如欲循序渐进，宁用晦庵之说为平易着实。陆王主于顿悟，资性聪敏者或好之，然其弊有流于陋，有入于禅，故亦不可不察也。"

颂予的《朱陆异同辨》发表于《民权素》第12集。

1916年（民国五年，丙辰）

4月，权予的《唐正义中庸与朱子章节异同考》发表于《民权素》第17集。该文将孔颖达《礼记正义·中庸》的章节划分与朱子《中庸章句》作了比较，指出其异同。

7月，谢无量著《朱子学派》由中华书局出版。

该书分为两编：

第一编"序论"，分为：

第一章"朱子传略"，阐述朱子的生平事迹。

第二章"朱子学术之渊源"，又分为：第一，"异学时代"，再分为（甲）"朱子与诗文杂学"，（乙）"宋代儒学与释氏之关系"，（丙）"朱子与禅学之关系"；第二，"程学继承时代"。

第三章"关于朱子之评论"，阐述了朱子门人后学黄干、李方子、陈淳、魏了翁、真德秀以及明代儒家薛瑄、罗钦顺、顾宪成、高攀龙等对朱子的评论。

第二编"本论"，分为：

第一章"朱子哲学"，又分为：第一节"太极及理气二元论"，第二节"宇宙发生论"，第三节"鬼神论"。其中指出："朱子虽以太极即是理，然以理气决是二物，并为宇宙之原理，故朱子实是理气二元论。""朱子盖由其宇宙二元论，以组织精密之万物发生说。"

第二章"朱子伦理学"，又分为：第一节"性说"，再分为（甲）"性总论"，（乙）"气质之性"；第二节"心意作用论"，再分为（甲）"心总说"，（乙）"心与性情之辨"，（丙）"意志与思虑"；第三节"仁说"；第四节"致知与力行"，再分为（一）"总论知行"，（二）"先知后行"，（三）"穷理"，（四）"力行"；第五节"德之修养"，再分为（一）"求放心"，（二）"持敬"，（三）"主静"，（四）"定性"。

第三章"朱子教育说"，又分为：第一节"总论为学之方"，再分为（一）"教育根本原理"，（二）"立志精进主义"，（三）"实用切己主义"；第二节"小学"；第三节"读书法"。

第四章"古今学术评论"，又分为：第一节"道统评论"；第二节"异学评论"，再分为（一）"老庄申韩诸子"，（二）"释氏"，（三）"苏子瞻与王介甫"，（四）"陆子静"，（五）"吕伯恭"，（六）"陈同父"，（七）"陈君举、叶正则"。

附录"朱子门人及宋以来朱子学略述"，分为：（一）"朱子门人"；（二）"朱子之后学",再分为(甲)"宋之朱子学派",(乙)"元之朱子学派",(丙)"明之朱子学派",(丁)"清之朱子学派"。

9月,谢无量著《中国哲学史》由中华书局出版。该书的第三编上"近世哲学史(宋元)"第十一章"朱晦庵",第十二章"朱子门人",第十三章"陆象山"有"朱陆异同"一节,第十七章"元之程朱学派"。

"朱晦庵"章分为:(一)"太极及理气二元论",(二)"性说",(三)"修养之工夫"。其中指出:"朱子之纯正哲学,取之周濂溪、程伊川者为多,故伊川之理气二元论,至朱子益趋精密。""朱子所谓理,当周子所谓太极;朱子所谓气,当周子所谓阴阳两仪;是以朱子但说理气二元也。"

"朱陆异同"节指出:"宋学有朱陆两派对立,后来或尊朱而抑陆,或尊陆而抑朱,故朱陆异同亦哲学史上所不可不考者也。朱子尝作书与学者云:'陆子静专以尊德性诲人,故游其门者多践履之士,然于道问学处缺了。某教人岂不是道问学者多了些子?故游某之门者,践履多不及之。'此可为二家异同之定评。""盖陆学尚简易直截,朱学重学问思辨;朱学在'即物穷理',陆学言'心即理'。一主于经验,一主于直觉;一主于归纳,一主于演绎。此其所以卒异也。"

"朱子门人"章分为:(一)"蔡西山",(二)"蔡九峰",(三)"黄勉斋",(四)"陈北溪"。

"元之程朱学派"章分为:(一)"许鲁斋",(二)"刘静修"。

1918年(民国七年,戊午)

4月,孙毓修著《朱子》作为"少年丛书"之一,由商务印书馆出版。

该书第一章"总论",第二章"家学与师门",第三章"出试同安",第四章"受延平之学",第五章"廷对",第六章"鹅湖之会",第七章"著书",第八章"解经",第九章"书院",第十章"宦迹",第十一章"结论"。

10月,谢无量著《中国大文学史》由中华书局出版。该书的第四编"近古文学史"第十三章"道学派与功利派之文体"第一节"周张程朱之道学派文体",论及朱熹的文论及文学作品。

1919年(民国八年,己未)

2月,胡适著《中国哲学史大纲(卷上)》由商务印书馆出版。

该书指出:"凡研究人生切要的问题,从根本上着想,要寻一个根本的解决:这种学问,叫做哲学。……因为人生切要的问题不止一个,所以哲学的门类也有许多种。例如：一、天地万物怎样来的。（宇宙论）二、知识思想的范围、作用及方法。（名学及知识论）三、人生在世应该如何行为。（人生哲学，旧称'伦理学'）四、怎样才可使人有知识，能思想，行善去恶呢。（教育哲学）五、社会国家应该如何组织，如何管理。（政治哲学）六、人生究竟有何归宿。（宗教哲学）"

4月，傅斯年的《宋朱熹的〈诗经集传〉和〈诗序辩〉》发表于北京大学的《新潮》第1卷第4号。

该文阐述了朱子的《诗集传》和《诗序辩》在《诗经》学史上的重要地位，指出："这两部书很被清代汉学家的攻击，——其实朱子同时的人，早已有许多争论了，——许多人认他做全无价值的'杜撰'书。但是据我看来，他实在比毛公的传、郑君的笺高出几百倍。就是后人的重要著作，像陈启源的《毛诗稽古编》、陈奂的《毛诗传疏》、马瑞辰的《毛诗传笺通释》，虽然考证算胜场了，见识仍然是固陋的很，远敌不上朱晦庵。"还说："朱子这部《集传》也还有几分道气，但是他的特长是：（1）拿《诗》的本文讲《诗》的本文；不拿反背《诗》本文的《诗》序讲《诗》的本文。（2）很能阙疑，不把不相干的事实牵合去。（3）敢说明某某是淫奔诗。就这几项而论，真是难能可贵的。虽然他还有他的大缺点，但是总算此善于彼。他虽不曾到了'文学的诗'的境界，却也在道学的《诗》派中，可称最妥当的，实在是有判断、有见识、能分析，能排众议的著作。"

11月，胡适的《清代汉学家的科学方法》[①]发表于《北京大学月刊》第1卷第5号。该文包括了对朱子格物致知论的讨论。

该文对朱子《大学章句》"补格物传"作了解说，认为其中所言"即物而穷其理""是自己去到事物上寻出物的道理来。这便是归纳的精神"；"即凡天下之物，莫不因其已知之理而益穷之，以求至乎其极""这是很伟大的希望。科学的目的，也不过如此"。

该文又说："这方法本身也有一大缺点。科学方法的两个重要部分，一是假设，一是实验。没有假设，便用不着实验。宋儒讲格物全不注重假设。……是完全被动的观察，没有假设的解释，也不用实验的证明。这种格物如何能有科学的发明？"

该文还说："宋儒的格物说，究竟可算得是含有一点归纳的精神。'即凡天下之物，莫不因其已知之理而益穷之'一句话里，的确含有科学的基础。"该文还

---

① 该文后更名为《清代学者的治学方法》，收入《胡适文存》卷二，亚东图书馆1921年版，第205～246页。

引述《朱子语类》中的两段语录:"今登高山而望,群山皆为波浪之状,便是水泛如此,只不知因什么事凝了。""尝见高山有螺蚌壳,或生石中。此石即旧日之土,螺蚌即水中之物。下者却变而为高,柔者却变而为刚。此事思之至深,有可验者。"并且指出:"这两条都可见朱子颇能实行格物。他这种观察,断案虽不正确,已很可使人佩服。后来西洋的地质学者,观察这种现状,加上胆大的假设,作为有系统的研究,便成了历史的地质学。"

12月24日,陈寅恪与吴宓谈论中西文化异同,论及朱子之学①。

据《吴宓日记》载,陈寅恪说:"宋儒若程若朱,皆深通佛教者。既喜其义理之高明详尽,足以救中国之缺失,而又忧其用夷变夏也。乃求得两全之法,避其名而居其实,取其珠而还其椟。采佛理之精粹,以之注解四书五经,名为阐明古学,实则吸收异教,声言尊孔辟佛,实则佛之义理,已浸渍濡染,与儒教之宗传,合而为一。……宋、元之学问、文艺均大盛,而以朱子集其大成。朱子之在中国,犹西洋中世之 Thomas Aquinas,其功至不可没。而今人以宋、元为衰世,学术文章,卑劣不足道者,则实大误也。""中国程朱、陆王之争,非仅门户之见,实关系重要。程、朱者,正即西国历来耶教之正宗,主以理制欲,主克己修省,与人为善。……陆、王者,正即西国 Sophists, Stoics, Berkeley, 以及今 Bergson 皆是也。一则教人磨厉修勤,而裨益久远;一则顺水推舟,纵性偷懒,而群俗常喜之。"

1920年(民国九年,庚申)

2月,华超的《赫尔伯脱、福禄培尔与朱子、王阳明教育学说之比较》发表于上海新教育共进社的《新教育》第3卷第2期。

该文分为:(一)"导言";(二)"朱子与王阳明的教育学说",又分为(甲)"朱子",(乙)"王阳明";(三)"赫尔伯脱与福禄培尔",又分为(甲)"赫尔伯脱(Herbart)",(乙)"福禄培尔(Froebel)"。该文对朱子教人格物致知作了分析,并与西方的赫尔伯脱与福禄培尔的教育思想作了比较,还说:"朱子主张'即物而穷其理',就是到万物上去求探真理,故重实地观察,很有些科学精神。但而他要想'穷万物之理',则当科学没有发明之前,方法不周密、工具不完备的时候,是万不能达到的;只好在圣贤书中去穷理。""朱子要'即万物而穷其理',很有点科学精神。这是朱子的长处。以读圣贤书就以为可以尽万

---

① 参见《吴宓日记》(第2册):1917~1924,生活·读书·新知三联书店1998年版,第100~106页。

物之理，这是他的短处。"

1921 年（民国十年，辛酉）

6 月，胡适为《吴虞文录》作"序"。

该文指出："吴先生和我的朋友陈独秀是近年来攻击孔教最有力的两位健将。他们两人，一个在上海，一个在成都，相隔那么远，但精神上很有相同之点。"

"吴先生的方法，我觉得是很不错的。我们对于一种学说或一种宗教，我们应该研究他在实际上发生了什么影响：'他产生了什么样子的礼法制度？他所产生的礼法制度发生了什么效果？增长了或是损害了人生多少幸福？造成了什么样子的国民性？助长了进步吗？阻碍了进步吗？'这些问题都是批评一种学说或一种宗教的标准。用这种实际的效果去批评学说与宗教，是最严厉又最平允的方法。……那些'卫道'的老先生们也知道这种实际的标准的厉害，所以他们想出一个躲避的法子来。他们说：'这种种实际的流弊都不是孔老先生的本旨，都是叔孙通、董仲舒、刘歆、程颢、朱熹等人误解孔道的结果。你们骂来骂去，只骂着叔孙通、董仲舒、刘歆、程颢、朱熹一班人，却骂不着孔老先生。'""正因为二千年吃人的礼教法制都挂着孔丘的招牌，故这块孔丘的招牌——无论是老店，是冒牌——不能不拿下来，捣碎，烧去！"

该文最后还称赞吴虞是"四川省只手打孔家店"的老英雄。

11 月，胡适的《中国哲学的线索》发表于《教育杂志》第 13 卷第 11 号。该文包括了对朱子格物论的讨论。

该文指出："程朱一派解'格物'是到物上去研究物理。物必有理，要明物理，须得亲自到物的本身上去研究。今天格一物，明天格一物，今天格一事，明天格一事，天下的事物，都要一个个的去格他。等到后来，知识多了，物的理积得多了，便一旦豁然贯通。陆象山一派反对这种办法，以为这种办法很笨。只要把自己弄好了，就是'格物'。所以他主张：'吾心即万物，万物即吾心。'物的理都在吾的心中，能明吾心，就是明万物。吾心是万物的权衡，不必要像朱子那么样支支离离的格物。"

1922 年（民国十一年，壬戌）

11 月，章太炎著《国学概论》由泰东图书局出版。该书第二章"国学之派别（一）——经学之派别"对朱熹经学的功过作了评价；第三章"国学之派别（二）——哲学之派别"对朱熹哲学作了概述。

"国学之派别（一）——经学之派别"章指出："朱氏治经，有些地方原有功于经，但是功不能掩过；现且分别指明：一、《易经》本为十二篇，郑、王合《彖辞》于经，已非本来面目，朱氏分而出之，是他底功；他取陈抟底《河图》《洛书》并入《易经》——《河图》《洛书》由陈抟传至邵康节，再传至朱文公，他就列入《易经》；有清王懋竑为朱文公强辩，谓《河图》《洛书》非朱文公所列，那就太无谓了；因为朱文公对于道士炼丹之术，很有些相信，他曾替《参同契》，汉时道家书作注释，在书上署名'空同道士邹䜣'，'邹''朱'双声，'䜣''熹'通训，他底本名已隐在里面了。——这是他底过。分《易》是还原，为功很小；增《河图》《洛书》是益迷信，过很大；可以说是功不掩过。二、朱文公从文章上，怀疑伪《古文尚书》，开后人考据底端绪，是他的功，他怀疑《书序》——今文所无、古文所有——也是伪托，他底弟子蔡沈作《集传》，就不信《书序》，是他的过；这可说是功过相当。三、古人作诗托男女以寓君臣，《离骚》以美人香草比拟，也同此意。朱文公对于《诗序》——唐时《本事诗》相类——解诗指为国事而作，很不满意；他迳以为是男女酬答之诗，这是不可掩的过。当时陈傅良反对朱文公，有'城阙为偷期之所，彤管为行淫之具'等语；——不见于今《诗传》，想已删去。——清人亦有指斥朱文公释《丘中有麻》诗为女人含妒意为不通者。"

"国学之派别（二）——哲学之派别"章指出："南宋永嘉派承二程之学，专讲政治；金华派吕东莱辈专讲掌故，和哲理无关。朱文公师事延平，承'默坐澄心，体认天理'八字的师训。我们在此先把'天理'下一定义。'天'就是'自然'，'天理'就是'自然之理'。朱文公终身对于天理，总没曾体认出来；生平底主张，晚年又悔悟了。陆象山和朱相反对，朱是揭'道学问'一义，陆是揭'尊德性'一义。比较起来，陆高于朱，陆'先立乎其大者'，谓'六经注我，我不注六经'，是主张一切皆出自心的。朱主张'无极太极'，陆则以为只有'太极'，并无'无极'的。两人通信辩论很多，虽未至诋毁的地步，但悻悻之气，已现于词句间。可见两人底修养，都没有功夫。"

是年，唐文治编成《性理学大义》，分为：《周子大义》二卷，《二程子大义》二卷，《张子大义》一卷，《洛学传授大义》一卷，《朱子大义》八卷。

《朱子大义序》指出："朱子之书，犹夫子之宫墙也。其义理之精博而纯粹，犹宗庙之美，百官之富也。百世而下，儒林之士，讲求道学，诵习师法，莫之能违也。……盖其毕生精力，穷极乎天人性命之原，博综乎《诗》《书》《易》象之奥，圣功王道，物理人情，靡不兼赅而洞瞩焉。"

1923 年（民国十二年，癸亥）

1 月，郑振铎的《读毛诗序》发表于《小说月报》第 14 卷第 1 号。该文对朱熹《诗集传》作了评述。

该文指出："朱熹的《诗集传》，虽然也是一堆很沉重，很不容易扫除，而又必须扫除的瓦砾，然而在他的许多坏处里，最大的坏处，便是因袭《毛诗序》的地方太多。许多人都公认朱熹是一个攻击《毛诗序》最力的，而且是第一个敢把《毛诗序》从《诗经》里分别出来的人；而在实际上，除了朱熹认《国风》的'风'字应作'风谣'解，认《郑风》是淫诗，与《诗序》大相违背外，其余的许多见解，仍然都是被《诗序》所范围，而不能脱身跳出。"

3 月，徐炯的《朱子学说》发表于成都大成会的《大成会丛录》第 1 期（连载六期，至 1924 年第 6 期）。引述朱子语录共五百五十一条，按语共二百四十九条。

5 月，谢无量著《诗经研究》由商务印书馆出版。该书的第一章"《诗经》总论"第三节"《诗经》学的流传及注家的研究"（乙）"历代《诗经》学流传的大概"，论及朱子《诗经》学的历史地位。

该节指出："宋代可谓经术革命时期。及朱子出，乃确开一《诗》学之新局面。……其说《诗》虽多少采取当时学者之议论，但朱子名高学博，故后之攻《小序》，攻毛、郑者，必引朱子为根据。……自是朱注大行，毛、郑之学，又渐渐衰了。"

10 月，吴其昌的《朱子传经史略》发表于的《学衡》第 22 期。

该文把朱子一生的经学研究过程分为六个时期：自 14 岁至 24 岁的"初启端倪时期"，自 24 岁至 34 岁的"渐加注意时期"，自 34 岁至 43 岁的"浸施功力时期"，自 44 岁至 48 岁的"始有所得时期"，自 48 岁至 53 岁的"益加阐明时期"，自 54 岁至 68 岁的"竭力发挥时期"。

该文依据各种史料对朱子的 22 部经学著作的编撰时间以及过程作了考察，涉及著作《论语要义》《论语训蒙口义》《论语精义》《孟子精义》《中庸集解》《家礼》《论语集注》《论语或问》《孟子集注》《孟子或问》《周易本义》《诗集传》《周易启蒙》《孝经刊误》《小学》《大学章句》《大学或问》《中庸章句》《中庸或问》《孟子要略》《仪礼经传通解》《书集传》等；论及各著作编撰的起始、成稿、修定的时间，其中《论语集注》《论语或问》《孟子集注》《孟子或问》的编撰，起始于 44 岁，成稿于 48 岁，又分别于 54 岁、61 岁、67 岁、68 岁先后作了修定；《大学章句》《大学或问》《中庸章句》《中庸或问》的编撰，起始于38岁前,并分别于43岁、44岁、54岁、56岁先后草修,著定成书于60岁,之后,又不断修改,直至71岁逝世前三天"改《大学》'诚意'章"。

该文还概述了朱子主要门人的经学著作,并进一步考察了朱子《易》学、《书》学、《诗》学、《礼》学、《乐》学、《春秋》学、四书学在其门人及后学中的传授路径,最后附"朱子经籍考",录各种版本朱子著作计51部。

12月,王蘧常的《宝应王白田、朱止泉两先生之朱子学》、吴其昌的《朱子一元哲学》发表于《无锡国学专修馆讲演集初编》,由无锡国学专修馆出版。

王蘧常《宝应王白田、朱止泉两先生之朱子学》分为(甲)王先生之朱子学说,包括(一)辨年月,(二)辨同异,(三)详取去,(四)辨真伪,(五)尚躬行;(乙)朱先生之朱子学说,包括(一)指点学朱子者之门径,(二)发明朱子入德之次序,(三)说涵养。

吴其昌《朱子一元哲学》分为:第一"明朱子宇宙观念之一元";第二"明朱子身心观念之一元";第三"明朱子善恶观念之一元";第四"明朱子心物观念之一元";第五"明朱子体用观念之一元"。其中说:"朱子之学,其广如海,其深如渊,而其根本,一元而已。其以居敬穷理为宗,有如二元,不知此正程子所谓体用一源也。今人于朱子之学,初未少窥门径,因朱子有格物之说,遂目朱子为二元,则是以朱子为二本也。其诬朱子一己犹小,其误天下学者入德之门则大矣。"

诸大章的《朱子的哲学》发表于《无锡新报》(星期增刊)12月16日。

该文分为:(一)"宇宙观";(二)"人生观";(三)"学说",(1)"理居心中",(2)"先知后行",(3)"穷理";(四)修养,(1)"求放心",(2)"持敬",(3)"主静";(五)"总括"。

1924年(民国十三年,甲子)

2月,张恩明的《述朱陆学说之异同及其得失》发表于奉天教育厅的《东北》第2期。

该文指出:"朱陆之争,其不同处有如下列:(一)朱子主博为问学,由之期得德性之法。此为属诸归纳法者。陆子主先德性而后问学,抑且行之自身,即惟一学问也。此为属诸演绎法者。(二)朱子以理气二者为世界根本,其世界观为二元论,理气并存论。陆子主张二者同体不能分二,故彼之世界观为一元的,称之为理气合一论。(三)朱子辨别心与理,以发于理者为道心,发于气者为人心。陆子主张心即理也,惟明此心,其理自明。故陆以研究外物以明理为不必要,惟明此心,即为毕乃事也。(四)朱子主张积几多经验以明此心,故倾向于经验论。陆子以真正知识惟存在此心,故倾向于唯心论。(五)朱子主张先知后行，陆子以知行无分于先后，主知行合一；朱主学理，陆贵实行；陆学尚简易直截，朱学重学问思辨；朱学在'即物穷理'，陆学主'心即理'。总之，一主于经验，一主于直觉；一主于归纳，一主于演绎。此二氏之学派所以卒异也。……然亦有其同者在，即均主性善说是也。一言以断之曰：目的同而方法异，所谓殊途而同归者，二贤有焉。""总之，朱陆两派学说，对于吾国世道人心，大有联谊。非可以等闲视之者。"

汪震的《中国心理学史上的戴震》发表于梁启超《戴东原二百年生日纪念论文集》，由晨报社出版部出版。该文包括了对朱熹心理学的讨论。

该文指出："朱熹是宋儒当中最伟大的一个人物；他又是一位大哲学家，又是大教育家，大心理学家。他的心理学在中国心理学史上占极重要的位置。"还说："朱熹对于心理学有极大的贡献，简单说来，约有二端：（一）研究的对象扩大，（二）散乱的材料加以组织。""所以在心理学史上，宋儒的心理学实在是中国心理学的中心。"

9月，王治心著《中国学术源流》由义利印刷公司出版。该书的第五"理学时代"，其中（四）"闽学"，即朱子学。

该节认为，二程的理气二元论是朱子哲学的本源，朱子"从'理气'二字，推论人性，说'性即理'，穷理持敬，祖述孔孟，所以有人说孔孟之学，到朱子而大定。"

12月，梁启超的《〈中国近三百年学术史〉：第九讲"程朱学派及其依附者——张杨园、陆桴亭、陆稼书、王白田，附其他"》发表于东南大学的《史地学报》第3卷第4期。

该文简要阐述了清初主要的朱子学研究者张履祥、陆桴亭、陆陇其、王懋竑以及明清时期的朱王两派的交涉。

该文指出："朱子和陆子是同时讲学的朋友，但他们做学问的方法根本不同。两位见面和通信时已经有不少的辩论。后来两家门生，越发闹成门户水火，这是公然的事实，无庸为讳的。王阳明是主张陆学的人，但他千不该万不该做了一部书，叫做《朱子晚年定论》。这部书大意是说，朱子到了晚年，也觉得自己学问支离，渐渐悔悟，走到陆象山同一条路上去了。朱子学问是否免得了支离两个字，朱陆两家学问谁比谁好，另一问题。但他俩的出发点根本不同，这是人人共见的。阳明是一位豪杰之士，他既卓然有所自信，又何必依傍古人？《晚年定论》这部书，明明是援朱入陆，有高攀朱子、借重朱子的意思。既失朱子面目，也失自己身份，这是我们不能不替阳明可惜的。……清初因王学反动的结果，许多学者走到程朱一路，即如亭林、船山、舜水诸大师，都可以说是朱学者流。其余如应潜斋（撝谦）、刁蒙吉（包）、徐俟斋（枋）、朱柏庐（用纯）……等，气节品格，能自异于流俗者，不下数十辈，大抵皆治朱学。故当晚明心学已衰之后，盛清考证学未盛以前，朱学不能不说是中间极有力的枢纽。"

该文对王懋竑《朱子年谱》以较高评价，指出："《朱子年谱》，从前有三个人做过：一、李果斋（晦），朱子门人，其书三卷，魏了翁为之序；二、李古冲（默），明嘉靖间人；三、洪去芜（璟），清康熙间人。果斋本今不存，因为古冲本以果斋本作底本而改窜一番，后者行而前者废了。洪本则将古冲本增删，无甚特识。古冲生王学正盛之时，脑子里装满了《朱子晚年定论》一派话，援朱入陆之嫌疑，实是无可解免。白田著这部新年谱的主要动机，自然是要矫正这一点。……白田则尽力搜罗客观事实，把年月日调查得清清楚楚，令敌派更无强辩的余地。所以他不用说闲话争闲气，自然壁垒森严，颠扑不破。我常说王白田真是'科学的研究朱子'。朱子著作注释纂辑之书无虑数百卷，他钻在里头寝馈几十年，没有一个字不经过一番心，而且连字缝间也不放过。……我们要知道朱子是怎样一个人，我以为非读这部书不可，而且读这部书也足够了。"

1925 年（民国十四年，乙丑）

4 月，徐敬修著《理学常识》由大东书局出版。该书的第三章"理学家之学说"第一节"宋代理学家之学说"（甲）"周、程、邵、张、朱、陆之学说㊄"朱熹"。

该节分为：（一）"宇宙论"，指出："朱子之宇宙论，虽取之于周、程，然于程伊川之理气二元论，则益趋精密，故朱子之纯正哲学，可谓之为二元论。"（二）"伦理学"，指出："朱子之性说，分天地之性与气质之性，盖本之横渠、伊川也；惟朱子则自其理气二元而一以贯之耳。"

6 月，赵兰坪著《中国哲学史》由国立暨南学校出版部出版。该书据日本高濑武次郎《支那哲学史》编译。其中第三卷"近世哲学史"第一篇"宋代哲学"（乙）"南宋哲学"第二章"朱子"，第三章第三节"朱陆二派之异同"。

"朱子"章分为：第一节"略传"；第二节"学说"，又分为第一款"太极及理气二元论"，第二款"性说"；第三节"结论"；第四节"朱子后继"，又分为第一款"蔡西山"，第二款"蔡九峰"，第三款"黄勉斋"，第四款"陈北溪"。该章指出："朱子不但为宋代学说之集大成者，实为中兴儒教之人也。"

"朱陆二派之异同"节述朱陆之异同，主要有：（一）象山之学简易直截，以便于实用为其特征；晦庵一派之特征适与象山相反。（二）晦庵重即物究理；象山说"心即理"，重唯心。（三）晦庵以注"六经"为毕生事业；象山则曰："六经皆我注脚。"（四）晦庵重经验究理，属于归纳；象山为演绎，有直觉顿悟之风。（五）象山以德行为先，学问次之；晦庵则谓当自学问入德行。

7月，汪震的《自一点上观察之朱陆战争》发表于北京师范大学的《教育丛刊》第5卷第5期。

该文指出："朱陆之异，自一点上观之，厥在求理方法之异。……求理方法，朱为科学的，陆为玄学的。科学的方法重推论，玄学的方法尊直觉。科学倾向于'多'，玄学倾向于'一'。此其异也。""所谓尊德性与道问学之异，不过一为求我的，一为逐物的。陆以一切学问不过所以增益自我，故养成高深伟大之人格，而不长于辨别微细。朱以客观之眼光观察分析，故为精细之科学家、批评家，而无热烈之情绪。"

10月，黎群铎的《晦庵学说平议》[①]发表于东南大学国学研究会的《国学丛刊》第2卷第4期。

该文分为：（一）"引言"；（二）"朱子的问题"，又分为（A）"宇宙本质问题"、（B）"自我与宇宙之关系问题"、（C）"理气问题"、（D）"性之善恶问题"；（三）"结论"。

该文指出："朱子的宇宙论，第一主张宇宙有一个绝对本体，即是理；第二主张理是超乎现象界而存在的；第三主张宇宙是有意识的活动。这三种主张，无论站在唯理主义的旗帜下，或是客观唯心派的旗帜下，都可以成立。"

董西铭的《程朱陆王哲学之长短得失》发表于山西洗心总社的《来复》第367、368号。

该文指出："程朱陆王的哲学，都是关于性理的，但是他们研究方法有根本不同之点，就是程朱尚经验，陆王重直觉。惟其尚经验，所以程朱多用归纳法，即物穷理，从经验上得来；惟其重直觉，所以陆王多用演绎法，心即是理，从直觉上得来。"又说："程朱陆王两派哲学，各有所长亦各有所短，各有所得亦各有所失。程朱尚经验，分析绵密，是他的长处；陆王重直觉，简易直截，是他的长处；程朱所得的在道问学一方面，陆王所得的在尊德性一方面。……这种道问学的工夫，是用归纳方法从经验上得来的，所以很绵密；……这种尊德性的工夫，是用演绎方法从直觉上得来的，所以很直截。"该文最后说："经验直觉宜并重，归纳演绎要互用；采取程朱的长处补陆王的短处，采取陆王的长处补程朱的短处；以程朱之所得来正陆王之所失，以陆王之所得来正程朱之所失；是研究哲学的最好方法。"

12月，胡适的《戴东原的哲学》发表于北京大学的《国学季刊》第2卷第

[①] 黎群铎（1899～1927），1922年考入东南大学，在学期间发表《晦庵学说平议》。该文后来收入许啸天所编《国故学讨论集》（第四集）（上海群学社1927年版）。

1号。该文就戴震哲学与宋儒哲学的异同作了比较，其中对朱子的理欲说和格物致知说作了分析。

该文指出："理学的运动，在历史上有两个方面：第一是好的方面。学者提倡理性，以为人人可以体会天理，理附着于人性之中；虽贫富贵贱不同，而同为有理性的人，即是平等。这种学说深入人心之后，不知不觉地使个人的价值抬高，使个人觉得只要有理可说，富贵利禄都不足羡慕，威武刑戮都不足畏惧。理既是不生不灭的，暂时的失败和压制终不能永远把天理埋没了，天理终有大白于天下的一日。我们试看这八百年的政治史，便知道这八百年里的知识阶级对政府的奋斗，无一次不是捐着'理'字的大旗来和政府的威权作战。北宋的元祐党禁（1102），南宋的庆元党禁（1196），明初成祖的杀戮学者（1402），明代学者和宦官或权相的奋斗，直到明末的东林党案（1624～1627），无一次没有理学家在里面做运动的中坚，无一次不是政府的权威大战胜，却也无一次不是理学家得最后的胜利。……第二是坏的方面。理学家把他们冥想出来的臆说认为天理而强人服从。他们一面说存天理，一面又说去人欲。他们认人的情欲为仇敌，所以定下许多不近人情的礼教，用理来杀人，吃人。譬如一个人说'饿死事极小，失节事极大'，这分明是一个人的私见，然而八百年来竟成为天理，竟害死了无数无数的妇人女子。又如一个人说'天下无不是的父母'，这又分明是一个人的偏见，然而八百年来竟成为天理，遂使无数无数的儿子媳妇负屈含冤，无处伸诉。八百年来，'理学先生'一个名词竟成为不近人情的别名。……八百年来，一个理学遂渐渐成了父母压儿子，公婆压媳妇，男子压女子，君主压百姓的唯一武器；渐渐造成了一个不人道、不近人情、没有生气的中国。"

该文又指出："程朱一派虽说'吾心之明莫不有知，而天下之物莫不有理'，然而他们主张理即是性，得之天而具于吾心。……程朱的格物说所以不能彻底，也正因为他们对于'理'字不曾有彻底的了解。他们常说'即物而穷其理'，然而他们同时又主张静坐省察那喜怒哀乐未发之前的气象。于是久而久之，那即物穷理的也就都变成内观返视了。""宋儒虽然也说格物穷理，但他们根本错在把理看作无所不在的一个，所以说'一本而万殊'。他们虽说'万殊'，而其实只妄想求那'一本'；所以程朱论格物，虽说'今日格一事，明日格一事'，而其实只妄想那'一旦豁然贯通'时的'表里精粗无不尽，而吾心之全体大用无不明'。"

1926年（民国十五年，丙寅）

1月，江恒源著《中国先哲人性论》由商务印书馆出版。该书的第四篇（九）"朱熹的论性学说"。

该节先述（一）朱子的形而上学的理论，（二）朱子的宇宙发生论，（三）朱子的心理学概说；然后述朱子的论性学说，又分为：第一，"理气二元的界说，分性为天地之性和气质之性为两种"；第二，"论'天''命''理''性'的同源，及人性和物性的差异"；第三，"论修养性的工夫"。

该节指出："朱子论性，……能把心的作用、心的现象，分析开来，组织成一个较明晰的系统，由周以至于宋，可说得是第一人了。"并且认为，朱子的心理学包括三个方面：第一，"他能就各种物体，加以比较，区别其有无生命、有无心灵"；第二，"他能就各种心象加以区别，并且各下一个定义"；第三，"他能说明各种心象交互的关系和区别"。

2月，（日）三浦藤作著、张宗元和林科棠译《中国伦理学史》由商务印书馆出版。该书的第三篇"近世"第一章"宋代之伦理思想"第十节"朱子"，第十一节"朱学之承继者"；第二章"元代之伦理思想"第二节"程朱学派"。

"朱子"节分为"宇宙论""人性论""伦理说"。"宇宙论"又分为"理气论""万物生成论"；"人性论"又分为"本然性与气质性""心性情之区别""人心与道心"；"伦理说"又分为"理想论"和"修为论"。

"朱学之承继者"节分为"蔡西山""蔡九峰""黄勉斋""陈北溪""魏鹤山""真德秀"。

"程朱学派"节分为"许鲁斋""刘静修"。

3月，张绵周著《陆王哲学》由民智书局出版。该书的第二篇"象山哲学"第三章"杂论"第三节"与朱子之论辩"，第三篇"阳明哲学"第一章"序论"第三节"阳明与朱晦庵之关系"。

"与朱子之论辩"节分为：1."鹅湖之辩"，2."无极之辩"；认为朱陆的差异在于："朱子犹主张理气二元论也，不说'心即理'也。象山固主张'心即理'也，固主张塞宇宙一理也。"

"阳明与朱晦庵之关系"分为：一、"旧本与新本之异"，二、"致知格物说之异"；认为阳明学与朱子学的差异在于所诠释《大学》的"旧本与新本之异"以及"致知格物说之异"。

5月，朱谦之著《谦之文存》由泰东图书局出版。该书的卷上《〈大学〉研究》包含"程朱的格物说"。

该节认为，朱子《大学章句》的"补格物传""的确是含有一点归纳的精神，的确含有科学的基础的方法论"，还说："虽然他们所求者，或者不是这个物的真理，那个物的真理，乃是'至于用力之久，而一旦豁然贯通'的哲学上的绝对真理。但他们的哲学是以科学方法为依据，这一点无论如何是不能否认的。"

该节分为"程子的格物方法"和"朱子的格物方法"，还说："这种格物方法的应用,在宇宙观方面,便成功了'形而上学'。……格物就是要发现那'未知的',要研究天如何而能高,地如何而能厚,鬼神如何而能幽显,自然,这种方法,可以成功'哲学',也可以成功了'科学。'"并且明确认为,朱子的格物说在当时"是极有伟大价值的贡献"。为此,朱谦之《〈大学〉研究》还专题阐述了"陆王的格物说""清代学者与格物说之关系"等。

王治心著《中国历史的上帝观》由中华基督教文社出版。该书六"宋元明时代",有"朱晦庵论理气"以及"朱子后继""朱子学派"等小节。

7月,梁启超著《中国近三百年学术史》由民志书店出版。该书的九"程朱学派及其依附者——张杨园、陆桴亭、陆稼书、王白田,附其他"。

9月,(日)渡边秀方著、刘侃元译《中国哲学史概论》由商务印书馆出版。该书的"近世哲学"第二编"南宋哲学"第三章"朱晦庵",第四章"朱门诸子",第五章"朱子的交友",第六章第四节"朱陆的争点"。

"朱晦庵"章分为:第一节"略传及著书";第二节"本体论";第三节"心性说";第四节"伦理说",又分为一、"仁的组织",二、"修为论";第五节"鬼神论";第六节"结论"。

"朱门诸子"章分为:第一节"蔡西山",第二节"蔡九峰"、第三节"陈北溪"。

"朱子的交友"章分为:第一节"张南轩",第二节"吕东莱"。

"朱陆的争点"节指出:"朱子是问学的,陆子是尊德性的。朱子所以重客观的、科学的研究,立言时,也是归纳的、综合的;陆子所以重主观的、演绎的研究,立言时,也是主观的、独断的。"

11月,李石岑著《人生哲学》由商务印书馆出版。该书的第三章"东西哲学对于人生问题解答之异同"第三节"中国哲学方面之观察",有"宋明诸哲之人生观"专题包含"朱熹的人生观"。

该文指出:"朱晦庵的哲学,可以说是集周、张、二程之大成。他的哲学所以带有理气二元的色彩,也就因为他学问的方面太广阔。他做学问的方法,是本着大慧宗杲的教旨,先慧而后定。《宋史》叙朱晦庵为学,谓'大抵穷理以致其知,反躬以践其实,而以居敬为主'。所谓穷理与居敬,便是慧与定的功夫。朱晦庵借《大学》'格物致知'一段,发挥先慧后定的道理。……朱晦庵是做先慧后定的功夫的,所以把格物解作'穷理',是主张'致知在格物'。""朱晦庵的格物,完全是本着程伊川'今日格一件,明日又格一件'的精神,和近代科学上归纳的研究法很相似。他这种说法,影响于中国学术界很不小。后来由明而清,有许多看重知识、看重考证的学派,可以说大半是受了这种格物说的暗示。""朱子在中国哲学史上的地位,好像康德在西洋哲学史上的地位一般。朱子是中国哲学之集大成者，康德便是西洋哲学之集大成者。康德哲学的特点是本务观念，朱子哲学的特点是读书功夫。"

12月，梁启超讲演、周传儒笔记《〈儒家哲学〉第五章"二千五百年儒学变迁概略"（下）》发表于清华大学的《清华周刊》第26卷第12、13、14号。该文论及朱熹哲学以及朱陆异同。

该文指出："明道的学问，每以综合为体；伊川的学问，每以分析立说；伊川的宇宙观，是理气二元论；明道的宇宙观，是气一元论；这是他们弟兄不同的地方。程朱自来认为一派，其实朱子学说，得之小程者深，得之大程者浅。"

该文又说："朱子学派，祖述程子——二程子中之小程，即伊川。伊川有两句很要紧的话：'涵养须用敬，进学在致知。'他教人做学问的方法如此。……朱子学问具见于文集、语录及《性理大全》，不过简单地说，可以把上面这两句话概括之。陆子学派，有点像大程，即明道。最主要的，就是立大、义利之辩和发明本心。""知识方面：朱子以为'天下之物，莫不有理'，而其精蕴，则已具于圣贤之书，故必由是以求之。陆子以为学问在书本上找，没有多大用处；如果神气清明，观察外界事物，自然能够清楚。修养方面：朱子教人用敬，谨严拘束，随时随事检点。陆子教人立大，不须仔细考察，只要人格提高，事物即难摇动。所以朱谓陆为空疏，陆谓朱为支离，二家异同，其要点如此。"

1927年（民国十六年，丁卯）

1月，秀因的《朱子哲学》发表于金陵大学的《金陵光》第15卷第4期。

该文指出："朱子的学说，实集宋学之大成，虽然因为时间的关系，他的学说，不适合于现代，但是我们研究中国学术思想的人，又岂能因为过时，而即置之不理呢？"

该文分为三部分：

第一章"形而上学"，又分为第一节"本体论"：一、"理气二元论"，二、"释理气"，三、"理先气后"；第二节"起源论"：一、"宇宙之起源"，二、"万物之起源"。

第二章"人生哲学"，又分为第一节"仁的正鹄论"：一、"释仁"，二、"仁统四德"；第二节"动机的行为论"：一、"心的善恶"，二、"心的存养"；第三节"品性论"：一、"释性"，二、"天地之性与气质之性"，三、"性善性恶之故"。

第三章"教育哲学"，又分为第一节"致知与力行"：一、"致知"，二、"力行"；第二节"求仁"：一、"克己"，二、"公"；第三节"定性"。

结论："朱子的学说，……其最大的贡献，在学术史上永垂不朽的，就是致知穷理的主张了。因为这种治学方法,很有科学之精神,近代八百年思想史上,足开一新纪元,后来清代学术之所以能发辉光大,恐怕全是受了这'穷理'二字的影响,而所得的结果吧!"

4月,陈复光的《朱子学派与阳明学派之大别》《阳明学派与朱子学派之大别》先后发表于清华大学的《清华周刊》第27卷第10、15号。

该文指出:"朱子学派与阳明学派之大别:一在精一博约,尽心知性,由外而之内者也;一在良知良能,心外无理,心外无物,由内而之外者也。……二氏之说虽异,而其心则一也。故阳明曰:'吾与晦庵时有不同者,为入门下手处有毫厘千里之分,不得不辩,然吾之心与晦庵之心,未尝异也。'"因此,该文认为,一方面,救吾国今日人心之弊,"当以阳明说为主,以晦庵说辅之",另一方面,"苟输入泰西文明,应效朱子专心求学,格物致知,尽性穷理之功,与己国文化相比较,择其有益于国教民风者,而后言,而后教。"该文最后说:"要之'心'之一字,关系甚重,若不能革心中人欲,而存天理,则虽圣人复起,亦难以救此心病。朱子外求之心学,与阳明内求之心学可以为吾国人针砭矣。"

6月,冯友兰的《中国哲学中之神秘主义》发表于燕京大学的《燕京学报》第1期。该文论及程朱与陆王之异同。

该文通过引述程朱及王阳明的神秘主义言论,指出:"总观以上所引程、朱及王阳明之言,则此诸哲学家皆以为(一)天地万物,本来一体;(二)人以有私,故本来之一体,乃有间隔而生出物我之对待;(三)吾人须克己去私,以复天地万物一体之境界。朱晦庵、王阳明为宋明哲学二大派之中坚人物,而其所见在大体上,竟相同如此。总之宋明诸哲学家,皆以神秘主义底境界为最高境界,而以达到此境界为个人修养之最高成就。所谓程朱、陆王之争论,特在其对于'格物'之解释。朱晦庵之欲尽格天下之物,诚无可厚非,但以之为达到神秘主义底境界之方法,则未见其可。"

7月,刘尧民的《格物的解释》发表于北京述学社的《国学月报》第2卷第7号。

该文把程朱对"格物"的解释归于"主知主义的说法",并指出:"宋儒的谬点,是在将物指普通的物而言,知是指纯粹的知识言。"

9月,吴其昌的《朱子著述考(佚书考)》发表于清华大学的《国学论丛》第1卷第2号。

该文篇首按:"其昌作《朱子著述考》:第一经部,第二史部,第三子部,第四集部,凡八卷,仿朱彝尊《经义考》例;因书存,故未就。第五《佚书考》,凡四卷;因书已亡,恐久就湮,故稿先具。即此编是也。第六为表,凡四卷,已成其半,因太占篇幅,故暂不发表。此为其第五部《佚书考》四卷也。"

该文述及佚书、疑佚书以及拟撰书和未成书等，分为四卷：第一卷分为"经部"《易》类（5部）、《书》类（5部）、《诗》类（4部）、《周礼》类（1部）、《仪礼》类（2部）、《礼记》类（2部）、《乐类》（1部）、《春秋》三传类（1部）；第二卷分为"经部"《孝经》类（2部）、四书类（17部）、经总类（2部）、小学类（2部）；第三卷分为"史部"正史类（1部）、编年类（2部）、传记类（1部）、仪注类（4部）、地志类（1部）、史评类（1部）、金石类（1部）、杂史类（3部）、谱牒类（1部），第四卷上分为"子部"儒家类（31部）、道家类（1部）、杂家类（1部）；第四卷下分为"集部"楚辞类（2部）、别集类（8部）、总集类（2部）、文评类（3部），共计约107部，其中佚书和疑佚书近90部。

11月，罗常培的《朱熹对闽南风俗的影响》发表于《国立第一中山大学语言历史学研究所周刊》第1集4期。

该文指出："朱熹在闽南的时间，合起两次计算，也不过五年，但是对于风俗上的影响却是很大。"

12月，黄子通的《朱熹的哲学》发表于燕京大学的《燕京学报》第2期。

该文指出："朱熹在中国哲学史上是数一数二的。在有宋一代，他是一个集大成的人。"该文述朱熹哲学，分为：一、"宇宙论"，又分为甲"周子的太极本无极"，乙"周子的太极是离了'现象'Appearance，而言'实在'Reality"，丙"周子《太极图说》云'圣人定之以中正仁义而主静，立人极焉'"，丁"朱子之太极说比周子为进步"，戊"朱子之所谓阴阳，并无先后之别"；二、"论性"，又分为甲"性与理"，乙"性与情"，丙"心与性情"，丁"性与至善"；三、"论仁"，又分为甲"仁与四端"，乙"仁与爱"；四、"论修养"，又分为甲"存心"，乙"持敬"，丙"知与行"。

是年，唐文治撰《读朱子〈仁说〉》[①]。

该文指出："朱子生南宋之时，蒿目时艰，视有国者积弱日深，势将沦为异域，于是本其恻隐之心，发为大文，曰《仁说》，曰《玉山讲义》。其言谓：'天地以生物为心，而人物之生，因各得夫天地生物之心以为心。'又曰：'在天地则块然生物之心；在人则温然爱人利物之心。'又曰：'性者，真实无妄之理。仁、义、礼、智，皆真实而无妄。'乃于性善之旨，反复申明告戒。呜呼，何其言之仁也！盖朱子之心，犹孟子之心也，无如吾道晦盲，道学悬为厉禁。国必自伐而后人伐之，故其后虽有文文山、谢叠山、陆秀夫辈之仁人，而卒无救于宋代之灭亡。此岂天运使然哉？实人心为之也。人而能仁，天下化之，则栽者培之，天亦

[①] 唐文治：《读朱子〈仁说〉》，载于《茹经堂文集》三编，文海出版社1974年版，第1221~1224页。

生成而煦育之；人而不仁，天下化之，则倾者覆之，天即禽狝而草薙之。""朱子之言曰：'仁者，爱之理。'离爱不可以言仁。斯言一出，而天下之爱情不泯矣。……朱子之言曰：'扩然而大公者，仁之所以为体也。'又曰：'人或不公，则于其所当爱者，又有所不爱。惟公则视天地万物皆为一体而无所不爱。'斯言一出，而天下之公理不灭矣。昔孔子答子张问仁，曰：'恭、宽、信、敏、惠。'而于《尧曰》篇，言天下之民归心，终之以宽、信、敏、公，独非以公言仁？周子曰：'天地公而已矣。'独非以公言仁乎？夫世界之所以不销毁者，人心中公理而已矣。是故宋代虽亡，而朱子之学说不亡，千古之人心，亦遂不亡。"

1928年（民国十七年，戊辰）

1月，王凤喈著《中国教育史大纲》由商务印书馆出版。该书的第九章"宋元明的教育"第五节"各家的教育学说"（九）"朱晦庵"。

该文分为：（一）"宇宙论"；（二）"性论"；（三）"仁说"；（四）"论心性情欲"；（五）"论教育"；（六）"结论"。

该文认为，朱熹的教育方法包括：第一，当注重正蒙；第二，在提起兴趣；第三，"在先以礼教学者，使学者先有所据守"；第四，须注重平均发展；第五，在适合学者心理。

该文的"结论"是："晦庵学术，……大抵是穷理以致知，反躬以践实。彼以经籍为载道之文，所以主张穷理须从读书入手。彼以学者须知天地万物之理，故对于自然现象，亦有相当之注意。彼以学者须知心性之源，故对于心理现象有精密之研究，彼对于任何事项均肯求真蹈实，颇有近代科学家的精神。但总观彼之著作，整理之处虽多，创作之处甚少，守旧的成分很多，革新的精神甚少。静的修养，讲得太多，动的修养，讲得太少。彼尊崇孔子为绝对的善的代表，结果致使孔子学说加大威权，变成宗教，颇产生不良之影响。"

3月，胡朴安著《诗经学》由商务印书馆出版。该书的"宋元明《诗经》学"章论及朱熹《诗经》学。

7月，林科棠著《宋儒与佛教》由商务印书馆出版。该书的第四章"宋儒之排佛论"第四节"朱考亭"。

该节指出："朱子对佛教之批评，较张、程三子益不当肯綮。盖不仅囿于自己之理，且祖述前者，去本义渐远也。"

岭南大学哲学研究委员会编《南大戊辰哲学论文集》由岭南大学书局出版。其中有李文杞的《朱熹与康德》、余敏卿的《朱陆人生观之论战》。

1929年（民国十八年，己巳）

3月，周予同的《朱熹哲学述评》发表于《民铎杂志》第10卷第2期。

该文分为三部分：

一、"本体论"，又分为：（一）"理气二元论"，（二）"理一气殊说"；

二、"价值论"，又分为：（一）"伦理哲学"，再分为（甲）"性论"，（乙）"心论"，（丙）"修养论"；（二）"教育哲学"；（三）"政治哲学"；（四）"宗教哲学"；

三、"认识论"，又分为：（一）"知与行"，（二）"致知与格物"，（三）"穷理与读书"。

该文指出："朱熹当考究宇宙之本体时，主于太极一元论，即理一元论；而说明现象界之体用时，则又主于理气二元论。故其'理'字的含义实歧为二：一为当于太极之理，一为与'气'对待之理。简言之，即朱熹实为一元的二元论者。""陆、王一派，大抵训'知'为良知，训'格'为正；以为'致知'云者，非扩充知识之谓，乃致吾心固有之良知；'格物'云者，非穷究物理之谓，乃正意念所在之事物。总之，其论理的方法为演绎，而含有极浓的唯心论之色彩。朱熹不然，训'知'为知识，训'格'为穷至；以为'致知在格物'云者，谓欲推极吾人之智识，在即凡天下之事物而穷究其理；总之，其论理的方法为归纳，而含有近代科学之精神。"

钟泰著《中国哲学史》由商务印书馆出版。该书的第三编"近古哲学史"第八章"朱子"，第十二章"陆象山"附"论朱陆异同"；还有第十四章"蔡西山、蔡九峰"，第十六章"真西山、魏鹤山"。

"朱子"章分为：一、"理气"，二、"天命之性、气质之性"，三、"居敬穷理"。

该章指出："集汉儒经学之大成者，康成；集宋儒道学之大成者，朱子也。"还说："理气之说，发于伊川，而完于朱子。……盖虽理气并言，而仍以理为本。此宋儒相承之命脉。或谓程朱纯主理气二元论者（谢元量《哲学史》有此说），未为真知程朱者也。虽然，以理为本，是矣。"

9月，余景陶著《中国教育史要》由长城书局出版。该书的第三编"近世"第十章"宋代之教育思想"第七节"朱晦庵"。

该文指出："朱晦庵其人者，集中国思想之大成，立儒家哲学之体系，比之西洋之康德，不稍让也。""朱子之学，远宗孔孟，近以横渠、伊川为本，而附益之以濂溪、明道。体大思精，无所不备。其宇宙论，调和于濂溪、伊川之间。谓宇宙之本体为太极（宗濂溪），而太极即理气二元之综合（采程说）。""朱子论修养方法，首重穷理，穷理即《大学》所谓格物致知也。……读书最是有益于穷理。""朱子教人，又非重知而不重行者。"

该文之后第八节"陆象山"论及朱陆异同，指出："象山之教，与朱子颇有出入。……晦庵谓学者当求先圣之遗言于书中，而修身之法，自洒扫应对始。象山訾为逐末，谓学问之道不在外而在内，不在古人之文字，而在古人之精神。……大抵从晦庵之教，学者易得下手处；从象山之教，学者易窥源头。晦庵之教切实，其弊在卑陋；象山之教发扬，其弊在卤莽。晦庵教人，先之以小学之事（洒扫应对），继之以大学之理（正心诚意），本末具备，终始条贯。较之象山，绵密多矣。然象山直指源头，发人猛省，在理智已开之青年，其教实最有效。"

10月，周予同著《朱熹》由商务印书馆出版。

该书分为七章：

第一章"引言——宋学之产生与完成"。

第二章"朱熹传略"。

第三章"朱熹之哲学"（与1929年3月周予同发表的《朱熹哲学述评》相同）。

第四章"朱熹之经学"，又分为：一、"《易经》学"，二、"《书经》学"，三、"《诗经》学"，四、"《礼经》学"，五、"《春秋》学"，六、"《孝经》学"，七、"'四书'学"。

第五章"朱熹之史学与文学"。

第六章"朱熹与当代学派"。

第七章"朱熹之著作"，又分为：一、"经部"，二、"史部"，三、"子部"，四、"集部"。

第八章"朱学之传授"。

附录"朱熹简明年谱"。

该书对朱熹的学术贡献和历史地位予以了充分的肯定，认为"朱熹在中国哲学史与中国经学史上，固自有其特殊之贡献"；朱熹之性论"在中国之性论史上，则固可谓集大成者"；朱熹格物论"含有近代科学之精神"，朱熹《诗经》学的怀疑之精神"在经学史上实罕俦匹"，等等；而对于朱熹学术的不足之处则依据事实予以合理的批评。

关于朱陆异同，该书指出：就本体论言：朱为理气二元论之主张者；以近代哲学术语言之，可称为一实在论者，即以为一切现象界之背后有所谓理气二元之实在者在。陆为心即理说之主张者；以近代哲学术语言之，可称为一唯心论者，即以为一切现象皆自心生，离心则一切现象无存在之可能。就性论言：朱为二元论者，即分性为本然之性及气质之性；陆为一元论者，即以性、情、才为不过一物之异名。……朱之方法论主归纳，主潜修，主自外而内，主自物而心，主自诚而明；而陆之方法论主演绎，主顿悟，主自内而外，主自心而物，主自明而诚。普通以朱为道问学而陆为尊德性，即指此也。"

贾丰臻著《宋学》由商务印书馆出版。该书有"朱子""朱子门人""朱子后继"章，"陆子"章并附"朱陆两派的异同"。

"朱子"章分为：（一）"哲理说"；（二）"心性说"；（三）"修为说"。

"朱子门人"章分为：（一）"蔡西山"；（二）"蔡九峰"；（三）"黄勉斋"；（四）"陈北溪"。

"朱子后继"章分为：（一）"魏鹤山"；（二）"真西山"。

附"朱陆两派的异同"指出："陆学尚简易直截，朱学重学问思辨；朱学在'即物穷理'，陆学言'心即理'；一主经验，一主直觉；一主归纳，一主演绎。这就是二人不同之点。"

唐卢锋著《中国名人传》由世界书局出版。该书有"理学之集大成者朱熹"一节。

12月，冯日昌的《朱熹"格物致知"论》发表于河北女子师范学院的《朝华月刊》第1卷第1期。

该文为作者所著《宋元以来先哲对于"格物致知"之解释》之一章。

1930年（民国十九年，庚午）

2月，唐文治著《阳明学术发微》付印。该书的卷五"阳明学通于朱子学一"；卷六"阳明学通于朱子学二"。

卷首按语曰："陆、王之学，世儒并称；阳明学出于陆子，夫人而知之。近谢氏无量所著《阳明学派》一书，内有阳明与象山关系，及程朱与陆王诸条，考核精详，深为可佩。盖朱子自己丑四十岁悟未发之旨以后，从事涵养，深潜纯粹，论其体用一原、显微无间之功，实与子静未尝不合。而后儒之所以訾议阳明者，以其诋毁朱子也。……然余考朱王二家之学，实有殊途而同归者。"同时赞同清胡泉所著《阳明先生书疏证》言："以阳明之学拟诸象山，尚属影响。以阳明之学准诸朱子，确有依凭。（盖阳明讲学，删不尽格物传义在外，而朱子注经，包得尽良知宗旨在内。）惟朱子精微之语，自阳明体察之以成其良知之学。惟朱子广博之语，自阳明会通之以归于致良知之效。"于是，精选胡泉《阳明先生书疏证》若干部分，厘为二卷，并作按语，"以为朱王二家，殊途同归之证"。

3月，冯日昌的《程朱陆王"格物致知"说之反动》发表于河北女子师范学院的《朝华月刊》第1卷3期。

该章指出："性理学自二程倡导后，朱子集其大成，以'即物穷理'号召天下。陆王诋其支离琐碎，而主张直截简易，创为'心即理'之说。于是两派辩论纷起，终古无一定案。"

4月，常乃惪著《中国思想小史》由中华书局出版。该书的第十三章"理学的大成和独占"，阐述朱熹理学。

该章指出："理学家之中成就最大的自然要推朱熹，他不但是二程以后最伟大的理学家，并且在天分上，在学力上，在气象上，都远过于二程。理学到朱熹手里才完成整个的系统，也到朱熹手里才扩大为具体的宗教，朱熹对于理学的功劳实在比二程大得多。""朱熹在思想上最大的建树是在他将程颐的理气二元论扩充成很有条理的思想。""朱熹最大的功绩还不在他对于思想内容的建树，而在他的综合工作，他是理学的集大成者，他所著书有《论语》《孟子》以及《诗》集传等，在经注上是一大革命。""朱氏之学本从格物入手，他的穷理致知之说，实在是近代科学家的态度。"

该章还说："朱氏以为理虽然只有一个，但须用学问工夫去慢慢研究才能觉悟；陆氏则以为至理即在本心，只要心一觉悟，自然万理贯通，无待外求，因此对于修养方法，两派主张大不相同。朱主'道问学'，以为从格物入手，物理既穷，自能豁然贯通；陆主'尊德性'，以为'先立乎其大者'，则自然百川会归。"

5月，何炳松的《程朱辨异》发表于《东方杂志》第27卷第9号至（6月）第12号。

该文分为四部分：

一、"绪论"，又分为：（1）"这篇文章的动机"，（2）"北宋以前中国学术思想的回顾"，（3）"南宋以后的学派和程朱分家的关系"，（4）"过去的程朱分家论"。

二、"哲学上的各种基本观念"，又分为：（1）"程氏一元哲学的面面观和朱氏的二元论"，（2）"理、性、命、心、天、神、帝、鬼、道、气、情、易等名词的同异问题"。

三、"哲学上几个重要的问题"，又分为：（1）"性气的问题"，（2）"已发未发的问题和中的问题"，（3）"知行的问题和仁、诚等名词的意义问题"，（4）"义利、公私、善恶、经权的分别"，（5）"生死、鬼神、命数等问题"。

四、"方法论"，又分为：（1）"主敬、集义是一是二的问题"，（2）"格物或养心的问题"，（3）"格物的方法问题"。

五、"圣经和《唐鉴》"，又分为：（1）"《易经》的理数问题"，（2）"《春秋》《诗》《礼》的问题",(3)"《唐鉴》的问题"。

六、"结论",又分为:(1)"程朱学说的总结",(2)"南宋以后的三家",(3)"程氏学说的入浙"。

该文指出:"程氏的学说大都出于胡瑗和他的哥哥程颢。至于邵雍的数学、周敦颐的太极图和张载的性气二元论,程氏都绝口不谈。至于朱氏生平所最倾倒的而且亦最主张的就偏是上面这几位的学说;而他对于胡瑗反独不佩服。……这可见程朱两人的师承不但不同,而且相反。"

"程氏主张万物一理,没有什么大小、内外、本末、先后、远近等等相对的关系,……是一个一元的、客观的、唯物的哲学家。朱氏一方面亦主张万物一理,但是他一方面又主张理必有对,对于体用、动静、本末、先后等等相对的关系,一概认为可以成立,……是一个'太极图'式的二元的、主观的、唯心的哲学家。"

"程氏既然是一个一元的哲学家,所以他对于我国哲学上许多名词——理、性、命、心、天、神、鬼、道、情、气等——都认为同一个东西。……朱氏既然是一个'太极图'式的二元的哲学家,所以他对于我国哲学上许多名词,要把他们一一分别开来。"

"程氏既然是一个客观的哲学家,所以他主张凡是事物的理就是我们的性,我们只要格物就可以至于圣人,因此格物的工夫比诚意、正心、修身的工夫还要重要。朱氏既然是一个主观的哲学家,所以他以为求理于物,无绪可寻,求理于心,则有定体,因此我们必须先求放心再去格物。"

"程氏既然是一个唯物的哲学家,所以他的方法论主张持敬,所谓持敬就是集义,集义就是格物,格物就是穷理,穷理就是穷尽事物的所以然;因此我们只要把事物一件一件格去,积累多了自然豁然贯通。朱氏既然是一个唯心的哲学家,所以他主张持敬和集义完全是两段工夫,我们应该先做持敬的工夫,再去集义;所谓集义就是用我们的心去辨别事物的是非。总括地说:程氏的方法就是现代所谓客观的归纳法,朱氏的方法就是现代所谓主观的演绎法。"

"此外程朱两人对于圣经和《唐鉴》的见解亦正大不相同:程氏说《易》主理,朱氏说《易》主数;程氏以《春秋》为圣人断案的书,朱氏以《春秋》为直载当时之事;程氏说《诗》宗《序》,朱氏说《诗》反《序》;程氏对于三《礼》半信半疑,朱氏对于三《礼》大体相信。至于《唐鉴》这部书,程氏认为足以垂世,朱氏以为不无遗憾。最后程氏对于生死、鬼神、命数等等都一概不信,以为物理上所必无;朱氏对于这种种世所有而未易去者皆信而存之。"

兰自我著《孔门一贯哲学概论》由商务印书馆出版。该书的第一章"朱王之大学案",论及朱王异同。

8月，唐文治著《紫阳学术发微》付印。

该书"自序"指出："昔先圣赞《易》曰：'《易》无思也，无为也，寂然不动，感而遂通天下之故。''天下同归而殊途，一致而百虑。天下何思何虑？'此朱子悟未发、已发之宗旨也。又曰：'夫《易》开物成务，冒天下之道。''富有之谓大业，日新之谓盛德。'是朱子体用本末、格致诚正、修齐治平之本原也。圣门家法，道德学问，功业文章，务在一以贯之，汉唐后能实践此诣者，盖朱子一人而已尔。"

该书分为十二卷：

卷一，"朱子为学次第发微"，共7节。（1）"夏氏炘《朱子出入于老释者十余年考》"；（2）"夏氏炘《朱子见延平先生以后学术考》"；（3）"夏氏炘《朱子丁亥、戊子从张南轩先察识后涵养考》"；（4）"夏氏炘《朱子己丑以后辨张南轩先察识后涵养考》"；（5）"夏氏炘《朱子己丑以后更定中和旧说考》"；（6）"夏氏炘《读朱子〈答林择之〉书》"；（7）"童氏能灵《朱子为学次第考》二条"。

卷二，"朱子己丑悟道发微"，共8节。讨论朱子"己丑悟道"前后的书信，包括：《朱文公文集》卷三十《与张钦夫》（三）、卷三十二《答张敬夫》（三十四）、卷三十二《与张钦夫》（四十九）、卷六十四《与湖南诸公论中和第一书》、卷四十三《答林择之》（六）、卷四十二《答吴晦叔》（四），以及卷六十七《已发未发说》、卷七十五《中和旧说序》；另附"朱氏泽沄读《中和旧说序》诸篇""唐文治《朱子主敬原于主静说》""唐文治《读朱子〈已发未发说〉》""唐文治《朱子已发未发精义本于复卦说》"。

卷三，"朱子心性学发微"，共14节。分为四部分：第一部分，讨论"《中庸》首章注"；第二部分，讨论《孟子》"生之谓性"章注、"牛山之木"章注、"仁人心"章注、"钧是人也"章注、"尽心"章注；第三部分，讨论朱子有关书信7篇；第四部分，讨论《观心说》。

卷四，"朱子论仁善国发微"，共6节。分为三部分：第一部分，讨论《仁说》；第二部分，讨论朱子有关书信4篇；第三部分，讨论《玉山讲义》；另附"唐文治《读朱子〈仁说〉诸篇》"。

卷五，"朱子经学发微"，共13节。（1）"书临漳所刊《周易》后"；（2）"《易》五赞"；（3）"《易学启蒙》序"；（4）"书临漳所刊《书经》后"；（5）"《诗集传》序"；（6）"《仪礼》经传通解"；（7）"《家礼》序"；（8）"《古今家祭礼》跋"；（9）"《大学章句》序"；（10）"《中庸章句》序"；（11）"《论孟集义》序"；（12）"《小学》题辞"；（13）"书《近思录》后"；另附"吕氏东莱《〈近思录〉跋》"。

卷六，"朱子政治学发微"，共13节。分为五部分：第一部分，"正君德"，讨论《戊申封事》《己酉拟上封事》《甲寅行宫便殿奏札二》；第二部分，"复仇"，讨论《壬午应诏封事》；第三部分，"用人"，讨论《戊申封事》《己酉拟上封事》《与陈丞相书》；第四部分，"纪纲风俗"，讨论《戊申封事》《己酉拟上封事》；第五部分，"恤民"，讨论《庚子应诏封事》《建宁府崇安县五夫社仓记》《与星子诸县议荒政书》《劝谕救荒》。

卷七，"朱子论道释二家学发微"，共10节。分为三部分：第一部分，讨论《参同契说》《养生主说》《观〈列子〉偶书》《调息箴》；第二部分，讨论《答汪尚书》第二书、第三书、第七书；第三部分，讨论《读大纪》《释氏论上》《释氏论下》；另附"夏氏炘《朱子出入二氏论》"。

卷八，"朱子辨金溪学发微"，共7节。分为三部分：第一部分，"朱陆年谱鹅湖大会"；第二部分，讨论朱陆来往书信5篇；第三部分，"陆子静白鹿洞书院《论语》'喻义''喻利'章讲义"；另附"夏氏炘《陆文安公、张宣公论》""夏氏炘《陆文达公学术与文安公不同考》""夏氏炘《朱子深戒及门不得无礼于金溪说》""黄氏式三《读陆氏〈象山集〉》""唐文治《陆象山'先立乎其大'辨》"。

卷九，"朱子辨浙东学发微"，为上、下两部分，共9节。上部分有"夏氏炘《朱子同时浙学考》"，包括"永康陈同甫之学""东阳吕子约、潘叔昌之学""永嘉陈君举、叶正则之学""四明杨敬仲、袁洁斋、舒元宾、沈叔晦之学""夏氏炘《朱子借陆学以针砭婺学说》"。下部分讨论朱子《答陈同甫》书3篇；另附"全氏祖望《陈同甫论》""唐文治《读陈同甫与朱子论汉唐书（上）》""又《读陈同甫与朱子论汉唐书（下）》"。

卷十，"《朱子晚年定论》发微"，讨论王阳明《朱子晚年定论》及其所包含的朱子有关书信20篇，另附"唐文治《读〈朱子晚年定论〉》""夏氏炘《与詹小涧茂才论〈朱子晚年全论〉书》"。

卷十一，"九贤朱学通论上"，共6节。（1）"陆桴亭先生《儒宗理要·读朱子绪言》"；（2）"顾亭林先生《日知录·朱子晚年定论》评"；（3）"黄梨洲先生《象山学案》案语"；（4）"陆稼书先生《三鱼堂集·读朱子〈白鹿洞学规〉》"；（5）"又《读朱子告郭友仁语》"；（6）"又《答秦定叟》书"。

卷十二，"九贤朱学通论下"，共9节。（1）"朱止泉先生《朱子圣学考略提要》"；（2）"《朱止泉先生文集·朱子未发涵养辨》"；（3）"又《朱子格物说辨》"；（4）"章实斋先生《文史通义·朱陆篇》"；（5）"唐镜海先生《朱子学案目录序》"；（6）"陈兰甫先生《东塾读书记·朱子学论》"；（7）"夏弢甫先生《述朱质疑·与胡琡卿论〈学蔀通辨〉及〈三鱼堂集·答秦定叟书〉书》"；（8）"又《与胡琡卿论〈白田草堂杂着〉书》"；（9）"又《与友人论〈孟子字义疏证〉书》"。

10月，钱穆著《王守仁》由商务印书馆出版。该书的第一章"宋学里面留下的几个问题"论及朱子在"万物一体"上的观点及其朱陆异同。

该章指出："朱子讲格物，要'即凡天下之物，莫不因其已知之理而益穷之，以求至乎其极。一旦豁然贯通，则众物之表里精粗无不到，而吾心之全体大用无不明'。这是承着濂溪《太极图》、横渠《正蒙》的精神。象山只说立心，说自立，说自省自觉，说心即理，说万物皆备于我，比较与二程为近。他们的所谓理，便是天地万物一体之理，一个要即物而格，一个要反求之心。所以朱子极推濂溪《太极图》，而象山则疑为非周子所为，或是其学未成时所作，说他与《通书》不类。""二程的所谓'敬、义夹持''明、诚两进'，一到南宋，免不了形成朱、陆的分垒。朱子要叫人泛观博览而后归之约，是先从致知一边下工夫的，他的格物说尤其显见。二陆要先发明人之本心，而后使之博览，是先从持守方面下工夫的。……朱以陆为太简，陆以朱为支离。一个自居于'尊德性'，一个自居于'道问学'。二程的歧趋，到底在他们手里破裂了。"

吴其昌的《朱子之根本精神——即物穷理》发表于《大公报·文学副刊》第146期（"朱晦翁诞生八百年纪念"），10月27日。

该文指出："'即物穷理''致知格物'为朱子伟大精神之表现。"认为朱子格物致知说所蕴含的科学方法和态度是：其一，"格物须先从实体着手"；其二，"今日格一件，明日格一件，一件不漏"；其三，"格物须用澈底之态度以求真知"。"此三信条，联合而观之，朱子格物之界说始明瞭，基础始确定，合而为一言，即'格物者，必须凭藉实物，逐物逐件，澈底研究之也。'"并且进一步认为，朱子"实有'实验'精神"，指出："一部《朱子语类》，'推想'多而'实验'少，其率当为九十五与五，然谓无'实验'则不可也。"

该文最后指出："朱子之客观实验态度，实筚路蓝缕指示一曙光曦微之道路，不幸南宋所谓'理学家'者，无一具晦翁之头脑，相率而误入歧途，复归于清谈。历短促之胡元而入于明清，八股化之脑筋，更根本与此种思想、方法为深仇，必欲扑灭之使无丝毫存在而后已。故'格物'之说，痛斥于明人；'辟伪'之论，深恶于清儒，使此曙光曦微之道路，及朱子身殁而复塞，历宋元明清，外表阳尊朱子，奉之如在天上，而朱子之学则早已及身灭绝无噍类矣，此吾民族之深悲奇耻也。使当时能循此道路，改进之，发挥光大之，则此八百年中，当有无数十倍、百倍、千倍朱子其人者挺生，则中国科学之发达，又安知必不如欧洲哉！"

熊十力著《尊闻录》自印行世，其中论及朱子之说与王阳明之说的异同。①

该书指出："伊川首言'性即理'也，至阳明乃易其词，而唱'心即理'之

---

① 熊十力：《尊闻录》，载于《熊十力全集》第一卷，湖北教育出版社2001年版，第601~603页。

论。其时为朱子之学者，则宗朱子《大学格物补传》，而主理在物，非即心，以诋阳明。于是阳明益自持之坚，以与朱派之学者相非难。……'心即理'与'理在物'，直是朱子阳明两派方法论上之一大净战。主'心即理'者，直从心上着工夫，而不得不趋于反知矣。主'理在物'者便不废致知之功，却须添居敬一段工夫，方返到心体上来。朱学以明体不能不有事于格物，主张甚是。王学力求易简直捷，在哲学上极有价值，惜不为科学留地位。"

11月，贺麟的《朱熹与黑格尔太极说之比较观》发表于《大公报·文学副刊》第147期（"朱晦翁诞生八百年纪念"），11月3日。

该文认为，朱子的"太极"有三种不同含义：第一，"朱子的太极就是他'进学在致知'所得到的理，也就是他格物穷理，豁然贯通所悟到的理。这个太极就是'道理之极至'，就是'总天地万物之理'，也就是'两仪四象八卦之理，具于三者之先（即 Transcendent 之意）而蕴于三者之内（即 Immanent 之意）'的理。这个理就是朱子形上学的本体（宋儒称为道体），就是最高范畴。"第二，"朱子的太极又是'涵养须用敬'所得来的一种内心境界。朱子前说释太极为理，大都用来解释周子的太极图说，建立他的宇宙观，而此说认太极为涵养而得之内心境界，则目的在作对人处事的安心立命之所。"第三，"朱子于其诗歌中不知不觉地把他的太极具体化作一种神仙境界。……此处的太极，既非统天地万物之理的抽象太极，亦非同张南轩所超然会着的太极，因为那是得仁见道的滢洁的心境，决不会'茫茫'；而乃是一种被他具体化了的太极，被他用诗人的想象活用，而他可以飞进飞出的太极。这种太极乃是一种想象中的仙家境界或蓬莱宫阙。"

与此同时，该文将朱子的"太极"与西方哲学家黑格尔唯心论中的"绝对理念"进行比较。其中指出："朱子的太极……最显著的特性，就只是一种极抽象，超时空，无血肉，无人格的理。这一点，黑格尔与朱子同。黑格尔的太极也是'一切我性，一切自然的共同根本共同泉源'。黑格尔的本体或太极，就是'绝对理念'（Absolute idea），'绝对理念'有神思或神理之意，亦即万事万物的总则，宇宙间最高之合理性，在逻辑上为最高范畴，为一切判断的主词。其在形上学的地位，与其抽象，其无血肉，无人格与超时空的程度，与朱子的太极实相当。"并且又对朱子的"太极"与黑格尔的"绝对理念"的差异做出深入分析。

素痴（张荫麟）的《关于朱熹太极说之讨论》发表于《大公报·文学副刊》148期（"朱晦翁诞生八百年纪念"），11月10日。

该文就贺麟《朱熹与黑格尔太极说之比较观》提出的朱子的第一种太极说与第二种太极说的相互关系，展开进一步讨论，并认为二者是统一的，指出："朱子所谓'心'，不过一种理与气（这气似当是较清的气，是'阳'）之结合，其作用为思虑营为，主宰乎身。只是理不成其为心，只是气也不成其为心。理不能离气而独存，气也不能离理而独立。人人的心所具的理，或太极，都相同，理之在人心者谓之性。这性就是太极浑然之体，本不可以名言，当其未与外物感接，未发动时，寂然无形象可见。但其中含具万理，与外物感接时便表现出来。……涵养用敬的目的，只是屏绝外物的引诱，拨开气质的遮蔽，使性得充分的实现，使'天理流行'。使心与外界感接时，'发而皆中节'。这具仁、义、礼、智四端的性，不独是人心的太极，并且是一切物的太极，是'总天地万物之理'。个人能复性，能使性得充分的实现（Full realization），便使个人的目的与宇宙的目的合一，便'上下与天地同流'。这便是朱子安身的地方，这便是朱子的宗教。"

吴其昌的《朱子治学方法考》发表于《大公报·文学副刊》第 149、150 期（"朱晦翁诞生八百年纪念"），11 月 17、24 日。

该文把朱子的治经态度概括为七个方面：其一曰"求真"，"求真云者，当虚心以探求一事之真相，丝毫不可掺入自己之主观概念也"；其二曰"求实"，"求实云者，就其本体以还其本来实义，不容有一切虚伪情感之存在也"；其三曰"求疑"，"求疑云者，即今人所谓'怀疑'也"；其四曰"阙疑"，"怀疑是大胆破坏，阙疑是小心建设也"；其五曰"专一"；其六曰"循序"；其七曰"不求速效"；其八曰"鉴别真伪"。把朱子的治经方法，依照治学的步骤，概括为先后五个方面：

第一，"求博学无方"，"此为治学最低限度之基础"。

第二，"求精密工具"，"绩学既博，然后可以进而第二步，谈工具问题"，包括：（1）先求"识字"；（2）次求"详明音读"；（3）次求"详明训故"；（4）次求"校勘异文"。

第三，"求巩固证据"，即"求坚定明确之证据"，又略分数项：（1）"自证"及"互证"，"自证者，于本书中，以前后文、上下文为证；互证者，于同类中类集比观以为证也"；（2）"旁证"及"广证"，"旁证者，于不同类中，取又一方面之证据也；广证者，言向各种不同类中博征证据，不厌其多也"；（3）"物证"及"事证"，"物证者，从物质之遗留以推求古事"；"事证以必然之事实驳正空想及鉴别古说可靠性之程度也"。

第四，"求会通异同"，"有证据者，固胪列群证，不厌其多，以求巩固，亦有无证据之可求者，则必须比类属辞，错综纬互，始可以见其会通"。

第五，"求明瞭当时风俗人情"，即"求当时之社会背境也"，此为方法上最后之一步，亦为比较更深刻之一步。

该文对朱子所辨伪书以及辨伪书的语录作了详细的列表整理，分为四项：（1）书名；（2）伪之性质及程度；（3）朱子以前之先觉；（4）辨伪语举要及其所载之卷帙；其中包括朱子所辨伪书及各种可疑、难解、有问题书：《易系辞》

《麻衣易》《易龙图》《古文尚书》《古文尚书序》《古文尚书传》《书小序》《诗序》《诗小序》《孝经》《古文孝经序》《春秋经》《春秋左氏传》《大戴礼》《小戴礼记》《周礼》《论语后十篇》《孟子正义》《尔雅》《说文音》《元经》《孔丛子》《孔子家语》《文中子》《管子》《老子》《列子》《鹖冠子》《握奇经》《唐太宗李卫公问答》《阴符经》《清静经》《消灾经》《度人经》《楞严经》《维摩诘经》《圆觉经》《西京杂记》《龙城杂记》《省心录》《春秋指掌图》《李陵答苏武书》《木兰诗》等。

贾丰臻著《阳明学》由商务印书馆出版。该书的第五章"杂篇"第四节"朱陆异同说",阐述王阳明对朱陆异同的讨论。

1931 年（民国二十年,辛未）

3月,吕思勉著《理学纲要》由商务印书馆出版。该书的篇八"晦庵之学";篇九"象山之学",论及朱陆异同。

篇八"晦庵之学",涉及朱子理气论、宇宙生成论、鬼神论、心性论、道德论、格致论以及知行论等诸多方面,指出:"朱子非宋学之创造家,而宋学之集成者也。"

该篇认为,在朱子那里,"气为万物之原质""气之所以然者为理""有其然必有其所以然,乃人类思想如此,非事实也。就实际言,然与所以然,原系一事。故理气为二之说,实不如理气为一之说之的"。为此,该篇说:"疑朱子谓气之外别有所谓理之一物焉,则亦失朱子之意已。……统观全体,则朱子未尝以理为实有一物,在气之外,固彰彰也。"

该篇说:"致知力行,朱子初未尝偏废。谓朱子重知而轻行,尤诬诋之辞也。……朱子所谓格物致知,乃大学之功,其下尚有小学一段工夫。论朱子之说者,亦不可不知。""盖讲学者,大抵系对一时人说话。阳明之时,理学既已大行。不患此理之不明,惟患知之而不能有之于己,故阳明救以知行合一之说。若朱子之时,则理学尚未大行,知而不行之弊未著,惟以人之不知为患,故朱子稍侧重于此。此固时代之异,不足为朱子讳,更不容为朱子咎。……朱子论知行之说,正可见大贤立言之四平八稳,不肯有所偏重耳。"

篇九"象山之学"指出:"朱陆之异,象山谓'心即理',朱子谓'性即理'而已。惟其谓'性即理',而心统性情也,故所谓性者,虽纯粹至善;而所谓心者,则已不能离乎气质之累,而不免杂有人欲之私。惟其谓'心即理'也,故万事皆具于吾心;吾心之外,更无所谓理;理之外,更无所谓事。一切工夫,只在一心之上。二家同异,后来虽枝叶繁多,而溯厥根源,则惟此一语而已。""朱子之学，所以与陆子异者？在陆子以心为至善，而朱子则谓心杂形气之私，必理乃可谓之至善。故《语录》谓'陆子静之学，千般万般病，只在不知有气禀之杂，把许多粗恶的气，都把做心之妙理，合当恁地，自然做将去'也。其所以一认心为至善，一以心为非至善者，则以陆子谓理具于心，朱子谓理在心外。……然二家谓理在心之内外虽异，而其谓理之当顺则同。……途辙虽殊，究为一种学问中之两派也。"

4月，温公颐的《朱子读书法》发表于北平师范大学的《师大教育丛刊》第2卷1期。

该文将朱子读书方法的次第，分为：（1）"循序渐进"，（2）"熟读精思"，（3）"虚心涵泳"，（4）"切己体察"，（5）"着紧用力"，（6）"居敬持志"；并且指出"若在现代的眼光看去，朱子的为学方法，是比较要合乎科学方法的。"

5月，钱穆著《国学概论》由商务印书馆出版。该书的第八章"宋明理学"论及朱子学。

该章指出："朱子学于延平李侗，号为得洛学正传。""论其学风，则于伊川尤近。大要亦主'涵养须用敬，进学则在致知'二语，而侧重致知一边。""然朱子辨析益精，推衍益详，自致知之说，进而为格物，转而为穷理。""伊川之言致知，尚徘徊于内外心物之间，至考亭乃始断然主向外之寻索也。此又宋学一大转步也。""朱子信心甚强，于四子书尤毕心尽力，遂以信古者为自信，镕铸众说，汇为一垆。言其气魄之远大，议论之高广，组织之圆密，不徒上掩北宋，盖自孔子以来，好古博学，殆无其比。而又能以平实浅近之途辙，开示来学，使人日孳孳若为可几及。于是天下向风，而宋学遂达登峰造极之点。"

7月，罗庶丹的《朱子所见吕纪异文考释》发表于湖南大学的《湖大期刊》第5期。

该文将朱子《仪礼经传通解》所录《礼记·月令》与《吕氏春秋》"十二月纪"、《淮南子·时则训》、唐《月令》诸本，互相雠校。

8月，陈钟凡的《〈两宋思想述评〉（七）第十二章"朱熹之综合学说"》发表于中华学艺社的《学艺》第11卷第7号。

该文分为六个部分：

（一）"传略及著书"。

（二）"师承及其学派"，分为：（1）"始学时期"，（2）"进学时期"，（3）"成学时代"。

（三）"学说"，分为：

（1）"宇宙论"，又分为：（子）"具体一元论"，再分为（甲）"理气论"，（a）"就性质言"，（b）"就作用言"，（c）"就方所言"，（d）"就时间言"，

（乙）"太极说"，(a)"太极即理"，(b)"太极即在气中"；（丑）"目的论"；（寅）"泛神论"；（卯）"自然见象之说明"，再分为（a）"天地"，(b)"万物"。

（2）"心性论"，又分为：（子）"心理之类别及其界说"，再分为（a）"心"，(b)"性"，(c)"情"，(d)"欲"，(e)"意"，(f)"志"，(g)"才"，(h)"知觉"，(i)"思虑"；（丑）"各种心理之关系及其区别"，再分为（a）"性与命"，(b)"心与性"，(c)"性与情"，(d)"心与性情"，(e)"情与欲"，(f)"心、性、情、意"，(g)"意与志"，(h)"情与才"；（寅）"释心"；（卯）"释性"，再分为（a）"性即理说"，(b)"性即道说"，(c)"性善说"，(d)"气质之性"；（辰）"结论"。

（3）"行为论"，又分为：（子）"穷理"，（丑）"居敬"，（寅）"仁说"，（卯）"主静"。

（四）"政治论"，又分为：(1)"心术"，(2)"仁义"，(3)"王伯（王霸）"，(4)"官制"，(5)"任贤"，(6)"财赋"，(7)"军政"，(8)"刑罚"。

（五）"教育论"，又分为：(1)"立志"，(2)"切己"，(3)"气象"，(4)"下学"。

（六）"结论"。

该文指出："朱熹学说之特色，在网罗古今，融会贯通，自成系统。举凡《论语》之言仁，《大学》之言致知、格物，《中庸》之言诚，《孟子》之言仁义，汉儒之言阴阳、五行；下逮周敦颐之《太极图》说，张载之心性说，邵雍之先天易说，程颢之仁说，程颐之理气二元说，旁及佛老之书，莫不兼容并包，冶诸一炉，加以系统的组织，自成一家之言。信乎括囊大典，承先启后，集近代思想之大成者也。""孔子之书，详于文章政事，性与天道，不可得闻；孟子道性善，亦据情感为言，未尝有形而上学之说明焉；惟朱熹综合北宋群言，参以两氏精义，儒家之说，至是乃确立一不拔之新基，寖成人间最有威权之一宗教焉，则熹之力也。"

杨东莼著《本国文化史大纲》由北新书局出版。该书的第三编"智慧生活之部"第六章"理学时代"，有"闽学—朱熹"一节。

10月，蔡尚思著《中国学术大纲》由启智书局出版。该书的"中部"第四篇"中国哲学（思想）"第九章"混成的理学"第一节"朱熹"。

该节吸纳李石岑《人生哲学》的有关叙述，指出："朱晦庵的哲学，可以说是集周、张、二程之大成。他的哲学所以带有理气二元的色彩，也就因为他学问的方面太广阔。他做学问的方法，是本着大慧宗杲的教旨，先慧而后定。""朱晦庵的格物，完全是本着程伊川'今日格一件，明日又格一件'的精神，和近代科学上归纳的研究法很相似。他这种说法，影响于中国学术界很不小。后来由明而清,有许多看重知识看重考证的学派,可以说大半是受了这种格物说的暗示。"

11月,胡适的《谈谈〈诗经〉》发表于顾颉刚编《古史辨》(第三册),由朴社出版部出版。该文论及朱子《诗经》学。

该文指出:"……到了唐朝,大凡研究《诗经》的人都是拿《毛传》《郑笺》做底子。到了宋朝,出了郑樵和朱子,他们研究《诗经》,又打破毛公的附会,由他们自己作解释。他们这种态度,比唐朝又不同一点,另外成了一种宋代的体裁。清朝讲学的人都是崇拜汉学,反对宋学的,……殊不知汉人的思想比宋人的确要迂腐的多呢!""这一部《诗经》已经被前人闹得乌烟瘴气,莫名其妙了。诗是人的性情的自然表现,心有所感,要怎样写就怎样写,所谓'诗言志'是。《诗经·国风》多是男女感情的描写,一般经学家多把这种普遍真挚的作品勉强拿来安到什么文王、武王的历史上去;一部活泼泼的文学因为他们这种牵强的解释,便把它的真意完全失掉,这是很可痛惜的!……说来倒是我的同乡朱子高明多了,他已认《郑风》多是男女相悦淫奔的诗。但他亦多荒谬。《关雎》明明是男性思恋女性不得的诗,他却胡说八道,在《诗集传》里说什么'文王生有圣德,又得圣女姒氏以为之配',把这首情感真挚的诗解得僵直不成样了。"

1932年(民国二十一年,壬申)

1月,叶渭清的《朱子与吕成公书年月考》发表于《国立北平图书馆馆刊》第6卷第1号。

该文对《朱文公文集》中与吕祖谦有关的书信(107篇)、杂著(2篇)、序(1篇)、跋(5篇)、赞(1篇)、祭文(1篇)以及佚文(1篇)的年月作了考证。

6月,冯友兰的《朱熹哲学》发表于清华大学的《清华学报》第7卷第2期。

该文分为:(一)"理、太极",(二)"气",(三)"天地人物之生成",(四)"人物之性",(五)"道德及修养之方",(六)"政治哲学",(七)"对于佛家之评论"。

该文指出:"朱子之形上学,系以周濂溪之《太极图说》为骨干,而以康节所讲之数,横渠所说之气,及程氏弟兄所说形上、形下及理气之分融合之;故朱子之学,可谓集其以前理学家之大成也。""朱子之哲学,非普通所谓之唯心论,而近于现代之新实在论。惜在中国哲学中,逻辑不发达,朱子在此方面,亦未著力;故其所谓理,有本只应为逻辑者,而亦与伦理的相混。如视之理,如指视之形式而言,则为逻辑的;如指视应该明而言,则为伦理的。朱子将此两方面合而为一,以为一物之所以然之理,亦即为其所应该。盖朱子之兴趣,为伦理的,而非逻辑的。"

孟宪承著《新中华教育史》由中华书局出版。该书下编"中国教育史"第十章"宋的理学诸儒"第四节"朱熹"。

该节分为：A"晦庵综合周、程、张诸氏的学说"；B"晦庵论教育"，又有：1. 关于目的论，2. 关于方法论。

7月，徐葆珍的《朱陆异同及其评价》发表于《云南旅平学会会刊》第7期。

该文指出："正统派的朱晦翁的为学精神，是主敬以立其本，穷理以致其知，反躬以践其实，博极群知，诸子佛老、天文地理的学问，都研究得精通；他以道问学为主，以为格物穷理是人们入圣的阶梯。至于唯心学派的象山的为学，则以尊德性为主，先立乎其大而后大之。由此看来，两家的为学，各成一派。"

8月，余家菊的《朱子读书法》发表于张耀翔编《心理杂志选存》，由中华书局出版。

该文以学习心理学的观点分析朱子有关读书法的语录二十五条，并指出："朱子学习法之与心理学有关者，其大要约略如是。更综括之，则'循序而渐进，熟读而精思'二语，亦可以尽心之矣。是二语者，其为学习心理学中之两大实际原则乎？"

9月，毛邦伟著《中国教育史》由北平文化学社出版。该书的第四章"宋至元之教育"第五节"宋之学者"论及朱熹及其学术思想。

该节论及朱熹时，抄录《仁说》全文，并分为："理气""理之统一""气之殊别""性""心""心性情""格物穷理""存夜气""静坐"等，还有"朱陆折冲"一文。

邱椿的《朱熹的读书法》发表于北平师范大学的《师大教育丛刊》第2卷第3期。

该文述朱子读书法之（甲）"居敬持志"，（乙）"循序渐进"。

冯友兰的《新对话（一）——对话者：朱熹及戴震之灵魂》发表于《大公报·世界思潮》第1~2期，9月3、10日。

该文通过讨论"要造飞机，须先明飞机之理""当人未明飞机之理之时，此理是不是已经有了""造飞机者必依照飞机之理，具体的飞机，方能造成"，诸如此类问题，以论证朱熹所谓"凡天下之物，莫不有理"，并进一步得出结论："人类组织也是一个东西，也有它的理。人必须依照这个理作组织，这组织才能成立。犹之乎造飞机者必依照飞机之理，具体的飞机，方能造成。"冯友兰还说："在有飞机之前，飞机之理不新。在有飞机之后，飞机之理不旧。它是永久如此。人类组织之理，亦是如此。人类组织之理无新旧，道德亦无新旧。"

10月，冯友兰的《新对话（二）——对话者：朱熹及戴震之灵魂》发表于《大公报·世界思潮》第6期，10月8日。

11月，杨东莼著《中国学术史讲话》由北新书局出版。该书的第八讲"儒学的大转变——理学"，有"晦庵之学"一节。

该节指出："宋世理学当以濂溪二程为正统，而晦庵实集斯学之大成。"分为：（一）"理气之说"，（二）"性说"，（三）"论仁"，（四）"居敬穷理"。最后还列朱熹门徒的传授。

甫文（嵇文甫）的《程朱论仁之阐略》发表于成都尚志社的《尚志周刊》第2卷第4~5期合刊、（12月）第6~7期合刊。

该文分为：一、"绪论"，二、"程朱思想之背景"，三、"程子之论仁"，四、"朱子之论仁"，五、"程朱论仁之比较"，六、"结论"。

该文指出："要之，二贤论仁，乃同归而殊途，皆有功于仁学者，本无所轩轾于其间。若以论仁之精粹切事而言，则考亭有非明道所可及，乃后来宗明道者，纯尊德行，有束书不观，而高谈性理之弊；宗考亭者，惟道问学，又陷支离破碎，博而寡要之嫌。虽学者之不善学，然而未始不由二贤启之也。""由此观之，明道得孔门一贯之真传，考亭集仁学之大成，俱有功于学府名教也。然二贤所以同源异流，殊途一趣者，盖明道举一本以罗万端，酷似今之主观唯心论也。考亭由万殊以返一本，又何逊时髦哲学之所谓唯物论者哉？"

12月，冯友兰的《新对话（三）——对话者：公孙龙、朱熹、戴震之灵魂》发表于《大公报·世界思潮》第15期，12月8日。

冯友兰的《宋明道学中理学心学二派之不同》发表于清华大学的《清华学报》第8卷1期。

该文分为：（一）"朱子与象山、慈湖之不同"，（二）"朱子与阳明之不同"，（三）"朱派后学之意见"。

该文指出："朱陆之不同，实非只其为学或修养方法之不同；二人之哲学，根本上实有差异之处。此差异于二程之哲学中即已显著。伊川一派之学说，至朱子而得到完全的发展。明道一派之学说，则至象山、慈湖而得到相当的，至阳明而得到完全的发展。若以一二语以表示此种差异之所在，则可谓朱子一派之学为理学，而象山一派之学，则心学也。王阳明序《象山全集》曰：'圣人之学，心学也。'此心学之一名，实可表示出象山一派之所以与朱子不同也。""依朱子之系统，只能言性即理，不能言心即理。依朱子之系统，只能言有孝之理，故有孝亲之心；有忠之理，故有忠君之心。不能言有孝亲之心，故有孝之理；无孝亲之心，即无孝之理。依朱子之系统，理之离心而独存，虽无此事实，而却有此可能。依阳明之系统，则在事实上与逻辑上，无心即无理。此点实理学与心学之根本不同也。"

郑振铎著《中国文学史》由朴社出版部出版。该书中卷"中世文学"第四十四章"南宋散文与语录"论及朱熹散文。

该章指出:"朱熹的散文,功力深到,理致周密,不矜才使气,而言无余蕴,物无遁形。在许多道学家的文章里,他的所作是最可称为无疵的。他的论学的书札,整理古籍的序文,尤其是精心经意之作,看来似是平淡无奇,却是很雅厚简当,语语动人的。"

何炳松著《浙东学派溯源》由商务印书馆出版。该书主要阐述程、朱思想的诸多差异,以及浙东学派的兴起。

该书以1930年5月何炳松发表的《程朱辨异》为基础,略有修改。

丁正熙的《谈谈宋学由来及成就》发表于上海西北学会的《新西北》第1卷第3~4期合刊,其中阐述了朱子的本体论、修为功夫以及对于天地自然的研究。

1933年（民国二十二年,癸酉）

2月,陈钟凡的《〈两宋思想述评〉（八）第十三章"朱氏学派"》发表于中华学艺社的《学艺》第12卷第1号。

该文分为:（一）"蔡元定",（二）"蔡沈",（三）"黄干",（四）"陈淳"。

陈钟凡的《〈两宋思想述评〉（八）第十四章"陆九渊之惟理学说"》发表于中华学艺社的《学艺》第12卷第1号。该文（五）"朱陆学术之异同"。

该文指出:"（1）以宇宙论言之:九渊言'塞宇宙一理',主惟理一元说;熹言'理先气后',合理气二元以为具体的一元论。此其不同者一也。（2）以心性论言之:熹立人心道心之别,及义理之性气质之性等说;九渊则谓'心一心也,理一理也。'不取其具体的一元之说。此其不同者二也。（3）以人生论言之:熹严天理人欲之辨,谓:'不出于理,则入于欲。'九渊则主天人合一,理欲无殊。此其不同者三也。（4）以方法论言之:熹解致知格物,谓'即物穷理';九渊谓:'万物皆备于我,只要明理。'熹主理由外入,注重归纳;九渊主理由内出,注重演绎。此其不同者四也。（5）以行为论言之:熹以道问学为主,谓:'读书以观圣贤之意;因圣贤之意,以观自然之理。'九渊以尊德性为宗。谓:'先立乎其大者,而后天之所与我者,不为小者所夺。本体不明,徒致力于外索,是无原之水也。'一贵经验,一尚直觉。此其不同者五也。总之:两家之学,一主惟理,一综理气二元;一贵循序渐进,一求顿悟;一以德性为先,一以学问为要。经验直觉,乃各趋一途,屹立并峙于南宋时期,而成当代之两大学派焉。"

3月,张岱年的《谭"理"》发表于《大公报·世界思潮》第28期,3月30日。

4月，白寿彝著《朱熹辨伪书语》由朴社出版部出版。

该书认为，朱熹辨伪书的证据有五种：（1）"因确知作伪者为谁，而知其书为伪书"；（2）"因一书底内容与历史上的事实不符，而知其书为伪书"；（3）"因一书中的思想与其所依托的人之思想不符，而知其书为伪书"；（4）"因一书中的内容之抄袭凑合之迹显然可见，而知其书是伪的"；（5）"从一书之文章的气象上，知其书伪的""从一书之文章的体制上，知其书伪的""从一书所用的词句上，知其书伪"。该书指出："朱熹辨伪书的方法，无须讳言地，还很幼稚；他所有的辨伪书的话也大半过于简单。但所谓幼稚，是和后来考证学发达起来时的情形比较而言的。在当时能提出一种辨伪书的具体方案，并能应用这样多的方法的人，恐怕还是要推朱熹为第一人了。他辨伪书的话虽大半过于简单，但在简单的话里，颇有一些精彩的见解，给后来辨伪书的人不少的刺激。"

该书涉及朱熹所辨伪书近五十种，包括《归藏》《易龙图》《正易心法》《书》《书古文》《书序》《书孔安国传》《书解义》《尚书全解》《书集解》《诗》《诗序》《礼运》《保傅》《春秋》《春秋左氏传》《春秋公羊传》《穀梁传》《春秋繁露》《孝经》《中庸义》《论语十说》《孟子疏》《通鉴节要》《世本》《东坡事实》《指掌图》《孔丛子》《中说》《省心录》《握奇经》《管子》《潜虚》《子华子》《黄山谷帖》《琴志》《龙城杂记》《石林过庭录》《谈苑》《维摩诘经》《楞严经》《传灯录》《阴符经》《列子解》《龙虎经》《吕祖谦集》《皇宋文鉴》《警世图》《竞辰图》等。

林之棠著《中国思想学术史》由华盛书社出版。该书的（五）"宋元明"（4）"朱熹"。

5月，邱椿的《朱熹的读书法》发表于北平师范大学的《师大月刊》第1卷第4期。

该文述朱子读书法：甲、"居敬持志"，乙、"循序渐进"，丙、"熟读精思"，丁、"虚心涵泳"，戊、"切己体察"，己、"着紧用力"。

林玮的《朱子的教育思想》发表于北平师范大学的《师大月刊》第1卷第4期。

该文分为：第一章"教育的根本原理"，又分为Ⅰ"明性"，Ⅱ"居敬"，Ⅲ"穷理"；第二章"教育宗旨：希圣希贤"；第三章"达到希圣希贤目标之主要条件"，又分为Ⅰ"为圣贤必先立志"，Ⅱ"为圣贤不可蹈空"，Ⅲ"为圣贤不可先立标准"；第四章"教育方法"，又分为第一节"总论为学之方"，第二节"读书法"，第三节"小学"，第四节"自论为学工夫"；第五章"课程"，又分为第一节"读经"，第二节"读史"，第三节"诸子"，第四节"词章"。

翁国梁的《朱熹与闽南文化——关于朱熹的遗迹及其故事》发表于中山大学

的《民俗》第 120 期。

该文以地方志为依据，叙述了朱熹知漳洲期间的遗迹以及所流传的故事。分为：（一）断蛙池；（二）白云岩；（三）名山，题石；（四）美人井；（五）竹格子；（六）缠足鞋。

7 月，蒋百幻的《朱熹与湖南文教》发表于南京衡风周刊社的《衡风》第 1 卷第 14 期。

该文认为，朱熹对于其时湖南文教的发展起了促进作用，"实在是一个最伟大的向导"，其影响包括三个方面："宦游之影响""学术之传授""人格之感化"。

9 月，牛继昌的《朱熹著述分类考略》发表于北平师范大学的《师大月刊》第 1 卷第 6 期。

该文分为："经部"，又分为《易》类（8 部）、《书》类（6 部）、《诗》类（5 部）、《礼》类（8 部）、《孝经》类（2 部）、四书类（22 部）、五经总义类（4 部）、小学类（2 部）；"史部"，又分为编年类（2 部）、诏令奏议类（1 部）、传记类（4 部）、政书类（4 部）、地志类（1 部）；"子部"，又分为儒家类（45 部）、道家类（2 部）、杂家类（1 部）；"集部"，又分为楚词类（2 部）、别集类（14 部）、总集类（2 部）、诗文评类（3 部）。共计 138 部。

10 月，陈钟凡著《两宋思想述评》由商务印书馆出版。该书的第十二章"朱熹之综合学说"，第十三章"朱氏学派"，第十四章"陆九渊之惟理学说"包含（五）"朱陆学术之异同"。

所列章节，此前已先后发表。

钱基博著《古籍举要》由世界书局出版。该书的卷十七"朱子"论及朱子与汉学的关系。

该章指出："朱子教人为学，谆谆于汉魏诸儒，正音读，通训诂，考制度，释名物，学者不先涉其流，则亦何以用力；而所为《四书集注》，唯重发明义理者，以训诂名物，注疏已详，不复为解。……据此，朱子教人读书平实如此；可知朱子非废训诂名物不讲，如汉学诸人所訾谤也。又诸汉学家皆讥义理为凿空，亦是诐辞。""朱子之学，极高明而道中庸，道问学以尊德性。而在当日，别出朱子以自名家者，不出两派：有尊德性而不道问学者，象山是也；有崇事功而耻言尊德性者，永嘉、永康是也。……朱子教人读书，而读书必归于穷理，读书穷理即博文约礼，语虽殊而意则一。于二陆之直指本心者，则虑其过高而失下学上达之旨；于东莱之多治史学者，则虑其泛滥而贻玩物丧志之讥。"

湖南船山学社的《船山学报》第 2 册刊载邵东松荫老人遗书《读〈四书改错〉存疑》。该文针对清毛奇龄所著《四书改错》中若干观点做出分析。

11 月，王治心的《福建理学系统》（一）发表于福建协和大学的《福建文化》第 2 卷第 13 期。《福建理学系统》（二）（三）先后发表于《福建文化》（1934 年 1 月）第 2 卷第 14 期、（1934 年 3 月）第 2 卷第 15 期。

该文从地域文化的角度明确提出了"福建理学"的概念，并以此作为研究主题，对北宋时期福建理学作了系统的梳理，分为宋初福建理学、古灵学系、龟山学系；指出："通常讲到福建理学家的时候，总是从杨龟山（杨时）说起；其实在龟山以前，已经有过古灵（陈襄）学派。与龟山同时的，又有武夷（胡安国）学派。古灵、武夷都已成了一派学说，我们应当从他们说起。但是与他们同时的，还有若干散见于初期学案中的福建人，应当首先的叙述。"

12 月，韩海南的《读朱注论语札记》发表于安徽省图书馆的《学风》第 3 卷第 10 期。

该文对朱熹《论语集注》中若干注释作了评述。

冯友兰著《中国哲学小史》由商务印书馆出版。该书的第十二章"朱子"。

1934 年（民国二十三年，甲戌）

1 月，胡适的《格致与科学》发表于中国科学社的《科学画报》第 1 卷第 11 期。

该文指出：

"科学初到中国的时候，没有相当的译名，当时的学者就译做'格致'。格致是'格物致知'的缩写。《大学》里有一句'致知在格物'，但没有说明'格物'是什么或是怎样做。到了宋朝，许多哲学家都下过'格物'的解说，后来竟有六七十家的不同的界说。其中最有势力的一个解说是程子（程颐）、朱子（朱熹）合作的。他们说，'格'就是'到'，格物就是到物上去穷究物的理。朱子说得最清楚：

'天下之物莫不有理，而吾心之明莫不有知。……即凡天下之物，莫不因其已知之理而益穷之，以求至乎其极。'

即（就）物穷理，是格物；求至乎其极，是致知。

这确是科学的目标，所以当时译科学为'格致'是不错的。

有人问程子，格物的'物'有多大的范围，程子答道：自一身之中，至万物之理，都是物。他又说：一草一木都应该研究。就是近代科学的研究范围也不过如此。

程子、朱子说的格物方法，也很可注意。他们教人：今日格一物，明日又格一物；今日穷一理，明日又穷一理。只要积累多了，自然有豁然贯通的日子。

程子、朱子确是有了科学的目标、范围、方法。何以他们不能建立中国的科学时代呢？

他们失败的大原因，是因为中国的学者向来就没有动手动脚去玩弄自然界实物的遗风。程子的大哥程颢就曾说过'玩物丧志'的话。他们说要'即物穷理'，其实他们都是长袍大袖的士大夫，从不肯去亲近实物。他们至多能做一点表面的观察和思考，不肯用全副精力去研究自然界的实物。

久而久之，他们也觉得'物'的范围太广泛了，没有法子应付。所以程子首先把'物'的范围缩小到三项：（一）读书穷理，（二）尚论古人，（三）应事接物。后来程朱一派都依着这三项的小范围，把那'凡天下之物'的大范围完全丢了。范围越缩越小，后来竟从'读书穷理'更缩到'居敬穷理''静坐穷理'，离科学的境界更远了。

明朝有个理学家王阳明（王守仁），他曾讥笑程子、朱子的格物方法。他说：'即物穷理是走不通的路。我们曾实地试验过来。有一天，一位姓钱的朋友想实行格物，我叫他去格庭前的竹子。钱先生坐在竹子边，格了三天三夜，格不出道理来。我就自己去试试，一连格了七天，也格不出道理。我们只好叹口气，说，圣贤是做不成的了，因为我们没有那么大的精力去格物！'

王阳明这段话最可以表示中国的士大夫从来没有研究自然的风气，从来没有实验科学的方法，所以虽然有'格物致知'的理想，终不能实行'即物穷理'，终不能建立科学。

17世纪以后的'朴学'（又叫做'汉学'），用精密的方法去研究训诂音韵，去校勘古书。他们做学问的方法是科学的，他们的'实事求是'的精神也是科学的。但他们的范围还跳不出'读书穷理'的小范围，还没有做到那'即物穷理'的科学大范围。

所以我们中国人的科学遗产只有两件：一是程子、朱子提出的'即物穷理'的科学目标，一是三百年来朴学家实行的'实事求是'的科学精神与方法。

我们现在和将来的努力，要把这两项遗产打成一片：要用那朴学家'实事求是'的精神与方法来实行理学家'即物穷理'的理想。"

邹枋的《朱熹的救荒论与经界论》发表于《建国月刊》第10卷第1期。

该文分为：上"救荒论"，中"经界论"，下"简单的批评"；阐述了朱熹在为政实践中所形成的救荒方法，包括先行检放、毋得科仰、推赏献米、蠲减税钱、拨充军粮、赏罚官吏等，同时还阐述了朱熹对经界的重视以及他所提出的在经界整理中应当注意的诸多事项。

3月，杨大膺著《中国思想》由世界书局出版。该书的第五章"中国几个大思想家及其思想"第十节"朱子思想"。

该节分为：一、"朱子的略历及其著述"，二、"朱子思想的来源"，三、"朱子的宇宙论",四、"朱子的性论",五、"朱子的仁论",六、"朱子的修养论",七、"朱子的方法"。

4月,金云铭的《朱子著述考》发表于福建协和大学的《福建文化》第2卷第16期。

该文分为：1."朱子撰著之书"(35部);2."朱子编次之书"(16部);3."朱子注释之书"(5部);4."朱子校刊之书"(12部);5."朱子著述经后人代为编次而成者"(61部)。述及朱子著述近130部。

柯敦伯著《宋文学史》由商务印书馆出版。该书第二章"宋之散体文"第七节"道学派与功利派",第四章"宋之诗"第九节"南渡后别派诗人——朱熹、姜夔等",包含了对朱熹的文学作品的评述。

该节指出："周(敦颐)、邵(雍)、张(载)、程(二程)、朱(熹)、陆(九渊)诸人之文,其说理精辟,有从容闲暇之象,以平实坦易为主,以言返朴还淳,或又非普通文士所能几及。"认为道学家之文章"折衷于经术",返雕琢为淳朴,有文体复古之趣味,非一般文人所及。该书还引黄震《日抄》所言"朱子为文,其天才卓绝,学力闳肆,落笔成章,殆于天造"以及刘熙载所言"朱子之文,表里莹彻",对朱熹之文章以高度评价。

5月,吴博民著《中国人文思想概观》由长城书局出版。该书的第三篇"近世的人文思想"第一章"宋明的人文思想"五"朱熹"。

该节分为："略传""著述""思想概要",又分为(甲)"性论",(乙)"修养法"。

6月,姚廷杰的《朱学钩玄》发表于苏州国学会的《国学论衡》第3期。

该文分为：一、"居敬",二、"穷理",三、"朱学之渊源",四、"朱学之归宿",五、"朱学与陆王学",六、"朱学与颜李学",七、"朱学与汉学"。

该文认为,朱学的优点在于："一下艰苦工夫""二立广大规模""三持公平态度""四有科学精神""五具经纶手段",并指出："周秦以来,儒者富有科学精神,首推朱子。……其观察自然现象,亦多精确。""朱子生当七百年前科学尚未萌芽时代,而所见已颇类近世科学家,其眼光之远到为何如？使元明诸儒能继续光大,则科学之兴,早在吾国矣。"

王治心著《中国学术体系》由福建协和大学出版。该书的第六章"理学时代"第二节"理学的派别"戊"朱子学说与影响",己"象山与朱子的异点"。

"象山与朱子的异点"："朱重学问思辨,陆尚简易直捷;朱学在即物穷理,陆学言'心即理';朱学重经验,陆学重直觉;朱学重归纳,陆学重演绎。"

8月,余工心的《朱陆学派》发表于国民党的《中央日报》,8月18日。

冯友兰著《中国哲学史》由商务印书馆出版。该书的第二编"经学时代"

第十三章"朱子",第十四章"陆象山、王阳明及明代之心学"(三)"朱陆异同",(六)"王阳明"(3)"朱王异同"。

"朱子"章分为:(一)"理、太极",(二)"气",(三)"天地人物之生成",(四)"人物之性",(五)"道德及修养之方",(六)"政治哲学",(七)"对于佛家之评论"。

该章指出:"就朱子之系统言,一理必在其个体事例之先,盖若无此理,即不必有此个体事例也。至于理与普通的气为有之先后,则须自两方面言之:盖依事实言,则有理即有气,所谓'动静无端,阴阳无始';若就逻辑言,则'须说先有是理'。盖理为超时空而不变者,气则为在时空而变化者。就此点言,必'须说先有是理'。""朱子所说格物,实为修养方法,其目的在于明吾心之全体大用。即陆、王一派之道学家批评朱子此说,亦视之为一修养方法而批评之。若以此为朱子之科学精神,以为此乃专为求知识者,则诬朱子矣。"

"朱陆异同"节指出:"朱陆之不同,实非只其为学或修养方法之不同;二人之哲学,根本上实有差异之处。此差异于二程之哲学中即已有之。伊川一派之学说,至朱子而得到完全的发展。明道一派之学说,则至象山、慈湖而得到相当的发展。若以一二语以表示此二派差异之所在,则可谓朱子一派之学为理学,而象山一派之学则心学也。……朱子言性即理。象山言心即理。此一言虽只一字之不同,而实代表二人哲学之重要的差异。"

"朱王异同"节指出:"依朱子之系统,只能言性即理,不能言心即理。……依朱子之系统,理之离心而独存,虽无此事实,而却有此可能。依阳明之系统,则在事实上与逻辑上,无心即无理。此点实理学与心学之根本不同也。"

9月,蒋梅笙著《国学入门》由正中书局出版。该书的第八章"宋明理学"第七节"朱子"包括:(1)"理气";(2)"性说";(3)"居敬穷理"。

12月,龚书辉的《朱子攻击〈毛诗序〉的检讨》发表于厦门大学的《厦大周刊》第14卷第11、12期。

该文一方面,对朱子敢于攻击《诗序》的怀疑精神给予了肯定,指出:"朱子治《诗》的态度是很对的,他的攻击《毛序》的精神也是很可佩服的,虽然还免不了'佞序'的讥骂。"另一方面,又对朱子《诗集传》袭用《诗序》解《诗》进行了批评,指出:"在我们想来,朱子对于《毛序》既是攻击得这么厉害,应该是不会再依傍《序》来说《诗》,不会再受到它的束缚才对,可是呈现在我们面前的事实同我们的期望正是截然相反,他不但不能把《序》丢到脑后,而是死缠着《序》说不甘放弃;这充分的表明他对于自己的主张的游移与不彻底。"

该文最后指出:"朱子说《诗》,常是玲珑可喜,但往往是知而不行,胆量太小，有所顾忌，这是他的缺点。但是他在千余年前那种旧道统君临着思想界的时候，竟然有着《毛序》脱离《诗经》、凭一己的见解说《诗》的这种思想，终究是很可佩服的！"

胡毓寰的《〈孟子〉注释之三部名作的批评》发表于《申报月刊》第3卷第12号、（1935年1月）第4卷第1号。

该文对后汉赵岐《孟子章句》、朱熹《孟子集注》和清焦循《孟子正义》作了阐述和比较，指出了各自的优缺点。

1935年（民国二十四年，乙亥）

1月，蒋维乔、杨大膺著《中国哲学史纲要》（下卷）由中华书局出版。该书的第一章"理性主义派哲学"论及朱子哲学。

陶希圣著《中国政治思想史》（第四册）由新生命书局出版。该书的第三编"王权时代"第五章"社会矛盾与民族思想的冲突"第二节"政权安定后的政治思想"一、"朱熹与陆九渊"，二、"朱熹的君权天理说"。

"朱熹的君权天理说"节分为：一、"理"，二、"性即理"，三、"气的差别性"，四、"理、心、仁"，五、"理性与人伦"，六、"君权与教权"，七、"德与刑"，八、"家族组织与政治组织"，九、"集权与分权"，十、"田制与税制"，十一、"学校与贡举"，十二、"和议与恢复"。

李兆民的《洛学道南系的渊源》发表于福建协和大学的《福建文化》第3卷第17期。

该文具体探讨了作为福建理学重要组成部分的道南系的思想渊源，认为杨时继承程颢、程颐之学而于福建开创道南系之先河，继而传罗从彦、李侗、朱熹，"这是宋朝以来福建文化的大本营"。

2月，李石岑著《中国哲学十讲》由世界书局出版。该书的第八讲"（一）什么是理学"，（二）"晦庵思想体系的概说"，（三）"晦庵思想的批判"。

"晦庵思想体系的概说"节指出："朱晦庵是宋代哲学一个集大成的人。他是继承周、张、二程的思想的，尤其是受程伊川的影响最大，他提出一个'理'字说明他的全部哲学。他虽提到心性情欲，与乎心性的关系，却是特别尊重'心'和'理'的合一。其次，便是说明'性'与'理'的关系。他虽提出天地之性和气质之性的分别，但他主张天地之性是理，气质之性是理与气杂，于是又认'性'和'理'的合一。他对于修养方面，则提出居敬穷理四字。居敬是涵养的工夫，属于内的方面；穷理是致知的工夫，属于外的方面。所谓居敬，所谓穷理，实际上都指理而言。这样看来，我们可以把晦庵全部的思想，叫做'理一元论'。"该节分为：第一，"心即理说"；第二，"性即理说"；第三，"修养的方法"。

"晦庵思想的批判"节指出："晦庵的思想是融合儒、道、释三家思想而成的，又为周、张、二程诸人思想之集大成者，在中国思想界确实是个有数的人物。……平心地说，他一生做学问的坚苦牢固的精神是可以敬佩的，他所讲的格物，本着程伊川的精神，'今日格一件，明日又格一件'，这对于中国尊重知识、尊重考证的学派也是影响很大的。除了这些，我们就只看见他拼一生的心血以加强中国社会的封建意识，以增多无知民众的固定观念，以厚植维护宗法的儒家势力。""晦庵谈理，建立一种理学，结果，对于封建社会统治阶级的效用大，而对于被统治阶级的帮助却是极微极微。"

3月，黄源澄的《朱子在籍在官之救荒概略及其评议》发表于无锡国学专修学校的《国专月刊》第 1 卷第 1 号。

该文分为：（甲）"创立五夫里社仓概略"，（乙）"知南康军之大修荒之概略"；旨在通过阐述朱子创立五夫里社仓以及知南康军所制定的荒政与措施，以说明朱子不仅集宋学之大成，而且还有具体的救荒思想以及经世之略和拯民之伟绩。该文还认为，朱子救荒在于"诚心为民"，因而能够"既殚精劝令富室出米赈济，又奏札乞米、乞钱、乞放免赋税、倚阁赋税而不已"。

雪薇的《朱熹教育思想》发表于中央大学的《校风》第 240 期、（4 月）第 241 期。

该文分为：Ⅰ "绪言"：一、"朱熹传略"，二、"朱熹在中国学术界的地位"；Ⅱ "哲学"：一、"本体论"，二、"人性论"，三、"心论"，四、"理想论"；Ⅲ "教育思想"：一、"教育目的"，二、"教育方法"，三、"教育课程"，四、"对于当时教育制度的意见"；Ⅳ "结论"。

5月，白寿彝的《从政及讲学中的朱熹》发表于《国立北平研究院院务汇报》第 6 卷第 3 期。

该文分上、下两篇。上篇"从政中的朱熹"分为：第一节"总论"，第二节"同安县主簿"，第三节"壬午封事与癸未奏札"，第四节"知南康军"，第五节"提举两浙东路常平茶盐公事"，第六节"戊申奏札与戊申封事"，第七节"知漳州"，第八节"知潭州"，第九节"焕章阁待制兼侍讲"，第十节"从政治中所见的朱熹"，指出："综观朱熹仕宦的历史，他登第五十年，外仕凡九考，立朝仅只四十天。依上所述：熹对于当时民生的凋敝、军政之紊乱、财赋之困窘、朝野当局之自私舞弊，都有明白的认识。这可见他对于当时政治情形的熟悉。熹对于当时所见到的各种政治上的困难都有一种具体的办法说出来，而这些办法又都不是浮浅的办法，而是谋根本的解决。这可见他对于当时的政治是有具体的见解的。

熹历仕外郡，都有治绩。他于教育与民生两大事，尤能处理得井井有条。这可见他在政治上是有干才的。熹于关于国家大政不管听者是否承受，总一再言之。国家兴一利、举一弊，一如身受。这可见他有政治上的兴趣。以有政治兴趣的朱熹，同时熟悉政治情形，抱有政治上的具体见解，具有政治上的干才，说是一个政治家，真不能算有什么惭愧了。但朱熹对于政治，有一个最基本的见解，就是：治国平天下，须先从正心诚意起。他对于当时政治情形的批评，对于当时政治所主张的办法，以及他自己在政治上的设施，实都从正心诚意为起点。心怎样能正？意怎样能诚？他的回答是：要格物致知。格物致知以及正心诚意的根本问题，都是哲学的范围内的问题。熹关于政治的一切言行，显然以他的哲学思想为根本出发点。若就朱熹对于政治之出发点说，他实在只是一个哲学家。他关于政治的一切，不过他的哲学思想底表现之一端。"

下篇"讲学中的朱熹"分为：第一节"总论"，第二节"在同安"，第三节"在南康"，第四节"在漳州和潭州"，第五节"在玉山"，第六节"在沧州精舍"，第七节"《语类》中所收的讲学材料"，第八节"在讲学中所表现的朱熹"，指出："朱熹讲学的重心……即：讲明义理以修其身，然后推己及人。在很多的时候，熹常常表示明理与修身并重，表示明理不过是修身的一种工具。但身究竟要如何修，却要讲明义理去决定它。这就是说，要给予伦理的行为一个哲学的基础。这样，明理便占据了根本的统治的地位。所以朱熹在讲学中，虽常以修身与明理对比，而实际上，熹谈理的地方总比讲修身的地方多。而在《语类》里讲理的话和讲修身的话成九与一之比，是一件极自然的事情。我们合观朱熹从政及讲学中的言行，处处感觉其哲学的意味之浓厚。我们可说：从政与讲学中所表现之朱熹乃一哲学家风味之政治家及教育家。"

张君劢的《理学对于中华民族之功罪》发表于香港宇宙旬刊社的《宇宙》第2卷第1期。

该文认为，理学之效用有：（一）"理学非宗教而有宗教效用"，（二）"理学能提高各人人格"，（三）"理学能存养身心"，（四）"理学能培养民族道德"。该文指出："此四者，理学之效用，有益于个人与国家也如此，奈何世之学者，以其不类于欧洲之所谓科学哲学而排之，又误似其重内心而轻物质之故而排之，真可谓舍本逐末矣。"

姜忠奎的《〈中庸〉郑朱会笺》发表于广州民德社的《新民月刊》第1卷第1期、（6月）第2期。

该文将郑玄和朱熹对《中庸》的注释一一做出比对，并加按语以说明。

唐文治著《性理救世书》付印。分为三卷："求心大本第一""学派大同第二""读书大路第三"。其中"求心大本第一"包括《论理气之分合》《论理欲之辨别》《论性情与心之辨别》论及朱子理气论、理欲论和心性论;"学派大同第二"包括《朱子学为今时救世之本论》《朱子、陆子学派异同论》等。

《朱子学为今时救世之本论》指出:"仲尼祖述尧、舜,宪章文、武;朱子则祖述孔、孟,师法周、程,一脉相承,为人心、民命之所依赖。欲救今日之世界,当自尊孔读经始;而尊孔读经,当自学朱子之学始。"

《朱子、陆子学派异同论》指出:"朱陆异同,自元明以来,纷纭聚讼。以文治所见,无有如二先生之广大、精微者。盖深合《中庸》'道并行而不相悖'之旨,可谓会归有极矣。……后儒当知,卫道救世之功,两贤正复相合,乌可分门户于其间哉?"

牟宗三著《从周易方面研究中国之元学及道德哲学》由天津大公报馆出版。该书的Ⅱ"晋宋的佛老影响下之易学"有C"朱子的易观",从朱子的易学入手,系统阐述朱子的理气论。

6月,高名凯的《朱子论理气》发表于天津正风社的《正风半月刊》第1卷第11期至第12期。

该文指出:"朱子一方面注重有一个离不开气的理,一方面他又认为有一个先在的理,这个先在的理就是可能性。……他所谓在先之理乃是逻辑上的在先,非时间上的在先。……总之,在逻辑上,我们须先假定有理,有可能性,然后有气,但在时间上,理与气是合一的,无先后之可言。"

郑景贤的《读朱氏〈大学章句〉发疑》发表于厦门大学的《厦大周刊》第14卷第29期。

该文既认为《大学》"致知""格物"之理,即"所谓唯物论之世界观","朱氏真实解故,而所以自命一家,实唯物论之先导者",又认为朱熹《大学章句》的某些分章"有失统纪",或"段落不明,似难晓喻"。

张君劢的《理学之系统结构之第一步》发表于广州民德社的《新民月刊》第1卷第2期。该文对朱子格物说多有分析。

王伯祥、周振甫著《中国学术思想演进史》由亚细书局出版。该书的第六章"宋明理学"论及朱子学。

孙远的《朱学检讨》发表于苏州国学会的《国学论衡》第5下期、(12月)第6期。

该文分为:一、"朱子事迹及其所著书",二、"朱子之宇宙论",三、"朱子之心理论",四、"朱子之修为论",五、"结论",六、"补言"。

7月,张荫麟的《评冯友兰著〈中国哲学史〉下卷》发表于清华大学的《清华学报》第10卷第3期。该文对冯友兰《中国哲学史》(下卷)有关朱陆异同等论述提出质疑。文后附冯友兰的回应。

该文指出:"关于朱陆的异同,冯先生的认识自然比过去任何讲宋学的人为深刻,但似乎还有未尽之处。我的问题如下:在修养方法上朱子注重'道问学',象山却不注重此,而侧重内心的自知,这是一般人所知道朱陆表面的差别。冯先生指出来朱陆哲学上的重要差异在:朱子言性即理,象山言心即理。但从这个差异如何推演出他们修养方法上的差异。这一点似乎在冯先生看来没有什么问题,其实颇有问题。"

冯友兰回应说:"朱子之实在论,只能以为吾心中具有万物之理,而不能以为吾心中具有万物。而象山之唯心论,则正以为吾心中具有万物,所谓'宇宙便是吾心,吾心便是宇宙'。此点至阳明更加明显。吾心中既已具有理及万物,故一切反求诸心即可。至朱子则虽以为吾人心中已具有万物之理,而万物却不在吾人心中;故须'格'外界之'物'之理,以与吾心中所有者相印证。'用力之久',而后确悟万物之理,实已具于吾心,此即所谓'而一旦豁然贯通'者也。由此言之,则自朱子言性即理,象山言心即理之不同,可推演出二人所说修养方法之差异。"

白寿彝的《朱子语录诸家汇辑·叙目》发表于《国立北平研究院院务汇报》第 6 卷第 4 期。

该文为白寿彝所编《朱子语录诸家汇辑》之叙目,阐述了编撰《朱子语录诸家汇辑》的缘由,考察了各种版本的朱子《语录》《语类》以及黎靖德《朱子语类》的形成过程,并分析了黎靖德《朱子语类》的不足之处:第一,"靖德底编辑法并不见得怎样精密";第二,"靖德《语类》中所收的材料,也并不很完备"。

《朱子语录诸家汇辑》"以记录者为主,将各家纪录分别归于各家,不另以己意别立名目",共收 114 家,分为 148 卷。

饶思诚的《师表四代之乡贤朱子》发表于《江西图书馆馆刊》第 2 期。

该文除"略传"外,主要阐述"学说",分为:(甲)"新儒学之缘起与朱子学说之渊源";(乙)"学说中重要名词之解释",又分为(子)"理、太极(形而上者),气、质(形而下者)",(丑)"(1)天地人物,(2)鬼神,(3)一体万殊",(寅)"天命与性",(卯)"心与性与情",(辰)"善与恶,天理与人欲";(丙)"学说之体系",又分为(子)"一体",(丑)"万殊",(寅)"格物致知";(丁)"结论"。

8 月,高名凯的《朱子论心》发表于天津正风社的《正风半月刊》第 1 卷第 16 期至(9 月)第 18 期。

该文指出:"尝见谢无量先生作有《朱子学派》一书,认为朱子的形而上学是理气二元论,这实在是一种错误的见解。朱子的学说虽然重理气的两方面的解释,但是他的学说并非二元论,而是一元论,或绝对一元论。因为朱子的理和气只是一个东西的两方面,而朱子所注重的却是一个一个的现实的事物。所以朱子的理是离不开气,而朱子的气又是离不开理。朱子的理和气是合一的。朱子以为任何一个东西都是理气的结合,可知理气并不是两个'元',而理气的结合才是'元'。""朱子的性即是他所说的理,朱子的情就是他所说的气。在个体方面说,人有性、有情。在整个宇宙说,宇宙有理、有气。宇宙有'心',这'心'就是主宰宇宙的东西,宇宙之所以能运行,宇宙间理气之所以能结合都是因为有'心'。这'心'也可以说就是整个的宇宙本身。'心'就是能够使性(理)与情(气)结合的主动力。""他不但认人有心,即其他一切万物也有心。一切自然界中的任何东西都有心。这样说起来,朱子的心并不是在万物以外的具体的实有,朱子的心并不仅指有意识的心,却是非常明白的道理。人的心不外是宇宙之心的一个部分,万物之心也是宇宙之心的部分。既都是同一的绝对心的部分,可知人的心与一切万物的心是连接的。"

10月,严群的《朱子论理气太极》发表于广州民德社的《新民月刊》第1卷第6期。

该文分为:第一节"理气",又分为(一)"理的性质",(二)"气的性质",(三)"理与气之分别",(四)"理与气之关系",(五)"理与气之先后",(六)"气与数";第二节"太极",又分为(一)"太极的定义",(二)"太极无极",(三)"太极与中",(四)"万物各具一太极",(五)"太极与动静",(六)"太极与阴阳";第三节"论评",又分为(一)"关于理(合太极而言)气进一步的解释",(二)"朱子的理气与柏拉图的意典质素",(三)"关于理(合太极而言)气的批评",四"关于理(合太极而言)气与万物之关系上的批评"。

该文指出:"理气之说是朱子形上学的磐石,彻底说,也是他全部学说的磐石。……他全部学说的目标,在于替伦理学找形上学的根据,因此,他的伦理学建筑在他的形上学之上,那么,他的形上学上理气之说当然成了他的伦理学的磐石。"

附:严群的《朱子论阴阳五行》,分为:第一节"阴阳",又分为一、"阴阳的来源",二、"阴阳的的性质",三、"阴阳与善恶";第二节"五行",又分为一、"五行的由来",二、"五行与万物的生成"。[①]

熊十力著《十力论学语辑略》由北京出版社印刷、发行[②],其中有多篇论及朱子学。

[①] 严群:《古希腊哲学探研及其他》,商务印书馆2011年版,第487~495页。
[②] 熊十力:《十力论学语辑略》,载于《熊十力全集》第二卷,湖北教育出版社2001年版,第219~220页。

《与友人》一文论及朱子对《大学》"致知在格物"的注释，指出："朱子训'格'，不知取量度义，而以穷至言之，于字义固失，然即物穷理之意，犹守大义。陆王议其支离，此乃错误。如不能致得良知，而言即物穷理，是徒事知识，而失却本智（本智即谓良知。），谓之支离可也。今既言致知，则大本已立，何支离之有？……《大学》八条目，其关键却在致知格物，若详细发挥，义极深广。程朱诸大师，特从《札记》中出之，以为其建设新儒学底根本典籍，而格致之说，尤为攻击释道二家思想底基本观念。直至近世，西洋科学思想输入，其初皆译为格致学，是又为西洋思想开其端。《大学》在中国哲学思想界价值甚大。"

纪国宣的《宋儒疑古略考》发表于北平师范大学的《师大月刊》第22期。

该文有"朱熹"一节，讨论了朱熹的《易本义》《易学启蒙》《诗集传》《诗序辨说》《仪礼经传通解》《孝经刊误》等著作中的疑古思想。

冯友兰的《新对话（四）——朱熹与陈同甫在哲学年会中之对话》发表于《晨报·思辨》第19期，10月25日。

11月，章衣萍著《朱子》作为"中国名人故事丛书"之一，由上海儿童书局出版。

该书分为：一、"朱子的小传"，二、"朱子的学术思想"，三、"朱子的学术批评"，四、"朱子的读书方法"，五、"朱子学派"。

12月，容肇祖的《记正德本〈朱子实纪〉并说〈朱子年谱〉的本子》发表于燕京大学的《燕京学报》第18期。

该文对戴铣《朱子实纪》中的朱子年谱以及其他各种《朱子年谱》作了考证和比较分析。分为：一、"序说"，二、"《朱子实纪·后序》所记戴铣的卒年足证《明史·本传》之疏"，三、"《朱子实纪》刻成的年期及续附入的材料"，四、"《朱子实纪》的内容及其年谱的要例"，五、"《朱子实纪》中年谱的渊源"，六、"陈建《学蔀通辨》所引《朱子年谱》与《实纪》中年谱的异同"，七、"几种徽刻本的《朱子年谱》"，八、"《四库全书总目提要》论朱世润本《朱子年谱》之误"，九、"《朱子实纪》中违碍清代之语"，十、"我所见的《朱子年谱》的一类书"。包括三个部分：第一，对戴铣《朱子实纪》以及其中朱子年谱作了考察；第二，就陈建《学蔀通辨》所引《朱子年谱》与《朱子实纪》中的年谱作了比较；第三，对各种《朱子年谱》作了考证和比较分析。最后附《朱子年谱》本子源流表。

（日）宇野哲人著、王璧如译《中国哲学概论》由正中书局出版。该书的"后篇"第一章"宇宙论"第六节"程朱的宇宙观"，第二章"伦理说"第五节"修养法"六"程朱的修养法"。

（日）武内义雄著、魏守谟译《宋学之由来及其特殊性》（续）发表于《国光杂志》第 12 期，其中阐述了朱子的宇宙观、性说、实践道德说。

翁国梁的《漳州史迹》发表于福建协和大学的《福建文化》第 3 卷第 20 期。其中载有朱熹知漳州期间的遗迹以及所流传的故事。

1936 年（民国二十五年，丙子）

1 月，牟宗三的《朱王对话——向外求理与向内求理》[1]发表于《民国日报·哲学周刊》第 18 期，1 月 1 日。

在此对话中，朱熹针对王阳明斥"即物而穷其理"为"析心与理为二"展开论辩。

朱：……我所谓"即物穷理"并不是如科学家之用归纳法焉，我只是藉事物之感发而事事警惕，时时注意而已。所以我的结果是无不至当的一旦豁然贯通之理，而不是归纳法得的概然之理。所以我也不是科学家。我以为"致良知"或"穷理"，在中国的系统之下，只有这种讲法始得其解。我是注意于事物方面，所以说"即物穷理"，何尝忘了心？若无心，如何能警惕于事物？你是注意于心方面，所以说致"吾心之良知"，其实致良知是离不了事物的。离了事物，如何施其警惕？如何能至"至当"之良知？这可见你是心、理为一，我也未曾心、理为二。你说你格竹子格病了，那是你以科学之理看我了。你道学家以为病，但科学家不以为病。可惜我不是科学家。但"即物穷理"这个命题却范围广得多了。

王：你这一段话很清楚，我承认我对于你有相当的固蔽。但你的"即物穷理"有多少涵义呢？

朱：我的"即物穷理"有三个涵义：（一）科学家可以应用；（二）我们道学家可以应用；（三）理是普遍的存在，在科学家为物理，在道学家为伦理。科学家因"即物穷理"而得概然之自然律；道学家因"即物穷理"而时时警惕以归于至当。我站在道学家的立场，我何曾"以吾之良知为未足，而必外求于天下之广，以裨增补益之"？我之所以道问学以求天下之广，乃实是在事物上时时警惕，以归于至当，发而中节而已。人岂可离事物而言警惕乎？

王：自是不可。

何格恩的《程朱学派之知行学说》发表于《民族》第 4 卷第 1 期。

该文分为：一、"绪言"，二、"二程之知行学说"，三、"张栻之知行学说"，

---

[1] 牟宗三：《朱王对话——向外求理与向内求理》，载于《牟宗三先生全集（25）·牟宗三先生早期文集（上）》，联经出版事业公司 2003 年版，第 523 页。

四、"朱熹之知行学说"，五、"结论"。

陈安仁著《中国近世文化史》由商务印书馆出版，其中第一章"宋代的文化"第十六节"宋代之理学"论及朱子学。

该书指出："朱子的宇宙论，根本于濂溪与伊川，以太极为宇宙本体，而分为理气二物，故朱子之纯正哲学，可说是二元论，所说的理，等于濂溪所说的太极；所说的气，等于濂溪所说的阴阳两仪。"关于朱陆异同，该书指出："他们之区别，是名词的歧异，而主张唯心之论则同；是为学或修养方法的歧异，而主张明心见性则同。他们虽共同主张唯心，但朱学平实，主保守，注重现在的秩序，过于未来的希望；陆九渊以周敦颐、程颢为师承，偏重于培养德性一方面。朱学重学问思辨，陆学重简易直截；朱学在即物穷理，陆学言心即理；朱学重经验，陆学主直觉；朱学重归纳，陆学重演绎，此二派不同之点。"

贺麟的《宋儒的思想方法》发表于《东方杂志》第33卷第2号。

该文指出："本文的主旨即在于消极方面指出宋儒的思想方法不是科学方法；积极方面指出宋儒，不论朱陆两派，其思想方法均依我们所了解的直觉法。换言之，陆王所谓致知或致良知，程朱所谓格物穷理，皆不是科学方法，而乃是探求他们所谓心学或性理学亦即我们所谓哲学或形而上学的直觉法。""陆象山的直觉法注重向内反省以回复自己的本心，发现自己的真我。朱子的直觉法则注重向外体认物性，读书穷理。但根据宋儒所公认的'物我一理，才明彼，即晓此，合内外之道也'一原则，则用理智的同情向外穷究钻研，正所以了解自己的本性；同样，向内反省，回复本心，亦正所以了解物理。其结果亦归于达到心与理一，个人与宇宙合一的神契境界，则两者可谓殊途同归。""谓朱子的格物非科学方法，自是确论。但谓朱子的格物全非科学精神，亦未免有诬朱子，盖以朱子之虚心穷理，无书不读，无物不格的爱智精神，实为科学的精神也。……依我的说法，朱子的格物，既非探求自然知识的科学方法（如实验方法、数学方法等），亦非与主静主敬同其作用的修养方法，而乃是寻求哲学或性理学知识的直觉方法，亦称体验或体认的方法。直觉方法乃是寻求哲学知识的主要方法，虽非科学方法，但并不违反科学、违反理智，且有时科学家亦偶尔一用直觉方法，而用直觉方法的哲学家，偶尔亦可发现自然的科学知识。朱子之所以能根据他的格物穷理的直觉方法以建立他的理学系统，并附带于考据之学有贡献，且获得一些零碎的天文地理律历方面的知识——对与不对，姑不具论——即是这个原因。"

2月，朱质璋的《〈朱子概要〉叙言》发表于万国道德总会的《道德半月刊》第3卷第4期。

3月，白寿彝的《朱熹对于易学的贡献》发表于《晨报·思辨》第31期，3月16日。

该文说："朱熹对于《易》的根本看法，是认《易》为一部卜筮书。……其次，朱熹把伏羲、文王、周公、孔子之《易》分开，认为它们并不完全相同。"并且明确指出："朱熹对于《易》的这两个看法，是《易》学史上的大贡献。"

4月，白寿彝的《朱〈易〉散记》发表于《晨报·思辨》第34期，4月16日。

该文分为：一、"坊刻本《本义》前的序"，二、"《古易音训》和《著卦考误》"，三、"《易传》校本"，四、"《易传节要》"，五、"《损益象说》"，六、"《易图》的本子问题"。

白寿彝的《〈周易本义〉考》发表于《史学集刊》第1期。

该文分为：第一，"《周易本义》底基本观念"；第二，"《周易本义》著作始末"；第三，"《周易本义》底版本"；第四，"《周易本义》卷首的《易图》和《序例》"，附"《易学启蒙》考"。

该文认为，朱熹《周易本义》有两个基本观念："一个观念，是认伏羲底《卦》，文王、周公底《卦爻辞》，和孔子底《十翼》，相互间的内容并不一致"；"另外的一个观念，是认《易》为一部卜筮书。伏羲、文王、周公、孔子底《易》，虽各有不同，但在以卜筮为主之一点上，却是相同的"。

姚廷杰的《朱王戴三家学术概论》发表于苏州国学会的《国学论衡》第7期。

该文分为：一、"导言"；二、"朱王戴三家哲学之概观"，又分为（甲）"朱熹"，（乙）"王守仁"，（丙）"戴震"；三、"结论"，又分为（一）"三家学说之比较"，（二）"三家学说在今日所占地位"。

蒋维乔、杨大膺著《宋明理学纲要》由中华书局出版。该书论及朱子哲学。

该书指出："就其总体来说，心就是性。就其实质来说，性就是心。两者也是一而二，二而一的。所以理学家为解释的便利，或立说的便利，有时说心即理，有时说性即理。这样说法，并没有什么差异。但后来一班人，因为没有从心性理三者内容去研究，就误以为陆、王多说心即理，是唯心派。程、朱多说性即理，是唯理派。其实他们的思想都是一般的。虽然陆王多说些关于心的话，好像是唯心论者，然他们的哲学思想，绝对和西洋的唯心论，以及印度佛家的思想不相同。因为唯心论以及佛家的思想，是绝对不承认外界有什么东西独立存在的。至于理学家说心，不过说心外万物的理，存在人们心中，并没有说心外的万物，也是人们心造的。所以这派人物是承认心外有物有理独立存在的。"

陈青之著《中国教育史》由商务印书馆出版。该书的第二十五章"南宋教育家及其学说"第四节"朱晦庵"，第八节"朱门弟子"。

"朱晦庵"节指出："在中国学术史上，有三个伟大人物：孔子集唐、虞三代以来的学术之大成，郑康成集汉学之大成，朱晦庵又集宋学之大成，但其影响于教育思想上面的，除了孔子外，朱氏较郑氏更为伟大。……朱子底学说支配社会的思想历元、明、清三朝，六百余年而不衰，这算孔子以后孙中山以前的第一人。不但他底学术思想在教育史上立了崇高的地位，而他底研究的精神、训导的方法、综合的头脑、践履笃实的人格、强立不屈的意志，处处足以启发后世，为后世所取法。"

该节分为：一、"朱子与宋学"；二、"生活小史"；三、"教育生活"，又分为（1）"同安主簿时代"，（2）"知南康军时代"，（3）"知漳州时代"，（4）"知潭州时代"，（5）"焕章阁侍讲时代"；四、"心理说"，又分为（1）"心是什么"，（2）"性是什么"，（3）"心与性之关系"，（4）"心与其它精神现象之关系"；五、"完人主义的教育论"；六、"规范的训练主义"；七、"下学工夫的学习法"；八、"敬的修养主义"。指出："朱子的教育目的，不是要造成一个忠臣孝子，而是要造成一个完人。完人之意即在能'明万事而奉天职'。所谓万事，即社会上的一切人事：大则君臣、父子、兄弟、夫妇、朋友之际的关系，小则视听、言动、周旋、食息等动作。所谓天职，凡上面所举的一切事情皆是吾人分内所应当做的。万事明了，天职奉了，则可以成为完人。……做到完人即可以至于圣人，而教育目的就达到了。"

该节对朱子的为学之方也作了概括："第一，要收拾放心，把心放在腔子里面，则头脑清明，注意集中，然后可以着手穷理。第二，要广集材料，使天下事物无一不在我所穷究的范围之中，即研究时要作一远大的计划，兼收并蓄，不可囿于一方，所谓'萃百工然后观化工之神，聚众材然后知作室之用'。第三，要脚踏实地，从一件一件逐渐理会，今日格一物，明日格一物，日久自然融会贯通。第四，还要放开眼界，从大处用力，即须找得一类事物的要点，用切实工夫努力一番，得着一个规模了再来仔细修改。第五，更要多方证验，看能否通达可靠。所谓多方证验，即是：把自己所已见到的一个道理，拿事实来证明，看合不合；如果合了，再设身体贴一番，看合不合；如果合了，再与其他道理来参证，看合不合；如果完全合了，则此时所见到的这个道理，才算确切可靠。"并且认为，朱子为学最要紧的还有三点：（1）为学须要放开胸次，从大处着力；（2）读书须如酷吏用法，要深刻，要缜密，不留丝毫人情，铢较寸度，千盘百诘，攻得它体无完肤了，方罢休；（3）每学一件事情，须用一番苦工，下全幅精神拼命作去，要使"群疑并兴，寝馈俱废"。总结一句："'小立课程，大做工夫'，才是求学之道。换一句话说，吾人为学，要从高处落脉，低处下手，即是应当立定远大的计画，从近处脚踏实地做起。"

"朱门弟子"节分为：一、"蔡西山"，二、"蔡九峰"，三、"陈北溪"，四、"黄勉斋"。

钱基博著《经学通志》由中华书局出版。该书"诗志第四"论及朱熹《诗经》学。

5月，王敬之的《关于朱子哲学的几点意见》发表于北京大学的《北大周刊》第1卷第1期。

该文指出："距今八百余年的朱子，我们当无不能期望他会具有现代人的哲学思想。朱子是宋代第一流的思想家、学术家，在中国的思想与学术的发展过程上，他是一块重要的里程碑。在他的时代中，他是成功的了；他个人生命中自然有其伟大处与灿烂处。……这是给现代一些没有把握着生命的意义，只为名为利生活着，去死攒纸堆，乱碰象牙塔的学究们的当顿棒喝。"

叶大年的《朱子的读书方法》发表于厦门大学的《厦大图书馆报》第1卷第8期。

该文将朱子的读书方法分为：（一）"循序渐进"，（二）"熟读精思"，（三）"摒弃成见"，（四）"专心致志"，（五）"切己体察"。

际唐的《朱子的教育学说》发表于徽州六邑旅省同学会的《徽光》第2期。

该文分为：（一）"传略"；（二）"理气二元论"；（三）"论性"；（四）"教育必要论"；（五）"教育目的论"；（六）"教育方法论"；（七）"教育制度论"；（八）"教育理想之实施"。

6月，张君劢的《中国学术史上汉宋两派之短长得失》发表于广州民德社的《新民月刊》第2卷第4期。该文包含了对朱子注"四书"的评述。

该文第二节"宋代学术之评价"指出："治经者，不应有所发明，应以守古人成法为务，应从训诂考证据为下手法门，则朱子于此，可以媲美清代汉学家而一无愧色。""朱子所注四书，其尊重汉儒之注，随在可见。……读朱注者，皆不读集解，遂不知朱注所自出矣。友人姜忠奎近作《〈中庸〉郑朱会笺》，比较两家之注，谓朱注多与郑注合，且言郑朱非两不相容之军垒，可知江氏所谓'义疏诸书，束置高阁'之语，断不适用于朱子矣。"

唐君毅的《论中西哲学问题之不同》发表于广州民德社的《新民月刊》第2卷第4期。该文包含了对朱子哲学中"理"的讨论。

该文指出："从表面看去，朱子之所谓理，颇与新实在论者之所谓共相（Universals）相同。但是我们看朱子，一方面说物各有理，一方面又说万物只是一理。所以他一方说'一物一太极'（太极即是理），一方又说'统体一太极'。我们说一物一理之理是共相，还说得通；说万物之统体是一共相，则朱子曾说，理为'包括乾坤，提挈造化，无远不周，无微不到'，理若是抽象之共相，如何能有此作用？""在我看来，朱子之理只是一形容万象之交遍融摄的原则，因为万象处处都息息相关，所以交遍融摄的意味，在每一物均表现得出，因此才说'一物一太极'，前所引'包括乾坤，提挈造化，无远不周，无微不到'，正当作如是解释,'理生气',亦当作是解。"

蒋礼鸿的《〈大学〉朱子改本平议》发表于杭州之江文理学院的《之江期刊》第 6 期。

该文对朱子改本《大学》与古本的差异、朱子改本《大学》的经传之分、朱子《大学》补格物致知传等问题作了分析。

王锦第的《东渡后的朱王之学》发表于《自由评论》第 28 期。

该文认为,以朱子为代表的宋学,在日本促成建武中兴的大业,并在日本德川时代受到了极大的推崇。该文还说:"无论是学术思想,以至于事功政治,德川三百年间的历史,朱子学为代表的新儒学是他们学术的渊丛,文教的中心。"

道中的《宋儒修为方法论》发表于《东方杂志》第 33 卷第 12 号。

该文分为:一、"何谓修为方法",二、"宋儒修为方法之渊源",三、"宋儒修为方法之对象",四、"宋儒修为方法之步骤",五、"宋儒修为方法之种类",六、"宋儒修为方法之批评"。

该文认为,宋儒修为方法"不过知行动静而已",属于行者,分为四级:"第一级为静功;第二级为动功;第三级为体用合一;第四级为知命达天"。修为方法的种类,包括"操存法""涵养法""体认法""涵泳法""克己法"和"穷理法",其中"操存法"以主敬为本。

7 月,白寿彝的《〈仪礼经传通解〉考证》发表于《国立北平研究院院务汇报》第 7 卷第 4 期。

该文分为:第一,"《仪礼经传通解》底组织和贡献";第二,"《仪礼经传通解》设计的经过";第三,"《仪礼经传通解》底助理编者";第四,"《仪礼经传通解》未完成部分之窥测"。

该文认为,《仪礼经传通解》对于礼学的贡献:第一,"《通解》贡献一种新的编礼方法""以礼之施行的场合分类""所收材料,不限于仪文,而兼及于义理;不限于上古,而兼及于后世";第二,"《通解》对于礼经,贡献一种新的看法",即朱熹所言"圣贤用礼,必不一切从古之礼。疑只是以古礼减杀,从今世俗之礼,令稍有防范节文,不至太简而已""这完全是一种历史的看法"。

8 月,谢武鹏的《朱子读书法中之经济学习法》发表于浙江省图书馆的《图书展望》第 1 卷第 11 期。

该文分为:"学习之前";"学习之时",又分为:一、"为何要熟读",二、"为何要精思";"学习之后"。

9 月,唐文治的《朱子之精神生活》发表于江苏教育厅的《江苏教育》第 5 卷第 9 期。

该文指出:"朱子一生出处精神,惟以气节为重。读壬午、庚于、戊申、己酉《封事》诸篇，浩然正大之气，溢于楮墨之表。呜呼！盛矣！厥后文文山先生廷对策问，谓政治之本，在于帝王不息之心。其说实本于朱子《戊申封事》。而谢迭山、陆秀夫诸贤接踵而起，岂非讲学之精神生活有以致此！然则宋末气节之盛，实皆朱子提倡之功，有以激励吾民族也。而余向所深佩者，尤在复国仇、复国土两事，特节录于左，以兴起吾人爱国之精神。""余尝谓居今之世，欲复吾国重心，欲阐吾国文化，欲振吾国固有道德，必自尊孔读经始。而尊孔读经，必自崇尚朱学始。"

白寿彝的《朱熹底师承》发表于《文哲月刊》第1卷第8期、（11月）第9期。

该文分为：第一节"总论"；第二节"胡宪"；第三节"刘勉之"；第四节"刘子翚"；第五节"道谦"；第六节"李侗"；第七节"诸师影响下的朱熹"。该文指出："熹从各师都受到各不相同的影响，而李侗对于他的影响不过较大罢了。"

谭丕模著《宋元明思想史纲》由开明书店出版。该书的三"南宋时代哲学思想的各流派"2"大小两地主阶层之调和论——朱熹的格物论"。

该书认为，陆九渊的哲学是"从大地主阶层的立场出发"的"绝对唯心论的哲学"，朱熹的哲学是"从谋大地主阶层与小地主阶层的妥协的立场出发"的"理气二元论的哲学"，叶适、陈亮的哲学则是"从小地主阶层的立场出发的"。

10月，吴念中的《宋儒理学的根本观念》发表于《文化建设》第3卷第1期。

该文分为：一、"理学的前导"，二、"周濂溪的无极而太极说"，三、"张横渠的气一元论"，四、"程明道的天理与气"，五、"程伊川的性理合一"，六、"朱晦庵的泛理论"，七、"理学的症瘕"。

12月，贾丰臻著《中国理学史》由商务印书馆出版。该书的第四编"近世理学史"第一章"宋代理学"第七节"朱熹"，第八节"朱子门人"，第十二节"朱学后继"。

所列章节与1929年10月出版的贾丰臻《宋学》相同。

冯友兰的《朱子所说理与事物之关系》发表于中国哲学会的《哲学评论》第7卷第2期。

该文指出："朱子所说'理'与'事物'之关系，与亚里士多德同。亚里士多德与朱子虽皆以为'理'或'式'为客观的实在，在一种意义下，较具体的事物更为实在。此其与柏拉图相同者。但又皆以为'理'或'式'即在事物中，而不在其外。具体的事物，为'理'或'式'之显现，而非只为其不完全的摹本。在此点，亚里士多德、朱子与柏拉图不同。"

郝公玉的《读〈朱子文集〉札记——读书治学之态度、方法》发表于《现代评坛》第2卷第7期。

容肇祖的《跋洪去芜本〈朱子年谱〉》发表于燕京大学的《燕京学报》第20期。

该文指出:"洪嘉植的《朱子年谱》,是整个的增订改作的。他的改作,压倒了以前的《朱子年谱》的各种本子,增益进去的不少,许多都是重要的材料。确是一种承前启后的工作,为王懋竑的《朱子年谱》的先锋。"

颜伯存的《〈大学〉朱王训义的考异》发表于《光华附中半月刊》第4卷第9~10期合刊。

该文就朱子与王阳明对《大学》注释的差异之处作了阐述,并且认为,他们的不同在于"思想立场的不同"。

翁漫栖的《朱陆异同》发表于《西北风》第14期。

该文指出:"朱陆两派诸人,当时虽然各自筑其门墙,但外表仍少有破坏之表示,且他们来往信札中,更有互相标榜者。与后代来,两派门徒之无思及朱陆异同之处而势不两立,相视若仇者,则大不相同矣。"

1937年(民国二十六年,丁丑)

2月,杨大膺的《鹅湖辨学考》发表于《现代读物》第2卷第27期。

该文分为:一、"前言",二、"鹅湖的地理",三、"鹅湖的历史",四、"鹅湖争辩的概况",五、"鹅湖争论的问题"。

易君左著《我们的思想家》由正中书局出版。该书第四章"中国思想家的转变"第二十节"朱子学派"。

3月,陈登原著《中国文化史》(下册)由世界书局出版。该书卷三"近古卷"第七章"南宋文明史",有"理学方向之转变"一节,论及朱陆之辨。

4月,朱谦之的《宋儒理学对于欧洲文化之影响》发表于中山大学的《现代史学》第3卷第2期。

该文分别阐述了宋儒理学对于法国哲学和德国哲学的影响,尤其是,莱布尼兹与宋儒理学的关系,以及叔本华与朱子学说的关系;并指出:"十八世纪欧洲的'哲学时代',实受中国哲学的影响,尤其是受宋儒理学的影响。"

马子实的《程朱陆王之治学方法》发表于山东进德会的《进德月刊》第2卷第8期。

该文指出:"程朱的格物论,注重'即物而穷其理',是有归纳精神,可惜他们存一被动的态度,要想'不役其知'以求那'豁然贯通'。陆王的学说,主张真理即在心中,是抬高个人的思想。这种自动的精神,确乎是能补救程朱被动的格物法。"

（日）后藤俊瑞著、邓梅羹译《朱子学禅期考》发表于《文化与教育》第122期。

该文指出："朱子自十四岁始与禅学接触，十五六岁至十七八岁间，向二僧禅（大慧宗杲及其弟子开善道谦）叩头参禅，对禅学兴味，逐渐益深。二十四岁，见李延平时，即高谈禅理，自此数年之间，出入儒佛者各半。二十八岁，悟得'理一分殊'之真理，翌年二十九岁，再见李延平时，遂揩禅专究儒学，然尚未达到完全绝禅之境。自是以后，因究儒学渐深，始知禅学之弊，绝禅之心，从此而生。三十五岁，始公言诋佛，四十三岁时，遂极力攻击禅学，与岁月俱增。故朱子出入禅学，自十五六岁至二十八九之际，不过十余年间事耳。"

杨大膺的《〈朱子晚年定论〉辨》发表于《现代读物》第2卷第29～30期合刊。

该文指出："朱陆之学说，除方法有不同外，他实无不同。朱陆方法……即朱精细而陆简易，此精细与简易二法，即今日论理学中之归纳与演绎法。"所以，"朱子最初工夫向外界事事物物求至善……推寻得至善，乃以此至善说明吾心之大用。""阳明未深明朱子归纳法发展之必然程序，乃谬然断论朱子在向外界个别事物推寻原理时，所用之工夫为非，而以其于外界个别事物中所推寻得之普遍原理为是。""朱子之说虽前后有相悔悟之处，然非其思想之冲突，乃其方法必然之进展须此前繁而后简也。……至于信札中有后悔前非之意，要不过在方法进展成熟之后，学问成功结论已得，以今观昔，故觉今是而昨非。"

福建协和大学的《福建文化》第4卷第24期开辟"福建理学专号"，发表的论文有：李兆民的《福建理学之渊源》、郭毓麟的《论宋代福建理学》以及李兆民的《紫阳理学之我见》《明清福建理学诸家之概况》。

《福建理学之渊源》全面探讨福建理学的思想渊源；首先阐述了北宋理学的形成，进而论述了周敦颐、邵雍、程颢、程颐、张载的思想，最后引出杨时、罗从彦、李侗、朱熹，以说明福建理学以及朱子学源自"北宋五子"，并且还明确指出："朱子学统周、邵、程、张诸子，为理学派最成熟之硕果。"

《论宋代福建理学》概述了十三位宋代福建理学家及其学术思想，分为：（一）"一元派杨龟山先生时"；（二）"致知派胡武夷先生安国"；（三）"主心派陈了斋先生瓘"；（四）"义理派罗豫章先生从彦"；（五）"心气合一派李延平先生侗"；（六）"主心派胡致堂先生寅"；（七）"心性派胡五峰先生宏"；（八）"穷理致知派朱晦庵先生熹"；（九）"数理派蔡西山先生元定"；（十）"范数派蔡九峰先生沈"；（十一）"一本派黄勉斋先生干"；（十二）"道理派陈北溪先生淳"；（十三）"象理派真西山先生德秀"。其中（八）"穷理致知派朱晦庵先生熹"节又分为（一）"太极及理气二元论"，（二）"性说"，（三）"心说"，（四）"致知与力行，（五）"修养法"。该节指出："朱子学说，于哲学上，主理气二元论，本濂溪、伊川之说。于伦理学上，论性主分天地之性与气质之性二者，本张横渠之说。论心则因理气二元之解释，分道心与人心二者，而以仁统之。又主穷理以致其知，反躬以践其实，以求放心、持敬、守静为德之修养法。盖朱子集古来诸家之思想，冶为一炉，而又能自以己意评判，融会贯通，而蔚成有宋一代理学大家也。"

《紫阳理学之我见》分为：（一）"宇宙观"，（二）"心性说"，（三）"伦理学"，（四）"鬼神论"；认为周敦颐主太极说，程颐倡理气二元论，"朱子整理二家冶诸一炉，造成二元融和之一元论""系一元太极统系下之理气二体"。

《明清福建理学诸家之概况》对明清时期福建理学作了概述，其中作专门论述的理学家有：曾在福建讲学的阳明弟子王畿，泰州学派之入闽学者耿天台，以及福建籍学者周瑛、蔡清、陈真晟、张岳、黄道周等。

任时先著《中国教育思想史》由商务印书馆出版。该书的第九章"宋元明的教育思想"第三节"各家的教育思想"（十二）"朱子"，（十三）"朱子的门人"。

"朱子"节分为：（甲）"宇宙哲学"；（乙）"伦理哲学"，又分为第一"性论"，第二"心论"，第三"修养"；（丙）"教育哲学"，又分为第一"教育的目的"，第二"教育的方法论"。

5月，夏君虞著《宋学概要》由中华书局出版。该书论及朱子学。

杨幼炯著《中国政治思想史》由商务印书馆出版。该书的第九章"宋明之政治思想"第二节"宋代学者之政治思想"论及朱熹政治思想。

该节在阐述朱熹政治思想时指出："其政治论之中心，主张'以仁心行仁政'，此为儒家之传统思想。所谓'恤民之本，在人君正心术以立纲纪'，此即谓政治之本，基于人主之心术。"

6月，范寿康著《中国哲学史通论》由开明书店出版。该书的第五编"宋明的哲学"第二章"宋明儒家思想的概要"，有"朱熹""朱熹门人"节。此外还有"陆象山"节论及朱陆异同。

"朱熹"节指出："朱子的学说大体是以程伊川的见解为经，以周濂溪、张横渠、程明道及程门诸子的见解为纬，再参以孔、《易经》《大学》《中庸》的思想结合而成的。他把自来的学说加以综合，加以扩充，树立了一个有体系的理气二元论。他对于宇宙、心性、伦理、知识、教育、政治诸问题，都给与了一贯的说明。……总括说，他是一个集自来学问的大成的学问家，也是一个承先启后的思想家，日本有人把他比做希腊的 Aristotle 与德国的 Kant，以为他是中国在孔子以后的第一个大学问家，这话也是不无一理的。"

"朱熹门人"节有朱熹门人及其后传脉络。

"陆象山"节从本体论、心性说和修养方法三个方面阐述朱陆异同:"第一,就本体论讲:朱熹以为造成天地万物的气的背后还有一个理的存在,理与气同是宇宙万物的两个根原,这是理气二元论的见解。象山却以为'理充塞万物''吾心便是宇宙',心即是理,把心当做宇宙唯一的根原,这是唯心一元论的见解。第二,就心性说讲:朱熹根据他的理气二元论,于是有本然的性与气质的性,人心与道心,天理与人欲互相对立的那种主张;象山却根据他的心即理的一元论,于是有人性至善、人天合一的那种主张。第三,就修养方法讲:朱熹以居敬穷理为修养的工夫,注重格物与致知,注重客观的与归纳的研究。象山却以明理为修养的方法,注重德性,注重主观的与演绎的研究。大体讲,朱熹偏重'道问学'而象山却是偏重'尊德性'的。"

吕振羽著《中国政治思想史》由黎明书局出版。该书的第九编"封建主义末期政治思想的各流派"B"地主阶级内部的分化和朱陆两学派的对立"甲"朱熹的折中主义的政治哲学"。

该节分为:一、"朱熹传略阶级性及其著作",二、"作为朱熹哲学之认识论的'理''气'二元论",三、"折中主义的政治论"。对于朱熹,该节说:"其思想偏于商人—地主之立场,而与贵族地主之政治主张相分歧。从这一分歧点上,致被贵族地主排斥,并严重地展引为'伪学'之禁。"同时还认为,朱熹的宇宙起源以及地球的产生之说,是"他从其时代之生产力发展的诸条件上,而获得这一联的进步的发现。"

吕振羽著《中国政治思想史》(增订本)于1947年8月由生活书店出版。该书的第九编"封建主义衰落期政治思想的各流派"第二章"地主阶级内部的分化和朱陆两学派的对立"一、"朱熹的折衷主义",分为:甲"朱熹传略",乙"作为朱熹哲学之认识论的'理''气'二元论",丙"折衷主义的政治论"。对于朱熹,该节说:"他的政治主张,基本上是符合中小地主的要求,同时也部分的符合商人、地主、中间阶层乃至农民的要求。但他又受到贵族大地主排斥,并引发为严重的'伪学'之禁。这说明他是代表中小地主而出现的。""他肯定地球形成的过程,是由气体凝聚,然后成为流质体,后来便慢慢冷却成为硬壳体,并肯定地球为圆形体,又认为月本身没有光,其发出的光,是吸收日光的反射,这都是有其盖然的正确性,也是朱熹对天文学的伟大贡献。而此,正是从其时代生产力发展的诸条件上,才获得这一联进步的发现。"并且还认为,朱熹"可算是中国封建时代第一个伟大的哲学家"。

7月,钱穆著《中国近三百年学术史》由商务印书馆出版。该书第一章"引论"中略述"两宋学术",论及朱子学。

唐君毅的《朱子道体论导言》发表于《论学》第 8 期。

该文将朱子的理归于四义："一、理先于物义；二、理气凑泊成物义；三、理先于气义；四、理生气义"。而且通过论证阶砖之方之理为能离方之阶砖而自存，证明"一切物之一切理能离一切物而自存，天地万物公共之理能离天地万物而成之义立"，并指出："……由上所论，可知方之为方，实可离方物而自存。推而广之，一切理均可离其所由表现之事物而自存。其表现于事物也，不过理之显，其未表现其事物也，不过理之隐。曰隐曰显，皆系自事物上而观，就理之本身，则固无所谓隐显。"

（日）诸桥辙次著、唐卓群译《儒学之目的与宋儒之活动》由国民印务局出版。该书第三编"儒学目的之整理与统一及宋儒之活动"第三章"朱子之儒学大成"。

8月，刘介的《朱熹评传》发表于长沙的《曦光》第 9 期。

是年，张岱年完成《中国哲学大纲》①，其中对朱子哲学多有阐述。

《中国哲学大纲》涉及对朱子学派归属及理气论、朱子的两一思想、朱子的心性论与修养论、朱子的致知论的阐述。其中指出："自宋至清的哲学思想，可以说有三个主要潮流。第一是唯理的潮流，始于程颐，大成于朱熹。朱子以后此派甚盛，但不曾再出过伟大有创造力的思想家，大家都是述朱而已。第二是唯心的潮流，导源于程颢，成立于陆九渊，大成于王守仁。此派最盛的时期是在王氏以后。第三是唯气的潮流亦即唯物的潮流，始于张载，张子卒后其学不传，直到清初王夫之才加以发扬，颜元、戴震的思想也是同一方向的发展。""朱子又名理为太极，阴阳之气乃太极所生，太极乃究竟本根。……太极是理之究竟极至者，为一切理之根本的大理，其余一切理皆含蕴于此理之中。理是所以或规律，太极便是究竟所以或根本规律。朱子所谓理又有道德表准之意，太极便是最高的表准。""秦以后的哲学家中，论心最详者，是朱子。朱子综合张、程之思想，成立一精密周详之心说。朱子论心的话甚多，可总为四点：一，心之特质是知觉，乃理与气合而后有；二，心是身之主宰；三，心统性情；四，人心与道心。……朱子之说，条理实甚缜密，乃张、程心说之大成。""朱子言穷理，象山亦言穷理；象山言明心，朱子亦未尝不言明心。但象山所说，正与朱子相反。朱子是穷理以

---

① 宇同（张岱年）：《中国哲学大纲》，商务印书馆 1958 年版。关于《中国哲学大纲》的写作与出版经过，张岱年曾说："1935 至 1937 年以两年之力写成五十多万字的《中国哲学大纲》，内容展示了中国古代哲学的理论体系，注重阐明中国哲学的概念范畴的确切含义，详述了中国哲学的各种理论问题的演变过程。这部书写成后，承冯友兰先生介绍给商务印书馆。商务印书馆接受了，但因战事关系未能付印。1943 年中国大学校长何其巩先生听说我写了此书，于是邀我到中国大学任教，将书稿印成讲义。新中国成立后，商务印书馆检查旧存纸型，发现了此书，于是在 1958 年正式刊印。"（张岱年：《张岱年全集·自序》，河北人民出版社 1996 年版，第 2 页）

明心，象山则是明心以穷理。朱子是由知物以得自觉，象山是由自觉以推知物。朱子亦谓心具众理，但以为受气质所昏蔽，心不能自明其所具之理，必须格物穷理，而后心中之理乃明。象山则谓心即是理，只须发明此心，则于事物之理无所不知；穷理之道，实在于明心。此其不同之所以，仍在于朱谓'性即理'而心非即理，陆谓心即性即理。以此，故朱之学是理学，陆之学是心学。"

1938 年（民国二十七年，戊寅）

4 月，郭绍虞的《朱子之文学批评》发表于燕京大学的《文学年报》第 4 期。

该文分为：一、"文论"，二、"诗论"，三、"文论之影响"，四、"诗论之影响"。

该文指出："我们研究朱晦庵之文学观，应当知道他在文学批评史上的重要，不在能立，更在能破。我们以前说过，在北宋时期，是道学家与古文家角立的时期，两方面都有第一流的人物，所以各不相下。到南宋，便只见道学家的理论，而不见纯粹古文家的理论了。这原因，由朱子对于古文家的攻击，恐怕也有关系。""在朱子，虽承认文与道的分别，但是他要说'这文皆是从道中流出'，他要说'文只如吃饭时下饭耳'。那么，文与道又岂可以别为二！"

5 月，郭斌龢的《抗战精神与南宋理学》发表于浙江大学的《国命旬刊》第 5 期。

该文针对当时所谓朱熹以及南宋理学"空谈性命，不知抗战"的言论，阐述了朱熹等南宋理学家的主战、复仇的思想，大量引述朱熹主战而复疆土的言论，并予以高度评价。

7 月，张荫麟的《宋儒太极说之转变》发表于《新动向》第 1 卷第 2 期。

该文不赞同朱子以太极为理，指出："以太极为理者，在宋儒中殆始于李延平（见《延平答问》）而朱子述之。夫异于濂溪，以太极名理，无害也。惟以此义还释《图说》，则困难立生，盖理，就其本身之定义，不可以动静言。而若以理释《图说》中之太极，则势须言理有动静。濂溪不言太极为理，谓其动静可也。朱子言太极为理，谓其动静不可也。""有动静之理，而动静之理本身无所谓动静。……谓有动静之理，故气有动静，可也；谓理有动静之态，故气有动静，不可也。"还说："凡上所言非断断与朱子辨是非也。但以见朱子之太极观念，持释《图说》中若极实不可通，因以明二者之殊异耳。盖朱子于理气，自有所见，而强附《图说》以行，转为《图说》所拘，而陷于谬误。"

8 月，贺麟的《与张荫麟先生辩太极说之转变》发表于《新动向》第 1 卷第 4 期。

该文就张荫麟《宋儒太极说之转变》反对朱子以太极为理,提出不同看法,指出:"盖理之动静与气或物之动静不同(周子《通书》亦说明此点)。物之动静,在时空中,是 Mechanical 的,动不自止,静不自动。理或太极之动静是 Teleological 的,动而无动,静而无静,其实乃显与隐,实现与不实现之意。如'大道之行'或'道之不行',非谓道能走路,在时空中动静,乃指道之显与隐,实现与不实现耳。"又说:"大约周子与大程皆认宇宙为理气合一的有机体。是泛神的神秘主义的宇宙观,而非希腊的物理学。他们并未明言,太极是理,是气,或是理气之合一。其浑全处在此,其神秘乏形式处亦在此。但阴阳是气,乃确定无疑。今较阴阳更根本,而为阴阳之所自出,绝对无限的太极,当不仅是气,其有以异于气,高于气,先于气,亦无可致疑。故若释周子之太极为理气合一的整个有机的宇宙,当无太误。……故释太极为理,是否完全契合周子本意,虽不可知,但要使周说更明晰,更贯彻哲学理论,求进一步发展周说,其不违反周子本意,其有补于周说之了解与发挥,当亦无可致疑。"

该文还指出:"七八年前,当我作《朱子黑格尔太极说比较》一文时,我即指出朱子之太极有两义:(一)太极指总天地万物之理言,(二)太极指心与理一之全体或灵明境界言。所谓心与理一之全,亦即理气合一之全(但心既与理为一,则心即理,理即心,心已非普通形下之气,理已非抽象静止之理矣)。认理气合一为太极,较之纯认理为太极,似更与周子原旨接近。于此更足见朱子之忠于周子,忠于真理,而无丝毫成见。"

10月,张铁君的《程朱理学的认识论评价》发表于《中华评论》第1卷第2期。

(美)盖乐著、孙德孚译《中国文化辑要》由湖南溆浦县民众书局出版。该书有"宋代理学家:朱熹与新儒学"一节。

11月,马一浮著《泰和会语》付印。该书有"义理名相一:理气形而上之意义"章,对朱熹理气论多有吸取。

该章指出:"气何以始?始于动,动而后能见也。动由细而渐粗,从微而至著。故由气而质,由质而形。形而上者,即从粗以推至细,从可见者以推至不可见者,逐节推上去,即知气未见时纯是理,气见而理即行乎其中,故曰:'体用一源,显微无间。'不是元初有此两个物事相对出来也。邵康节云:'流行是气,主宰是理。'不善会者,每以理气为二元。不知动静无端,阴阳无始,理气同时而具,本无先后,因言说乃有先后(两字不能同时并说)。就其流行之用而言谓之气,就其所以为流行之体而言谓之理。用显而体微,言说可分,实际不可分也。"并且又引朱熹所言"太极者,本然之妙也;动静者,所乘之机也""自其著者而观之,则动静不同时,阴阳不同位,而太极无不在焉。自其微者而观之,则冲漠无朕,而动静阴阳之理,已悉具于其中矣"。

12月,何键的《程朱陆王颜李哲学之分析》发表于《中华评论》第1卷第5期至第6期。

是年,岭南大学的《南风》第13卷第1期刊载《朱陆异同述略》(署名:真)。

该文分:一、"绪论:宋代理学兴起之原因",二、"朱陆传略及其师承",三、"朱陆学说之异同",四、"结论"。

"朱陆学说之异同"分为:甲"朱陆学说之异",又分为(Ⅰ)本体论(宇宙说)、(Ⅱ)心性论、(Ⅲ)方法论、(Ⅳ)行为论、(Ⅴ)人生论;乙"调和派之主张及批评";丙"朱陆之争",又分为(一)"鹅湖之会(方法论之争辩)",(二)"无极之辩(本体论之争辩)"。

"结论"分为:甲"就名学以论两家方法之由来";乙"就名学以评两家学说之优劣";丙"朱陆学说对后世之影响及戴东原之结束"。

1939年(民国二十八年,己卯)

5月,冯友兰著《新理学》由商务印书馆出版。

该书认为,"新理学"之系统,"大体上是承接宋明道学中之理学一派""亦有与宋明以来底理学,大不相同之处""是'接着'宋明以来底理学讲底,而不是'照着'宋明以来底理学讲底"。因此,该书在建构"新理学"之系统时,对朱熹理学多有阐释和吸取。

7月,(日)武内义雄著、汪馥泉译《中国哲学思想史》由商务印书馆出版。该书的第二十五章"宋学之大成——朱子"。

8月,周谷城著《中国通史》(下册)由开明书店出版。该书的第四编"封建势力持续时代(自北宋初至鸦片之战)"第十章"巩固统治的理学"(一)"理学之生长完成",论及朱熹的理学思想。

该节分为:"中国思想之演变""理学内容之特质""理学有裨于统治";并在分析朱熹的"存天理、灭人欲"时指出:"'存天理、灭人欲'这个原则,君民两方,都用得着。君主用此以统天下,为令主;人民依此以守秩序,为顺民。但君主未必愿意执行这个原则,以规范自己,人民未必懂得这个原则,奉行无少差池。于是介于君民之间的智识分子重要了。智识分子依据着'存天理、灭人欲'之原则以保种族,以辅君主,以导人民。"

9月,马一浮作为四川乐山复性书院院长为书院开讲,其中《复性书院学规》提出"主敬为涵养之要,穷理为致知之要,博文为立事之要,笃行为进德之要"。

该文指出:"朱子释'格物'为穷至事物之理,'致知'为推极吾心之知。

知者，知此理也。知具于心，则理不在心外明矣，并非打成两橛。不善会者，往往以理为外。……阳明是就自家得力处说，朱子却还他《大学》元来文义，论功夫造诣是同，论诠释经旨却是朱子较密。"

向林冰（赵纪彬）著《中国哲学史纲要》由生活书店出版。该书的第四篇"经学发展的新阶段——宋明时代的新儒教哲学"第十四章"作为宋学集大成的朱熹的理气二元论及朱陆对立的阶级与哲学意义"。

该章分为：第一节"朱熹的时代背景及其阶级性"，第二节"朱熹的理气二元论及其根本的缺陷——对于唯心论的屈服"，第三节"朱陆对立的社会根据及其哲学意义"。

该章指出："朱熹以先验论者的态度，武断地认定了理先气后及理先天地而存在并为宇宙间唯一的真实法或究竟法，这实为柏拉图式的极端唯心论的宇宙观。然而，我们决不能由此而断定朱熹的宇宙观为纯粹的唯心论。相反地，在其唯心论的另一面，尚同时存在着唯物论的要素。这就是说，朱熹所谓理，同时又意味着客观事物的内在的普遍法则——即所谓'理在事中'的'当然之则'。"又说："'格物致知'的认识论（按冯友兰氏在其所著《中国哲学史》920页上，特加注指明：'朱子所说格物，实为修养方法，其目的在于明吾心之全体大用，即陆王一派之道学家批评朱子此说，亦视之为一修养方法而批评之。若以此为朱子之科学精神，以为此乃专求知识者，则诬朱子矣'云云。显系错误。因为儒教的认识论、论理学及伦理学，经常地混为一谈。朱熹的哲学，虽本质上仍不免此倾向，但其格物致知说的认识论＝伦理学的性格，则异常鲜明，而不容抹杀。至其与伦理学的终于相混，则是其唯心论的思想所使然，……），实已充满着把握客观事物本质的科学精神。而且朱熹也确乎依此方法，在当时历史条件之下，获得了惊人的自然认识。"并且指出："在朱熹这种自然认识上，我们首先看到了他以为宇宙的本体是气，由于气自身内在矛盾的发展，即阴阳的对演与水火的交感而形成了宇宙的起源；其次宇宙的生成顺序，是由气体而液体而固体，且周期的由形成而消灭（虽然是单纯的循环）；这一些的见解，和康德的星云说的宇宙生成论，颇为近似。至其以月本无光，得日之光而始明的见解以及关于地质学的发现，均与今日的科学定论相符合。凡此，皆其格物致知说的唯物论的科学精神的直接产物。"

10月，杨荫深著《中国学术家列传》由光明书局出版。该书"宋代"二二〇"朱熹"。

是年，钱基博著《中国文学史》印行，[①] 其中第五编"近古文学下"第四章"南宋"第二节"朱熹、陆九渊、吕祖谦（附陈亮）、薛季宣、陈傅良、叶适

[①] 钱基博：《中国文学史》（下），中华书局1993年版，第1135页。

(附真德秀)"。

该节说:"熹用力于古诗者实深,而其下手则以拟古为功夫。……今诵其诗,矜炼婉秀。……古文则于韩、柳、欧、苏、曾、王,无所不学,而长于诂经说理,明白醇实,而出以纡徐委备;不矜才气,而波澜老成,自然顿挫。……其他山水之记,随景抒写,敩柳州之警秀而逊其韵味,以其工刻镂而寡咏叹也。碑传之作,因事冗蔓,同东坡之缓慢而失于裁制,以其有铺叙而无提挈也。特有寂寥短章,随笔曲注,韵流简外,足以追东坡小品之逸致者。""观其论诸家文章,洞见利病,宜其意到笔随,理明而辞达。大抵醇实出曾巩,疏快似苏轼;而结笔稍弛,流韵不长;未若欧公之谨于布置,饶有风神也。"

1940年(民国二十九年,庚辰)

1月,马一浮的《泰和会语》与《宜山会语》合为《泰和宜山会语》付印。其中《宜山会语》有"续义理名相二:居敬与知言""续义理名相三:涵养致知与止观"两章,对朱熹工夫论多有吸取。

4月,傅斯年著《性命古训辨证》由商务印书馆出版。该书下卷第二章"理学之地位",对程朱之学与先秦汉代儒学的关系多有论述。

该文指出:"理学者,世以名宋元明之新儒学,其中程朱一派,后人认为宋学正统者也。正统之右不一家,而永嘉之派最露文华;正统之左不一人,而陆王之派最能名世。陆王之派,世所谓心学也,其前则有上蔡,渊源程门,其后则有泰州龙溪,肆为狂荡,公认为野禅矣。……清代汉学家自戴震以降攻击理学者,其最大对象应为心学,不应为程朱。然戴氏之舍去陆王力诋程朱则亦有故。王学在明亡后已为世人所共厌弃,程朱之学在新朝仍为官学之正宗,王学虽与清代汉学家义极端相反,然宗派式微,可以存而不论,朱学虽在两端之间,既为一时上下所宗,故辩难之对象在于此也。虽然,理学心学果于周汉儒学中无所本源,如戴氏所说者欤?"

7月,朱谦之著《中国思想对于欧洲文化之影响》由商务印书馆出版。该书阐述了"宋儒理学传入欧洲的影响""来布尼兹(Leibniz)与宋儒理学之关系""叔本华(Schopenhauer)与朱子哲学"等,另附录二"宋儒理学传入欧洲之影响"。

该书"本论"分为四编:(1)"耶稣会士对于宋儒理学之反响",(2)"启明运动与中国文化",(3)"中国哲学与法国革命",(4)"中国哲学与德国革命"。在"启明运动与中国文化"中,讨论了"宋儒理学传入欧洲的影响",并在讨论"来布尼兹与宋儒理学之关系"时阐述了"来布尼兹之宋儒理气观",分为：(1)"理"，(2)"'理'与'气'之关系"，(3)"人类之灵"；在"中国哲学与德国革命"中，讨论了"叔本华之中国文化观"，阐述了"叔本华与朱子哲学"，分为：(1)"朱子哲学之价值"，(2)"自然意志说与天论之比较"，(3)"叔本华所受朱子哲学之影响"；并在最后得出结论："德国的观念论哲学实受中国思想的影响，扩大来说，就是十八世纪欧洲的'哲学时代'实受中国哲学的影响，尤其是受宋儒理学的影响。"

9月，张果为的《朱文公奏议经界述要》发表于福建省政府的《闽政月刊》第7卷第1期。

10月，范文澜在延安新哲学年会上的讲演《中国经学史的演变》发表于延安陕甘宁边区文化协会的《中国文化》第2卷第2期、(11月)第3期。该文第二部分"宋学系(道学理学心学)—唐到清"二"宋学的发展"、三"道学(理学)与心学斗争"论及朱熹学术思想。

该文指出："朱熹以为'太极(理)无方所，无形体，无地位可顿放'，天地未判时，太极(理)已存在，天地生物千万年，理还是存在。理是不受时空限制，先天而生的最高概念。他这套理论应用到'伦常'，就是一切道德永恒不变，所以君臣上下的秩序，是绝对不可变的天理。谁想革命，谁就是绝灭天理。理学供给统治阶级更精妙的压迫工具，比汉学讲礼、讲阴阳五行精妙得多。朱熹被尊为道统继承人，决不是偶然的事。"

12月，金公亮著《中国哲学史》由正中书局出版。该书的第十七章"二程与朱子"。

1941年（民国三十年，辛巳）

6月，李相显完成《朱子哲学》[①]，同年获得教育部学术奖。

7月，胡适的《颜习斋哲学及其与程朱陆王之异同》发表于《文史杂志》第1卷第8期。

该文分为：上"颜习斋所反对的理学"，下"颜习斋的哲学"。

该文指出："'格物致知'的路子是科学的路子，但太早了，太缺乏科学的背景了，所以始终行不通。程子和朱子都把'物'解作①读书的理，②尚论古

[①] 据《朱子哲学·序》所述，《朱子哲学》的撰著始于1935年秋李相显入清华大学研究院哲学部；"于最初二年间已使《朱子哲学》之体系就大致完备"。由于日军侵华，时局动荡，文稿以及相关材料不幸皆失。此后，李相显"日坐于北平图书馆四库阅览室中研究"，"将朱子所著之书及与朱子哲学有关之书，尽行读阅"，"且更将其中有关材料一一抄录收藏"，于1939年开始《朱子哲学》的再次起草；1941年6月，终于在民族危亡的极度艰难的环境中得以脱稿，并于同年获得教育部学术奖；最后又几经周折，于1947年4月问世。(唐嗣尧：《朱子哲学·序》，世界科学社出版部1947年版，第2~3页)

人,③待人接物。朱子确能做到读书穷理。他在考证、校勘各方面都有开山之功。"

10月,吴其昌的《宋代哲学史料丛考》发表于《国立武汉大学文哲季刊》第7卷第1期。

该文由12篇（实际为11篇）短文所组成,主要是在清华大学国学研究院期间撰写的未刊行之稿,其中包括《紫阳书院志本〈朱子年谱〉跋尾》（1927年）、《朱文公文集丙戌答张钦夫论未发二书跋尾》（1927年）、《嘉兴沈氏日本长尾氏所藏朱子〈论语〉注稿三种跋尾》（1927年）、《平湖葛氏〈爱日吟庐书画续录〉朱文公〈春雨帖〉跋尾》（1928年）、《〈易本义〉九图辨伪申宝应王氏说》（1929年）、《利津李氏〈书画鉴影〉朱文公〈墓志〉〈钟山〉〈起居〉三帖跋尾》（1940年）等。

《紫阳书院志本〈朱子年谱〉跋尾》对紫阳书院志本《朱子年谱》作了考证,指出:"王白田先生作《朱子年谱》,深惜宋李果斋（方子）原本《紫阳年谱》不可复得,而世所传者,皆为明李古冲（默）窜乱之本。……今按：李果斋原本年谱,诚已不复可见。而欲得见其近似者,未为李古冲所窜乱者之朱子年谱,则遍考群书,惟有《紫阳通志》所著录之《朱子年谱》而已。"

《朱文公文集丙戌答张钦夫论未发二书跋尾》将朱子于乾道二年丙戌所撰《与张钦夫》二书,即《朱文公文集》卷三十《与张钦夫》（三）（四）,与佛经《释摩诃衍论》相比较,认为"此二书所言,与佛经中《释摩诃衍论》,义旨全合",又说："朱子此二书,皆作于乾道二年丙戌,时年三十七岁,正朱子于佛学浸郁方浓,而未挈然舍去时也。《语类》'包扬录'云：'某旧时亦要无所不学,禅道、文章、楚辞、诗、兵法,事事要学。'则此二书决受《释摩诃衍论》影响无疑。……惟与彼论十九皆同,而有最后不同者一焉,则立论之目的也。"朱子之书最后究竟,"要在'达用'"；彼论最后究竟,"仍在'明体'"。

《嘉兴沈氏日本长尾氏所藏朱子〈论语〉注稿三种跋尾》将沈氏、日本长尾氏所藏朱子《论语集注》与宋刊淳祐大字本《论语集注》相雠校,从而认为,此稿非定稿,或为48岁以前所作。该文还认为,《论语集注》起稿于44岁,而成于48岁之夏,其后,又分别于54岁、61岁、67岁、68岁先后作了修定。

《平湖葛氏〈爱日吟庐书画续录〉朱文公〈春雨帖〉跋尾》,对平湖葛嗣浵的《爱日吟庐书画续录》卷一所著录朱文公《与或人帖》作了考辨,指出："帖中论及《大学》格物之说,颇为重要;而朱子《文集》《续集》《别集》,并皆失之,惟赖葛氏著录以传,甚为有功。"吴其昌还认为,"此帖乃'与李寿翁（椿）者也'"。

《〈易本义〉九图辨伪申宝应王氏说》,对王懋竑《白田草堂存稿》中的《〈周易本义〉九图论》所言"《易本义》九图,非朱子之作也,后之人以《启蒙》依放为之",作了进一步的论证,指出:"王氏坚决断定九图非朱子所作,是也。然其论证,胥在易图本身范围以内,故未由委曲审详其所以致误冒戴之原因,而但泛称'后之人以《启蒙》依放为之',此犹勘验者,已获赃证,而不能推明其曲折之情伪。故其爱书,犹不能无遗憾也。今再旁侦侧测,始知王氏之判牍无误,而其致误之由,似亦隐约可明,故作说以申论之。"

《利津李氏〈书画鉴影〉朱文公〈墓志〉〈钟山〉〈起居〉三帖跋尾》,对利津李氏的《书画鉴影》卷三所著录朱文公三帖《辞撰墓志帖》《论修纲目帖》(《钟山帖》)《致问起居帖》的来龙去脉,作了考辨。

此外,还有《明道先生〈定性书〉年代考证》(1925 年)、《伊川先生〈颜子所好何学论〉及〈上仁宗皇帝书〉年代考证》(1926 年)、《河南程氏遗书第十七卷跋尾》(1927 年)等。

容肇祖著《明代思想史》由开明书店出版。该书的第一章"明代理学的思想来源"三"二程朱陆的思想略说",第二章"明初的朱学",第六章"朱学的后劲"。

朱谦之著《中国思想方法问题》由曲江民族文化出版社出版。该书的第二章"中国思想方法发展史"第二节"格物说之阶段的发展"中"宇宙观的格物说"一小节包含了对朱子的格物说、朱子对各家格物说的批评、朱门弟子的格物说的讨论。

关于朱子对各家格物说的批评,该书指出:"朱子的格物说,驳司马光的扞御外物说,以为'物'和'理'不能分离;驳吕蓝田的一本说,以为穷理求同又须求异;驳谢上蔡先立其大说,杨龟山反身而诚说,以为穷理不止于主观,因为这些各家的说法,都只算得中世纪方法论的残余,和宇宙观的格物说,不能相合,所以朱子批评他。还有程门中尹和靖(焞)以为今日格一物,明日格一物,不是程子的话,是后人添上去的。朱子驳他:或不曾听见,或是其心不以为然,所以不能领会。又有胡文定(安国)、胡五峰(宏)虽然也都很承认程子的格物,但仍不免受朱子的严重批评。"

关于朱门弟子的格物说,该书指出:"朱门弟子,虽有如蔡西山(元定)、蔡九峰(沈)父子以性与天道为先,自本而支,自源而流,可谓宇宙观格物说的嫡传,而黄勉斋、陈北溪,则风气已变,而以居敬为先,不分知行先后,居敬即是修己以敬,不分知行即是主行,于是宇宙观的格物说,也渐渐为人生观的格物说所代替了。"

12 月,蒋伯潜、蒋祖怡著《诸子与理学》由世界书局出版。该书的第二十章"南宋理学"论及朱子学。

1942 年（民国三十一年，壬午）

1月，许毓峰的《论南宋理学家之气节》发表于齐鲁大学国学研究所的《责善半月刊》第 2 卷第 24 期，其中列举南宋理学家死节者 25 人。

愧如的《朱子宗教观之检讨》发表于《新东方杂志》第 3 卷第 1 期。

该文分为：一、"序论"，二、"朱子之经历及其时代背景"，三、"宋代佛教思想概观"，四、"朱子之宗教观"，五、"朱子对佛教批评之对象"，六、"朱子卫道之根本动机"，七、"结论"。

该文指出："朱子出入释老十余年，造诣极深……但朱子以学问之立场，持治学之态度，批评佛教，有时未免太涉主观见解。""朱子对释教虽持排斥态度，然其本身理论亦自陷于佛法中而不悟。"

4月，周维新的《江西朱陆二学派述评》发表于江西文物社的《江西文物》第 2 卷第 2 期。

5月，潘新藻著《中国人生哲学史纲》由黄埔出版社出版。该书的第五章"宋明理学"第三节"理学诸子（二）"中有"朱熹及其宇宙论心性情说修为说"；第四节"理学诸子（三）"附"朱陆两家异同"。

8月，黄子通著《儒道两家哲学系统》由宇宙书局出版。该书有"朱王哲学"一章，其中包括"朱熹的哲学"一节。

11月，（日）武内义雄著、高明译《儒教之精神》由太平书局出版。该书的第八章"新儒学——朱子学"，第十章"朱子学与阳明学之长短"。

12月，张景远的《〈大学〉格物致知之综合的解释与批判》发表于《黄埔季刊》第 4 卷第 3~4 期合刊。

该文分为：（一）"中国哲学史上对于格物致知的几种主要的解释"，（二）"对于上述各种解释的批评"，（三）"格物致知的确解"，又分为（1）"格物的意义"，（2）"格物的方法"，（3）"致知的意义"，（4）格物致知与诚正修齐治平之关系"，（5）"以一事一物为实行之次第八条目终于平天下，始于格物"。

范文澜著《中国通史简编》（中册）由延安新华书店出版。该书的第三编"封建经济的发展到西洋资本主义的侵入——隋统一至清鸦片战争"第五章"南北分裂与封建经济南盛北衰时代——金与南宋"第三节"南宋的腐朽政治与道学的提倡"和第九章"隋唐以来文化概况"第五节"正统派宋学"论及朱熹及其思想。

"南宋的腐朽政治与道学的提倡"节指出："程颐学派传到朱熹，号称道学全盛时代。朱熹讲正心诚意的道学，被认为登峰造极。他本人的行为，并不与他口说符合，虽然他声名大，徒弟多，经长时期的修饰隐讳，似乎装成圣贤模样，可是不能掩尽的行迹，却依然流传。例如朱熹与陈亮友善，陈亮游台州狎官妓，求台州太守唐仲友代为脱籍。仲友卑视陈亮，不肯出力，亮怒，往见朱熹。熹问小唐说些什么？亮答，唐说你字都不认识，如何做得监司（大官）。熹怒，借查冤狱名义，巡按台州，立夺仲友官印，奏告他的罪状，仲友也上奏自辩。官妓严幼芳色艺冠一时，熹捕幼芳强令供与唐通奸，幼芳备受鞭杖，抵死不认。她说：'我是贱妓，与太守通奸，止是杖罪，不过是非真假，岂可乱说，我终死不能诬人'。熹再三痛杖，逼令认奸，幼芳受刑不屈。赵眘起初看朱、唐互告，止当是秀才争闲气（闹意气），后来看朱熹冤人通奸，令朱、唐二人都罢免了事。其他如迷信风水，掘别人的墓地，葬自己的母亲；娶尼姑二人作宠妾；托名邹欣注释《参同契》（炼丹书，东汉道士魏伯阳著）；标榜俭德，不让老母吃好米。这都是南宋人的记载，应该可信。"

1943 年（民国三十二年，癸未）

2 月，大经的《朱子学说之检讨》发表于《东南》第 1 卷第 3 期。

该文分为：一、"理气之说"，二、"心性之说"，三、"居敬穷理"。

5 月，程树德著《论语集释》由国立华北编译馆出版。该书对朱熹《论语集注》多有评论和引述。

该书"凡例"指出："朱子《集注》，元明以来以之取士，几于人人习之。清初汉学再兴，始有持异议者。誉之者尊为圣经贤传，一字无敢逾越；诋之者置之不议不论之列。……实则《集注》虽考证稍疏，然字斟句酌，亦非无一长可取，不能概行抹杀。"又说："《集注》为朱子一生精力所注，其精细亦断非汉儒所及。盖义理而不本于训诂，则谬说流传，贻误后学；训诂而不求之义理，则书自书，我自我，与不读同。二者各有所长，不宜偏废。"

6 月，冯友兰的《宋明儒家哲学述评》发表于国民党的《中央周刊》第 5 卷第 45 期。该文论及程朱与陆王修养方法之异同。

该文指出："程朱和陆王两派的方法：一个是一面'致知'一面'用敬'，同时并进。一个是先'致知'后'用敬'，此不同也引起了相互的批评。陆王说程朱的方法为'支离'，程朱说陆王的方法为'空疏'。陆王认为'今日格一物，明日格一物'是枝枝节节的，自有'支离'之病。程朱认为'先立乎其大者'不能步步为营，稳扎稳打，不无'空疏'之处。照我们意思，两方的批评，都有道理。……但是究竟应该如何可以既不'空疏'又不'支离'，这就是我们所要修正之点。"

钟钟山（钟泰）的《朱子之诗》发表于湖南蓝田国立师范学院的《国力月刊》第3卷第6期。

该文指出："有宋以来，理学家中，诗能成大家者，惟朱子一人而已。……朱子的诗的确是前无古人后无来者的作品：在他以前的诗人，往往情胜于理；后之诗人，不是不合于理，便是满篇头巾气。只有朱子的诗，真能将情理混诗为一，这便是朱诗之最有价值之处。"

7月，冯友兰的《对于儒家哲学之新修正》发表于国民党的《中央周刊》第5卷第47期。该文最后提出"对于宋儒的修正意见"，论及对程朱修养方法之修正。

该书指出："我们如明白了哲学的性质和功用，可以得到一个方法，既不支离又不空疏。我以为修养方法，是要'先立乎其大者'。……我们所谓'先立乎其大者'，是要先得到哲学上的几个基本观念，——宇宙、理、道体这几个观念。……有此观念后，眼界心胸都已扩大，当然是'先立乎其大者'了。如此说来，可以不致'空疏'了。要得到基本观念，光靠上面所说的一点，还是不够的。因为这样还不能算得到所谓真了解这几个观念。还要从经验方面来体验，此即程朱之格物之道。用'今日格一物，明日格一物'的方法，以体验之。……这样说来，我们也可说是用程朱的'今日格一物，明日格一物'的方法，但并不失于'支离'。总之，先有哲学的基本观念，是'先立乎其大者'。用研究功夫，以'今日格一物，明日格一物'的方法得到哲学的基本观念，是'先立乎其大者'的方法。这种方法，近于陆王，但并不失于空疏；近于程朱，但亦不失于支离。"

10月，曹朴著《国学常识》由国文杂志社出版。该书的第九章"理学"第三节"集宋学大成的朱熹"，分为：（一）"理气二元论"；（二）"理在气先说"；（三）"理全气偏说"；（四）"格物致知说"。

11月，何键的《〈大学〉格物发微》发表于《雍言》第3卷第11期。

12月，赵纪彬著《中国知行学说简史》由中国文化服务社出版。该书的第三编"宋明时代"第二章"朱熹与陆象山"。

该章分为：第一节"知行论上之程朱合一"；第二节"朱熹知行论中之三个错误命题"，又分为（甲）"知先行后"，（乙）"理具于心"，（丙）"致知以敬为本"；第三节"陆象山"。

该章指出："朱熹之知行学说……不但为认识论之固有命题，且颇富于把握客观事物本质之科学精神。朱熹由于此种知行学说之根据，故在政治实践上亦有如下之进步主张：第一，坚持对金抗战到底以恢复失地。第二，主张限制兼并以实现耕者有其田。第三，创设社仓而抵抗高利贷之剥削民众。第四，主张提高农业生产力以增加生产。"又说："朱熹由于其知行学说之科学性，故在自然科学知识方面，亦为丰富。"并把朱熹著述所涉及自然科学知识方面的内容分述为：第一，关于地质学者；第二，关于天文地理学者；第三，关于化石学者；第四，关于天文学者。最后得出结论："由此可知，朱熹之知行学说，其在格物致知一方面，不惟与丰富之自然科学知识相结合，亦且在政治上导出进步之主张，其价值诚不可忽视。"

恩丞的《朱子与文学》发表于中日文化协会的《两仪月刊》第 3 卷第 12 期。

该文指出："宋代的文豪，比得上朱子的文学的并不多觏，况且宋代的道学者（哲学家）可以以文章、诗歌与朱子相抗衡的，更可以断言没有一人。"

1944 年（民国三十三年，甲申）

1 月，朱东润著《中国文学批评史大纲》由开明书店出版。该书的第三十三"朱熹附道学家文论"，第三十四"自《诗本义》至《诗集传》"。

"朱熹附道学家文论"章说："自晦庵言之，文辞之用，贵于明义理。此理字与苏门所言之理字不同。苏门之说，指事理而言，故其义圆融而无所止，晦庵之语，指义理而言，故其义执着而归于一。""晦庵论诗，推重选体，尝欲抄取汉魏古诗以及郭璞、陶潜之作，自为一编，附于《三百篇》《楚辞》之后，以为诗之根本准则。……其论诗重在情真语真，故晦庵之诗，亦多可读。"

叶国庆的《朱子论学大意》发表于福建省地方行政干部训练团的《福建训练月刊》第 3 卷 1 期。

4 月，张达愚的《朱陆两派直觉思想异同考》发表于《学术界》第 2 卷 3 期。

该文分为：一、"直觉思想的评价"，二、"朱子与陆象山的直觉思想"，三、"朱陆两派直觉思想的异同"。

5 月，贺麟的《宋儒的评价》发表于《思想与时代》第 34 期。

该文指出："平心而论，这些宋明道学家当国家衰亡之时，他们并不似犹太学者，不顾祖国存亡，只知讲学。他们尚在那里提倡民族气节，愿意为祖国而死，以保个人节操，民族正气。且于他们思想学说里，暗寓尊王攘夷的春秋大义，散布恢复民族、复兴文化的种子。试看宋以后义烈彪炳民族史上的大贤，如文天祥，如方孝孺，如史可法，皆是受宋儒熏陶培植的人才。""他们的力量虽弱，但却是惟一足以代表民意的呼声，反抗奸邪的潜力。他们在政治上自居于忠而见谤、信而见疑的孤臣孽子的地位。他们没有享受过国家给予他们的什么恩惠或权利，他们虽在田野里讲学论道，但他们纯全为尽名分，为实践春秋大义，为实现治国平天下的王道理想起见，他们决没有忘记过对民族的责任。他们对民族复兴和民族文化复兴有了很大的功绩和贡献。""程朱之学，凡事必推究至天人心性，而求其究竟至极之理，其理论基础深厚，犹源远根深，而其影响之远大，犹如流之长，枝叶之茂。……宋儒格物穷理，凡事必深究其本源，理论基础甚深厚，虽表面上似虚玄空疏，而实有大用，故发生极大之影响。说宋儒不切实用，大都是只就表面立论，而不明程朱学说之全体大用者。"

6月，罗廷光著《中国的大教育家》由青年出版社出版。该书第八章"朱熹"。

8月，林志烈的《朱晦翁与王阳明》发表于福建的《公余生活》第2卷第5期。

该文分为：一、"引言"；二、"朱王之宇宙观"；三、"朱王之论性"；四、"结语"。

9月，冯友兰著《儒家哲学及其修正》由中周出版社出版。该书的"宋明儒家哲学述评"论及程朱与陆王修养方法之异同；"对于儒家哲学之新修正"论及"对于宋儒的修正意见"，论及对程朱修养方法之修正。

11月，蒙文通著《儒学五论》由路明书店出版。该书"本论"中《儒家哲学思想之发展》一文"后论"论及朱熹理气关系。

该文指出："朱子曰：'理与气既不相离，亦不相杂。'其言美矣。以不杂言则'气'之万殊，而善恶分、万事出，'理'固未尝与之俱往，是'理'冥然于'物'之外。'理'与'物'离，则'理'者惟一顽空之境，不足以曲应万变，而为善恶之衡、是非之准。舍'即物穷理'以为制事之方，则其道又奚由哉！是朱子虽为'理与气既不相离亦不相杂'之说，而朱子毕竟偏于'理气离'之说也，此朱学末流'即凡天下之物而穷之'，蔽不可掩也。以'理''气'为离，则'理'冥然无适于用，不足以应事，自必以'理气不离'之说济之。无适而非'气'，即无适而非'理'，气机鼓荡流行，皆天理也。'气'万殊而'理'亦万殊，无'气'外之'理'，亦无'理'外之'气'，无往而离'理'，即无往而非善，此阳明之旨，而'满街尧舜'之说所由生也。"

1945年（民国三十四年，乙酉）

2月，程中道的《朱子学在日本》发表于《东方学报》第1卷第2期。

该文分为：一、"宋学的传入"，二、"朱子学之祖藤原惺窝"，三、"朱子学的派别"。

该文认为，日本朱子学之祖为德川时代的藤原惺窝，继藤原惺窝之后，主要有林罗山、松永尺五、那波活所、堀杏菴等；林罗山在江户（今东京）讲学，为江户朱子学之祖；而松永尺五继藤原惺窝在京都讲学，门下有木下顺庵、安东省庵、宇都宫遯庵、贝原益轩等，木下顺庵门下最著名的有新井白石和室鸠巢等，形成为京都朱子学；此外，在江户还有另一脉始于南村梅轩、谷时中，传及山崎暗斋的土佐朱子学。

3月，王凤喈著《中国教育史》由正中书局出版。该书的第八章"隋唐宋元明清之教育"第五节"教育思想"（三）"宋元明时代之教育思想"（4）"朱晦庵"。

该节与1928年王凤喈《中国教育史大纲》所述基本相同。

4月，冯友兰著《新原道（一名中国哲学之精神）》由商务印书馆出版。该书的第九章"道学"论及朱子理学。

5月，张东荪的《朱子的形而上学》发表于中国大学的《中大学报》第3卷第1~2合期。

该文是为李相显所撰《朱子哲学》一稿而作的一个长序。该文讨论朱子哲学，先是讨论：一、"道是什么？"二、"道与理的关系是什么？"三、"理是什么与太极是什么？"四、"理与气的关系是什么？"五、"气是什么？"六、"理与性的关系是什么？"七、"理与心的关系是什么？"等。

该文为朱子的"理"下一个定义："在宇宙的有机整体上任何事物的出现或成立，必有其所以然之故，此所以然即其所由以成，此乃就其在整体的功用而言；至于就各个事物而言，既是在整体中，自必须尽其所以出现或成立的功能，此即是当然之则，合而言之，所以然之故与当然之则，谓之曰理。"

该文指出："心之所以能具理，只是由于性使然。须知性即理也。由理造成的性则当然可使心能与理打通。……故明心即是尽性；尽性即是穷理；穷理即是理之自己完成。说心、说性、说理乃完全是一回事。因而有'心即理'与'性即理'之言。"

该文又指出："他虽建立了一个伟大的系统，在其中大讲道、理与气，而实则归根结底却不外乎为仁、义、礼、智、信等道德寻得一个理论上的根据。而他说此五德，又不外乎为了与五常（君臣父子等）相配合。……所以形而上学无论如何说得天花乱坠，讲什么宇宙组织，说什么本体奥妙，而终久必须落到地下；换言之，即落到人生与社会问题。"该文最后讨论"朱子思想在现代中国能否复活？"

8月，闻亦博著《力行哲学论证》由正中书局出版。该书的第四篇"朱子论知行"。

11月，贺麟著《当代中国哲学》由胜利出版社出版。

该书认为，中国哲学在近五十年来"可以值得我们大书特书"的，其中有"理学中程朱陆王两派的对立，也得了新的调解"。该书认为，冯友兰《中国哲学史》"对陆、王学说太乏同情，斥之为形而下学，恐亦不甚公允，且与近来调和朱陆的趋势不相协合"；同时还针对冯友兰《新理学》，引述王恩洋《新理学评论》批评冯友兰"但取旧理学的理气而去其心"是"取其糟粕，去其精华"，并且指出:"我尝说,讲程、朱而不能发展至陆、王,必失之支离;讲陆、王而不能回复到程、朱,必失之狂禅。冯先生只注重程、朱理气之说,而忽视程、朱心性之说,且讲程、朱而排斥陆、王,认陆、王之学为形而下之学,为有点'拖泥带水',无怪乎会引起王先生这样的批评。"

12月,熊十力著《读经示要》由南方印书馆出版。该书的"读经示要卷一"第一讲"经为常道不可不读",其中在述《大学》时论及朱子之说与王阳明之说的异同。①

该书指出:"朱子以致知之知为知识,虽不合《大学》本义,却极重视知识。而于魏、晋谈玄者扬老、庄反知之说,及佛家偏重宗教精神,皆力矫其弊。且下启近世注重科学知识之风""程、朱说理在物,故不能不向外寻理。由其道,将有产生科学方法之可能"。

该书还说:"阳明以致知之知为本心,亦即是本体。不独深得《大学》之旨,而实六经宗要所在。……余以为致知之说,阳明无可易。格物之义,宜酌采朱子。""朱子'补传'之作,实因经文有缺失而后为之,非以私意妄增也。……朱子不悟致知之知是本体,而训为知识,此固其错误。而注重知识之主张,要无可议,但知识本在格物处说,经义极分明。朱子训格物为即物穷理,知识即成立。此则宜采朱子'补传',方符经旨。"

1946年(民国三十五年,丙戌)

6月,张东荪著《思想与社会》由商务印书馆出版。该书的第六章"中国的道统(下)理学思想"论及朱子理学。

该章指出:"朱子思想是宋儒各家的集大成,虽偏于伊川较远于明道,然而却是比较上真能继承儒家之精神。于是我们又可替朱子对于理气太极性与心等名词下个定义。先就理字来说,理是就事物之分别条绪而言,在宇宙的有机整体上一物之所以异于他物即在其分别条绪。这个分别条绪即是其物之所以成立,这个所以成立名之曰所以然之故;但就其在整体中之功用而言,则必然尽其功能或职司方可称得起是这个东西,于是所以然之故遂同时变为当然之则了。这个所以然之故与当然之则,乃是一义。此即所谓理。所以理字苟就其在有机体的宇宙而言便无所谓是抽象或是具体。"

该章还说:"有人以为阳明是承继陆子静。我则以为朱陆并无太大的不同,因为我现在是就道统而言,即是注重在思想之大流之传延下来。这自和普通哲学

---

① 熊十力:《读经示要》,载于《熊十力全集》第三卷,湖北教育出版社2001年版,第629~674页。

史思想史不同。他们可以注重小异注重派别，我则只讲其中所含的那个主潮。从这一点上说，阳明在表面上是确有反对朱子的地方，而在里面却不仅是仍代表这个道统的主流，并且更有发挥。所以由宋儒到明儒在哲理上是发展是进化，而不是分歧不是转向。"

8月，罗根泽的《朱熹对于文学的批评》发表于《中国学术》第1期。

该文分为：一、"朱熹的贡献——道文统一说"，二、"说出的诗文与做出的诗文"，三、"反对摹拟与提倡摹拟"，四、"尊重常格与反对新格"，五、"天生腔子与稳字"，六、"文三世与诗三等"。

该文指出："道文统一是朱熹的绝大贡献，周程——尤其是程颢、程颐止是站在道的立场攻击文学，在文学理论上没有多大价值，在文学批评史上也可不必叙述，文学批评史上的所以不能不叙述道学家的意见，就是因为朱熹的道文统一说在文学理论有不可泯灭的价值。""朱熹的道文统一说，表面上仍然是站在周、程一方面攻击韩、苏，实则是周、程与韩、苏的融合，也就是道学家与古文家的由对立而至于统一。不过这种统一，在本质上讲，道是根本，文是枝叶；在表现上讲，文是从道中流出；所以要明道而为文，不是为文以贯道。"

9月，孙玄常的《朱子〈仁说〉疏证》发表于《国文月刊》第47期。

该文对朱子《仁说》文本作了详细的注释和解说，并附《晦庵先生朱文公文集》卷三十二《答张钦夫论仁说》四篇。

对于朱子《仁说》所言"天地以生物为心者也，而人物之生又各得夫天地之心以为心者也"，该文指出："朱子之学，虽有理、气、心、性之别，然其合天地万物为一，固与陆、王无二致。盖皆出于孟子'万物皆备于我'之基本观点，惟解释不同耳。朱子说'心'有二种：一为天地之心，一为人物之心。……天地之心乃心之'全体'，人物之心乃心之'个体'，二者之关系，殆如'月印万川'。"并且认为，程子所谓"爱之发而名仁"与朱熹讲"以爱之理而名仁"，"本旨相同"，还说："盖程、朱既以情之未发为'性'，而'性即理也'，故仁既是性，即可言仁即是理。"

10月，萧公权著《中国政治思想史》（第二册）由商务印书馆出版。该书的第十五章"元祐党人及理学家之政论"第四节"二程与朱陆"。

该节指出："宋之理学家非尽主张制度复古也。考亭朱氏即为最重要之例外。朱子虽信天下有不可泯灭之道而不主古今必循一定之制。……朱子政论实与盱江（李觏）、临川（王安石）相表里，与俗儒之空谈性命者固不相同，虽二程亦有未逮。""朱子所拟改革之方案当以变科举、均田产、振纲纪、罢和议数事为最要。"

张瑞璠的《朱王学说的比较》发表于《文化先锋》第6卷第6期、（11月）第7期。

该文分为：（一）"本体论的比较"，（二）"知识论的比较"，（三）"方法论的比较"，（四）"道德论的比较"，（五）"修养论的比较"，（六）"结论"。

该文认为，在本体论上，朱王的差别是"一为理气二元论，一为唯心一元论"；在知识论上，就大体而言，"晦庵主经验，阳明主直觉"；在方法论上，"晦庵用归纳的时候多，阳明用演绎的时候多"；在道德论上，"晦庵承伊川之说，分性为义理之性与气质之性两种，义理之性浑然至善，气质之性则有善有不善；阳明论性，远本孟氏，认为性是绝对的善，其中不可能有恶的成分"；在修养论上，"阳明与晦庵虽然同样主张去人欲、存天理，但涵义显然不同：晦庵在穷理持善以正性，阳明在除昏去蔽以明性"。该文最后指出："从上述五方面的比较来看，晦庵与阳明的学说颇有出入。但有一个不可忽略的共同点，即二人都以经世致用为目的，其学说千言万语，要不外以人心之制裁赴天理之自然，更以天理之自然节吾人之心行。"

12月，燕义权的《陈同甫与朱晦庵》发表于《国民午报》12月26日。

1947年（民国三十六年，丁亥）

1月，任继愈的《朱子的教育哲学》发表于《教育短波》第1卷第2期。

该文指出："朱子的教育哲学是人生方面的，是行为方面的，是教人道德的践履而不是纯知识的传授。朱子并不曾忽略了知识的传授，但是朱子的知识的传授，仍旧是关于人生方面的、行为方面的知识，而不是纯的知识。像现在我们所了解的天文学、算学、地质学、社会学等所包括的'学'的意义，朱子看来，这些学问都是人生方面的'用'，而不是根本的学问。"

罗根泽的《朱熹的道文统一说（上、下）》发表于《和平日报》，1月4日、11日。

李相显著《哲学概论》由世界科学社出版部出版。该书的第五篇"本体论"第三章"二元论"第四节"朱子底理气二元论"。

唐君毅的《朱子理气关系论疏释（一名朱子道德形上学之进路）》发表于《历史与文化》第1期、（3月）第2期。

该文有上、下两篇。

上篇正文分为六部分：甲、"辨五种先后义及逻辑之先后义等非朱子理先气后之先后"，乙、"辨逻辑先后不足成就形上学之先后，及分析经验事物以发现共相而以之为理，不能建立朱子形上学之理先气后及理一与理善之义"，丙、"辨'当然之理之自觉先于实现此理之气之自觉'之体验，乃使理先气后之言最初得有所指处"，丁、"辨当然之理之自觉先于其气之自觉，非时间之先后，知识论之先后，及逻辑之先后"，戊、"辨当然之理之自觉先于气之自觉乃须是一种主观心理认识之先后，然非一般之主观心理认识之先后，而可启示一形上学之理先气后之命题者"，己、"辨吾人对当然之理之自觉或肯定中，同时显示出当然之理之超主观的形上学的真实意义，当然之理之自觉之先于其气之自觉乃根据于形上学的理之在先性"。

下篇分为八部分：甲、"当然之理本身是一种存在者之理"，乙、"当然之理为存在者存在之根据之一种"，丙、"一切存在皆有具仁之理之可能"，丁、"一切存在必具仁之理之超越的建立"，戊、"仁之理之超个人自觉性，仁之理即生之理"，己、"一切存在之生之事皆必根据于一生之理"，庚、"一切特殊之理皆根据于此生之理、仁之理"，辛、"论无不仁不生之理"。

该文"前言"指出："本文即旨在指出当依何意义朱子所谓理先气后及理一之义，可得其解。吾在此将先略斥流行之以逻辑上先后说朱子之理先气后之说，如冯友兰、金岳霖先生所代表，并说明朱子理先气后之说可首于当然之理之先于实现此理之气上得其解。其次即说明依何意义朱子可说当然之理即存在之理并可说理一，使于当然之理可说理先气后者而于存在之理亦可说。"

该文最后说："吾之此文首则辨逻辑先后等等非形上先后。次由当然之理之直接体验以明其超主观之意义而显其为形上的先于气之意义。再则由当然之理之超主观的意义以明其为存在之理存在者所以存在之理，一切存在之特殊之理所根据之理。而吾之论此理之为存在之理也，乃由外表之模拟以知其可有，以道德理性先验之推论以建立其必有，以仁者唯以成物为事明仁之理即生之理。以纯粹理性之推论明一切生之事皆根于生之理，一切特殊之理皆根于一生之理。四途会合，内外孚应，而后归于即万物之生生以体验仁之理即存在之理。由是而仁之理即为当然之理，亦为存在者所以存在之理乃明。"

2月，郭绍虞著《中国文学批评史》（下册之一）由商务印书馆出版。该书的第二篇"南宋金元"第一章"南宋之文论"第一节"道的问题"第二目"朱熹"，第二章"南宋之诗论"第一节"道学家"第二目"朱熹"。

4月，李相显著《朱子哲学》由世界科学社出版部出版。

该书"用以朱解朱的方法，以叙述朱子底哲学"，重点阐述朱子哲学的每一个概念和思想的形成、发展过程，对朱子哲学进行动态的阐释。分为五编：

第一编"道"，又分为：第一章"道即全"，再分为"道兼体用""道通天地人"两节；第二章"道即理"，再分为"道是理气之理""道是性理之理""道是伦理之理"三节。

第二编"理气"，又分为：第一章"太极"，再分为"无极而太极""天地万物之理""太极之动静""人物各有一太极"四节；第二章"理"，再分为"形上生物之本""理与事物""理之流行""当然之则""所以然之故"五节;第三章"气",再分为"形下生物之具""气之运转""气之新生""阴阳""五行"五节;第四章"理与气",再分为"理气之合""理气不相离杂""理气之先后"三节。

第三编"性理",又分为:第一章"性",再分为"性即理""本然之性气质之性""理之同异""气质"四节;第二章"心",再分为"心具众理""人心道心""情""心统性情""性心情之善恶"五节;第三章"四德",再分为"五常与阴阳五行""性之条目""仁为天地生物之心""仁包四德"四节。

第四编"伦理与政治",又分为:第一章"伦理",再分为"善恶是非""理一分殊""五伦"三节;第二章"政治",再分为"天理人欲""王霸"两节。

第五编"工夫",又分为:第一章"敬",再分为"敬与格物""敬通内外""敬贯动静""敬与察识涵养"四节;第二章"格物",再分为"格物所以致知""格物所以修养""格物之方""豁然贯通"四节。

附录:朱子重要书信、著述的年代考证40篇,朱子年表1篇,朱子语录姓氏1篇。

5月,任继愈的《宋明理学家的教育哲学:从朱子到王阳明》发表于《读书通讯》第133期。

该文在同年1月发表于《教育短波》第1卷第2期的《朱子的教育哲学》的基础上多有增补。该文指出:"朱子的教育哲学是人生方面的,是行为方面的,是偏重在教人道德的履践而不是纯知识的传授。朱子并没有忽略了知识的传授,但是朱子的知识的传授,仍旧偏重在人生方面及行为方面,而不是纯的知识——如现在我们了解的天文学、地质学、算学等等'学'的意义。朱子看来,这些学问都是人生方面的'用',而不是根本。""朱子的学问的宗旨特别重在人生行为方面,若再追究他的人生行为方面的根本,那就是朱子自己承认的'正心诚意'是他平生的学问得力的所在。正心诚意概括地说就是心性的涵养。他的教育宗旨既特别偏重在心性的涵养,因此不免对于纯粹的知识以及实用的技术知识有所忽略。……于是形成一种重内轻外的趋势,忽略了一切实用的知识。""朱子特别看重心性的涵养,并以此为作人的根本,他是对的。如从现实的人生问题出发,则当然应该重视心性涵养的问题。他的困难乃在于过分地看重心性涵养,以及道德的秩序,把宇宙秩序也看做是道德的秩序,把实际应用的知识也归摄到心性涵养的学问以内。""朱子与阳明的学说,其所以千古不朽之处,乃是因为他们的确见到人性,认清楚了人性,然后再谈教育。人之所以为人的地方,他们看到了,所以他们不把教育看成强迫的、外来的,而是把教育看成是自动的、内发的。教育不是宣传或灌输,而是人格的自我实现。"

6月，熊十力的《答牟宗三问格物致知书》发表于《学原》第1卷第2期。

该文前述牟宗三的信函，认为熊十力《读经示要》将阳明的良知与朱子的格物相接，"似不甚妥"。牟宗三说："致知之知，若取阳明义，指良知（本心）言。而格物一词，复因顾及知识，取朱子义。今细按致知在格物一语，则朱、王二义，实难接头。朱子义甚清楚，然即物而穷其理，以成知识。与诚意、正心究无若何必然之辟系？"

熊十力回应说："经言致知在格物。正显良知体万物，而流通无阂之妙。格者，量度义。良知之明，周运乎事事物物，而量度之，以悉得其有则而不可乱者。此是良知推扩不容已，而未可遏绝者也。……夫推扩吾良知之明，去格量事物。此项工夫，正因良知本体，元是推扩不容已的（良知本体四字，作复词）。工夫只是随顺本体。否则无由实现本体。此不可不深思也。哲学家有反知者，吾甚不取。明乎此，则吾言致知格物，融会朱王二义，非故为强合。吾实见得真理如此，朱王各执一偏，吾观其会通耳。"

刘雨涛撰《朱子心性论研究》。①

该文分为：（一）"导言"，（二）"理与气"，（三）"性"，（四）"仁义礼智"，（五）"心"，（六）"结论"。

9月，钱穆的《朱子学术述评》发表于《思想与时代》第47期。

该文指出："朱子学说，规模极阔大，其思想头绪又极繁复，自来号为难究。窃谓欲治朱子思想，当分数要端，首在详密排比其思想先后之演变，此项工作，固须精严考订，然尤要在能有哲理之眼光。否则仅赖考订，犹不足以胜任而愉快，如清代王懋竑《朱子年谱》是也。其次在通观朱子对于并世诸家之批评意见而加以一种综合研究，学者多知朱陆异同，然朱子并非仅与陆异，并世诸家如张南轩、吕东莱、陈止斋、薛艮斋、陈龙川、叶水心等，朱子皆有往复评骘，必通观此诸异同，而后朱子自己思想之地位乃始跃然呈露。"该文认为，朱子的最大贡献，"不在其自己创辟，而在能把他理想中的儒学传统，上自五经四书，下及宋代周、张、二程，完全融成一气，互相发明"，还说："孟子称孔子为集大成，此层无可细说，至于朱子确是集孔子以下儒学之大成。""以整个中国学术史观之，若谓孔子乃上古之集大成者，则朱子乃中古之集大成者。"

查猛济的《朱子读书方法的中心观念》发表于《读书通讯》第140期。

10月，君起的《从朱陆异同说到永嘉学派》发表于《大中国》第4~5期。

---

① 刘雨涛：《朱子心性论研究》，载于《文化与传播》第四辑，海天出版社1996年版，第248~271页。该文作者附记：这篇文章，作于1947年6月；1948年12月至1949年5月，易名《朱子哲学述评》，曾在四川省成都市《建设日报》和《中兴日报》的《文史》副刊上连载。

1948 年（民国三十七年，戊子）

2 月，严群的《〈大学〉"格物""致知"朱子补传解》发表于《申报》，2月 24 日。

该文指出："朱子著《大学章句》，分经分传，以经文'格物致知'无传，因取程子之意而补之曰：'所谓致知在格物者，言欲致吾之知，在即物而穷其理也。盖人心之灵莫不有知，而天下之物莫不有理；惟于理有未穷，故其知有不尽也。是以大学始教，必使学者即凡天下之物莫不因其已知之理而益穷之，以求至乎其极；至于用力之久，而一旦豁然贯通焉，则众物之表里精粗无不到，而吾心之全体大用无不明矣。此谓格物，此谓知之至也。'

尝谓朱子'补传'不及数百言，顾于知识之形成，及其主观客观之条件，皆已具其端倪，实与近代西哲之知识论相发明，而'即物穷理'之论尤与科学精神相吻合，惜乎后儒之识浅，而不能竟其绪也。不揣谫陋，为解朱子之意，以质学者。'人心之灵莫不有知'，其'知'有可说焉：官接物而为感，感达于心而成觉成知。顾此知觉之能常存于心，应感而成知成觉。《墨经》曰：'知，材。知也者，所以知也；而不必知。若明。''知，材'云者，所以为知之本能也；不与物接，则知之材无所施其用，而所以为知者未必有知，故曰'不必知。'如目虽有明，苟不视物，犹无以为见也。吾心既有所以为知之材矣，至若其所知者，莫非事物之理，盖事物之接于我心，舍理无他途焉；故欲致吾心之知，亦唯即物而穷其理，理有未穷，则其知有不尽也。且夫知之材之施于事物，撮其理而为知也，又有其所操之具，不假外求，而为吾心所固有者，若名学之思律（Laws of Thonght），若形学之定理（Axioms）……是已。今夫所谓'即凡天下之物，因其所已知之理而益穷之'者，所已知之理，其始也盖即吾心所固有，而不假于外求者，以此为之基，因之以求其所未知，继而所未知者转而为所已知，更因之而益穷其所未知，寖假而有以至乎其极。所谓'一旦豁然贯通'者，穷理既众，乃收会通之效；而其所会通者辄成共理公例，其用乃在据往知来，执因求果，凡此皆名学内籀与外籀（Induction and Deduction）之功：方吾心之始用其所固有之知于事物也，是为外籀之事；继而即物而穷其理，以至于豁然贯通，内籀之事也；终而执其贯通所得之共理公例，以御蕃变，逆未然也，则又外籀之功。宜乎'众物之表里精粗无不到，而吾心之全体大用无不明'也。"

4 月，程俊英著《中国大教育家》由中华书局出版。该书的第十章"朱熹"。该章分为："传略"；"教育学说"，又分为（一）"性善说"，（二）"教育的宗旨",(三)"教育的功效",(四)"求学的方法",(五)"教材",(六)"训育"。指出:"朱子的教育宗旨,在造就模范人才,促进国家文化,保持社会的安全。……至他所理想的模范人格及诚身的标准,在白鹿洞书院教规里可以看出,不仅是在求知识与技能,且在社会方面,对君臣、父子、兄弟、夫妇、朋友等各种关系都要尽责,而修身、处事、接物,都要达到吾人所应为的。"

燕义权著《儒学精神》(增订本)由上海源源仁记印刷所出版。该书的第三章"儒家精神表现",有"朱熹的居敬"一节;附录有《陈同甫与朱晦庵》一文。

5月,蔡尚思的《宋明理学相同的缺点》发表于《新中华》复刊第6卷第9期。

该文分为:一、"地主的立场";二、"三教的杂家",又分为(1)"佛道两家的同点",(2)"程朱、陆王两派的同点";三、"不行的修养";四、"无上的君权"。

6月,钱穆的《周程朱子学脉论》发表于《学原》第2卷第2期。

该文认为,周敦颐、程颢、程颐、朱子为理学正统,"此四家思想,虽有小异,仍属大同",并且指出:"其实朱子的发明更过伊川,他的理气论,乃为直接周程而综合之的最要理论。此外,四家虽有种种异同出入,只提出此一大节目,便是其主要血脉,一气相承处。这里便见宋儒理学正统精神。"

钱钟书著《谈艺录》由开明书店出版。该书有"朱子论荆公东坡""朱子书法""朱子诗学"等小节。

"朱子诗学"节指出:"朱子在理学家中,自为能诗,然才笔远在其父韦斋之下;较之同辈,亦尚逊陈止斋之苍健,叶水心之遒雅。晚作尤粗率,早作虽修洁,而模拟之迹太著,如赵闲闲所谓'字样子诗'而已。"

7月,蔡尚思的《程朱派哲学的批判》发表于《中国建设》第6卷第4期。

该文分为:一、"学说的来源——儒家与道佛",又分为(A)"道家",(B)"道教",(C)"佛学",(D)"总比较";二、"两种的功夫——心头与纸上";三、"骗人的谈玄";四、"吃人的讲理",又分为A."尊卑的不平",B."男女的不平"。

王树槐的《略论朱王学说的异同》发表于《文化先锋》第9卷第2期。

该文指出:"朱子和王阳明的学说,就其根本与目的而言,大体上相同,所不同者是枝节,但就功夫而言,朱子和王阳明便分道而驰了。"

9月,蒋伯潜著《理学纂要》由正中书局出版。该书的第八章"朱子",第十一章"朱子后学"。

10月,钱穆的《朱子心学略》发表于《学原》第2卷第6期。

该文指出:"程朱主性即理,陆王主心即理,学者遂称朱程为理学,陆王为心学,此特大较言之尔。朱子未尝外心而言理,亦未尝外心而言性,其《文集》《语类》,言心者极多,并极精邃,有极近陆王者,有可以矫陆王之偏失者。不通朱子之心学,则无以明朱学之大全,亦无以见朱陆异同之真际。"

"陆王发明心学,到底在人生哲学上不失为一种大贡献,但朱子在此处实也并没有忽略过……与陆王分别甚微,只在入门下手处,虚心涵泳,未要生说,较之陆王似转多添了一层,正是先立定本,喻之乃好,践履之外又重讲学,必如此乃能扩大心量,直达圣境。"

"我尝说,一部中国中古时期的思想史,直从隋唐天台禅宗,下迄明代末年,竟可说是一部心理学史,个个问题都着眼在人的心理学上。只有朱子,把人心分析得最细,认识得最真。一切言心学的精彩处,朱子都有;一切言心学的流弊,朱子都免。识心之深,殆无超朱子之右者。今日再四推阐,不得不承认朱子乃当时心理学界一位大师。"

赵纪彬著《中国哲学思想》由中华书局出版。该书的第七章"宋明道学的派别和思想"第二节"南宋理学心学的对立",论及朱陆的对立。

该文指出:"陆象山发展程颢的观点,成为心学体系;朱熹发展程颐的观点,成为理学体系。这两派在南宋成为尖锐的对立。这个对立,就是有名的朱、陆之争。就这两派的哲学思想来看,首先我们知道,他们的争执是起于唯心论和二元论的不同。"

是年,冯友兰在美国宾夕法尼亚大学讲授中国哲学史的英文讲稿 *A Short History of Chinese Philosophy*(中文译名:《中国哲学简史》)由美国纽约麦克米伦公司出版。该书的第二十五章"新儒家:理学"专门阐述朱熹哲学。

该章分为:"朱熹在中国历史上的地位""理""太极""气""心性""政治哲学""精神修养的方法";指出:"儒家在汉朝获得统治地位,主要原因之一是儒家成功地将精深的思想与渊博的学识结合起来。朱熹就是儒家这两个方面的杰出代表。他的渊博的学识,使他成为著名的学者;他的精深的思想,使他成为第一流哲学家。"

牟宗三撰《江西铅山鹅湖书院缘起暨章则》[①],提出儒学发展的三期说。

该文指出:"……宋之国势虽弱,而文化则极高,与唐恰相反。而儒学亦于此表现为极光辉、极深远。是为自孔、孟、荀至董仲舒后之第二期之发扬。明代继宋学而发展,又开一尽精微之局。王学之出现于历史,正人类精神之不平凡,

---

[①] 牟宗三:《江西铅山鹅湖书院缘起暨章则》,载于《牟宗三先生全集(26)·牟宗三先生未刊遗稿》,联经出版事业公司2003年版,第13页。

儒家之学之焕奇彩也。满清入关，民族生命乃受曲折。降至清亡，以迄今日，未能复其健康之本相。吾人今日遭遇此生死之试验，端视儒学之第三期发扬为如何。"

1949年（民国三十八年，己丑）

1月，张东荪的《从现代观点论朱子形而上学》发表于《学原》第2卷第9期。

该文与1945年5月发表于《中大学报》第3卷第1~2期合刊的《朱子的形而上学》同属一文。

蔡尚思的《道统的派别与批判》发表于《中国建设》第7卷第4期。该文包含了对程朱派道统说的讨论。

该文指出："宋代理学家如周敦颐、二程、朱熹等，个个都自以为是直接孟轲之传。……我们观于上述程朱派，不但在思想上是老生常谈；就是褒扬朱熹的言论，也陈陈相因。"

2月，于彦胜的《儒家教育方法之研究——从朱晦庵为学之序说到戴东原治学的精神》发表于《中华教育界》复刊第3卷第2期。

该文分为：一、"朱子为学之序"，二、"'博学'一节与教育之关系"，三、"'博学'一节与思想历程之关系"，四、"'博学'一节与知难行易之关系"，五、"戴东原治学的精神"。

10月1日，中华人民共和国成立。

主要参考文献

一、1912~1949年报刊发表的朱子学研究专题论文以及学术专著

汤用彤：《理学谵言》，见汤一介编：《汤用彤选集》，天津人民出版社1995年版。

程南园：《与友人论朱陆书》，载于《国学》1915年第1卷第1期。

颂予：《朱陆异同辨》，载于《民权素》1915年第12集。

权予：《唐正义中庸与朱子章节异同考》，载于《民权素》1916年第17集。

谢无量：《朱子学派》，中华书局1916年版。

傅斯年：《宋朱熹的〈诗经集传〉和〈诗序辩〉》，载于《新潮》1919年第1卷第4号。

华超：《赫尔伯脱、福禄培尔与朱子、王阳明教育学说之比较》，载于《新教育》1920年第3卷第2期。

吴其昌：《朱子传经史略》，载于《学衡》1923年第22期。

吴其昌：《朱子一元哲学》，载于《无锡国学专修馆讲演集初编》，无锡国学专修馆1923年版。

王蘧常：《宝应王白田、朱止泉两先生之朱子学》，载于《无锡国学专修馆讲演集初编》，无锡国学专修馆1923年版。

诸大章：《朱子的哲学》，载于《无锡新报》（星期增刊）1923年12月16日。

张恩明：《述朱陆学说之异同及其得失》，载于《东北》1924年第2期。

梁启超：《〈中国近三百年学术史〉第九讲"程朱学派及其依附者——张杨园、陆桴亭、陆稼书、王白田，附其他"》，载于《史地学报》1924年第3卷第4期。

汪震：《自一点上观察之朱陆战争》，载于《教育丛刊》1925年第5卷第5期。

黎群铎：《晦庵学说平议》，载于《国学丛刊》1925年第2卷第4期。

董西铭：《程朱陆王哲学之长短得失》，载于《来复》1925年第367、368号。

秀因：《朱子哲学》，载于《金陵光》1927年第15卷第4期。

陈复光：《朱子学派与阳明学派之大别》，载于《清华周刊》1927年第27卷第10号。

陈复光：《阳明学派与朱子学派之大别》，载于《清华周刊》1927年第27卷第15号。

吴其昌：《朱子著述考（佚书考）》，载于《国学论丛》1927年第1卷第2号。

罗常培：《朱熹对闽南风俗的影响》，载于《国立第一中山大学语言历史学研究所周刊》1927年第1集4期。

黄子通：《朱熹的哲学》，载于《燕京学报》1927年第2期。

李文杞：《朱熹与康德》，载于《南大戊辰哲学论文集》，岭南大学书局1928年版。

余敏卿：《朱陆人生观之论战》，载于《南大戊辰哲学论文集》，岭南大学书局1928年版。

周予同：《朱熹哲学述评》，载于《民铎杂志》1929年第10卷第2期。

周予同：《朱熹》，商务印书馆1929年版。

冯日昌：《朱熹"格物致知"论》，载于《朝华月刊》1929年第1卷第1期。

冯日昌：《程朱陆王"格物致知"说之反动》，载于《朝华月刊》1930年第1卷3期。

何炳松：《程朱辨异》，载于《东方杂志》1930年第27卷第9～12号。

唐文治：《紫阳学术发微》，华东师范大学出版社2014年版。

吴其昌：《朱子之根本精神——即物穷理》，载于《大公报·文学副刊》第146期（"朱晦翁诞生八百年纪念"）1930年10月27日。

贺麟：《朱熹与黑格尔太极说之比较观》，载于《大公报·文学副刊》第147期（"朱晦翁诞生八百年纪念"）1930年11月3日。

素痴（张荫麟）：《关于朱熹太极说之讨论》，载于《大公报·文学副刊》148期（"朱晦翁诞生八百年纪念"）1930年11月10日。

吴其昌：《朱子治学方法考》，载于《大公报·文学副刊》第149、150期（"朱晦翁诞生八百年纪念"）1930年11月17、24日。

温公颐：《朱子读书法》，载于《师大教育丛刊》1931年第2卷1期。

罗庶丹：《朱子所见吕纪异文考释》，载于《湖大期刊》1931年第5期。

陈钟凡：《〈两宋思想述评〉（七）第十二章"朱熹之综合学说"》，载于《学艺》1931年第11卷第7号。

叶渭清：《朱子与吕成公书年月考》，载于《国立北平图书馆馆刊》1932年

第 6 卷第 1 号。

冯友兰：《朱熹哲学》，载于《清华学报》1932 年第 7 卷第 2 期。

徐葆珍：《朱陆异同及其评价》，载于《云南旅平学会会刊》1932 年第 7 期。

邱椿：《朱熹的读书法》，载于《师大教育丛刊》1932 年第 2 卷第 3 期。

冯友兰：《新对话（一）——对话者：朱熹及戴震之灵魂》，载于《大公报·世界思潮》第 1～2 期 1932 年 9 月 3、10 日。

冯友兰：《新对话（二）——对话者：朱熹及戴震之灵魂》，载于《大公报·世界思潮》第 6 期 1932 年 10 月 8 日。

甫文（嵇文甫）：《程朱论仁之阐略》，载于《尚志周刊》1932 年第 2 卷第 4～5 期合刊、第 6～7 期合刊。

冯友兰：《新对话（三）——对话者：公孙龙、朱熹、戴震之灵魂》，载于《大公报·世界思潮》第 15 期 1932 年 12 月 8 日。

冯友兰：《宋明道学中理学心学二派之不同》，载于《清华学报》1932 年第 8 卷 1 期。

丁正熙：《谈谈宋学由来及成就》，载于《新西北》1932 年第 1 卷第 3～4 期合刊。

陈钟凡：《〈两宋思想述评〉（八）第十三章"朱氏学派"》，载于《学艺》1933 年第 12 卷第 1 号。

白寿彝：《朱熹辨伪书语》，朴社出版部 1933 年版。

邱椿：《朱熹的读书法》，载于《师大月刊》1933 年第 1 卷第 4 期。

林玮：《朱子的教育思想》，载于《师大月刊》1933 年第 1 卷第 4 期。

翁国梁：《朱熹与闽南文化——关于朱熹的遗迹及其故事》，载于《民俗》1933 年第 120 期。

蒋百幻：《朱熹与湖南文教》，载于《衡风周刊》1933 年第 1 卷第 14 期。

牛继昌：《朱熹著述分类考略》，载于《师大月刊》1933 年第 1 卷第 6 期。

王治心：《福建理学系统》（一），载于《福建文化》1933 年第 2 卷第 13 期。

韩海南：《读朱注论语札记》，载于《学风》1933 年第 3 卷第 10 期。

王治心：《福建理学系统》（二），载于《福建文化》1934 年第 2 卷第 14 期。

王治心：《福建理学系统》（三），载于《福建文化》1934 年第 2 卷第 15 期。

邹枋：《朱熹的救荒论与经界论》，载于《建国月刊》1934 年第 10 卷第 1 期。

金云铭：《朱子著述考》，载于《福建文化》1934 年第 2 卷第 16 期。

姚廷杰：《朱学钩玄》，载于《国学论衡》1934 年第 3 期。

余工心：《朱陆学派》，载于《中央日报》1934 年 8 月 18 日。

龚书辉：《朱子攻击〈毛诗序〉的检讨》，载于《厦大周刊》1934 年第 14

卷第 11、12 期。

李兆民：《洛学道南系的渊源》，载于《福建文化》1935 年第 3 卷第 17 期。

黄源澂：《朱子在籍在官之救荒概略及其评议》，载于《国专月刊》1935 年第 1 卷第 1 号。

雪薇：《朱熹教育思想》，载于《校风》1935 年第 240、241 期。

白寿彝：《从政及讲学中的朱熹》，载于《国立北平研究院院务汇报》1935 年第 6 卷第 3 期。

姜忠奎：《〈中庸〉郑朱会笺》，载于《新民月刊》1935 年第 1 卷第 1～2 期。

高名凯：《朱子论理气》，载于《正风半月刊》1935 年第 1 卷第 11～12 期。

郑景贤：《读朱氏〈大学章句〉发疑》，载于《厦大周刊》1935 年第 14 卷第 29 期。

孙远：《朱学检讨》，载于《国学论衡》1935 年第 5 下～6 期。

白寿彝：《朱子语录诸家汇辑·叙目》，载于《国立北平研究院院务汇报》1935 年第 6 卷第 4 期。

饶思诚：《师表四代之乡贤朱子》，载于《江西图书馆馆刊》1935 年第 2 期。

高名凯：《朱子论心》，载于《正风半月刊》1935 年第 1 卷第 16～18 期。

严群：《朱子论理气太极》，载于《新民月刊》1935 年第 1 卷第 6 期。

冯友兰：《新对话（四）——朱熹与陈同甫在哲学年会中之对话》，载于《晨报·思辨》第 19 期 1935 年 10 月 25 日。

容肇祖：《记正德本〈朱子实纪〉并说〈朱子年谱〉的本子》，载于《燕京学报》1935 年第 18 期。

牟宗三：《朱王对话——向外求理与向内求理》，载于《民国日报·哲学周刊》第 18 期 1936 年 1 月 1 日。

何格恩：《程朱学派之知行学说》，载于《民族》1936 年第 4 卷第 1 期。

贺麟：《宋儒的思想方法》，载于《东方杂志》1936 年第 33 卷第 2 号。

朱质璋：《〈朱子概要〉叙言》，载于《道德半月刊》1936 年第 3 卷第 4 期。

白寿彝：《朱熹对于易学的贡献》，载于《晨报·思辨》第 31 期 1936 年 3 月 16 日。

白寿彝：《朱易散记》，载于《晨报·思辨》第 34 期 1936 年 4 月 16 日。

白寿彝：《〈周易本义〉考》，载于《史学集刊》1936 年第 1 期。

姚廷杰：《朱王戴三家学术概论》，载于《国学论衡》1936 年第 7 期。

王敬之：《关于朱子哲学的几点意见》，载于《北大周刊》1936 年第 1 卷第 1 期。

叶大年：《朱子的读书方法》，载于《厦大图书馆报》1936 年第 1 卷第 8 期。

际唐：《朱子的教育学说》，载于《徽光》1936年第2期。

蒋礼鸿：《〈大学〉朱子改本平议》，载于《之江期刊》1936年第6期。

王锦第：《东渡后的朱王之学》，载于《自由评论》1936年第28期。

道中：《宋儒修为方法论》，载于《东方杂志》1936年第33卷第12号。

白寿彝：《〈仪礼经传通解〉考证》，载于《国立北平研究院院务汇报》1936年第7卷第4期。

谢武鹏：《朱子读书法中之经济学习法》，载于《图书展望》1936年第1卷第11期。

唐文治：《朱子之精神生活》，载于《江苏教育》1936年第5卷第9期。

白寿彝：《朱熹底师承》，载于《文哲月刊》1936年第1卷第8~9期。

吴念中：《宋儒理学的根本观念》，载于《文化建设》1936年第3卷第1期。

冯友兰：《朱子所说理与事物之关系》，载于《哲学评论》1936年第7卷第2期。

郝公玉：《读〈朱子文集〉札记——读书治学之态度、方法》，载于《现代评坛》1936年第2卷第7期。

容肇祖：《跋洪去芜本〈朱子年谱〉》，载于《燕京学报》1936年第20期。

颜伯存：《〈大学〉朱王训义的考异》，载于《光华附中半月刊》1936年第4卷第9~10期合刊。

翁漫栖：《朱陆异同》，载于《西北风》1936年第14期。

杨大膺：《鹅湖辨学考》，载于《现代读物》1937年第2卷第27期。

朱谦之：《宋儒理学对于欧洲文化之影响》，载于《现代史学》1937年第3卷第2期。

马子实：《程朱陆王之治学方法》，载于《进德月刊》1937年第2卷第8期。

［日］后藤俊瑞著、邓梅羹译：《朱子学禅期考》，载于《文化与教育》1937年第122期。

杨大膺：《〈朱子晚年定论〉辨》，载于《现代读物》1937年第2卷第29~30期合刊。

李兆民：《福建理学之渊源》，载于《福建文化》1937年第4卷第24期。

李兆民：《紫阳理学之我见》，载于《福建文化》1937年第4卷第24期。

李兆民：《明清福建理学诸家之概况》，载于《福建文化》1937年第4卷第24期。

郭毓麟：《论宋代福建理学》，载于《福建文化》1937年第4卷第24期。

唐君毅：《朱子道体论导言》，载于《论学》1937年第8期。

刘介：《朱熹评传》，载于《曦光》1937年第9期。

郭绍虞：《朱子之文学批评》，载于《文学年报》1938 年第 4 期。

张荫麟：《宋儒太极说之转变》，载于《新动向》1938 年第 1 卷第 2 期。

贺麟：《与张荫麟先生辩太极说之转变》，载于《新动向》1938 年第 1 卷第 4 期。

张铁君：《程朱理学的认识论评价》，载于《中华评论》1938 年第 1 卷第 2 期。

何键：《程朱陆王颜李哲学之分析》，载于《中华评论》1938 年第 1 卷第 5 期至第 6 期。

郭斌龢：《抗战精神与南宋理学》，载于《国命旬刊》1938 年第 5 期。

真：《朱陆异同述略》，载于《南风》1938 年第 13 卷第 1 期。

张果为：《朱文公奏议经界要述》，载于《闽政月刊》1940 年第 7 卷第 1 期。

胡适：《颜习斋哲学及其与程朱陆王之异同》，载于《文史杂志》1941 年第 1 卷第 8 期。

吴其昌：《宋代哲学史料丛考》，载于《国立武汉大学文哲季刊》1941 年第 7 卷第 1 期。

愧如：《朱子宗教观之检讨》，载于《新东方杂志》1942 年第 3 卷第 1 期。

周维新：《江西朱陆二学派述评》，载于《江西文物》1942 年第 2 卷第 2 期。

张景远：《〈大学〉格物致知之综合的解释与批判》，载于《黄埔季刊》1942 年第 4 卷第 3~4 期合刊。

大经：《朱子学说之检讨》，载于《东南》1943 年第 1 卷第 3 期。

冯友兰：《宋明儒家哲学述评》，载于《中央周刊》1943 年第 5 卷第 45 期。

钟钟山（钟泰）：《朱子之诗》，载于《国力月刊》1943 年第 3 卷第 6 期。

冯友兰：《对于儒家哲学之新修正》，载于《中央周刊》1943 年第 5 卷第 47 期。

何键：《〈大学〉格物发微》，载于《雍言》1943 年第 3 卷第 11 期。

恩丞：《朱子与文学》，载于《两仪月刊》1943 年第 3 卷第 12 期。

叶国庆：《朱子论学大意》，载于《福建训练月刊》1944 年第 3 卷 1 期。

张达愚：《朱陆两派直觉思想异同考》，载于《学术界》1944 年第 2 卷 3 期。

贺麟：《宋儒的评价》，载于《思想与时代》1944 年第 34 期。

林志烈：《朱晦翁与王阳明》，载于《公余生活》1944 年第 2 卷第 5 期。

程中道：《朱子学在日本》，载于《东方学报》1945 年第 1 卷第 2 期。

张东荪：《朱子的形而上学》，载于《中大学报》1945 年第 3 卷第 1~2 合期。

罗根泽：《朱熹对于文学的批评》，载于《中国学术》1946 年第 1 期。

孙玄常：《朱子〈仁说〉疏证》，载于《国文月刊》1946 年第 47 期。

张瑞璠：《朱王学说的比较》，载于《文化先锋》1946 年第 6 卷第 6～7 期。

燕义权：《陈同甫与朱晦庵》，载于《国民午报》1946 年 12 月 26 日。

任继愈：《朱子的教育哲学》，载于《教育短波》1947 年第 1 卷第 2 期。

罗根泽：《朱熹的道文统一说（上、下）》，载于《和平日报》1947 年 1 月 4 日、11 日。

唐君毅：《朱子理气关系论疏释（一名朱子道德形上学之进路）》，载于《历史与文化》1947 年第 1～2 期。

李相显：《朱子哲学》，世界科学社出版部 1947 年版。

任继愈：《宋明理学家的教育哲学：从朱子到王阳明》，载于《读书通讯》1947 年第 133 期。

熊十力：《答牟宗三问格物致知书》，载于《学原》1947 年第 1 卷第 2 期。

刘雨涛：《朱子心性论研究》，载于《文化与传播》第四辑，海天出版社 1996 年版。

钱穆：《朱子学术述评》，载于《思想与时代》1947 年第 47 期。

查猛济：《朱子读书方法的中心观念》，载于《读书通讯》1947 年第 140 期。

君起：《从朱陆异同说到永嘉学派》，载于《大中国》1947 年第 4～5 期。

严群：《〈大学〉"格物""致知"朱子补传解》，载于《申报》1948 年 2 月 24 日。

蔡尚思：《宋明理学相同的缺点》，载于《新中华》1948 年复刊第 6 卷第 9 期。

钱穆：《周程朱子学脉论》，载于《学原》1948 年第 2 卷第 2 期。

舍予：《朱熹教育方法论的新估价》，载于《石光月刊》1948 年第 2 卷第 4 期。

蔡尚思：《程朱派哲学的批判》，载于《中国建设》1948 年第 6 卷第 4 期。

王树槐：《略论朱王学说的异同》，载于《文化先锋》1948 年第 9 卷第 2 期。

钱穆：《朱子心学略》，载于《学原》1948 年第 2 卷第 6 期。

蔡尚思：《道统的派别与批判》，载于《中国建设》1949 年第 7 卷第 4 期。

于彦胜：《儒家教育方法之研究——从朱晦庵为学之序说到戴东原治学的精神》，载于《中华教育界》1949 年复刊第 3 卷第 2 期。

二、本项目已发表相关学术论文（2012～2017 年）

乐爱国：《民国时期白寿彝对朱熹从学于道谦的论证》，载于《福建论坛》2012 年第 9 期。

乐爱国：《民国时期朱子学与科学关系的讨论》，载于《学习与实践》2012

年第 10 期。

乐爱国：《民国时期白寿彝的朱熹易学研究》，载于《周易研究》2012 年第 5 期。

乐爱国：《白寿彝对朱熹生平事迹的研究》，载于《史学史研究》2012 年第 4 期。

乐爱国：《民国时期的两部儿童读物：〈朱子〉》，载于《朱子文化》2012 年第 6 期。

乐爱国：《民国时期钱穆的朱子学研究及其创新》，载于《南京社会科学》2013 年第 1 期。

乐爱国：《民国时期白寿彝对〈朱子语类〉的研究——兼与胡适〈朱子语类的历史〉比较》，载于《齐鲁学刊》2013 年第 1 期。

乐爱国：《民国时期谢无量的朱子学研究》，载于《厦门大学学报》2013 年第 1 期。

乐爱国：《民国时期嵇文甫对朱熹与程颢思想异同之辨析——兼与冯友兰〈中国哲学史〉之比较》，载于《社会科学战线》2013 年第 2 期。

乐爱国：《胡适对朱熹格致说的诠释及其影响》，载于《江淮论坛》2013 年第 2 期。

乐爱国：《张岱年的朱子哲学研究及其创新——以〈中国哲学大纲〉为中心》，载于《安徽大学学报》2013 年第 2 期。

乐爱国：《民国时期对朱熹理气论的不同解读》，载于《人文杂志》2013 年第 3 期。

乐爱国：《"理学而尚考据"——民国学人吴其昌的朱子学研究》，载于《江南大学学报》2013 年第 2 期。

乐爱国：《民国学人李相显〈朱子哲学〉述论》，载于《南昌大学学报》2013 年第 3 期。

乐爱国：《民国时期周予同经学史视野下的朱子学研究》，载于《江汉论坛》2013 年第 7 期。

乐爱国：《民国时期对福建理学的研究》，载于《福建论坛》2013 年第 8 期。

乐爱国：《民国时期冯友兰的朱子学研究与创新》，载于《东南学术》2013 年第 5 期。

乐爱国：《民国时期对朱熹政治思想的研究》，载于《北京社会科学》2013 年第 5 期。

陈林、乐爱国：《民国时期汤用彤〈理学谵言〉对朱子学的阐释与推崇》，载于《江汉学术》2013 年第 5 期。

乐爱国：《民国时期〈大公报〉纪念朱子诞生八百年》，载于《朱子文化》2013年第4期。

乐爱国：《民国时期唐文治的朱子学研究》，载于《暨南学报》2013年第10期。

乐爱国：《民国时期胡适的朱子学研究》，载于《天津社会科学》2013年第6期。

乐爱国：《民国时期唐文治〈紫阳学术发微〉述评》，载于《朱子文化》2013年第6期。

乐爱国：《民国时期对朱熹"存天理、灭人欲"的不同观点——以胡适与冯友兰为中心》，载于《西南民族大学学报》2014年第1期。

乐爱国：《民国时期程朱关系考察之辨析》，载于《宁波市委党校学报》2014年第2期。

乐爱国：《民国时期对朱子仁学的阐释》，载于《现代哲学》2014年第3期。

乐爱国：《清末民国时期对朱熹科学思想的研究》，载于《洛阳师范学院学报》2014年第4期。

乐爱国：《民国学人论朱熹"心学"》，载于《兰州学刊》2014年第4期。

乐爱国：《民国时期陈钟凡的朱子学研究及其创新》，载于《南京社会科学》2014年第4期。

乐爱国：《民国时期的朱熹教育思想研究》，载于《地方文化研究》2014年第2期。

乐爱国：《民国时期对朱熹心性论的心理学分析》，载于《徐州工程学院学报》2014年第3期。

乐爱国：《民国时期的理学救国论》，载于《中国社会科学报》2014年8月4日。

乐爱国：《王阳明对朱熹格物论的误读——兼论冯友兰〈中国哲学史〉对朱熹理学与陆王心学的分疏》，载于《社会科学战线》2014年第9期。

乐爱国：《民国学人对朱熹与陆王的调解》，载于《安徽大学学报》2014年第5期。

乐爱国：《民国时期对朱熹格物致知说的不同解读》，载于《学海》2014年第5期。

徐涓、乐爱国：《民国时期的朱熹文学研究》，载于《福建师范大学学报》2014年第5期。

乐爱国：《民国学人对朱子学的推崇与研究》，载于《桂海论丛》2014年第5期。

乐爱国：《蔡元培〈中国伦理学史〉对朱子学的阐述》，载于《安徽师范大学学报》2014年第5期。

乐爱国：《民国学人的理学救国论——以汤用彤、唐文治、贺麟为中心》，载于《广西社会科学》2014年第10期。

乐爱国：《民国时期从阶级分析入手的朱子学研究》，载于《西南民族大学学报》2015年第1期。

乐爱国：《"民国学术热"意味着什么？》，载于《光明日报》2015年1月13日第14版。

乐爱国、李志峰：《马一浮、牟宗三对朱熹"性即理"的不同解读》，载于《杭州师范大学学报》2015年第1期。

乐爱国：《冯友兰、唐君毅对朱子学的不同诠释》，载于《社会科学》2015年第2期。

乐爱国：《钱穆、牟宗三对于朱熹"心统性情"的不同诠释》，载于《河北学刊》2015年第2期。

乐爱国：《民国时期吕思勉〈理学纲要〉对朱子学的阐释及其创新》，载于《南京社会科学》2015年第4期。

乐爱国：《民国时期何炳松〈程朱辨异〉对朱子学的阐释及创新》，载于《宁波市委党校学报》2015年第3期。

乐爱国：《冯友兰、牟宗三对朱熹的"理"之不同诠释》，载于《社会科学研究》2015年第6期。

乐爱国：《朱熹："集大成"还是"别子为宗"——以冯友兰、牟宗三、钱穆的不同表述为中心》，载于《社会科学家》2015年第12期。

乐爱国：《朱子学研究的文本依据——兼评牟宗三所谓"朱子以《大学》为中心"》，载于《福建行政学院学报》2015年第6期。

乐爱国：《民国时期的朱熹门人后学研究》，载于《南昌大学学报》2015年第6期。

乐爱国：《民国时期（1912~1949）的朱子学研究学术编年》（上、中、下），载于《鹅湖》2015年第11、12期，2016年第1期。

乐爱国：《朱熹的"理"："生生之理"还是"只存有而不活动"——以唐君毅、牟宗三的不同诠释为中心》，载于《厦门大学学报》2016年第1期。

乐爱国：《朱熹的"理"："所以然"还是"所当然"——以李相显、唐君毅的观点为中心》，载于《四川大学学报》2016年第2期。

乐爱国：《民国时期冯友兰、贺麟对于朱熹哲学的不同诠释》，载于《上饶师范学院学报》2016年第2期。

乐爱国：《冯友兰晚年朱熹哲学研究的新意》，载于《南京社会科学》2016年第7期。

乐爱国：《现代朱子哲学研究述论——以冯友兰、唐君毅、牟宗三、钱穆为中心》，载于《桂海论丛》2016年第4期。

乐爱国：《唐君毅、牟宗三、钱穆对朱熹仁学的不同诠释》，载于《东岳论丛》2016年第8期。

乐爱国：《阳明论朱陆异同——从现代朱子学研究的角度看》，载于《贵阳学院学报》2016年第4期。

乐爱国：《朱熹的"天地之心"与理气的关系——以唐君毅、牟宗三的不同诠释为中心》，载于《徐州工程学院学报》2016年第5期。

乐爱国、陈昊：《以"克己"代"敬"——钱穆论朱子晚年工夫转向》，载于《学术界》2016年第10期。

姜家君、乐爱国：《唐君毅、牟宗三对朱熹格致说的不同阐释》，载于《福建论坛》2016年第11期。

乐爱国、陈昊：《民国时期朱熹哲学研究中的日本影响》，载于《武汉大学学报》2016年第6期。

乐爱国：《冯友兰、钱穆对朱熹心性论的不同诠释及其学术冲突》，载于《宁波市委党校学报》2016年第6期。

乐爱国：《唐鉴与钱穆"朱子学案"的结构异同分析——兼论朱子学理论体系的原点》，载于《求索》2017年第3期。

乐爱国：《朱熹"理生气"：一种心性论的解读——从清代刘源渌、吴廷栋到唐君毅、牟宗三》，载于《社会科学研究》2017年第3期。

乐爱国：《朱熹的"理先气后"：一种心性工夫论的论证——从清代劳余山到唐君毅》，载于《人文杂志》2017年第4期。

乐爱国：《差异与互补：童能灵、唐君毅对朱熹"生生之理"的论证》，载于《河北学刊》2017年第4期。

乐爱国：《民国时期唐文治论"阳明学通于朱子学"》，载于《贵阳学院学报》2017年第4期。

冯兵、乐爱国：《现代新儒家的朱子学研究——以冯、唐、钱诸先生对朱熹"理生气"说的诠释为例》，载于《学术研究》2017年第6期。

乐爱国：《从科学角度研究朱熹思想始于近代学人》，载于《中国社会科学报》2017年11月28日第2版。

后　记

　　近三四十年来，学术发展迅速，学者凭着一腔热情，充分地释放被长期压抑的学术能量和智慧，出现了大量的学术成果。经过有关部门的评选，不少学术成果获得大奖，其中肯定不乏精华。应当说，学术界让我来主持"百年朱子学研究精华集成"这样的项目，是对我的莫大信任，同时也寄托了很多的期望。

　　关于什么是精华，我在"前言"中已作说明。这不过是对那些被学术界公认为学术精华的东西做出分析而得出的我个人的看法，不能算是评判标准。况且，我只是项目主持人，而不可能是众望所归的评判官，既没有权利代表学术界也没有足够的能力对学术成果是否属于精华做出公道的评判。我认为，"百年朱子学研究精华集成"这一项目的重点不在于分辨评判出哪些是精华，而在于从学术界所公认的学术精华中，分析出为什么是精华，精华是如何形成的，或者说，是对于学术精华之所以为精华的进一步阐释。这也是我做这一项目的初衷。正因为如此，本书所论述的主要是20世纪被学术界公认为学术精华的东西，是"精华集成"，而不是面面俱到地对所有学术成果进行汇总或综述。

　　学术需要有精华，而精华是捶打出来的，要经历大浪淘沙，也就是说，学术精华是在对现有的学术成果做出进一步的学术思想史的分析和评判中才能凸显出来。不可否认，对他人的学术成果评头论足，或者说，愿意把自己的学术成果让人评头论足，在当今学术界并未成为风气。没有捶打，何来精华？本项目从立项到完成，一直有评委要求总结和评判近三四十年来的朱子学研究成果，以及百年来国外的朱子学研究成果。项目组也尝试着努力过，但最终未能有所结果；其中最主要的原因在于，现有的一些学术成果尚未经过捶打，尚未让人评头论足，以致难以从中看出被学术界公认为学术精华的东西。正因为如此，真诚地希望学术界广大学者对本项目成果评头论足，以便能够做出进一步的修正。

乐爱国　谨记

2017年12月

教育部哲学社会科学研究重大课题攻关项目成果出版列表

序号	书　名	首席专家
1	《马克思主义基础理论若干重大问题研究》	陈先达
2	《马克思主义理论学科体系建构与建设研究》	张雷声
3	《马克思主义整体性研究》	逄锦聚
4	《改革开放以来马克思主义在中国的发展》	顾钰民
5	《新时期　新探索　新征程——当代资本主义国家共产党的理论与实践研究》	聂运麟
6	《坚持马克思主义在意识形态领域指导地位研究》	陈先达
7	《当代资本主义新变化的批判性解读》	唐正东
8	《当代中国人精神生活研究》	童世骏
9	《弘扬与培育民族精神研究》	杨叔子
10	《当代科学哲学的发展趋势》	郭贵春
11	《服务型政府建设规律研究》	朱光磊
12	《地方政府改革与深化行政管理体制改革研究》	沈荣华
13	《面向知识表示与推理的自然语言逻辑》	鞠实儿
14	《当代宗教冲突与对话研究》	张志刚
15	《马克思主义文艺理论中国化研究》	朱立元
16	《历史题材文学创作重大问题研究》	童庆炳
17	《现代中西高校公共艺术教育比较研究》	曾繁仁
18	《西方文论中国化与中国文论建设》	王一川
19	《中华民族音乐文化的国际传播与推广》	王耀华
20	《楚地出土戰國簡册［十四種］》	陈伟
21	《近代中国的知识与制度转型》	桑兵
22	《中国抗战在世界反法西斯战争中的历史地位》	胡德坤
23	《近代以来日本对华认识及其行动选择研究》	杨栋梁
24	《京津冀都市圈的崛起与中国经济发展》	周立群
25	《金融市场全球化下的中国监管体系研究》	曹凤岐
26	《中国市场经济发展研究》	刘伟
27	《全球经济调整中的中国经济增长与宏观调控体系研究》	黄达
28	《中国特大都市圈与世界制造业中心研究》	李廉水

序号	书 名	首席专家
29	《中国产业竞争力研究》	赵彦云
30	《东北老工业基地资源型城市发展可持续产业问题研究》	宋冬林
31	《转型时期消费需求升级与产业发展研究》	臧旭恒
32	《中国金融国际化中的风险防范与金融安全研究》	刘锡良
33	《全球新型金融危机与中国的外汇储备战略》	陈雨露
34	《全球金融危机与新常态下的中国产业发展》	段文斌
35	《中国民营经济制度创新与发展》	李维安
36	《中国现代服务经济理论与发展战略研究》	陈　宪
37	《中国转型期的社会风险及公共危机管理研究》	丁烈云
38	《人文社会科学研究成果评价体系研究》	刘大椿
39	《中国工业化、城镇化进程中的农村土地问题研究》	曲福田
40	《中国农村社区建设研究》	项继权
41	《东北老工业基地改造与振兴研究》	程　伟
42	《全面建设小康社会进程中的我国就业发展战略研究》	曾湘泉
43	《自主创新战略与国际竞争力研究》	吴贵生
44	《转轨经济中的反行政性垄断与促进竞争政策研究》	于良春
45	《面向公共服务的电子政务管理体系研究》	孙宝文
46	《产权理论比较与中国产权制度变革》	黄少安
47	《中国企业集团成长与重组研究》	蓝海林
48	《我国资源、环境、人口与经济承载能力研究》	邱　东
49	《"病有所医"——目标、路径与战略选择》	高建民
50	《税收对国民收入分配调控作用研究》	郭庆旺
51	《多党合作与中国共产党执政能力建设研究》	周淑真
52	《规范收入分配秩序研究》	杨灿明
53	《中国社会转型中的政府治理模式研究》	娄成武
54	《中国加入区域经济一体化研究》	黄卫平
55	《金融体制改革和货币问题研究》	王广谦
56	《人民币均衡汇率问题研究》	姜波克
57	《我国土地制度与社会经济协调发展研究》	黄祖辉
58	《南水北调工程与中部地区经济社会可持续发展研究》	杨云彦
59	《产业集聚与区域经济协调发展研究》	王　珺

序号	书名	首席专家
60	《我国货币政策体系与传导机制研究》	刘伟
61	《我国民法典体系问题研究》	王利明
62	《中国司法制度的基础理论问题研究》	陈光中
63	《多元化纠纷解决机制与和谐社会的构建》	范愉
64	《中国和平发展的重大前沿国际法律问题研究》	曾令良
65	《中国法制现代化的理论与实践》	徐显明
66	《农村土地问题立法研究》	陈小君
67	《知识产权制度变革与发展研究》	吴汉东
68	《中国能源安全若干法律与政策问题研究》	黄进
69	《城乡统筹视角下我国城乡双向商贸流通体系研究》	任保平
70	《产权强度、土地流转与农民权益保护》	罗必良
71	《我国建设用地总量控制与差别化管理政策研究》	欧名豪
72	《矿产资源有偿使用制度与生态补偿机制》	李国平
73	《巨灾风险管理制度创新研究》	卓志
74	《国有资产法律保护机制研究》	李曙光
75	《中国与全球油气资源重点区域合作研究》	王震
76	《可持续发展的中国新型农村社会养老保险制度研究》	邓大松
77	《农民工权益保护理论与实践研究》	刘林平
78	《大学生就业创业教育研究》	杨晓慧
79	《新能源与可再生能源法律与政策研究》	李艳芳
80	《中国海外投资的风险防范与管控体系研究》	陈菲琼
81	《生活质量的指标构建与现状评价》	周长城
82	《中国公民人文素质研究》	石亚军
83	《城市化进程中的重大社会问题及其对策研究》	李强
84	《中国农村与农民问题前沿研究》	徐勇
85	《西部开发中的人口流动与族际交往研究》	马戎
86	《现代农业发展战略研究》	周应恒
87	《综合交通运输体系研究——认知与建构》	荣朝和
88	《中国独生子女问题研究》	风笑天
89	《我国粮食安全保障体系研究》	胡小平
90	《我国食品安全风险防控研究》	王硕

序号	书　名	首席专家
91	《城市新移民问题及其对策研究》	周大鸣
92	《新农村建设与城镇化推进中农村教育布局调整研究》	史宁中
93	《农村公共产品供给与农村和谐社会建设》	王国华
94	《中国大城市户籍制度改革研究》	彭希哲
95	《国家惠农政策的成效评价与完善研究》	邓大才
96	《以民主促进和谐——和谐社会构建中的基层民主政治建设研究》	徐　勇
97	《城市文化与国家治理——当代中国城市建设理论内涵与发展模式建构》	皇甫晓涛
98	《中国边疆治理研究》	周　平
99	《边疆多民族地区构建社会主义和谐社会研究》	张先亮
100	《新疆民族文化、民族心理与社会长治久安》	高静文
101	《中国大众媒介的传播效果与公信力研究》	喻国明
102	《媒介素养：理念、认知、参与》	陆　晔
103	《创新型国家的知识信息服务体系研究》	胡昌平
104	《数字信息资源规划、管理与利用研究》	马费成
105	《新闻传媒发展与建构和谐社会关系研究》	罗以澄
106	《数字传播技术与媒体产业发展研究》	黄升民
107	《互联网等新媒体对社会舆论影响与利用研究》	谢新洲
108	《网络舆论监测与安全研究》	黄永林
109	《中国文化产业发展战略论》	胡惠林
110	《20世纪中国古代文化经典在域外的传播与影响研究》	张西平
111	《国际传播的理论、现状和发展趋势研究》	吴　飞
112	《教育投入、资源配置与人力资本收益》	闵维方
113	《创新人才与教育创新研究》	林崇德
114	《中国农村教育发展指标体系研究》	袁桂林
115	《高校思想政治理论课程建设研究》	顾海良
116	《网络思想政治教育研究》	张再兴
117	《高校招生考试制度改革研究》	刘海峰
118	《基础教育改革与中国教育学理论重建研究》	叶　澜
119	《我国研究生教育结构调整问题研究》	袁本涛 王传毅
120	《公共财政框架下公共教育财政制度研究》	王善迈

序号	书　名	首席专家
121	《农民工子女问题研究》	袁振国
122	《当代大学生诚信制度建设及加强大学生思想政治工作研究》	黄蓉生
123	《从失衡走向平衡：素质教育课程评价体系研究》	钟启泉 崔允漷
124	《构建城乡一体化的教育体制机制研究》	李　玲
125	《高校思想政治理论课教育教学质量监测体系研究》	张耀灿
126	《处境不利儿童的心理发展现状与教育对策研究》	申继亮
127	《学习过程与机制研究》	莫　雷
128	《青少年心理健康素质调查研究》	沈德立
129	《灾后中小学生心理疏导研究》	林崇德
130	《民族地区教育优先发展研究》	张诗亚
131	《WTO主要成员贸易政策体系与对策研究》	张汉林
132	《中国和平发展的国际环境分析》	叶自成
133	《冷战时期美国重大外交政策案例研究》	沈志华
134	《新时期中非合作关系研究》	刘鸿武
135	《我国的地缘政治及其战略研究》	倪世雄
136	《中国海洋发展战略研究》	徐祥民
137	《深化医药卫生体制改革研究》	孟庆跃
138	《华侨华人在中国软实力建设中的作用研究》	黄　平
139	《我国地方法制建设理论与实践研究》	葛洪义
140	《城市化理论重构与城市化战略研究》	张鸿雁
141	《境外宗教渗透论》	段德智
142	《中部崛起过程中的新型工业化研究》	陈晓红
143	《农村社会保障制度研究》	赵　曼
144	《中国艺术学学科体系建设研究》	黄会林
145	《人工耳蜗术后儿童康复教育的原理与方法》	黄昭鸣
146	《我国少数民族音乐资源的保护与开发研究》	樊祖荫
147	《中国道德文化的传统理念与现代践行研究》	李建华
148	《低碳经济转型下的中国排放权交易体系》	齐绍洲
149	《中国东北亚战略与政策研究》	刘清才
150	《促进经济发展方式转变的地方财税体制改革研究》	钟晓敏
151	《中国—东盟区域经济一体化》	范祚军

序号	书　名	首席专家
152	《非传统安全合作与中俄关系》	冯绍雷
153	《外资并购与我国产业安全研究》	李善民
154	《近代汉字术语的生成演变与中西日文化互动研究》	冯天瑜
155	《新时期加强社会组织建设研究》	李友梅
156	《民办学校分类管理政策研究》	周海涛
157	《我国城市住房制度改革研究》	高　波
158	《新媒体环境下的危机传播及舆论引导研究》	喻国明
159	《法治国家建设中的司法判例制度研究》	何家弘
160	《中国女性高层次人才发展规律及发展对策研究》	佟　新
161	《国际金融中心法制环境研究》	周仲飞
162	《居民收入占国民收入比重统计指标体系研究》	刘　扬
163	《中国历代边疆治理研究》	程妮娜
164	《性别视角下的中国文学与文化》	乔以钢
165	《我国公共财政风险评估及其防范对策研究》	吴俊培
166	《中国历代民歌史论》	陈书录
167	《大学生村官成长成才机制研究》	马抗美
168	《完善学校突发事件应急管理机制研究》	马怀德
169	《秦简牍整理与研究》	陈　伟
170	《出土简帛与古史再建》	李学勤
171	《民间借贷与非法集资风险防范的法律机制研究》	岳彩申
172	《新时期社会治安防控体系建设研究》	宫志刚
173	《加快发展我国生产服务业研究》	李江帆
174	《基本公共服务均等化研究》	张贤明
175	《职业教育质量评价体系研究》	周志刚
176	《中国大学校长管理专业化研究》	宣　勇
177	《"两型社会"建设标准及指标体系研究》	陈晓红
178	《中国与中亚地区国家关系研究》	潘志平
179	《保障我国海上通道安全研究》	吕　靖
180	《世界主要国家安全体制机制研究》	刘胜湘
181	《中国流动人口的城市逐梦》	杨菊华
182	《建设人口均衡型社会研究》	刘渝琳
183	《农产品流通体系建设的机制创新与政策体系研究》	夏春玉

序号	书　名	首席专家
184	《区域经济一体化中府际合作的法律问题研究》	石佑启
185	《城乡劳动力平等就业研究》	姚先国
186	《20世纪朱子学研究精华集成——从学术思想史的视角》	乐爱国
……		